U0921045

江川年鉴

JIANGCHUAN YEARBOOK

2021

中 共 玉 溪 市 江 川 区 委
玉 溪 市 江 川 区 人 民 政 府 主办
中共玉溪市江川区委党史研究和地方志编纂办公室 编

图书在版编目（CIP）数据

江川年鉴 2021 / 中共玉溪市江川区委党史研究和地方志编纂办公室编 . -- 昆明 : 云南人民出版社，2021.10

ISBN 978-7-222-20506-2

Ⅰ . ①江… Ⅱ . ①中… Ⅲ . ①区（城市）—玉溪—2021 —年鉴②江川区 Ⅳ . ① Z527.44

中国版本图书馆 CIP 数据核字（2021）第 211670 号

责任编辑：王　韬
责任校对：陈　锴
责任印制：李寒东

江川年鉴 2021

中共玉溪市江川区委党史研究和地方志编纂办公室　编

出　版　云南出版集团　云南人民出版社
发　行　云南人民出版社
社　址　昆明市环城西路 609 号
邮　编　650034
网　址　www.ynpph.com.cn
E-mail　ynrms@sina.com
开　本　889mm × 1194mm　1/16
印　张　22
字　数　720 千
版　次　2021 年 10 月第 1 版第 1 次印刷
印　刷　昆明鹰达印刷有限公司
书　号　ISBN 978-7-222-20506-2
定　价　180.00 元

如需购买图书、反馈意见，请与我社联系
总编室：0871-64109126　发行部：0871-64108507　审校部：0871-64164626　印制科：0871-64191534

云南人民出版社微信公众号

《江川年鉴》编辑部

地　　址　云南省玉溪市江川区大街街道星云路政务办公区
（云南李家山青铜器博物馆旁）

邮　　编　652600

电　　话　（0877）8018536

E － mail　jcszb@163.com

撰稿人员名录

郑　赛	褚宇重	代　语	高　睿	杨俊豪	施　蕾	付鹏龙
景　迪	刘丽萍	杨冬丽	沈　娴	刘清清	申　雪	郑臣光
李　敏	王为卿	褚　荻	徐凡清	李华艳	刘明娟	刘米雪
李佩佩	靳　娜	矣树芬	陈　醒	李　川	李拥军	殷忠伟
吕林睿	杭书亦	李　倩	张文丽	沈旭辉	金家红	张梦石
蒋思宏	徐顺生	龚永达	王　坤	宋璐瑜	潘伟城	宁　[illegible]
罗艳芝	顾宝富	蒋　丽	余立言	张树良	李朋利	杨　晰
杨多乐	金　静	李　平	廖江平	孙　琳	普进波	刘清清（检）
肖　旭	李雪莹	赵维新	黄　岩	吴亚华	陈旭东	施　祈
丁新原	段红梅	刘　波	陈松涛	卢　强	师洋哲	王建仙
闻海燕	杨　柳	杨丽娜	靳嘉玲	杨　迪	陈花艳	普于航
李文平	李晓静	周　恩	郑文娇	邓　琼	金　琳	周芸莹
张　梦	金巧燕	杨留柱	胡兰仙	李　娅	耿丽娟	李雨婷
史春丽	黄　毅	张本林	吴　勇	李承熹	陈　江	雷丰源
申梦莹	赵　江	李　伟	杨雪芳	李亚捷	杨　薇	周艳萍
蔡　丽	王茜彤	叶红梅	谢仲瑞	李　祥	陈　琪	储　晶
普　芮	侯彦昆	沈　丽				

编 辑 说 明

一、《江川年鉴》是具有政府公报性质的地方综合性年鉴。由中共玉溪市江川区委、玉溪市江川区人民政府主办，中共玉溪市江川区委党史研究和地方志编纂办公室承编。《江川年鉴》全面、系统、准确、翔实地记载江川区社会主义物质文明、政治文明和精神文明建设的历史进程，记述上一年度内的新发展、新成就、新情况和新问题。它具有资料、信息、史料等诸多功能，旨在为海内外有关机关、团体、学校、研究部门、企事业单位和社会各界人士研究及促进江川建设提供现实服务。

二、《江川年鉴》采用条目体，分类编辑法。2021年版全书设部类21个，即特载、大事记、概况、政治、军事、法制、经济管理、建设·环保、工商企业、农·林·水利、交通·邮电、财政·税务、金融·保险、教育·体育、文化和旅游·融媒体、卫生健康、科学研究、社会、统计资料、附录，信息量大，图文并茂，可读性强。

三、本年鉴所用稿件均由主办单位、区属各单位和中央、省、市驻江单位专人撰写，单位领导审核签章，编辑人员反复核对。本年鉴内容真实，体例规范，具有较高的使用价值。

四、本年鉴所用统计数据由各供稿单位主管业务部门提供并审核，但由于统计时间、口径不同等原因，反映国民经济和社会发展情况的个别数据在不同稿件中不尽一致，使用时请以玉溪市江川区统计局提供的《统计年鉴》为准。

五、本年鉴的编辑出版得到江川区有关部门和驻江的省、市各有关单位的热情支持和积极协助，得到省、市以及各县区地方志部门的指导帮助，在此表示诚挚谢意。殷切希望各界人士提出改进意见，使《江川年鉴》常办常新，更好地为“三区一城”新江川建设服务。

六、本年鉴述及组织、机构、法律法规、会议等专有名称使用全部，但较长的专有名词，在首次出现时使用全称，再次出现时可使用简称或使用俗称，如区委书记意即江川区委书记、区人武部即江川区人民武装部。

区委书记普光照作工作报告

全会一角

2020年8月29日，中国共产党玉溪市江川区第二届委员会第七次全体会议召开

（区融媒体中心　供稿）

区委书记普光照作工作报告

全会一角

2020年12月22日，中国共产党玉溪市江川区第二届委员会第八次全体会议召开

（区融媒体中心　供稿）

区长常成作政府工作报告

区人大常委会主任龚桂存作工作报告

投票选举

人大代表分组讨论

2021年1月11日，玉溪市江川区第二届人民代表大会第五次会议召开

（区融媒体中心　供稿）

区政协主席罗跃岗作工作报告

填写选票

投票选举

政协委员分组讨论

2021年1月11日，中国人民政治协商会议玉溪市江川区第二届委员会第五次会议召开

（区融媒体中心　供稿）

"红色物业"——党建引领物业服务

（区融媒体中心　供稿）

群众积分管理栏

（区融媒体中心　供稿）

2020年1月17日，玉溪市江川区"不忘初心、牢记使命"主题教育总结大会召开

（区融媒体中心　供稿）

2020年4月3日，玉溪市江川区委区直机关党的建设工作会暨"城市基层党建"联盟工作推进会召开

（区融媒体中心　供稿）

2020年5月22日，玉溪市江川区开展基层党建工作重点业务培训　（区委组织部　供稿）

2020年11月24日，玉溪市江川区开展"高原湖泊卫士"党建联盟志愿服务活动

（区委组织部　供稿）

澄川高速公路于2020年8月31日通车

（区融媒体中心　供稿）

古滇铜街项目开工

（区融媒体中心　供稿）

江磷集团

（区融媒体中心　供稿）

联塑科技

（区融媒体中心　供稿）

新天力农业装备制造

（区融媒体中心　供稿）

云菜集团

（雄关乡　供稿）

安化民族文化传习馆

铜文化

江川非遗板凳龙

江川非遗糍粑制作技艺

农家书屋上新书

扯纳苴彝语合唱团歌唱《我爱你中国》

（区融媒体中心　供稿）

“互联网+教育”的“智慧教育”模式

（区融媒体中心 供稿）

普职融合班

（区融媒体中心 供稿）

学前教育均衡发展

（区融媒体中心 供稿）

“阳光分班”促进教育均衡发展

（区融媒体中心 供稿）

江川区第二中学劳动教育实践基地

（区融媒体中心 供稿）

游泳课

（区第一中学 供稿）

江川区开展警保合作“一盔一带”安全守护行动

2020年11月20日，江川区人民检察院举行公益诉讼工作新闻发布会

2020年9月2日，玉溪市江川区人民法院举行新任人民陪审员就职宣誓仪式

“模拟法庭进校园”普法活动

小宝宝走进消防队

法制宣传

（区融媒体中心　供稿）

2020年1月19日，玉溪市江川区人武部党委全体（扩大）会议召开（区人武部　供稿）

慰问全国民兵模范徐宝祥（区人武部　供稿）

送二等功臣喜报（区人武部　供稿）

江川区首个征兵工作站挂牌成立（区人武部　供稿）

准新兵进行役前集训（区融媒体中心　供稿）

退役士兵安置（区融媒体中心　供稿）

2020年2月1日，玉溪市江川区应对疫情工作领导小组指挥部召开工作会议

新冠疫情期间疫区消毒

山村流动“小喇叭”疫情防控进万家

江川区支援湖北医护人员平安凯旋

科学部署中小学开学前准备工作

疫情防控与复工复产两手抓

（区融媒体中心　供稿）

2020年8月5日，玉溪市江川区推进爱国卫生专项行动动员部署会议召开

扫厕所——市场公共厕所干净无异味

“净餐馆”“管集市”专项行动工作推进暨培训会

管集市——农贸市场病媒生物防制集中消杀

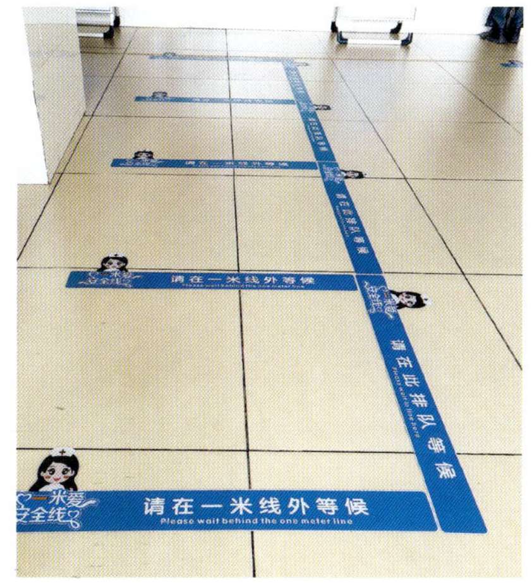

“一米线”安全距离

勤洗手——体育馆洗手台

“公筷公勺文明用餐”活动推进会

（区融媒体中心　供稿）

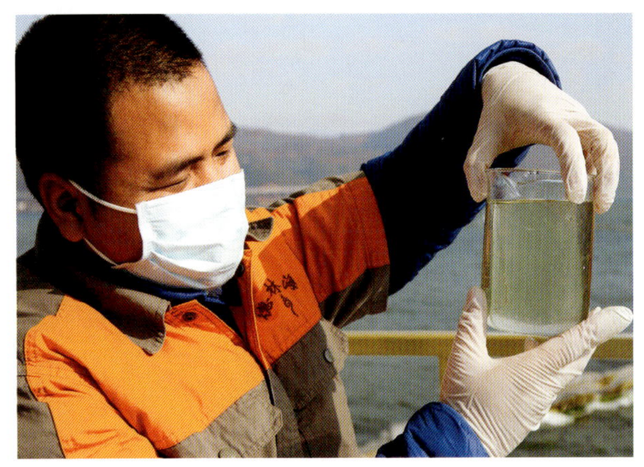

星云湖水质监测

星云湖原位控藻

星云湖主要入湖河流综合治理工程

“四退三还”助推星云湖保护治理生态屏障构建

江川区扩大星云湖沿湖生态烟叶（水稻、荷藕）种植

星云湖周边产业调整

（区融媒体中心　供稿）

旭日东升

晚霞映照星云湖

云卧水天间

冬日星云湖畔红林环碧水

星云湖畔村庄美

星云湖南岸浮桥

（区融媒体中心　供稿）

安化彝族乡光山小组“节地上楼”示范点

村村通硬化路面——江城镇陈家湾的乡村公路

健康扶贫

产业扶贫

玉溪市检察院开展“扶志+扶智，做山区孩子‘引路人’”活动

2020年11月10日，玉溪市江川区安排部署脱贫攻坚成效考核工作

（区融媒体中心　供稿）

目　录

政　治

军　事

法　制

经济管理

建设・环保

工商企业

农・林・水利

交通·邮电

财政·税务

金融·保险

教育·体育

文化和旅游·融媒体

卫生健康

科学研究

社　会

先　进

统计资料

附　　录

特　载

决战决胜全面建成小康社会
攻坚克难开启全面建设新江川新征程

——在区委二届七次全会第一次全体会议上的报告

（2020年8月30日）

区委书记　普光照

同志们：

这次会议的主要任务是，以习近平新时代中国特色社会主义思想为指导，全面贯彻落实党的十九大和十九届二中、三中、四中全会精神，深入学习贯彻习近平总书记今年以来一系列重要讲话、指示和考察云南重要讲话精神，认真落实省委十届十次全会和市委五届十次全会精神，回顾总结今年以来的主要工作，分析当前形势，研究部署下步工作任务，谋划好“十四五”发展，维护经济发展和社会大局稳定，决战决胜全面建成小康社会，攻坚克难开启全面建设新江川新征程。

现在，受区委常委会委托，我向全会报告工作。

一、关于今年以来的重点工作

今年以来，面对决胜全面建成小康社会、实现“十三五”规划收官的繁重任务，面对统筹推进新冠肺炎疫情防控和经济社会发展的紧迫任务，区委常委会坚决贯彻落实党中央决策部署和省委、市委工作要求，坚持稳中求进工作总基调，坚定不移贯彻新发展理念，扎实做好“六稳”工作、全面落实“六保”任务，在风雨中前进，在逆境中奋起，各方面工作取得了显著成效。一是坚决打好疫情防控阻击战。推行“双线”工作法，防控线党建引领开展“十百千万”专项行动，建立联防联控体系，2例输入型病例治愈出院并实现零扩散；发展线积极稳妥推进复工复产、复商复市，落实无还本续贷、援企稳岗等政策促进企业达产稳产。二是牢牢稳住经济增长基本盘。全面加强党对经济工作的领导，围绕产业布局靶向招商，梳理重点项目清单精准调度，强化要素保障倒逼项目推进，全力以赴补短板、促升级、增后劲，经济运行呈现回暖向好态势。上半年，全区生产总值增长1%，固定资产投资增长3.5%，规模以上工业增加值增长2.6%，一般公共预算收入增长1.9%，社会消费品零售总额降幅比一季度收窄5.7个百分点。三是自觉接受省委巡视监督。坚决拥护省委决定，全力配合省委第五巡视组开展工作，认真对待巡视反馈意见，彻底落实整改责任，严肃召开专题民主生活会，扎实做好巡视整改“后半篇文章”。四是扎实有效推进各项工作。脱贫攻坚查找的问题全部整改销号，顺利完成国家普查登记。星云湖保护治理项目建设提质提速，“四退三还”退房工作攻坚冲刺，沿湖产业结构调整持续推进，今年以来星云湖水质均值保持在V类以上。澄川高速建成通车，美丽城区建设方兴未艾，“厕所革命”全力推进，城乡人居环境不断改善。国家创新型城市建设有序开展。新政务大厅投入使用，企业和群众办事实现“只进一扇门”。农业农村综合改革不断深化，农村不动产确权登记颁证工作全面启动。中心城区第一批5G基站投入使用。全国民族团结进步示范区创建通过省级初验。抓好市域治理现代化试点，大街街道析置顺利推进，新成立星云、宁海两个城市社区。扫黑除恶专项斗争纵深推进。五是全面加强新时代党的建设。深入贯彻落实新时代党的建设总要求，以党的政治建设为统领，巩固深化“不忘初心、牢记使命”主题教育成果，纵深推进全面从严治党。认真践行新时代党的组织路线，大力推进党支部标准化规范化信息化建设，全覆盖开展村级班子分析研判，选优配强乡村振兴工作队。区委党校迁建项目加快建设。深入实施移风易俗行动，党建引领文明新风建设列为全市改革试点。城市基层党建引领城市治理水平进一步提升，列为全省重点创新示范。坚决肃清秦光荣等流毒影响，扎实开展“以案促改”警示教育，全面推进“清廉江川”建设，拓宽清正廉洁党风政风行风社风覆盖面，风清气正的政治生态建设取得新成效。

二、关于当前面临的形势

习近平总书记强调，“必须从长期大势认识当前形势，这是分析形势的基本方法”。越是环境复杂，越要保持头脑清醒，既要有善于捕捉重大机遇的广阔视野，又要有洞悉矛盾本质的全局眼光，善于把握事物发展内外条件变化的辩证关系，顺应大势、立足当下、争取主动。这其中的关键和根本，就是要辩证看待形势，反对唱衰、坚定信心。

今年是全面建成小康社会和“十三五”规划收官之年，现在离年底收官交账只有四个月时间，已经到了一鼓作气向终点碰线冲刺的决胜时刻。根据全面建成小康社会统计监测，当前我区小康指数实现程度预计为87.41%，地区生产总值和城乡居民收入“两个翻番”目标提前实现，现行标准下贫困人口全面清零，各方面短板得到补齐。但我们必须保持清醒头脑，江川与全国全省全市同步全面建成小康社会，有坚实的基础条件，同时也面临繁重的艰巨任务，前进道路并不平坦，风险挑战依然严峻复杂。主要是：三大攻坚战中防范化解重大风险、污染防治仍有较大压力，财政收支矛盾突出，部分水体功能不达标。社会民生领域优质教育、医疗、公共服务等方面还有不少短板，科技创新能力明显不足，推进高质量跨越式发展的体制机制不够健全。特别是受这次疫情影响，经济发展面临的不利因素增多，给我们完成既定目标任务带来巨大挑战。可以说，决战决胜全面小康，我们离这个目标只有一步之遥，而这一步也是最艰难的一步。越是接近冲刺收官，就越是咬紧牙关、攻坚克难的时候，越是比拼意志、攻城拔寨的时候。

面对当前严峻复杂形势，全区上下必须坚持用全面、辩证、长远的眼光看待当前的困难、风险和挑战，既要有“乱云飞渡仍从容”的战略定力，也要有“千磨万击还坚劲”的必胜信心，更要有“咬定青山不放松”的坚定信念。从全国看，疫情的冲击是短期的、暂时的、总体可控的，全国上下主要经济指标大幅回暖，经济发展延续复苏态势，持续向好、长期向好趋势明显，国家“一带一路”、长江经济带、西部大开发、“两新一重”建设等重大战略，以及中央支持实体经济、企业纾困减负、发行抗疫特别国债、地方政府专项债券等一系列力度空前的逆周期调控政策加速实施。从云南看，省委省政府立足省情、把握世情国情，高位推动、重磅出台了落实“六稳”“六保”任务、构建现代化产业体系、促进区域协调发展、推进“数字云南”建设等系列指导文件和政策干货，特别是构建现代化产业体系明确重点培育的先进制造业、旅游文化业、高原特色现代农业、现代物流业等万亿级支柱产业和新材料、环保、房地产业、烟草等千亿级优势产业，与我们的发展路径高度契合，加之省委省政府近年来全力推进滇中城市群建设，一如既往支持高原湖泊保护治理，为我们抓项目、补短板、促发展注入了强劲动力。从玉溪看，市委为我们推动乡村振兴走在全省前列，建设新江川、建成一座美丽的滨湖花园城市立目标、定方向、明路径、给支持，让我们备受鼓舞、倍感振奋、倍增信心、倍添动力。这些各方面持续叠加的利好因素，成为我们战胜一切困难挑战的坚实底气和“硬核密码”。我们一定要倍加珍惜党中央和省市的坚定支持和殷切厚爱，倍加珍惜全区上下攻坚克难、团结干事的满满正能量，主动扛起沉甸甸的使命责任，负重突围，全力赶超，答好“双统筹”发展之卷，答好“玉江一体化发展”融合之卷，答好“全面建成小康社会”民生之卷，答好“建设新江川、建成美丽滨湖花园城市”时代之卷，不断开创经济社会高质量跨越式发展新局面。

三、关于今年后四个月工作的安排

做好今年后四个月的工作，要坚持以习近平新时代中国特色社会主义思想为指导，深入贯彻习近平总书记考察云南重要讲话精神，认真落实省委十届十次全会和市委五届十次全会工作部署，统筹推进“五位一体”总体布局，协调推进“四个全面”战略布局，坚持稳中求进工作总基调，坚持高质量发展总导向，坚持经济社会发展“5366”总体思路，坚决打好常态化疫情防控和经济社会发展两场硬仗，确保全面建成小康社会和“十三五”规划圆满收官。工作中要着重把握好“稳、保、变、进”四条要求：“稳”是大局、是主基调，抓好“六稳”工作，特别是稳就业、稳预期，就能稳定经济运行、稳定社会大局。“保”是基础、是着力点，落实“六保”任务特别是保基本民生、保市场主体，就能守住民生底线、稳住经济基本盘。“变”是要求、是突破口，因时因势识变、应变、求变，就能融入“内外循环”新格局，聚焦“全省前列”开新局。“进”是目标、是大方向，坚持改革开放创新，加快新动能培育和传统动能改造提升，就能实现有质量、有效率的增长。“稳、保、变、进”强调的是节奏与力度，只要我们不断夯实“稳”的基础，坚决守住“保”的底线，竭力保持“变”的定力，奋力拓展“进”的态势，就一定能够做好当下、赢得未来。具体要抓好六项重点工作：

第一，关于经济建设。坚持新发展理念，坚决破除思维定式、克服路径依赖，以质量变革、效率变革、动力变革为牵引，做强存量、做优增量，提高质量和效益，着力解决发展不平衡不充分问题。推进重大项目建设。确保云菜集团滇中智慧农业产业园年底前全面竣工达产，力争星云首府、古滇国三期、城市花园、书香苑等地产项目按时交房。积极推进粤辉电子、云南嘉科、宏程物流等企业尽快投产达效，全面加快瀛景国际、联塑二期、云南世吉等项目建设，力争早日形成新经济增量。全力抓好华侨城江川欢乐度假区、古滇铜街、宝誉等项目的前期工作，确保项目早日开工建设。做大做强产业园区。认真抓好“营商环境、改革创新、招商引资、产业培育、投资融资”工业经济发展五项重点工作，坚持发展以龙泉园区为龙头，江城纸制品产业园、雄关农产品物流园、九溪花卉科创园、江磷精细磷化工园、前卫铜工艺园五个园区为支撑的产业布局，持续推动新材料、新能源、装备制造等产业集聚发展，鼓励支持现代物流服务业、花卉产业、铜工艺制品业做大做强。培育战略性新兴产业。聚焦云南“新基建”发展蓝图，抓好“新网络”“新平台”“新引擎”“新载体”四大重点领域，拓展5G网络、大数据、区块链等新技术运用场景，深化与中国移动战略合作，共建“数字江川·智慧城市”，推动江川“新基建”走在全市前列。加强矿产资源勘查、保护、合理开发，全力做好新型锂矿资源开发与利用这支“潜力股”。高度重视防范化解金融风险。加强和规范政府性债务管理，积极争取各类专项债券资金，降低政府债务风险预警等级，牢牢守住不发生区域性、系统性金融风险的底线。强化税收征管，高效盘活闲置国有资产资源，落实好各项财政支持政策，支持产业发展带动财源建设。全力保运转，持续加大财政转移支付向上争取力度，优化财政支出结构，厉行节约办事业，保证把每一笔钱用在刀刃上、紧要处。

第二，关于城市建设。坚持走内涵式、集约型、绿色化的高质量发展路子，认真做好各项准备，按照“一年一变样，三年大变样”的要求，统一思想认识，明晰方法路径，倾力建设美丽滨湖花园城市。改革完善城市规划。着眼增强权威性，强化顶层设计，准确把握玉江一体化城市规划定位，加快编制高水平的国土空间总体规划。持续提速同城一体化、产城融合新步伐，加快城市西片区开发，全方位融入玉溪中心城区发展，主动做好城市功能转移衔接，共同塑造玉溪发展磁场和虹吸效应。把规划装进头脑中，牢固树立“规划即法”意识，严格规划实施监督，确保一张蓝图干到底。加快美丽城区建设。抢抓“两新一重”建设机遇，聚焦“干净、宜居、特色、智慧”，有序推进城市更新，提速棚户区、老旧小区改造，启动智慧停车场建设，完善公园、绿地、广场、公厕、公交站台等公共基础配套设施，拓展城市空间，提升城市品质。高效盘活城区低效用地，加速做好土地征收储备和出让工作，促进土地集约高效利用，让有限资源更好地服务发展。探索构建多元可持续的投融资机制，吸引更多民间资本、社会力量参与城市建设，尽快重启主城区提质扩容项目，完成浪广路北延工程、龙泉大道南段道路工程建设。提高城市管理水平。持续巩固国家卫生城市和全省文明城市创建成果，坚持党建引领小区治理和“红色物业”，深化“五网”融合和城市治理网格，积极稳妥推进大街街道析置工作，全面提升城市管理治理精细化水平。扎实推进以人为核心的新型城镇化，支持农村人口向城镇转移，以有能力在城镇稳定就业和生活的常住人口为重点，有序有效推进市民化。大力整治清理城市临违建筑，坚决严肃遏制私搭乱建、违规加层等行为，保持城市面貌文明整洁。

第三，关于乡村振兴。紧扣二十字总要求，以“六个明显变化”为着力点，落实乡村振兴工作责任制，抓重点、补短板、求突破，让农业更强、农村更美、农民更富，推动江川乡村振兴走在全市、全省前列。抓好富民乡村产业。加快产业结构调整，面向市场组织生产优质农产品，促进烟、菜、花、果提质增效，着力推进“一县一业”“一村一品”示范创建，打好江川“绿色食品牌”。突出关键环节，积极引进和培育新型农业经营主体，加快农业生产经营方式转变，推进农村土地适度规模流转经营，推动资源变资产、资金变股金，让“农民”从身份变为职业。按照乡村景区化要求，提升星云湖南岸乡村振兴带，统筹“吃住行游购娱”六要素，支持各乡镇打造乡村旅游特色村庄。建设美丽宜居乡村。因地制宜推广农村节地上楼居住模式，深化农村宅基地制度改革，严格乡村规划管控，坚决遏制乱占耕地、违规无序建房。深入开展“520”美丽家园集中整治日行动，培养垃圾分类的好习惯，建立农村人居环境长效管护机制，扎实推进农村户厕改造、畜禽规范化养殖、“七小工程”建设，确保所有自然村达到农村人居环境整治1档标准。统筹城乡融合发展。扎实推进乡村振兴统筹城乡发展专项行动，逐步实现城乡居民基本权益平等化、城乡公共服务均等化、城乡居民收入均衡化、城乡要素配置合理化、城乡产业发展融合化。深度挖掘振兴古滇、青铜、渔耕、白药等乡土文化，重点抓好古滇青铜小镇、江城星抚康养小镇、九溪花卉科创小镇等特色小镇建设。加强和改进乡村治理。创新培育高素质农民，建好新型农业经营主体带头人、新型职业农民、新型乡村治理人才三支队伍。大力发展村集体经济，努力确保每个村集体经济收入达10万元以上。建强农村基层党组织，健全乡村自治、法治、德治“三治结合”的治理体系。深入推进移风易俗，引导全社会崇德向善，自觉遵循公序良俗。

第四，关于社会建设。要把增进民生福祉作为发展的根本目的，坚持在发展中保障和改善民生，尽力而为，量力而行，着力补短板、促公平，团结带领全区人民创造幸福生活。持续巩固提升脱贫成果。继续完善、落实好防止返贫监测和帮扶机制，强化产业扶贫、就业扶贫、教育扶贫、易地扶贫搬迁后续帮扶等措施，确保脱贫成效经得起时间、历史和人民检验。要以消除绝对贫困为新起点，健全解决相对贫困的长效机制，接续推进全面脱贫与乡村振兴有效衔接。加快发展优质民生事业。深化义务教育校长职级制和教师“县管校聘”改革，依法“控辍保学”，推动学前教育、义务教育和普通高中优化布局、提质扩容、均衡发展。慎终如始抓好常态化疫情防控，深入开展爱国卫生“七个专项行动”，积极配合市级加快市传染病医院建设，抓紧区医院“五大中心”建设，提升危重救治能力，为群众提供更加优质的医疗健康服务。认真落实各项社会保障政策，按时足额发放养老金，持续提升城乡低保兜底水平，加大临时救助力度，多措并举织密兜牢民生保障网。全力推动市域治理现代化。始终把维护国家政治安全放在首位，扎实做好防风险、保安全、护稳定各项工作，助推建设平安江川。以社会主义核心价值观引领精神文明建设，守正创新做好新形势下的意识形态工作，科学做好舆情引导和分析研判，建好用好区级融媒体中心，牢牢掌握意识形态领域领导权和话语权。全面推进法治江川建设。用心做好信访维稳工作，妥善化解矛盾纠纷，坚决遏制各类矛盾问题交叉感染、叠加升级。完善社会治安防控体系，增强基层社会治理能力，严厉打击各类违法犯罪，深入推进扫黑除恶专项斗争，主动服务玉溪市域社会治理现代化全国第1期试点城市创建。支持和保证人大、政协聚焦党委中心任务依法依章全面履职。深入推进全国民族团结进步示范区创建，依法做好宗教工作。强化安全生产责任制，开展公共安全隐患大排查大整治，坚决防范重特大安全事故发生。

第五，关于生态文明建设。深入践行习近平生态文明思想，坚持生态优先、绿色发展，着力解决突出环境问题，加大生态系统保护力度，在不断实践中续写“两山”理论新篇章。持续推进星云湖保护治理。精准锁定水质脱劣关键性指标，加强工程设施运营管理，提升非工程措施力度，贯彻执行《云南省星云湖保护条例》，全面落实河（湖）长制，做细做实沿湖退田群众转产安置和生活保障工作，加快“四退三还”安置房建设，坚决打赢星云湖水质稳定脱劣并转优向好攻坚战。强化星云湖流域空间管控，完成星云湖保护和开发利用总体规划报批。打好污染防治攻坚战。驰而不息推进生态保护修复等“7个标志性战役”，突出抓好水污染治理，健全完善城区雨污管网，推进水务一体化建设，保障城乡居民饮用水安全。强化土壤污染管控和修复，扩大沿湖生态农作物种植规模，有效削减农业面源污染负荷。严格对标中央和省环保督察、星云湖生态环境问题专项督察反馈问题抓实整改，确保交出高质量的整改答卷。坚定不移推进绿色发展。强化传统产业绿色化改造和新兴产业绿色化升级，打好绿色发展“三张牌”，积极构建绿色产业体系，实现资源全面节约和循环利用。科学划定“三区三线”，严格保护与合理利用自然资源，加快非煤矿山恢复治理。开展国土绿化行动，推进荒漠化、石漠化、水土流失综合治理，深入推进林业生态建设。推动能源消费革命，倡导简约适度、绿色低碳的生活方式，持续降低GDP能耗，积极创建省级生态文明示范区。

第六，关于高质量编制“十四五”规划。“十四五”规划是衔接“两个一百年”奋斗目标的第一个五年规划，也是江川未来五年接力奋进、对标补短、抢抓机遇的指南针和推进新江川建设向更深层次、更高质量迈进的总航标，具有特殊历史使命、特殊时代意义。要树牢大局意识和全局观念，科学研判发展机遇，研究吃透方针政策，精准把握江川区情，自觉把江川的发展放到中华民族伟大复兴战略全局和世界百年未有之大变局“两个大局”中去思考，放到习近平总书记对云南的“三个定位”和省委、市委的要求中去谋划，加强与国家、省、市“十四五”规划有效衔接，确保江川始终与全国、全省、全市发展同频共振、同音同响。在规划理念上，要以习近平新时代中国特色社会主义思想为指导，坚决贯彻落实习近平总书记考察云南重要讲话精神，客观分析我们的基础、条件、优势和差距，科学制定“十四五”规划目标、任务和举措。在发展路径上，要坚持高质量发展这一鲜明导向，把新发展理念作为指挥棒、度量衡，进一步审视区情再认识，找准工作着力点，切实巩固和延续全区发展的良好势头。在价值取向上，要坚持以人民为中心的发展理念，紧盯民生短板，明确工作重点，提出针对性举措，推动民生改善与经济社会协调发展。在编制方式上，要坚持全面谋划与突出重点、战略构想与实践操作、政府主导与社会参与、注重程序与改革创新相结合，确保规划群众看得懂、实施能落地。在规划重点上，要聚焦事关全局的重点领域和薄弱环节，抓住国家“两新一重”、云南构建现代化产业体系等重大战略机遇，突出项目意识，精准谋划和推动实施一批补短板、管长远、关大局、利民生的重大工程，以高质量项目助推新江川建设。

四、关于全面加强党的建设

必须认真贯彻落实新时代党的建设总要求和党的组织路线，毫不动摇坚持和加强党对一切工作的领导，不断提高党的执政能力和领导水平。

第一，切实加强党的政治建设。党的政治建设是党的根本性建设。要坚持以党的政治建设为统领，引领带动党的建设质量全面提高。坚定政治信仰。把学懂弄通做实习近平新时代中国特色社会主义思想和习近平总书记考察云南重要讲话精神作为长期战略任务，坚持不懈强化党的创新理论武装，持续巩固拓展“不忘初心、牢记使命”主题教育成果，补足精神之钙，筑牢信仰之基。强化政治领导。坚定维护党中央权威和集中统一领导，切实把增强“四个意识”、坚定“四个自信”、做到“两个维护”落实到贯彻党的方针政策全过程，体现在履职尽责各方面。强化党组织政治功能，确保党组织在同级组织中发挥领导核心作用，把方向、管大局、作决策、保落实。提高政治能力。树立强烈的执政意识，增强政治敏锐性和鉴别力，善于从政治上观察和思考问题，看清本质根源，辨别政治是非，增强政治定力。严守政治纪律和政治规矩，自觉尊崇制度、严格执行制度、坚决维护制度，坚持和完善民主集中制，认真贯彻执行党内法规，严格请示报告制度，以政治建设统一意志、统一行动。

第二，全面夯实党的执政基础。基层党组织和干部队伍建设始终是党的建设一项重要基础性工程，必须全面加强。打造忠诚干净担当的高素质专业化干部队伍。坚持党管干部原则，认真落实好干部标准，建立健全素质培养、知事识人、选拔任用、从严管理、正向激励五个干部工作体系，树立讲担当、重担当的鲜明导向。实施“干部专业化能力提升计划”，全面提升干部队伍治理能力和专业素养。探索创新干部监督管理模式，坚持激励干部担当作为与精准容错纠错相统一，让想干事、能干事、干成事的干部有机会有舞台有地位。强化人才引培力度，细化落实更加积极有效的人才政策，做好中长期人才发展规划编制。建强基层党组织战斗堡垒。树立下抓基层的鲜明导向，压实基层党建工作责任制，以提升组织力为重点，分类别分领域抓好党的基层组织体系建设。在农村，推进农村基层党建“双整百千”四级联创，严肃认真开展农村发展党员违规违纪排查整顿，持续整顿软弱涣散基层党组织，按时完成村级党组织换届选举。在城市，持续推进城市基层党建省级重点创新示范建设，加快党建引领市域治理智慧化平台建设，推动各领域互联互动全域提升。在机关，围绕“三个表率”，建设让党放心、让人民群众满意的模范机关。在学校，深入实施中小学校党建示范校培育创建活动，在重大办学问题上把好政治关，保证党的教育路线方针政策及上级党组织决定的贯彻执行。在医院，认真总结宣传疫情防控中的先进事迹，大力弘扬医者仁心的崇高精神，促进医院党建工作与医疗卫生事业深度融合。在非公有制企业和社会组织，有效扩大党的组织和工作覆盖，服务中心大局，推动经济持续健康发展。

第三，持续深入推进正风肃纪和反腐败斗争。全面从严治党永远在路上、党的作风建设永远在路上、党风廉政建设和反腐败斗争永远在路上，持之以恒反“四风”、惩腐败的决心不能变、力度不能减。纪检监察机关要紧紧围绕中心、服务大局，坚持跟进监督，做实做深日常监督，切实发挥监督系统保障执行、促进完善发展作用。全区各级领导干部要严守党的“六大纪律”，坚决肃清白恩培、秦光荣等流毒影响，深刻汲取张文彬、靳永春严重违纪违法案件教训，以案为鉴、以案促改、警钟长鸣，把“严”的主基调长期坚持下去。认真贯彻落实中央八项规定精神，坚决整治形式主义、官僚主义，防止尾巴主义，切实为基层减负增能。转变监督执纪理念，既从严监督管理干部，又热情关心保护干部，认真落实“三个区分开来”，综合运用“四种形态”特别是第一种形态，将未谋私利但工作中发生偏差错误的党员干部与腐败分子区别对待，关心关爱犯过错误但已改正的党员干部，着力营造宽松的干事创业环境，让干部放下思想包袱、轻装上阵。扎实做好巡视整改“后半篇文章”，坚持举一反三，标本兼治，把解决具体问题同解决共性问题相结合，同经济社会发展具体实践相结合，以整改工作新成效打通全面从严治党“最后一公里”。坚持全面推进和示范先行，全方位深入推进

"清廉机关、清廉乡村、清廉学校、清廉医院、清廉企业、清廉家庭"建设，着力营造风清气正的政治生态。

同志们，担当者兴，实干者成。接过江川事业发展的"接力棒"，我们深感责任重大，同时也充满信心。让我们更加紧密地团结在以习近平同志为核心的党中央周围，在省市委的正确领导下，迎难而上，锐意进取，努力完成全年工作目标任务，奋力跑好决战决胜全面建成小康社会的"最后一公里"，为开启全面建设新江川新征程不懈奋斗！

在区委二届八次全会第一次全体会议上关于玉溪市江川区国民经济和社会发展第十四个五年规划和二〇三五年远景目标建议的报告

（2020年12月22日）

区委书记　普光照

受区委常委会委托，现在我向全会作工作报告。

这次全会是在收官“十三五”、谋划“十四五”，全面建成小康社会、乘势而上开启建设社会主义现代化新征程关键时刻召开的重要会议。这次会议的主要任务是：以习近平新时代中国特色社会主义思想为指导，深入贯彻党的十九大和十九届二中、三中、四中、五中全会精神，全面落实习近平总书记考察云南重要讲话精神、中央经济工作会议精神和省委十届十一次全会、市委五届十二次全会精神，审议通过《中共玉溪市江川区委关于制定玉溪市江川区国民经济和社会发展第十四个五年规划和二〇三五年远景目标的建议》《区委二届八次全会决议》，动员全区上下聚焦“十四五”任务和二〇三五年远景目标，攻坚克难、砥砺奋进，谱写全面建设社会主义现代化国家的江川新篇章。

为让大家更好地理解和讨论规划建议，我就建议内容作简要报告。

一、全面建成小康社会，开启社会主义现代化建设新征程

“十四五”时期是江川在全面建成小康社会基础上，乘势而上开启社会主义现代化建设的第一个五年，也是江川应对挑战加快发展的机遇期、产城融合做强产业的关键期、城乡融合乡村振兴的攻坚期。站在新的历史节点上，我们要认真总结成绩、把握大势、找准定位、明确目标、务实奋进，开创江川高质量发展新局面。

决胜全面建成小康社会取得决定性成就。“十三五”时期，在市委的坚强领导下，区委认真贯彻落实中央、省、市各项决策部署，成功撤县设区。深入推进省级可持续发展试验区建设，生产总值超百亿。与全市一道在全省率先实现整体脱贫。成功创建国家卫生城市、省级文明城市、云南省民族团结进步示范区，荣获全省“教育工作先进县”称号。农村集体产权制度改革走在全省前列，农村宅基地改革列为国家级试点。江通、澄川高速建成通车。星云湖水质如期脱劣。全面从严治党纵深推进，“十三五”目标基本实现，全面小康胜利在望，为开启全面建设社会主义现代化新征程积蓄了蓬勃力量。

“十四五”时期江川发展面临的机遇与挑战。从全球看，世界百年未有之大变局进入加速演变期，新一轮科技革命和产业变革深入发展，新冠肺炎疫情影响广泛深远。从全国看，我国经济长期向好的基本面没有改变，继续发展具有多方面优势和条件。从全省看，世界一流“三张牌”打造、现代产业体系构建、“数字云南”建设、昆玉同城化等

决策部署接踵落地、集聚释能。从玉溪看，玉溪拥有战略节点性、生态宜居性、开放创新性、产业体系较完备性四大优势。从自身看，一园多片区产业格局初步形成，星云湖保护治理生态效益逐步显现，红塔区、江川区、高新区一体化发展加快推进，为江川高质量发展奠定了坚实基础。但也要清醒地认识到，经济下行压力持续加大，科技创新支撑能力不强，产业转型升级任重道远，新型城镇化建设短板明显，财政收支矛盾突出，优质公共服务供给不足，星云湖保护治理任务依然艰巨，社会治理和党的建设还需加强，干部队伍干事创业“精气神”不足。面对机遇与挑战，我们唯有准确识变、科学应变、主动求变，抢抓机遇，把发展机遇转化为发展优势。

以新发展理念引领江川融入新发展格局。新发展阶段区域与区域间的竞争，就是唯快、唯强、唯新，谁能在动能转换上快人一步，目标定位上高人一招，创新驱动上胜人一筹，谁就能抢抓先机、赢得主动。全区各级干部要把学习十九届五中全会精神与习近平总书记考察云南重要讲话精神结合起来，把思想和行动统一到中央、省、市决策部署上来，把心思和精力集中到抓落实上来，在“怎么看”上统一认识，在“怎么干”上引领行动，坚决扛实建设“美丽滨湖花园城市”新江川的政治责任。要坚持新发展理念，科学分析研判形势，精准把握发展大势，把江川发展放到全市、全省乃至全国大局中去考虑，立足国内外发展大势，找准切入点和突破口，精准发力，加快江川融入新发展格局。

“十四五”时期经济社会发展指导思想。高举中国特色社会主义伟大旗帜，深入贯彻党的十九大和十九届二中、三中、四中、五中全会精神，坚持以马克思列宁主义、毛泽东思想、邓小平理论、“三个代表”重要思想、科学发展观、习近平新时代中国特色社会主义思想为指导，全面贯彻党的基本理论、基本路线、基本方略，统筹推进“五位一体”总体布局，协调推进“四个全面”战略布局，坚定不移贯彻新发展理念，坚持稳中求进工作总基调，以推动高质量发展为主题，以深化供给侧结构性改革为主线，以改革创新为根本动力，以满足人民日益增长的美好生活需要为根本目的，统筹发展和安全，加快建设现代化经济体系，主动融入新发展格局，进一步巩固和夯实全面建成小康社会成果，奋力将江川打造成新型城镇化引领区、新兴产业聚集区、乡村振兴示范区、美丽滨湖花园城，为社会主义现代化建设开好局、起好步。

“十四五”时期经济社会发展必须遵循坚持党的全面领导、坚持以人民为中心、坚持新发展理念、坚持深化改革开放、坚持系统观念五大原则，并在实践中持续深化发展。

“十四五”时期经济社会发展主要目标。基于国内外发展趋势和江川发展条件的综合考虑和分析研判，今后五年要努力实现四大主要目标：经济发展再上新台阶。经济保持平稳增长，地区生产总值年均增速超过全市平均水平，创新驱动发展能力不断增强，三次产业结构更加优化，经济增长质量和效益显著提高，区域协调发展水平明显提升，城镇化率大幅增长。基础设施实现新突破。区域性综合交通枢纽示范城市建设成效明显，公铁空衔接的综合运输体系加快构建，水务一体化建设取得显著成效，信息网络建设稳步推进，实现乡镇以上5G全覆盖，清洁能源建设有序实施，电动汽车充电桩覆盖面进一步扩大，现代物流中心辐射作用日趋明显。民生福祉改善迈出新步伐。推动更加充分更高质量就业，城乡居民收入增长与经济增长基本同步，基本公共服务均等化水平明显提高，多层次社会保障体系更加健全，卫生健康体系持续完善，脱贫攻坚成果巩固拓展，乡村振兴战略全面推进，群众获得感、幸福感和安全感不断增强。生态文明建设实现新跨越。绿色发展理念深入人心，“三区”主导功能划分更加明晰、“三线”边界刚性管控更加有力，可持续发展能力不断增强，森林覆盖率稳步提高，星云湖保护治理持续加强，污染防治攻坚战取得显著成效，资源利用效率更加高效，主要污染物排放总量持续减少，城乡人居环境更加优美。

二〇三五年远景目标。综合实力进一步增强，国家创新型城市建设取得积极成效，发展质量和效益稳步提高，与省内发达地区发展差距不断缩小。民主法制健全程度逐步提升，基本实现治理体系和治理能力现代化，基本建成法治江川、法治政府、法治社会。生态文明建设制度日趋完善，广泛形成绿色生产生活方式，星云湖水清岸绿，实现人与自然和谐共生。新型城镇化建设达到更高水平，乡村振兴取得突破性进展，城乡居民收入显著提高，城乡发展差距明显缩小，基本公共服务实现均等化。文化事业和文化产业繁荣发展，社会文明程度明显提高。人的全面发展、人民共同富裕取得更明显的实质性进展。

“十四五”时期发展定位。聚焦高质量发展，着眼新发展格局，打造“三区一城”：新型城镇化引领区。积极融入滇中城市群发展规划建设，突出滨湖、花园、文化特色，加快城市西片区开发建设步伐，拓展承东启西、接转南北、辐射带动的全新城市空间格局，提升对外开放与合作交流的层次和水平，优化产业布局，加快产业转型升级，提高发展质量和效益，把江川打造成玉溪“一核双心”的重要组成部分。新兴产业聚集区。贯彻落实中国制造“2025”玉溪行动计划，大力发展园区经济，有序推进航空产业园规划，聚焦智能制造、新能源、工程农业机械、精密基础件、电子信息、航空装备等领域，全力推进产业集聚发展，打造新的经济增长点。乡村振兴示范区。落实乡村振兴“二十字”总要求，大力发展高原特色现代农业，打造“绿色食品牌”，实施农村人居环境巩固提升行动，加强农村精神文明建设，深化移风易俗，健全乡村社会治理体制，不断提升人民群众的获得感、幸福感，推动乡村振兴走在全市、全省前列。美丽滨湖花园城。牢牢把握红江一体化优势，突出绿色生态、特色鲜明、产城融合、宜居宜业、文明和谐、智慧智联，提升城市建设管理运营水平，巩固拓展星云湖保护治理成果，做强旅游文化康养产业，把江川打造成人们生活更方便、更舒心、更美好的品质城市。

二、坚持改革开放创新，构建新发展格局

坚持实施更大范围、更宽领域、更深层次改革开放创新，持续激发经济社会发展活力。

全面深化改革。深化财税金融制度改革，稳步推进区属国有企业改革，有序推进医药卫生体制改革，推动要素市场优化配置。持续深化综合执法、户籍制度、社会救助制度等改革，推动社会治理能力不断提高。深化“放管服”改革，完善营商环境“红黑榜”和政务服务“好差评”制度，打造最优营商环境。

发展更高水平开放经济。主动融入国内国际双循环发展大局，坚持“走出去”和“引进来”相结合，全面提升开放型经济发展水平，加大具有市场竞争优势的自主出口产品发掘和培育力度，引导传统出口企业向产业链高端发展，提高中高端商品的出口比例。建立完善重点企业联系机制，加大外贸企业扶持力度。

推进区域协同合作。以优势产业领军企业为龙头，加快推进与周边地区的合作交流，扩大江川在管材、花卉、蔬菜、生活用纸等领域领先优势，进一步将产业链向上下游延伸，形成产业集聚，推动对外开放平台由“单兵突击”向“集团作战”转变。建立跨区域常态协调机制和信息交流合作、产业合作机制，形成聚合力。

加大招商引资引智力度。以园区筑平台，强化项目谋划储备，创新投融资机制，以政策服务创优势，把引进生产性、工业性项目作为招商引资的主攻方向，着力引进和承接关联度高、产业链长、带动性强的企业，促进结构调整、产业升级和经济转型。强化招才引智，建立科技人才评价体系，配套建立财税优惠、住房保障、产学研对接等制度，构筑人才队伍洼地。

深入实施创新驱动战略。推进以科技创新为核心的全面创新，支持科技成果转化配套政策落实，提升政产学研用协同水平。建立创业基地，打造企业产品所需的科技创新平台，完善创新成果转化收益分配机制，激发企业、科研单位成果转化积极性。坚持以大数据引领智慧发展，加快5G、云计算、大数据等技术推广，打造工业互联网应用模式。聚焦公共服务与社会治理两大目标，加大智能基础设施建设力度，将江川打造成为“有生命、会思考”的智慧城市。

三、加快构建现代产业体系，培育高质量发展新动能

坚持以供给侧结构性改革为主线，按照打造“三张牌”的要求，统筹传统产业转型升级与新兴产业培育并重，推进一二三产融合发展，构建现代

化产业体系。

优化产业空间布局。构建一核、一圈、三带、六园的“1136”空间发展布局。全面融入红塔区、江川区、高新区一体化发展布局，打造中心城区发展核。打造以“湖滨湿地+青铜文化+康体休闲”为重点的星云湖环湖生态旅游圈。打造江川—红塔一体化发展带、大街—江城文旅康养经济带、大街—雄关高原特色农业产业带。建设高新技术及临空产业园、绿色农产品加工及物流产业园、古滇青铜文化创业产业园、纸制品产业园、花卉科创产业园、小微产业创业园。

大力发展高原特色现代农业。以农业供给侧结构性改革为主线，不断完善现代农业产业体系。聚焦烤烟、蔬菜等传统优势产业，统筹推进一流绿色生态清甜香型优质烟叶万亩生产基地、标准化无公害蔬菜生产基地建设。围绕“一县一业”创建目标，加大花卉特色产业培育力度，将九溪“亚洲花卉科创谷”打造为全国一流、亚洲知名的国际花卉科创中心。转变农业发展方式，培育壮大新型农业经营主体，发展多种形式适度规模经营，综合布局现代种养、农产品加工物流、乡村旅游、康体养生等产业，推动现代农业和现代服务业深度融合。着力加强实用技术研发，完善现代化农产品冷链冷储物流体系建设，完善农产品质量安全检测、追溯和监管，着力打造知名“绿色食品牌”，构建特色鲜明、技术先进、绿色安全的高原特色现代农业。

加快工业新旧动能转换。高起点、高标准加大园区基础设施建设力度，积极打造科技创新园等创新平台，发展研发设计、创业孵化、技术转移等科技服务，提升园区承载力，将园区打造成集产、研、学、居为一体的多功能复合型产城融合区。加速传统产业转型升级步伐。推进磷化工、纸制品等重点传统产业转型升级，实施技术创新，强化绿色生产，不断提高产品附加值，努力将江城纸制品产业园打造成为覆盖西南地区、辐射东南亚的中高端生活纸制品加工基地。加大新兴产业培育力度。以中国制造“2025”玉溪行动计划为抓手，实施智能制造示范工程，积极培育装备制造、新能源新材料、生物医药等新兴产业，大力发展总部经济，构建新型现代化工业体系，打造产业集群基地。

高质量发展现代服务业。坚持全域旅游发展理念，弘扬古滇、青铜、渔耕、白药文化，大力发展文旅康养等业态，统筹发展夜经济。推进先进制造业和现代服务业深度融合，鼓励发展现代物流、信息服务、研发设计、电子商务等生产性服务业，打造区域性商贸服务中心，实现电子商务自然村全覆盖。积极引进各类金融机构，创新金融服务产品。促进房地产业健康可持续发展。

着力发展数字经济。以玉溪打造云南数字经济第一城为契机，建强5G和物联网基础设施，大力推进“数字江川”建设，推动政府数据资源整合和开放共享，加快城市数字化，整合城市运用数据资源，打造新型智慧城市。加速推进区块链技术应用，促进工业、农业、服务业数字化转型。

四、补齐基础设施短板，厚植发展新优势

持续发力“五网”基础设施建设，加快构筑系统完备、高效实用、智能绿色、安全可靠的现代化基础设施体系，夯实高质量发展之基。

构建综合交通体系。抢抓云南“交通强国”试点省份建设机遇，完善多层次交通网络布局。加快“互联互通”工程，推进国省道及县乡道提质改造，启动机场高速、玉溪东绕城高速建设，推动国道G245江川段、大铁线、嵩玉线提升改造，争取呈贡—澄江—江川—红塔区城际铁路和机场规划建设，实现多种交通方式无缝衔接。大力发展智慧交通。

提高能源保障水平。持续推进农村电网升级改造，打造安全可靠、覆盖城乡的绿色智能电网。完善天然气管网，着力构建天然气供应网络。优化布局加油站、新型燃料加注站、新能源汽车充电桩。稳步推进新能源建设，提高绿色低碳能源消费占比。

改善水利基础设施。结合滇中引水工程“十四五”期间玉溪段的建设规划和进度，高标准谋划江川水利基础设施建设，积极推进骨干水源、水库除险加固、抗旱应急等工程，巩固提升农村饮水安全，持续推进水务一体化建设，全面提升水利信息化水平，着力构建全域现代化水网体系。

五、实施乡村振兴，推进城乡融合发展

巩固拓展脱贫攻坚成果，强化以工补农、以城带乡，全面推动“五个振兴”，形成城乡发展一体化新格局。

提高乡村生活质量。大力推进“一村一业、一村一品”建设，打造“烤烟、花卉、蔬菜、渔业”四条产业链。培育壮大农产品加工企业，推进合作化发展、规模化经营，推动开放型农业提档升级。推进供销合作社综合改革，健全农村金融服务体系，推进农业保险扩面、增品、提标。加强闲置资源盘活利用，巩固提升村级集体经济。大力加强乡村基础设施建设，推进公共服务设施共建共享，构建便捷的乡村生活圈。培育文明乡风、淳朴民风，不断提高乡村社会文明程度。建强农村基层党组织，打造善治乡村、平安乡村。

实施乡村建设行动。推动多规合一的实用性村庄规划全覆盖，落实全省美丽乡村建设万村示范行动，分类推进城郊融合型、集聚提升型、特色保护型村庄发展。加强农村生态环境治理，实施生态循环农业工程，深化农村人居环境巩固提升行动，常态化开展“520”美丽家园环境整治。推动乡村人才振兴，吸引各类人才投身乡村建设。

推动城乡融合发展。构建城乡融合的规划体系，加快城乡产业发展、设施建设、公共服务、能源保障、生态环保等一体化进程。建立健全农业转移人口市民化、城市人才入乡激励等体制机制。落实第二轮土地承包到期后再延长三十年政策。持续深化农村集体产权制度改革，探索农村集体经营性建设用地入市，稳慎推进农村宅基地制度改革，探索宅基地“三权”分置，实现城乡融合发展。

六、推进新型城镇化，建设美丽滨湖花园城市

坚持以人为核心，推进新型城镇化，实施城市更新行动，着力提高城镇化率。

做大做强中心城区。把握红江一体化及市域半小时城镇经济圈建设先发优势，实施城市更新行动，加快推进“城市更新三年行动计划”，重点抓好市政基础设施、城市综合体、老旧小区和棚户区改造，提升城市整体形象。稳步推进大街街道析置，建设新型产业社区、综合社区，提高城市管理水平。加速城市西片区开发建设，丰富城市发展内涵，优化城市格局，增强城区辐射带动作用。

推进新型城镇化。科学编制国土空间规划，明确城、镇、村功能定位，完善以中心城区为核心、小城镇为支撑、农村新型社区为单元的城镇化体系。深入推进居住证制度和户籍制度有机融合并轨，建立健全城乡要素双向流动机制，在城乡形成人才、土地、资金等要素流动的良性循环，提高人口城镇化率。紧扣“特色、产业、生态、易达、宜居、智慧、成网”七大要素，加快推进古滇青铜小镇、江城星湖康养小镇、雄关物流小镇、九溪花卉科创小镇等特色小镇建设。

七、推动民生事业发展，改善人民生活品质

坚持以人民为中心，全力提升民生保障水平，推进基本公共服务均等化，共享江川全面小康发展成果。

积极促进就业创业。实施积极就业政策，促进充分就业。鼓励和扶持大众创业，建设“双创”基地，推动创业带动就业。加强就业创业培训，提升劳动者技能素质，扩大转移就业规模。健全就业公共服务体系，强化重点群体就业工作。

提高教体事业发展质量。全面落实立德树人根本任务，加快推进教育现代化。合理优化学校布点、资源布局，推进优质教育资源均衡化。发展普及优质的学前教育，推进“一乡（镇）一公办、一村一幼”建设。提升农村教育质量，推动义务教育均衡发展和城乡一体化。实施普通高中教育教学质量攻坚行动计划，推进江一中、江二中“晋级升等”。统筹推进职业教育与现代产业发展深度融合及成人教育终身学习体系建设。实施“1513”工程，提高教师队伍综合素质。探索多元开放的办学体系，支持和规范民办教育发展。广泛开展全民健身，加强全民健身设施建设和管理，实现新建社区体育设施全覆盖，筹备好省十六届运动会乒乓球、皮划艇比赛项目等大型赛事活动。

加快健康江川建设。深化医疗卫生体制改革，加快推进分级诊疗、紧密型医共体建设、智慧医疗

等工作。加强区、乡、村医疗服务体系建设，提升区域服务能力。推进重大传染病救治能力和疾控机构核心能力"双提升"工程，健全应急响应机制，提高应对突发公共卫生事件能力。加强医疗卫生人才队伍建设。鼓励和规范社会办医。促进中医药传承创新发展。巩固提升国家卫生城市创建成果，深入开展爱国卫生运动。

健全多层次社会保障体系。着力构建覆盖全民、统筹城乡、公平统一、可持续的多层次社会保障体系。深入实施全民参保计划，推进社保转移接续，接轨基本养老保险全国统筹和基本医疗保险、失业保险、工伤保险省级统筹。健全重大疾病医疗保险和救助制度，优化异地就医直接结算，积极发展商业健康保险。落实国家渐进式延迟法定退休年龄政策。健全退役军人工作体系和保障制度。完善分层分类的社会救助体系和最低生活保障制度。保障妇女儿童合法权益。健全老年人、残疾人关爱服务体系和设施。大力发展社会福利和慈善事业。加强住房保障，加大廉租住房、公共租赁住房供给。

繁荣发展文化事业文化产业。坚持马克思主义在意识形态领域的指导地位，深入开展习近平新时代中国特色社会主义思想学习教育。以社会主义核心价值观引领文化建设，推动理想信念教育常态化制度化，推进公民道德建设，加强家庭家教家风建设，强化未成年人思想道德建设。大力弘扬劳模精神、劳动精神、工匠精神。实施文明创建工程，争创全国文明城市。提升公共文化服务水平，建设"智慧广电"，建强用好区融媒体中心和新时代文明实践中心。推进民族文化和非物质文化遗产传承保护，加快推进以城市规划、博物中心为重点的城市客厅建设，打造以古滇铜街为龙头的文化创意产业品牌，推动文化和旅游康养深度融合发展。

八、坚持绿色发展，促进人与自然和谐共生

深入贯彻习近平生态文明思想，扎实践行绿色发展，促进人与自然和谐共生。

推进星云湖保护治理。坚持山水林田湖草系统治理，坚决落实"四个彻底转变"，认真贯彻执行《云南省星云湖保护条例》，以最严格举措抓好星云湖保护治理。强化星云湖流域空间管控，着力构建污染防控、健康水循环、绿色低碳发展、监控管理四大体系。实施星云湖流域生态保护与修复工程，加强湖滨缓冲带生态修复、水质提升、污水和垃圾收集处理、入湖河道生态治理、调水补水等项目建设管理，确保星云湖水质稳定向好。

推动绿色低碳发展。强化国土空间和用途管控，落实生态保护、基本农田、城镇开发等空间管控边界，明确生产、生态、生活空间。积极培育绿色生态循环农业和开放型农业，全面推进清洁生产，着力打造绿色低碳循环发展的产业体系。严守生态保护红线，严格"三线一单"全过程监管，全面推行监测、核查、执法全覆盖的环保监督机制，保持生态环境常态化监管态势。倡导绿色生活理念。

持续改善环境质量。执行最严格环境保护制度，建立公、检、法、司、生态环境、林草等部门联合协作执法机制。深化推行河（湖）长制、山（林）长制。打好蓝天、碧水、净土保卫战和"8个标志性战役"。推进大气污染物协同减排，确保环境空气质量持续向好。加快城乡污水管网配套建设。深入开展土壤污染源管控行动、国土绿化行动。积极争创国家森林城市。

九、统筹发展和安全，建设更高水平的平安江川

牢固树立安全发展理念，推进系统治理、依法治理、综合治理、源头治理，确保人民安居乐业、社会安定有序。

深入贯彻总体国家安全观。强化国家安全意识，把国家政治安全特别是政权安全、制度安全放在首位，严密防范和严厉打击敌对势力渗透、破坏、颠覆、分裂活动，扎实开展反邪教斗争。加强国家安全宣传教育。牢牢掌握意识形态工作领导权，严格落实意识形态工作责任制，打好网络意识形态工作主动战。全面加强经济安全，确保重要产业、粮食储备、通信网络、重要基础设施、生物、生态、能源、金融等安全可控。建立全区疫情防控和经济社会发展工作中长期协调机制。加强国防动员体系和后备力量建设，巩固强化党管武装工作，积极开展双拥模范城创建。

提升基层社会治理能力。健全党组织领导的自治、法治、德治相结合的基层治理体系，完善社区网格化管理和服务机制。推动社会治理和服务重心向基层下移，加强流动人口、自由职业者等新兴群体的群众工作。深入开展法治江川建设，加速构建覆盖城乡、便捷高效、均等普惠的现代公共法律服务体系。发挥社会组织作用，实现政府治理和社会调节、居民自治良性互动。

维护社会稳定。坚持和发展新时代“枫桥经验”，畅通和规范群众诉求表达、利益协调、权益保障通道。健全落实重大决策社会稳定风险评估机制。妥善防范化解“邻避”问题，推进重大项目实施。构建社会治安防控新体系，推进治安网、警务网、党建网三网融合。严厉打击暴力恐怖、黑恶势力、新型网络犯罪等各类违法犯罪。深入开展禁毒防艾人民战争。完善和落实安全生产责任制，提升应急管理工作水平，保障人民生命安全。

扎实推进民族团结进步。全面贯彻党的民族政策，牢固树立“三个离不开”思想，不断夯实“五个认同”的思想根基，筑牢中华民族共同体意识。推进建立相互嵌入式的社会结构和社区环境，共建共享美好家园。加快推进全国民族团结进步示范区创建。建立宗教管理长效机制，抓好宗教工作基层基础建设，推进民族宗教关系和睦。

十、加强党的全面领导，为推进社会主义现代化建设努力奋斗

实现“十四五”规划和二〇三五年远景目标，必须坚持党的全面领导，充分调动一切积极因素，广泛团结一切可以团结的力量，形成推动发展的强大合力。

加强党的全面领导。以党的政治建设为统领，增强“四个意识”、坚定“四个自信”、做到“两个维护”，坚决贯彻执行党的地方委员会工作条例等党内法规制度，把贯彻落实中央和省市决策部署，作为重要的政治纪律来遵守和执行，健全党委研究经济社会发展战略、定期分析经济社会形势、研究重大政策决策的工作机制，提高科学决策水平。巩固拓展“不忘初心、牢记使命”主题教育成果，学深悟透习近平新时代中国特色社会主义思想，掌握贯穿其中的马克思主义立场观点方法，并转化为贯彻落实的生动实践。全面贯彻新时代党的组织路线，加强干部队伍建设，落实好干部标准，打造政治、能力双过硬的高素质干部队伍，完善干部激励保护机制，营造良好干事创业氛围。完善人才工作体系，培育造就一批德才兼备高素质人才队伍。高标准高质量完成区、乡党委和村（社区）“两委”换届选举工作。持续抓好农村、城市、机关、“两新”组织等党建工作。

推进社会主义政治建设。深入贯彻习近平法治思想，坚持党的领导、人民当家做主、依法治国有机统一。支持和保证人大依法履职，加强对“一府一委两院”的监督，坚持和完善政治协商制度。完善基层群众自治制度，发挥工青妇、文联、科协等桥梁纽带作用，巩固发展大统战格局。

营造风清气正政治生态。严格落实全面从严治党主体责任、监督责任、第一责任人责任。坚持围绕“两个维护”加强政治监督，深化政治巡察，强化对公权力运行的制约和监督，破解“一把手”监督难题。锲而不舍落实中央八项规定精神，持续纠治形式主义、官僚主义，切实为基层减负。深化“清廉江川”建设，一体推进不敢腐、不能腐、不想腐，营造风清气正的良好政治生态。

健全规划制定和落实机制。各级各部门要按照本次全会安排部署，高质量编制“十四五”规划纲要和专项规划。健全政策协调和工作协同机制，完善规划实施动态监测、中期评估、总结评估机制，提升规划的严肃性、权威性、约束力，将规划主要指标任务分解纳入年度工作计划，以抓铁有痕、踏石留印的精神推动规划落实，为全面完成“十四五”规划及二〇三五年远景目标打下决定性基础。

同志们，风雨砥砺鼓征帆，快马扬鞭未下鞍。全面推进江川社会主义现代化建设，使命光荣、责任重大。让我们紧密地团结在以习近平同志为核心的党中央周围，在省市委的坚强领导下，以务求必胜的坚定信念、昂扬向上的精神面貌、勇立潮头的勇气担当，奋力开创江川更加辉煌美好的明天！

政府工作报告

——2021年1月11日在玉溪市江川区第二届人民代表大会第五次会议上

区长　常　成

各位代表：

我代表区人民政府，向大会报告工作，请予审议，并请各位政协委员和其他列席同志提出意见。

一、2020年及“十三五”工作回顾

过去的一年，是极不平凡的一年。面对突如其来的新冠肺炎疫情，面对决胜全面小康、决战脱贫攻坚、实现“十三五”规划收官的繁重任务，在市委、市政府和区委的坚强领导下，区人民政府坚持以习近平新时代中国特色社会主义思想为指导，认真学习贯彻党的十九大和十九届二中、三中、四中、五中全会精神，深入贯彻习近平总书记系列重要讲话精神和考察云南重要讲话精神，坚持稳中求进工作总基调，扎实做好“六稳”工作，全面落实“六保”任务，常态化疫情防控和经济社会发展取得双胜利。一年来，我们重点做了以下7个方面的工作。

（一）上下齐心打赢疫情防控阻击战。始终把人民群众健康安全放在第一位，及时建立疫情防控体系。健全落实各项防控措施，2例确诊病例治愈，无新增本地确诊病例，社会秩序有序恢复。承接境外入滇集中隔离人员4批243人，排查中高风险地区入江返江人员6万余人次；投入抗疫资金1140万元，动员社会各界捐款捐物总值达575.8万元。抓实常态化疫情防控，全面推广“健康码”，做好“三非”外国人排查、进口冷链食品监测、秋冬季疫情防控等系列工作，启动“双提升”工程，区内医疗机构核酸日检测能力达4000份。大街街道荣获全省抗疫先进集体，区人民医院1名医务工作者荣获全省抗疫先进个人。在疫情防控这场大考中，全区群众守望相助、同舟共济，广大党员干部闻令而动、履职尽责，全体医务工作者默默坚守、勇担重任，2万余名志愿者冲锋在第一线、战斗在最前沿，在疫情最为严重的时刻，2名医务工作者、1名公安干警驰援湖北、逆行出征，用实际行动践行了伟大抗疫精神。在此，我代表区人民政府，向积极参与抗疫斗争的同志们表示衷心的感谢和崇高的敬意！

（二）千方百计稳住经济基本盘。以扶持实体经济为着力点，落实国家普惠政策，为企业减税降费1.57亿元，出台稳定经济运行22条措施，全力推动复工复产复市复业。经济运行企稳回升。预计全区地区生产总值增长3.5%、增幅较上半年上升2.5个百分点，规模以上工业增加值增长7.5%、增幅较上半年上升4.9个百分点，一般公共预算收入增长5.7%、增幅较上半年上升3.8个百分点，工业用电量增长31.5%、增幅较上半年上升74.8个百分点，城乡常住居民人均可支配收入分别增长3.5%和7.5%、增幅较上半年分别上升0.2和1.6个百分点，社会消费品零售总额下降3.99%、降幅较上半年收窄3.3个百分点。项目建设加快推进。继续推行“五个一”机制，实行投资任务“红黑榜”考核，实施重点项目111个，新入库76个，预计完成规模以上固定资产投资58亿元，产业投资占30%。云莱集团、天宇科技竣工投产，云南嘉科、联塑二期、星云湖畔、瀛景国际等重点项目进展顺利。获得省级追加建设用地指标1000亩，新增专项债券5000万元。产业基础

不断夯实。三次产业结构调整为19.6∶30.1∶50.3。预计完成第一产业增加值28亿元、增长4.8%。建成高标准农田7100亩，种植粮食9.85万亩、蔬菜22万亩、花卉1.85万亩；在全市率先完成烤烟收购任务，均价居全市第一，实现烟农交售收入3.18亿元、烟叶税7000余万元；新增市级以上农业龙头企业1户、家庭农场示范场5个；“宏斌”牌小米辣再获云南省绿色食品“十大名菜”。预计完成第二产业增加值44亿元、增长3.4%。龙泉园区预计实现工业总产值22亿元；磷化工行业预计实现销售收入10亿元；纸制品包装行业主营业务收入达8亿元；新增规模以上工业企业3户；商品房销售面积增长25%。预计完成第三产业增加值74亿元、增长3.6%。举办“邂逅星云·荷你有约”首届乡村振兴农旅文化节，民宿、农家乐等环星云湖旅游业态初见雏形，安化社区获评省级旅游名村，前卫渔村获评省级民族民间工艺品示范村，预计实现旅游收入60亿元、增长5%；现代物流业快速发展，实现物流业产值4.5亿元、增长182%，进出口总额预计完成3400万美元；新基建步伐加快，建成5G基站14个，区块链产业金融服务平台上线。

（三）三大攻坚战取得新成效。决胜脱贫攻坚圆满收官。全面落实脱贫攻坚巩固提升各项政策措施，61个各级反馈问题全部整改，整合各类资金6600余万元实施扶贫项目60余个。全区脱贫不稳定监测户65户197人、边缘户81户249人全部消除致贫风险。顺利通过国家脱贫攻坚普查验收，建档立卡户人均纯收入达1.3万元。污染防治攻坚战取得突破。2003年以来星云湖首次脱劣，12条主要入湖河道综合整治、原位控藻及水质提升、湿地湖滨带提质改造等工程全面完工；“四退三还”累计退出房屋422户、拆除10万余平方米；创新实施河（湖）长派单制，星云湖及大街河、大龙潭河等6条河道获评市级美丽河湖，提名省级美丽河湖评选；区河长办获评全国先进集体。蓝天保卫战各项任务圆满完成，城市空气质量优良率达99.7%。土壤污染防治扎实推进，完成重点行业企业用地污染状况调查，建立污染地块清单和优先管控名录。完成海棠水库等5个饮用水水源地保护区划定；完成23座非煤矿山转型升级，恢复治理星云湖径流区18座矿山；星云湖径流区调减蔬菜种植1.65万亩，沿湖种植生态烟叶5118亩、水稻（荷藕）4030亩，化肥、农药施用量进一步削减。三大保卫战和“7个标志性战役”取得成效，国家县域生态环境质量考核为基本稳定。防范化解重大风险攻坚战成效明显。积极开源节流，向上争取资金13.47亿元，做好统筹调度，克服收支矛盾，全力兜住“三保”；完成市级下达债务化解目标，退出风险提示名单，债务风险等级从橙色降为黄色。推动金融业稳健运行，银行业金融机构人民币存贷款余额分别增长3.84%、14.27%，存贷比达95%。

（四）城乡发展呈现新面貌。城市建设加快推进。完成中心城区部分地块控制性详细规划、城市更新概念性规划编制，启动西片区控制性详细规划、国土空间规划、“多规合一”实用性村庄规划编制。玉江大道入城段改造工程全面完工，翠大线改造6.38千米，龙泉大道、浪广路北延线复工建设，完成文祥街、文林街、宝凤路人行道改造升级。30个老旧小区改造全面完工，大街农贸市场投入使用，新改建城市公厕9座，更新改造智慧停车位1723个，发行智慧车牌2.6万张，新增城区绿化面积20.35公顷。人居环境持续提升。完成生态保护红线评估调整，实施5个美丽乡镇、124个“百千工程”及5个“一水两污”项目，安装太阳能路灯5650盏，城乡生活垃圾有效处理率、镇区生活污水处理设施覆盖率、集镇水冲公厕覆盖率、村（居）民小组人居环境1档标准达标率均达100%；农村“厕所革命”超额完成任务，新建行政村无害化卫生公厕28座，完成无害化卫生户厕改建25811座，农村卫生厕所覆盖率达92.95%，排名全省二类县第一名；实施农村公路安防工程164千米，创建“美丽公路”20千米；完成9个示范村1.54万平方米农村“节地上楼”建设。创建1个省级、11个市级美丽村庄、3个省级农村人居环境示范村、3个贫困地区农村人居环境整治示范村，建成文明村镇15个。“七个专项行动”初见成效。裸露垃圾实现全消除，公共厕所分类达标，新建洗手台467座；探索“六看”工作法，农贸市场环境大提升；推行“八查八看”自律守则，餐饮服务单位全达标；重点场所清洁消毒管理规范化，健康教育大众化，爱国卫生“七个专项行动”连续两月市级测评红榜夺魁，乡镇（街道）均成功创建省级卫生乡镇，52个行政村创建为省级卫生村。

（五）改革创新激发动力。重点领域改革深入推进。全面推进医共体打包付费制度、义务教育教师区级统筹管理等综合性改革；农村宅基地制度改革获国家试点；在全市率先开展“交所合一”“一门通办”警务改革；完成市场服务中心、供排水公司国有企业改革；启动“一颗印章管审批”，探索建立区乡两级农村土地流转交易服务平台。开放创新持续深化。年内投入R&D经费1.38亿元、增长92.54%，建成第二个院士工作站（闻邦椿院士工作站），立项科技部重点专项1个、省级科技重大专项2个，认定高新技术企业4户，入库国家科技型中小企业9户，备案为省级科技型中小企业13户，认定市级工程技术研究中心1个，新入选云南省“首席技师”2人。抚仙湖欢乐休闲度假区、古滇铜街等29个招商引资项目成功签约，市外国内到位资金增长21.65%，引进外资50万美元。绘制“十四五”发展蓝图。主动融入滇中城市群、昆玉同城化、红江一体化发展格局，精心编制“十四五”规划及24个专项规划，谋划“十四五”重点项目库。“用脚步丈量城市”，制定城市更新三年行动计划，包装城市交通优化、特色街区打造、公共设施配套等55个重点项目，计划投资62亿元。

（六）民生福祉持续改善。投入民生资金16.61亿元，占全区一般公共预算支出的78.9%，十件惠民实事基本完成。社会事业协调推进。区二幼、大庄幼儿园和九溪中心幼儿园建成投用，义务教育、职业教育和高中教育提质增效，高考成绩在县（市、区）中名列前茅。区人民医院胸痛中心通过国家认证，区妇幼保健院整体搬迁，市传染病医院落地江川，建立居民健康档案25万份，家庭医生签约9.98万人。保障水平不断提高。实施高校毕业生、退役军人等就业帮扶政策，新增就业2850人，城镇登记失业率3.4%。发放创业担保贷款1.52亿元、兑付各类就业补助591.72万元。基本社会保险参保率指数完成目标值100%。老年人服务场所达335个，每千名老年人拥有床位数居全市第一。文体事业蓬勃发展。公共文化惠民活动日益丰富；率先建成32块足球场，成功举办2020—2021赛季CBDL第一阶段比赛、全市第十八届老年人健身运动会和青少年学生运动会等赛事。社会治理持续提升。成功创建云南省第一批民族团结进步示范区，命名8家省级、36家市级、66家区级示范单位。扫黑除恶专项斗争“长效常治”，抓实禁毒防艾，社会治安防控体系不断完善，平安建设和社会治理现代化水平不断提高，扎实开展文明城市创建，社会风气持续净化，获评全国信访工作“三无”县、全省“先进平安”县。第七次全国人口普查、大街街道析置有序推进。国防动员、双拥工作、广播电视、气象、防震减灾、人防、供销、残联、科协、工商联、工青妇、老体协、红十字会、关心下一代等各项工作取得新成效。

（七）自身建设全面加强。强化审计监督、政务督查，办理人大代表建议123件、政协委员提案90件。完成重大行政决策目录标准制定，组织重大决策听证13项、重大风险评估14项，公开政府信息6000余条，基层政务公开标准化规范化工作稳步推进。完成公共资源交易项目73个，节约资金2300余万元。落实中央八项规定精神及实施细则，持续纠治形式主义、官僚主义，切实为基层减负，政府系统会议、文件数量均在限额范围内。扎实开展“以案促改”警示教育，全面推进“清廉江川”建设。

各位代表！2020年是“十三五”规划的收官之年，突发的新冠肺炎疫情对全区经济社会发展造成了较大冲击，地区生产总值、规模以上固定资产投资、一般公共预算收入、社会消费品零售总额等指标尽管未达年初预期，但巨大考验和困难，让我们增强了知难而进、逆流而上的勇气。过去五年，仍是江川发展史上浓墨重彩的五年。五年来，全区经济实力大幅跃升、脱贫攻坚成果显著、生态环境明显改善、文化事业繁荣发展、人民生活水平显著提高、民主法治水平进一步提升，“十三五”目标基本实现，决胜全面建成小康社会取得决定性成就。

五年来，我们坚持发展第一要务，综合实力显著增强。“十三五”末地区生产总值预计达146亿元，较2015年增加66亿元；一般公共预算支出年均增长6.2%；规模以上工业增加值年均增长18.1%；累计完成规模以上固定资产投资324.8亿元、年均增长7.7%。成功入选省级可持续发展试验区，文化产业增加值跻身全省30强，圆满完成第三次全国农业普查、第四次全国经济普查。

五年来，我们坚持打基础利长远，基础设施不断完善。江通、澄川高速建成通车，北前线、大铁线等部分路段完成大修，主城区路网密度达8.14千米/平方千米，创建“美丽公路”100千米，建制村、贫困村公路100%硬化，公路总里程较2015年增加631千米、增长72.7%。投入27.58亿元推进水网建设，完成4个小（一）型水库、18个小（二）型水库、78个小坝塘除险加固，满足3.5万亩农田灌溉、保障7.4万亩农田防洪安全。实施农村饮水安全巩固提升工程44件，农村集中供水率、自来水普及率均达100%。老污水处理厂提标改造全面完成，新建城镇污水管网27.98千米，城镇污水处理率较2015年上升9.66%。完成74个村（社区）村落环境综合整治。新建天然气管道25.55千米，完成农村电网升级改造330千米，建成通信基站455座。

五年来，我们坚持加大投入，城乡面貌显著改观。成功撤县设区，顺利通过国家卫生城市复审、创建省级文明城市。“美丽县城”建设完成投资24.24亿元，城市建成区面积较2015年扩大0.8平方千米。大街、江城棚户区改造进展顺利。村庄规划实现全覆盖，“百千工程”、农村危房改造及人居环境整治等项目完成投资2.47亿元。创新推行“节地上楼”，拆除临违建筑125万平方米，农村危房连片改造1600户，11个震后恢复重建安置点建设基本完工。

五年来，我们坚持绿色发展，生态环境持续向好。修订《云南省星云湖保护条例》，星云湖水环境保护治理“十三五”规划项目及山水林田湖草生态保护修复试点工程18个项目全部完工，成功申报星云湖国家湿地公园（试点），完成13次各级各类环保督察反馈127项问题、420条措施整改验收销号，水质均达水污染防治行动计划年度目标。大街街道、江城镇创建为国家级生态文明乡镇，白石岩、河咀、三街、矣文上榜“国家森林乡村”。区人民医院创建为国家级节约型公共机构示范单位。全区森林覆盖率、城市绿地率分别较2015年上升1.87%、14.18%，县级饮用水水源地水质达标率100%，万元生产总值能耗较2015年下降37.27%。

五年来，我们坚持开拓创新，改革开放不断深化。党政机构改革、公务用车制度改革圆满完成，经济体制改革、“放管服”改革持续推进，引进市外国内资金年均增长14.83%；义务教育校长职级制、教师“县管校聘”改革列为全省试点；农村土地确权登记颁证、农村集体产权制度改革全面完成，在全省率先开展股权抵押担保贷款试点；申报江城镇全域土地综合整治全国试点。

五年来，我们坚持以人民为中心，民生福祉日益增进。聚焦“两不愁三保障”，扎实开展脱贫攻坚“五个一批”行动计划，投资6亿余元实施扶贫项目547个。安化贫困乡脱贫摘帽，16个贫困行政村退出，2062户7198人建档立卡贫困户脱贫，118户贫困对象监测户人均可支配收入达9232元、增长52.1%，贫困发生率从6%降至零，圆满完成减贫任务。新建幼儿园16所，完成“全面改薄”项目72个，2016年义务教育基本均衡通过国家评估，2019年荣膺省级教育工作先进县。行政村体育基础设施覆盖率达100%。成功创建省级慢性病综合防控示范区，区人民医院建成专家基层工作站、提质达标通过省级验收，医疗机构较2015年增加10家。城镇登记失业率控制在4%以内。新（改扩）建敬老院3个、居家养老服务中心及老年活动室91个。退役军人事务得到有效保障。成功打掉11个黑恶势力犯罪团伙。

五年的实践使我们深刻认识到，做好政府工作必须始终坚持党的领导，增强“四个意识”、坚定“四个自信”、做到“两个维护”，确保中央和省、市、区委决策部署落地生根；必须始终坚持密切联系实际，以新发展理念破解深层次矛盾，针对经济社会发展的短板弱项，有的放矢、精准施策；必须始终坚持依靠各方面的智慧和力量，共谋转型、共促振兴、共享成果；必须始终坚持高标准、严要求、快节奏、求实效，为推动经济社会高质量发展提供坚强的作风保障。

各位代表，五年发展，成之唯艰，五年耕耘，收获满满。实现“十三五”顺利收官，全面建成小康社会胜利在望。这是区委总揽全局、正确领导的结果，是区人大常委会、区政协监督支持的结果，是全区人民共同努力、携手奋斗的结果。在此，我代表区人民政府，向奋战在各行各业的建设者、劳动者，向人大代表、政协委员，向驻江部队和武警官兵，向中央和省、市驻江单位，向所有关心支持江川发展的同志们、朋友们致以崇高的敬意和衷心的感谢！

各位代表，凡是过往，皆为序章。江川的发展变化令人振奋，但同时我们也清醒认识到，在建设新江川征程上，我们还面临许多困难和挑战：一是经济总量不大，发展方式粗放，产业结构层次较低，新兴产业发展滞后，消费带动不强，投资支撑不足。二是生态环境承载力弱，以星云湖保护治理为重点的生态文明建设任重道远。三是新型城镇化推进不快，城镇化水平不高，公共服务、基础设施建设等民生领域欠账较多，各类风险隐患多元多样多变。四是财源结构单一、增收乏力，财政收支矛盾突出，政府性债务存在风险。五是干事创业精气神不足，少数干部思想不够解放，政策研究不透、执行力不强，不愿为、不善为、不敢为的现象仍然存在。对此，我们将采取有效措施，切实加以解决。

二、“十四五”发展目标任务

根据区委二届八次全会审议通过的《中共玉溪市江川区委关于制定玉溪市江川区国民经济和社会发展第十四个五年规划和二〇三五年远景目标的建议》，形成了提交本次大会的《玉溪市江川区国民经济和社会发展第十四个五年规划纲要》，请各位代表认真审议。

《纲要》确定了“十四五”时期“12345”的发展思路：聚焦“美丽滨湖花园城市”建设这个总目标，力保星云湖水质持续向好不动摇；抓实乡村振兴和新型城镇化双推进，构建城乡协调发展的空间形态，实现双轮驱动；统筹生态、产业、文化协调发展；推进规划、城市、产业、人人融合发展，加快形成功能互补、相互支撑、协同发展的红江一体化格局；着力生态文明建设强党建、着力产业兴旺保要素、着力滨湖花园城市建设补短板、着力“平安江川”创环境、着力民族团结进步促和谐，做到五力齐发增动能。

《纲要》提出了“三区一城”的发展定位：将江川打造成新型城镇化引领区、新兴产业聚集区、乡村振兴示范区、美丽滨湖花园城。提出构建一核、一圈、三带、六园“1136”空间布局：中心城区发展核，星云湖环湖生态旅游圈，江川—红塔一体化发展带、大街—江城高品质文旅康养经济带、大街—雄关高原特色农业产业带，高新技术及临空产业园、绿色农产品加工及物流产业园、古滇青铜文化创业产业园、江城纸制品产业园、花卉科创产业园、小白坡小微企业创业园。

《纲要》明确了到2025年的主要指标任务：全区经济总量突破230亿、年均增长8%，五年累计完成固定资产投资400亿元、年均增长10%，社会消费品零售总额95.8亿元、年均增长8%，一般公共预算收入突破7.44亿元、年均增长5.6%，城乡常住居民人均可支配收入分别达55070元、23200元。城镇登记失业率控制在5.5%以内。力争常住人口城镇化率每年增长3个百分点，城镇化率达到60%。星云湖水质保持Ⅴ类向好。

展望今后五年，我们充满必胜信心。在通往未来的新征程中，只要我们增强忧患意识、机遇意识、进取意识，把困难估计得更充分一些，把干劲鼓得更足一些，在新经济、“两新一重”、国内国际双循环等重大机遇面前主动作为、强势出击，在江川近几年积蓄形成的发展基础、发展势头和发展氛围中顺势而为、乘胜前进，牢牢把握发展主动权，把小事做实、大事做成，就能积厚成势、行稳致远，把“十四五”美好蓝图变为现实。

三、2021年工作安排

2021年是“十四五”规划开局之年。今年政府工作的总体思路是：坚持以习近平新时代中国特色社会主义思想为指导，全面贯彻党的十九大和十九届二中、三中、四中、五中全会精神，全面落实市委五届十二次全会、市委经济工作会和区委二届八次全会安排部署，坚持稳中求进工作总基调，立足新发展阶段，贯彻新发展理念，主动服务和融入新发展格局，以推动高质量发展为主题，以深化供给侧结构性改革为主线，以改革创新为根本动力，以满足人民日益增长的美好生活需要为根本目的，坚持系统观念，巩固拓展疫情防控和经济社会发展成果，巩固夯实全面建成小康社会成果，坚持“12345”发展思路，扎实做好“六稳”工作、全面落实“六保”任务，推动经济平稳运行、健康发展，确保“十四五”开好局，迈出建设“三区一城”的坚实步伐，以优异成绩庆祝建党100周年。

经济社会发展的主要预期目标建议为：地区生产总值增长8%左右，规模以上固定资产投资增长12%左右，一般公共预算收入增长4.5%，社会消费品零售总额增长7%，城镇居民人均可支配收入增长6%，农村居民人均可支配收入增长8%，城镇登记失业率控制在5%以内，万元生产总值能耗与省市同步下降。

实现上述目标，今年要着力抓好7个方面重点工作。

（一）在壮大产业上开新局。更加突出“产业第一”理念，建立联系企业制度，扶持壮大实体经济，做大做强“四上”企业，实现优势产业品牌化，打造新兴产业聚集区，推动县域经济、园区经济、民营经济高质量发展。

推动农业现代化。聚焦打造世界一流“绿色食品牌”，突出特色产业，全力培育“一乡一业”“一村一品”，发展“高效智慧、特色品牌”的现代农业，实现第一产业增加值增长6%。毫不放松抓好粮食生产，挖掘品种、技术、减灾等稳产增产潜力，稳定粮食种植面积10万亩左右。巩固烤烟核心烟区，持续稳定烟叶种植面积和烟农收入。依托亚洲花卉科创谷，构建九溪、江城、前卫、雄关、安化花卉产业集群，实现花卉种植面积2万亩、产值5亿元。着力打造全省重要蔬菜加工基地，完成蔬菜种植面积22万亩、产值20亿元。开展大头鱼、星云白鱼等土著鱼种繁育，做优特色渔业；以发展野生菌、中药材产业为重点，做活林下种植业。加快农业一园多片布局，支持各乡镇（街道）建设规模化农业产业园，扶持农业龙头企业做大做强。推进云南“10大名品”培育，力争新认定“三品一标”产品5个以上。推进质量追溯平台建设，确保农产品质量合格率保持98%以上。

壮大新型工业。以“两型三化”为方向，以“调优存量、做强增量”为主线，加快传统产业转型升级，培育壮大新兴产业，新增规模以上企业2户，实现规模以上工业增加值增长8%。借助开发区优化提升机遇，持续推进高新区龙泉园区一体化发展，落实中国制造“2025”玉溪行动计划，着力打造新能源新材料、精密基础件、先进装备制造业“高地”，加快推进2.5产业园建设，确保联塑二期、宏程物流、筑友集团等项目投产，实现龙泉园区工业总产值28亿元以上。继续推进精细磷化工、纸制品包装、食品加工产业提档升级，力争磷化工产业实现产值21亿元，启动江城纸制品产业园二期、前卫青铜创业产业园项目建设。

加快发展服务业。坚持生产性服务业和生活性服务业并重，促进服务业聚集发展，实现第三产业增加值增长9%。加快环星云湖生态旅游区建设，启动抚仙湖欢乐休闲度假区项目，加快古滇铜街建设，探索建设田园综合体；举办环星云湖马拉松、徒步、垂钓等赛事，发挥农旅文化节、开渔节、梨花节等节庆带动效应；加大旅游市场秩序整治力度，加快“一部手机游云南”推广使用，实现旅游收入增长8%以上。以九溪、雄关、龙泉园区为重点建设物流产业园，引导物流企业、专业市场和社会性仓储物流设施聚集。启动划行归市、疏堵结合，推进农产品、汽车（摩托车）、小商品等专业市场建设；深入实施“电商+”行动，培育一批农特产品、手工艺品等行业电商，推广新媒体平台直播营销，挖掘消费潜力，新增限额以上企业5户。提速提质建筑业发展，通过引进、整合、重组等多种方式，力争至少拥有1家一级施工承包资质建筑企业，实现建筑业总产值增长5%以上、税收1.29亿元以上；出台促进房地产健康发展实施意见，抓住刚需住房和改善型住房两个重点，发展文旅、康养等跨界融合地产；加强政银企合作，发挥区块链产业金融服务平台作用，促进金融机构与企业精准对接；支持银行业创新面向“三农”的服务产品，构建差异化金融服务体系。

强化数字经济发展基础。落实市委、市政府建设“数字经济第一城”决策，出台加快推进数字新基建行动实施方案，实现5G规模化部署，实现主城区5G全覆盖和重点区域覆盖；在农业、工业、服务业和政府治理、智慧城市建设等领域推广形成具有示范引领作用的典型应用场景。实施4G网络扩容提速，持续推进农村偏远地区、自然村4G网络全覆盖；开展老旧小区光纤网络升级，重点区域千兆宽带覆盖能力达100%，百兆以上宽带用户占比达90%，自然村百兆宽带通达率100%，实现互联网出口带宽300G以上。全面整合交通、金融、医疗、住建等领域数据资源，深入推进新型智慧城市建设，促进区块链、人工智能技术应用，打造“移动办事之城”。抓好数字乡村建设，提升乡村治理智能化水平。

（二）在乡村振兴上出亮点。更加突出农业农村优先发展总方针，全力推动乡村振兴，促进农业高质高效、乡村宜居宜业、农民富裕富足。

拓展脱贫攻坚成果。开展巩固拓展脱贫攻坚成果“四个专项行动”，接续做好相对贫困村基础设施建设，推动产业扶贫向产业振兴提升，实施20个扶贫项目、完成投资2600万元以上。建立防止返贫监测和帮扶机制，对脱贫不稳定户、边缘易致贫户开展常态化监测预警。实施脱贫出列村提升行动，集中支持一批乡村振兴重点帮扶村，增强内生动力。培育壮大集体经济，有效促进农村家庭经营性、劳务性增收。实现巩固拓展脱贫攻坚成果同乡村振兴有效衔接。

夯实乡村发展基础。坚持最严格的耕地保护和节约用地制度，全面落实禁止耕地“非农化”和防止耕地“非粮化”要求，推进农村乱占耕地建房问题分类整治，建设高标准农田1.59万亩。启动城乡水务一体化工程，做好安化后河水库、九溪中营水库等4个新建水库前期工作，实施前卫小冲水库、雄关杨寺林水库等4个病险水库除险加固，申报20座小（二）型以上水库除险加固工程，实现小（二）型及以上水库除险加固全覆盖。发展多种形式适度规模经营，培育壮大农民合作社、家庭农场等新型农业经营主体，力争新增市级以上农业龙头企业1户、农民专业合作社2个、市级家庭农场示范场5个以上。发挥农业“接二连三”作用，发展“农业+观光休闲、健康养老、文化旅游”等新业态。盘活用好农村集体土地资源，巩固提升村级集体经济。

实施乡村建设行动。统筹推进集镇和村庄规划建设管理，落实“多规合一”实用性村庄规划全覆盖。按照城镇标准逐步完善村庄功能配套，提升农村生产生活条件。落实全省“美丽乡村建设万村示范行动”，筹措2000万元财政奖补资金，高标准建设1至2个田园综合体、10个乡村振兴示范村、30个美丽乡村。持续开展农村人居环境整治提升行动，因地制宜推进农村改厕、“一水两污”和村容村貌提升，启动农村生活污水收集治理工程项目建设、完成投资2000万元。提高农民科技文化素质，推动乡村人才振兴。

（三）在城市建设管理上求突破。更加突出规划引领，高质量完成国土空间规划编制，以城市更新改造为重点，着力提升城市品质和整体风貌，城镇化率达50%以上。

实施城市更新改造。落实市委“一年一变样、三年大变样”要求，聚焦“美丽滨湖花园城市”建设目标，按照“一环四纵五横”布局改善城区交通微循环，完成宁海路、抚仙路、宝凤路等5条道路提升改造和主要街区立面改造，实施玉江大道、翠大线等5个城市入口周边环境提升改造工程，启动“四馆一中心”建设，实施悦动城市运动公园、鹤鸣湖公园、兴江路三角公园提升改造工程，启动抚仙路渔文化主题街区、古滇夜宴主题街区、振兴街历史文化主题街区和文祥街农旅融合特色街区建设。城市更新改造计划完成投资13.66亿元。

提高城市品质。提升城市精细化管理水平，制定数字化城市管理实施办法，实施城乡环卫一体化。延伸城市文脉、注重建筑风格，打造宜居宜业、宜游宜商品质城市。加速西片区开发，完成一期土地收储，启动水电路等基础设施建设。加快星云湖畔、古滇国城三期、玉江华庭等房地产项目建设，盘活建成区31块低效用地，完成36个老旧小区改造。推进小区物业管理规范化，开展市容市貌专项整治。新建城区污水管网38.2千米、雨水管网36.4千米，铺设燃气管道3.12千米；新建3个智慧停车场、3座AA级旅游公厕，打造部分带状、口袋公园，力争人均公园绿地面积达12平方米，建成区绿化覆盖率达40%。

（四）在项目投资上下功夫。更加突出“项目为王”意识，坚持用市场化思维破解难题，持续扩大有效投资，确保完成规模以上固定资产投资65亿元。

抓重点项目全过程管理。继续执行重点项目“五个一”工作推进机制，实行项目谋划、落地、建设、竣工、投运全程闭环管理。主动研究、准确把握国家和省市投资政策导向及重点，围绕“两新一重”深入谋划包装一批重大基础设施建设项目；大力谋划引进新的重大工业项目，确保完成工业投资占规模以上固定资产投资比重达25%以上；在

5000万元以下项目包装谋划上求突破，力争形成投资20亿元。积极争取上级专项债券资金，大力实施造地计划，保障项目要素。安排项目前期费2000万元，督促职能部门主动做好项目选址、报件等前期工作，确保及时开工入库。发挥投资调度中心作用，应用好市级项目协同管理平台，坚持经济工作研究日、投资任务“红黑榜”考核、约谈提醒等制度，加大固定资产投资目标任务完成情况在区级综合考评中的权重；建立乡镇（街道）、部门投资任务捆绑考核机制，推行“每月排名、季度考核、全年结账”，压实项目推进责任，确保项目建设按时序有节奏推进，着力推进瀛景国际、联塑二期、市传染病医院、云南世吉、雄关加油站、农产品废弃物资源化利用等在库重点项目；推动机场高速、玉溪北城至研和高速、滇中引水工程（二期）等项目前期工作。

抓重点产业招商。坚持“大招商、招大商”，围绕全产业链，编制全区主导产业招商路线图，建立目标企业库，搭建与各类行业协会合作平台。按图索骥“走出去、请进来”开展精准招商，大力引进领军企业、关联企业、衍生企业，提高产业链垂直整合度和产业融合互补性，坚持数量、质量并重，紧盯投资实力强、产业前景好、科技水平高、安全环保优、税收贡献大的项目，力争引进亿元以上项目5个以上，实际利用市外国内资金增长10%以上。

（五）在生态环保上建新功。更加突出生态优先理念，坚持山水林田湖草系统治理，加快构建“安全生态、水清河畅、岸绿景美、人水和谐”的生态环境。

巩固星云湖水质向好态势。严格执行《云南省星云湖保护条例》，加快“智慧星云湖”建设，推进科学精准治湖。落实河（湖）长六大任务，持续实施河（湖）长派单制，推进星云湖保护治理由攻坚战向持久战转变。做好星云湖流域清水入湖生态补水及水库连通、星云湖浅水区高等植物修复等项目前期工作，确保星云湖水环境保护治理“十四五”项目前期工作开展率达60%。启动星云湖生态调蓄带水资源循环利用及生态廊道连通建设项目，完成星云湖国家湿地公园（试点）验收；实施6条入湖河道水污染治理、沿河村落综合治理（二期）等工程；稳定运行原位控藻及水质提升工程，处理星云湖富藻水1.08亿立方米、完成生态循环补水8000万立方米以上。加大沿湖农业产业结构调整力度，继续调整种植沿湖生态烟叶5000亩、水稻（荷藕）5000亩；加快推进长江经济带农业面源污染治理项目，完成16个规范畜禽散养户集中养殖点建设。

深化生态环境综合治理。强化空间管控，严格落实“三线一单”要求，执行《星云湖保护治理规划》《星云湖保护和科学利用专项规划》，形成节约资源和保护生态环境的产业结构、增长方式和消费模式。着力治理工业大气污染，推进机动车尾气治理，全面推行“绿色施工”。推进土壤污染防治，继续做好农产品产地土壤环境质量国控点位例行监测、工业企业疑似污染地块调查等工作。推动绿色低碳发展，打好绿色“三张牌”，加快推进农产品废弃物资源化利用处置应用示范、建筑垃圾及渣土处置等项目，提高资源综合利用水平。健全环境保护执法联动机制，保持严厉打击环境违法行为高压态势。

（六）在改革创新上勇作为。更加突出标志性、引领性、支柱性重点领域改革，以“啃硬骨头”的气魄深化改革，以“敢吃螃蟹”的胸襟开拓创新。

全面推进各领域改革。深化财税、金融体制改革。做好农村集体产权制度改革后续工作，推进农村宅基地试点改革，规范农村土地经营权有序流转。继续推进国有企业改革、供销合作社综合改革。深入推进文化市场、农业、市场监管、交通运输、生态环境保护、应急管理综合行政执法改革。持续推进政务服务“放管服”改革，打造“办事不求人、审批不见面、最多跑一次”和“全程服务有保障”的营商环境，改进“互联网+政府服务热线”工作。

深入实施创新驱动发展战略。引导企业加大科研投入，提高研发经费占地区生产总值比重，实施市级以上科技计划或创新发展项目36个。深入实施质量提升行动，积极组织申报院士（专家）工作站、市级以上企业技术中心、工程技术中心及“万人计划”人才。落实《玉溪市中长期人才发展规划》，培养发展本土人才。

（七）在保障民生上再发力。更加突出以人民为中心的根本立场，全力办好十件惠民实事，着力解决人民群众最关心最直接最现实的利益问题，让人民共享全面小康成果。

抓好常态化疫情防控。全面落实“外防输入、内防反弹”的总体目标，坚持“人防、物防、技防”并重的防控策略，推进“双提升”工程建设，做好防控物资准备、疫苗采购接种、外来人员排查、重点人群管控等工作，健全及时发现、快速处置、精准管控、有效救治的防控机制。持续推进爱国卫生“七个专项行动”，巩固和转化专项整治成果，丰富爱国卫生内涵，从集中整治向建立长效机制转变，以更高标准做好国家卫生城市复审和全国文明城市创建工作。

完善社会保障体系。做好高校毕业生、返乡人员、困难职工等群体就业创业和解困帮扶工作，新增城镇就业岗位2700个，实现再就业700人，培训农村劳动力1.55万人，转移农村劳动力2500人，发放创业贷款1.1亿元。提高全民养老、医疗参保率，推进城乡低保“一体化”，健全社会救助和福利体系。进一步放开养老服务市场，完成6个村级居家养老服务中心建设。继续实施惠民殡葬补助政策，推进农村公益性公墓建设管理。

优化公共服务供给。深入推进学前教育普及普惠、义务教育优质均衡、普通高中质量提升、职业教育校企合作和产教融合；做好江城二幼、城郊接合部幼儿园规划建设，启动大街二小项目前期工作；实施“3161”工程，提高教师队伍综合素质，支持和规范民办教育。推进健康江川行动，提速智慧医疗、紧密型医共体建设，建成区人民医院新生儿救治中心和高危孕产妇救治中心。加快公共文化服务中心建设，启动唐淮源故居、唐淮源烈士纪念馆修缮。广泛开展全民健身，筹备好省十六届运动会乒乓球、皮划艇等赛事。

提升社会治理水平。全面完成村级组织换届，推进党建引领基层社会治理网格化服务管理“多网合一”。实施安全生产专项整治，加强防灾减灾救灾应急能力建设，坚决遏制重特大安全事故发生。强化退役军人服务保障。着眼精细管理、精准服务，深化城乡社会治理，实施村（社区）公共服务事项准入制度，推进农村社区建设试点。严厉打击暴力恐怖、黑恶势力、新型网络犯罪等各类违法犯罪行为，深入开展禁毒防艾人民战争，全力维护社会稳定。积极争创全国民族团结进步示范区。完成第七次全国人口普查和大街街道析置。支持发展好托管区民生事业。支持残联、科协、工青妇、工商联、红十字会等人民团体工作，提高国防动员和双拥共建水平，加强广播电视、气象、防震减灾、人防、关心下一代等工作。

各位代表，“十四五”蓝图和新一年目标任务对政府自身建设提出了新的更高要求。我们将顺应时代发展和人民期待，全力打造忠诚、干净、担当的政府。

一是坚持实干勤政。自觉跟上时代步伐，学习新知识、掌握新要求，提高专业化水平，努力成为构建新发展格局的行家里手。倡导实干担当、善作善成的优良作风，鼓励干部直面困难、敢于斗争，真抓实干把区委决策部署贯彻到政府工作各个方面。推行清单管理、目标管理、闭环管理，加强督办检查，提升工作效能。健全激励引导和容错纠错机制，旗帜鲜明为担当实干者撑腰鼓劲。

二是坚持为民把政。将人民对美好生活的向往作为政府工作的奋斗目标，把更多财力投入到群众最需要的地方。推进政府机关作风转变，坚持问政于民、问需于民、问计于民，倾听群众呼声、关心群众疾苦，认真做好各项民生实事。深入基层、深入群众调查研究，在一线了解实情、解决问题、推动工作，使政府工作更贴近实际、更符合民意。

三是坚持依法行政。健全学法用法长效机制，提高运用法治思维、法治方式处理实际问题的能力。严格依法行使权力，坚决执行区委决策部署，自觉接受人大常委会、政协以及社会各界的监督，认真办好人大代表建议、政协委员提案。推进政府信息公开，做好政策解释工作。坚持依法科学民主决策，全面落实行政决策程序规定，完善公众参与、专家论证和集体决策相结合机制，发挥政府法律顾问作用。

四是坚持廉洁从政。把纪律和规矩挺在前面，深入推进政府系统党风廉政建设，压实“一岗双责”，运用好“四种形态”。树牢过紧日子的思想，强化预算刚性约束，持续压减“三公”经费，提高财政资金绩效管理水平。加强关键岗位风险防控，严管国有资产和公共资源，始终保持惩治腐败高压态势，以清正廉洁形象取信于民。

各位代表，艰难方显勇毅，磨砺始得玉成。让我们更加紧密地团结在以习近平同志为核心的党中央周围，在区委的坚强领导下，咬定目标不放松，撸起袖子加油干，以优异的成绩为建党100周年献礼！

部分用语说明

六稳：稳就业、稳金融、稳外贸、稳外资、稳投资、稳预期。

六保：保居民就业、保基本民生、保市场主体、保粮食能源安全、保产业链供应链稳定、保基层运转。

“三非”外国人：未经合法手续而在中国非法就业、非法入境和非法居留的所有外国人的统称。

双提升：提升重大传染病救治能力和疾控机构核心能力。

新基建：新型基础设施建设的简称，主要包括5G基站建设、特高压、城际高速铁路和城市轨道交通、新能源汽车充电桩、大数据中心、人工智能、工业互联网七大领域，涉及诸多产业链，是以新发展为理念，以技术创新为驱动，以信息网络为基础，面向高质量发展需要，提供数字转型、智能升级、融合创新等服务的基础设施体系。

区块链：信息技术领域术语。从本质上讲，它是一个共享数据库，存储于其中的数据或信息，具有“不可伪造”“全程留痕”“可以追溯”“公开透明”“集体维护”等特征。

7个标志性战役：星云湖保护治理攻坚战、珠江水系保护修复攻坚战、水源地保护攻坚战、农业农村污染治理攻坚战、生态保护修复攻坚战、固体废物污染治理攻坚战、柴油货车污染治理攻坚战。

城市更新：一种将城市中已经不适应现代化城市社会生活的地区作必要的、有计划的改建活动。

智慧车牌：主要由汽车电子标识及车联网等功能模块组成，是玉溪市汽车电子证照的便民利民服务载体。作为智慧车牌的核心，汽车电子标识（统一粘贴于车辆的前挡风玻璃上，为车主、驾驶人提供相关涉车电子证照服务）由公安部制定并予以推广，是国家认可的车辆可信数字身份，也是全国统一的涉车证件电子凭证载体。

一水两污：城乡供水、污水处理及生活垃圾处理。

七个专项行动：2020年7月到2021年底，在全省开展，以“清垃圾、扫厕所、勤洗手、净餐馆、常消毒、管集市、众参与”为主题的爱国卫生专项行动。

六看：先看“门”面、再看“地”面、三看“台”面、四看“墙”面、五看“脸”面、六看“里”面。

八查八看：一查证照健康证明有效，看亮证经营是否规范；二查穿戴工作衣帽口罩，看从业人员是否合格；三查环境卫生明厨亮灶，看餐厅后厨是否洁净；四查索证索票进货记录，看原料摆放是否整齐；五查餐饮用具消毒台账，看消毒保洁是否到位；六查冷藏冷冻冰箱冰柜，看生熟荤素是否分开；七查防蝇防鼠防虫设置，看三防措施是否完备；八查公筷公勺光盘行动，看文明用餐是否落实。

交所合一：把“交警中队”和“派出所”整合在一起，打破警种壁垒，整合警力资源，着力构建集“维护治安、管理交通、保障安全、服务群众”于一体的全新警务模式。

CBDL（China Basketball Development League）：原“CBA俱乐部预备队比赛”，于2018年更名为“中国篮球发展联赛”（简称CBDL联赛）。

三无：无进京越级上访（含非接待场所上访）、无大规模集体上访（指没有发生到县以上〈不含县〉超过50人的集体上访）、无因信访问题引发的极端恶性事件和舆论负面炒作。

校长职级制：对校长实施职务等级管理（一级、二级、三级、四级、五级。其中，一、二、三级校长数量结构比例不高于5%、25%、40%），是建设一支高素质专业化创新型基础教育校长队伍的重要举措之一。

县管校聘：“以县为主”的人事管理体制改革，实现教师队伍县域内统管统用、合理配置，以增强教师队伍活力、挖掘教师个人潜能、提高教育教学效益。

两新一重： 新型基础设施建设，新型城镇化建设，交通、水利等重大工程建设。

"四上"企业： 规模以上工业企业、资质等级建筑业企业、限额以上批零住餐企业、国家重点服务业企业等四类规模以上企业的统称。

两型三化： 开放型、创新型和高端化、信息化、绿色化。

2.5产业： 介于第二产业和第三产业之间，为生产型企业提供服务的产业。它内含第三产业中的生产性服务业，如贸易、结算、营销、物流、培训、资讯等职能，也兼具第二产业中高端部分，如研发、设计、核心技术产品生产等。

四个专项行动： 建救助平台、建产业帮扶全覆盖机制、建壮大村级集体经济帮扶机制、建扶志扶智机制。

美丽乡村建设万村示范行动： 《云南省乡村振兴战略规划（2018—2022年）》提出，2022年，全省要完成1万个示范村建设。

一环四纵五横： "一环"指规划环城路，"四纵"指玉江大道、抚仙路、宁海路、大庄路，"五横"指宝凤路、兴江路、江通路、龙腾路、龙泉路。

四馆一中心： 展览馆、文化馆、图书馆、博物馆、青少年活动中心。

三线一单： 生态保护红线、环境质量底线、资源利用上线和生态环境准入清单。

互联网+政府服务热线： 科学整合优化"12345"市长热线电话、96128政务查询专线和各行业政务服务热线资源配置，打造"统一、便捷、高效"的政府热线服务新模式。

"3161"工程： 到2025年有30名省级、100名市级、600名区级、1000名校级骨干教师和学科带头人。

党建引领基层社会治理网格化服务管理"多网合一"： 整合基层网格管理，将在基层设置的多个网格整合为一个综合网格，依托村（社区）合理划分基本网格单元，统筹网格内党的建设、社会保障、综合治理、应急管理、社会救助等工作，实现"多网合一"。

大事记

编辑　陈金才

玉溪市江川区2020年大事记

1月

3日，江川区召开中国共产党玉溪市江川区第二届委员会第六次全体会议。

3日，江川区召开区委经济工作会议。

4日，江川区召开中共玉溪市江川区委政协工作会议。

5日，江川区召开中国人民政治协商会议玉溪市江川区第二届委员会第四次会议。

5日，区委召开出席玉溪市江川区第二届人民代表大会第四次会议和政协玉溪市江川区第二届委员会第四次会议的中共党员代表和委员大会。

6日，玉溪市江川区第二届人民代表大会第四次会议举行第二次全体会议。

7日，玉溪市江川区第二届人民代表大会第四次会议举行第三次全体会议。

7日，江川区召开2019年度发展贡献和改革创新先进集体表扬大会。

16日，江川区召开2020年春节期间森林草原防灭火工作会。

17日，江川区召开“不忘初心、牢记使命”主题教育总结大会。

17日，江川区召开2020年烟叶生产工作会。

17日，市委副书记、市长张德华率队到江川区开展春节送温暖活动。

18日，区委副书记、区长常成率队调研星云湖沿湖保护治理项目。

19日，玉溪市江川区人武部党委全体（扩大）会议召开。

19日，江川区召开“两征两退”暨2020年玉溪市江川区征兵工作会议。

19日，区委理论学习中心组2020年第一次集中学习举行。

20日，区委书记徐贤，区委副书记、区长常成走访慰问春节值班人员、退休老干部、困难职工、农村困难老党员、特困户及敬老院孤寡老人。

20日，区委常委、区人武部政委曾宪涛，区委常委、区委政法委书记蒋文看望慰问驻地官兵和消防救援人员。

20日，区委常委、常务副区长李卫东率队到星云湖原位控藻项目部和澄川高速项目部慰问。

21日，区人大常委会主任龚桂存率队看望慰问下岗失业生活困难人员。

21日，区政协主席罗跃岗率队走访慰问困难职工、困难群众和退休老干部。

21日，区委副书记、区长常成调研全区安全生产工作。

21日，区委书记徐贤，区委副书记、区长常成率相关部门人员检查春节前市场供应、食品和烟花爆竹安全工作。

21日，江川区召开2020年双拥工作领导小组会议暨春节双拥座谈会。

21日，区委副书记、区委党校校长矣向林率队走访慰问企业困难职工、春节值班人员和退休老干部。

21日，区委常委、区人武部政委曾宪涛一行慰问立功受奖军人。

21日，区委常委、区委宣传部部长何眉率队慰问道德模范、玉溪好人和新乡贤。

21日，区委副书记、区长常成主持召开2020年领导干部任期经济责任审计领导小组联席会议。

22日，中共玉溪市江川区第二届纪律检查委员会第五次全体会议召开。

25日，江川区召开新型冠状病毒感染的肺炎疫情及春季传染性疾病防控工作领导小组第一次会议。

27日，市政府副市长曾敏到江川区调研督导新型冠状病毒感染的肺炎疫情防控工作。

27日，区委书记徐贤，区委副书记、区长常成深入区疾病预防控制中心及九溪镇卫生院，实地调研新型冠状病毒感染的肺炎疫情防控工作。

28日，区委书记徐贤，区委副书记、区长常成率队调研春节期间市场供应及新型冠状病毒感染的肺炎疫情防控工作。

29日，市政府副市长曾敏到江川区雄关乡检查新型冠状病毒感染的肺炎疫情防控工作。

29日，江川区召开应对新型冠状病毒感染的肺炎疫情工作领导小组会议。

30日，区委书记徐贤，区委副书记、区长常成一行到新型冠状病毒感染的肺炎集中医学观察隔离点和集中观测点，看望一线医护人员和后勤物资保障人员。

30日，市委常委、宣传部部长杨兴荣到江川区检查新型冠状病毒感染的肺炎疫情防控工作。

31日，区委书记徐贤率队深入大街街道浪广社区、河咀社区及新型冠状病毒感染的肺炎集中观测点调研指导疫情防控工作。

2月

1日，市委常委、宣传部部长杨兴荣到江川区检查新型冠状病毒感染的肺炎疫情防控工作。

1日，区委书记徐贤一行到安化乡就疫情防控、森林防火、人畜饮水、烤烟生产工作开展调研。

1日，江川区应对疫情工作领导小组指挥部以视频方式召开工作会议。

4日，区委书记徐贤率队对未脱劣河道开展现场调研。

5—6日，区委书记徐贤先后前往疫情防控主要职能部门、卡点、隔离点、社区村组，全面检查疫情防控工作。

6日，区委副书记、区长常成深入全区多个居民小区，检查指导新型冠状病毒感染的肺炎疫情防控工作。

7日，区委书记徐贤率队调研星云湖南岸乡村振兴示范区项目建设情况。

8日，江川区召开应对新型冠状病毒感染肺炎疫情工作领导小组指挥部会议。

10日，江川区召开扶贫开发领导小组2020年第一次会议。

10日，江川区召开河（湖）长制领导小组会议。

11日，区委书记徐贤率队到大街街道就“四退三还”、烤烟生产、沿湖生态种植、抗旱保春耕等工作进行实地调研。

12日，市委副书记、市长、市委市政府应对新型冠状病毒感染肺炎疫情工作领导小组组长张德华到江川区调研新冠肺炎疫情防控情况。

13日，江川区四套班子主要领导就相关重点项目选址和规划指标布局进行现场调研。

14日，星云湖一级保护区生态修复及生态屏障构建项目建设领导小组第八次会议召开。

14日，江川区委副书记、区长常成率队到前卫镇、江城镇调研烤烟生产、沿湖产业调整、星云湖一级保护区“四退三还”等工作。

15日，区委书记徐贤率队到江城镇调研企业复工复产、疫情防控及“四退三还”情况。

15日，区委副书记、区长、东西大河区级河长常成率队调研东西大河综合治理进展情况。

16日，区委书记徐贤，区委副书记、区长常成到大街街道实地调研疫情防控和“四退三还”工作。

18日，区委书记徐贤，区委副书记、区长常成就星云湖保护治理重点项目推进情况进行调研。

19日，江川区召开应对新冠肺炎疫情工作领导小组指挥部会议。

20日，江川区召开创建全国民族团结进步示范区领导小组第三次会议。

20日，江川区召开统一战线工作领导小组会议。

21日，江川区召开2020年法治政府建设工作会议、第二届人民政府第四次全体会议暨廉政工作会议。

22日，区委书记徐贤，区委副书记、区长常成率队调研雄关、九溪、前卫、大街“8·13”“8·14”地震灾后重建工作。

23日，区委书记徐贤，区委副书记、区长常成率队调研大街街道“四退三还”工作。

25日，区委书记徐贤，区委副书记、区长常成率队调研乡村振兴统筹城乡发展工作。

26日，江川区召开城乡规划建设委员会2020年第一次会议。

26日，江川区召开干部教育委员会第一次联席会议。

27日，江川区召开基层党建工作重点任务部署会暨党建工作领导小组第一次会议。

28日，市委常委、宣传部部长杨兴荣到江川区督导统筹推进新冠肺炎疫情防控和经济社会发展工作。

28日，区委理论学习中心组2020年第二次集中学习举行。

29日，江川区召开全面推进小康社会建设工作会。

3月

2日，市人大常委会副主任吴伯平率调研组到江川区调研烤烟种植规划及育苗工作。

3日，区委副书记、区长常成一行现场调研企业复工复产、重点项目推进情况。

4日，市人防系统机动巡察江川区反馈会召开。

5日，区委全面深化改革委员会第六次会议召开。

6日，江川区举行2020年河（湖）长制领导小组第二次会议暨河长清河行动、清四乱行动启动仪式。

7日，区委书记徐贤率队调研大街河脱劣工作。

12日，江川区召开非煤矿山转型升级工作推进会。

13日，江川区委农村工作会议召开。

14日，区委书记徐贤，区委副书记、区长常成率队到星云湖南岸的湖滨公园开展植树活动。

15日，区委书记徐贤率队调研大街街道棚户区改造工作。

18日，江川区召开2020年度城乡居民医疗保险参保缴费推进会。

18日，自然资源部副部长、自然资源副总督察库热西率领国家复工复产云南调研工作组到江川区就复工复产工作进行调研。

20日，江川区召开《玉溪市江川区国民经济和社会发展第十四个五年规划》编制工作启动会。

20日，江川区召开2020年全区公安工作会议。

20日，区委副书记、区长常成率队查看中小学开学前的疫情防控准备工作。

23日，区委理论学习中心组2020年第三次集中学习举行。

23日，江川区召开巡视巡察业务培训会。

24日，江川区召开区扫黑除恶专项斗争工作会。

24日，江川区召开区委政法工作会。

26日，江川区召开月度重点项目推进会。

26日，江川区召开创建全国民族团结进步示范区工作推进会。

26日，江川区召开2020年一季度经济运行分析会议。

26日，市人大常委会调研组到江川区开展《玉溪市革命历史遗址保护条例》立法工作调研。

27日，市人大常委会主任李洪云到江川区调研。

27日，省委第五巡视组巡视江川区工作动员会召开。

29日，区委书记徐贤带队调研重点项目推进情况。

31日，江川区启动民族团结进步示范创建“星云石榴籽行动”暨各族群众保护母亲湖活动。

31日，玉溪市政协党组牵头召开江川区安化彝族乡脱贫攻坚“回头看补短板强弱项抓提升”行动部署工作会。

4月

1日，江川区召开2020年宣传思想工作会。

2日，江川区召开脱贫攻坚暨乡村振兴工作推进会。

2日，江川区召开2019年度党风廉政建设责任制考核工作约谈会。

2日，江川区召开2020年全区安全生产工作暨区安委会第一次全体会议。

3日，江川区委区直机关党的建设工作会暨“城市基层党建”联盟工作推进会召开。

4日，区委书记徐贤率队到江城镇开展综合调研。

6日，江川区召开古滇青铜街和星云湖南岸乡村振兴示范区项目规划汇报会。

6日，区委书记徐贤，区委副书记、区长常成率队对大街街道“四退三还”工作进行现场调研。

8日，江川区城乡规划建设委员会2020年第二次会议召开。

9日，江川区召开脱贫攻坚普查调研试填业务培训会。

9日，江川区召开2020年人大代表建议和政协委员提案交办会。

10日，市委副书记、市长、星云湖市级湖长张德华到江川区调研星云湖治理情况。

11日，区委书记徐贤率队到前卫镇调研督导精准脱贫工作。

11日，区委副书记、区长常成率调研组到安化乡开展精准扶贫调研督导工作。

11日，区委副书记、区委党校校长矣向林，区委常委、常务副区长李卫东分别率调研组深入大街街道、九溪镇和江城镇、雄关乡，就精准扶贫相关工作进行调研督导检查。

14日，2020年一季度星云湖保护联席会在江川区召开。

15日，江川区召开2020年一季度向上争取汇报工作会。

17日，全市烤烟移栽暨机械化地膜覆盖工作现场会在江川举行。

17日，江川区召开国家创新型城市建设工作领导小组扩大会议。

17日，江川区召开2020年防震减灾工作联席会议。

18日，区委书记徐贤率队实地调研大街街道“四退三还”及沿湖生态烟叶种植工作。

19日，江川区召开棚户区改造工作领导小组会。

21日，江川区召开2020年文明委（扩大）会议暨文明城市创建工作会。

21日，区委书记徐贤率队调研江川主城区老旧小区改造情况。

21日，江川区召开2020年“扫黄打非”工作会。

21日，江川区召开2020年卫生健康暨党风廉政建设工作会议。

25日，区委书记徐贤率队调研星云湖水质监测、入湖河道治理、环湖截污等工作。

25日，江川区召开脱贫攻坚农危房改造问题排查整改暨“回头看补短板强弱项抓提升”专项行动工作推进会。

27日，省农业农村厅副厅长左荣贵率调研组到江川区对星云湖河（湖）长制工作落实情况进行督导。

27日，江川区召开招商引资工作委员会2020年第二次会议。

28日，江川区召开应对新冠肺炎疫情工作领导小组指挥部会议。

28日，江川区召开4月份经济运行分析会和重点项目推进会。

29日，区委书记徐贤率队调研城市市政基础设施建设情况。

30日，江川区召开优化营商环境暨推进政府职能转变和“放管服”改革工作领导小组第一次会议。

30日，区委全面深化改革委员会第七次会议召开。

5月

4日，区委副书记、区长常成到雄关乡调研农业产业发展、乡村振兴等工作。

8日，区委理论学习中心组2020年第四次集中学习举行。

9日，江川区召开2019年综合考评工作约谈会暨2020年综考工作会议。

11日，区委书记徐贤，区委副书记、区长常成率队调研污水处理厂及滇中引水工程进展情况。

13—15日，云南省民族宗教委副主任李正洪率全国民族团结进步示范区省级验收组及互观互检组对江川区创建全国民族团结进步示范区工作开展省级初验暨互观互检。

15日，中共玉溪市江川区二届区委第十二轮巡察工作动员部署会召开。

15日，江川区召开2020年防汛抗旱工作会。

15日，2020年星云湖各级环境保护督察反馈问题整改工作会在江川区召开。

15日，玉溪市加大投资加快发展县（市、区）专场系列首场新闻发布会举行，江川区委常委、常务副区长李卫东代表江川区委、区政府就项目投资情况作介绍，并回答记者提问。

15日，玉溪市老干部“绿水青山”工程——“长寿林”计划活动在江川举行。

15日，江川区召开农村供水工程水费收缴工作推进会。

18日，区委书记徐贤率队调研星云湖保护治理暨南岸乡村振兴示范区项目工作。

20日，江川区召开2020年生活无着的流浪乞讨人员救助管理工作联席会议。

21日，市委常委、常务副市长李朝伟到江川区调研稳增长工作。

26日，市委常委、宣传部部长杨兴荣到江川区调研稳增长工作。

26日，江川区召开2020年全区自然资源暨地质灾害防治工作会。

28日，江川区城乡规划建设委员会召开2020年第三次会议。

28日，江川区召开5月份重点项目推进会。

29日，省委组织部副部长、省委老干部局局长晏森对江川区离退休干部围绕中心、服务大局、积极发挥余热助力地方经济社会发展增添正能量各项工作进行调研。

6月

2日，区委书记徐贤率队调研江川区政务服务中心建设情况。

2日，区委书记徐贤率队调研教育工作。

2日，区委书记徐贤率队调研江川区政务服务中心建设情况。

3日，区委书记徐贤率队到安化乡调研多肉花卉产业发展、病险小水库除险加固、脱贫攻坚和民族团结进步示范区创建等工作。

4日，江川区召开第七次全国人口普查领导小组第一次会议暨工作动员部署会。

4日，区委书记徐贤到雄关乡调研重点项目建设、花卉龙头企业发展等工作。

5日，江川区召开2020年统战（民宗）工作会议。

11日，江川区召开农村人居环境整治暨“厕所革命”工作推进会。

12日，江川区召开关心下一代工作会议。

13日，江川区召开领导干部大会。

24日，江川区召开深入开展学习宣传贯彻习近平总书记考察云南重要讲话精神宣讲动员会。

24日，江川区召开6月份经济运行分析会。

26日，区委副书记、区长常成率队调研大街街道星云湖一级保护区“四退三还”退房和安置点建设工作，并召开星云湖一级保护区生态修复及生态屏障构建项目建设领导小组会议。

30日，江川区召开2020年银政座谈会。

30日，区委副书记、区长常成率队到前卫镇、江城镇调研重点工作。

30日，江川区召开庆祝中国共产党成立99周年大会。

7月

1日，江川区召开2020年高考安全工作会暨招生考试委员会成员单位联席会议。

1日，区委副书记、区长常成到江城镇侯家沟村委会走访慰问老党员。

1日，江川区设分会场收听收看全省防汛抗洪救灾工作电视电话会议。

2日，江川区召开农村不动产确权登记发证工作动员会。

4日，市委副书记、市长张德华率队到江川区调研强降雨引发的灾情和防汛救灾工作。

6日，江川区召开新时期产业工人队伍建设改革工作推进会。

7日，区委副书记、区长常成率队深入江川一中，对2020年全国普通高校招生统一考试进行巡查。

7日，区委理论学习中心组2020年第五次集中学习举行。

7日，江川区召开“全民反恐共筑平安”反恐怖主题宣传季活动推进会。

8日，中共玉溪市江川区委平安江川建设（社会治理现代化）领导小组召开第一次会议。

8日，江川区召开深入推进“清廉江川”建设工作会。

8日，江川区召开禁毒工作推进会。

9日，江川区召开重点项目推进工作约谈会。

9日，江川区召开2020年征兵工作推进会议。

10日，江川区举行领导干部学习讲坛（第56讲）。

13日，区委副书记、区长常成率队到腾冲市考察学习。

14日，区委副书记、区长常成率队到保山市隆阳区考察学习。

14日，云南省农业农村厅督导组到江川对星云湖水环境保护治理“十三五”规划实施情况进行督导。

14日，市人大常委会调研组到江川区调研2020年上半年国民经济和社会发展计划及财政预算执行情况。

15日，区委副书记、区长常成率队到大理市考察学习。

16日，江川区召开预防食物中毒防控工作会。

16日，江川区举办2020年二季度办公室系统培训。

18日，区委副书记、区长常成率领相关部门负责人实地查看脱贫攻坚各项工作推进落实情况。

21日，江川区召开推进非煤矿山关闭工作部署会。

22日，民革云南省委课题调研组到龙泉工业园区调研江川区航空物流业发展情况。

22日，江川区召开2020年新时代文明实践暨未成年人思想道德建设工作会。

23日，省民政厅副厅长熊梅率领督查组到江川区督查汛期民政服务机构风险隐患排查整改、受灾群众救助帮扶、特殊群体巡查探访和关爱保护等工作情况。

24日，区委理论学习中心组2020年第六次集中学习举行。

26日，区委副书记、区长常成率队调研江川区城市规划建设管理工作。

29日，江川区召开2020年符合政府安排工作退役士兵量化评分复核工作会。

29日，江川区召开7月份项目包装暨固定资产投资工作会。

29日，江川区召开2020年退役士兵选岗安置现场会。

29日，江川区设分会场收听收看国务院第七次全国人口普查电视电话会议暨全省第七次全国人口普查电视电话会议。

30日，江川区城乡规划建设委员会召开2020年第四次会议。

31日，江川区召开2020年退役军人工作领导小组第一次会议、“双拥”工作领导小组第二次会议暨“八一”建军节座谈会。

31日，江川区设分会场收听收看全国安全生产电视电话会议。

31日，江川区召开文明城市创建工作推进会暨培训会。

8月

1日，区委副书记、区长常成率慰问组开展

"八一"走访慰问活动。

3日，区委全面深化改革委员会第八次会议召开。

3日，江川区设分会场参加五届市委理论学习中心组第四十七次暨2020年第六次集中学习。

3日，江川区召开非煤矿山关闭工作推进会。

3日，江川区设分会场收听收看全市领导干部学习民法典专题培训会。

4日，区委副书记、区长常成率队调研江川区城市规划建设管理工作。

4日，省人大环资委调研组到江川区实地调研废弃农药及农药包装废弃物回收处置、农业面源污染治理、乡村环境保护治理等工作。

4—7日，江川区举办为期三天的地震救援第一响应人培训。

5日，江川区召开"美丽县城"建设工作推进会。

5日，江川区召开推进爱国卫生专项行动动员部署会议。

6日，区委理论学习中心组2020年第七次集中学习举行。

7日，区委副书记、区长常成一行调研星云湖湿地湖滨带提质改造工程推进情况。

7日，市委常委、军分区司令员安顺到江川区检查征兵体检工作。

7日，江川区召开2020年第三季度禁毒、道路交通安全工作联席会。

7日，区委常委班子召开落实省委第五巡视组巡视反馈意见整改专题民主生活会。

11日，玉溪市召开2020年加强婚姻管理引领婚育新风三年专项行动工作推进视频调度会议，江川区设分会场收听收看会议。

11日，玉溪市人大常委会调研组到江川区开展《水污染防治法》执法检查并就星云湖保护治理工作进行调研。

11日，省政协人资环委联合九三学社云南省委到江川区开展垃圾和污水处理、"厕所革命"、持续改善农村人居环境专题调研。

11日，云南省纪委常委、省委巡视工作领导小组成员、巡视办主任杨军率调研指导组到江川区调研指导巡察工作。

12日，云南省公办本科高校党委书记校长"高校服务云南经济社会发展"培训班到江川区开展现场教学活动。

12日，江川区召开规划培训会。

13日，江川区召开领导干部大会，宣布省委关于中共玉溪市江川区委主要领导调整决定：普光照任中共玉溪市江川区委书记。

13日，江川区召开"以案促改"警示教育大会。

14日，江川区举行爱国卫生专项行动全民大扫除"众参与"活动启动仪式。

14日，区委书记普光照率队对城市基层党建工作进行调研。

14日，江川区举办第二届人大代表履职培训班。

14—16日，玉溪市领导干部学习贯彻党的十九届四中全会和习近平总书记考察云南重要讲话精神研讨班在市委党校开班，江川区设分会场参加学习。

15日，江川区2020年事业单位公开招聘考试在江川一中等8个考点同时开考。

17日，江川区召开城区幼儿园划片区招生征求意见座谈会。

17日，江川区与中国移动玉溪分公司签署《"数字江川智慧城市"建设合作战略协议》。

17日，江川区设分会场收听收看2020年全省烤烟收购工作电视电话会议。

18日，江川区召开"十四五"规划编制工作推进会。

19日，区委书记普光照到区人武部调研。

20日，江川区召开2020年根治欠薪夏季专项行动工作推进会。

20日，区委理论学习中心组2020年第八次集中学习举行。

21日，江川区召开乡镇（街道）党（工）委书记、部分区直部门党组织书记2019年以来履行全面从严治党主体责任情况专题汇报会。

21日，江川区举办党外代表人士、新的社会阶层代表人士、非公经济代表人士培训班。

22日，区委书记普光照率调研组到云菜集团滇中智慧农业产业园调研。

22日，江川区召开2020年烟叶收购暨维护烟叶收购秩序工作会。

25日，江川区召开全区推进爱国卫生“七个专项行动”第1次调度会。

26日，江川区召开二届区委第七次全会报告征求老干部意见座谈会。

26日，江川区四套班子主要领导就城市规划建设管理现状进行深入调研。

27日，江川区召开2020年党建工作领导小组第二次会议。

28日，中共玉溪市江川区二届区委第十三轮巡察工作动员部署会召开。

28日，江川区召开住建领域第三季度安全生产暨质量月活动工作会。

28日，玉溪市绿色家庭创建行动启动仪式在江川区九溪镇六十亩村委会举行。

28日，区委书记普光照率队深入雄关、大街、前卫、安化四个乡镇（街道）调研当前烟叶收购工作。

29日，区委书记普光照率领江川区领导干部队对全区重点项目开展现场观摩。

29—30日，中国共产党玉溪市江川区第二届委员会第七次全体会议召开。

31日，江川区召开爱国卫生运动市场监管组“净餐馆”“管集市”专项行动工作推进会暨培训会议。

31日，玉溪市委书记王力实地调研江川区建设发展和“十四五”规划工作。

9月

1日，中共玉溪市江川区第二届委员会第158次常委（扩大）会议召开。

2—3日，省人大常委会督察组到江川区，就星云湖河（湖）长制工作开展情况和湖泊保护治理情况进行督察。

3日，江川区召开村（社区）领导干部经济责任审计动员会。

3日，2020年“德耀中华”玉溪市先进模范事迹暨“玉汝于成　溪达四海”玉溪精神主题巡讲报告会在江川举行。

4—6日，江川区举办领导干部学习贯彻党的十九届四中全会和习近平总书记考察云南重要讲话精神研讨班。

7日，玉溪市第十八届老年人健身运动会在江川区开幕。

7日，江川区召开区人武部党委第一书记任职宣布大会，宣布区委书记普光照任江川区人武部党委第一书记。

8日，江川区召开区委主要领导调研大街街道工作推进会。

9日，云南省妇联副主席农布央宗到江川区调研妇联工作。

9日，江川区召开区委原书记徐贤同志，区委原副书记、区长王志华同志任职期间履行经济责任、自然资源资产管理和生态环境保护责任情况及江川区2019年度财政决算审计进点会议。

9日，江川区召开2020年教育工作暨庆祝第36个教师节大会。

10日，区委书记普光照率队调研非煤矿山转型升级相关工作。

10日，江川区设分会场收听收看云南省领导干部时代前沿知识讲座（第121讲）。

11日，区委书记普光照率队调研军地资产置换相关工作。

11日，江川区召开2020年征兵工作定兵会。

12日，江川区召开爱国卫生“七个专项行动”工作推进会。

13日，江川区召开经济工作会。

13日，江川区召开城乡建设工作会。

13日，江川区召开非煤矿山转型升级工作推进会议。

14日，江川区设分会场收听收看全省新冠肺炎疫情防控工作电视电话会议。

15日，江川区召开推进爱国卫生“七个专项行动”领导小组第一次会议。

15日，江川区设分会场收听收看云南省第八次民族团结进步表彰大会。

15日，云南省安委办第三督查组到江川区开展安全生产综合督查。

16日，江川区召开加快推进汽车电子标识暨智慧车牌发行工作会。

16日，江川区召开优化营商环境领导小组第二次会议暨相对集中行政许可权改革动员大会。

16日，区委书记普光照深入大街街道旱街社区、大庄社区开展随机调研。

17日，江川区设分会场收听收看玉溪市智慧车牌推广发行工作视频会议。

17日，区委理论学习中心组2020年第九次集中学习举行。

21日，区委书记普光照率队对澄川高速公路沿线绿化和规划整治情况进行调研。

21日，玉溪市农村人居环境整治暨农村“厕所革命”现场推进会议在江川区召开。

23日，江川区领导干部学习讲坛（第59讲）开讲。

24日，江川区第十一届“中国统计开放日”暨第七次全国人口普查宣传月启动仪式举行。

24日，江川区召开2020年文明城市创建工作攻坚暨第三次推进会。

24日，江川区设分会场收听收看云南省脱贫攻坚百日提升行动工作调度会。

26日，江川区召开第39周经济工作研究日会议。

27日，江川区举办领导干部学习讲坛（第60讲）。

27日，江川区设分会场收听收看全省爱国卫生“七个专项行动”第二次督办推进会议。

27日，市委书记王力到江川区江城镇白家营村委会竹园村走访慰问著名抗日英烈唐淮源遗属。

28日，江川区举行首场干部荣誉退休仪式。

28日，江川区召开各级环保督察整改推进会。

28日，江川区召开进出口企业座谈会。

28日，江川区召开星云湖一级保护区生态修复及生态屏障构建项目建设领导小组第十一次会议。

29日，江川区召开大街至螺蛳铺段公路建设工作领导小组会议。

29日，江川区召开农村乱占耕地建房问题整治工作动员会。

29日，江川区设分会场收听收看云南省第五届“兴滇人才奖”表彰奖励大会。

30日，江川区举行“烈士纪念日”活动。

10月

4日，区委副书记、区长常成率队调研江川中心城区专业市场工作。

4日，江川区召开星云湖一级保护区生态修复及生态屏障构建项目建设领导小组退房攻坚现场推进会。

9日，区委书记普光照率队调研江川区委党校搬迁新建项目建设点。

10日，澄江市委副书记、市长范永光率调研组到江川区调研新农村建设及星云湖保护治理工作。

10日，区委财经委员会召开第二次会议。

10日，江川区召开网络安全和信息化委员会第二次会议。

12日，江川区召开省委第五巡视组巡视江川区委反馈意见整改工作推进会。

13日，江川区召开爱国卫生“七个专项行动”第二次工作推进会。

14日，江川区召开改革完善被征地农民基本养老保障工作动员部署暨业务培训会。

14日，区委书记普光照率队调研星云湖保护治理项目及各级环保督察反馈问题整改工作情况。

14日，江川区设分会场收听收看玉溪市《云南省农村人居环境整治三年行动考核评估办法》培训动员电视电话会议。

15日，江川区设分会场收听收看全省脱贫攻坚表彰大会暨脱贫攻坚先进事迹报告视频会。

15日，区委书记普光照率考察组到元江县、峨山县考察学习。

15日，“云南省高原湖泊保护治理领域劳动竞赛（星云湖赛区）百日冲刺启动仪式”在江川渔文化广场举行。

17日，江川区召开城乡建设工作研究日会议。

17日，江川区开展“高原湖泊卫士”保护治理母亲河暨军民携手共建助力爱国卫生“七个专项行动”活动。

17日，区政府举行第41周经济工作研究日会议。

19日，江川区设分会场收听收看中央巡视工作领导小组“讲师团”在昆明举办的巡视指导督导专题培训会。

20日，江川区举行古滇铜街项目暨星云湖西岸农业产业结构调整观光农业示范区项目开工仪式。

20日，2020年全国脱贫攻坚先进事迹第8巡回报告团在昆明举行先进事迹报告会，江川区设分会场收听收看。

21日，江川区领导干部学习讲坛（第62讲）开讲。

23日，江川区召开2020年敬老节经济形势通报会。

24日，区政府召开第42周经济工作研究日会议。

24日，市政协主席夏立洪，市委常委、副市长雷江平率队到江川区走访慰问高龄困难老人和抗美援朝志愿军老战士。

27日，江川区召开“十四五”规划编制工作专题会。

27日，江川区召开2020年度党建暨党风廉政建设责任制检查考核工作动员会。

27日，江川区召开平安江川建设（社会治理现代化）领导小组第二次会议。

27日，区委副书记、区长常成率慰问组到前卫镇开展走访慰问抗美援朝志愿军老战士李绍年。

28日，江川区召开乡村振兴统筹城乡发展暨农村人居环境整治工作推进会。

28日，区委书记普光照率慰问组走访慰问抗美援朝志愿军老战士郭小夯。

29日，区人大常委会主任龚桂存率部分省市区人大代表视察2020年重大项目建设推进情况。

30日，江川区召开2021年部门预算和2021—2023年财政中期规划编制动员暨培训会。

11月

1日，全国“扫黄打非”检查组到江川区检查复核全区“扫黄打非”进基层示范站点建设工作。

1日，市委副书记、市长张德华到江川区调研星云湖保护治理工作。

2日，江川区召开2020年中共玉溪市江川区委议军会暨国动委全会。

2日，中共玉溪市江川区第二届委员会第165次常委（扩大）会议召开。

3日，星云湖保护治理项目及中央和省级督查反馈问题整改进展情况汇报会召开，省河长办督导检查组对江川区星云湖保护治理项目及中央和省级督察反馈问题整改进展情况开展督导检查。

3日，市政协副主席郭亚钢率领调研组到江川区对开展编制“十四五”规划进行专题调研。

4日，江川区设分会场收听收看云南省领导干部时代前沿知识讲座（第122讲）。

5日，区委书记普光照参加大街街道党工委会议。

6日，江川区设分会场收听收看全省推进爱国卫生“七个专项行动”第3次督办推进会议。

9日，区委书记普光照率队调研脱贫攻坚工作。

10日，江川区设分会场收听收看学习贯彻党的十九届五中全会精神中央宣讲团视频报告会。

10日，江川区召开2020年度扶贫开发领导小组第七次会议。

10日，江川区召开第七次全国人口普查工作推进会。

10日，江川区召开集体廉政提醒谈话会。

14日，江川区召开第46周经济工作研究日会议。

16日，区委副书记、区长常成率队调研爱国卫生“七个专项行动”推进情况。

17日，江川区召开学习贯彻党的十九届五中全会精神集中宣讲动员会。

18日，中共玉溪市江川区二届区委第十四轮巡察工作动员部署会召开。

18日，全国妇联调研组组长孙晓梅率调研组到江川区开展家庭教育抽查评估调研。

18日，市委宣讲团成员、区委书记普光照到九溪镇马家庄村宣讲党的十九届五中全会精神。

18日，市总工会到江川区前卫镇的滇中饮水工程1标2标项目部开展“情暖初冬、爱在滇中”慰问活动。

19日，江川区设分会场收听收看全省全市疫情防控工作视频调度会。

19日，江川区设分会场收听收看全市安全生产电视电话会。

19日，江川区设分会场收听收看云南省财政厅2020年财政政策基层巡回培训会。

20日，江川区举行学习贯彻党的十九届五中全会精神市委宣讲团报告会。

20日，江川区举办民法典知识培训会。

20日，区委理论学习中心组2020年第十次集中学习举行。

21日，江川区召开第47周经济工作研究日会议。

21日，区委书记普光照到大街街道兰田村委会调研软弱涣散党组织整顿工作及村“两委”换届工作。

21日，区委书记普光照率队调研星云湖径流区矿山环境恢复治理工程项目推进情况。

21日，红河州石屏县委书记率考察团到江川考察学习星云湖保护治理工作。

23日，区委副书记、区长常成率队调研农村人居环境整治三年行动考核评估准备工作。

23日，市委副书记、市长张德华率第二检查考核组，对江川区2020年党风廉政建设责任制进行检查考核。

24日，江川区举行星云湖联合党委、“高原湖泊卫士”党建联盟暨河（湖）长责任制落实志愿服务活动。

24日，玉溪市公立医疗机构院长管理能力提升专题研修班在江川开班。

25日，江川区债务管理委员会召开2020年第一次会议。

25日，江川区召开爱国卫生“七个专项行动”攻坚动员暨第4次工作推进会。

26日，江川区召开星云湖“十三五”项目暨山水林田湖草项目督办专题会议。

26日，江川区设分会场收听收看省、市疫情防控工作视频调度会。

26日，区委全面深化改革委员会第九次会议召开。

26—29日，玉溪市2020年脱贫攻坚巩固提升成效考核第三考核组对江川区2020年度党委、政府脱贫攻坚巩固提升成效进行考核。

27日，江川区召开2021年度森林防灭火工作暨指挥员业务培训会。

28日，江川区召开第48周经济工作研究日会议。

28日，江川区召开滇中引水工程江川受水区二期工程项目推进会。

30日，区委副书记、区长常成调研2020年岁末年初安全生产风险隐患大排查大整治工作。

12月

1日，江川区召开2020年全区安全生产工作暨区安委会第四次全体会议。

1日，江川区召开财税工作专题辅导暨冲刺四季度经济运行分析会。

1日，江川区召开总河长会议暨河（湖）长制领导小组全体会议。

1日，区委书记普光照率队到雄关乡调研土地整治项目、花卉产业发展、乡村振兴等工作。

2日，省生态环境厅副厅长王天喜率省考核验收组到江川核查验收农村人居环境整治三年行动工作。

6日，2020—2021赛季中国篮球发展联赛第一阶段比赛（江川站）在区体育馆拉开帷幕。

7日，区委书记普光照率队调研城市更新改造工作。

9日，江川区召开农村人居环境整治三年行动考核验收反馈问题整改暨2020年度江川区党政领导班子和领导干部推进乡村振兴战略实绩考核和“三农”发展综合考评部署会议。

10日，区委副书记、区长常成率队调研全区爱国卫生“七个专项行动”工作。

11日，江川区设分会场收听收看全省爱国卫生“七个专项行动”第4次督办推进会议。

11日，区委书记普光照深入滇中引水工程江川段进行调研。

13日，江川区设分会场收听收看全省疫情防控工作视频调度会。

14日，玉溪市爱国卫生“常消毒”“众参与”专项行动现场推进会在江川区召开。

15日，江川区法学会召开第二次会员代表大会。

18日，江川区召开新能源汽车推广应用工作领

导小组会。

18日，江川区召开原区委书记徐贤同志、原区长王志华同志任职期间履行经济责任、自然资源资产管理和生态环境保护责任情况及江川区2019年度财政决算审计意见反馈会。

19日，江川区召开第51周经济工作研究日会议。

21日，江川区召开消防安全专项整治三年行动2020年冬春攻势暨消防安全隐患排查整治工作动员部署会。

22日，中国共产党玉溪市江川区第二届委员会第八次全体会议召开。

23日，江川区2020年网络意识形态工作培训班开班。

23日，江川区设分会场收听收看云南省领导干部时代前沿知识讲座（第124讲）。

26日，市委常委、常务副市长李朝伟率市政府调研组到江川区调研“十四五”规划有关工作。

28日，江川区设分会场收听收看云南省抗击新冠肺炎疫情表彰大会视频会。

29日，区委常委、常务副区长李卫东带领工信、应急、消防救援、公安、文化旅游等部门人员对火灾易发高发重点场所、单位开展岁末年初消防安全大检查。

29日，江川区召开第52周经济工作研究日会议。

30日，江川区召开政府工作报告征求意见座谈会。

（郑　赛）

概　　况

编辑　陈金才

江川区

【自然概貌】　江川区地处云南省中部，位于东经102° 35′—102° 55′和北纬24° 12′—24° 32′之间。东接华宁县，南连通海县，西与红塔区交界，北同晋宁区、澄江市毗邻。区政府驻地距云南省人民政府驻地106.05千米、距玉溪市人民政府驻地25.40千米。江川区境由湖泊、盆地、中低山组成。区境东西最大横距31.90千米，南北最大纵距33.70千米，区域面积850平方千米。在总面积中，山区、半山区占71.67%，平坝占15.96%，湖泊占12.37%。整个地势为四周高、中部低，西部九溪略向玉溪倾斜。境内最高峰谷堆山海拔2648米，最低点九溪河口村海拔1690米。境内主要河流有16条，河道总长184.80千米，属珠江流域西江水系，最大洪水流量315立方米/秒，多数为季节性河流。县境中部有高原断陷湖泊星云湖，辖有抚仙湖三分之一水面。星云湖总面积34.33平方千米，最大水深10.95米，平均水深7米，蓄水量2.1亿立方米，正常水位海拔1722米，属富营养型湖泊，十分适合鱼类生长，被誉为“天然养鱼塘”。

2020年平均气温为17.6℃，比历年同期偏高1.7℃，比2019年同期偏低0.4℃，属偏高年份，为历史同期第二高值（与2010年并列）。年极端最高气温为31.7℃（5月19日）；年极端最低气温为2.4℃（1月27日）。2020年日照时数为2134.6小时，比历年同期偏少55.4小时（-3%），比2019年同期偏少200.3小时（-9%），属略偏少年份。江川国家气象观测站降水量为712.6毫米，比历年同期偏少136.1毫米（-16%），比2019年同期偏多112.2毫米（19%）。

【行政区划】　江川区共有1个街道、4个镇、1个乡、1个少数民族乡，76个行政村（其中，有23个社区，53个村委会），344个自然村；472个村（居）民小组（其中，有居民小组176个，村民小组296个）。抚仙湖托管共涉及2个镇，10个行政村（社区3个，村委会7个），55个自然村63个村（居）民小组（居民小组20个，村民小组43个）。抚仙湖径流区统一托管后，江川区现有1个街道、3个镇、1个乡、1个少数民族乡，66个行政村（其中，有20个社区、46个行政村）；289个自然村；409个村（居）民小组（其中，有居民小组156个，村民小组253个）。撤县设区后，路居镇的行政区划仍然在江川区，只有行政权、财政权、人事权暂时划入澄江县。

【综合】　根据地区生产总值统一核算结果，2020年全区完成地区生产总值（GDP）1467367万元，按可比价格计算，比上年增长4.3%。分产业看，第一产业增加值273556万元，增长5.8%；第二产业增加值449512万元，增长4.4%；第三产业增加值744299万元，增长3.8%。三次产业结构由上年的16.1∶32∶51.9调整为18.7∶30.6∶50.7。

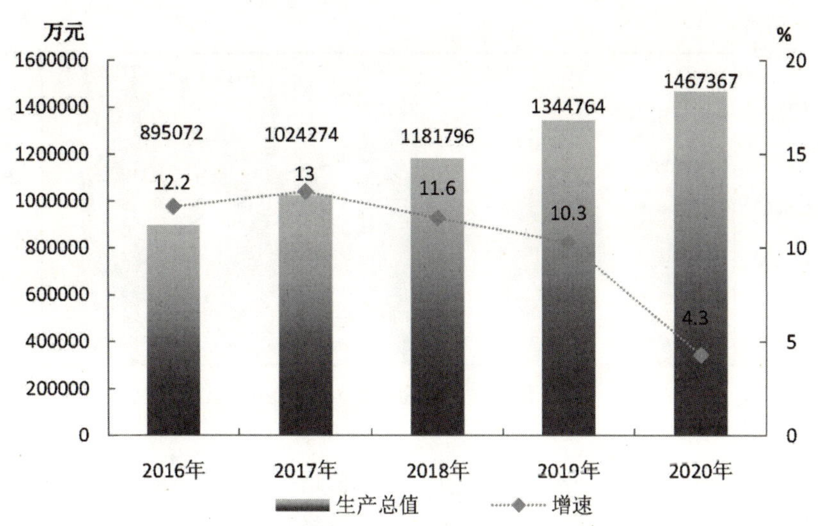

【农业】 全年实现农林牧渔业总产值432151万元，按可比价计算（下同），比上年增长5.9%，其中农业（种植业）总产值308989万元，增长6.5%；林业总产值6971万元，增长3%；牧业总产值95642万元，增长9%；渔业总产值7260万元，下降28.7%；农林牧渔服务业总产值13289万元，增长6.5%。

农作物总播种面积462955亩，比2019年增加11717亩，增长2.6%，其中全年粮食播种面积97247亩，增加2702亩，增长2.9%；油料播种面积33839亩，减少6336亩，下降15.7%；烤烟栽种面积88015亩，减少2419亩，下降2.7%；蔬菜栽种面积219602亩，增加12167亩，增长5.9%；花卉面积18492亩，增加4265亩，增长30.0%。

表1　2020年主要农作物种植面积、总产量

	面积（亩）		亩产（千克）		总产（万千克）		
	2020年	比2019年增减（%）	2020年	比2019年增减（%）	2020年	2019年	比2019年增减（%）
总播种面积	462955	2.6					
1、粮食	97247	2.9	473	–1.1	4601	4522	1.7
（1）小麦	10405	5.3	248	9.7	258	236	9.2
（2）蚕豆	7523	14.9	215	5.4	162	133	21.3
（3）洋芋（折粮）	11130	4.8	417	6.1	475	432	9.9
（4）稻谷	27283	–2.0	603	–2.9	1689	1728	–2.3
（5）苞谷	30459	2.7	594	–0.5	1811	1771	2.2
2、油料	33839	–15.7	222	–1.8	752	908	–17.2
3、烟叶	88015	–2.7	145	1.4	1277	1291	–1.1
4、蔬菜	219602	5.9	2439	6.7	50750	47411	7.0
5、园林水果	32116	0.2			1163	1121	3.7

全年粮食总产量4601万千克，增长1.7%。收购烟叶1050万千克，收购单价30.33元/千克，收购金额31848.98万元。蔬菜产量50750万千克，增长7.0%。油料产量752万千克，下降17.2%。园林水果产量1163万千克，增长3.7%。

全年完成营造林面积3500亩，人工造林3500亩。全区森林覆盖率46.86%，自然湿地保护率99.71%。

水产品产量2363吨，比2019年减少2013吨，下降46.0%，其中星云湖973吨，减少1594吨，下降62.1%；抚仙湖213吨，减少363吨，下降63.0%。

【工业和建筑业】 全年全部工业增加值275398万元，比上年增长6.1%，拉动GDP增长1.4个百分点，对经济增长的贡献率为33%。

规模以上工业增加值增长8.6%。规模以上工业企业48户，营业收入604306万元，利税总额62122万元。在规模以上工业中，分经济类型看，国有控股企业增加值增长12.5%；股份制企业增加值增长9.1%；私营企业增加值增长8.6%。分门类看，采矿业增加值增长11.9%；制造业增加值增长8.2%。分行业看，非金属采矿业增加值增长11.9%；农副食品加工业增加值增长25.8%；造纸和纸制品业增加值增长35.7%；化学原料和化学制品制造业增加值下降2.4%；橡胶和塑料制品业增加值增长1.6%；非金属矿物制品业增加值增长35.6%；装备制造业增加值下降3.2%。

图2　2016－2020年全部工业增加值及其增速

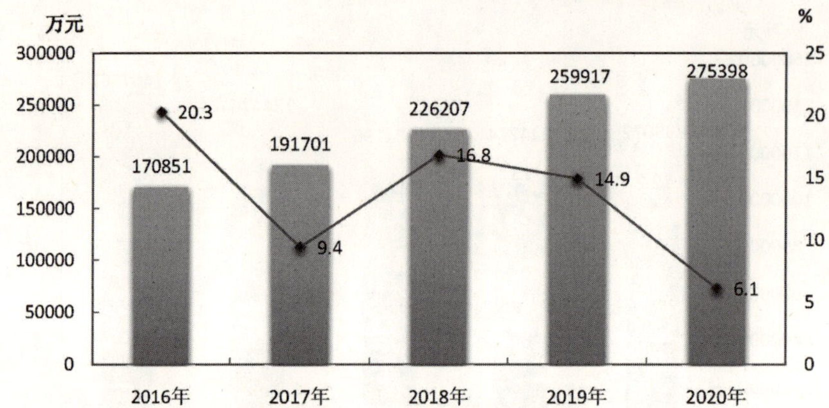

表2　2020年主要工业产品产量及其增长速度

产品名称	单位	2020年	增减（%）
磷矿石	吨	838980	20.0
黄　磷	吨	42952	34.2
箱纸板	吨	17155	4.3
纸制品	吨	238995	44.5
塑料制品	吨	130377	7.3
冷冻蔬菜	吨	56089	238.9
磷肥（折五氧化二磷）100%	吨	13180	-2.0
砖	万块	42572	19.1
糖　果	吨	12078	2.9

全年园区工业增加值增长8.7%，高于全区规模以上工业增加值增速0.1个百分点，拉动全区规模以上工业增加值增长1.9个百分点，对全区规模以上工业经济增长贡献率21.6%。

全年建筑业增加值实现174196万元，增长1%。全区具有资质的建筑施工企业28户，资质建筑企业期末人数6780人，其中工程技术人员1683人。2020年资质以上建筑企业房屋施工面积46.09万平方米，增长15.8%；房屋竣工面积

图3　2016－2020年建筑业增加值及其增速

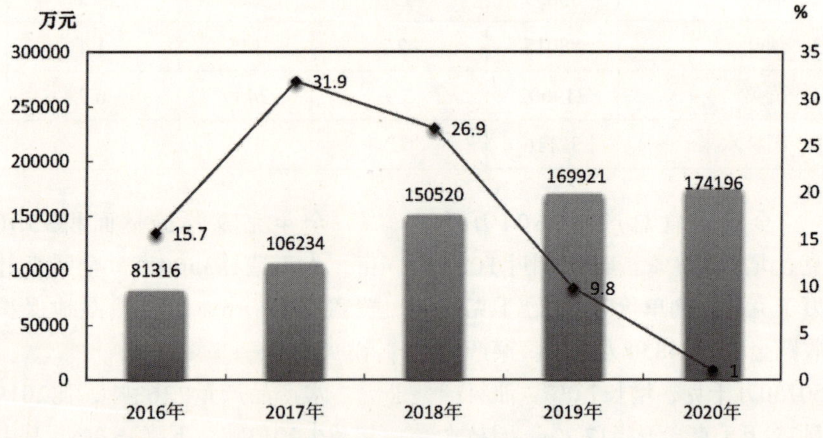

（注：2016—2018年建筑业增加值为第四次经济普查初步修订数）

28.81万平方米，增长16.5%。全区商品房销售面积为29.11万平方米，增长29.7%，其中住宅销售面积23.74万平方米，增长41.3%。商品房销售额171878万元，增长12%，其中住宅销售额134792万元，增长44.9%。商品房待售面积32.49万平方米，下降10.8%，其中待售3年以上面积13.37万平方米，增长108%。

【服务业】　全年第三产业（服务业）增加值744299万元，增长3.8%，其中批发和零售业增加值198635万元，增长1.1%；交通运输、仓储和邮政业增加值44865万元，增长7.7%；住宿和餐饮业增加值38163万元，下降28.5%；房地产业增加值94215万元，增长9.1%；租赁和商务服务业增加值24679万元，增长11%；居民服务、修理和其他服务业47120万元，增长11.7%。

【固定资产投资】　全年固定资产投资下降22.4%，其中500万元及以上项目投资同比下降32.1%，房地产开发投资同比下降0.2%。从三次产业看，第一产业增长82.4%，第二产业下降35.7%，第三产业下降21.3%。从所有制关系看，国有单位下降25.7%，外商和港澳台下降20%，其他单位下降19.6%。按国民经济行业划分，农林牧渔业增长113.8%，工业（不含电力）下降35.1%，房地产业增长0.6%，交通运输、仓储和邮政业下降77.2%，水利、环境和公共设施管理业下降9.9%，教育下降23.1%，公共管理、社会保障和社会组织增长130.7%。

图5　2016－2020年500万元以上固定资产投资增速

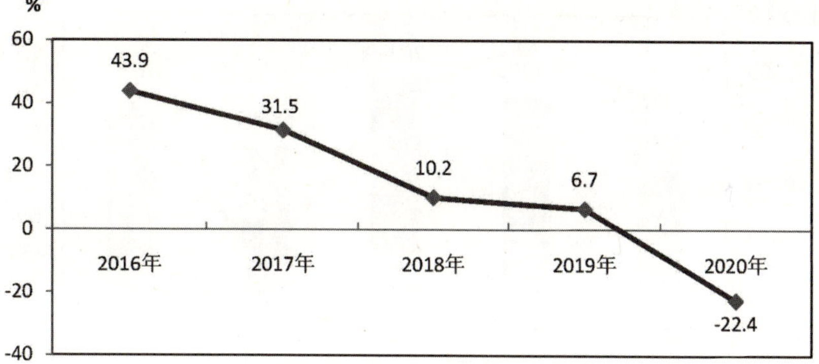

【交通运输和邮电业】　全年交通运输、仓储及邮政业增加值44865万元，增长7.7%。年末全区公路总里程达1498.462千米，其中高速公路67.37千米，一级公路15.296千米，二级公路70.683千米，三级公路1187.854千米，四级公路596.179千米，等外公路561.09千米。年末全区拥有公共交通车辆284辆，载货汽车2104辆，载客汽车493辆。全区公路运输货物周转量385296万吨千米，增长15.34%。

全年电信业务总量195618万元，增长21%。移动电话用户265430户。固定电话用户6822户，其中住宅电话4173户。固定互联网宽带接入用户74710户。

图4　2020年服务业分行业增加值及其增速

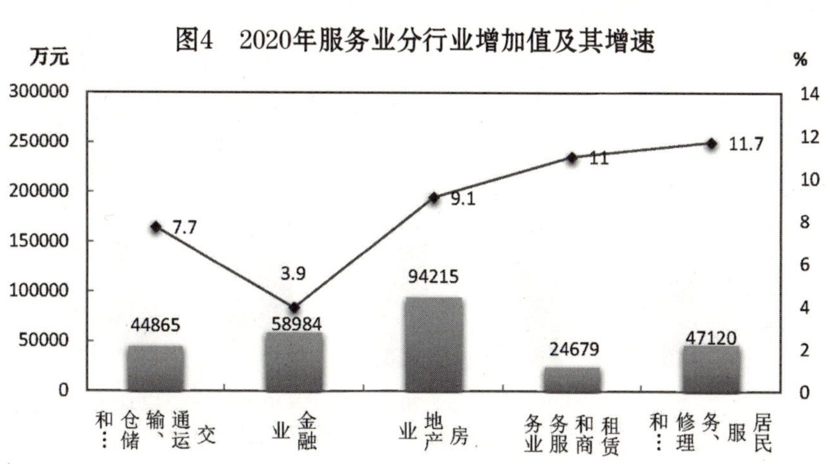

【国内贸易】　全年社会消费品零售总额完成646028万元，下降2.9%。按销售单位所在地统计，城镇市场实现消费品零售额558091万元，下降2.9%；乡村市场实现消费品零售额87940万元，下降2.4%。按消费形态分，餐饮收入113353万元，下降3.5%；商品零售532675万元，下降2.7%。批发业销售额408254万元，下降2.2%；零售业销售额492131万元，增长6.2%；住宿业营业额15588万元，下降29.4%；餐饮业营业额86148万元，下降24.6%。

【对外经济和旅游】　全年进出口总额3811万美元，下降16.5%，其中出口总额3795万美元，下降15.6%；进口总额16万美元，下降74.6%。

全年招商引资项目共实施40个，其中续建项目15个，新建项

图6 2016－2020年一般公共预算收入及其增速

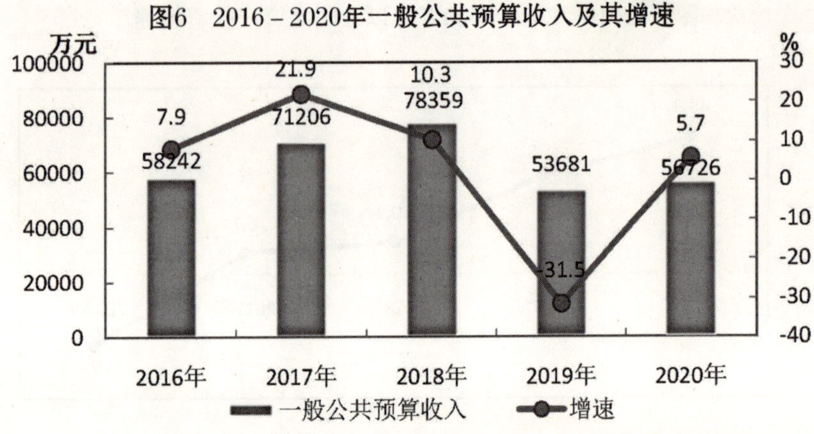

图7 2016－2020年一般公共预算支出及其增速

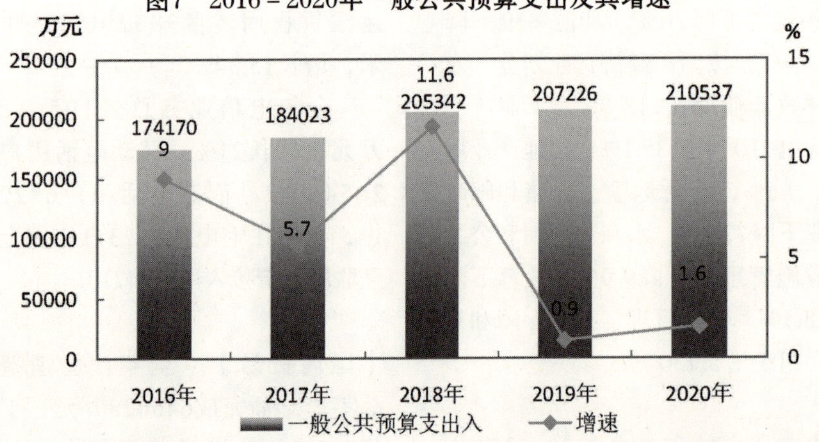

目25个。年内实际引进区外国内资金617580万元，比2019年增加109016万元，增长21.65%，其中省外资金150409万元，增加145968万元，增长97%；省外资金465171万元，减少38071万元，下降7.6%。引进外资326万元人民币，为外资企业境内人民币投资（约合49.998万美元）。

全年共接待游客651.20万人次，比上年同期增加37.73万人次，增长6.2%。旅游总收入达525296.13万元，减少46237.29万元，下降8.1%。年底全区拥有星级饭店2家；国际国内旅行社4家；国家级A级以上景区1个。

【财政和金融】 全年一般公共预算收入56726万元，增加3045万元，增长5.67%，其中增值税完成17527万元，下降12.96%；企业所得税完成2285万元，增长37.48%；城市维护建设税完成2299万元，增长7.38%。

一般公共预算支出210537万元，增加3311万元，增长1.6%，其中教育支出43113万元，下降4.6%；社会保障和就业支出31042万元，增长5.4%；卫生健康支出19571万元，增长20.3%。

全年金融业增加值实现58984万元，增长3.9%。年末金融机构各项存款余额1450552万元，增长3.8%，其中住户存款余额1097631万元，增长7.8%。各项贷款余额1385276万元，增长14.3%。区金融网点数37个，乡镇金融网点覆盖率达100%，金融服务村级行政区覆盖率达76%。

【人口与人民生活】 年末公安户籍人口为286821人，增长0.2%，其中城镇人口118855人，乡村人口167966人。本年出生人口3058人，死亡人口1897人，自然增长率为4.05‰，下降2.4个千分点。在总人口中，汉族人口263985人，占总人口的92%；少数民族人口22836人，占总人口的8%。

全年城镇新增就业2850人，城镇失业人员再就业865人，城镇登记失业率3.4%。2020年全区非私营单位在岗职工平均工资预计102046元，比上年增加2779元，增长2.8%。全年城镇居民人均可

图8 2016－2020年金融机构人民币存、贷款余额

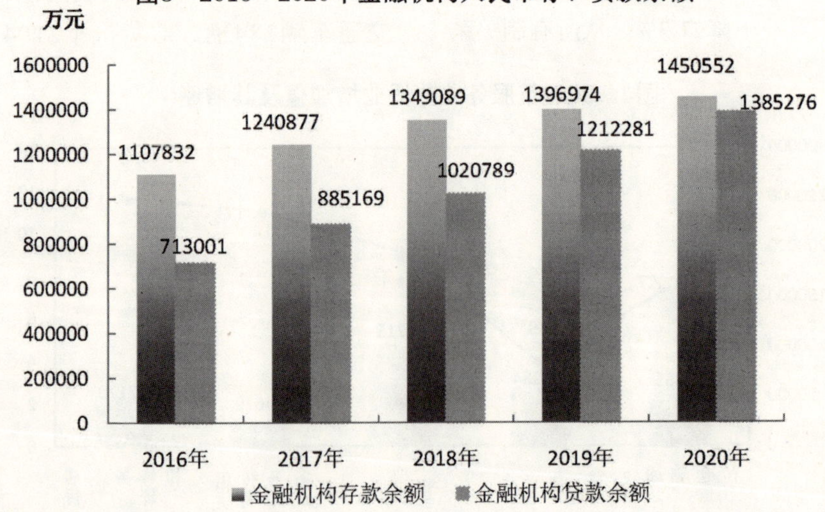

图9　2016－2020年城镇居民人均可支配收入及其增速

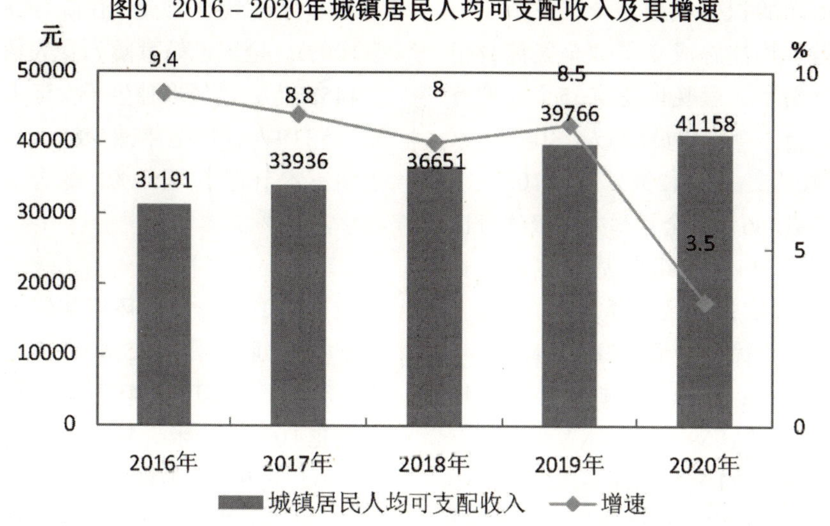

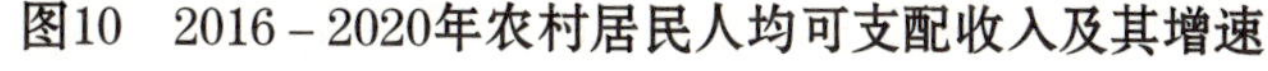

图10　2016－2020年农村居民人均可支配收入及其增速

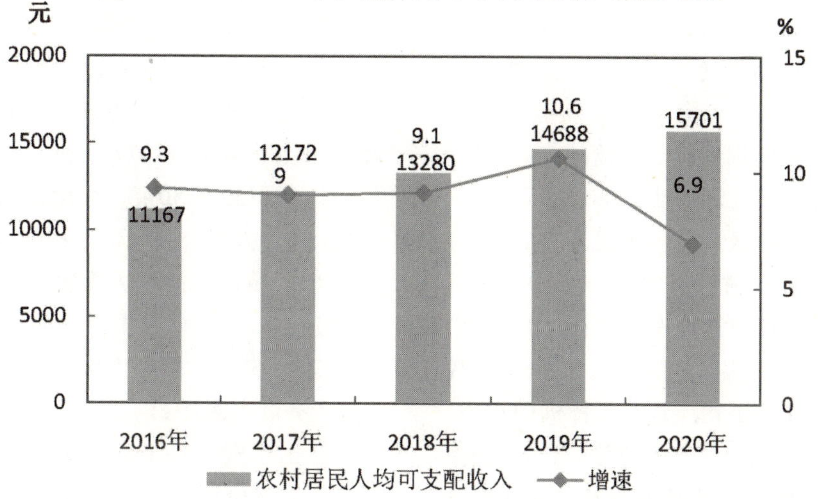

支配收入41158元，增长3.5%。农村居民人均可支配收入15701元，增长6.9%，城乡居民人均收入比值为2.62。

全年参加基本养老保险人数182328人，其中城镇职工参加基本养老保险12958人；城镇离退休人员参加基本养老保险6181人；参加城乡居民养老保险157664人；机关事业单位参加养老保险5525人。已参加失业保险9589人；参加工伤保险20827人。（此部分数据不含路居镇）

全年低保户2560户，其中城镇662户，农村1898户。享受居民低保4447人，其中城镇935人，农村3512人。发放低保资金1946.03万元。全区共有养老机构6个，其中敬老院5个。养老服务床位共1712张。

2020年决胜脱贫攻坚圆满收官。财政专项扶贫资金到位3461.56万元，资金到位率96.99%，支出资金3443.08万元，实际支出率为99.47%。

截至2020年底，建档立卡贫困劳动力已外出务工2868人，达到上年全年外出务工总数的118.22%；已帮助23名返乡务工人员重新就业。通过动态帮扶，全区脱贫不稳定户65户197人已消除返贫风险，边缘易致贫户81户249人已消除致贫风险。脱贫不稳定户中，产业帮扶39户117人，就业帮扶9户28人，教育帮扶16户53人，综合保障52户151人，生态扶贫帮扶4户14人，健康扶贫实现100%全覆盖；边缘易致贫户中，产业帮扶12户39人，就业帮扶11户30人，教育扶贫18户60人，综合保障59户181人（享受低保111人），生态扶贫帮扶27户85人，参加城乡居民基本医疗保险241人，占边缘人口的100%。（以上数据均不包含澄江市托管区）

【教育、科技、文化、体育和卫生】　全区现有学校136所，其中小学57所（乡镇中心完小12所，村完小43所，教学点2个），乡镇中学12所，普通高中2所，职中1所，进修学校1所，公办幼儿园所45（区级幼儿园3所），民办幼儿园18所（普惠性民办幼儿园14所）。教学班1100个，其中幼儿学前班276个，小学512个，初中187个，普通高中92个，职业高中33个。在校生36742人，其中在园（班）幼儿数8518人，小学15403人，初中7188人，普通高中4535人，职业高中1098人。学前三年儿童毛入园率86.72%，普惠性幼儿园覆盖率91.63%，公办幼儿园占比62.08%。小学毛入学率100.77%，小学学龄儿童入学率99.99%，初中毛入学率105.89%。九年义务教育巩固率96.82%。高中阶段教育毛入学率为97.79%。现有教职工2346人，专任教师合格率高中达100%、初中达100%、小学达100%。农村义务教育专任教师本科及以上学历比例69.22%。

全年共向国家、省、市推荐

申报科技项目16个，其中国家级科技项目1个，省级科技项目15个，市级科技项目0个。实际立项的国家、省、市各类科技项目16个，其中国家级1个，省级15个，市级0个。争取各类科技项目补助经费共计969.84万元。截至2020年11月，申请专利197件，增长34%；截至12月，授予专利权146件，增长65.9%。全年商标申请量369件，增长85.4%；商标注册量156件，下降71.9%。

全区共有文化馆1个，公共图书馆1个，博物馆1个，乡镇综合文化站8个（含直属海门文化站和托管区路居文化站），共有文艺队218个，文化馆辅导文艺团体218个，组织文艺调演会演78次；组织文艺活动125次；现有文化室64个，全年共举办展览43期，举办各种培训班72期。

江川区广播电视发挥区级媒体主阵地作用，紧紧围绕区委、区政府中心工作，讲好江川故事，传播正能量，通过新闻、专栏、专题等形式开展宣传报道。全年区电视台共播出电视新闻1584条，被玉溪电视台采用156条；播出自办节目264期；播出电视剧1974集；播出文明出游宣传片4次。放映农村公益性数字电影636场次，累计观众10.18万人次，放映覆盖率达100%。升级改造工作完成的印象影城放映电影1829场次，累计观众2.15万人次。做好全区51户“户户通”用户后期维护服务工作，共为“户户通”用户排除各类故障168个，确保工程长期通、优质通。

全区共成立体育协会10个，累计举办活动7次，参加活动人数达0.60万人次，营造出全民健身活动的积极氛围。全区乡镇（街道）均挂牌成立了“全民健身指导站”，晨晚训练点55个。拥有社会体育指导员686人，其中国家级6人，一级12人，二级102人，三级566人。全年举办区级体育比赛活动4次，组织基层体育比赛活动1次，全区体育人口达35%。举办全民健身活动2次，人数0.40万人次；年末全区拥有体育场地744个（1059）块，体育系统拥有体育场地1个，2020年内开放使用0.62万人次；举办培训班5期，参加培训120人次。竞训体育有省传统游泳项目1个点，在训运动员15人；市训练项目（田径、柔道、自行车）2个点，在训运动员40人；区训练项目（篮球、武术）7个点，在训运动员180人。

全区共有卫生机构176个（含门诊、村医务室），其中区级医院2个、其他医院2个、卫生院7个、妇幼保健院1个、疾病预防控制中心1个、卫生监督机构1个；卫生机构拥有床位数871张；卫生技术人员1593人，其中执业医师和执业助理医师582人，注册护士766人，其他245人（含门诊、村医务室）。

全年传染病发病率为95.15/10万，孕产妇建卡率为100%，孕产妇系统管理率92.27%，住院分娩率100%。全区已婚育龄妇女人数达44587人，已领取独生子女证人数达5319人，比上年减少87人。本期三术节育率71.59%，综合节育率76.06%。

【城市建设、资源、环境和安全生产】 建成区面积5.80平方千米，建成区人口约4.48万人。供水管道107.80千米，年供水总量685.70万立方米，城区处理生活污水707.40万立方米。拥有城区城市路灯3724盏，环卫机械总数25台（包括15辆机械车，8辆电瓶车，1台压缩机，1台环保除尘雾炮机），全年清运生活垃圾43372.80吨，绿化覆盖面积3274.50亩，园林绿地面积2905.50亩，绿化覆盖率39.7%，人均公共绿地面积9.90平方米。城市生活垃圾无害化处理率达100%，城市生活污水处理率达96.59%，路灯设施完好率95%，亮灯率达91%以上。

全区水资源总量6686万立方米，人均水资源232立方米，全年用水总量6781.53万立方米，比上年同期上升7.9%，其中生活用水1091.22万立方米，比上年同期下降7.78%；工业用水951.77万立方米，比上年同期下降25.48%。人

图11　2016－2020年单位GDP能耗降低率

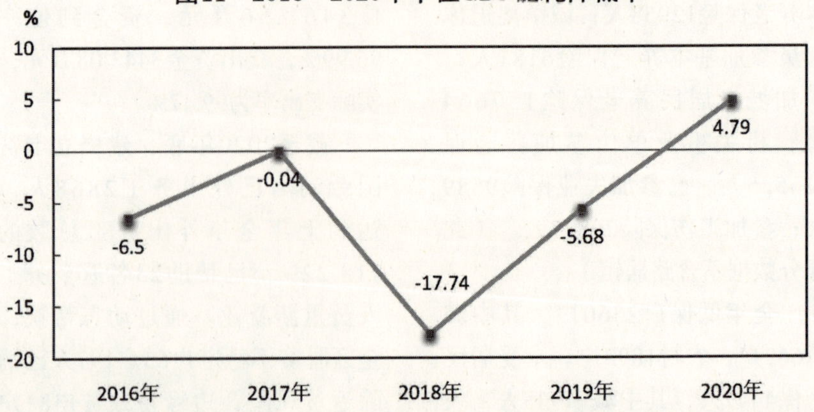

均用水量235立方米，比上年同期增长6.8%。自来水普及率100%，其中农村自来水普及率100%。全年有效灌溉面积100205亩。

全年能源消费总量69.01万吨标准煤，比上年同期增长9.31%，单位GDP能耗0.53吨标准煤/万元，上升4.79%，其中规模以上工业单位增加值能耗1.72吨标准煤/万元，上升15.75%。

全社会用电量10.35亿千瓦时，上升21.02%。分产业看，第一产业用电量0.25亿千瓦时，上升8.03%；第二产业用电量8.04亿千瓦时，上升23.78%；第三产业用电量0.87亿千瓦时，上升17.28%；城乡居民生活用电量1.20亿千瓦时，上升9.85%。

全区安全生产考核控制指标类别事故共发生10起，死亡10人，受伤0人，直接经济损失553.70万元（其中工矿商贸伤亡事故6起，死亡6人，经济损失553.30万元；生产经营性道路交通事故4起、死亡4人、受伤0人、直接经济损失0.40万元）。与去年同期相比事故起数增加4人，上升66.6%；死亡人数增加4人，上升66.6%；受伤人数减少2人，下降100%；直接经济损失减少7.49万元，下降1.3%。总体上，2020年江川区安全形势保持平稳，未发生较大以上安全生产事故。

大街街道

【行政区划·人口】 大街街道办事处位于江川区境南部，是江川城区所在地，东与路居镇、雄关乡相邻，南与通海县纳古镇、四街镇接壤，西南与九溪镇毗连，西北接前卫镇，北濒临星云湖。境内最高海拔老尖山2277米，最低海拔星云湖湖面1722米，街道办事处位于景宁路1号，海拔1730米。

大街街道办事处辖上营、下营、大街、三街、早街、上头营、大庄、河咀、朱家庄、伏家营、海浒、大营、浪广13个社区居民委员会，小白坡、土官田2个村民委员会、124个村（居）民小组（116个社区居民小组，8个村民小组），68个自然村。总面积97.074平方千米。

2020年年内GDP完成654996万元，同比增加38058万元，可比价增4.8%。其中第一产业完成32946万元，同比增加4347万元，可比价增加6.9%；第二产业完成268169万元，同比增加12585万元，可比价增加4.9%；第三产业完成353881万元，同比增加21126万元，可比价增加4.6%。

2020年末，实有耕地18600亩，属高稳产基本农田。其中田12893亩、地5705亩，农业人口人均占有耕地1.68亩。

2020年末，全街道辖区内总户数35740户，总人口94257人，其中男47384人，占总人口的50.27%；女46873人，占总人口的49.73%。农业人口21555人，占总人口的28.87%；非农业人口72702人，占总人口的77.13%。大街街道15个村（社区居）委会总户数31882户，总人口83624人，其中男41943人，占总人口的50.16%；女41681人，占总人口的49.84%。农业人口11045人，占总人口的13.21%；非农业人口72579人，占总人口的86.79%。农村从业人员39112人，从事第一产业18198人，占农村从业人员的46.53%。人口自然增长率3.01‰。辖区内人口密度为970人/平方千米。

【领导干部名录】

党工委书记　李德坤（2020.01离任）
　　　　　　李江华（2020.01任）
办事处主任　周宏斌
人大工委主任　付　纲
副　书　记　晏　春
　　　　　　郭艳波（2020.08离任，挂职）
纪工委书记　花德财
副　主　任　王彬生
　　　　　　张俊松
　　　　　　邓　珂
　　　　　　吴加政（2020.12离任，挂职）
　　　　　　习元波
武装部长　杨　钰
组织委员　王　嫒
宣传委员　谭　媛

【经济】 2020年年内GDP完成654996万元，同比增加38058万元，可比价增4.8%。其中第一产业完成32946万元，同比增加4347万元，可比价增加6.9%；第二产业完成268169万元，同比增加12585万元，可比价增加4.9%；第三产业完成353881万元，同比增加21126万元，可比价增加4.6%。

农、林、牧、渔、服务业总产值57207万元，比上年增加27.8%。二、三产业从业人数20914人，占农村从业人数的53.47%，比上年增加0.62%。

【农业】 2020年种植业播种面积56579亩，实现产值3亿元。大小春粮食作物播种面积1.59万亩，产量771.55万千克，总产值8646万元，比上年播种面积增加37亩，产量增加1.60万千克，产值增加1395万元。全年完成蔬菜、花卉、油料等经济作物播种面积4.07万亩，产值21348万元，面积比上年增0.07万亩，增加1.75%，产值比上年增4712万元，增加28.32%。其中，油料0.88万亩，产值973万元；蔬菜2.18万亩，产值18244万元；花卉种植53户486亩，产值1216.30万元（大花蕙兰5户109亩、产值640万元，康乃馨42户326亩、产值448.80万元，玫瑰6户51亩、产值127.50万元）。农业产业结构调整更趋优化，特色农产品种植面积逐年扩大，鲜食糯玉米、山地魔芋、葡萄、无籽石榴、三七、石斛等经果中药材种植面积突破0.15万亩，成为农村经济发展的主导产业，是农民增收的主要经济来源。

完成烤烟种植9099亩，收购烟叶161.70万千克，上等烟比例60.34%，均价31.04元/千克，总产值4325万元，比2019年3694万元增631万元，增17.08%。

年末，生猪存栏18188头，比上年减少0.89%；肥猪出栏40500头，比上年增1.46%。大牲畜存栏138头，比上年减少36.11%。水产品产量21.20万千克，比上年减少3.64%。家禽存栏23.35万只，家禽出栏61.70万只，禽蛋产量达139.57万千克。

完成植树造林16万株，街道森林覆盖率达46.46%，树木绿化率达49.66%。完成各项水利工程建设及岁修138件。完成清理土方及杂草1101立方米，完成工程总投资336万元（其中51万元是河道管护资金）。

开展径流区农业面源污染，保护星云湖生态环境。截至2020年流转星云湖沿岸土地3163亩，其中荷藕种植936亩、乡村振兴171亩、人工湿地及入湖河道治理2056亩；高效节水灌溉2.04万亩，水肥一体化5600亩，其中高效节水灌溉水果380亩、蔬菜1.51万亩、花卉420亩、烤烟4500亩；实施蔬菜作物商品有机肥培肥地力示范样板700亩（805户）。

对建档立卡贫困户355户（1218人）进行产业扶贫，除有产业发展条件的贫困户163户外，由带贫新型经营主体带动发展，即玉溪烟草公司江川分公司52户、云南宏斌绿色食品集团有限公司3户，烤烟兴盛专业合作社52户，玉溪市江川区大街街道蔬菜扶贫协会160户，玉溪市江川区佑牧者专业合作社8户。选聘产业指导员42人，其中种植业35人、养殖5人、林业2人。蔬菜收购商19人，物资供应商2户，8户贫困户向两个农资供应商购买价值1.25万元的农资，补助资金1.25万元。小水窖补水抗旱移栽10户47口，补助1410元。

【企业】 全街道以磷化工、纸制品、建筑建材、农产品加工为主的21家规模以上工业企业，落实领导干部挂包联系企业机制，全年实现工业总产值552345万元，预计完成工业增加值109017.40万元，增长10.8%。

【村镇建设·环境保护】 街道组织实施第二轮百千项目25个，2020年共有22个项目已经开工建设，其中6个项目已经基本完工。全年四类危房大排查大整改已基本完成。同时推进8.13、8.14震后恢复重建工作、推进连片改造安置点建设。结合520行动开展人居环境集中整治，全年全街道18个村（社区）共清理农村生活垃圾15289.20吨，清理村内沟渠1236.6千米、水塘203个、小广告6850条，发放宣传资料17500余份，张贴宣传标语450余条，发动参与群众30005余人次。

开展清洁家园、清洁田园、清洁水源的“三清”活动，同步治理危房、闲房及“违法违规”建筑。大街街道共计划改造老旧小区86个，2020年，确立改造30个小区于2020年9月11日开始入场施工。

与所辖18个村（社区）签订2020年生态环境保护暨星云湖水环境保护治理目标责任书。利用“六·五”世界环境日开展系列活动，全街道18个村社区共张贴大标语70条，小标语422条、开展广播、电子屏等宣传活动；组织广大党员、干部、志愿者、群众参与520美丽家园活动，参与人次1978人，清扫街道397条，清运垃圾303.90吨；对辖区内湖岸、河道、沟渠进行清理整治，参与人次696人，清河渠26条，清运垃圾89.2吨。

农村环境卫生实行每日保洁、每日清运垃圾工作体系。落实“门前三包”责任制，督促村民对房前屋后和背街背巷等卫生死角区域进行清理，堆放杂物要求整洁有序。全年18个村（社区）共集中清理整治180多次，清运垃圾1500多吨。积极筹措资金，加大资金投入环卫基础设施建设，对各村（社区）的环卫基础设施进行修建修缮、维护管理，还在沿星云湖周边建成6座洗菜池。

完成星云湖环湖调蓄截污东南岸干渠开挖7.40千米；搬迁新建1座水厂、3座农灌泵站。所辖8个村（社区）44个自然村实施村落环境整治生活污水管网铺设工程。其中，28个自然村生活污水进入城市管网，16个自然村生活污水进入13套一体化污水处理设备；新建5座村落污水提升泵站。辖区生态公厕建设29座，涉及6个社区20个自然村，即三街8座、早街2座、大庄5座、朱家庄4座、海浒5座、大营5座。

全年行政村村委会所在地无害化卫生公厕建成3座，即早街社区1座、上头营社区2座。大街街道总农户数16274户，共有15107座无害化卫生户厕（其中原有无害化卫生户厕9237座，新改建无害化卫生户厕5870座），无害化卫生户厕覆盖率达92.83%。大街街道14个村（社区）共计225座公厕，均建立公厕管护制度，每天都有管护人员进行保洁。

【社会事业】

科技　全街道有农村专业技术协会7个，会员256人。其中养猪协会3个，种烟协会3个，韭菜协会1个。全年共出黑板报24期，科技简讯12期，展板科普宣传8期，围绕产业结构，全年街道科协“农函大”统办、自办蔬菜、烤烟、水稻、韭菜等专业实用技术培训班4期，培训人数500人；配合有关部门举办各种科技培训28期、培训人数8654人；农业部门技术员到田间技术指导127期次，指导人数9742人次。于2月在伏家营中学完成科普中国e站建设。全年街道参加全民科学素质网络竞赛下载安装注册科普中国391人，月活榜498人，传播榜52659人。全年上报信息24篇。开展以“科技创新·强国富民”为主题的宣传活动，共发动干部职工和志愿者20余人，发放环保袋100支，卫计用品200份，禁毒防艾宣传扇200面，宣传资料2600份其中（爱国卫生宣传资料1200份，农业科普资料1000本，禁毒防艾资料200份，青少年法制宣传资料和反家庭暴力宣传资料200份），服务群众1000余人。

教育　全街道有小学13所，教职工346人（本科及以上学历181人），在校学生6278人，毕业率、升学率均为100%；中学4所，教职工275人（本科及以上学历196人）在校学生2743人，九年义务教育巩固率95%以上。

文化·体育　全街道有社区影剧院1个，观众席900个座位；露天戏台1个；街道文化站1个，藏书7332册；农家书屋19个。

2020年举办诗词楹联书画培训20余人，组织旗袍走秀培训，150多名学员参加培训；开展2020年“新时代乡村阅读季”主题出版物阅读活动；组织“邂逅星云，和你有约”农旅文化节群众文艺演出；举办“我们的节日——中秋”传统文化惠民演出4场、“我们的节日—重阳”传统文艺演出1场、“盛庆华诞聚浪广喜瑞中秋暖邻里”国庆中秋文艺晚会1场；协助区文化馆到伏家营、螺蛳铺举办红色文艺轻骑兵文化进万家戏曲进乡村暨“乡村振兴”文化惠民演出2场。

推进总分馆制建设，完成大街街道文化馆（图书馆）分馆建设工作。推进江川区创建楹联文化先进县，摸清大街辖区的寺、庙、公共文化活动场所和旅游景点共悬挂楹联78联。加强农家书屋管理，明确管理责任，配送的图书及资产作登记造册，公示开放时间和管理员姓名、电话等信息。开展国民体质监测活动，提高科学健身指导水平和加强全民健身公共服务能力。

卫生　2020年，全街道有中心卫生院1所，有医务人员47人，其中卫生技术人员41人，副高5人，中级职称7人；本科学历28人，大专17人，中专及以下学历2人；执业医师18人，执业助理医师4人，全科医生11人。设有住院部，开放病床30张。村、社区卫生所17所，医务人员65人，病床70张。年末全街道有总人口83624人，共出生婴儿949人，死亡550人，计划生育率94.35%。全年对484对目标人群进行免费婚检。积极开展“5.29”纪念活动。开展“双创”、禁毒防艾、“扫黄打非”、反家庭暴力、公民健康生活等宣传，发放计生优质服务、避孕节育、生殖健康、流动人口“均等化”等宣传手册，为育龄群众免费发放避孕药具。全年共收取计生家庭意外保险费61.35万元。

面对新型冠状病毒肺炎疫情，大街街道成立工作领导小组，搭建起“1+12”运行机制，12个工作小组各司其职，173个党支部、2000余名党员干部，下沉社区30个网格，织密疫情“防护网”。全年，共登记管理外来人员3544人，分类管理重点人员936人，境外人员96人，密切接触人员21人，有效控制疫情蔓延发展，实现全街道零病例，荣获全省抗疫先进集体。

民政　全年共为454户866人

农村低保户发放低保金259.03万元，257户369人城镇低保户发放低保金182.8万元。对119户进行临时救助。发放临时困难家庭救助金19.28万元。殡葬管理确保三个百分之百完成，共办理墓穴证417个，为470人（含2019年死亡2020年领火化补助的）发放火化补助192.60万元。共办理结婚登记734对、离婚登记329对、登记合格率达100%。补领《结婚证》289对，补领《离婚证》51人。

全年共对941名优抚对象发放优待抚恤金、慰问金849.56万元，其中三属抚恤金5人15.96万元；在职伤残金62人161.17万元；在乡伤残金19人48.85万元；复退军人补助金23人40.19万元；带病回乡退伍11户8.74万元；两参人员544人440.48万元。出国民工补助45人9.02万元；农村籍退役士兵60岁补助229人67.51万元。双重身份补差7人7.85万元。烈士子女补助3人1.84万元。重点优抚对象26人12.40万元。春节慰问优抚对象888人17.76万元。八一慰问890人17.80万元。发放义务兵优待金71人78.10万元（含兰田、螺蛳铺、石岩哨）。

劳动保障 全年共办理失业证300人；灵活就业退失业金证明209人；存折销户73人。养老保险账号、档次变更人数130人，提供贷免扶补和个人创业担保贷款政策。全年组织培训404人，其中大营计算机培训55人、大庄挖机培训101人和蔬菜培训50人、朱家庄农家菜培训55人、河咀农家菜培训60人和计算机培训56人、建档立卡户职业培训27人。全年共转移1440人，建档立卡25人。全年新型农村和城镇居民社会养老保险新参保2179人，共参保人数56434人。办理死亡退保180人，每人发放安葬补助费1236元，合计22.25万元；办理征地退保167人。

全年完成城乡居民医疗保险参保缴费68842人次（其中建档立卡人员参保缴费1216人次），90天内父母参保新生儿参保登记243人次，新参保人员信息参保登记1408人次。完成2020年1月—10月现场减免住院人员资料的收集、审核、录入及结算工作共120人次，基本基金支付40.41万元，大病基金支付1.93万元。2020年共完成城乡居民门诊慢性病特殊病就医证材料收集，审核，就医证的发放工作共912人次（其中建档立卡贫困人员慢性病证办理发放196人次）。2020年1月—10月收取医疗救助材料139份。

规范用人单位用工管理行为，对辖区205户用人单位合同、工资发放、社会保险等进行审验。

老龄工作 年末80岁以上无退休金老年人有1796人，其中80岁至89岁的有1616人，90岁至99岁的180人，高龄保健补助共发放116.54万元；80岁以上有退休金老年人631人，其中80岁至89岁的有567人，90岁至99岁的有63人，100岁以上1人，高龄保健补助按月发放。有离退休干部207人，职工291人，高龄参保1148人。配合市、区慰问100岁以上高龄老人1人，慰问金5000元，特困老年人1人，慰问金1000元；慰问特困、空巢、失能老年人18人，每人慰问金200元。街道共有17个老年协会，老年门球队8支56人，地掷球队4支20人，泰迪球队6支240人。

【精神文明建设】 围绕社会主义核心价值体系，用中国特色社会主义理论体系武装各级党组织，举办党工委理论中心组学习9次、读书班2次、调研成果交流会2次、专题民主生活会1次，开展习近平新时代中国特色社会主义思想、党的十九大、十九届四中、五中全会，习近平总书记考察云南重要讲话精神等主题宣讲30场次，读书班2次，万名党员进党校5期，“微党课”40余堂，受众3万余人。18支志愿服务队、1.30万名志愿者利用“3.5学雷锋”志愿日及“自强、诚信、感恩”主题活动，在辖区广泛开展新时代文明志愿服务活动200余次，开办“文明讲堂”4期，发放移风易俗倡议书4万余份，签订倡导文明新风承诺书1万余份，制发“创文”宣传物料4万余份。

【法治建设】 以开展“法治街道”创建工作为抓手，以普法宣传教育为重点，积极推进依法治理。全年共开展大型法治宣传活动5次，展出图片5期220幅，印发材料12期15.40万份，接受咨询45人次；开展法治宣讲3期，听众436人；广播宣传187次，听众23.68万人；普法骨干培训2期，参训人员85人，播放法治影视专题片6场8部，黑板宣传136块136期，悬挂张贴普法标语大标96幅、小标1660幅。配合区法律援助中心解答法律咨询113人次，办理法律援助案件2件。全街道共排查矛盾纠纷190起，隐患矛盾纠纷10起，调处各类纠纷180起，调处成功176起，成功率达95%。社区服刑人员在册89人，解矫74人，入矫82人。定期召开社区矫正领导小组会议，组织社区服刑人员开展警示教育大会12次，每月到大街派出所排查社区服刑人员有无重新违法犯罪情况，组织公益劳动、谈话教育等；严格社区服刑人员管理考核奖惩办法，建立刑释解教人员台账和个人档案，帮教率达100%，全年共接收安置帮教刑满释放人员67人。

【自然资源】 全年出动土地巡查208次，624人次，共查处违法占地48宗，总面积1.06万平方米，其中拆除26宗，拆除面积6744.10平方米。对矿产资源点进行安全生产检查12次，配合上级部门关停10个非煤矿山和对8个非煤矿山进行恢复治理。全年共对355宗乡村建设规划许可申请实地踏勘，核发农村住房建设规划许可证副证355份，其中26宗竣工验收，办理副证换正本。办理农业设施用地7宗，面积248.20亩。

全年完成各项征地项目8.14亩；完成“滇中饮水”二期各村社区小组界限划分及地上附着物摸排；完成江川区农村乱占耕地建房问题摸排工作第一批、第二批、第三批1213个图斑摸排工作，系统录入图斑约1973宗；完成“云宅调”22740宗宅基地信息采集，配合江川区不动产登记中心完成各村（社区）“云宅调”成果落宗。

【财经管理】 全年，农经中心对村组财务收支共结对账729次/组，账务处理729次/组。全街道村组民主理财小组共对村组集体收支情况进行729次/组民主监督理财。对村组财务收支共公开805次/组，其中张榜公开729次/组，会议公开59次/组。开启意见箱491次/组，收集群众意见8条，无财务管理意见。

全年，中心为村组代管资金总额为37064.56万元，配合财政部门做好农村财政转移支付工作，共拨付村办公经费36.80万元，发放村组干部财政补助工资582.78万元。划拨青苗损失及征地补偿资金2930.66万元。把闲置的土地，荒山荒地以租赁、入股的形式进行投资，发展壮大集体经济，全年土地入股投资产生的土地股息为1411.73万元。配合上级部门扫黑除恶专项斗争农村集体“三资”管理领域依法整治，接收上级交办线索39条，完成线索核查39条。

严格《大街街道建设工程管理办法》，按照公平、公正、公开原则，全年招投标工程项目187个，竣工验收181个。

【省妇联调研妇女儿童工作】 1月10日，由省妇联二级巡视员吴皖明、省妇儿工委办副主任陈玥等组成的调研组一行先后到浪广社区、下营社区调研，提出要从政策、经费、协作等方面全面保障妇女儿童工作开展，要精准定位社区儿童之家真正做到幼有所托，要注重儿童意识，要用“点单式”“均等化”服务社区儿童，来打通儿童服务工作“最后一公里”等四点指导意见。

【徐贤一行调研疫情防控和“四退三还”工作】 2月16日，区委书记徐贤，区委副书记、区长常成一行到大街街道石岩哨小营头小组公房召开座谈会，了解疫情防控和“四退三还”工作推进情况。对大街街道疫情防控卡点、消毒和宣传等工作给予肯定，要求大街街道坚决落实属地责任，严防死守，持续落实好防控措施，做到全覆盖、无死角，确保不发生问题。

徐贤指出，“四退三还”前期工作取得一定成效，但距离目标任务还有很大差距。徐贤强调要坚持以群众利益为根本，做到一个标准、一把尺子量到底，推进新房建设工作顺利展开；要完善工作方案，细化具体举措，抓紧抓实，确保“四退三还”工作克期完成。

常成要求，要凝聚共识，突出重点，突破难点，算清经济账、时间账、稳定账，按照工作时间节点，举全力、尽全责，坚决做好“四退三还”工作。

区领导赵琦、普朝鹏、李忠海、邓春元参加调研并提出意见建议。

【徐贤率队调研“四退三还”工作推进情况】 2月23日，徐贤一行在听取街道汇报并实地查看建设点情况后，认为大街街道“四退三还”工作推进有序有力、形成良好的工作态势。

常成指出，要统一思想认识，完善工作机制，研究新情况新问题做好补偿预算。李卫东、赵琦、普朝鹏、李忠海、邓春元等区领导和相关局主要领导参加调研。

【徐贤率队调研大街河脱劣工作】 3月7日，区委书记徐贤率队深入到大街河全河段，查看大街河保护治理情况，对大街街道天宜化肥厂违法占用白河水库泄洪道建设化肥仓库、养殖户占用河床进行畜禽养殖污水直接排入河道、玖禄花炮厂违法占地建设烟花仓库等严重影响大街河脱劣的违法问题整治工作提出要求。

【徐贤率队再调研“四退三还”工作】 3月7日，区委书记徐贤一行到石岩哨村委会退房搬迁安置点实地查看听汇报，并召开座谈会听取意见建议后，徐贤指出，整个“四退三还”工作成效明显，安置点建设相关工作正稳步推进，确保5月底前完成退房退人和房屋拆除目标的基础。徐贤强调，要精准落实，分类施策，突出重点、突破难点，要按照“以拆促迁，以迁促建”的方式加快工作进度；要权责清晰，推进规范，要精准把握工作主体，避免引发后续矛盾；要站在群众角度思考问题，做好群众建房服务；要倒排工期，压实责任，确保目标任务按照时间节点完成。

【徐贤率队调研烤烟种植和“四退三还”工作】 4月18日，区委书记徐贤一行先后到大庄社区、海浒社区、螺蛳铺村，对沿湖生态烟叶种植及烤房建设情况进行实地查看，并认真听取相关工作汇报。徐贤强调，沿湖生态烟叶种植工作关系到星云湖的保护治理，一定要统筹谋划、考虑长远；各相关部门要把工作做实做细，不折不扣完成任务；要加强群众工作，避免矛盾冲突，要加强对群众种植技术的指导和培训；要科学合理的建好用好每一间烤房。

徐贤一行实地走访查看石岩哨村委会的退房、验房、拆房情况，随机进入搬迁户家中详细询问补偿款落实、搬迁和安置及生活困难等方面的情况。

【普光照召开调研工作推进会】 9月8日，区委书记普光照到大街街道调研并召开工作推进会。在听取相关工作汇报后，普光照强调，城市功能的布局和定位是下一步“十四五”规划的重点，要充分认识大街街道全区发展大局中的重要地位和作用，摸清工作重点、难点、盲点、堵点，补齐短板、推进工作。要采取抓基层工作下抓两级和思考问题提高两级的工作方式，明确自身定位，让区委区政府的决策部署落实到基层“最后一公里”。普光照作出三点部署，即在坚决遏制和整治城乡人居环境方面取得新突破；在推行农村“节地上楼”方面取得新突破；在排查盘活国有、集体资产方面取得新突破。

【普光照开展随机调研】 9月16日，区委书记普光照一行到大庄社区暗访第29网格落实爱国卫生“七个专项行动”工作情况，查访大庄河沿线清垃圾、扫厕所、常消毒、村庄截污治污、老街兴综合农贸市场运营管理和众参与率等情况。

【普光照参加街道党工委会议】 11月5日，大街街道召开党工委城建工作会议，区委书记普光照传达市委书记王力调研城市更新改造工作讲话精神并部署工作，要求大街街道各级领导要提高站位，深化认识，增强城市规划、城市建设、城市管理、城市经营四种本领，按照区委区政府的决策部署，竭力务实做好城市建设各项工作。

（褚宇重）

江城镇

【行政区划·人口】 江城镇地处江川北部，位于东经102°48′、北纬24°25′之间。东临全国第二大深水湖抚仙湖，南临星云湖、距区城18千米，西与玉溪市红塔区、昆明市晋宁区六街乡、晋城镇接壤，北距省会昆明市80千米，澄川高速、国道213线（晋思段）和澄川二级公路穿境而过。全境地势西北高、东南低，海拔最高2648米、最低1720米，东西最大横距19千米，南北最大纵距15千米。境内主要河流有东西大河、学河、周德营河、大龙潭河、玉带河，有西河一库、西河二库、茶尔山水库、大龙潭水库、大平地水库、螺蛳坝6座水库，坝塘65座。镇政府所在地振兴街13号，驻地海拔1733米。

镇域面积222.67平方千米，辖江城、隔河2个社区居民委员会和左卫、大地、孤山、黄营、陈家湾、白家营、云岩、温泉、侯家沟、龙街、西河、海门、三百亩、明星、牛摩、尹旗、翠峰、桐关、祁家营19个村民委员会，9个居民小组，123个村民小组，119个自然村。年末，耕地总面积36946亩，其中田25622亩，地11324亩（其中水浇地2757亩）。

年末，全镇辖区内人口总户数27323户，总人口73631人，其中男37173人，女36458人；乡村人口58142人，城镇人口15489人。少数民族1977人，彝族1125人，占少数民族人口56.9%；

哈尼族343人，占少数民族人口17.3%；傣族、拉祜族、苗族等29种少数民族（含托管区）占少数民族人口25.8%。农村劳动力57729人，其中从事第二、三产业15474人，占总劳动力的26.8%。人口密度331人/平方千米。

【领导干部名录】

党委书记 赵子良（2020.01任）
郭 峰（2020.01离任）
党委副书记 李春伟
龚 萍（2020.01任）
赵子良（2020.01离任）
人大主席 王 亮（2020.05任）
李志高（2020.01离任）
宣传委员 马吉云
纪委书记 拔 选
组织委员 侯江艳
武装部长 熊崟钧
镇 长 李春伟（2020.05任）
副镇长 朱 俊
李平良
李 毅
周天华（2020.12任）
欧 佳（2020.12离任）

【经济】 全年完成地方生产总值29.76亿元，增6.5%。其中，一产7.44亿元，增6.8%，二产7.14亿元，增17.7%，三产15.19亿元，增1.3%。500万以上固定资产投资1.10亿元。2020年地方财政收入5522.55万元，减11.34%；财政支出6413.85万元，减20.78%，存在财政拨款结转和结余。

【农业】 全年农作物播种面积7.73万亩，复种指数2.39%。粮食播种面积1.47万亩，增2.17%，总产804.89万千克，增1.9%。其中水稻种植2085亩，单产697千克/亩；玉米种植7084亩，单产550千克/亩；小麦种植420亩，单产178千克/亩；豆类种植1400亩，单产230千克/亩；农民人均产粮154.71千克。油料播种3380亩，增5.62%，总产40.22万千克，增5.62%。烤烟种植8800亩，总产120万千克；交售烟叶120万千克，上等烟比例达72.88%，均价30.60元。蔬菜种植4.05万亩，总产662.32万千克，增16.65%，产值达15793.4万元，增20.31%。花卉种植5352亩，花卉产值17643万元，减31.05%。农林牧渔业总产值118327万元，其中农业82016万元，占69.31%；林业800万元，占0.68%；牧业32393万元，占27.38%；渔业815万元，占0.69%；农林牧渔服务业2303万元，占1.93%。开展动物疫病防控工作，继续抓好非洲猪瘟疫情防控，发放非洲猪瘟防控告知书1678张（册）、在各村组张贴127张防控知识画，产地检疫生猪2.66万头，鸡34.97万只，鸭2200只，驴54只，兔1.31万只，屠宰检疫生猪3301头。年末，生猪存栏2.84万头，增0.35%；肥猪出栏4.44万头，增3.5%；大牲畜存栏765头，增14.52%，其中牛存栏694头，出栏488头；羊存栏3388只，出栏2870只；家禽存栏45.65万只，出栏72.11万只。兔存栏8735只，年出栏6.2万只，全年肉产量498.35万千克，禽蛋总产482.01万千克；实现畜牧业产值24563万元，增2.42%。规划建设5个高标准农田建设项目，受益面积5422亩，高效节水面积120亩。

【工业】 年末，个体工商户3764户，企业278户，农民专业合作社32户。招商引资完成9.37亿元，规模以上企业实现总产值7.75亿元，增30.25%；工业增加值完成3.40亿元，增22.3%。新纳规2户，有规模以上企业5户。江城纸制品产业园一期入园8户企业，和润纸业等5户企业投入生产；二期规划用地面积238.50亩（原翠峰花炮厂范围），已启动招商引资。

【旅游业】 李家山青铜文化展示中心基础部分完工。投资1020万元完成北山风景旅游区游客服务中心提升工程。完成海门旅游厕所建设。星云湖北岸国家湿地公园主体建设完工。重点项目加快实施，瀛景·国际康养社区项目一期开工建设，抚仙湖欢乐休闲度假区项目一期前期工作有序开展。徐家头“美丽乡村+李家山青铜文化”项目建设完成并投入使用。

【生态保护】 推进星云湖一级保护区生态修复及生态屏障构建工程，退田面积374.14亩，退房79户62宗。深入推进“河（湖）长制”工作，积极组织开展“河长清河”行动，排查整治河湖“四乱”7起，清理河道100余千米，削减入湖污染负荷，大龙潭河、学河入选省级“美丽河湖”。推广绿色防控示范田，调整星云湖沿湖生态烟叶种植面积417亩、水稻种植面积1400余亩。加强畜牧业绿色规范化生产，投资1000万元在尹旗、翠峰、黄营建设长江经济带农业面源污染畜禽规范化养殖项目，共计建设猪舍253间3795平方米；完成56户养殖场（户）粪污设施整改销号。完成新一轮退耕还林建设2000亩、义务植树16万株，全镇绿化美化总面积11万亩。尹旗村被评为省级“森林乡村”。

【村镇建设】 碧水家园一期开盘销售。房地产全年销售面积1.6万平方米，实现销售额1.06亿元。投资70余万元完成农贸市场改造提升，投资130万元完成淮源文化广场建设，投资154万元实施江城社区第一居民小组美丽乡村建设项目，11条农村公路安全生命防护工程、翠大线尹旗至龙街段6.38千米“白改黑”工程全面完成。完成牛恋至六街至温泉国防公路（江川段）建设工程。澄川高速公路顺利通车。荣获“四好农村路”市级示范乡镇称号。黄烂路、黄营路、晋龙路申报2020年“美丽公路”。

【人居环境】 结合“520”人居环境整治行动全力推进爱国卫生“七个专项行动”，组织2万余人次清理裸露垃圾1.90万吨。新建行政村无害化卫生公厕3座，完成无害化卫生户厕改建8762座，农村卫生厕所覆盖率达93.2%，集镇卫生厕所覆盖率达100%，超额完成“厕所革命”任务。全镇各类场所新建集镇公共卫生洗手台9座，农村公共卫生洗手台58座。统筹推进工程项目建设，投资2056万元实施垃圾处置、污水收集等基础设施工程项目48个。完成农村人居环境整治三年行动考核验收。成功创建省级卫生乡镇。江城社区、左卫村、侯家沟村成功创建市级美丽村庄。

【社会事业】

科技 推进农业科技培训及农业科技和农作物病虫害宣传指导工作，组织新型职业农民培训5期134人次，开展草地贪夜蛾防治集中培训2期200人次，组织黄脊竹蝗防治技术培训7734人次，组织农药化肥减量增效培训150人次；发放《测土配方施肥建议卡》8000余份，发放《水稻栽培技术规程》2000余份，发放《黄脊竹蝗防治技术图片》500余份。

教育 年末全镇有党职校1所；中学3所，教学班44个，教职工178人，在校学生1680人；中心小学3所、村完小9所，教职工200人，教学班93个，在校学生4128人。幼儿园6所（江城第二幼儿园开工建设），在校学生1415（含部分学前班人数），教职工73人。学前教育适龄儿童入园入班率达100%，小学入学率100%，小学辍学率为0。表彰优秀教师35名，先进工作者6名。

文化 全镇设文化站1个，农家书屋15个，文艺队38支（队员1200余人）。全年组织送戏下村文艺演出15场，组织各类群众文化活动12次。完成图书馆分馆制工作，尹旗、侯家沟村委会为图书馆基层服务点，江城社区、龙街、温泉村委会为文化馆基层服务点，受益群众达1万多人。完成龙街文化站戏台建设项目、陈家湾上茅草湾文化活动中心建设工程。做好“非遗”保护和传承工作，非物质文化遗产传承项目共有22项（市级9项，区级13项），非物质文化遗产传承人共有17人（省级1人，市级3人，区级13人）。

卫生 年末有中心卫生院1个，病床总数100张，医务人员83人。村级卫生所16个，医务人员54人。全年就诊29.45万人次，其中，卫生院门诊97847人次，住院1465人次；卫生室门诊195172人次。累计报销25.19万人次，其中，卫生院门诊80362人次，住院1434人次；卫生室门诊170137人次。减免医疗费用682.15万元，其中，卫生院340.53万元，卫生室341.62万元。年内出生539人，出生率8.76‰。已婚育龄妇女10456人，综合落实节育措施人群8446人，节育率80.78%。建档立卡贫困户家庭医生签约率达100%。举办防艾培训班6期，受训1090人次。完成计划生育综合保险15141份60.56万元。

民政 发放优抚、救济、“五保”及残疾人慰问金21.60万元，救济粮6.79万千克，发放620名优抚对象生活补助488.76万元。发放农村低保601户1068人397.54万元，发放城镇低保162户244人117.51万元。依法办理婚姻登记467对934人；离婚登记205对410人；补发婚姻登记110对220人，补发离婚登记证15人。全年死亡379人，火化、安葬率均达100%，发放遗体火化补助246人103.10万元。

老龄工作 全镇60岁以上老年人10118人，占全镇总人口16.45%，其中80岁以上高龄老人1497人，90岁以上170人，100岁以上4人；“五保”老人42人。全年共发放80周岁以上无退休金老年人保健补助金97.13万元，“幸福和谐晚年”老年人意外伤害保险参保7421人37.11万元。全年完成床位配置160张，拥有床位共计277张。

社会保障 全年城乡居民养老保险新参保2450人，足额发放基础养老金9681人次1405.25万元；发放丧葬补助金及退保金49.30万元。办理就业失业登记证

121人，对申领失业保险的99人进行认证；组织职业技能培训856人，完成转移就业人数1191人（省外转移就业人数395人，县内转移318人，县外转移478人），开展建档立卡贫困户技能培训87人次。

残疾人工作　年末有残疾人1849人，按月发放重度残疾人护理补贴和困难残疾人生活补贴，目前纳入一级护理补贴208人，补助金1.66万元/月；二级护理补贴315人，补助金2.21万元/月；困难残疾人生活补贴547人，补助金3.83万元/月。为辖区内30名贫困精神病人发放服药补助金7200元。精神残疾康复救助14人1.6万元。残疾人机动车燃油补贴29人，每辆每年260元。"阳光家园"居家托养服务40人。完成江川区首个残疾人体育健身示范点的建设。

行政效能　严控"三公"经费支出，全年支出预算20万元，支出决算16.55万元，完成预算82.8%，增47.18%。其中公务用车购置及运行费支出决算增加6.27万元，增81.8%；公务接待费支出决算减少9601元，降27.28%。接受人大监督和社会监督，办理人大代表建议31件，政协委员提案15件，满意率达100%。深化政务公开，通过政府信息公开、政务服务平台等方式发放各类公告、政务信息400余条。规范公共资源交易行为，完成招标48个项目，中标合计为4048.03万元。广大党员干部通过"学习强国""云岭先锋"系统自学党规党纪；开展以《中华人民共和国公职人员政务处分法》为主题的党委中心组理论学习1次，万名党员进党校讲解《中国共产党纪律处分条例》3次，组织全镇干部观看警示教育片《政治掮客苏洪波》《叩问初心》。开展家庭助廉教育，发出《家庭助廉倡议书》150余份，与干部家属签订《家庭助廉承诺书》150余份。推进"清廉江川"建设，创建清廉示范乡村1个，清廉示范学校1个，清廉示范家庭2个。通过"互联网政务服务一体化平台"发布行政权力事项实施清单3950个、公共服务事项实施清单894个。

【国土资源管理】　星云湖"四退三还"、澄川高速公路项目龙街、海门、尹旗3个安置地块土地用地报件已组件报批。清理违法违规占地68宗3478平方米。治理修复面积为243.75亩的陈家湾阿黑山、大平地红砖厂、黄营龙母山采矿地、云岩温泉磷矿山4个山水林田草生态修复试点工程通过初验。有效制止21起盗采矿产资源行为。组织130余人开展山洪地质灾害演练，制作并发放地质灾害明白卡48份，避险明白卡335份，完成重要地质灾害监测点建设11处。农村不动产确权云宅调农村宅基地信息采集18985宗。经镇、村、组及省市区不动产登记领导小组审核通过不动产首次登记公告的有8682宗。

【法治建设】　基层法律服务所和村（社区）法律服务工作站，全年共调解各类纠纷23件，代书22件；办理见证94件；办理法律援助案件1件。共开展各类普法骨干培训5期260人次；开展法制宣讲活动2次350余人次；市场、街头法制宣传活动10次，发放各类普法材料1.86万余份、宣传手册7200余册，展出展板310余块；板报宣传76期；广播宣传236次，开展法律咨询520人次，张贴普法标语4100条幅。开展社会稳定风险评估1件，排查稳控重点人员43人，排查整治公共安全隐患23起，接待来信访92件135人次。全面推进立体化社会治安防控体系建设，推进"雪亮工程"建设向农村延伸，共安装公共监控摄像头21个、私人监控摄像头220个。加大对重点地区、重点部位、重点行业领域突出问题检查整治，共清理排查重点部位、行业场所29家，整治公共安全隐患27起。

【疫情防控】　建立联防联控工作机制，成立新冠肺炎疫情防控工作领导小组。动员3000余名党员干部及志愿者，成立党员突击队67支，设立防疫劝返点95个，监测人员6714人次，发放宣传资料2万余份，投入防疫经费30余万元，购买防护及消杀物品12批次，开展疑似病例跟踪和公共环境消杀工作。抓紧恢复生产生活秩序，取得人员"零感染"、疫情"零输入"、病例"零发生"的防控成果。

【脱贫攻坚】　抓好脱贫攻坚各项工作，转移就业贫困劳动力706人，全年开展蔬菜种植与田间操作、花卉种植及加工、起重装卸机械操作等培训10期，培训建档立卡贫困劳动力171人，开发乡村公益性岗位就业22人，2家扶贫车间共吸纳就业贫困劳动力16人。发放扶贫小额贷款236户1162.75万元，"雨露计划"补助中、高职贫困学生132人次19.80万元。投资796.50万元实施翠峰村人畜饮水及基础设施建设扶贫项目。投资936万元实施7个贫困地区农村饮水安全巩固提升项目、3个人居环境整治项目。高质量完成脱贫攻坚普查任务，边缘户32户101人全部消除致贫风险，脱贫监测户4户15人全部消除返贫风险，建档立卡贫困户481户1733人实现稳固脱贫，贫困发生率降至零。

【第四届党代会第四次会议】 5月5日，江城镇召开中国共产党江城镇第四届代表大会第四次会议，91名党代表和78名列席人员共计169人参加会议。会议审议通过《中国共产党江城镇第四届代表大会第四次会议关于党委工作报告的决议》和《中国共产党江城镇第四届代表大会第四次会议关于纪委工作报告的决议》。

【第四届人代会第四次会议】 5月6日至7日，江城镇召开第四届人民代表大会第四次会议，82名人大代表出席会议，会议审议通过《政府工作报告》《人大主席团工作报告》和各项决议。

【庆祝建党99周年大会】 7月1日，举行庆祝中国共产党成立99周年大会，190人参会，共同回顾党的光辉历程，表彰22个先进基层党组织、48名优秀共产党员、6名优秀党务工作者。

（代　语）

前卫镇

【行政区划·人口】 前卫镇位于玉溪市江川区境腹地，东临星云湖，西与九溪镇、安化乡接壤，南与大街街道为邻，北与江城镇相连。全镇辖杨家咀、业家山、渔村、庄子、石河、后卫、周官、赵官、小街、白池古10个村民委员会和前卫社区居民委员会，51个自然村，70个村民小组。镇域总面积89.47平方千米，东西最大横距14.25千米，南北最大纵距12.75千米。最高海拔2139.40米，最低1724米，镇政府驻地海拔1730米。境内主要河流有前卫大河、周官河、小街河、渔村河等，有石河水库、小井坝水库等水库26座、坝塘61座。风光秀丽、具有民间传奇色彩的台山书院、七星塔、回头山坐落于星云湖西岸。主产水稻、烤烟、小麦、油料，盛产蔬菜、渔业，素有“鱼米之乡”“蔬菜之乡”的美誉，是云南白药创始人曲焕章、书法名人杨嘉善的故乡。

2020年末，全镇耕地面积22132亩，其中田14258亩，地7874亩，农业人口人均耕地面积0.46亩。全镇人口19229户50327人，其中男25245人，女25082人；少数民族2713人，占总人口的5.39%。乡村从业人员30868人，从事二、三产业9735人，占从业人员的31.5%。人口自然增长率为1.77‰，人口密度562人/平方千米。

【领导干部名录】

党委书记　张　曦（2020.12离任）
　　　　　龚　钲（2020.12任）
镇　　长　龚　钲（2020.12离任）
　　　　　施永芬（2020.12代）
人大主席　刘　勇
副 书 记　施永芬（2020.12离任）
　　　　　刘蓉芳（2020.12任）
人武部部长　何南平
纪委书记　史文翔
组织委员　史　璨
宣传委员　张艳勤（2020.09离任）
　　　　　蒋　云（2020.09任）
副 镇 长　金武恒
　　　　　郭锦洋（2020.04离任）
　　　　　杨　洋（2020.05任）
　　　　　李　伶
　　　　　郭秋吟

【经济】 2020年完成地方生产总值17.2亿元，可比价增幅-6.2%。其中第一产业增加值完成5.53亿元，可比价增幅为7.1%；第二产业增加值完成3.82亿元，可比价增幅-27%；第三产业增加值完成7.92亿元，可比价增幅4.7%；规模以上工业增加值2.68亿元，增长-22.11%。完成规模以上固定资产投资0.75亿元，完成招商引资3.15亿元。

农业　2020年全年农作物播种面积7.40万亩，复种指数300%。粮食播种面积1.51万亩，总产779.29万千克，与上年相比，面积增加1.1%，产量增加0.12%。完成种植烤烟1.56万亩，其中“2260”高端特色烟叶种植1万亩，交售烟叶225万千克，实现产值7031.25万元，均价31.25元/千克，上等烟比例为72.17%。带动建档立卡户99户391人种植烤烟455.30亩，交售烟叶6.31万千克，实现烟叶交售收入187.84万元。

生猪存栏数2.58万头，比上年增长1.91%，能繁母猪存栏2674头；大牲畜存栏228头，比上年降低0.87%，其中牛存栏228头，出栏103头；羊存栏1012只，出栏901只；家禽存栏23.79万只，出栏23.65万只。全年肉产量283.21

万千克，蛋奶总产171.97万千克，完成计划的100%。

工业　规模以上企业13户。完成青铜创业产业园91.65亩土地调规，工业大麻花叶精深加工生产线建设项目投入试生产，服务华电达项目建设，支持完成东硕机械制造有限公司年产6000吨耐磨件项目建设和兄弟食品厂扩建，启动长寿花炮有限公司年产2000吨爆竹厂项目建设。建立闻邦椿院士工作站，示范推动企业科技合作。完成云南卓一食品有限公司玉溪市新时期产业工人队伍建设改革示范点创建。

第三产业　创建青铜文化产业特色品牌，推进古滇青铜特色小镇规划编制，启动古滇铜街建设暨星云湖西岸农业产业结构调整观光农业示范区项目，推进七星塔休闲康体景点开发建设，打造江川全域旅游新亮点。传承和弘扬铜工艺，2名铜艺从业者入选“万人计划”首席技师。擦亮“云南白药”名片，完成曲焕章纪念馆建设。

【社会事业】　科技　开展草地贪夜蛾连片统防统治1次；完成480个农产品样品质量安全检测；采用无人机绿色防治水稻病虫害约1000亩，全年统一防治病虫害1.20万亩。完成蔬菜花卉种植、生物防治、绿色防控技术等培训5期，累计培训约1.50万人次；建立“益农信息社”7个；推广应用测土配方施肥技术，发放水稻施肥建议卡5000份，玉米施肥建议卡5000份，水稻病虫害综合防治明白卡5000份。

教育　全镇共有初中2所，中心小学2所，村完小8所，幼儿园8所（公办6所，民办2所）。小学入学率100%，九年义务巩固率达96%以上，辍学率为零。表彰2020年优秀中小学教师32人，先进教育工作者10人，尊师重教先进集体4个。后卫中学学生宿舍楼、杨家咀小学综合楼完工投入使用；杨家咀小学运动场项目通过立项审批；云峰幼儿园、石河幼儿园完成修缮改造投入使用；前卫中心幼儿园获二级一等园等级认定，庄子幼儿园获二级二等园等级认定。

文化　全镇有综合文化站1个，村级文化活动室11个。群众文艺队68支，新增农村业余文艺队26支，全年活动达10次以上的14支，其余均不低于7次；储备有综合性文艺节目的3支。开展文化惠民演出17场次，组织村（社区）文化活动5次，举行校园文化活动16次。完成下高桥村乡村振兴文化建设；推进下高桥村、业家山村“家家幸福安康工程”文化惠民服务工作。

卫生　全镇有中心卫生院1所，全院医务人员36人，其中卫生技术人员34人，其他专业技术人员2人；初级资格22人，中级资格6人，副高8人，未定职称8人；全科医生10人。全年开展健康知识讲座12次。年内已婚育龄妇女7698人，年末领取独生子女证566人。年内出生人口397人，出生率7.89‰；死亡308人，死亡率6.12‰，人口自然增长率1.77‰。

社会事务　全年发放临时救济补助52.65万元，救济粮7.71万千克。发放农村低保275户560人共160.06万元；城镇低保140户179人共70.74万元。办理婚姻登记312对，624人；离婚登记52对，104人；补发婚姻登记48对，96人；补发离婚登记1次。发放优抚对象城乡居民医疗保险补助53.56万元。黄地山公墓建设用地4.50亩，建设壁葬、草坪葬、撒葬，建设墓穴4560个；玉天山公墓建设公益性公墓扩建用地3.5亩，建设墓穴3450个；2个农村公益性公墓总投资（含道路硬化）约700万元。火化遗体314具，并100%入葬公墓，发放遗体火化补助99.80万元。

社会保障　年内参加新型农村合作医疗参保人数44494人，参保率98%，城乡居民养老保险参保人数33066人，参保率95%，完成建档立卡户100%参保。办理特、慢性病证466人，住院新型农村合作医疗医药费定点结算7000人次，报销医药费3208.72万元，中心报销104人次，报销医药费54.42万元；门诊新型农村合作医疗医药费定点结算267227人次，报销医药费784.66万元，中心报销36人次，报销医药费1.84万元。新增劳动力转移803人，其中省外就业转移99人。全年共计发放残疾人两项补贴4866人次53.37万元。全力保障和改善民生，发放各类民生资金1485万元。

生态建设　扎实推进星云湖一级保护区“四退三还”工程，完成一级保护区退房任务和三家村搬迁安置点安置房统建。保障人畜饮水安全，实施桃溪村人畜饮水应急工程，完成唐家山等5个水源点改造提升。落实河（湖）长制，启动渔村河流域前卫—上邑村村落污水收集处理工程。星云湖主要入湖河道综合治理工程完工，641亩生态湿地投入使用，封堵主要入湖河道排污口168个，拆除沿河4个垃圾池和2座旱厕，清理河道、沟渠淤泥杂草等8500余吨，渔村河、周官河水质实现脱劣目标，渔村河被评为市级美丽河湖，并提名云南省美丽河湖评选。完成前卫社区、庄子村集中养殖点，长江经济带农业面源污染治理和杨家河垃圾堆放场排危除险工程项目建设。稳步推进森林前卫建设，完成义务植树11万株。大力推进农村“厕所革命”，完成1682间户厕、7间镇区公厕、3间行政村公厕提升改造。

城乡建设　完成土地利用总体规划调整，盘活存量用地，新增建设用地1716.75亩。规划管控，受理村庄规划许可证申请171件，完成8521宗农村土地信息采集上报。推进基础设施建设，完成北前线集镇段路面修复和云峰村、李家边、新石河道路建设工程，启动石河村新石河小组、赵官村龙泉小组公共活动场所建设，完成前卫社区、小街上高桥、小街邢家营、业家山“8·13、8·14”震后集中安置点建设。推进城乡人居环境综合整治三年行动，打造小街下高桥市级抓党建促乡村振兴示范点，业家山、小街被命名为2020年度市级美丽村庄，业家山、下高桥被命名为2020年区级文明村镇。开展爱国卫生“七个专项行动”，新建洗手设施30余个，整治规范餐馆46家。

社会治理　推进依法治镇和普法宣传教育，开展《民法典》学习宣传，深化“平安前卫”建设。办理信访77件，调解矛盾纠纷82件，调解率100%。开展扫黑除恶、禁毒防艾、反邪教工作，打击各类违法犯罪活动，完成12个反邪教教育基地创建，启动市域社会化治理现代化工作。打造赵官曲焕章故居、小街县工委旧址基层社会治理党员教育示范基地。开展民族团结进步示范创建，石河阿豆村被评为省级民族团结进步示范单位、市级民族团结进步示范村。前卫派出所增设交警中队，增强道路交通安全防控能力。严格落实安全生产责任制，牢固树立安全生产红线意识，完善安全生产应急管理责任体系，全年无重特大安全事故发生。

行政效能　推动法治政府建设，执行“三重一大”集体决策制度，完善规范性文件、重大行政决策、法律顾问制度。落实“放管服”政策，推行“一站式”服务，窗口部门办理各类审批事项7132件。落实中央八项规定精神及实施细则，整治“四风”，控制“三公”经费。落实党风廉政建设责任制，严守纪律规矩，共收到信访件15件，问题线索交办件33件，立案4件。给予开除党籍处分4人，党内严重警告处分1人。自觉接受镇人大和社会各界的监督，全年办理人大代表建议32件，公开政府信息207条。政府系统廉政建设加强，干部作风持续改善，服务能力和水平全面提升。

【脱贫攻坚】　争取中央扶贫资金140.82万元，发放小额扶贫信贷359.70万元，发放雨露计划资金4.80万元，227户781名建档立卡户全部脱贫，贫困发生率降至0%，通过脱贫攻坚普查，石河村被评为玉溪市就业扶贫示范村。完成706户四类重点对象住房精准排查、安全等级评定，实施危房改造102户。投入资金86.46万元，完成李家边产业发展道路扶贫建设。

【全力遏制疫情蔓延】　1月27日，前卫镇发现一例疑似新型冠状病毒感染的肺炎患者。疫情发生后，在区委、区政府的坚强领导下，前卫镇党委、政府团结带领全镇党员干部群众，采取果断、有力、科学、周密的防控举措，全力遏制疫情蔓延，有效应对突发新冠肺炎疫情，确保发现全区首例确诊病例后疫情未扩散蔓延。

【第四届人代会第四次会议】　5月9日，玉溪市江川区前卫镇第四届人民代表大会第四次会议闭幕。会议要求，要以习近平新时代中国特色社会主义思想为指导，深入学习党的十九大和十九届二中、三中、四中全会精神，始终坚持党的领导、人民当家作主和依法治国有机统一，以服务全镇发展大局为己任，为开创前卫高质量发展新局面，建成“美丽湖滨生态镇、工业重镇和铜文化特色镇”作出新的贡献。

【脱贫攻坚普查】　7月22日至24日，前卫镇迎来脱贫攻坚普查工作，各下村组成员配合普查工作组入户做详细调查，顺利完成脱贫攻坚普查任务。

【庆祝第36个教师节大会】　9月10日，前卫镇召开2020年教育工作暨庆祝第36个教师节大会，对32名优秀教师、10名先进教育工作者和4个尊师重教先进集体进行表彰，前卫社区、渔村、业家山、杨家咀、周官村委会被镇党委、政府表彰为2019—2020学年尊师重教先进集体。

【古滇铜街项目开工仪式】　10月20日，在前卫镇新河咀村举行古滇铜街项目暨星云湖西岸农业产业结构调整观光农业示范区项目开工仪式。将新河咀片区打造为古滇青铜特色小镇的核心区和江川全域旅游新亮点。

【第七次人口普查】　11月1日，前卫镇各村（社区）按照划分的区域网格正式分组入户调查，12月10日完成普查比对复查工作。

【启动村级组织换届】　12月1日，前卫镇组织召开村级组织换届选举培训会，传达学习省、市、区委换届选举工作会议精神，并对村级组织换届选举工作及近期重点工作进行安排，为村级组织换届定调，确保工作有序开展。

（高　睿　杨俊豪　施　蕾）

九溪镇

【行政区划·人口】　九溪镇位于区境西南部，地处东经102°38′13″，北纬24°18′14″之间。东与大街街道相连，南与通海县毗邻，西与红塔区接壤，北与前卫镇交界。镇政府距玉溪市政府所在地10千米，距区政府所在地12千米。镇政府驻地海拔1705米。

全镇辖九溪社区、马家庄、六十亩、阳山庄、大村、中营、鸡窝、喜乐庄、矣文9个村（社区）（其中阳山庄、矣文为彝族村委会），25个自然村，28个村（居）民小组，镇域总面积113.60平方千米（17.04万亩）。

2020年末，实有耕地面积15666亩，其中田9453亩，地6213亩，农业人口人均占有耕地0.56亩。

2020年末，总户数10579户，总人口数27835人，其中男14029人，女13806人；城镇人口4317人，占总人口的15.51%，农村人口23518人，占总人口的84.49%。少数民族人口3681人，占总人口的13.22%。农村劳动力人口数19619人，其中从事第二、三产业的8743人，占总劳动力的44.56%。人口自然增长率为3.6‰。

【领导干部名录】

党委书记　史　伟

副 书 记　杨进荣

　　　　　杨　东

纪委书记　傅晨溪

人大主席　杨梅芳

镇　　长　杨进荣

副 镇 长　蒋培洋

　　　　　王　坤（2020.01离任）

　　　　　林　梅

　　　　　杨博翔（2020.01任）

　　　　　杨晓胤（2020.04离任）

　　　　　陈富贵（2020.04任）

【经济】　2020年完成镇内生产总值13.20亿元，比上年增长11.4%。其中实现第一产业总产值3.3亿元，同比增长7.1%；实现第二产业总产值4.17亿元，同比增长23.1%；实现第三产业总产值5.68亿元，增长4.8%；全年规模以上固定资产投资1.17亿元，完成全年目标任务的146%；规模以上工业总产值3.05亿元，规模以上工业增加值0.527亿元，增长3.82%。

农业　筑牢烤烟支柱产业地位，以专业合作社为龙头，发展壮大高原特色现代农业。打造阳山庄千亩连片优质烟叶示范区及喜乐庄百亩连片科技样板点，落实移栽烤烟面积8650亩，收购烟叶113.30万千克，实现烟农收入3271.28万元。把花卉、蔬菜作为产业结构调整的主攻方向，花卉产业蓬勃发展，种植各类花卉3000余亩、蔬菜2.85万亩，蔬菜、草莓、花卉等农产品提质扩面，桦兰世家大花蕙兰产业化发展项目竣工并投入使用，引进广东佛山绿聚隆花卉种苗有限公司，推动亚洲花卉科创谷核心区建设项目动工，玉溪秦和花卉有限公司和江川玖玖花卉农业园入驻九溪。开展草莓、百香果、烤烟等各类技术培训，组织新型职业农民培训200余人次，为蔬菜、花卉等种植提供强有力的技术保障。全年实现蔬菜产值11072万元，同比增长42%；花卉产值9025万元，同比增长67%。强化防控重大动物疫病，做好各种兽用疫苗的管理使用，积极恢复生猪养殖，畜牧业产值13354万元，同比增长47%。实现第一产业增加值3.30亿元，同比增长7.1%。

年末，生猪存栏2.11万头，比上年增加6.87%，出栏肥猪1.96万头，比上年增加3.51%，大牲畜存栏736头，比上年增长0.41%，水产品产量1.75万千克，比上年减少3.31%。

全年，农、林、牧、渔业实现总产值53593万元，其中农业实现产值36031万元，占67.23%；林业实现产值1715万元，占3.20%；畜牧业实现产值13522万元，占25.23%；渔业实现产值415万元，占0.77%，农林牧渔服务业实现产值1910万元，占3.56%。

工业 第二产业稳步发展。积极培育微型企业、成长型中小企业，支持骨干企业提质扩能，丫眯实现销售额3.05亿元。创建招商引资“洼地”，招商引资工作持续加强，全年引进资金2.90亿元，增长116%。帮助企业推广丫眯鲜花饼、黄金百香果、香水百合、无公害草莓等本地特色产品6次。指导帮助辖区内企业做好疫情防控和复工复产工作。实现总部经济税收收入180.95万元，全年实现第二产业增加值4.17亿元，同比增加23.1%。

第三产业 第三产业更富活力，全域旅游升温提质，打造“健康生活目的地牌”取得新进展。支持矣文、罗合白特色旅游村发展，成功举办2次矣文“丰收美食节”，接待游客8000余人。持续提高九溪餐饮品牌的知名度和影响力，新增个体餐饮经营户10家，特色餐饮业不断壮大。实现第三产业增加值5.68亿元，增长4.8%。

【疫情防控】 九溪镇始终把人民群众健康安全放在第一位，全镇共设疫情防控卡点20个；悬挂粘贴宣传标语350条；发放疫情防控宣传单2.60万份；滚动播出LED电子屏300余次；通过广播、小喇叭等形式宣传，覆盖村民2.70万人；建立疫情防控宣传教育微信群48个，覆盖人数2.20万人次；微信推送信息260余条。社会各界人士、乡贤、爱心企业纷纷行动，出资出力，同心抗疫。全镇没有出现一例确诊病例。

【村镇建设】 推进集镇“点亮玉溪”工程，安装772盏太阳能路灯，实现“村村亮”。完成集镇入口景观、高速路入口迎宾大道改造，完成集镇民族团结进步示范创建彩绘，集镇颜值不断提升。实施马家庄、前营人畜饮水安全巩固提升项目，完成阳山庄、扯纳苴民族团结进步示范村扶贫项目，村内道路提档升级。

全年完成户厕改造1974座，全镇无害化卫生户厕增至5837座，覆盖率92.87%，行政村无害化卫生公厕覆盖率100%。污水处理厂正常运营，调整供水价格及污水处理费，保证全镇供排水。完成阳山庄、罗合白长江经济带农业面源污染治理项目建设，生活污水处理率达85%。全镇收取垃圾清运费79.40万元，集镇生活垃圾无害化处理率达99%。

推行“农村节地上楼”新方式，扯纳苴、大村一组、大村二组、东村、六十亩、马家庄6个点实施单元房建设。拆除矣文、马家庄、九溪社区、中营等“两违”建筑、老旧空房8500余平方米，办理乡村规划许可证42本。以罗合白、马家庄、六十亩等小组为试点开展生态村庄建设。六十亩村获第六届全国文明村镇荣誉称号，矣文村和九溪社区、阳山庄村分别入选云南省州市文明村和县区级文明村建议名单。

【生态环境】 落实“河湖长制”，以“云南河长”App为载体，建立“河长制信息化平台”，开展“四清”“清四乱”“六清”专项行动，制定“一河一策”的工作方案，全民参与爱河、护河、巡河的氛围形成。推进“森林江川”建设，落实“山林长制”。规范林木采伐管理，森林防火、病虫害防治扎实有效，完成造林1700亩，义务植树5.80万株，森林覆盖率和森林蓄积量持续增长。农村人居环境整治“四季”攻势、“520”美丽家园整治行动全面展开，25个自然村全部达到人居环境I档标准。

【爱国卫生“七个专项行动”】

整治餐馆和市场卫生，清理市场周边环境，发动党员干部、“巾帼志愿者”带头清扫公路沿线垃圾及生活垃圾，细化工作措施，建设洗手台42座，覆盖2万余人。加大宣传力度，集镇和9个村（社区）悬挂“七个专项行动”标语29条，LED电子屏滚动播放宣传标语20条，喇叭宣传每天2次，制作宣传画24幅，形成全民参与、全民共建的良好氛围。

【社会事业】 教育 全镇有小学9所，在校学生1489人，教职工116人；中学1所，在校学生647人，教职工71人，学龄前儿童、小学、中学入学率100%；小学毕业率100%，中学毕业率100%，中学升学率98%。强化师资队伍建设，努力改善办学条件。九溪中心幼儿园开班招生，六十亩留守儿童之家成为省级儿童保护与发展资源中心实训基地。

文化·体育 全镇有文化站1个，中青年文艺队26支，其中彝族文艺队5支，全年演出86场，加上老年人文艺队演出40场，合计126场次，观众达1.71万人次。全镇9个农家书屋全年共借阅图书957册，读者2000人次，观展、读报人次达2250人次，晨练达1.70万人次。文化资源信息共享工程400

人次，各种培训10期。

民生保障　城乡居民养老保险参保18754人，参保率90%，其中建档立卡贫困户参保982人，参保率100%。关注老年妇女、空巢老人等群体困难，走访慰问百岁老人。农村不动产确权登记发证工作顺利完成。智慧车牌安装2210辆，完成率居全区第一。顺利开展第七次全国人口普查。

医疗·卫生　全镇有卫生院1所，村级卫生所9个，共有医护人员80人，病床30张。全年城乡居民医疗保险参保25055人，参保率98%。

民政　发放城乡低保金124.20万元，优抚金207.48万元，残疾人两项补贴35.91万元，临时救助51人次、10.1万元。发放2020年春节慰问金2.39万元，六十年代精简职工及小乡干部生活补助264人次9.15万元。全年共办理结婚登记198对，离婚登记73对，补办结婚证108对，补发离婚证5对。发放“八一”建军节慰问金5.56万元，退役军人春节慰问金5.92万元。保证火化率、公墓入葬率始终保持100%，及时发放遗体火化补助经费，共兑付遗体火化补助经费50.3万元。2020年冬春救助共计发放现金2万元，粮食13.54万千克，毛毯876床。

【脱贫攻坚】　开展不稳定脱贫户“回头看”，不稳定户17户46人、边缘易致贫户7户21人均已消除返贫致贫风险；339户建档立卡贫困户家庭人均纯收入均高于4000元，无新增识别纳入建档立卡贫困户。全年度投入财政专项扶贫资金445.93万元，新建扶贫项目5个。着力加强就业扶贫、产业扶贫，实现全镇建档立卡贫困人口转移就业587人，公益性岗位就业20人；向全镇339户贫困户免费发放鸡苗5820只；对100余户贫困户开展草莓、烤烟种植培训，发放扶贫小额信贷134户670万元，帮助贫困户实现增收307.20万元。贫困户医保参保率、家庭医生签约率均达到100%，教育扶贫持续加强，“雨露计划”全覆盖。

【社管综治】　落实综治领导、社区警务、巡逻防控、N名志愿者的群防群治工作“3+N”模式，构建警民共建共治的格局。落实扫黑除恶“长效长制”，完成无邪教乡镇创建，重视毒品重点问题整治工作，有效维护辖区治安稳定。在辖区内重点路口、区域及人员密集场所改造安装高清摄像头92个，监控辖区社会治安、安全生产、环境卫生、违法建设等情况。开展矛盾纠纷排查200余次，排查出各类矛盾纠纷174件、调解率100%、化解率96%。开展平安建设系列宣传活动，提升群众法治意识。

【意识形态】　围绕习近平新时代中国特色社会主义思想和党的十九大精神组织开展专题党委理论学习中心组8次。在镇、村（社区）组织开展“习近平新时代中国特色社会主义思想宣讲”活动2次，“不忘初心、牢记使命”宣讲活动12次。八一建军节开展“知党恩、颂党情、勇担当”红歌赛（决赛）。烤烟栽种及烤烟收购期间开展烤烟法治宣传8次。组织全镇干部及各村（社区）党员群众共193名，分为10个组“学习强国”App，干部职工参与度100%。利用微信公众号、周一例会、每周一视频等载体常态化开展政治理论政策学习，发放《习近平新时代中国特色社会主义思想学习纲要》《新中国发展面对面》等重点理论读物400本及各种党报党刊，并组织干部阅读学习，不断提高党员领导干部政治理论素质。充分发挥镇文化站、党员活动室、农村广播室、农家书屋等基层理论普及阵地的作用，积极做好六十亩村为第七批玉溪市文明示范村、云南省社会主义核心价值观建设示范点、学习贯彻习近平新时代中国特色社会主义思想示范点建设，在六十亩村组织群众学习《习近平新时代中国特色社会主义思想三十讲》，以示范点为抓手开展各类学习志愿服务活动11余次。

【民族团结进步示范创建】　2020年3月，九溪镇矣文小组、罗合白小组被命名为“玉溪市江川区民族团结进步创建示范单位”，罗所芬、施春艳、施翠英被评为玉溪市江川区民族团结进步创建示范家庭。5月，通过全国民族团结进步示范区建设省级初验。实施玉溪市江川区九溪镇矣文村委会扯纳苴小组和阳山庄村民族团结进步示范村扶贫项目，成效明显。10月10日、11月14日分别在矣文村委会矣文小组、罗合白小组举办“丰收美食节”，展示彝族风采，弘扬彝族文化，促进各民族交往交流交融，营造民族团结良好氛围。

【第七次全国人口普查】　九溪镇10月1日至10月15日开展人口普查摸底工作，登记上报7952户、

29855人，出生上报275人，死亡上报176人。自主填报1127户，自主填报率15.74%；空户7户，空户率0.09%。人口普查正式登记于2020年11月1日启动仪式，9个村（居）委会，划分9个普查区，98个普查小区。11月1日至11月30日完成短表登记上报8106户、29961人，长表登记2839人。并完成98个普查小区图的实地核实、绘制工作。

【特色小镇建设】 九溪花卉科创小镇建设以"亚洲花卉科创谷"为载体，形成"双区联动——一轴双心——多区互补——蓝绿渗透"。规划总用地面积为7980亩，范围包括镇区和花卉科创园区两片区域，两片区相距约3千米，通过玉江快速路和新玉江公路连接。近三年来通过辐射带动生产优质种苗1.85亿株，新增推广面积6.29万亩，种苗推广到20多个省市及部分东南亚国家，成果应用单位新增销售额14.30亿元，实现利润3.17亿元。通过"国家级爱园艺众创空间"核心成果孵化体系，为企业提供平台、技术、人才、融资等全要素的支撑与服务，吸引5家科技型企业入驻园区，孵化一家小盆栽领域标杆企业–云南爱必达园艺公司，两年内成为中国家庭园艺产业十佳品牌，创业团队集成国际先进技术，单位面积产值达到2000元/平方米，成为云南高原特色农业高效益的代表。

（景　迪）

雄关乡

【行政区划·人口】 雄关乡位于江川区东部，东与华宁县接壤，南与通海县毗邻，西连大街街道，北接路居镇。乡政府驻地在雄关社区上营村12号，距大街街道14千米。

全乡辖雄关、窑房、上营、下营、白石岩5个村（居）委会，23个自然村，26个村民小组，是典型的山区乡，总面积63.70平方千米，地形倾斜狭长，从东北到西南呈长方形，东北部山梁隆起较高，中间有两个山间小平坝，东北部与西南部地形变化较大，主要山脉有马鞍山、老尖山、马大山、大学山等。江华高等级公路由西向东穿境而过，甸雄公路横贯南北。全乡最大纵距15.40千米，东西最大横距8.20千米。海拔最高点马鞍山2509.80米，最低点马鞍子桥1832.80米，乡政府驻地海拔1844米。全乡气候属中亚热带半干燥高原季风气候，年平均气温15.60摄氏度，最高气温33摄氏度，东北部海拔较高，云雾多、气温稍低。

2020年末，全乡共有耕地面积8677亩，其中田4586亩，地4091亩。稳定高产基本农田1388亩。年末总户数3909户，总人口11415人，其中男5830人，女5585人；少数民族人口512人，主要有彝、哈尼、傣族等，占总人口的4.4%。人口自然增长率6.9‰。

【领导干部名录】

党委书记　曹春艳
乡　　长　宋　磊
人大主席　龚瑞中
副 书 记　徐　强
纪委书记　杨军奎
武装部长　李林澳
组织委员　唐　甜
宣传委员　王海艳
副 乡 长　陈江付
　　　　　赵红磊（2020.04离任）
　　　　　张　俊（2020.04任职）
　　　　　杨正雄
　　　　　王彦坤

【经济】 主要经济指标　2020年，雄关乡完成地方生产总值74722万元，比上年同期增长11.3%，全区排名增速第二；完成规模以上固定资产投资29856万元，比去年同期减62%，完成目标任务的80%；完成规模以上工业增加值23586.30万元，比去年同期增56.4%，完成目标任务的111%；完成招商引资47308万元，比去年同期增长120%，完成目标任务的118%。

农业　全年农作物种植面积6.07万亩，其中小春2.86万亩，大春3.21万亩。

农林牧渔业总产值完成385087万元，同比增长32.9%。其中农业总产值30211万元，增长32.1%；林业总产值233万元，增长8.5%；牧业总产值6849万元，增长42.4%；渔业总产值405万元，增长5.7%；农林牧渔业服务业总产值810万元，增长16.4%。

全年共移栽烤烟1.76万亩，收购烤烟230万千克，上等烟比例74.08%，均价达30.39元，共兑付烟农6988.60万元。

全年种植花卉2730亩、经果7388亩。种植白萝卜5152亩。

全乡共有765户养殖户。全年肉产量186.34万千克。完成生猪存栏数9619头，出栏数10392头，能繁母猪存栏1365头，肉产量93.53万千克。牛存栏数550头，出栏数189头；羊存栏数2435头，出栏数2185头。家禽出栏数29.41万只，禽肉产量81.36万千克，禽蛋产量

272.3万千克。

企业　2020年有个私企业51个，从业人员462人，企业总收入167802万元，比上年增长123%；利税总额2036万元，比上年增长122%。

园区建设　云南云莱集团有限公司滇中智慧农业产业园项目建成投产，完成投资6.30亿元，项目于2020年10月纳规入统，12月底产值达33379.20万元。至年底，119间冷库全部开库运行（实际使用80间），日收购蔬菜176万千克，销售120万—130万千克，实现日均销售额540万—585万元，日用近千人。云南世吉农业发展有限公司滇中特色农副产品冷链储运中心项目2020年7月24日全面开工建设，9月5日申报入库，年底主体工程在建；雄关加油站综合服务区配套项目2020年7月25日全面开工建设，8月31日申报入库，年底主体工程在建；日处理3000吨的玉溪市江川区农产品废弃物资源化利用处理应用示范项目完成前期工作。东亚江川洋桔梗新品种研发中心项目新品种试验、示范和培育取得培育洋桔梗种苗新突破；恒丰万里花卉种植、渝禾农业优质蔬菜种植产销稳定，实现产值共计2600万元；巨扬园艺再次投资2000余万元扩建农业温室大棚并新建植物组培室，高端大花蕙兰和红掌远销韩国、日本、东南亚地区及欧美国家，实现产值500万元。

【人居环境】　城乡基础建设　投资400余万元，完成甸雄路集镇段1.20千米升级改造，并配套污水主管网500余米，解决集镇道路坑洼破损问题；完成3.10千米绕集镇道路毛路建设，缓解集镇路段交通拥堵问题；集镇农贸市场进行提档升级，规范市场经营，改变市场脏乱差；投资714万元实施雄关窑房片区人畜安全饮水保障应急与窑房村委会人畜饮水水源点保护及村庄道路巩固提升和上营村委会小营至螺蛳山道路硬化及小营田边水沟修复扶贫项目及窑房村红心猕猴桃扶贫产业设施配套项目，解决群众出行及饮水安全。

农村环境面貌　结合爱国卫生“七个专项行动”和农村人居环境整治三年行动计划，抓好公厕改造、污水收集治理、垃圾收集转运、道路养护等工作，新建和升级改造集镇所在地8个公厕和各村公厕外立面；乡集镇新建洗手台5座、各村新建25座；累计完成农村户厕改建971座，录入户厕信息2520户；实施白石岩村人居环境巩固提升项目，实施窑房村新房子小组、下营村毡帽小组乡村振兴示范点建设；投资280万元，实施雄关社区和白石岩村养殖小区建设，建盖圈舍17幢，搬迁村中畜禽散养户56户，解决村中养殖污染问题，改善群众居住环境。

生态文明　落实生态公益林、天然商品林管护责任，培植壮大森林产业，实施森林抚育3000亩，查处破坏林木违法行为27起；开展退耕还林，乡村绿化美化，移栽绿化苗木3100株，易地造林150亩；在麻栗湾、梅子铺设立肥力监测点，在上营、下营设立6个施肥强度调查点，为管控农业面源污染提供支撑依据；落实河长日常巡河制度，对辖区重点排污企业进行环境监察，确保不发生环境污染事件。

【社会事业】　脱贫攻坚　落实各项扶贫政策，抓好6个扶贫项目建设，完善基础设施；探索“公司+合作社+基地+贫困户”的产业扶贫模式，投入扶贫资金10万元补助贫困户栽种红心猕猴桃66.20亩，在白石岩村打造17.20亩试验示范基地；完成125户贫困户小额贷款发放工作；完成3个扶贫龙头企业认定，培育7个致富带头人，共带动46户贫困户就业及产业发展；完成脱贫攻坚普查。

科技　改革试点“4+2”模式，科技助力猕猴桃产业发展，雄关乡猕猴桃示范基地列为产业发展标杆；成立雄关乡科普协会组织1个，农技协5个；农函大3个班共招生150人，新型农民种植能手培训600多人，免费发放图书资料400册，发放科普宣传2700份；全乡农民4200人次参加全国农民科学素质网络竞赛。

教育·文化·体育　2020年，雄关乡小学入学率达100%，无辍学学生。初中应入学人数401人，实入学401人，入学率100%，九年义务教育巩固率为96.12%。文化站免费开放，图书室、电子阅览室、棋牌室、文体活动广场等公共文化服务运行顺畅，彰显文化惠民。图书室共接待读者320人次，每周开放40个小时以上，电子阅览室接待读者30余人次，棋牌室接待群众1200余人次，文体活动广场接待篮球运动群众860余人次，接待参加广场舞群众1500余人次。积极组织各种培训班11期，培训学员1063人次，开展农村数字电影放映60场，演出7场次，观众累计达1万余人次。组织举办象棋比赛、扑克比赛、干部职工篮球友谊赛等，开展健身系列活动。

卫生　有乡属卫生院1个，医务人员13人，村级卫生所5个，村级卫生室实现全覆盖。乡村医生12人，个体药房3个。区中医医院医生长期轮流在雄关卫生院坐诊。2020年，城乡居民医疗保险参保人数达10642人，参保率达97.32%，其中建档立卡人员100%参保。全年共办理一孩生育登记服务33份，二孩生育登记服务38份，办理再生育服务证6份。

社会保障　全年发放各项民政经费235.12万元，慰问21户特困残疾户，脱贫攻坚建档立卡贫困残疾人入户信息采集54户63人；求职登记失业人员18名；做好退役军人优抚工作；推广医保电子凭证激活人数3364人，激活率达30.67%；办理结婚登记92对，离婚登记20对，婚姻登记合格率100%；完成敬老院建设；下营村爬地小组地质灾害点搬迁项目中37户群众完成房屋主体建设；四类重点对象危房改造139户；审批灾后重建贴息贷款104户1038万元；震后恢复重建开工264户，一层出水226户，入住65户，发放政策性农房保险受损补助272户38.08万元；殡葬改革、公共就业服务平台建设、劳动保障巡查、城乡居民基本养老保险、医疗保险等民生工作有序推进。

社会治理　坚持“抓基层、打基础、化矛盾”，加大矛盾纠纷排查化解力度，做到小事不出村、大事不出乡，矛盾不上交。全年全乡共调处矛盾纠纷237件，成功率达96%。组建200余人治安巡防队伍和平安志愿者队伍，开展治安防控巡逻300余次。完善主要路口、重点部位平安监控系统建设，实现与公安联网。做到禁毒防艾宣传“六进”，组织毒品教育流动课堂7次，“绿色无毒，健康人生”进校园宣传教育2次，社区戒毒社区康复报到率实现100%。推进扫黑除恶工作，利用重点节日积极组织“八进”，全方位、无死角开展宣传，发放张贴宣传材料3000余份，办结区扫黑办移交线索1条。

安全生产　层层落实安全生产责任制，签订各类责任书，对辖区在建项目、重点企业和重点部位开展安全生产专项检查和隐患点整治工作，及时纠正被检查对象不规范行为34起；通过专人负责巡查和发放施工安全告知书等，加大对群众自建房施工安全监管力度；加大森林防火宣传，在清明节及森林防火戒严期对重点林区展开拉网式隐患排查，加强对违规用火行为的整治，实现全年无森林火灾；在节假日期间开展食品安全专项整治和打非治违专项行动。举行瑞鑫化工模拟“储磷罐泄漏起火”事故应急演练和爬地村地质灾害应急演练，提高各类灾害应急处置能力，配合区安监局完成瑞丰花炮有限公司烟花爆竹半成品清理工作。

【第十一届党代会第四次会议】

5月7日，中国共产党雄关乡第十一届代表大会第四次会议召开。会议听取并审议曹春艳同志所作的题为《砥砺奋进谋发展　蓄势扬帆再出发　为决胜全面小康而努力奋斗》的工作报告，书面审议《乡纪委工作报告》和《党费收缴使用情况报告》。会议要求，要坚持以习近平新时代中国特色社会主义思想为指导，全面加强党对各项工作的领导，按照区委区政府“三区一中心”战略定位和“5366”发展思路，继续做好新冠肺炎疫情防控，抓实复工复产经济恢复，全力开拓雄关高质量发展新境界，决战决胜高质量全面建成小康社会。

【第十一届人代会第四次会议】

5月7—8日，雄关乡召开第十一届人民代表大会第四次会议。会议听取和审议乡人民政府乡长宋磊同志所作的《永不懈怠　一往如前　砥砺奋进雄关发展新征程》的政府工作报告以及乡第十一届人大主席团成员龚瑞中同志所作的《主席团工作报告》。会议号召，全乡上下要高举习近平新时代中国特色社会主义思想伟大旗帜，更加紧密团结在以习近平同志为核心的党中央周围，在区委、区政府和乡党委的坚强领导下，紧紧团结全乡人民，不忘初心、牢记使命，同心协力、苦干实干，以实际行动和优异成绩为全面建成小康社会、实现第一个百年奋斗目标扎实根基。

【人畜饮水扶贫项目】　窑房村委会人畜饮水扶贫项目于2020年3月开工建设，9月底竣工验收，总投资153.56万元。项目建设内容为建挡土墙、道路硬化、修建人畜饮水机房等。

【饮水保障应急扶贫项目】　雄关社区和窑房村委会片区人畜安全饮水保障应急扶贫项目于2020年4月开工建设，8月竣工验收，总投资110.33万元。项目建设内容为设置饮用水源地保护警示牌、建设潜水泵和固定站，新建高位调节池、新建水厂围墙等。

【道路硬化及水沟修复扶贫项目】　雄关乡上营村委会小营村至螺蛳山道路硬化及小营小组田边水沟修复扶贫建设项目于2020年8月开工建设，11月竣工验收，总投资50万元。项目建设内容为螺蛳山小组道路硬化长度400米，小营小组排水沟修复加高750米，挡土墙拆除修复长度200米。

【猕猴桃扶贫产业项目】　窑房村委会红心猕猴桃扶贫产业设施配套项目于2020年8月开工建设，11月竣工验收，总投资90.15万元。项目建设内容为新建水池1个容量共300立方米，建设泵房1间，安装滑轨式潜水泵1台，安装变压器1台及线路，输水管网2千米。

【绕集镇便道建设】　绕集镇便道于2019年10月29日开工，2020年11月30日完工。前期工程投资400万左右，道路全长3千米，路宽15.50米，项目内容包括排水沟渠、涵洞、道路基础、沙石毛路铺筑等。

【甸雄路改造综合工程】　2020年4月，投资400余万元甸雄路升级改造工程和污水管网预埋工程建设完工，主要建设内容为集镇高坡牌坊至水管站1.4千米的集镇道路改造，铺埋DN600污水管网600余米，自来水管改造1千米左右。

【地质灾害点搬迁项目】　2020年3月，启动下营村爬地小组地质灾害点搬迁项目，共涉及37户群众，年底37户均已完成房屋主体建设。

【养殖小区建设】　雄关社区和白石岩村养殖小区于2020年9月开工建设，年底已完成工期的80%。雄关社区投资233.50万元，占地30亩，建盖圈舍2346平方米，拟搬迁养殖户76户；白石岩投资44.60万元，占地3.22亩，建盖圈舍485平方米，拟搬迁养殖户32户。

（刘丽萍）

安化彝族乡

【行政区划·人口】　安化彝族乡地处区境西北部，距区城24千米，东接前卫镇、南连九溪镇、西与红塔区小石桥乡接壤、北与江城镇毗邻。全境地势西北高，东南低，地形北窄南宽呈“人”字形，东西最长距离17.20千米，南北最宽距离12千米，最高海拔2294.20米，最低海拔1782米。属中亚热带半湿润高原季风气候，四季平和，冬无严寒，夏无酷暑，干湿季节分明，年平均气温16.9℃，有“天然温室”之美称，乡情冠名主题口号为“心安自然·情化七月”。乡政府所在地安化彝族乡安化社区大营一组8号。

乡域面积95.60平方千米，共辖安化、新庄、旱谷田、董炳、光山5个村（居）委会，26个自然村，28个村民小组。2020年末耕地总面积9156亩，其中田4932亩，地4224亩（水浇地1628亩）。农业人均耕地面积0.95亩。

2020年末，全乡辖区内人口总户数3372户，总人口9700人，其中男5029人，女4671人；农业人口6926人；少数民族人口9272人，少数民族人口占总人口的95.6%，是江川区唯一的一个山区民族乡。农村从业人员5653人。人口自然增长率为4.65‰，人口密度每平方千米101人。

【领导干部名录】

党委书记　陆云波
副 书 记　花云芬
　　　　　罗　鑫
组织委员　靳红艳
宣传委员　李立群
纪委书记　张　川
武装部长　华　辉
人大主席　周留明
乡　　长　花云芬
副 乡 长　普　虚
　　　　　石　莉
　　　　　郭昊恒
　　　　　白平祥

【经济】　完成地方生产总值41420万元，增长3.8%。其中一产业完成21243万元、同比增长6.1%，二产业完成3405万元、同比增长1.1%，三产业完成16772万元、同比增长4.2%。实现农村居民人均可支配收入1.50万元。

【农业】　累计种植烤烟8.60万亩、完成烟叶收购959.30万千克、实现烟农收入2.90亿元。种植青花、白花、辣椒等传统蔬菜11.3万亩，实现产值4.90亿元。探索建立“龙头企业+基地+农户”发展模式，支持10家多肉花卉企业种植多肉800余亩，实现产值4200余万元。示范性种植新西兰黄梨、樱桃等经果林。产业结构调整迈出新步伐。

【民生事业】　城乡居民医疗、

养老保险等社会保险参保率稳步提升。持续帮扶困难群众，加强农村低保动态管理，实现应保尽保。筑牢民生底线，全年发放城乡低保、残疾人补贴、优抚金等各类民生资金959.40万元。发放养老保险金832.50万元。认真落实惠农惠民政策，发放农机补贴等资金300.80万元。累计投入资金928万元，新建中心幼儿园和光山、新庄幼儿园，完成董炳小学校舍修缮加固。学前教育毛入学率、小学入学率、义务教育巩固率均达100%，教育均衡发展成果进一步巩固。建成旱谷田村和新庄村标准化卫生室，实现村级卫生室全覆盖。推进农村家庭医生签约服务，实现建档立卡贫困户签约服务全覆盖，群众医疗保障水平大幅提升。鼓励支持引导农民创业就业，加大农民实用技术和技能培训力度，提高农民增收致富能力。社会养老服务体系加快构建，新（改扩）建居家养老服务中心及老年活动室25个，村级活动场所实现全覆盖，养老服务水平稳步提升。党群服务中心投入使用，打造服务党员群众的“红色家园”。投资412万元完成民族文化传习馆建设布展、民族文化长廊、斗牛场和万山朝拜景区建设，努力打造对外文化交流新窗口。

【教育】 认真履行政府发展教育主体责任，完成省政府教育督导工作，幼儿园毛入园率100%，小学入学率100%。教育投资经费每个村4万元，共计20万元，用于资助贫困学生及支持教育条件改善；民族文化进校园每年投资经费3余万元；协调经费2万余元，用于学校民族团结进步示范创建；投入资金1万元，用于中心小学安全通道建设；多方协调资金15万元，用于新庄幼儿园建设；协调安化小学社会捐赠5万元；全年经多方协调努力，共化解安化幼儿园、董炳幼儿园、校园文化建设等债务83余万元，债务下降至28万元。

全年，安化乡小学共有在编教师55人（含幼儿园）。全年表彰优秀教师7名，先进教育工作者5名。

【人居环境】 围绕人居环境三年行动计划，投资773.90万元完成董炳中村、旱谷田大石洞河、旱谷田小组、安化社区二三组人居环境整治巩固提升项目。投资1450万元完成安化社区一组、李家营等13个“百千工程”项目。推行“节地上楼”，完成光山、小甸等8个“空心村”改造。扎实开展农村人居环境整治和“万名干部讲法规、万名干部除临违”专项行动，17个小组达到人居环境一档标准。村庄规划实现全覆盖。高位推动“厕所革命”，完成农村户用卫生厕所建设改造1985户和16座无害化卫生公厕改造。污染防治持续加力，完成“散乱污”企业综合整治，依法关停取缔安福化工有限公司，餐饮个体户餐厨规范化全覆盖。完成污染源普查工作。持续推进爱国卫生“七个专项行动”。完成辖区内黄标车淘汰工作。

【生态建设】 建立董炳河治理联席会议制度，加大董炳河流域治理力度。深入推进“创模”工程，全面加强污水节污治理工作，投入36万元实现村组垃圾箱全覆盖。持续推进森林安化建设，加大毁林开荒打击力度，森林覆盖率逐年上升，达到61.9%；完成名木古树挂牌250棵。旱谷田村获评“省级森林乡村”。

【基础设施建设】 投资2040万元新建旱烂路、香小路等7条区乡道路29.7千米，实现全部自然村通水泥路。城乡水网越织越密，完成各类农田水利设施新建、饮水管网铺设、坝塘除险加固等水利工程建设44件，累计投入资金5043.10万元，实现户户通自来水，极大缓解群众饮水困难问题。能源信息网加快建设，村庄变压器增容、农村电网改造建设完成，完善农村公共服务平台三大项目建设，通讯光纤网络、4G网络实现村组全覆盖。

【文化】 开展村寨文化氛围营造工程，打造安化社区、光山村委会2个点，制作宣传栏、文化墙等，宣传有关社会主义核心价值观、乡风文明、“双创”等方面内容，大力弘扬中华传统美德，努力营造崇德向善、见贤思齐的浓厚氛围。在安化乡开展道德讲堂3期，推荐“江川新乡贤”等道德典型，全乡发放宣传材料2400余份。有效组织党员志愿者、巾帼志愿者等群体开展双创宣传、环境卫生打扫等各类形式的系列志愿服务活动。利用春节、火把节等重大节日，开展文艺演出活动9次，观看人数达13000余人，丰富群众的业余文化生活。

【疫情防控】 乡政府始终把人民群众健康安全放在第一位，建立新冠疫情防控体系，落实落细各项防控措施，投入疫情防控经费30余万元，设立乡村两级卡点6个，组织全体乡、村、组党员干部排查省外返乡人员295人次、省内返乡人员37人次，劝停改期自办宴席15起。全面推广“健康码”，排查“黄红码”人员及疫情高、中风险地区到江人员。统筹做好疫情防控和经济社会发展，有序组织群众复工复产。抓实常态化疫情防控，做好“三非”外国人排查、秋冬季疫情防控等系列工作。实现“零输入零病例”，疫情防控工作取得实效。

【民生】　聚焦共享惠民，发放“创业就业”“贷免扶补”及团委、妇联、工商联扶持贷款15万元，举办各类职业技能培训4期427人次，转移农村劳动力334人次。配备112张养老床位，全面提高老年人生活质量。发放冬春救助大米1400千克。完成残疾人无障碍改造工程5户、阳光家园计划5户。以“枫桥式退役军人服务站”为抓手，建立5个退役军人服务站和退役军人之家，发放优抚金63.80万元，“双拥”工作有序推进。首次召开教育发展大会，促进安化教育事业稳步发展。落实控辍保学措施，加大对优秀学子奖励资助力度，发放贫困大学生资助金3.90万元，尊师重教氛围更加浓厚。持续推广电子医保凭证，实现建档立卡贫困户慢性病登记全覆盖。第七次全国人口普查顺利推进。持续推进殡葬改革，文明新风进一步树立。

【劳动保障】　城乡居民医疗、养老保险参保率分别达95.6%和89.4%，建档立卡贫困户参保率达100%。发放养老保险金166.70万元。持续做好困难群众救助工作，发放城乡低保、临时救助、残疾人两项补贴、高龄老人补助和冬春救灾补助资金共155.20万元、惠及3110人次。

【法治建设】　打造具有少数民族特点的“红袖标志愿者”队伍，积极推进“群防群治”“网格化服务管理”，社会大局和谐稳定。扎实开展“综治宣传月”“七五普法”等宣传活动，开展矛盾纠纷排查化解，排查调处矛盾纠纷45起，调处率达100%，加强信访维稳，妥善处理群众来信来访17件，加强禁毒防艾工作。持续开展重点行业领域整治、涉黑涉恶线索摸排工作，扫黑除恶专项斗争“长效常治”。扎实推进无邪教乡、村（社区）建设工作。强化反恐宣传教育，认真组织开展反恐怖主题宣传季活动，乡政府被市级评为“先进集体”。完成“雪亮工程”监控设备安装点规划工作。扎实开展民族团结进步示范创建“五进”活动，成功创建全市民族团结进步示范乡。建立健全农村“一约四会”制度。

【巩固脱贫成效】　围绕“两不愁三保障”和各项普查指标，开展“回头看补短板强弱项抓提升”行动，聚焦5个贫困村、419户1516名建档立卡贫困人口，组织开展全覆盖、无遗漏人排查，对标对表找差距，千方百计补短板。开展贫困对象动态管理，整改落实各级专项督查反馈问题13类325个。落实教育扶贫政策，发放“雨露计划”、寄宿生补助等资金53.30万元。落实产业扶贫政策，发放扶贫贷款1047.20万元。落实项目扶贫政策，投入资金908.90万元实施安化社区三组、早谷田人居环境整治等4个扶贫项目。落实就业扶贫政策，完成就业扶贫技能培训427人次，转移就业556人次，开发河道和村庄保洁员、护林员等公益性岗位24个。安化社区获评“市级就业扶贫示范村”。完成40户“四类重点对象”和2户“非四类重点对象”住房加固。完成扶贫入股动态分红68户6.50万元。积极开展农村饮水水源点勘测，有效解决烂泥箐小组供水困难问题。顺利通过国家脱贫攻坚普查。

（付鹏龙）

政 治

编辑　陈金才

中共玉溪市江川区委

【中共玉溪市江川区委第二届委员会常委、书记、副书记名录】

区委常委　徐　贤（2020.06离任）
普光照（2020.08任）
常　成
矣向林（2020.08离任）
张洪坤（2020.08任）
曾宪涛
李卫东
李志刚
蒋　文
赵　琦
何　眉（女）
郭　玉
靳联明
周靖宇（挂职）

区委书记　徐　贤（2020.06离任）
普光照（2020.08任）

区委副书记　常　成
矣向林（2020.08离任）
张洪坤（2020.08任）

【中共玉溪市江川区委各部、委、办、局正副职名录】

区委办公室

主　任　赵　琦
常务副主任　洪彦正
副主任　王　亮（2020.01离任）
刘蓉芳（女，2020.12离任）
何旭升
李文斌（2020.04任，试用期一年）
李梅琼〔女，2020.09任（兼），2020.12离任〕
张新荣〔2020.12任（兼）〕
周　权（2020.12任，试用期一年）

区委组织部

部　长　靳联明
常务副部长　邢小刚
副部长　唐光华
陈宝林
胡宇翔
张荣华
区委组织部务委员　郑　旭
官　璐（女，2020.12离任）

区委宣传部

部　　长　何　眉（女）
常务副部长　宋良艳（女）
副 部 长　张乘风（女）
吴　侣

区精神文明建设指导委员会办公室

主　　任　宋良艳（女）

区委统一战线工作部

部　　长　李志刚
常务副部长　业东华
副 部 长　潘兴发
李忠良

区民族宗教事务局

局　长　李忠良
副局长　刘开华
邓树芬（女）

区工商业联合会（商会）

党组书记　业东华
主席（会长）　顾　秋
副主席（副会长）　蒋　丽（女）
秘书长　蒋　丽（女）

区委政法委员会

书　　记　蒋　文
常务副书记　何小春
副 书 记　王奇志
邢长伟

区委政法委员会政工室

主　任　杨泽娜（女）

区委党校

校　长　矣向林（2020.08离任）
　　　　张洪坤（2020.08任）
常务副校长　杨兴华
副校长　业居敏（女）
　　　　张　冬
　　　　刘　鸿
　　　　张　琪（女）

玉溪市江川区行政学校

校　长　杨军苹（女）
副校长　业居敏（女）
　　　　张　琪（女）

区委保密委员会

主　　任　赵　琦
副 主 任　钟　镖
　　　　　洪彦正
专职副主任　何旭升

区国家保密局

局　长　何旭升

区委政策研究室

主　任　李　敏（女，2020.09离任）

区委机要和保密局

局　长　何旭升

区国家密码管理局

局　长　何旭升

区委督查室

主　任　王　亮（2020.01离任）
区委督查员　李成祥（2020.09离任，正科级督查员）
　　李　敏（女，2020.09任，正科级督查专员）
　　李　伟（副科级督查专员）

区委党史研究和地方志编纂办公室

主　任　张江瑞
副主任　陈金才
　　　　沈　娴（女，2020.12任）

区档案局

局　长　刘蓉芳（女，2020.12离任）
　　　　周　权（2020.12任）
副局长　张燕琳（女）

区档案馆

馆　长　郭绍昆（正科）

区委老干部局

局　长　胡宇翔

共青团江川区委

书　记　屈　瑞（女）
副书记　龚　萍（女，2020.01离任）
　　　　徐　洁（女，2020.01任）

区妇女联合会

主　席　花云芬（女，2020.01离任）
　　　　韩丽华（女，2020.01任）
副主席　许　奥（女）
　　　　顾文琛（女，2020.12挂职）

区总工会

主　　席　普朝鹏
常务副主席　叶自林（正科级）
副 主 席　戴燕芬（女）

区科学技术协会

主　席　李彦坤
副主席　张彦龙

区关心下一代工作委员会

主　　任　张洪坤
执行主任　杨生明
副 主 任　赵　琦
　　　　　李忠海
　　　　　钟　镖
　　　　　陈宝林
　　　　　胡宇翔
　　　　　杨志伟
　　　　　伏世金
　　　　　顾宝富
　　　　　杨从高
　　　　　周　斌
办公室主任　郭小平

区红十字会

会　　长　杨军苹（女）
专职副会长　范文慧（女）
副 会 长　曲雪琼（女）

区文学艺术界联合会

主　席　李梅琼（女，2020.12任）
副主席　余立言

区委机构编制委员会办公室

主　任　张荣华
副主任　贺志宏
　　　　罗　怡（女，2020.01任）

【中共玉溪市江川区委区直机关工作委员会正副书记名录】

中共玉溪市江川区人民武装部委员会

第一书记　普光照
书　　记　曾宪涛
副 书 记　张运铎

中共玉溪市江川区委区直机关工作委员会

书　　记　赵　琦
常务副书记　陈乔华
副 书 记　王艳兰

中共玉溪市江川区委员会工业商贸和信息化工作委员会

书　记　李华同

中共玉溪市江川区委员会教育体育工作委员会

书　记　杨志伟

中共玉溪市公安局江川分局党委

书　记　钱　凡
副书记　张文红

中共玉溪市江川工业园区党工委

书　记
副书记　杨美艳

中共玉溪市江川区委员会离退休干部工作委员会

书　记　郑吉来

中共玉溪市江川区非公有制经济组织和社会组织工作委员会

书　记　陈宝林

中共玉溪市江川区委员会卫生健康工作委员会

书　记　杨春文

【区委发出的主要文件】

中共玉溪市江川区委关于认真学习贯彻党的十九届四中全会和省委十届九次全会、市委五届九次全会精神推进县域治理现代化的实施意见

中共玉溪市江川区委　玉溪市江川区人民政府关于表扬2019年发展贡献和改革创新先进集体的决定

中共玉溪市江川区委关于新时代加强和改进人民政协工作的实施意见

中共玉溪市江川区委关于印发《区委常委2020年工作要点及分工方案》的通知

中共玉溪市江川区委关于印发《江川区贯彻落实〈中国共产党农村工作条例〉的实施方案》的通知

中共玉溪市江川区委　玉溪市江川区人民政府关于对2018—2019年度科技创新工作中获市级以上认定的先进单位和个人进行表扬的决定

中共玉溪市江川区委　玉溪市江川区人民政府关于对念鹏英等14名同志予以嘉奖的决定

中共玉溪市江川区委印发《玉溪市江川区关于全面推进“清廉江川”建设的实施意见》的通知

中共玉溪市江川区委关于命名2020年基层党建工作示范点及表扬“两好三强”党组织书记的决定

中共玉溪市江川区委关于废止、宣布失效和修改部分党内规范性文件的决定

中共玉溪市江川区委关于印发《关于省委第五巡视组巡视江川区委反馈意见的整改方案》的通知

中共玉溪市江川区委关于加强和改进机关党的建设的实施意见

中共玉溪市江川区委关于印发《玉溪市江川区2020年排查整顿农村发展党员违规违纪问题工作方案》的通知

中共玉溪市江川区委　玉溪市江川区人民政府关于对张乘风等869名同志予以奖励的决定

中共玉溪市江川区委　玉溪市江川区人民政府关于印发《江川教育现代化2035》《加快推进江川教育现代化实施方案》的通知

中共玉溪市江川区委关于制定玉溪市江川区国民经济和社会发展第十四个五年规划和二〇三五年远景目标的建议

中共玉溪市江川区委　玉溪市江川区人民政府　玉溪市江川区人民武装部关于印发《玉溪市江川区加强新时代退役军人工作实施方案》的通知

【区委办发出的主要文件】

中共玉溪市江川区委办公室　玉溪市江川区人民政府办公室关于对中共玉溪市江川区委二届六次全会、玉溪市江川区第二届人民代表大会第四次会议主要精神进行任务分解和立项督查的通知

中共玉溪市江川区委办公室关于调整部分区委议事协调机构主要领导的通知

中共玉溪市江川区委办公室　玉溪市江川区人民政府办公室印发《关于全面深入持久开展民族团结进步创建工作铸牢中华民族共同体意识的实施意见》的通知

中共玉溪市江川区委办公室　玉溪市江川区人民政府办公室关于印发《玉溪市江川区全面深化农村土地所有权承包权经营权分置改革实施方案》的通知

中共玉溪市江川区委办公室关于深化玉溪市江川区监委派驻机构改革的实施意见

中共玉溪市江川区委办公室　玉溪市江川区人民政府办公室关于印发《玉溪市江川区贯彻落实习近平总书记考察云南重要讲话精神主要工作任务分工方案》的通知

中共玉溪市江川区委办公室　玉溪市江川区人民政府办公室关于印发《玉溪市江川区乡村振兴暨城乡统筹融合发展重点工作任务分解方案》的通知

中共玉溪市江川区委办公室　玉溪市江川区人民政府办公室关于印发《玉溪市江川区农村集体资金资产资源监督管理办法（试行）》的通知

中共玉溪市江川区委办公室　玉溪市江川区人民政府办公室关于印发《玉溪市江川区贯彻落实〈创建全国市域社会治理现代化第1期试点城市实施方案〉工作方案》的通知

中共玉溪市江川区委办公室关于印发《玉溪市江川区全面从严治党主体责任派单制实施办法》的通知

中共玉溪市江川区委办公室关于印发《贯彻落实党委（党组）落实全面从严治党主体责任规定重点任务分解方案》《区委2020年落实全面从严治党主体责任任务安排》的通知

中共玉溪市江川区委办公室　玉溪市江川区人民政府办公室印发《关于全面提高农村基层干部群众综合素质增强农村发展动力

和发展能力的实施意见》的通知

中共玉溪市江川区委办公室 玉溪市江川区人民政府办公室关于印发《玉溪市江川区农业综合行政执法改革实施方案》的通知

（杨冬丽）

【2020年区委常委会会议】 1月2日，区委书记徐贤主持召开二届区委常委会第134次（扩大）会议。会议共1项议题：开展2019年度各党（工）委（党组）书记抓基层党建工作述职评议。

1月3日，区委书记徐贤主持召开二届区委常委会第135次会议。会议共1项议题：听取并原则同意区委常委、区委办主任赵琦关于区委二届六次全会8个讨论小组对《中共玉溪市江川区委关于认真学习贯彻党的十九届四中全会和省委十届九次全会、市委五届九次全会精神推进县域治理现代化的实施意见（草案）（讨论稿）》、徐贤同志代表区委常委会向全会作的工作报告、《玉溪市江川区2019年党的建设工作专题报告》《关于全区党费收缴、使用和管理情况的报告》、增补区委委员事项、《中国共产党玉溪市江川区第二届委员会第六次全体会议决议（草案）（讨论稿）》讨论情况汇报。

1月16日，区委书记徐贤主持召开二届区委常委会第136次会议。会议共5项议题：由区委书记徐贤传达学习习近平总书记在“不忘初心、牢记使命”主题教育总结大会上的讲话精神、省委滇中地区党委书记座谈会精神、市委领导在参加市五届人大三次会议江川区代表团审议时的讲话精神，研究全区贯彻落实意见；听取并原则同意区委巡察办主任张丽梅关于区委第十轮巡察工作情况汇报，研究相关工作；研究干部议题。

1月19日，区委书记徐贤主持召开二届区委常委会第137次会议。会议共9项议题：由区委书记徐贤传达学习习近平总书记在十九届中央纪委四次全会上的重要讲话精神；由区委常委、区委宣传部部长何眉传达学习全国宣传部部长会议、全国文明办主任会议、全省宣传部部长会议精神；由区委巡察办主任张丽梅传达学习中纪委常委、国家监委委员、巡视办主任王鸿津在第四期全国巡察办主任提级培训班上的讲话及《县级巡察工作需要重点把握的问题》；由区纪委副书记、监委副主任韩丽华传达学习省纪委十届五次全会精神，研究区纪委二届五次全会相关事宜；听取并原则同意区委组织部副部长、区委“两新”组织工委书记陈宝林关于2019年基层党建及九大党建联盟工作考核结果汇报，研究相关工作；听取并原则同意区委办常务副主任洪彦正关于2019年四季度“双比双通报”情况汇报，研究相关工作；听取并原则同意区委常委、常务副区长李卫东关于区政府党组提请的《玉溪市江川区进一步推进烟花爆竹行业整合实施方案（送审稿）》、2020年春节期间部分重点项目资金保障、全区2019年长江经济带农业面源污染治理项目经费、抚仙湖流域山水林田湖草生态保护修复——星云湖径流区矿山环境恢复治理（北部治理区、西部治理区红线范围内）地上建构（筑）物、附着物补偿资金、星云湖水生态修复与治理项目前期工作经费、2019年烤烟生产1号文件扶持资金及责任状考核事项、2020年星云湖鱼苗投放、前卫镇双桥营截污沟开挖废弃砂土处置、江城镇干部职工周转房补助资金等事项的汇报，研究相关工作；听取区信访局党组、区供销社党组党建工作情况汇报。

1月27日，区委书记徐贤主持召开二届区委常委会第138次会议。会议共2项议题：由区委书记徐贤传达学习习近平总书记在中央政治局常委会会议研究新型冠状病毒感染的肺炎疫情防控工作时的重要讲话精神及全省、全市新型冠状病毒感染的肺炎疫情防控工作电视电话会议精神；听取并原则同意区政府副区长杨军苹关于全区新型冠状病毒感染的肺炎疫情防控和应急处置工作汇报，研究部署下一步工作。

2月3日，区委书记徐贤主持召开二届区委常委会第139次会议。会议共2项议题：由区委书记徐贤传达学习习近平总书记考察云南重要讲话精神，提出全区贯彻落实意见；听取区政府副区长杨军苹关于全区新型冠状病毒感染的肺炎疫情防控工作进展情况汇报，研究部署下一步工作。

2月11日，区委书记徐贤主持召开二届区委常委会第140次会议。会议共13项议题：由区委书记徐贤传达学习2月3日习近平总书记主持召开的中央政治局常务委员会会议精神，研究全区贯彻落实意见；由区委常委、区委组织部部长靳联明传达学习《中国共产党地方委员会工作条例》；由区委常委、区纪委书记、监委主任郭玉传达学习《中国共产党巡视工作条例》；书面传达学习市纪委五届五次全会精神，研究全区贯彻落实意见；听取并原则同意区委办常务副主任洪彦正关于2019年四季度“双比双通报”情况、2020年“双比双通报”活动开展有关事宜、《关于对中共玉溪市江川区委二届六次全会、玉溪市江川区第二届人民代表大会第四次会议主要精神进行责任分解和立项督查的通知（送审稿）》的汇报，研究相关工作；听取并原则同意区委办副主任、区档案局局长刘蓉芳《关于调整部分区委议事协调机构主要领导的通知（送审稿）》的汇报，研究相关工作；听取并原则同意区委政研室主任李敏关于《中共玉溪市江川区委关于认真学习贯彻党的十九届四中全会和省委十届九次全会、市委五届九次全会精神推进县域治理现代化的实施意见（送审稿）》的汇报，研究相关工作；听取并原则同意区委组织部副部长、区委“两新”组织工委书记陈宝林关于评选省级、市级“好支书”人选、选派乡村振兴工作队队员有关事宜的汇报，研究相关工作；听取并原则同意区委常委、常务副区长李卫东关于区政府党组提请的全区第七次全国人口普查工作经费、完善入湖河道综合治理项目相关工程措施、澄川高速公路海门、龙街安置点土地流转费、江城镇供水站公司化改制等事项的汇报，研究相关工作；听取区红十字会党组、区工商联党组党建工作情况汇报。

2月27日，区委书记徐贤主持召开二届区委常委会第141次会议。会议共13项议题：由区委书记徐贤传达学习2月23日习近平总书记在统筹推进新冠肺炎疫情防控和经济社会发展工作部署会议上的重要讲话精神、2月26日习近平总书记主持召开的中央政治局常委会会议关于研究部署近期防控重点工作的讲话精神及省委、市委常委（扩大）会议精神，研究全区贯彻落实意见；由区委常委、区委政法委书记蒋文传达学习省、市扫黑除恶专项斗争相关会议精神，听取全区扫黑除恶工作情况汇报，研究下一步工作；听取并原则同意区纪委副书记、监委副主任杨智然关于区委第十一轮巡察第一批次巡察情况汇报，研究相关工作；听取区委常委、区委政法委书记蒋文关于全区平安建设工作情况的汇报，听取区委常委、区纪委书记、监委主任郭玉关于全区党风廉政建设工作情况汇报，研究相关工作；由区委常委、区委组织部部长靳联明传达学习全省组织部部长会议精神和云南省2020年基层党建工作重点任务部署视频会议精神，研究全区贯彻落实意见；听取并原则同意区统计局局长周新关于《玉溪市江川区全面推进小康社会建设工作方案（送审稿）》的汇报，研究相关工作；听取并原则同意区委统战部副部长、区民宗局局长李忠良《关于全面深入持久开展民族团结进步创建工作铸牢中华民族共同体意识的实施意见（送审稿）》的汇报，研究相关工作；听取区住建局副局长胡军伟关于全区提升城乡人居环境行动工作推进情况的汇报，研究相关工作；听取并原则同意区政府党组成员、区政府办主任钟镖关于区政府党组提请的《关于全力抓好玉溪市江川区2020年重点项目推进工作的通知（送审稿）》《关于成立江川区拟供地块专项招商工作小组的通知（送审稿）》《玉溪市江川区大街街道析置工作实施方案（草案）（送审稿）》全区2020年疫情防控应急贷款资金，区委党校常务副校长、区财政局局长杨兴华关于《玉溪市江川区企事业单位公务用车制度改革后公务出行保障补充规定（送审稿）》《玉溪市江川区行政事业单位差旅费管理暂行办法补充规定（送审稿）》，区住建局副局长胡军伟关于玉溪市江川区2017年度城市市政基础设施建设PPP项目合同谈判确认等事项的汇报，研究相关工作；听取区文联党组、区残联党组党建工作情况汇报。

3月9日，区委书记徐贤主持召开二届区委常委会第142次（扩大）会议。会议共2项议题：传达学习中央、省委、市委脱贫攻坚工作会议精神，研究全区相关工作；传达学习全市加大投资加快发展专题会议精神，研究全区相关工作。

3月18日，区委书记徐贤主持召开二届区委常委会第143次会议。会议共19项议题：由区委书记徐贤传达学习3月4日习近平总书记主持召开中央政治局常务委员会会议研究当前新冠肺炎疫情防控和稳定经济社会运行重点工作时的重要讲话，3月10日在湖北省武汉市考察疫情防控工作时的重要讲话精神，省委书记陈豪到玉溪调研讲话精神及五届市委常委会第166次（扩大）会议精神，研究全区贯彻落实意见；听取并原则同意区纪委副书记、监委副主任杨智然关于区委第十一轮巡察第二批次情况汇报，研究相关工作；听取区委常委、区纪委书记、监委主任郭玉关于2019年江川区贯彻执行中央八项规定精神情况汇报，研究相关工作；由区委常委、区委组织部部长靳联明传达学习《玉溪市党委（党组）书记抓党建工作八条措施》精神，研究全区贯彻落实意见；由区委常委、区委政法委书记蒋文传达学习中央、省委、市委政法工作会议精神，研究全区贯彻落实意见；由区农业农村局副局长施家敏通报2019年度玉溪市党政领导班子和领导干部推进乡村振兴战略实绩考核和“三农”发展综合考评结果，研究全区推进乡村振兴战略和“三农”工作相关情况；听取区委常委、区委统战部部长李志刚关于全区统战民宗工作情况汇报；听取并原则同意区委办常务副主任洪彦正关于《2020年督查检查考核计划（送审稿）》《关于调整区级领导联系“七位一体”重点工作项目的通知（送审稿）》、2019年目标任务综合考核结果及《2020年度乡镇（街道）和区直单位（含垂管单位）目标任务综合考评办法（送审稿）》《2020年度县处级领导干部目标任务综合考评办法（送审稿）》的汇报，研究相关工作；听取并原则同意区委办副主任、区档案局局长刘蓉芳关于《区委常委会2020年工作要点及分工方案（送审稿）》，研究相关工作；听取并原则同意区委组织部副部长、区委“两新”组织工委书记陈宝林关于乡村振兴工作队队长、副队长任命有关事项、《玉溪市江川区2020年干部教育培训计划（送审稿）》的汇报，研究相关工作；由区委党校常务副校长、区财政局局长杨兴华传达学习全国、全省党校（行政学院）校（院）长会议精神和《中国共产党党校（行政学院）工作条例》，汇报党校迁建进展情况，研究相关工作；听取并原则同意区委常委、常务副区长李卫东关于区政府党组提请的《玉溪市江川区人民政府关于切实抓好2020年烤烟生产工作的通知（送审稿）》《玉溪市江川区应对新冠肺炎疫情稳定经济运行22条措施（送审稿）》《玉溪市江川区“十四五”规划编制工作方案（送审稿）》、全区各级环保督察反馈问题整改落实情况、蛟龙沟污水收集工程、云南江川浩康脱水蔬菜厂、石岩哨村委会玉螺庄饭店拆除补偿、全区2019年冬、2020年春森林草原防火经费、前卫镇下高桥市级乡村振兴统筹城乡发展现场推进会观摩点打造，区政府副区长杨军苹关于玉溪市人民医院江川院区（传染病医院）选址等事项的汇报，研究相关工作；研究干部议题；听取区民政党组、区税务局党委党建工作情况汇报。

3月23日，区委书记徐贤主持召开二届区委常委会第144次（扩大）会议。会议共1项议题：研究全区做好省委第五巡视组巡视江川区有关事项。

3月26—27日，区委书记徐贤主持召开二届区委常委会第145次会议。会议共15项议题：由区委书记徐贤传达学习3月18日习近平总书记主持召开的中央政治局常务委员会会议关于研究部署统筹抓好疫情防控和经济社会发展重点工作的讲话精神，市委领导调研江川区复工复产、产业发展等工作精神，研究全区贯彻落实意见；听取并原则同意区委常委、区委办主任赵琦关于《中共玉溪市江川区委工作情况报告（送审稿）》的汇报；听取并原则同意区委常委、区纪委书记、监委主任郭玉关于《区纪委监委工作情况报告（送审稿）》的汇报和区委巡察办主任张丽梅关于《区委巡察工作情况专题报告（送审稿）》的汇报；听取并原则同意区纪委副书记、监委副主任杨智然关于区委第十一轮巡察第三批次情况汇报，研究相关工作；听取并原则同意区委组织部常务副部长、区公务员局局长邢小刚关于《玉溪市江川区组织人事工作专题报告（送审稿）》的汇报和区委组织部副部长、区委“两新”组织工委书记陈宝林关于《玉溪市江川区党建工作情况报告（送审稿）》的汇报；听取并原则同意区发改局副局长、区扶贫办主任王志伟关于《玉溪市江川区脱贫攻坚工作情况报告（送审稿）》的汇报；听取并原则同意区委组织部副部长、区委“两新”组织工委书记陈宝林关于市委对徐贤书记2019年度抓基层党建述职评议考核反馈的综合评价意见的通报和《玉溪市江川区关于2019年度抓基层党建述职评议考核综合评价意见反馈整改实施方案（送审稿）》《玉溪市江川区推进2020年基层党建工作实施方案（送审稿）》《玉溪市江川区关于开展村级班子分析研判的工作方案（送审稿）》的汇报，研究相关工作；听取并原则同意区人大办副主任殷忠伟关于《玉溪市江川区人大常委会2020年工作要点（送审稿）》的汇报，研究相关工作；听取并原则同意区政协办主任侯国芬关于《政协玉溪市江川区委员会2020年工作要点（送审稿）》的汇报，研究相关工作；听取区人社局党组、区交通运输局党组党建工作情况汇报。

4月10日，区委书记徐贤主持召开二届区委常委会第146次会议。会议共9项议题：由区委书记徐贤传达学习习近平总书记、李克强总理对四川西昌市经久乡森林火灾的重要指示批示精神和习近平总书记在浙江考察时的重要讲话精神，研究相关工作，区委副书记、区委党校校长矣向林，区委常委、区委宣传部部长何眉分别作交流发言；由区委常委、区纪委书记、监委主任郭玉传达学习省纪委书记冯志礼在2020年度全省第一次贫困县纪委书记工作例会上的讲话精神，研究全区贯彻落实意见；由区委常委、区委组织部部长靳联明传达学习有关文件、全省抓党建促决战决胜脱贫攻坚电视电话会议精神，研究全区贯彻落实意见；由区委常委、区委统战部部长李志刚传达学习市委统一战线工作领导小组会议及全市统战部长会议精神，研究全区贯彻落实意见；由区委副书记、区委党校校长矣向林通报2019年市对区目标任务综合考评结果，研究相关工作；听取并原则同意区委组织部常务副部长、区公务员局局长邢小刚关于新冠肺炎疫情防控工作奖励人员名单和有关事项的汇报；听取并原则同意区政府党组成员、区政府办主任钟镖关于区政府党组提请的通报2019年江川区全面建成小康社会统计监测指标评价情况、通报2020年一季度经济运行预测情况、星投公司代管项目移交实施机构、玉溪市江川区粮食收储有限公司资产处置、《中共玉溪市江川区委　玉溪市江川区人民政府关于对2018—2019年度科技创新工作中获市级以上认定的先进单位和个人进行表扬的决定（送审稿）》《玉溪市江川区全国区域招商引资代理人工作实施意见（试行）（送审稿）》《玉溪市江川区招商引资企业投诉受理规定（试行）（送审稿）》等事项的汇报，研究相关工作；听取区委副书记、区长常成关于区政府党组一季度工作情况汇报；研究干部议题。

4月26日，区委书记徐贤主持召开二届区委常委会第147次会议。会议共11项议题：由区委书记徐贤传达学习4月17日中共中央政治局会议精神，中共中央办公厅印发《关于持续解决困扰基层的形式主义问题为决胜全面建成小康社会提供坚强作风保证的通知》精神，研究全区贯彻落实意见；听取并原则同意区纪委副书记、监委副主任杨智然关于区委第十一轮巡察第四批次情况汇报，研究相关工作；听取并原则同意区委办常务副主任洪彦正关于一季度“双比双通报”情况汇报，研究相关工作；听取并原则同意区委组织部常务副部长、区公务员局局长邢小刚关于《玉溪市江川区公务员职级晋升管理办法（试行）（送审稿）》《关于加强职业化专业化社区工作者队伍建设的实施意见（试行）（送审稿）》《玉溪市江川区社区工作者管理办法（试行）（送审稿）》的汇报，研究相关工作；听取并原则同意区委组织部副部长、区委“两新”组织工委书记陈宝林关于《玉溪市江川区村（社区）干部管理办法（试行）（送审稿）》的汇报，研究相关工作；听取并原则同意区人大常委会主任龚桂存关于区二届人大代表补选有关事项的汇报，研究相关工作；听取并原则同意区政府党组成员、区政府办主任钟镖关于区政府党组提请的《玉溪市江川区招商引资活动和商务接待管理办法（试行）（送审稿）》《玉溪市江川区国有企业退休人员社会化管理服务工作实施细则（送审稿）》、开展脱贫攻坚普查经费、购买河道水体快速净化设备及运行服务经费、星云湖污染底泥疏挖及处置工程项目（二期）专项债券资金调整使用等事项的汇报，研究相关工作；听取区农业农村局党组、区水利局党组党建工作情况汇报。

5月12日，区委书记徐贤主持召开二届区委常委会第148次会议。会议共12项议题：由区委书记徐贤传达学习习近平总书记在陕西考察时的重要讲话精神，研究全区贯彻意见；听取区委组织部部务委员郑旭关于江川区村级班子分析研判工作情况、2020年软弱涣散党组织整顿工作情况的汇报，研究相关工作；书面听取全省对村（社区）党组织巡察现场评析会议精神，研究全区贯彻落实意见；听取并原则同意区委巡察办主任张丽梅关于《区委第十二轮巡察方案（送审稿）》《区委2020年巡察工作要点（送审稿）》的汇报，研究相关工

作；听取并原则同意区委宣传部副部长、区新闻出版（版权）局局长吴侣关于《玉溪市江川区2020年党（工）委（党组）理论学习中心组学习安排意见（送审稿）》的汇报，研究相关工作；听取区委编办主任张荣华关于全区机构编制管理工作情况汇报，研究相关工作；听取区委副书记、区委党校校长矣向林关于全区脱贫攻坚工作情况和脱贫攻坚领域发现问题整改情况汇报，研究相关工作；听取区委办常务副主任洪彦正关于县处级领导干部考评结果汇报，研究相关工作；听取并原则同意区政府党组成员、区政府办主任钟镖关于区政府党组提请的全区征收农用地区片综合地价测算成果、全区农村不动产确权登记颁证工作经费、大街市场向下营社区借款、星云湖湿地湖滨带提质改造工程资金使用、区城投公司缴款用于市家美公司江川区2017年度城市市政基础设施建设PPP项目SPV公司注册资本金、全区2017年度市政基础设施建设项目城市全民健身运动场馆建设设计经费、“十二五”期间星云湖保护治理项目部分欠款、前卫镇杨家河垃圾堆放场隐患排除工程、江城镇翠峰中学、海门片区污水收集管网工程、全区3座小（一）型、7座小（二）型灾后薄弱环节病险水库除险加固工程建设资金、玉溪市江川区2020年区级预算内重点项目前期工作经费（第一批）等事项的汇报，研究相关工作；听取区自然资源局党组、区审计局党组党建工作情况汇报。

6月9日，区委书记徐贤主持召开二届区委常委会第149次会议。会议共8项议题：由区委书记徐贤传达学习5月6日、5月14日习近平总书记主持召开的中央政治局常务委员会会议精神和5月8日中共中央在中南海召开的党外人士座谈会精神，研究全区贯彻落实意见；由区委副书记、区委党校校长矣向林传达学习全国“两会”、省“两会”精神、王显刚副省长督导星云湖保护治理讲话精神，研究全区贯彻落实意见；由区委宣传部常务副部长、区文明办主任宋良艳传达学习省、市关于文明城市创建和新时代文明实践中心建设工作会议精神，研究全区贯彻落实意见；听取区委组织部副部长、区委“两新”组织工委书记陈宝林关于全区党建带群建工作情况汇报，研究相关工作；听取全区禁毒工作情况汇报；听取区发改局党组、区财政局党组党建工作情况汇报。

6月28日，区委副书记、区长常成主持召开二届区委常委会第150次会议。会议共1项议题：由区委副书记、区长常成传达学习市委主要领导调研江川座谈会议精神，安排部署全区贯彻落实意见。

6月29日，区委副书记、区长常成主持召开二届区委常委会第151次会议。会议共13项议题：由区委副书记、区长常成传达学习习近平总书记在考察山西、宁夏时的重要讲话精神和6月2日主持召开专家学者座谈会上的重要讲话精神，研究全区贯彻意见；听取并原则同意区委常委、区委政法委书记蒋文《关于建立玉溪市江川区扫黑除恶长效机制的实施意见（送审稿）》；由区纪委副书记、区监委副主任、区委巡察办主任张丽梅传达学习中央纪委常委、国家监察委员，中央巡视办主任王鸿津在全国巡察办主任提级培训班上的讲话精神；传达学习全市对村（社区）党组织巡察工作推进会精神，研究全区贯彻落实意见；研究全区全面从严治党工作，区委常委分别汇报2020年上半年党风廉政建设责任制落实情况；听取并原则同意区委办副主任、区档案局局长刘蓉芳关于《中共玉溪市江川区委关于废止、宣布失效和修改部分党内规范性文件的决定（送审稿）》的汇报；听取并原则同意区委组织部副部长、区委“两新”组织工委书记陈宝林关于“两好三强”党组织书记评选有关事项、庆祝中国共产党成立99周年系列活动有关事项的汇报，研究相关工作；听取融媒体中心建设情况汇报、全区食品药品工作情况汇报；听取并原则同意区委常委、常务副区长李卫东关于区政府党组提请的山水林田湖草生态修复工程试点项目区级垫拨资金、星云湖环湖截污治污工程资金使用、2020年省补资金交通安全工程项目及小街桥加固抢修工程区级配套资金、使用森林植被恢复费进行2020年异地植被恢复造林、退还“江川天湖湾·云顶社区”项目林地森林植被恢复费、扶持6户废旧金属回收销售企业应对疫情、《玉溪市江川区关于加快推进从事生产经营活动事业单位改革若干措施（送审稿）》、江川区2017年度城市市政基础设施建设PPP项目（调整后）政府支付资金列入财政预算、退还九溪驰能加油站项目预缴征地费、2018年第四批次J地块苗木及地上建（构）筑物补偿费、缴纳九龙晟景项目3.8775公顷新增建设用地土地有偿使用费、给予事业单位工作人员记功和嘉奖奖励、“十二五”期间星云湖保护治理项目江苏通环环保设备有限公司和云南建安路桥有限公司欠款、区委党校建设项目新增建设内容、2020年星云湖湖面及湖滨带保洁等事项的汇报，研究相关工作；听取区市场监管局党组、区林业和草原局党组党建工作情况汇报。

7月24日，区委副书记、区长常成主持召开二届区委常委会第152次会议。会议共1项议题：听取并原则同意区委常委、区委办主任赵琦关于《省委第五巡视组巡视江川区委反馈意见整改工作方案（送审稿）》《中共玉溪市江川区委常委领导班子巡视整改专题民主生活会工作方案（送审稿）》的汇报，研究相关工作。

7月24日，区委副书记、区长常成主持召开二届区委常委会第153次会议。会议共14项议题：由区委副书记、区长常成传达学习习近平总书记6月29在中共中央政治局第二十一次集体学习时的讲话精神、6月28日对防汛救灾工作作出重要指示精神、7月12日对进一步做好防汛救灾工作作出重要指示精神、7月17日中央政治局常务委员会会议上的重要讲话精神，研究全区贯彻意见；听取并原则同意区委宣传部副部长、区新闻出版（版权）局局长吴侣关于《玉溪市江川区2020年“扫黄打非”工作方案（送审稿）》的汇报；听取并原则同意区委组织部部务委员郑旭关于有关文件的汇报，研究部署学习宣传贯彻《习近平谈治国理政》第三卷工作；听取区委常委、区委办主任赵琦关于二季度“双比双通报”情况汇报；由区委组织部部务委员郑旭传达学习全省2020年排查整顿农村发展党员违规违纪问题工作动员部署暨业务培训视频会议精神，原则同意《玉溪市江川区排查整顿农村发展党员违规违纪问题实施方案（送审稿）》；听取区委区直机关工委常务副书记陈乔华关于机关党建工作情况汇报，原则同意《中共玉溪市江川区委关于加强和改进机关党的建设的实施意见（送审稿）》；听取并原则同意区政府党组成员、区政府办主任钟镖关于区政府党组提请的《玉溪市江川区农村集体资金资产资源监督管理办法（试行）（送审稿）》、2020年区级财政供养人员住房公积金缴存基数核定、归还玉溪市保障性住房开发投资有限公司逾期借款本息、《玉溪市江川区推进非煤矿山关闭工作方案（送审稿）》《江川区市场服务中心改革方案（送审稿）》、华侨城世博集团江川抚仙湖欢乐休闲度假区项目投资协议等事项的汇报，研究相关工作；听取并原则同意区纪委副书记、监委副主任、区委巡察办主任张丽梅关于区委第十二轮巡察情况汇报，研究相关工作；听取全区上半年公安工作、安全生产工作、区政府党组工作、区人民法院党组工作、区人民检察院党组工作情况汇报。

8月6日，区委副书记、区长常成主持召开二届区委常委会第154次会议。会议共11项议题：由区委副书记、区长常成传达学习习近平总书记关于民法典的重要讲话精神、在吉林考察时的重要讲话精神、在主持召开党外人士座谈会和中央政治局第二十二次集体学习时的重要讲话精神，研究全区贯彻意见；书面学习市纪委监委近期违纪违法典型问题通报文件精神；书面传达学习全国市县巡察工作推进会会议精神、中央巡视办市县巡察工作调研座谈会（西南片区）会议精神；听取并原则同意区纪委副书记、区监委副主任、区委巡察办主任张丽梅关于《中共玉溪市江川区委巡察整改监督办法（试行）（送审稿）》的汇报，研究相关工作；由区委组织部副部长、区委“两新”组织工委书记陈宝林传达学习《玉溪市村（社区）党组织书记管理办法（试行）》，研究相关工作；听取并原则同意区委组织部常务副部长、区公务员局局长邢小刚关于全区2009—2020年中长期人才发展规划落实情况汇报，研究相关工作；听取并原则同意区政府党组成员、区政府办主任钟镖关于区政府党组提请的前卫镇相关经费补助、部分退役士兵社会保险接续配套资金、江城古镇片区棚改回笼资金、华侨城世博集团江川抚仙湖欢乐休闲度假区项目、滇中引水工程（玉溪段）输水线路与华宁天然气支线管道交叉、区星投公司到期借款展期和区国资公司向大街街道三街社区借款、全区与玉龙雪域飞鹰、玉溪云上飞鹰公司解除合作协议并追回产业引导资金及经济损失、工业园区江滇路B1地块10kV主线业扩和DN300供水工程、《九龙晟景项目64.8255亩国有林地和供地红线范围外建盖别墅问题整改方案（送审稿）》《玉溪市江川区贯彻落实省环境保护督察工作领导小组对玉溪市星云湖、杞麓湖生态环境问题专项督察反馈意见问题整改方案（送审稿）》《星云湖保护和开发利用总体规划（2019—2035）（送审稿）》等事项的汇报，研究相关工作；听取全区未成年人思想道德建设工作情况汇报；听取区人大常委会党组、区政协党组上半年工作情况汇报。

8月19日，区委副书记、区长常成主持召开二届区委常委会第155次会议。会议共2项议题：传达学习省委十届十次全会、市委五届十次全会、玉溪市领导干部学习贯彻党的十九届四中全会和习近平总书记考察云南重要讲话精神研讨班会议精神，研究全区贯彻落实意见；研究干部议题。

8月25日，区委书记普光照主持召开二届区委常委会第156次会议。会议共8项议题：由区委书记普光照传达学习习近平总书记对"十四五"规划编制工作、制止餐饮浪费行为作出的重要指示精神，研究全区贯彻意见；由区委常委、区纪委书记、监委主任郭玉传达区委向市纪委报告履行全面从严治党主体责任汇报会情况和市纪委反馈意见，通报各乡镇（街道）党（工）委和部分区直单位党组织书记履行全面从严治党汇报会有关情况，研究相关工作；由区委宣传部副部长、区新闻出版（版权）局局长吴侣传达学习弘扬新时代"西畴精神"，研究全区贯彻意见；听取并原则同意区纪委副书记、区监委副主任、区委巡察办主任张丽梅关于《中共玉溪市江川区委巡察工作人才库管理办法（试行）（送审稿）》《区委第十三轮巡察工作方案（送审稿）》的汇报；听取并原则同意区委常委、区委办主任赵琦关于中共玉溪市江川区第二届委员会第七次全体会议有关事项的汇报；听取区科技局党组、区文化和旅游局党组党建工作情况汇报。

8月30日，区委书记普光照主持召开二届区委常委会第157次会议。会议共1项议题：听取区委常委、区委办主任赵琦关于普光照同志在区委二届七次全会第一次全体会议上的报告和常成同志的讲话、《玉溪市江川区人民政府关于大街街道析置有关情况的报告（讨论稿）》《中国共产党玉溪市江川区第二届委员会第七次全体会议决议（草案）（讨论稿）》分组讨论情况汇报。

9月1日，区委书记普光照主持召开二届区委常委会第158次（扩大）会议。会议共6项议题：由区委书记普光照传达学习习近平总书记在经济社会领域专家座谈会上的重要讲话精神，研究全区贯彻意见；由区委副书记、区长常成传达学习王力书记调研江川城市规划建设及相关工作讲话精神，研究全区贯彻落实意见；由区委常委、区纪委书记、监委主任郭玉传达学习市纪委召开的中央和省级环境保护督察反馈问题整改监督工作推进会议精神，研究全区贯彻落实意见；由区委书记普光照传达学习市级江川九溪电影山文旅小镇项目汇报会精神，听取市生态环境局江川分局局长张润斌关于东风水库径流区相关情况汇报，听取参会人员关于统筹推进东风水库径流区保护与九溪电影山文旅小镇项目的意见建议，研究相关工作；听取并原则同意区委常委、常务副区长李卫东关于区政府党组提请的《玉溪市江川区农村生活垃圾收集转运处置费用征收工作方案（送审稿）》《玉溪市江川区供排水有限公司改革方案（送审稿）》、星云湖一级保护区生态修复及生态屏障构建工程（二期）前期工程经费、星云湖藻类收集蓝藻水华治理工程结余资金处置、星云湖藻类收集蓝藻水华治理工程、星云湖环湖截污治污工程、星云湖环湖截污水体循环利用工程缺口资金、江川区与31637部队资产置换资产评估价值确认、2020年度区级财政供养人员住房公积金缴存基数调整、《江川教育现代化2035（送审稿）》《加快推进江川教育现代化实施方案（送审稿）》、江川区非煤矿山转型升级工作中列入淘汰关闭矿山采矿许可证注销等事项的汇报，研究相关工作；听取区应急管理局局长赵雄伟关于推进全区安全生产专项整治三年行动计划工作进展情况汇报，研究相关工作。

9月12日，区委书记普光照主持召开二届区委常委会第159次会议。会议共1项议题：研究干部议题。

9月12日，区委书记普光照主持召开二届区委常委会第160次会议。会议共1项议题：研究干部议题。

9月12日，区委书记普光照主持召开二届区委常委会第161次会议。会议共1项议题：研究干部议题。

9月27日，区委书记普光照主持召开二届区委常委会第162次会议。会议共1项议题：研究干部议题。

9月27日，区委书记普光照主持召开二届区委常委会第163次会议。会议共15项议题：由区委书记普光照传达学习习近平总书记在纪念中国人民抗日战争暨世界反法西斯胜利75周年座谈会、全国抗击新冠肺炎疫情表彰大会、科学家座谈会上的讲话精神，五届市委常委会第186次（扩大）会议精神，市委全面深化改革委员会第十次会议精神，市委书记王力近期对江川相关工作的重要指示精神，研究全区贯彻落实意见；由区委常委、区委政法委书记蒋文传达学习全省、全市政法机关学习贯彻习近平总书记在中国人民警察警旗授旗仪式上发表的重要训词精神暨政法领域全面深化改革推进会会议精神，研究全区贯彻落实意见；听取并原则同意区委常委、区委统战部部长李志刚关于江川区创建全国民族团结进步示范区工作情况和《滇中六县市区创建联盟组建方案（送审稿）》的汇报，研究相关工作；听取并原则同意区纪委副书记、监委副主任赵鹏关于《玉溪市江川区2020年党风廉政建设责任制检查考核实施方案（送审稿）》的汇报，研究相关工作；听取并原则同意区委常委、区委办主任赵琦关于《玉溪市2020年度全市目标任务综合考评实施方案（调整方案）责任分解（送审稿）》《玉溪市江川区2020年度乡镇（街道）和区直单位（含垂管单位）目标任务综合考评调整方案（送审稿）》及《关于调整〈江川区2020年督查检查考核计划〉的通知（送审稿）》的汇报，研究相关工作；听取并原则同意区委组织部副部长、区委“两新”组织工委书记陈宝林关于将江川区应急管理局党组调整为江川区应急管理局党委有关事项的汇报，研究相关工作；听取并原则同意区政府党组成员、区政府办主任钟镖关于区政府党组提请的《江川区统计督察反馈意见整改实施方案（送审稿）》、江川区“千吨万人”和乡镇级饮用水源地保护区划分方案、《区供销社第一次社员代表大会筹备工作方案（送审稿）》《玉溪市江川区深化农村宅基地制度改革试点实施方案（送审稿）》、2019年长江经济带农业面源污染治理项目林地占用费、《玉溪市江川区政府专职消防队伍建设实施方案（送审稿）》、江川区“十一五”以来水利项目资产确权、江城镇人饮水源替换工程、江川区2020年度地质灾害防治专项配套资金、2020年中秋国庆“两节”期间部分重点工程资金、《玉溪市江川区固定资产投资任务完成红黑榜考核办法（送审稿）》和区委副书记、区长常成关于星云湖开渔节有关事项的汇报，研究相关工作；研究干部议题；听取全区退役军人工作情况汇报；听取区退役军人事务局党组、区应急管理局党组党建工作情况汇报。

10月19日，区委书记普光照主持召开二届区委常委会第164次会议。会议共9项议题：由区委书记普光照传达学习习近平总书记在湖南考察、教育文化卫生体育领域专家代表座谈会、中央政治局第二十三次集体学习、中央党校（国家行政学院）中青年干部培训班开班式上的讲话精神，研究全区贯彻意见；由区财政局副局长李光耀传达学习《中华人民共和国预算法实施条例》，研究全区贯彻意见；书面通报雄关乡党委、区自然资源局党组关于区委第十轮巡察反馈意见整改落实情况；听取区委常委、区纪委书记、监委主任郭玉关于2020年度党风廉政建设责任制工作和反腐败工作情况汇报，分析研判江川区政治生态建设情况；听取并原则同意区纪委副书记、监委副主任赵鹏关于《玉溪市江川区全面从严治党主体责任派单制实施办法（送审稿）》的汇报，研究相关工作；听取并原则同意市生态环境局江川分局局长张润斌关于星云湖杞麓湖生态环境问题专项督察反馈意见整改落实情况的汇报，研究相关工作；听取并原则同意区委常委、常务副区长李卫东关于区政府党组提请的生态环境机构监测监察执法垂直管理制度改革资产划转、江城镇大龙潭水库饮用水水源保护区划定工作、更换污水处理厂不符合新环保规范进出水口在线监测设备、江城古镇棚户区改造项目对被征收人房屋征收补偿、关闭矿山补偿奖励资金、购买土地确权工作影像底图所需经费、深化农村宅基地制度改革试点配套资金、星云湖西岸观光农业示范区土地流转暨新河咀铜文化特色旅游村项目建设、星云湖藻类收集蓝藻水华治理工程运营管理模式、《玉溪市江川区星云湖一级保护区生态修复暨生态屏障构建项目退房攻坚工作方案（送审稿）》等事项的汇报，研究相关工作；听取区政府党组三季度工作情况汇报；听取区统计局党组党建工作情况汇报。

11月2日，区委书记普光照主持召开二届区委常委会第165次（扩大）会议。会议共16项议题：由区委书记普光照传达学习中共玉溪市第五届委员会第十一次全体会议精神，区委副书记、区长常成传达学习市委副书记、市长张德华在全市财税工作专题辅导暨冲刺四季度经济运行分析会上的讲话精神，研究全区贯彻落实意见；由区委书记普光照传达学习习近平总书记在中央政治局第二十四次集体学习时的讲话精神、2020年9月30日中共中央发布的《中国共产党中央委员会工作条例》，研究全区贯彻落实意见；听取并原则同意区委巡察办主任李伟明关于区委第十三轮巡察综合情况汇报，研究相关工作；听取并原则同意区委组织部副部长、区委“两新”组织工委书记陈宇林关于《玉溪市江川区贯彻落实〈党委（党组）落实全面从严治党主体责任规定〉（送审稿）》《玉溪市江川区贯彻全省基层党建工作调研座谈会精神提升基层党建工作质量任务清单（送审稿）》《玉溪市江川区关于全面提高农村基层干部群众综合素质增强农村发展动力和发展能力的实施意见（送审稿）》《玉溪市江川区“一核引领、一网多元、联动共治”工作实施方案（送审稿）》的汇报，研究相关工作；听取并原则同意区委办常务副主任洪彦正关于2020年三季度“双比双通报”活动情况的汇报，研究相关工作；听取并原则同意区人大办主任雷永彪关于区二届人大代表补选有关事项的汇报，研究相关工作；听取并原则同意区委常委、常务副区长李卫东关于区政府党组提请的《玉溪市江川区农村生活污水治理专项规划（送审稿）》、通报玉溪市江川区9月份固定资产投资任务红黑榜考核情况、《玉溪市江川区农业综合行政执法改革实施方案（送审稿）》、全区河湖管理范围划定、《2020年省人大督察星云湖河（湖）长制工作反馈问题整改方案（送审稿）》、星云湖环湖截污工程、星云湖主要入湖河流综合治理工程用地处罚、下营、河咀、旱街3个社区预留安置用地退还已交规费及土地出让收益金返还、《全国乡镇企业烟花爆竹质量检测安全监督中心云南站资产划转方案（送审稿）》《玉溪市江川区扎实做好“六稳”工作全面落实“六保”任务实施方案（送审稿）》《江川区2021—2023年部门中期财政规划和2021年部门预算编制方案（送审稿）》、江川区政府与社会资本合作（PPP）项目财政支出责任更新等事项的汇报，研究相关工作；研究干部议题；听取全区2020年党内法规工作情况汇报；听取区政府办党组、区星云湖管理局党组、市生态环境局江川分局党组党建工作情况汇报。

11月20日，区委书记普光照主持召开二届区委常委会第166次会议。会议共13项议题：由区委书记普光照传达学习党的十九届五中全会精神、习近平总书记在江苏考察调研、在全面推动长江经济带发展座谈会和中央全面依法治国工作会议上的重要讲话精神，研究全区贯彻意见；由区委常委、区委宣传部部长何眉传达学习中共中央政治局委员、中宣部部长黄坤明在云南调研时的讲话精神，研究全区贯彻意见；由区委副书记、区长常成传达市委主要领导率队赴江川区调研城市更新改造工作有关精神，研究相关工作；听取并原则同意区委常委、区委办主任赵琦《关于成立江川区城市更新三年行动计划工作领导小组的通知（送审稿）》《江川区城市更新三年行动计划各专项指挥部重点工作任务分解方案（送审稿）》的汇报，研究相关工作；书面听取集中开展领导干部违规借贷问题专项整治工作的情况报告、《中共玉溪市江川区二届委员会第十四轮巡察工作方案》；听取并原则同意区政府党组成员、区政府办主任钟镖关于区政府党组提请的《江川区2020年预算调整方案（草案）（送审稿）》、第七次全国人口普查两员补贴经费、九龙晟景项目3.8775公顷国有林地变为国有建设用地补交出让金、绿竹小区项目地块规划条件控制指标调整退补土地出让金、《玉溪市江川区城区电力线路建设工作方案（送审稿）》、大街街道棚户区改造书香苑一期剩余限价商品房处置、2020年城乡居民基本养老保险基金委托投资运营工作、星云湖二级保护区划定工作等事项的汇报，研究相关工作；研究干部议题；听取“七五”普法规划落实情况汇报；听取工会、共青团、妇女儿童工作汇报；听取区政务服务局党组、区城市管理局党组党建工作情况汇报。

12月2日，区委书记普光照主持召开二届区委常委会第167次会议。会议共10项议题：由区委书记普光照传达学习习近平总书记在全国劳动模范和先进工作者表彰大会上的重要讲话精神，研究全区贯彻意见；研究村级组织换届选举准备工作；听取并原则同意区委编办主任张荣华关于大街街道析置机构编制、规范区纪委监委部分派驻机构设置有关事项的汇报，研究相关工作；听取全区2020年信访工作、禁毒工作、公共文化服务体系建设、文化遗产保护及旅游工作情况汇报；听取区纪委监委、区委组织部、区委宣传部、区委政法委、区委统战部2020年工作情况汇报；听取区机关事务服务中心党组、区医保局党组党建工作情况汇报。

12月15日，区委书记普光照主持召开二届区委常委会第168次会议。会议共14项议题：由区委书记普光照传达学习习近平总书记在中央政治局常务委员会会议听取脱贫攻坚总结评估汇报、中央政治局第二十五次集体学习时的讲话精神，研究全区贯彻意见；由区委副书记、区长常成传达学习省委十届十一次全会、市委五届十二次全会精神，研究全区贯彻意见；听取并原则同意区委常委、区委办主任赵琦，区委组织部副部长、区委“两新”组织工委书记陈宝林关于中共玉溪市江川区第二届委员会第八次全体会议有关事项、相关材料的汇报，研究相关工作；听取并原则同意区委组织部常务副部长、区公务员局局长邢小刚关于批复乡镇党代会召开时间和会议议程有关事项的汇报；听取并原则同意区供销合作社联合社主任付瑞关于区供销合作社联合社第一届理事会理事、常务理事、副主任、主任及第一届监事会监事、主任预备人选建议名单的汇报；听取并原则同意区委常委、常务副区长李卫东关于区政府党组提请的2020年区级预算内重点项目前期工作经费（第二批）、2020年烤烟生产1号文件扶持资金及责任状考核事项、江通高速支付股息配合用地报批组件工作借款、《星云湖南岸乡村振兴示范区项目合作补充协议（送审稿）》、组建玉溪言鼎文化旅游投资发展有限责任公司、通报玉溪市江川区10月份固定资产投资任务红黑榜考核情况等事项的汇报，研究相关工作；听取区统计局局长周新关于全区第七次全国人口普查工作推进情况、全面建成小康社会进展情况的通报，研究相关工作；研究干部议题；听取玉溪市江川区全民科学素质纲要“十三五”期间工作情况汇报；听取全区安全生产工作情况汇报；听取区人大常委会、区政府、区政协、区人民法院、区人民检察院党组工作情况汇报；听取区投资促进局党组、区防震减灾局党组党建工作情况汇报。

12月22日，区委书记普光照主持召开二届区委常委会第169次会议。会议共1项议题：听取区委常委、区委办主任赵琦关于区委二届八次全会各讨论组对普光照同志所作的报告、《中共玉溪市江川区委关于制定玉溪市江川区国民经济和社会发展第十四个五年规划和二〇三五年远景目标的建议（讨论稿）》《玉溪市江川区2020年党的建设工作专题报告》《中共玉溪市江川区委2020年落实全面从严治党主体责任情况报告》《玉溪市江川区2020年党费收缴、使用和管理情况报告》《中国共产党玉溪市江川区第二届委员会第八次全体会议决议（草案）（讨论稿）》分组讨论情况汇报。

12月22日，区委书记普光照主持召开二届区委常委会第170次会议。会议共1项议题：听取并原则同意区委组织部副部长、区委“两新”组织工委书记陈宝林关于村（社区）党组织书记候选人初步人选的汇报，研究相关工作。

12月28日，区委书记普光照主持召开二届区委常委会第171次会议。会议共1项议题：研究干部议题。

12月28日，区委书记普光照主持召开二届区委常委会第172次会议。会议共1项议题：研究干部议题。

12月31日，区委书记普光照主持召开二届区委常委会第173次会议。会议共12项议题：由区委书记普光照传达学习习近平总书记在中央经济工作会议上的重要讲话、省委经济工作会议精神，研究全区贯彻意见；由区委副书记、区长常成传达学习王显刚同志督导星云湖保护治理工作指示精神，原则同意《玉溪市江川区贯彻落实省政府督导星云湖保护治理工作指示精神工作方案（送审稿）》；由区委副书记、区委党校校长张洪坤传达学习江华同志赴江川区调研相关工作精神，研究全区贯彻意见；听取并原则同意区委组织部副部长、区委“两新”组织工委书记陈宝林关于《中共玉溪市江川区委常委领导班子2020年度民主生活会工作方案（送审稿）》的汇报，研究全区2020年度民主生活会有关安排；听取并原则同意区纪委党风政风监督室主任王晶关于玉溪市江川区2020年度党风廉政建设责任制检查考核情况汇报，研究相关工作；听取并原则同意区人大办主任雷永彪关于玉溪市江川区二届人大五次会议筹备情况，区政协办主任侯国芬关于玉溪市江川区政协二届五次会议筹备情况的汇报；听取并原则同意区政府党组成员、区政府办主任钟镖关于区政府党组提请的《区领导服务企业制度（送审稿）》、大街市场等四处资产落实减免房租政策、前卫、江城税务分局房产调剂给江川区政府、《江川区2021年地方财政预算（草案）（送审稿）》、区城投公司向区国资公司借款、开发城乡社区服务岗位等事项的汇报，研究相关工作；听取并原则同意区委巡察办主任李伟明关于区委第十四轮巡察、区委巡察整改复盘检查情况汇报；研究干部议题；听取区烟草产业服务中心党组党建工作情况汇报。

（沈　娴）

【2020年其他重要会议】

1月3日，中国共产党玉溪市江川区第二届委员会第六次全体会议召开。区委委员24人，候补委员5人出席会议，区纪委委员、区监委委员、有关方面负责同志列席会议，部分退休老同志和民营企业党组织负责人、企业负责人代表应邀参加会议。全会由区委常委会主持。会议听取和讨论徐贤受区委常委会委托作的工作报告，审议通过《中共玉溪市江川区委关于认真学习贯彻党的十九届四中全会和省委十届九次全会、市委五届九次全会精神推进县域治理现代化的实施意见》，讨论《玉溪市江川区2019年党的建设工作专题报告》《关于全区党费收缴、使用和管理情况的报告》。全会按照《中国共产党章程》和《中国共产党地方委员会工作条例》有关规定，增补胡宇翔、杜正宁、郭自壮、陈宝林、胡禄金为区委委员。

1月3日，区委经济工作会议召开。全面贯彻中央和省委、市委经济工作会议精神，落实市委“工作提升年”的要求，认真总结2019年经济工作，分析研判当前经济形势，研究部署2020年经济工作，动员全区上下开拓创新、苦干实干，圆满完成2020年各项目标任务，实现全区经济社会持续健康发展。

1月4日，中共玉溪市江川区委政协工作会议召开。区委书记徐贤出席会议并讲话。徐贤强调，进入新时代，区政协要紧扣使命任务，坚持问题导向，发扬斗争精神，切实履行职责，更好地为实现新时代党的历史使命聚人心、添助力、增合力，努力为江川改革大战汇聚“正能量”、奏响“大合唱”、发出“好声音”。要砥砺初心和使命，在凝心聚力中展现人民政协工作的新风采。在有效发挥专门协商机构作用上用心尽力；在注重思想政治引领、广泛凝聚共识上用心尽力；在不断健全和完善政协工作制度上用心尽力；在强化政协委员责任担当上用心尽力。会议书面讨论《中共玉溪市江川区委关于新时代加强和改进人民政协工作的实施意见（讨论稿）》。区委副书记、代理区长常成主持会议，区领导矣向林、龚桂存、罗跃岗等参会。

1月4—7日，中国人民政治协商会议玉溪市江川区第二届委员会第四次会议召开。会议听取并审议通过罗跃岗同志代表政协玉溪市江川区第二届委员会常务委员会所作的工作报告和邓春元同志受政协玉溪市江川区第二届委员会常务委员会委托所作的提案工作报告，讨论协商政府工作报告及相关报告、区人民法院工作报告、区人民检察院工作报告。补选政协玉溪市江川区第二届委员会副主席。还审议通过政协玉溪市江川区第二届委员会提案联络委员会关于二届四次会议提案审查情况的报告、政协玉溪市江川区第二届委员会第四次会议决议。

1月4—7日，玉溪市江川区第二届人民代表大会第四次会议召开。会议听取和审议玉溪市江川区人民政府工作报告；审查和批准玉溪市江川区2019年国民经济和社会发展计划执行情况与2020年国民经济和社会发展计划草案的报告，批准玉溪市江川区2020年国民经济和社会发展计划；审查和批准玉溪市江川区2019年地方财政预算执行情况和2020年地方财政预算草案的报告，批准玉溪市江川区2020年地方财政预算；听取和审议区人大常委会工作报告、区人民法院工作报告、区人民检察院工作报告。大会依法选举常成为玉溪市江川区人民政府区长、郭玉为玉溪市江川区监察委员会主任。

1月7日，2019年度发展贡献和改革创新先进集体表扬大会召开。徐贤要求，全区各级各部门要紧紧围绕区委二届六次全会和区二届人大四次会议精神，以先进典型为榜样，坚定发展信心，抢抓发展机遇，努力推进全区经济社会高质量发展，为高质量全面建成小康社会再立新功。区委副书记、区长常成宣读2019年度发展贡献和改革创新先进集体表扬决定。

1月16日，2020年春节期间森林草原防灭火工作会召开。区政府副区长龚文勇要求，要进一步完善防火应急联动机制，切实落实联防责任。要科学制定扑救方案，按照属地管理原则开展扑救，坚决把森林草原火灾损失降到最低限度。要加强应急值守，坚持24小时领导带班值班等制度，切实保障信息畅通。要紧紧绷住野外火源管控这根弦，对林区野外用火零容忍。同时，要加强重点区域的巡查、防护和监管力度，从源头上最大限度遏制森林草原火灾发生。

1月17日，“不忘初心、牢记使命”主题教育总结大会召开。区委书记、区委“不忘初心、牢记使命”主题教育领导小组组长徐贤出席会议并讲话。会议强调，要坚持以习近平新时代中国特色社会主义思想为指导，按照习近平总书记的重要讲话精神和省委、市委主题教育总结大会的部署要求，把不忘初心、牢记使命作为终身课题，勇于担当作为，让初心和使命在内心深处铸牢、在思想深处扎根，为推动江川高质量发展走在前列，更好水平更高质量全面建成小康社会作出新的更大贡献。市委第二指导组组长李卫华参加会议。

1月17日，2020年烟叶生产工作会召开。区委书记徐贤强调，2020年烟叶生产工作要紧盯目标，逐级传导压力，做到责任到人；要抓好烟叶品种和合同的监管，坚决杜绝非规定品种，坚决杜绝空合同、假合同、虚合同，严肃查处以合同谋私、优亲厚友等违法违纪行为；要宣传贯彻好烤烟生产政策，保证扶持补贴资金落实到位，充分发挥好政策的激励作用，营造“比、学、赶、超”的良好氛围；要统筹兼顾，认真研判可能出现的旱情，做到早谋划、早安排、早准备，坚决打赢打好抗旱保苗攻坚战。

1月19日，玉溪市江川区人武部党委全体（扩大）会议召开。区委书记、人武部党委第一书记徐贤强调，新的一年要奋力推动全区国防动员和后备力量建设再上新台阶，在新的起点上有新的作为。区委常委、区人武部政委曾宪涛在会上作《奋力拼搏　实干笃行　不断开创国防动员建设新局面》工作报告。

1月19日，“两征两退”暨2020年玉溪市江川区征兵工作会议召开。区委副书记、区长、区征兵工作领导小组组长常成强调，要着眼全员覆盖、着眼矛盾问题、着眼短板差距，抓早抓实快干，深入宣传动员、突出重点发力、强化廉洁征兵，坚决完成好全年征兵工作任务。区委常委、区人武部政委曾宪涛主持会议。区政府副区长、市公安局江川分局局长钱凡宣读《玉溪市江川区人民政府征兵办公室关于2019年玉溪市江川区征兵工作先进单位及个人的通报》，并为2019年玉溪市江川区征兵工作先进单位及个人颁奖。

1月19日，区委理论学习中心组举行2020年第一次集中学习。会议传达学习习近平总书记在中央政治局“不忘初心、牢记使命”专题民主生活会上的重要讲话精神，和中央、省委、市委“不忘初心、牢记使命”主题教育总结大会上的讲话精神以及省委1月12日常委（扩大）会议精神。区委书记徐贤主持集中学习并作总结讲话。部分中心组成员围绕学习主题和内容作交流发言。

1月21日，2020年双拥工作领导小组会议暨春节双拥座谈会召开。会议强调，各级各部门要认真领会会议精神，真正做到双拥工作认识有新高度、重点有新突破、工作有新提高、内容形式有新发展，推动新形势下双拥工作健康发展。各乡镇（街道）、各成员单位要把关心支持国防和军队建设当作分内之事，满腔热情为军队和国防建设做好保障服务，主动为广大官兵排忧解难。军队要强化宗旨意识和群众观念，积极参加和支援地方经济社会建设。区委常委、区人武部政委曾宪涛在会上讲话，副区长龚文勇主持会议，江川区驻军单位和武警中队分别就2019年的工作作交流发言。

1月21日，2020年领导干部任期经济责任审计领导小组联席会议召开。区委副书记、区长常成要求，要统一思想，提高站位，进一步增强做好经济责任审计工作的责任感和紧迫感。要明确目标，突出重点，扩大经济责任审计覆盖面，健全经济责任审计工作的长效机制，深化经济责任审计成果运用。要强化统筹，注重

创新，努力提高经济责任审计的质量和水平。会议听取2019年经济责任审计工作情况汇报，审议《2020年江川区拟开展经济责任审计项目（送审稿）》。区领导李卫东、靳联明、郭玉参加会议。

1月22日，中共玉溪市江川区第二届纪律检查委员会第五次全体会议召开。会议以习近平新时代中国特色社会主义思想为指导，按照十九届中央纪委四次全会、省纪委十届五次全会和市纪委五届五次全会和区委二届六次全会决策部署，回顾总结2019年纪检监察工作，部署2020年工作任务。区委书记徐贤出席会议并讲话。区委常委、区纪委书记、区监委主任郭玉传达十九届中央纪委四次全会、省纪委十届五次全会和市纪委五届五次全会精神，通报张文彬严重违纪违法案，并代表区纪委常委会作题为《持之以恒正风肃纪 忠实履行职责使命 为决胜全面建成小康社会提供坚强保障》的工作报告。

1月29日，江川区召开应对新型冠状病毒感染的肺炎疫情工作领导小组会议。会议强调，要充分认识当前形势的严峻性和复杂性，坚决落实党中央和省、市各项决策部署，强化防控措施，集中领导、集中力量、集中精力，坚决打赢这场疫情防控阻击战，全力以赴确保全区人民群众生命安全和身体健康。区委书记徐贤强调，要全面落实责任，坚决摒弃侥幸心理，全力以赴抓好工作落实。要采取更加精准的措施，加强联防联控、群防群控，外防输入、内防扩散、严防输出，坚决控制疫情在全区蔓延。要做好保供稳价工作，强化疫情防控知识宣传和舆情应对，加大正面宣传力度，严格落实值班值守、疫情上报、信息渠道通畅等各项制度。要严肃工作纪律，对因防控工作不到位、工作失职造成疫情传入和疫情扩散的，坚决依法依规追究责任、顶格严肃处理。区委副书记、区长常成主持会议并提出8点要求。

2月1日，江川区应对疫情工作领导小组指挥部工作会议以视频方式召开，进一步研究全区疫情防控工作。区长、区应对疫情工作领导小组指挥部指挥长常成主持会议。听取各职能部门汇报近期工作开展情况后，常成指出，随着收假时间的临近，返岗人员增多，人员多元化、复杂化问题进一步突显。要继续精准摸查，查缺补漏，做好排查工作；要进一步扩大消杀范围，强化消杀工作，做到全面周密、不留死角；要坚持正面宣传，积极引导舆论，加大一线医疗工作者、村组干部等正面先进典型的宣传力度，多渠道展现全区疫情防控工作的全面性和先进典型，激发正能量。

2月8日，江川区应对新型冠状病毒感染肺炎疫情工作领导小组指挥部会议召开，传达中央和省、市、区委关于疫情防控工作的有关精神，研究讨论全区疫情防控工作相关问题，安排部署下一步疫情防控工作。区委副书记、区长常成主持会议并讲话。

2月10日，江川区扶贫开发领导小组召开2020年第一次会议。区委书记徐贤要求，各级各有关部门要聚焦检查督导中发现的问题，巩固提升，补齐短板，确保通得过验收也禁得住普查。要担责尽责，用心谋划布局，紧盯问题想办法，按政策方向结合实际下狠心解决问题。要围绕目标，在“三落实”“三精准”“两不愁三保障”上下功夫，落实各项扶贫政策，有序推进工作。要以乡村振兴为抓手，全面建设美丽乡村。

2月10日，江川区河（湖）长制领导小组会议召开。区委书记、区级总河长徐贤强调，2020年是实施星云湖保护治理“十三五”规划的收官之年，也是实现星云湖水质脱劣国家考核目标的最后一年，各级各有关部门要统一思想，坚定脱劣决心，确保各项措施落到实处。要担责尽责，严格落实河（湖）长制，实现“河湖长制”向“河湖长治”。要突出重点，加速推进环湖截污治污工程、湿地湖滨带提质改造工程、12条主要入湖河道综合治理工程、星云湖“四退三还”和沿湖产业结构调整，确保所有规划项目和重点工程全面完工，切实发挥生态效益。要坚持“工程措施与非工程措施双管齐下”，系统治理、精准治理。区委副书记、区长常成主持会议。

2月13日，玉溪市江川区招商引资工作委员会2020年第一次会议暨重点项目推进会召开。会议通报2019年全区招商引资工作情况，对2020年招商引资工作提出建议，审议《关于调整玉溪市江川区招商引资工作委员会的通知》《玉溪市江川区招商引资工作机制》《玉溪市江川区全国区域招商引资代理人工作实施意见（试行）》《玉溪市江川区招商引资委员会联席会议议事协调机制》《关于成立江川区拟供地块专项招商工作小组的通知》。听取大街街道、江城镇等主责单位关于重点项目推进情况的汇报。

2月14日，星云湖一级保护区生态修复及生态屏障构建项目建设领导小组第八次会议召开。区委书记徐贤强调，各乡镇（街道）、部门要突出工作重点，齐心协力、主动作为、灵活有效处理工作中遇到的困难，确保工作有质的提升，为实现星云湖脱劣目标打好基础；江城镇、前卫镇和大街街道要对工作组进行优化整合，倒排时间节点，细化工作措施，快速推进工作；相关部门要按照各自工作职责，由专人协助配合好项目建设，全力以赴推动各项工作开展。

2月20日，江川区创建全国民族团结进步示范区领导小组第三次会议召开。会议通报2019年全区全国民族团结进步示范区创建工作情况，并对2020年工作提出初步建议。会议审议《玉溪市江川区民族团结进步公约（送审稿）》《玉溪市江川区民族团结进步创建“星云石榴籽行动”方案（送审稿）》《玉溪市江川区进一步加强社区民族团结进步示范创建工作方案（送审稿）》《关于命名民族团结进步创建示范单位（家庭）的决定（送审稿）》。

2月20日，江川区统一战线工作领导小组会议召开。区委书记徐贤强调，要以踏石留印的真功和妙手绣花的细功，凝智聚力，开拓创新，努力推进新时代统一战线工作，有力有效助推江川高质量全面建成小康社会任务目标实现。区委常委、区委统战部部长李志刚在会上传达学习省委统一战线工作领导小组会议精神。

2月21日，江川区2020年法治政府建设工作会议、第二届人民政府第四次全体会议暨廉政工作会议召开。区委副书记、区长常成要求，全区各级各部门要深刻领会习近平总书记考察云南重要讲话的实质，认真抓好学习宣传贯彻，强化科学理论武装。要把全面防控转为精准防控、重点防控，落实防疫情稳增长各项措施，统筹推进疫情防控和复工复产各项工作，推动经济社会秩序逐步恢复正常。要更加有力地做好“六稳”工作，确保一季度经济平稳开局，努力完成经济社会发展既定各项目标任务。副区长、市公安局江川分局局长钱凡总结全区2019年法治政府建设工作，安排部署2020年法治政府建设工作。会议还签订2020年目标任务责任书和党风廉政建设责任书。

2月26日，江川区城乡规划建设委员会2020年第一次会议召开。会议听取并审议《省自然资源厅追加江川区1000亩城乡建设用地指标布局方案》和《江川区建筑垃圾及渣土处置项目选址方案》。还听取设计单位关于城区污水管网设计“一张图”汇报，研究大街河污水管网应急工程实施方案。区领导徐贤、常成、矣向林、龚桂存、罗跃岗参会，区委常委、常务副区长李卫东主持会议。

2月26日，江川区干部教育委员会第一次联席会议召开。区委副书记、区委党校校长矣向林强调，干部教育委员会各成员单位要把学习习近平新时代中国特色社会主义思想和十九届四中全会精神摆在突出位置，切实用马克思主义中国化最新理论成果武装头脑、指导实践、推动工作、促进发展。要将抓实干部教育培训作为推进江川高质量建成小康社会的有效举措，促使广大党员干部在推动江川高质量全面建成小康社会具体实践中践行初心使命。要形成干部教育培训各司其职，各负其责，齐抓共管的强大合力，及时研究解决干部教育培训工作中的实际问题。会议通报2019年江川区干部教育培训工作情况，审议《江川区2019年干部培训优秀心得体会摘编》，讨论江川区2020年干部教育培训计划主体班次，并审议了报备班次。区委常委、区委组织部部长靳联明主持会议。

2月27日，江川区基层党建工作重点任务部署会暨党建工作领导小组第一次会议召开。会议书面审议2019年党的建设工作情况；听取“不忘初心、牢记使命”主题教育专项整治工作情况汇报；审议《江川区2020年基层党建工作方案》《关于加强和改进机关党的建设的实施意见》等6项相关制度办法。区委书记徐贤强调，全区各级党组织要把握关键、突出重点，全面提高党建工作的质量和水平。

2月28日，江川区2020年森林草原高火险期森林防灭火工作会召开。副区长龚文勇要求，要全面落实工作纪律要求，坚持主要领导必须在职在岗、24小时带班值班制度。同时加强对森林草原防火工作的督促检查，坚决杜绝值班人员脱岗、离岗等现象发生。执行零报告制度，做到有火报火情，无火报平安。一旦发生火灾，要科学制定高效扑救方

案，坚决把森林草原火灾损失降到最低限度。会议传达学习近期领导指示精神，通报一月以来森林草原防灭火工作开展情况。

2月28日，江川区委理论学习中心组2020年第二次集中学习举行，深入学习贯彻中央、省、市系列会议精神，激励全区广大党员干部担负时代重任、不忘初心使命，聚焦区委二届六次全会及区“两会”确定目标，只争朝夕、不负韶华、接续奋斗，确保“十三五”规划收官之年开局良好，强力推动江川经济社会各项事业和全面从严治党迈上新台阶，决战决胜高质量全面建成小康社会。

2月29日，江川区全面推进小康社会建设工作会召开。会议通报全区2019年小康监测指标预计完成情况，对2020年指标任务分解情况作说明，并提出全面推进小康社会建设工作建议。

3月4日，市人防系统机动巡察江川区反馈会召开。市纪委监委派驻市卫健委纪检监察组组长、市委机动巡察组第三小组组长康德勤宣读巡察反馈意见，并对在巡察过程发现的问题提出整改意见。江川区委常委、区纪委书记、区监委主任、区委巡察工作领导小组组长郭玉提出整改要求。

3月5日，江川区委书记、区委全面深化改革委员会主任徐贤主持召开区委全面深化改革委员会第六次会议。会议审议《中共玉溪市江川区委全面深化改革委员会2019年工作总结和2020年工作计划（送审稿）》《江川区农村集体资产股权抵押担保贷款试点工作实施方案（送审稿）》《玉溪市江川区村组干部误工补贴管理办法（送审稿）》《玉溪市江川区村组干部绩效考核办法（送审稿）》《加强职业化专业化社区工作者队伍建设的实施意见（送审稿）》《玉溪市江川区社区工作者管理办法（送审稿）》。听取党的建设领域改革专项小组工作推进情况汇报、优化营商环境工作推进情况汇报。

3月6日，江川区2020年河（湖）长制领导小组第二次会议暨河长清河行动、清四乱行动启动仪式召开。区委书记、区级总河长徐贤要求，在当前脱劣的关键时刻，全区各级河湖长必须研究谋划再靠前，进一步排查、整治河（湖）“四乱”现象，长效管控，坚决防止各类问题反弹。要加大对“河长清河”“清四乱”行动的督促检查力度，针对久治不愈的污点乱象，严密跟踪督查，直白通报问题，强势督促整改。各区级河长、各主责单位要坚定脱劣信心，加大工作力度，兑现脱劣承诺，横下心来背水一战，坚决打赢星云湖水质脱劣攻坚战。区委副书记、区长、区级副总河长常成在会上传达了市政府星云湖脱劣冲刺会议精神。

3月12日，江川区非煤矿山转型升级工作推进会召开。区委副书记、区长常成要求，要把握目标任务，扎实开展摸底排查，围绕全区非煤矿山转型升级总体目标全力推进工作；要定期召开推进会议、定期督查检查，研究解决工作中存在的困难和问题；要细化工作方案，做到“一矿一策”，及时统筹协调解决好工作中的重大问题，在规定时间内完成各项任务。区应急局和区自然资源局负责人分别汇报全区非煤矿山转型升级工作进展情况和相关企业证照注销及生态恢复治理方案，并提出相关工作建议。

3月13日，江川区委农村工作会议召开。区委书记徐贤强调，要紧盯高水平全面小康目标，全力补齐“三农”领域短板，特别是补全面建成小康社会的短板；要以交账交卷的担当，决战决胜脱贫攻坚；要以善作善成的作为，加快发展乡村产业；要以抓铁有痕的劲头，持续深化农村土地制度改革；要以锲而不舍的坚持，全面提升人居环境；要以破立并举的勇气，繁荣兴盛乡村文化；要以久久为功的定力，加强改进乡村治理。区委副书记、区长常成主持会议并提出要求。

3月17日，江川区稳企稳岗稳就业新闻发布会召开。副区长杨军苹介绍全区在稳企、稳岗、稳就业方面助力企业复工复产的情况。区人社局、工信局、税务局部门负责人出席新闻发布会并回答记者提问。云南日报玉溪分社、玉溪日报社、玉溪电视台、玉溪网、《春城晚报》等多家媒体参加新闻发布会。

3月18日，江川区2020年度城乡居民医疗保险参保缴费推进会召开。区委常委、常务副区长李卫东强调，要提高政治站位，集中时间，集中精力，攻克难题，确保实现应缴尽缴，达到全面建成小康社会指标。要增强责任抓落实，在组织体系和工作方法等方面再分析、再研究，确保完成目标任务。要目标倒逼再努力，尽职尽责，不等不靠，切实做好参保缴费工作，并按时上报有关数据。副区长杨军苹主持会议并要求，要对未缴纳人群加大政策宣传力度，同时加强协调联动和督导检查，高定位、高标准完成2020年度全区城乡居民医疗保险参保缴费工作。会议就2020年城乡居民医疗保险参保相关政策做说明，并就下一步征缴工作进行安排部署。

3月20日，江川区《玉溪市江川区国民经济和社会发展第十四个五年规划》编制工作启动会召开。区委常委、常务副区长李卫东要求，全区各级各部门要紧紧围绕社会主义现代化建设宏伟目标，围绕推动高质量发展，按照时间节点要求，认真学习相关政策，在学习的基础上，认真研究梳理江川区“十四五”时期的发展目标、重点任务、重大项目、重大政策和重大改革举措，在领导小组的指导下形成编制提纲，为科学编制好江川区“十四五”规划奠定基础；要明确当前任务，客观研判形势，把握时代特征，抓紧研究制定本地、本部门的规划编制方案，抓紧开展前期谋划，筛选论证重大项目，抓紧起草基本思路；要统一思想、加强协调配合，聚焦发展差距和当前迫切需要解决的困难问题，科学谋划全区“十四五”发展思路，高标准编制“十四五”规划纲要，推动全区实现高质量跨越式发展，谱写美丽江川新篇章。会上，云南省社科院经济研究所工作人员从“十四五”规划的重大意义、规划编制需遵循的原则和需要做好的工作三个方面对与会同人员作业务培训。

3月20日，江川区2020年全区公安工作会议召开。区委书记徐贤强调，全区公安队伍要以绝对的忠诚履职尽责担当，以无比的热忱服务人民群众，以卓越的作为维护社会稳定，以严实的要求建设过硬队伍，牢记使命、不负重托，不忘初心，继续前进，不断开创江川公安工作新局面。区委常委、政法委书记蒋文主持会议。副区长、市公安局江川分局局长钱凡总结2019年全区公安工作，安排部署2020年全区公安工作。

3月23日，江川区委理论学习中心组2020年第三次集中学习举行，深入学习贯彻习近平新时代中国特色社会主义思想和习近平总书记考察云南重要讲话精神，认真学习贯彻习近平总书记在统筹推进新冠肺炎疫情防控和经济社会发展工作部署会议以及决战决胜脱贫攻坚座谈会上的重要讲话精神，牢记嘱托再出发，加快发展再启程，统筹推进疫情防控和脱贫攻坚、经济社会高质量跨越式发展各项工作，奋力推动江川更高水平更高质量全面建成小康社会。

3月24日，江川区扫黑除恶专项斗争工作会召开。区委书记徐贤强调，全区上下要进一步提高政治站位，强化责任担当，科学分析当前形势，咬定三年为期目标不放松，落实重点工作任务，以更加有力的举措推动扫黑除恶专项斗争向纵深发展。

3月24日，江川区委政法工作会召开。会议传达学习习近平总书记考察云南重要讲话精神和对政法工作的重要指示精神，以及中央和省委、市委政法工作会议精神。

3月26日，江川区月度重点项目推进会召开。区委副书记、区长常成强调，各级各部门要增强抓项目的信心，坚定抓项目的决心，强化抓项目的紧迫感，把项目建设作为重中之重，采取有力措施，做好项目开工前的各项准备工作，妥善解决项目建设遇到的各类问题，力争二季度再开工一批新项目。要盯紧项目建设目标，加大推进力度，在确保完成年度任务的基础上，争取更多项目早竣工、早投产、早见效。要落实项目建设责任，各级各部门对已确定的任务和工作重点，要有布置，有要求，有检查，一个一个地细化，一个一个地攻关，一个一个地落实，决不能停留在口头上，停留在会议上，停留在文件上。要加强投资统计报送，各乡镇、各部门要紧盯目标任务，以负责任的态度和科学的方法做好相关数据的统计、核实、上报工作。区统计局以及相关涉及经济指标考核的主要部门要做到应报尽报，应统尽统，一个不漏，确保把做出的成绩用数字客观反映出来。

3月26日，江川区创建全国民族团结进步示范区工作推进会召开。区委书记徐贤强调，全区上下要认清创建全国民族团结进步示范区工作的严峻形势，做到思想上再重视、行动上再发力，做好迎接上级检查验收的各项工作。会议宣读《关于命名民族团结进步示范单位（家庭）的决定》，并对6家受命名单位、2户受命名家庭代表颁发牌匾。区委常委、区委统战部部长李志刚通报市创建办对江川区创建工作的督查反馈意见，对《玉溪市江川区迎接民族团结进步示范区创建省市验收攻坚方案》《玉溪市江川区民族团结进步创建单位申报、评审命名、动态管理办法（征求意见稿）》作说明。

3月26日，江川区2020年一季度经济运行分析会议召开。区委副书记、区长常成要求，各乡镇（街道）、各部门要以重点项目为支撑、以打造环境为抓手、以做好统计为措施，抓好各项工作任务的落实。要统筹抓好疫情防控和稳增长，毫不放松抓好疫情防控，确保夺取疫情防控和经济社会发展目标任务双胜利。要紧盯重点产业谋发展，把工业发展提速作为稳增长的重点，以“一园多片”为平台，推动先进装备制造、电子信息、新能源新材料、现代物流、纸制品等产业发展，强化工业支撑作用。要盯住进度应统尽统，加强对重点项目、重点企业开展实地调研和跟踪服务，及时发现和研究解决问题，加快投资进度和复产达效。区委常委、常务副区长李卫东主持会议。区统计局、区发展改革局、区工业商贸和信息化局分别汇报1—2月经济运行情况，并提出完成一季度和全年工作目标的措施建议。

4月1日，江川区2020年宣传思想工作会召开。区委副书记矣向林强调，宣传工作是党的一项极端重要的工作，做好新形势下的宣传思想工作责任重大、使命光荣。全区各级各部门要提高政治站位，坚持守正创新，压紧压实责任，全面加强党对宣传思想工作的领导，切实推动宣传思想工作扎实有效开展。区委常委、宣传部部长何眉主持会议，并传达学习全国、全省、全市宣传部部长会议精神。

4月2日，江川区脱贫攻坚暨乡村振兴工作推进会召开。区委副书记矣向林要求，各级各部门要提高政治站位，认清形势，增强全国脱贫攻坚普查工作的紧迫感和重要性，明确目标，突出重点，查找问题，全力以赴巩固提升脱贫成果，高质量完成脱贫攻坚任务；要结合乡村振兴战略，明确任务，全面开展村容村貌排查整治，切实抓好农村人居环境整治、垃圾污水处理、厕所革命，大力推进富民兴村产业发展，壮大集体经济，着力补齐农村基础设施建设短板，严格监管私搭乱建，加快美丽乡村建设。各乡镇（街道）、社区、村委会要建强建好“五强”“五好”党组织，根据各村实际将农村人居环境整治内容纳入村规民约，引导广大群众养成良好卫生习惯，提升文明素养。要全面贯彻执行党的民族政策，团结带领各族群众，努力打造民族团结进步示范乡镇。

4月2日，江川区2019年度党风廉政建设责任制考核工作约谈会召开。区委常委、区纪委书记、区监委主任郭玉对考核为基本合格等次的乡镇（街道）和单位党政主要负责人、纪委书记（纪检监察组组长）进行约谈并提出整改要求。区委常委、组织部部长靳联明主持会议并对2019年度党风廉政建设责任制考核为基本合格的乡镇（街道）及单位的扣分情况进行通报。被约谈的乡镇（街道）、单位党政主要负责人和纪委书记（纪检监察组组长）进行表态发言。

4月2日，江川区2020年全区安全生产工作暨区安委会第一次全体会议召开。区委副书记、区长常成要求，全区上下要认清形势，切实增强抓好安全生产工作的责任感和紧迫感，进一步压实安全生产责任，找差距、补短板，强基础、抓落实；要聚焦重点，压实领导责任、部门监管责任和企业主体责任落实，持续深化安全生产领域改革，构建完善事中事后安全监管执法体系，强化风险管控措施，全面防范化解重大安全风险，完善应急管理体系，全面提高应急处置能力，不断夯实安全生产基础。会议通报2019年度全区安全生产目标责任考核情况和全区安全生产工作情况。区工业商贸和信息化局、区住房城乡建设局、区消防救援大队围绕部门职能职责作发言；大街街道、区交通运输局作表态发言。

4月3日，江川区委区直机关党的建设工作会暨“城市基层党建”联盟工作推进会召开。区委书记徐贤要求，区直机关要牢固树立政治机关意识，旗帜鲜明讲政治，模范践行“两个维护”，切实增强“两个维护”的高度政治自觉；要在夯实基层基础上当好示范，带动全区各级党组织全面进步、全面过硬；要在推进正风肃纪上当好示范，从区直机关起抓作风转变、抓纪律执行；要在强化制度执行上当好示范，建立和落实不忘初心、牢记使命的制度、建立健全整治突出问题的长效机制、加强对制度执行情况的督查检查。要在细化责任落实上当示范，区直各部门各单位党委（党组）要认真履行全面从严治党责任，区委区直机关工委要进一步理顺体制，履行好统一领导区直机关党的建设工作职责，广大机关党务干部要全力履职尽责，不断深化对机关党建工作规律和特点的认识。

4月6日，江川区古滇青铜街和星云湖南岸乡村振兴示范区项目规划汇报会召开。徐贤要求，区属有关单位和项目规划团队在古滇青铜街和星云湖南岸乡村振兴示范区项目规划中，要立足现状，服务中心，要满足当前需要，更要统筹未来发展。景区建设上要统一理念，明确目标，加快项目规划和方案制定进度，在方案制定中要妥善考虑污水处理问题，确保打造绿色生态旅游，景区拟建的博物馆要以星云湖生态保护展示为中心，重点展现星云湖保护和江川渔耕文化，要加快推进村庄改造，确保古滇青铜街和星云湖南岸乡村振兴示范区项目有序推进。区委副书记、区长常成提出要求。

4月8日，江川区城乡规划建设委员会2020年第二次会议召开。会议审议并原则同意云南联塑科技发展有限公司年产10万吨新型塑料管材项目规划调整方案。审议并原则通过江川区雄关加油站综合服务项目规划方案。审议玉溪市江川区大街街道棚户区改造概念性规划（修编）。还审议并原则通过江川区江城镇李家营东山片区控制性详细规划。区领导常成。

4月14日，2020年一季度星云湖保护联席会在江川区召开。研究星云湖一级保护区环境卫生清扫保洁工作、加强巡湖管护工作、加强衔接在建项目执法工作、《云南省星云湖保护条例》宣传工作、落实省委书记陈豪关于建设星云湖湖泊规划馆工作、海门村湖边污水处理设施问题、渔业资源捕捞批准与开渔节等衔接工作、2020年星云湖钓鱼证办理方式、星云湖水政管理工作等11项议题。区委副书记、区长常成表示，江川区将与市抚仙湖管理局紧密合作，努力做到无缝对接，携手共进，开展好星云湖治理保护工作，确保星云湖脱劣目标如期实现。

4月15日，江川区2020年一季度向上争取汇报工作会召开。区委副书记、区长常成要求，要摒弃“等靠要”的思想，认真思考如何更好利用上级政策、社会资源来谋划发展推动工作。要统一思想，增强向上争取的内生动力。要“跑、钻、干、盯、抢”。区发展改革局、区住房城乡建设局、区交通运输局、区农业农村局、区水利局、区林草局，分别结合职能职责及相关政策，汇报本年度拟向上争取项目的研究梳理及一季度向上争取资金项目情况。

4月17日，全市烤烟移栽暨机械化地膜覆盖工作现场会在江川举行。组织到江川区前卫镇周官村、雄关乡小田村，观摩“2260”高标准预整地及田间移栽、膜下小苗标准化移栽及机械化覆膜等工作。各县（市、区）汇报烟农补贴兑现和当前烟叶工作推进情况，市气象局通报当前气候分析及趋势预测，红塔集团原料部、市烟草公司就当前烤烟工作作安排。

4月17日，江川区国家创新型城市建设工作领导小组扩大会议召开。徐贤要求，全区上下要一以贯之抓落实，精准发力勇攻坚，凝心聚力强推进，加快全区创新型城市建设。要强化责任落实，严格督查问效，将创新型城市建设工作纳入“双比双通报”，加大督查检查力度。要加强上下联动，密切协作配合，把工作放在心上、抓在手上、扛在肩上，协调化解工作推进中的矛盾，帮助企业解决问题、推动创新、加快发展。要抓实要素保障，提升服务效能，深入推进政务服务“一网通办”，为各类创新主体提供高效服务，优化再造审批流程，打造最优营商环境，切实为玉溪国家创新型城市评估验收贡献力量，为江川高水平全面建成小康奠定坚实基础。区委副书记矣向林主持会议并就推进国家创新型城市建设提出工作要求。区委常委、常务副区长李卫东宣读《中共玉溪市江川区委 玉溪市江川区人民政府关于对2018—2019年度科技创新工作中获市级以上认定的先进单位和个人进行表扬的决定》，并举行表扬仪式。区委常委、副区长周靖宇通报全区2019年国家创新型城市工作考评结果。

4月17日，江川区2020年防震减灾工作联席会议召开。副区长杨军苹强调，各级各部门要强化对“自然灾害多发频发”这个基本区情的认识，在安排部署工作中注意综合考虑、统筹推进；要进一步提高政治站位，牢固树立“宁可千日不震，不可一日不防”“只要有百分之一的可能，就要做百分之百的努力”的底线思维，立足应对重特大地震的极端情况，千方百计做好防震减灾各项工作和救灾应急各项准备；要进一步压实各成员单位的责任，理顺抗震救灾工作机制，加

快推进防震减灾重点工程建设，提升全区地震应急防范能力，同时加强防震减灾公共服务，强化震情跟踪工作措施，落实精准恢复重建，抓实值班值守责任，全面推动新时代防震减灾工作再上新台阶，为江川经济社会高质量跨越式发展提供地震安全保障。

4月19日，江川区棚户区改造工作领导小组会召开。会议研究全区棚户区改造工作领导小组调整的有关事项、大街街道棚户区改造项目建设工作指挥部办公室调整有关事项、大街街道棚户区改造项目资金有关事项、大街街道棚户区改造建设项目土地和房屋征收范围调整提交区政府常务会决定的事项、大街街道棚户区改造项目垂管单位非住宅建筑处置有关事项、大街街道棚户区改造项目房源点建设有关事项、大街街道棚户区改造项目集体资产处置有关事项、关于明珠路南段打通的相关情况报告。会议听取关于江城棚改资产处置、相关资金使用情况的汇报，并对江城棚改的相关事宜进行研究。

4月21日，江川区2020年文明委（扩大）会议暨文明城市创建工作会召开。区委副书记矣向林强调，全区上下要全面深化文明城市创建，按照市委、区委的部署要求，坚持一张蓝图绘到底，一棒接着一棒干，争取2020年获得第七届全国文明城市提名资格。要提升水平，聚焦文明单位、文明村镇、文明家庭、文明校园创建活动，建立健全“江川文明示范库”要在工作上强落实，确保精神文明建设各项任务落细落实。区委常委、宣传部部长何眉主持会议并提出要求。

4月21日，江川区2020年“扫黄打非”工作会召开。区委常委、区委宣传部部长、区“扫黄打非”领导小组组长何眉传达学习全国、全省、全市“扫黄打非”工作会议精神。何眉要求，要准确把握“扫黄打非”面临的风险挑战；突出首要任务，深入开展“清源”“固边”“护苗”“净网”“秋风”专项行动和系列集中整治行动；突出案件查办，坚决打击非法出版和传播行为；突出健全机制，不断提升治理能力和治理水平，突出能力建设，提高政治站位，强化责任担当，加强监督执纪；持续正本清源，着力守正创新，以更高的标准、更严的要求、更实的举措，不断深化“扫黄打非”工作，为决胜全面建成小康社会、决战脱贫攻坚营造良好的文化环境。会上，何眉与各乡镇（街道）和区“扫黄打非”成员单位签订2020年“扫黄打非”工作目标管理责任书。

4月21日，江川区知识产权工作推进会召开。区市场监管局主要领导汇报全区知识产权工作情况、知识产权宣传周启动情况、建设国家创新型城市任务情况。玉溪市知识产权援助（服务）中心现场为参会部门、企业进行知识产权业务工作指导，并回答部门、企业提出的问题。

4月21日，江川区2020年卫生健康暨党风廉政建设工作会议召开。副区长杨军苹强调，以提高人民健康水平为核心，以体制机制改革创新为动力，把健康融入全区发展政策，为实现全区民生升温、建设健康江川奠定坚实基础。要聚力打好脱贫巩固提升总攻战，扎实开展健康扶贫领域“回头看、补短板、强弱项、抓提升”行动，坚决打赢健康扶贫领域攻坚战；要千方百计抢抓机遇，夯实卫生健康事业发展基础；要持续深化医药卫生体制改革，不断提高人民健康水平的制度保障；要着力培育发展大健康产业，加快打造健康生活目的地；要坚持群防群治的工作路子，加快构建“健康江川”预防机制。杨军苹代表区政府与各乡镇（街道）签订《玉溪市江川区尘肺病防治攻坚行动目标责任书》。

4月25日，江川区脱贫攻坚农危房改造问题排查整改暨“回头看补短板强弱项抓提升”专项行动工作推进会召开。各乡镇（街道）汇报脱贫攻坚“回头看补短板强弱项抓提升”专项行动发现问题及“吹哨”问题销号情况；通报脱贫攻坚住房安全保障大排查大整改工作中存在的问题和脱贫攻坚“回头看补短板强弱项抓提升”专项行动进展情况并作工作安排。

4月27日，江川区招商引资工作委员会2020年第二次会议召开。会议研究星云航空学院项目和无缝钢管生产项目两个异常签约项目退出处理情况、云南省文投集团框架协议签订事项、浙江蓝城万信资产管理公司框架协议签订事项；并听取大街街道建通搅拌站项目、东鑫再生资源环保科技开发项目、江城镇瀛景国际康养社区项目、朗基尚善玉溪项目、江城古镇项目推进情况，以及古滇铜街项目建设需要解决的有关事项。区委书记徐贤强调，要继续把招商引资工作作为重中之重来抓，敢于担当作为，着力在提升招商质量、优化结构、落地见效上下功夫，助推全区经济社会稳定发展。

4月28日，江川区应对新冠肺炎疫情工作领导小组指挥部会议召开。区委副书记、区长、区应对疫情工作领导小组指挥部指挥长常成主持会议并要求，各乡镇（街道）、各单位要严格落实“云南健康码”扫码登记工作，做好在江人员和入江人员的健康信息查验；要落实落细措施，做好校园疫情防控各项工作；要从细从严着力，做好严防境外疫情输入工作；要压紧压实责任，做好经济社会发展各项重点工作。要按照中央、省、市安排部署，加强精准防控和规范处置，排查消除疫情反弹风险隐患，巩固疫情防控阶段性成效，全面推进复工复产，加快推进生产生活秩序全面恢复。

4月28日，江川区4月份经济运行分析会和重点项目推进会召开。区统计局通报一季度经济运行情况、区发改局通报一季度固定资产完成情况、区工业商贸和信息化局通报了一季度工业经济运行情况，区投资促进局通报一季度招商引资工作情况，并提出下步工作措施及意见。区领导李卫东、周靖宇、杨军苹、李忠海、龚文勇、钱凡分别就所联系项目推进情况及所负责2020年拟供地专项招商工作推进情况作发言。区委副书记、区长常成提出要求。

4月30日，江川区优化营商环境暨推进政府职能转变和“放管服”改革工作领导小组第一次会议召开。区委副书记、区长常成强调，各级各部门要切实强化主体责任，紧盯目标、迎难而上，打好营造最佳营商环境的“组合拳”，真正激发市场活力和社会创造力，推动江川经济社会高质量跨越式发展。会议还审议通过江川区《“营商环境提质年”实施方案》《关于建立营商环境“红黑榜”制度的通知》《政务服务“好差评”制度建设工作实施方案》《政务服务改革“三集中、三到位”工作方案》。

4月30日，江川区2020年度住建领域安全生产工作会暨《保障农民工工资支付条例》培训会召开。会议对2020年工程质量安全工作作安排；相关责任单位和企业签订2020年度安全生产目标责任书。培训会还重点学习《保障农民工工资支付条例》并对2020年住建领域农民工工资保障工作作安排。

4月30日，江川区委书记、区委全面深化改革委员会主任徐贤主持召开区委全面深化改革委员会第七次会议。会议传达学习中央全面深化改革委员会第十三次会议、省委全面深化改革委员会第八次会议，以及市委全面深化改革委员会第八次会议精神。审议《玉溪市江川区公务员职级晋升管理办法（试行）（送审稿）》《玉溪市江川区“校闹”整治实施方案（试行）（送审稿）》《关于深化江川区纪委江川区监委派驻机构改革的实施意见（送审稿）》《玉溪市江川区关于全面推进“清廉江川”建设的实施意见（送审稿）》。

5月8日，江川区组织2020年区委理论学习中心组第四次学习。区委常委、区委统战部部长李志刚对全国民族团结进步示范县（区）示范单位省级初检相关工作作安排部署。观看纪录片《守望相助　同心铸梦——玉溪市江川区创建全国民族团结进步示范区之路》。

5月9日，江川区2019年综合考评工作约谈会暨2020年综考工作会议召开。区委书记徐贤强调，全区各级各部门都要以高度的政治自觉、思想自觉和行动自觉狠抓落实，尽最大努力把自己职责范围内的事情抓紧抓实抓细。要勇争一流，敢于创新，勇当标杆、敢作表率，以最大的责任担当、最高的目标追求，高标准高质量完成各项目标任务；要见贤思齐，比学赶超，始终保持奋力拼、迎难上的劲头，夯实举措，加快补齐补强；要担当作为，狠抓落实，在每件事上下实功、见实效，做到守土有责、守土尽责、责无旁贷。全区各级各部门都必须坚持问题导向，分析短板，攻克短板，说到做到、干就实干、干就干成，把抓落实体现在工作实效上，握指成拳形成整体优势，为全面完成全区2020年目标任务作出积极贡献。区委副书记、区长常成主持会议。

5月15日，中共玉溪市江川区二届区委第十二轮巡察工作动员部署会召开。区委常委、区纪委书记、区监委主任、区委巡察工作领导小组组长郭玉作动员讲话时强调，本次巡察时间紧、任务重、要求高，参加巡察工作的同志要以坚如磐石的决心和意志，巡察出声威、巡察出成效，推动巡察工作向纵深发展。郭玉要求，参加本次巡察工作的同志要精准把握政治巡察内涵方向，做到“三个聚焦”，确保巡察整改

"不悬空""全落地"；要压实整改责任，强化巡察成果运用，集中解决巡察发现的突出问题，从源头上堵塞漏洞、完善制度，形成"长久立"的长效机制；要做好统筹谋划，完成全覆盖任务，提升全覆盖监督质量，确保巡察工作经得起历史和时间检验；要发扬斗争精神，打造忠诚干净担当的巡察队伍，坚决维护巡察队伍的良好形象和公信力。会议还对参加区委第十二轮巡察的人员进行业务工作培训。

5月15日，江川区2020年防汛抗旱工作会召开。区防汛抗旱指挥部指挥长、副区长李忠海要求，各乡镇（街道）、各单位要认清当前面临的严峻形势，自觉从讲政治的高度，深刻认识防汛抗旱工作的极端重要性，提前谋划，科学施策，树立防大汛、抗大旱、抢大险、救大灾思想，充分发挥好防汛抗旱工作的保障作用，坚持抓好抗旱保供水工作，全面做好防汛准备工作，严格落实值班值守制度，加强监测预报预警，坚决打好防汛抗旱这场硬仗。区气象局主要负责人对近期气象和下半年雨季天气进行分析，提出相关防汛建议；区自然资源局汇报地质灾害系统防御情况；区水利局通报防汛抗旱工作开展情况。李忠海分别与各乡镇（街道）和相关部门负责人签订2020年防汛目标管理责任书。

5月15日，2020年星云湖各级环境保护督察反馈问题整改工作会在江川区召开。市抚仙湖管理局等有关部门通报星云湖各级环境保护督察反馈问题并提出整改意见。

5月19日，江川区2020年网信工作会召开。区委常委、区委宣传部部长何眉强调，做好2020年网络安全和信息化工作，必须坚持以习近平新时代中国特色社会主义思想特别是习近平总书记关于网络强国的重要思想为指导，更加突出政治引领、更加突出科学规划、更加突出统筹协调、更加突出体系完备、更加突出落实求效，以网信工作提升年为总要求，不断提高对网络生态的治理能力、网上舆论的引导能力、网络安全的保障能力、信息化发展的统筹能力，全面推进网络安全和信息化工作，为全区全面完成脱贫攻坚任务、全面建成小康社会、全面实现"十三五"规划圆满收官提供强大网上舆论支持、可靠网络安全保障和有力信息化支撑。

5月20日，江川区2020年生活无着的流浪乞讨人员救助管理工作联席会议召开。区委常委、副区长周靖宇强调，各级各有关部门要认真研究和完善辖区内流浪乞讨人员的救助管理服务机制，做到早发现、早救助、早管理，集中开展流浪人员排查，开展经常化的救助保护服务，动员全社会积极参与救助工作；各乡镇（街道）、各成员单位要及时落实分管领导和相关责任人，将生活无着的流浪乞讨人员救助管理工作任务细化分解到位、层层落实到位；要组织开展好辖区内的流浪乞讨人员救助管理工作，对户籍在本辖区的流浪乞讨人员做好全面监护，帮助开展生产、生活自救，预防外出流浪乞讨；要定期检查各乡镇（街道）、相关部门工作开展情况，研究解决流浪乞讨人员救助管理工作中存在的问题，建立健全救助管理、督查、考核、奖惩制度，形成工作长效机制，以更强的责任心、更多的爱心、更深的同情心，切实做好流浪乞讨人员救助管理工作，不断提升救助管理工作水平。

5月26日，江川区2020年全区自然资源暨地质灾害防治工作会召开。会议传达省、市自然资源工作会议相关精神。区委常委、常务副区长李卫东要求，要高质量编制国土空间规划，压实管控责任，强化自然资源执法监督，高水平保护美好家园。要抓好完善基础设施规划及村庄规划、做好农村不动产确权登记工作和农村责属地规划管控，实现自然资源利民惠民；要保障民生，强化地质灾害防治体系建设，重点加强地质灾害防治，做好汛期地质灾害防范的工作；要强化干部队伍建设，提升干部队伍的能力，千方百计破解国土资源领域面临的重点难点问题，全力保障经济发展。李卫东代表区政府与各乡镇（街道）签订《2020年地质灾害防治目标责任书》。

5月28日，江川区城乡规划建设委员会2020年第三次会议召开。审议玉溪市江川区老年人活动中心AA级旅游厕所规划方案、古滇国城三期1#地块多层规划方案、玉溪市江川区书香苑项目规划调整方案、云南宏程物流现代化物流配送及综合加工项目设备用房改建规划方案、云南移动通信有限责任公司江川区移动营业部机房规划方案、江川区农产品废弃物资源化利用处理应用示范项目选址和指标论证报告、玉溪市江川区委党校搬迁新建项目食堂体育馆项目规划方案、云南省第十六届运动会皮划艇比赛专用码头临时建设设计方案以及江川区城市西片区概念性规划方案。

5月28日，江川区5月份重点项目推进会召开。区委书记徐贤要求，全区上下要紧盯项目投资谋工作，不能简单地满足于下达的任务，要立足实际，学政策、多汇报，把政策转化为项目，让项目真正的变成投资；要强化要素保障抓投资，要沉下心统筹项目规划，同时要提升对企业的服务意识，为企业解决好存在的困难和问题，并加强对审批项目的监管；要精准招商引资强保障，明确招商引资是支撑项目实现全区经济目标的关键，思考好“有什么、招什么、哪里招”，精准、积极、主动出击；要优化营商环境，环境的营造人人有责，要将心比心服务投资者，积极协调配合，与企业方一起共同推进项目建成落地；要始终廉洁自律守底线，防止畏首畏尾不作为，要心中有目标、手里有办法，勇担当、敢作为，为江川更美好的明天努力奋斗。区委副书记、区长常成主持会议并提出要求。

6月1日，江川区2020年二季度安全工作会召开。区委副书记、区长、区安委会主任常成强调，要狠抓党政领导、企业主体、部门监管、失职追责等责任的落实；要常态化推进安全生产检查，持续加大打非治违力度，加强源头治理，筑牢安全基础，强化应急处置，把安全生产各项工作做实做细、抓紧抓牢，为江川“十三五”圆满收官、决战决胜高质量全面建成小康社会保驾护航。

6月4日，江川区第七次全国人口普查领导小组第一次会议暨工作动员部署会召开。李卫东强调，人口普查事关国家利益，事关千家万户利益。各乡镇（街道）、区属各有关部门要锐意进取、攻坚克难，全力以赴做好第七次全国人口普查各项工作，为决战决胜全面建成小康社会，加快推进富裕和谐美丽江川建设作出新的更大贡献。李卫东与各乡镇（街道）、区属有关部门签订江川区第七次全国人口普查工作目标任务责任书。

6月5日，江川区2020年统战（民宗）工作会议召开。传达学习贯彻省、市统战部长会议精神。区委常委、统战部部长李志刚强调，各级各部门要深刻理解党的十九届四中全会精神特别是其中涉及统一战线的决策部署，贯彻落实好“一制四化”，推进统一战线制度创新和治理能力建设，全力推动统战工作提质增效，以高度的责任感和使命感，求真务实，开拓进取，打造全区统战工作的新品牌，为建设宜居宜业美丽新江川做出更大贡献。

6月5日，江川区召开基层武装部行政例会暨征兵宣传动员部署会。区委常委、人武部政委曾宪涛作动员部署讲话。会议解读相关政策并下达具体任务，会议要求各乡镇（街道）要高度重视兵役工作，科学统筹，聚焦主责主业，进一步落实好兵员征集、民兵整组工作。要深化对征兵工作重要性的认识，增强全民国防意识和适龄青年依法履行兵役义务意识，动员适龄青年踊跃报名参军。要发扬务实的工作作风，严守政治纪律和廉政规定，推动征兵风气向上向好。要熟悉掌握和宣传贯彻好征兵相关政策，激励更多优秀青年到部队建功立业、实现人生理想。

6月11日，江川区农村人居环境整治暨“厕所革命”工作推进会召开。区委副书记矣向林要求，各级各部门要提高政治站位，切实增强抓好农村人居环境整治和“厕所革命”的责任感、紧迫感；要坚持问题导向，全力以赴抓好农村人居环境整治和“厕所革命”存在的各类问题整改，对标对表对责，不折不扣完成农村人居环境整治和“厕所革命”硬任务；要压实责任，统筹推进，确保各项举措落实落地落细。副区长龚文勇主持会议并提出相关工作要求。

6月12日，江川区关心下一代工作会议召开。区委副书记、区委党校校长、区关工委主任矣向林要求，全区各级关工委组织要加强理论武装，以党的创新理论带动关心下一代工作创新发展；要围绕中心，服务大局，更新观念、紧贴实际，突出特色，改进工作方法，积极探索关心下一代工作的有效途径；要做实“党建带关建”，进一步加强组织领导，进一步形成工作合力，进一步加大创建“先进关工委”工作力度，进一步加大宣传阵地建设力度，进一步加强自身建设，为做好关心下一代工作提供坚强组织保证。玉溪市关工委常务副主任施美凤和副主任黄满德对江川区关心下一代工作给予肯定，并提出希望和要求。

6月13日，江川区领导干部大会召开。及时传达学习全市领导干部大会精神，统一思想认识，凝聚工作合力，进一步把定方

向、压实责任，确保圆满完成全年经济社会发展任务，如期实现全面建成小康社会目标。区四套班子领导、区人民法院主要领导和其他处级干部；区属部门（企事业单位）、各人民团体主要负责人，区人大、区政协办公室主任；各乡镇（街道）党政主要领导等参会。

6月16日，江川区2020年非物质文化遗产保护会议召开。相关部门与各省级、市级非遗传承人签订传习协议。参会领导向区级非遗传承人颁发荣誉证书，组织观看江川区非物质文化遗产项目展示。部分非遗传承人现场展演滇剧、撒弦、山歌等节目。

6月24日，江川区深入开展学习宣传贯彻习近平总书记考察云南重要讲话精神宣讲动员会召开。区委副书记、党校校长矣向林出席会议并对相关工作提出要求。会议对宣讲工作作安排和培训，区委宣讲团成员就做好宣讲工作进行交流。

6月24日，江川区6月份经济运行分析会召开。区委副书记、区长常成在会上强调，各级各部门要明确目标任务，把工作做细，把基础夯实，找准发力点，扎实做好“六稳”工作，全面落实“六保”任务。要提前布局招商引资工作，创新招商引资方式。要合力攻坚推进项目落地落实，扎实抓好项目储备、项目开工、项目进度。要用好用活政策，科学谋划出一批高质量的产业项目，增强江川区经济发展后劲。要积极主动争取上级支持，确保全区重大项目顺利推进。各级领导干部要担当作为，着力形成一级抓一级、层层抓落实、事事有着落的责任链条，在全区上下营造讲政治、守规矩、懂政策、敢担当、有底线的良好工作氛围。区统计局汇报1—5月主要经济指标完成和上半年预测情况，区发改局汇报1—5月固定资产投资完成和上半年预测情况，区工业商贸和信息化局汇报1—5月工业商贸经济运行和上半年预测情况，区自然资源局汇报100亩用地指标和项目供地情况，并分别提出下步工作措施及意见。各乡镇（街道）还对项目谋划包装、入库入统工作进行表态发言。

6月30日，江川区2020年银政座谈会召开。会议听取政府专项债券项目储备及申报情况和全区重大项目向上争取资金及组织实体企业争取融资情况，提出金融机构支持专项债券项目建议和金融机构支持项目建设及企业发展建议。

6月30日，江川区庆祝中国共产党成立99周年大会召开。区委副书记、区长常成讲专题党课时指出，伴随着中国共产党99年的前进步伐，江川走过不平凡的历程。特别是近年来，全区各级党组织和广大党员深入学习宣传贯彻习近平新时代中国特色社会主义思想，认真落实中央省市工作安排部署，团结带领广大党员干部和群众，紧跟新时代发展脉搏，因势而动、顺势而为、乘势而上，全力以赴投入到经济发展、脱贫攻坚、乡村振兴、星云湖保护治理、双创、棚户区改造、扫黑除恶等重点工作中，经济社会在稳中求进中取得新成效，实现市对区考评连续四年争先晋位，综合成绩从全市第七跃居全市第一佳绩。

（沈　娴）

7月2日，江川区农村不动产确权登记发证工作动员会召开。会议传达全省农村不动产确权登记发证工作推进视频会会议精神并对相关工作进行安排，就“云宅调”小程序使用开展进行业务培训。

7月6日，江川区新时期产业工人队伍建设改革工作推进会召开。区委副书记矣向林要求，要突出政治引领，坚持改革正确方向。坚持以习近平新时代中国特色社会主义思想统领产业工人队伍建设改革工作，重点抓好产业工人队伍思想政治建设，推动产业工人思想政治工作进企业，进车间，进班组。要围绕中心服务大局，推动高质量跨越发展。要教育引导产业工人“当好主人翁，建功新时代”，围绕重大战略，重大工程，重点产业，积极探索创造新技术、新产业、新业态、新模式，推动产业革命，提升企业参与市场竞争的核心竞争力。要强化素质提升，积极构建技能形成体系，激励广大产业工人立足岗位、提高技能。要健全社会多元投入机制，为改革工作提供相应的资金保障。要强化短板弱项，完善制度建设，不断健全全区改革工作的制度框架。要加强组织领导，凝聚推动改革的强大合力，强化对新时期产业工人队伍建设改革工作的领导指导，解决难点、打造亮点。

7月7日，江川区委理论学习中心组举行2020年第五次集中学习。会议围绕学习贯彻习近平总书记关于自然资源和规划管理、城镇化、城市发展和国土空间规划的系列重要论述和考察云南的重要讲话精神，并就贯彻落实市委对江川工作的新要求，以高水平规划引领发展进行学习交流，动员全区上下兴起思想大解放的热潮，为建设新江川、推动城乡建设高质量发展走在前列树立信心，统一思想。会议原则通过《江川区乡村振兴暨城乡统筹融合发展重点工作任务分解方案（讨论稿）》《关于成立江川区乡村振兴暨城乡统筹融合发展工作领导小组的通知（讨论稿）》。

7月8日，区委平安江川建设（社会治理现代化）领导小组第一次会议召开。会议深入贯彻落实习近平总书记关于平安中国建设的重要指示精神和平安中国建设协调小组第一次会议精神，贯彻落实市委平安玉溪建设（市域社会治理现代化）工作领导小组第一次会议精神，对全区平安江川建设和社会治理现代化工作作全面部署。审议并原则同意《玉溪市创建全国市域社会治理现代化第1期试点城市（江川区）实施方案（送审稿）》《关于平安江川建设（社会治理现代化）领导小组组成情况（送审稿）》《平安江川建设（社会治理现代化）领导小组工作规则（送审稿）》。

7月8日，江川区深入推进“清廉江川”建设工作会召开。区委副书记、区长常成强调，建设“清廉江川”，就是要加快党内政治生态良性“细胞”有序生长，就是要以构建风清气正政治生态凝聚人心、汇聚力量，推进全面从严治党落地生根，为高水平全面建成小康社会保驾护航。全区各级党组织和广大党员干部，要进一步增强政治责任感、历史使命感、现实紧迫感，自觉把思想和行动统一到区委的决策部署上来，担当作为、狠抓落实，确保干部清正、政府清廉、政治清明、社会清朗的“清廉江川”建设目标落地见效、持久深化。要准确领会要旨，靶向发力推进“清廉江川”建设，坚持全面推进和示范先行的原则，通过开展“清廉机关、清廉乡村、清廉学校、清廉医院、清廉企业、清廉家庭”建设，把机关单位、村组、学校、医院、非公有制企业、全区公职人员及其家庭全面纳入党风廉政建设体系，持续推动清廉思想、清廉制度、清廉规则、清廉纪律、清廉文化融入“五位一体”总体布局的各方面、全过程。

7月8日，江川区禁毒工作推进会召开。区委常委、政法委书记蒋文强调，全区各有关部门要从源头上治理毒品的发展蔓延，做到动态管控吸毒人员，常态监管易制毒化学品，严管易涉毒重点场所，运用部门联动、明察暗访、突击检查等方法，加大清查整治力度，筑牢禁毒“防火墙”。副区长、市公安局江川分局局长钱凡通报自2018年玉溪市开展禁毒示范城市创建以来全区的主要工作情况，并安排相关工作。

7月9日，江川区2020年征兵工作推进会召开。区委副书记、区长、区征兵领导小组组长常成强调，乡镇（街道）是征兵工作的第一线，要建立健全征兵工作领导机构，合理调配人力物力财力，盯住任务目标，制定措施，狠抓落实。兵役机关要主动作为，做到“每周有情况汇总”“每月有工作讲评”。征兵工作领导小组要树牢“一盘棋”思想，在征兵宣传、征兵实施、征兵督导等方面，密切协作，积极配合，形成齐抓共管合力。各级征兵工作人员要牢固树立纪律意识，严格征兵纪律，用廉洁树形象，用廉洁保质量，确保征兵工作目标全面实现。常成与各乡镇（街道）、征兵领导小组各成员单位签订征兵责任书。副区长、玉溪市公安局江川分局局长钱凡传达省政府征兵办、省卫健委《关于加强和改进2020年征兵体检的措施》。

7月21日，江川区推进非煤矿山关闭工作部署会召开。会议对7座位于抚仙湖—星云湖风景名胜区和抚仙湖二级保护区的非煤矿山企业关闭工作作安排部署。区委常委、常务副区长李卫东要求，各级各相关部门要提高政治站位，高度重视非煤矿山关闭工作；要积极认领责任，主动作为，勇于担当，按照《玉溪市江川区推进非煤矿山关闭工作方案》要求，有序推进、按时完成关闭工作；各成员单位要加强协调配合，相互支持，强化信息报送，形成工作合力；要抓实动员工作，多渠道、全方位做好相关法律和政策宣传；区级有关部门要按照关闭工作的时间节点组织开展督察，及时通报情况并跟踪问效，确保全区非煤矿山关闭顺利推进。

7月22日，江川区2020年新时代文明实践暨未成年人思想道德建设工作会召开。区委副书记矣向林强调，2020年是全区冲刺创建全国文明城市提名城市的关键之年，各乡镇、街道，各成员单位要切实增强责任感和紧迫感，以志在必得的精神和迎难而上的勇气，凝结力量、真抓实干，全力推进全区新时代文明实践和未成年人思想道德建设工作再上新台阶，为创建全国文明城市提名城市奠定坚实基础。会议围绕新时代文明实践站（所）建设工作和未成年人思想道德建设工作进行交流发言。区教育体育局和区文明办负责人分别对全年的未成年人思想道德建设和新时代文明实践工作作了具体安排部署。

7月29日，江川区7月份项目包装暨固定资产投资工作会召开。区委副书记矣向林强调，全区项目投资各主责部门和乡镇（街道）要正确认识肩负的责任和使命，提高攻坚克难意识，增强信心、履职担当，围绕全年的投资目标精准分析、精准施策，统筹兼顾，树立全区一盘棋的大局意识，相互支持、相互配合，以对市、区高度负责的态度，切实做好项目谋划包装、入库入统工作，确保全年项目投资目标任务圆满完成。区统计局汇报上半年主要经济指标完成情况和5000万元以下项目入库入统情况，区发展改革局汇报上半年固定资产投资完成和项目包装谋划情况，区工业商贸和信息化局汇报上半年工业经济和商务运行情况，部分乡镇（街道）和主责单位就固定资产投资工作作表态发言。

7月29日，江川区2020年退役士兵选岗安置现场会召开。区委常委、人武部政委曾宪涛提出要求，39名符合选岗安置条件的退役士兵按照退役士兵量化评分从高到低的顺序进行现场选岗，并在《选岗保证书》上签字确认。

7月30日，江川区城乡规划建设委员会2020年第四次会议召开。会议审议星云湖保护和开发利用总体规划（2019—2035年）、玉溪市江川区国土空间规划委员会章程、玉溪市江川区国土空间规划编制工作方案、江川区中心城区近期重点开发地块控制性详细规划、江川合建站项目规划方案、滇中智慧农业产业园项目、玉溪市江川区人民医院综合住院大楼建设项目。

7月31日，江川区2020年退役军人工作领导小组第一次会议、“双拥”工作领导小组第二次会议暨“八一”建军节座谈会召开。区委副书记、区长常成强调，各级各部门要凝聚思想共识，按照“军民共建务求成效，双拥活动坚持经常”的要求，把支持国防和军队建设落实到行动中，为驻江部队和优抚对象办实事、解难事、送温暖。要切实解决好现役军人的后顾之忧，让他们安心服役、报效国家。驻江部队要继续发扬优良传统，视江川为第二故乡，在完成训练、执勤等任务的同时，大力支援地方建设和社会公益事业建设，为建设美丽新江川做出积极贡献。会议为义务兵家属代表发放优待金，还通报2019年度全区退役军人工作和“双拥”工作情况，驻江部队代表和优抚对象代表作发言。

7月31日，江川区文明城市创建工作推进会暨培训会召开。区委副书记、区创文指挥部指挥长矣向林强调，创建全国文明城市工作已到最关键、最紧要的时刻，全区各级要牢记使命，盯紧目标，鼓足干劲，奋力实现“文明城市”到“城市文明”的新跨越，顺利实现全国文明城市提名城市创建目标。会议还组织全体参会人员就2020年创建文明城市网上申报材料工作和2020年创建文明城市公益广告投放工作进行培训。

8月3日，江川区委副书记、区长常成主持召开区委全面深化改革委员会第八次会议。会议传达学习中央全面深化改革委员会第十四次会议、省委全面深化改革委员会第九次会议，以及市委全面深化改革委员会第九次会议精神。会议审议《中共玉溪市江川区委全面深化改革委员会2020年工作要点（送审稿）》《中共玉溪市江川区委全面深化改革委员会2020年工作台账（送审稿）》《区委全面深化改革委员会2020年督查计划（送审稿）》《玉溪市江川区关于加强论坛、讲坛、报告会等阵地管理的实施细则（送审稿）》《玉溪市江川区党（工）委（党组）理论中心组学习巡听旁听监督制度（试行）（送审稿）》，审议并原则通过《玉溪市江川区计划生育协会改革实施方案（送审稿）》。

8月5日，江川区“美丽县城”建设工作推进会召开。区委副书记、区长常成强调，要对照“美丽县城”建设指标及全省现场推进会的新要求，坚决做到干净，千方百计做到宜居，努力彰显特色，尽快补上智慧短板，深入扎实推进美丽县城建设。常成要求，全区领导干部要发挥好带头示范作用，广泛发动群众参与，充分调动各方积极性主动性，形成强大合力，共同推动美丽县城建设各项工作不断取得新成效，让广大市民和外地游客真正感受到江川的美丽和变化。区发展改革局、区住房城乡建设局分别围绕“美丽县城”建设工作情况作发言。

8月5日，江川区推进爱国卫生专项行动动员部署会议召开。区委副书记、区长常成强调，全区各级各部门要拿出拼劲、拿出担当，聚神、聚焦、聚力做好爱国卫生专项行动，坚持党政“一把手”主抓，亲自部署、亲自调度，靠前指挥、精准落实，找准辖区内存在的主要问题，下大力气加以解决。各牵头部门和责任单位要明责、履责、担责，深入研究省市的政策、标准，实行地毯式摸排、清单式管理，创新工作方式，统筹抓好各项工作。要优化网格设置，实现全区城乡全覆盖，把推进爱国卫生专项行动融入城乡建设全局当中，以城带乡，城乡联动，不断改善和提升人居环境。要把此次爱国卫生专项行动作为疫情防控的重要手段，改善民生的突出抓手，要与巩固国家卫生城市和创建全国文明城市提名城市结合起来，引导广大群众提高清洁卫生意识，动员群众积极参与到农村卫生、社区卫生、楼道卫生、家庭卫生等活动中来，确保爱国卫生专项行动取得明显成效，为全区人民健康素养提升，加快建设美丽湖滨花园城市作出新的更大的贡献。

8月7日，区委常委班子召开落实省委第五巡视组巡视反馈意见整改专题民主生活会。会议深入学习贯彻习近平新时代中国特色社会主义思想和党的十九大精神，贯彻落实习近平总书记考察云南重要讲话精神以及党中央和省委重大决策部署，全面对照省委第五巡视组巡视反馈意见、专项检查反馈意见，把自己摆进去、把职责摆进去、把工作摆进去，主动认领、深入查摆、深刻剖析，认真开展批评和自我批评，切实担起巡视整改主体责任，达到预期目标。区委副书记、区长常成主持会议，并代表区委常委班子作对照检查，带头作个人对照检查，还作总结讲话。各位区委常委围绕民主生活会主题，高标准严要求开展批评和自我批评。常成就抓好省委第五巡视组巡视反馈意见整改落实，扎实做好巡视“后半篇文章”提出要求。

8月12日，江川区规划培训会召开。区委副书记、区长常成主持会议并强调，城市规划是城市建设发展的先导和灵魂，各级领导干部要树牢规划意识，立足城市发展定位，把握城市发展规律，统筹推进城市规划建设，引领城乡更高质量发展。要围绕城市特别是中心城区发展的重点片区、重点领域，深入细致进行规划设计，编制好重点区域、农村住房改造等专项规划，坚持高起点规划、高标准建设，进一步完善城市功能、提升城市品位、实现江川一年一变样，三年大变样的目标任务。玉溪市自然资源和规划局围绕习近平总书记关于自然资源和规划管理、城镇化、城市发展和国土空间规划的系列重要论述作主旨培训。

8月13日，区委召开全区领导干部大会，宣布省委关于中共玉溪市江川区委主要领导调整决定：普光照任中共玉溪市江川区委书记。受省委、市委委派，市委常委、市委组织部部长景绚出席会议并宣布省委决定，对江川新领导班子提出殷切希望和要求。普光照作表态发言。区委副书记、区长常成主持会议。

8月13日，江川区“以案促改”警示教育大会召开。区委书记普光照强调，全区党员干部要深刻吸取教训，既要警惕像张文彬、靳永春这样胆大妄为，行无底线的反面典型，也要避免成为在强力反腐、干部能上能下的新形势下不敢作为的“庸才”。要明确“为官避事平生耻”。要“为”但绝不可以“乱为”“胡为”“非为”。要用干事创业的热情勇气、直面问题科学求解的责任意识、正视矛盾迎难而上的担当精神谋划工作。要紧紧结合当前的目标和任务想问题、办事情、干工作。要以积极主动的心态、奋发进取的精神去勤奋工作，开拓进取，多学习、勤思考，做到理论与实际相结合、实干精神与科学态度相结合，在谋求发展上避虚就实、务实求效。区委副书记、区长常成主持会议并要求全区广大党员干部要坚定理想信念，摆正自己的三观；要永葆本色，坚守底线；要从严从实，锤炼党性；要扛实责任，强化监督。会议通报张文彬、靳永春违纪违法情况，并组织观看张文彬违纪违法警示教育片。

8月14日，江川区举行爱国卫生专项行动全民大扫除“众参与”活动启动仪式。区委书记普光照宣布“玉溪市江川区爱国卫生专项行动‘众参与’活动全面启动”。区委副书记、区长常成号召，全区广大干部群众要自己动手，绿化美化净化家庭空间和公共空间，清除卫生死角和垃圾杂物，持续推进“门前五包”形成常态化，要推广健康文明生活习惯，加强健康教育，普及健康知识，倡导践行“社交距离、勤于洗手、分餐公筷、革除陋习、科学健身、控烟限酒”的健康文明生活新风尚，确保城乡生活环境清洁优美，人民幸福感显著提升。

8月18日，江川区“十四五”规划编制工作推进会召开。区委常委、常务副区长李卫东要求，规划编制单位要针对问题提高站位，研究国家相关政策，积极对接省、市工作方针，结合江川实际，做好相关研究，把理论、方向形成文字，在“十四五”规划中做出引领；主稿人和指导专家组要深入调研，了解江川实际，完善框架体系，精准修改文本，确定具体的指标数据，做到将规划落地落实。各相关部门要增强规划意识，做好相关研究，做实规划内容，编制出符合国家发展政策，满足人民群众需求，同时能够实现的规划目标，确保高质量完成全区“十四五”规划编制工作。会议通报《玉溪市江川区国民经济和社会发展“十四五”规划基本思路》编制相关情况及主要内容；各参会单位对《玉溪市江川区国民经济和社会发展“十四五”规划基本思路》提出意见建议；重点专项规划编制牵头单位分别汇报规划编制推进情况。

8月20日，江川区2020年根治欠薪夏季专项行动工作推进会召开。区委副书记、区长常成要求，要进一步增强使命感、紧迫感和责任感，采取坚决有效措施维护农民工的合法权益，要加大全面排查力度，做到底数清、情况明。要加强欠薪案件办理力度，消除陈欠，防治新欠。要强化欠薪隐患排查化解，坚决防止发生群体性事件。要严格落实各方责任，加强组织协调，确保专项行动取得实效，为全区经济社会发展、社会和谐稳定作出新的贡献。

8月21日，江川区乡镇（街道）党（工）委书记、部分区直部门党组织书记2019年以来履行全面从严治党主体责任情况专题汇报会召开。区委常委、纪委书记、区监委主任郭玉强调，全面从严治党，成败系于责任、成效连于责任，各级党委（党组）要落实全面从严治党政治责任，推动党（工）委（党组）主体责任、书记第一责任人责任、纪委监督责任“三种责任”贯通联动、一体落实；要多举措加强全面从严治党各项工作的领导，落实清廉江川、清廉机关建设的各项工作部署，结合实际制定责任清单、明确责任、照单问责，落细落实全面从严治党主体责任；党委（书记）要当好政治生态的领头羊，做到重要工作亲自部署、重大问题亲自过问、重点环节亲自协调、重要案件亲自督办，着力发现和解决突出问题；要把巡视巡察作为“书记工程”来抓，落实巡视巡察整改责任，保持正风反腐高压态势，努力建设政治过硬、本领高强的纪检监察铁军，为深入推进清廉江川建设，构建风清气正的政治生态做出积极贡献。

8月21日，江川区2020年度地震群测群防工作会暨培训会召开。会议总结2019年江川区地震群测群防工作，并对2020年工作进行安排部署，表彰2019年江川区地震群测群防优秀工作者。玉溪市地震监测预报中心的专家以“常见宏观异常及识别方法”为主题作专题培训。培训还组织参观玉溪市防震减灾科普馆。

8月22日，江川区2020年烟叶收购暨维护烟叶收购秩序工作会召开。副区长李忠海指出，市委市政府下达江川区全年烤烟种植计划7.6万亩，烟叶收购计划1050万千克。李忠海强调，全区上下要坚持稳字当头，做到以稳促进，着力解决好当前烟叶生产中存在的问题，着力化解好下步烟叶收购中存在的风险，坚决打赢全年烟叶生产收购“收官战”。各乡镇（街道）党政主要领导要亲自挂帅、亲自研究、亲自部署、亲自检查、亲自落实，时时掌握总量和质量情况，把问题解决在“一线”。要严肃合同管理，提高烟叶提质增效的掌控水平，全力以赴构建和谐收购秩序。要强化督查考核问效，以烟叶收购的各项指标来倒追各乡镇（街道）在面积分解、连片规划、烤烟移栽、大田管理、烤房管理等方面的工作落实情况，确保全年烟叶收购圆满收官和2021年烟叶生产顺利开篇。

8月27日，江川区2020年党建工作领导小组第二次会议召开。区委副书记、区委党校校长张洪坤强调，各级各部门要提高站位、统一思想，推动新时代党的建设总要求落地落实。要认真学习贯彻习近平总书记系列重要讲话精神，自觉把思想和行动统一到新时代全面从严治党的新部署新要求上来，全面抓好党的建设各项工作，为实现江川赶超跨越提供坚强组织保障；要把握关键、突出重点，推动党建工作更好服务江川发展大局。强化党的政治建设，围绕中心服务大局，聚焦问题补齐短板，固本强基筑牢堡垒，与时俱进借力提升，打造品牌创新驱动，既要抓思想引导，又要抓行为规范，全面推动党建工作落细落实；要扛实责任、担当作为，推动党的建设工作能力水平全面提高。坚持严抓严管、求真务实、尊重规律、久久为功，坚持从巩固党的执政地位的大局看问题，坚持“两手抓、两手硬”，以过硬的作风、务实的举措和高效的执行，一丝不苟、精益求精，创造新的更大成绩。会议审议《关于开展省委第五巡视组巡视反馈问题整改暨2020年党建重点工作任务落实情况督查的方案》《玉溪市江川区城市基层党建全域提升暨城市基层党建省级重点创新示范市建设工作方案》《玉溪市江川区村（社区）党组织书记抓党建促乡村振兴暨乡村振兴工作队能力提升培训班方案》《2020年度玉溪市江川区“智慧党建”工作方案》。

8月29—30日，中国共产党玉溪市江川区第二届委员会第七次全体会议召开。区委书记普光照代表区委常委会向全会作报告并作总结讲话。区委副书记、区长常成总结2020年以来全区经济社会发展情况，对做好下一步经济社会发展工作作安排。讨论审议通过《玉溪市江川区人民政府关于大街街道析置有关情况的报告》。

8月28日，中共玉溪市江川区二届区委第十三轮巡察工作动员部署会召开。区委常委、区纪委书记、区监委主任、江川区委巡察工作领导小组组长郭玉强调，本轮巡察是二届区委完成巡察全覆盖的最后一轮，此次巡察时间紧任务重，参加巡察工作的人员要发扬吃苦耐劳、无私奉献的精神，以强有力的政治担当、高度负责的严谨态度，科学谋划、抓紧抓实开展好工作。会议还对参加区委第十三轮巡察的工作人员进行业务工作培训。

9月3日，江川区村（社区）领导干部经济责任审计动员会召开。区委副书记张洪坤强调，要突出重点，增强做好村（社区）领导干部经济责任审计工作的使命担当，加强政治建设，强化理论武装，常念领导干部廉洁从政“紧箍咒”，以村（社区）领导干部经济责任审计工作为抓手，坚持高压反腐，常敲领导干部廉洁从政“警钟”，牢牢把握经济责任审计工作的总体要求，高质量完成审计任务；要依法审计，实事求是，不断加大村（社区）领导干部经济责任审计监督力度，牢牢把握一个原则，处理好两个关系，认真做到三个负责，严格划分四个界限，做到五个支持配合；要以高度的政治责任感和历史使命担当，把全区村（社区）领导干部经济责任审计和党风廉政建设工作不断推向深入，为实现高质量全面建成小康社会，建设美丽新江川做出更大的贡献。

9月4—6日，江川区举办领导干部学习贯彻党的十九届四中全会和习近平总书记考察云南重要讲话精神研讨班。区委书记普光照在开班动员暨主题报告时强调，要切实把思想和行动统一到党的十九届四中全会精神和习近平总书记两次考察云南重要讲话精神上来，沿着习近平总书记指引的方向，全面客观看待区情以及江川在全国全省全市大局中担负的责任使命，对江川各方面的工作进行再审视、再谋划、再部署，努力把江川的工作做得更好，不断开创江川高质量跨越式发展的新境界，奋力开启全面建设新江川新征程。区委副书记张洪坤在结业式上要求全体学员要见诸工作实效上下功夫，确保贯彻落实。

9月7日，江川区召开区人武部党委第一书记任职宣布大会，宣布区委书记普光照任江川区人武部党委第一书记。市委常委、军分区司令员安顺宣布《玉溪军分区党委关于增补江川区人武部党委第一书记的批复》，并代表军分区党委向普光照同志担任江川区人武部党委第一书记表示祝贺。

9月9日，江川区2020年教育工作暨庆祝第36个教师节大会召开。区委书记普光照代表区四套班子和28万江川人民，向全区爱岗敬业、无私奉献的广大教师和教育工作者，致以诚挚的敬意和节日的问候！向长期以来关心支持江川教育事业发展的各界人士，表示衷心的感谢！普光照强调，要深刻学习领会全市教育工作会议精神，以办好人民满意的教育为宗旨，全力以赴补短板、强弱项、提质量，着力解决人民群众最关心最直接最现实的教育问题，深入推动新时代教育改革发展，加快推进教育现代化，推动江川教育工作始终走在全市前列、处于领先地位，为玉溪教育重塑辉煌贡献好江川力量。区委副书记张洪坤主持会议并就贯彻落实好会议精神提出要求。

9月11日，江川区2020年征兵工作定兵会召开。区委副书记、区长、区征兵工作领导小组组长常成强调，征兵工作是国防之大事、国防之要事，使命光荣、责无旁贷。各相关部门要紧紧围绕打通征兵工作“最后一公里”，继续努力、持续聚力、接续发力，以实干实战的冲锋姿态、抓长抓细的持久定力，高标准、高质量、高效率圆满完成好2020年征兵工作任务。会议宣读《玉溪市江川区2020年定兵纪律及定兵原则》《玉溪市江川区2020年度定兵提议案》，并就有关问题进行补充说明。会议对《玉溪市江川区2020年度定兵提议案》中所列人员身体、政治考核合格情况逐个确认，还集体审定《玉溪市江川区2020年度定兵提议案》，并审定去向。

9月12日，江川区爱国卫生“七个专项行动”工作推进会召开。区委书记普光照强调，全区各级各部门务必进一步统一思想、提高政治站位，自觉把思想和行动统一到习近平总书记关于开展新时代爱国卫生运动的重要指示精神上来，牢固树立以人民为中心的发展思想，切实把专项行动作为当前一项重大政治任务列入重要议事日程，高标准、严要求、常态化开展爱国卫生运动，用实际行动推动良好的卫生习惯和健康的生活方式在全社会蔚然成风，全力维护人民群众生命安全和身体健康，坚决彻底改变全区城乡环境面貌，为建成美丽滨湖花园城市不懈努力。

9月13日，江川区经济工作会召开。会议传达学习五届市委理论学习中心组第四十九次暨2020年第八次集中学习精神，通报江川区2020年上半年各行业增加值及基础指标完成情况，就统计工作作专题辅导和研究。区委副书记、区长常成出席会议并就如何全面提高领导干部科学认识统计、充分运用统计、依法抓好统计的能力和水平提出要求。

9月13日，江川区城乡建设工作会召开，研究主城区雨污水主管网建设。会前，区委副书记、区长常成带领区政府办、区自然资源局、区住房城乡建设局、区城市管理局的主要负责人深入大街街道三街社区污水管网入口点、江通路污水管网穿路点、区第二幼儿园旁污水主管网入口点以及下营东街，实地查看雨污管网建设和污水管网布局情况。会上，项目设计公司汇报江川主城区雨污水主管网建设工程设计情况，市生态环境局江川分局、区交通运输局、区水利局等单位分别结合各自现有网线、管道布局和未来发展需求进行发言。

9月15日，江川区举行2020年度役前教育训练总结表彰大会。对2020年度役前教育训练期间涌现出的13名优秀骨干、23名优秀新兵进行表彰。区委常委、区人武部政委曾宪涛等领导为优秀骨干、优秀新兵颁发荣誉证书，并对全区2020年度役前教育训练取得的成果给予充分肯定，鼓励新兵们再接再厉，到部队后再创佳绩，努力争做“有灵魂、有本事、有血性、有品德”的新时代革命军人。

9月15日，江川区推进爱国卫生“七个专项行动”领导小组第一次会议召开。区委常委、常务副区长李卫东强调，各乡镇（街道）、各部门要提高站位，充分认识开展爱国卫生“七个专项行动”的重要性，明晰责任，对标对表，分解细化指标任务，确保七个专项行动按期完成、取得实效。会议就落实全区爱国卫生“七个专项行动”工作推进会议精神提出要求；“专项行动”督导组就全区工作中存在问题作通报，并研究相关事宜。

9月16日，江川区优化营商环境领导小组第二次会议暨相对集中行政许可权改革动员大会召开。区委常委、常务副区长、区优化营商环境领导小组副组长李卫东强调，各涉改部门要提高政治站位，深化思想认识，以更强的大局意识推动改革工作顺利实施，以功成必定有我的责任和担当，以刀刃向内的决心和勇气，勇于创新突破，精准把握改革的目标、任务、步骤及工作要求，积极主动地融入改革，坚定不移地推进改革，不打折扣地完成改革任务，有效激发江川经济社会高质量发展活力。会议审议《关于建立营商环境“红黑榜”制度的通知》，宣读《关于第一批集中行政许可事项办理流程等相关事宜的通知》，签订《玉溪市江川区行政许可事项集中备忘录》，并就营商环境测评提出工作要求。

9月24日，江川区2020年文明城市创建工作攻坚暨第三次推进会召开。区委副书记张洪坤强调，相关部门要学深悟透测评体系和操作手册，成为文明城市创建的行家里手，把工作抓在点上，落到实处，指导基层抓好创建，各乡镇（街道）、各责任单位要精准研究解读、严格对标对表指标要求，一把手亲自抓，分管领导具体抓，有针对性地补齐短板弱项，有计划地推进各项重点任务，开展各项活动，形成创建合力；要以问题为导向，抓好重难点问题的整改落实，让城市管理经得起“细考”，以文明为追求，大力实施市民素养提升工程，让市民素养经得起“细检”，以宣传为抓手，大力营造文明创建浓厚氛围，让问卷调查经得起“细问”；要强化组织领导、形成示范带动，强化协作配合、形成攻坚合力，强化督导考核、倒逼责任落实。全区上下务必再下苦功、再鼓干劲，以优异的成绩迎接云南省文明城市复审测评，为玉溪市创建全国文明城市提名城市打下坚实基础。

9月26日，江川区第39周经济工作研究日会议召开。会议对《玉溪市江川区固定资产投资任务完成红黑榜考核办法（试行）》作起草说明，通报9月份全区项目入库情况、1—8月全区固定资产投资完成情况和10月份项目入库计划，并提出相关工作建议。

9月28日，江川区各级环保督察整改推进会召开。区委书记普光照指出，抓好各级环境保护督察反馈意见问题整改，是认真贯彻落实习近平生态文明思想以及习近平总书记对云南的重要指示精神的重要举措。全区上下必须进一步提高政治站位，切实履行好牵头和责任部门职责，压实环保“党政同责、一岗双责”责任，把环保督察反馈意见问题整改和突出环境问题整改作为一项严肃的政治任务来抓，严格以环保督察整改方案和群众满意度为主线，坚持问题导向、目标导向、结果导向、群众导向，勇于面对问题整改工作中存在的突出问题和严峻挑战，进一步强化担当，加大工作力度，提速工作进度，向全区人民交上一份满意的生态文明建设答卷。

9月29日，江川区大街至螺蛳铺段公路建设工作领导小组会议召开。区委副书记、区长常成指出，加快推进大街至螺蛳铺段公路建设，不仅能改善沿线居民的出行条件，优化大街至螺蛳铺的公路路网，还可为沿线区域经济社会发展打下坚实的基础。各相关部门要以“等不起”的紧迫感、“慢不得”的危机感，主动担当作为，建立并完善对接联系机制，做深做细项目前期准备工作。要进行深入调查和分析，进一步完善优化项目规划建设方案，提高项目实施的可行性，确保项目顺利实施，早日完工。

10月4日，江川区星云湖一级保护区生态修复及生态屏障构建项目建设领导小组退房攻坚现场推进会召开。区委副书记、区长常成要求，全区上下要统一思想，坚定信心，正确认识工作中出现的困难和问题，充分发挥主观能动性，不等不靠主动干，全力做好“四退三还”及星云湖保护治理工作。各级各部门要压实责任，系统分析，深度工作，坚决打好“四退三还”退房攻坚战。退房工作组和各有关部门要加强人员配置，明确工作步骤、措施和职责，退房攻坚中要明确包保到人，包保到户，多深入到群众家里，讲政策，做工作，引导群众加快搬迁安置；要做到一个标准、一把尺子量到底，推进退房工作顺利展开；要以拆促迁、以建促拆，加快安置点基础设施和村集体公房建设进度；要突出堵点，限期突破，签约满足群众合理诉求，切实把退房工作做细、做实、做准；要完善工作方案，将目标要求细化为一项一项的具体举措，转化为一件一件的具体工作抓紧抓实，依法依规推进相关工作开展，确保“四退三还”工作克期完成。

10月10日，江川区委财经委员会第二次会议召开。区委书记、区委财经委主任普光照强调，要充分认识当前经济工作面临的严峻形势，着力在学懂弄通做实中央、省市委财经会议精神上下功夫，聚焦事关全区经济社会发展的根本性、全局性问题，深入调查研究、加强战略谋划，全面提升做好全区财经工作的能力和水平。要严格执行《玉溪市江川区固定资产投资任务完成红黑榜考核办法（试行）》，发挥好综合考核“指挥棒”作用，力促各项工作取得实效。要切实转变工作作风、加大工作落实力度、提升经济管理水平，聚焦重点指标任务、加强经济运行监测、紧盯关键薄弱环节、持续深挖发展潜力，切实提高数据质量、全力做到应统尽统，以更强担当更硬作风奋力夺取全年经济发展目标任务的全面胜利。

10月10日，江川区网络安全和信息化委员会第二次会议召开。区委书记普光照强调，全区各级各部门要认真谋划具体措施，找准新形势下的新定位，不断完善网信工作机制，全力推进网络治理体系、治理能力的现代化，要不断完善网信领导体制和机制，进一步形成网信工作合力，着力加强网信人才队伍建设，努力开创网络安全和信息化

工作新局面。会议传达学习省委、市委网信委第二次会议精神。区委网信办、市公安局江川分局、区工业商贸和信息化局、区政务服务管理局分别结合部门职责汇报网络安全和信息化相关工作情况。会议审议并通过《中共玉溪市江川区委网络安全和信息化委员会2020年工作要点（送审稿）》和《关于贯彻落实〈关于加快云南省网络综合治理体系建设的实施意见〉任务分工方案（送审稿）》。

10月12日，江川区省委第五巡视组巡视江川区委反馈意见整改工作推进会召开。区委副书记张洪坤强调，全区各级各部门要把此次巡视反馈意见的整改落实作为推动工作的有利契机，做到认识到位、责任到位、措施到位、整改到位，以求真务实的工作态度，刀刃向内的决心和勇气，切实抓好各项任务的整改落实，以实际行动向省委、市委和全区人民交上一份满意的整改答卷。

10月13日，江川区爱国卫生“七个专项行动”第二次工作推进会召开。区委副书记、区长常成要求，全区各级各部门要迅速行动，打一场城乡环境卫生整治突击战，继续实施和巩固“双创”常态化的网格专项行动，对重点区域、重点部位开展专项环境卫生整治。要加大卫生防病知识公益宣传力度，充分发挥志愿者作用，开展全民健康教育，普及卫生知识，进一步提高全民健康素质。要健全长效机制，做到公共卫生基础设施建设规范化、管理常态化，同时细化技术考评方案，做好爱国卫生专项行动测评达标工作。要强化督促检查，层层压实工作责任，形成工作合力，确保工作取得实效。会议传达学习全省爱国卫生“七个专项行动”第二次督办推进会精神，通报全区9月份督查工作情况，区委宣传部、区卫健局、区住房城乡建设局、区市场监督管理局汇报工作进展情况，区文化和旅游局、区交通运输局作表态发言，组织观看爱国卫生专项行动暗访专题片。

10月17日，江川区城乡建设工作研究日会议召开。会议听取云南省城乡规划设计院、区自然资源局关于江川区城市规划建设管理三年行动计划的汇报，听取玉溪市规划设计研究院、区住房城乡建设局关于江川区城市更新概念性规划、江川区美丽滨湖花园城市建设城市门户景观及主要道路提升概念性规划、江川区美丽滨湖花园城市建设城市景观提升改造工程概念性规划的汇报。

10月24日，区政府第42周经济工作研究日会议召开。会议专题研究固定资产投资工作和GDP有关事项。区统计局汇报10月份全区项目入库情况，各乡镇（街道）、项目主责单位汇报下一步拟入库项目准备工作开展情况，并针对完成10月份固定资产投资任务汇报工作推进情况。区统计局汇报全区纳规纳限工作推进情况、2020年拟纳规纳限30户企业主责部门负责人汇报工作推进情况、GDP部分短板指标责任单位汇报工作中存在的问题及下步工作打算。

10月26日，江川区城市规划建设管理三年行动计划汇报会召开。区委书记普光照要求，城市规划建设管理三年行动计划要围绕“西扩、南保、北联、东留”的城市发展格局和美丽滨湖花园城市理念做好江川城市建设和管理的顶层设计，要明确城市定位，连通城市主干道路，做好道路绿化、美化、亮化，优化“四馆一中心”规划布局，分类施策，以具体项目抓落实。设计单位要沉下心、用上力，摸透实情，突出特色，不断提高规划编制的科学性、前瞻性和可操作性，要聚焦人民群众的需求，合理科学地安排生产、生活、生态空间，让规划成为城市建设发展的指引。各有关部门要积极做好协调配合工作，为三年行动计划的科学编制提供精准数据支撑，要完善领导机构和组织保障，形成多规合一的总体方案，助力江川城市发展。云南省城乡规划设计院及区自然资源局汇报江川区城市规划建设管理三年行动计划，市规划设计研究院及区住房城乡建设局汇报江川区城市更新概念性规划、江川区美丽滨湖花园城市建设城市门户景观及主要道路提升概念性规划、江川区美丽滨湖花园城市建设城市景观提升改造工程概念性规划。规划设计方及区交通运输局汇报大街至螺蛳铺段公路建设方案。

10月27日，江川区“十四五”规划编制工作专题会召开。规划编制单位和区发展改革局汇报《玉溪市江川区国民经济和社会发展“十四五”规划基本思路》的主要内容、发展思路、发展原则、发展定位。区委书记普光照要求，规划编制单位要提高政治站位，结合江川实际，科学编制“十四五”发展规划；要集思广益、针对研讨中提出的意见和建议，认真吸收，做好相关研究，精准修改文本。各相关部门要增强规划意识，认真研读文本，及时梳理分析、聚焦主责主业，切实提出具有前瞻性、可借鉴的意见和建议，推动规划更加符合人民所思所盼、更好引领未来发展。会议听取关于《玉溪市国民经济和社会发展第十四个五年规划基本思路》《玉溪市电子商务“十四五”发展规划》《玉溪市“十四五”外向型经济发展规划》《玉溪市“十四五”综合交通运输发展规划》《玉溪市“十四五”文化旅游业发展规划》的意见建议。

10月27日，江川区2020年度党建暨党风廉政建设责任制检查考核工作动员会召开。区委书记普光照强调，全面从严治党永远在路上，只有进行时没有完成时。全区上下要以责任制检查考核为新的出发点，进一步落实全面从严治党体制和工作机制，进一步加强对新形势下党风廉政建设和反腐败斗争新情况、新问题的研究，努力在党员干部廉洁自律上有新提高、在制度建设和落实上有新进展、在权力的监督制约上有新突破、在源头防治腐败上有新拓展。

10月27日，江川区平安江川建设（社会治理现代化）领导小组第二次会议召开。区委书记普光照要求，要深刻认识平安建设的重要意义，切实增强责任感、紧迫感和使命感，提高工作标准，精准狠抓落实，推动全区平安建设和社会治理现代化工作稳步提升。各挂钩联系领导及成员单位要坚持“人员联系哪里、责任落实到哪里”，真挂真联、实挂实联，切实承担挂钩联系职责，按时深入挂钩联系点，共同分析社情民意，研究落实平安建设各项工作措施，切实发挥好挂钩联系作用。各乡镇（街道）、村（社区）要切实履行主体责任，主动作为，主动配合，形成工作合力，全面推进平安江川建设和社会治理现代化各项工作。会议审议通过《关于平安江川建设（社会治理现代化）领导小组副组长挂钩联系乡镇（街道）和成员单位挂钩联系村（社区）的通知》，听取领导小组办公室和各专项工作组工作开展情况汇报。常成主持会议并就贯彻落实好会议精神提出要求。

10月28日，江川区乡村振兴统筹城乡发展暨农村人居环境整治工作推进会召开。区委书记普光照总结全区乡村振兴和农村人居环境整治工作取得的成绩以及存在的问题。区委副书记张洪坤传达全市乡村振兴统筹城乡发展现场推进会精神，并就全区农村人居环境整治三年行动计划有关工作进行安排部署。

10月30日，江川区2021年部门预算和2021—2023年财政中期规划编制动员暨培训会召开。分析全区的财政形势，对2021年预算编制特点、2021年预算编制中的重点工作进行说明，并作预算安排。会议要求，要加强重点保障，全力保障重大发展战略、重点领域，以及维持部门正常运转和履职的必需支出。各部门要加强学习培训，认真组织学习《2021年区级部门预算编制方案》，进一步吃透精神、掌握要义，切实做好预算编制工作。要加强组织领导，把预算编制工作作为部门当前的一项重要任务来抓，明确部门内部职责任务，压实工作责任，形成工作合力。

11月2日，江川区2020年中共玉溪市江川区委议军会暨国动委全会召开。区委书记、人武部党委第一书记普光照强调，国防和军队现代化建设进入关键时期，要统一思想、坚定信心、鼓足干劲、抓紧工作，奋力推进国防和军队现代化建设。全区各级各部门一定要切实增强使命感紧迫感，主动适应新形势新要求，坚持正确方向，聚焦强军目标，加强军地协同，狠抓任务落实，推动全区新时代党管武装工作再上新台阶。区人武部有关负责人讲评各乡镇（街道）党（工）委书记兼武装部政治教导员党管武装工作履职情况，汇报国防动员和后备力量建设工作情况，组织观看民兵应急连抗震救灾拉动演练纪录片，传达学习《中国共产党军队党的建设条例》和市委议军会议精神，听取各乡镇（街道）党（工）委书记兼武装部政治教导员党管武装工作述职。

11月3日，星云湖保护治理项目及中央和省级督查反馈问题整改进展情况汇报会召开。省河长办督导检查组对江川区星云湖保护治理项目及中央和省级督察反馈问题整改进展情况开展督导检查。江川区汇报星云湖保护治理项目及中央和省级督查反馈问题整改进展情况。

11月10日，江川区2020年度扶贫开发领导小组第七次会议召开。会议对党委、政府脱贫攻坚成效考核工作进行安排部署。区委书记普光照指出，2019年底，安化省级贫困乡退出、16个贫困村出列、7188名贫困人口全面清零，农村绝对贫困问题得到历史性解决，为全面建成小康社会奠定坚实基础，工作成效显著。但与高质量脱贫和高水平全面建成小康社会的要求相比，还有很长的路要走。面对贫困问题，全区各级各部门要坚决防止松劲懈怠思想，保持韧劲、久久为功、接续奋斗，统筹推进疫情防控、乡村振兴有效衔接，持续深入开展脱贫攻坚成果巩固提升工作。要抓实产业就业扶贫，抓实“三保障”和饮水安全巩固提升行动，抓实防止返贫监测预警和动态帮扶机制的落实，抓实问题整改和查缺补漏工作，持续推进脱贫攻坚与乡村振兴。要拿出“大事难事看担当”的境界攻碉堡，鼓起“不破楼兰终不还”的劲头打冲锋，上下齐动、同心同向，踢好决胜脱贫攻坚“临门一脚”、走稳步入小康“最后一公里”。

11月10日，江川区集体廉政提醒谈话会召开。区委书记普光照要求，全区各级领导干部要带头遵守党内法规制度，严格落实党内法规执行责任制，不断提高制度执行力；要带头加强和改进作风，贯彻落实中央八项规定精神，牢固树立担当意识。区人大、区政府、区政协的主要负责人和区委常委班子成员以及法检“两院”的领导，要认真履行好本单位全面从严治党第一责任人职责，管好班子、带好队伍、抓好落实。其他班子成员要按照“一岗双责”要求，对分管部门和单位党员干部从严进行教育管理监督。区人大、区政协要充分发挥监督职能，促进党内监督与人大监督、政协民主监督等监督方式贯通融合、协调协同，促进监督工作高质量发展。

11月17日，江川区学习贯彻党的十九届五中全会精神集中宣讲动员会召开。区委副书记、区委党校校长张洪坤强调，宣讲全会精神意义深远、责任重大。各级各部门要认真落实党中央和省、市、区委的部署要求，以饱满的精神状态、过硬的工作作风，高标准高质量高水平完成宣讲任务，答好“双统筹”发展之卷，答好“玉江一体化发展”融合之卷，答好“全面建成小康社会”民生之卷，答好“建设新江川、建成美丽滨湖花园城市”时代之卷，不断凝聚江川经济社会高质量跨越式发展强大合力。区委常委、区委宣传部部长何眉主持会议并提出要求。会议还进行宣讲工作培训。

11月18日，中共玉溪市江川区二届区委第十四轮巡察工作动员部署会召开。会议强调，巡察工作是一项政治工作、政治任务，不容懈怠，全区各级各部门、区委巡察机构要提高政治站位，全力支持配合市委巡察指导督导组开展工作，积极主动做好服务保障工作。被巡察党组织，特别是主要负责同志，要坚决扛牢全面从严治党主体责任，以此次巡察“回头看”和专项巡察为契机，把贯彻新时代党的建设总要求落实在岗位上、落实在行动上，拧紧拧实从严管党治党“螺丝钉”。各巡察组要将政治纪律挺在前面，进一步强化组织纪律、工作纪律、保密纪律和廉洁纪律，坚决按照党章党规、巡视工作条例和工作规则办事，确保巡察监督廉洁高效。

11月19日，江川区国土空间规划委员会2020年第二次全体会议召开。会议审议并原则同意三个方案一个项目，一是广电网络集团江川支公司综合办公楼规划方案，要求进一步优化建筑外立面的设计，加快审批报批进度，确保12月份开工建设。二是玉溪市江川区基层就业和社会保障公共服务设施补短板项目规划设计方案，要求充分考虑项目的功能性，进一步优化总体布局，要以人为本，从服务群众出发，增强基层公共服务能力，提升基本公共服务标准化、信息化、便民化水平，更好地为群众提供优质便捷高效的基本公共服务，要按照相关工作程序和要求做好工作，着力解决项目推进中存在的问题。三是玉江华庭建筑设计方案，要求项目分管领导和相关部门要增强服务观念，职责履行到位，支持、配合好企业，尽快办理相关手续，推动项目顺利推进，确保项目通过验收，具备销售条件。建设单位和相关部门要依法依规加快项目推进速度，争取早日完成项目建设。四是滇中智慧农业产业园项目。

11月25日，江川区债务管理委员会2020年第一次会议召开。区委副书记、区长、区债务管理委员会主任常成强调，全区各级各部门要高度重视政府债务化解工作，紧紧围绕目标，牢固树立风险防范意识和底线意识，构建债务风险化解和管控工作机制，牢牢守住不发生区域性系统性风险的底线，找准稳增长和控风险的平衡点，在发展中化解债务。会议传达全市债务管理委员会会议精神，通报全区政府性债务情况，审议《玉溪市江川区防范化解政府性债务和隐性债务风险工作方案（送审稿）》。

11月25日，江川区爱国卫生“七个专项行动”攻坚动员暨第4次工作推进会召开。区委书记普光照强调，全区各级各部门要切实增强责任感和紧迫感，认清形势、形成共识，积极进入考核迎检备战状态。在肯定成绩的同时，正视问题，坚定决战决胜的信心和决心，树牢问题意识，坚持问题导向，把问题症结全部摸清，切实做到心中有数，有针对性地制定攻坚措施，进行全方位的提升改进。要统筹兼顾、全面推进，抓住关键、突出重点，以真抓的实劲、善抓的巧劲、常抓的韧劲掀起攻坚风暴。会议通报爱国卫生“七个专项行动”市级测评及工作督查情况，并提出下一步工作建议。

11月26日，江川区星云湖“十三五”项目暨山水林田湖草项目督办专题会议召开。区委书记普光照强调，全区上下要切实扛起政治责任和使命担当，围绕“治好一湖水”的目标，落实好“开展一个活动，突出一个重点，转变一个作风”要求，坚定不移实施好星云湖“十三五”暨山水林田湖草项目，持续推进星云湖保护治理工作向好向前。常成主持会议并传达玉溪市抚仙湖“十三五”项目暨山水林田湖草项目督办专题会议精神，对项目资金保障、工程措施等工作进行安排部署。会议通报星云湖“十三五”项目暨山水林田湖草项目推进情况及竣工验收情况。区自然资源局就如期完成雄关乡4个村土地整治项目、星云湖径流区矿山环境恢复治理项目作表态发言。

11月26日，江川召开区委全面深化改革委员会第九次会议，区委书记、区委全面深化改革委员会主任普光照主持会议。会议传达学习中央全面深化改革委员会第十五、十六次会议以及省委全面深化改革委员会第十次会议、市委全面深化改革委员会第十次会议精神。会议审议研究《玉溪市江川区加强新时代退役军人工作实施方案（送审稿）》《玉溪市江川区义务教育教师“县管校聘”改革实施方案（试行）（送审稿）》《玉溪市江川区党政机关办公用房管理实施细则（送审稿）》。会议听取纪律检查体制改革专项小组工作推进情况汇报。

11月27日，江川区2021年度森林防灭火工作暨指挥员业务培训会召开。会议要求全区各级各有关部门要认清形势，切实增强做好2021年度森林草原防灭火工作的责任感和紧迫感，始终绷紧森林草原防灭火工作这根弦，坚持问题导向，以高的标准，严的要求，把森林草原防灭火工作扛在肩上、抓在手上、落在实处。要主动作为，牢牢把握做好森林草原防灭火工作的主动权，切实做到早部署、早宣传、早培训、早准备、早督查，严格审批手续，强化监督管理，加强应急值守，切实落实“六个关键人”主体责任，明确管护范围、管护任务、巡护时间、巡护线路和具体工作要求，定期开展隐患排查、问题整治行动，严格执行24小时双岗值班值守制度和每日森林草原火情零报告制度，扎实做好森林草原防灭火各项工作。区政府与各乡镇（街道）签订2021年度森林草原防灭火责任状。会议还组织2021年度森林草原防灭火业务培训。

11月28日，江川区滇中引水工程江川受水区二期工程项目推进会召开。区发展改革局汇报项目实施过程中涉及的中村水库移民情况，并对相关政策作说明；安化乡汇报中村水库移民安置推进情况。会议要求，要在确保群众合法权益的前提下，吃透政策，实现中村水库移民安置工作依法推进、和谐推进。要充分听取群众的意见和诉求，做好安置点的规划进行集中安置，并配套完善生产要素，解决搬迁群众的后顾之忧。相关部门和安化乡要做好建设征地拆迁安置、环境保护等工作，保障项目建设顺利推进。

12月1日，江川区2020年全区安全生产工作暨区安委会第四次全体会议召开。区委副书记、区长常成强调，各级各部门在岁末年初要压实工作责任，全力以赴防范化解重大安全风险，坚决杜绝松懈麻痹，严格落实属地管理责任、部门监管责任、企业安全生产主体责任，坚决把隐患整治处理到位，从源头上防范化解重大安全风险。树牢“安全第一、生命至上”安全发展理念，以最坚决的态度、最严格的要求、最严厉的手段、最有效的举措，严控重大公共安全风险，做好值班值守应急处置，坚决预防和遏制各类安全生产事故发生，切实保障人民群众生命财产安全，全力确保全市安全生产形势持续稳定向好，为全区经济社会发展营造良好稳定的安全环境。会议通报华宁县“11.19”事故情况，传达市委、市政府领导批示要求，就下一步工作作出安排。通报江川区1至10月安全生产形势、安全生产专项整治三年行动工作进展情况、三季度安全生产综合督查情况。

12月1日，江川区总河长会议暨河（湖）长制领导小组全体会议召开。区委书记、区级总河长普光照强调，2020年是星云湖水环境保护治理“十三五”规划收官之年，也是深入推进河（湖）长制从“有名”向“有实”转变的深化之年，全区上下必须继续保持政治定力和清醒头脑，以更大的决心、更大的力度、更实的举措解决好星云湖生态环境问题，坚决抓好河湖长制工作落实，不断推进河湖治理体系和治理能力现代化，加快全市美丽河湖建设，为打造美丽滨湖花园城市贡献力量。区委副书记、区长常成就落实好会议精神提出要求，要着力推进工作责任落实，不断巩固专项治理的成果，持续加强宣传、教育、引导，加大督查、考核、问责的力度。部分区领导就履行河长职责进行述职。会议审议通过《玉溪市江川区全面推行河（湖）长制区级会议制度》等4项制度及《玉溪市江川区全面推行河（湖）长制区级河（湖）长巡查办法》等4个办法，研究迎接市河（湖）长制考核有关工作。

12月1日，江川区财税工作专题辅导暨冲刺四季度经济运行分析会召开。区委书记普光照强调，理财治税是各级党委、政府的重要责任，体现的是执政能力和治理水平。各乡镇（街道）党委、政府主要负责同志要把财税工作摆在更加突出的位置，加强学习、增强本领，提高战略谋划能力和执行力，努力成为经济工作的行家里手。财税部门要以当家的思维担当好管家的责任，发挥好“综合部门+专业部门”的统筹协调优势。其他各部门要提高政治站位，强化宏观思维和大局意识，主动将自身工作放到全区发展大局中去思考和谋划，从职责职能、专业工作的角度把握政策导向，把准宏观方向，找准工作的切入点和着力点，为大局尽责、为全局添彩，推动江川高质量发展。区委副书记、区长常成结合前三季度的经济运行情况，就财政税收工作作专题辅导。

12月9日，江川区农村人居环境整治三年行动考核验收反馈问题整改暨2020年度江川区党政领导班子和领导干部推进乡村振兴战略实绩考核和“三农”发展综合考评部署会议召开。区委副书记张洪坤强调，市对区党政领导班子和领导干部推进乡村振兴战略实绩考核和“三农”发展综合考评，是对全区乡村振兴和“三农”领域科学发展、全面发展、高质量发展的综合检阅。各相关部门要以更实的举措，更硬的作风抓好各项考核工作，推动全区乡村振兴各项任务指标走在全市前列，促进乡村全面发展。要加强组织领导，整合各方力量，明确任务、标准、时间、进度，做到有措施、有责任、有检查，同时加强督导，建立常态化的督查机制，推动工作落实，确保各项考核工作取得实实在在的成效。

12月18日，江川区新能源汽车推广应用工作领导小组会召开。会议要求全区各级各部门要提高思想认识，把新能源汽车推广应用工作提高到贯彻习近平总书记考察云南重要讲话精神和加快推进“两新一重”项目建设的高度来认识，切实落实各自工作职责，确保按期完成工作任务。

12月21日，江川区消防安全专项整治三年行动2020年冬春攻势暨消防安全隐患排查整治工作动员部署会召开。会议要求各级各部门各行业要聚焦重点关键，切实抓好消防安全隐患排查整治工作；要聚焦化解风险隐患，开展好农村房屋电气火灾专项整治；要完善农村“四项达标创建”体系，有效发挥微型消防站作用，夯实农村消防工作，坚决遏制重特大火灾事故的发生。要强化应急救援准备，确保一旦发生紧急灾害事故，能够第一时间快速反应，高效处置，最大限度保障人民群众的生命财产安全。

12月22日，中国共产党玉溪市江川区第二届委员会第八次全体会议召开。会议听取和讨论普光照受区委常委会委托作的工作报告，区委党的建设工作专题报告，区委落实全面从严治党主体责任情况报告，党费收缴、使用和管理情况报告。审议通过《中共玉溪市江川区委关于制定玉溪市江川区国民经济和社会发展第十四个五年规划和二〇三五年远景目标的建议》。

12月31日，江川区2020年财税金融工作座谈会召开。区财政局、税务局、人行江川支行结合职能职责，对2020年工作进行总结，对2021年工作进行分析研判。区委书记普光照对全区2020年的财税金融工作给予充分肯定并强调，2021年是“十四五”开局之年，项目建设、产业建设是解决当前困难问题的突破口，一定要举全区之力推进重点项目建设；要在盘活土地要素上下功夫，在争取项目经费上下功夫；要高效利用资金，将资金用在刀刃上，全力保项目、保发展、保民生、保投资，为将江川打造成新型城镇化引领区、新兴产业聚集区、乡村振兴示范区、美丽滨湖花园城提供坚强的财力保障。

（刘清清）

【重要通知、指示、决定】 1月5日，《中共玉溪市江川区委关于新时代加强和改进人民政协工作的实施意见》，要求全面把握总体要求，发挥人民政协专门协商机构作用，强化思想政治引领，广泛凝聚共识，健全人民政协工作制度，强化政协委员责任担当，加强党对政协工作的全面领导，积极营造全社会重视支持人民政协工作的良好氛围。

1月7日，《中共玉溪市江川区委玉溪市江川区人民政府关于表扬2019年发展贡献和改革创新先进集体的决定》，对区教育体育局、区水利局、江城镇、前卫镇、雄关乡5家发展贡献先进集体，区委办、区纪委、区委组织部、区民政局、区农业农村局5家改革创新先进集体进行表扬。

1月7日，《中共玉溪市江川区委办公室　玉溪市江川区人民政府办公室关于印发〈星云湖沿湖生态烟叶（水稻、荷藕）种植工作方案〉的通知》，成立工作领导小组，要求按照“区负总责、部门协同、镇村落实、补贴到户”的原则，根据种植结构调整重点区域工作部署，紧扣“区域稳定、布局科学、绿色生态、优质高效”四个重点，高标准抓好烟叶（水稻、荷藕）生产组织管理，高标准落实烟叶（水稻、荷藕）生产技术措施，打造星云湖流域高质量发展新优势，有效消减星云湖流域农业面源污染。

2月13日，《中共玉溪市江川区委办公室关于深入开展“双比双通报”活动的通知》，调整“双比双通报”工作领导小组，明确活动评比内容、推荐方式和活动程序、结果运用，通过通报成绩、表彰先进，通报问题、鞭策后进，进一步激励全区干部转变工作作风，激发干事热情，提升工作成效，推进各项工作深入开展，为实现江川经济社会高质量跨越式发展提供坚强保障。

2月14日，下发了《中共玉溪市江川区委关于认真学习贯彻党的十九届四中全会和省委十届九次全会、市委五届九次全会精神推进县域治理现代化的实施意见》，明确各项任务的责任领导和责任单位，要求强化组织领导，强化改革引领，抓好宣传教育，建强干部队伍，坚持和完善党的领导制度体系，把党的领导落实到县域治理各领域各方面各环节；坚持和完善中国特色社会主义法治体系，全面推进法治江川建设；坚持和完善社会主义基本经济制度，推进江川经济高质量跨越式发展；坚持和完善社会主义先进文化制度，巩固团结奋斗的共同思想基础；坚持和完善统筹城乡的民生保障制度，增进群众获得感幸福感安全感；坚持和完善共建共治共享的社会治理体系，深化“平安江川”创建成果；坚持和完善生态文明制度体系，打好打赢环境污染防治三大攻坚战；坚持和完善全覆盖监督体系，着力营造风清气正的政治生态，扎实推进县域治理制度创新和治理能力现代化建设。

2月26日，《中共玉溪市江川区委办公室　玉溪市江川区人民政府办公室关于对中共玉溪市江川区委二届六次全会、玉溪市江川区第二届人民代表大会第四次会议主要精神进行任务分解和立项督查的通知》，明确督查时间、督查内容、督查对象、督查方式，要求层层压实责任，密切协作配合，强化工作成效，确保责任目标克期完成。

2月28日，《中共玉溪市江川区委办公室　玉溪市江川区人民政府办公室关于印发〈玉溪市江川区全面推进小康社会建设工作方案〉的通知》，明确工作总体要求和目标任务，成立玉溪市江川区全面建成小康社会工作领导小组，要求加强领导、落实责任，强化指导、确保质量，强化督查、严格考核，着力解决全面建成小康社会的短板和弱项，切实加快全区全面建成小康社会进程。

3月6日，《中共玉溪市江川区委办公室　玉溪市江川区人民政府办公室关于印发〈玉溪市江川区大街街道析置工作实施方案〉的通知》，成立玉溪市江川区大街街道析置工作领导小组，明确分筹建、实施、获准挂牌3个阶段18个步骤开展析置街道工作，撤销玉溪市江川区大街街道办事处，析置成玉溪市江川区星云街道办事处和玉溪市江川区宁海街道办事处，确定两个街道办事处的管辖范围、增设社区和机构编制设置，推进城市化管理规范化、科学化。

4月2日，《中共玉溪市江川区委关于印发江川区贯彻落实〈中国共产党农村工作条例〉的实施方案的通知》，明确区委全面负责全区农村工作，设立区委农村工作领导小组，明确各项重点任务的牵头单位和责任单位，要求加强农村党的建设，加强党对农村经济建设、民主政治建设、精神文明建设、社会建设、生态文明建设的领导，加强农村工作队伍、农村人才队伍建设，支持群团组织服务乡村振兴，优先保障“三农”投入，加强农业科技创新，扎实推进农村改革。

4月10日，《中共玉溪市江川区委　玉溪市江川区人民政府关于对2018—2019年度科技创新工作中获市级以上认定的先进单位和个人进行表扬的决定》，对2018—2019年度科技创新工作中获得市级以上认定的云南联塑科技发展有限公司等31家科技创新先进单位及张四春等15名先进个人予以表扬。

4月10日，《中共玉溪市江川区委　玉溪市江川区人民政府关于对念鹏英等14名同志予以嘉奖的决定》，对在新冠肺炎疫情防控工作中表现突出的14名同志予以嘉奖。

4月15日，《中共玉溪市江川区委办公室　玉溪市江川区人民政府办公室印发〈关于全面深入持久开展民族团结进步创建工作铸牢中华民族共同体意识的实施意见〉的通知》明确总体要求，安排深化民族团结进步宣传教育、促进各民族交往交流交融、提升民族团结进步创建水平三大方面工作任务，要求加强党的领导、强化分工配合、强化政策保障。

4月20日，《中共玉溪市江川区委办公室关于印发〈玉溪市江川区推进2020年基层党建工作实施方案〉的通知》，安排部署十五项重点任务工作措施、责任单位和完成时限，要求坚持问题导向，坚持重心下移，坚持跟踪问效，不断提升党建工作科学化水平，为确保江川全面建成小康社会提供坚强组织保证。

4月28日，《中共玉溪市江川区委办公室　玉溪市江川区人民政府办公室关于印发〈玉溪市江川区全面深化农村土地所有权承包权经营权分置改革实施方案〉的通知》，明确工作目标，安排“三权分置”重点工作任务，要求加强组织领导，完善分工协作，健全工作体系，加强宣传培训，严格监督指导，确保江川区“三权分置”改革工作稳妥推进、取得实效。

5月9日，《中共玉溪市江川区委印发〈玉溪市江川区关于全面推进“清廉江川”建设的实施意见〉的通知》，提出工作指导思想、基本原则和总体目标，成立区委“清廉江川”建设工作领导小组，明确各项重点工作任务的牵头单位和责任单位，要求树牢清正廉洁价值导向，全面推进“清廉机关”“清廉乡村”“清廉学校”“清廉医院”“清廉企业”“清廉家庭”建设，拓宽清正廉洁党风政风行风社风覆盖面，为江川区高质量跨越式发展提供坚强的纪律保障。

6月29日，《中共玉溪市江川区委关于命名2020年基层党建工作示范点及表扬“两好三强”党组织书记的决定》，将大街街道浪广社区党总支等30个基层党组织命名为示范点，对施绍军等12名党组织书记进行表扬。

7月1日，《中共玉溪市江川区委办公室　玉溪市江川区人民政府办公室印发〈关于加快推进区级从事生产经营活事业单位改革的若干措施〉的通知》，明确各涉改单位主管部门责任，要求分类推进改革，做好人员安置、社会保险衔接、资产处置工作，严格按照时间节点推进改革工作，确保8月底前完成改革工作任务。

7月11日，《中共玉溪市江川区委办公室　玉溪市江川区人民政府办公室关于印发〈玉溪市江川区乡村振兴暨城乡统筹融合发展重点工作任务分解方案〉的通知》，明确指导思想，分解乡村振兴、城乡融合发展、规划引领、社会治理、组织建设、纪律作风建设、学习宣传贯彻七方面重点工作任务，要求加强领导，强化督查，严格考核，确保建设“新江川”各项工作落到实处、取得实效。

7月24日，《中共玉溪市江川区委关于加强和改进机关党的建设的实施意见》，明确工作总体要求和主要原则，要求始终把党的政治建设摆在首位，坚决做到“两个维护”；深入学习贯彻习近平新时代中国特色社会主义思想，在学懂弄通做实上当好示范；以提升组织力为重点，锻造坚强有力的机关基层党组织；突出政治标准，打造高素质专业化党务干部队伍；持之以恒强化正风肃纪，建设风清气正的“清廉”政治机关；切实加强组织领导和工作保障，确保机关党建走在前、作表率。

8月12日，《中共玉溪市江川区委办公室　玉溪市江川区人民政府办公室关于印发〈玉溪市江川区农村集体资金资产资源监督管理办法（试行）〉的通知》，包含总则、监管职责、“三资”管理、收支管理、财务公开制度、责任追究、附则共七章23条内容。

8月14日，《中共玉溪市江川区委办公室　玉溪市江川区人民政府办公室关于印发〈玉溪市江川区开展加强婚姻管理引领婚育新风三年专项行动工作方案〉的通知》，明确六方面重点任务、责任单位和实施步骤，要求充分发挥基层组织作用，建立常态长效治理机制和健全信息报送机制，做好宣传教育和引导工作，争取到2020年底，全面遏制义务教育阶段辍学和早婚早育增量，全区义务教育巩固率达95%以上；到2022年底，早婚早育现象和辍学学生人数得到有效控制，树立正确婚育观。

8月14日，《中共玉溪市江川区委　玉溪市江川区人民政府关于对张乘风等869名同志予以奖励的决定》，对2017年至2019年连续三年公务员年度考核为优秀等次的张乘风等23名同志予以记三等功，对2019年度公务员考核为优秀等次的洪彦正等233名同志予以嘉奖，对2019年度事业单位考核为优秀等次的金星等602名同志予以嘉奖，对2019年度机关工勤人员考核为优秀等次的王权等11名同志予以嘉奖。

8月26日，《中共玉溪市江川区委办公室印发〈关于加强职业化专业化社区工作者队伍建设的实施意见（试行）〉〈玉溪市江川区社区工作者管理办法（试行）〉的通知》。《玉溪市江川区社区工作者管理办法（试行）》共含十二条规定，《关于加强职业化专业化社区工作者队伍建设的实施意见（试行）》明确社区工作中职业界定、岗位职责与职数配备，明确选任招聘机制及标准、教育培训、管理考核、薪酬待遇等事宜，要求建立关心关爱机制，加强江川区社区工作者队伍职业化专业化建设，规范社区工作者队伍管理，激励社区工作者履职尽责，解决服务群众“最后一公里”，提升群众的获得感、幸福感、安全感。

9月17日，《中共玉溪市江川区委办公室关于印发〈玉溪市江川区中学共青团改革实施方案〉和〈玉溪市江川区少先队改革实施方案〉的通知》。《玉溪市江川区中学共青团改革实施方案》提出工作指导思想、主要目标和四方面改革措施，要求加强完善党建带团建机制，优化资源保障机制，实现团员先进性、团组织先进性和团的工作先进性显著提升，巩固中学共青团在全团的基础性、战略性、源头性地位和作用，增强广大中学生对党的向心力。《玉溪市江川区少先队改革实施方案》提出工作指导思想、主要目标和五方面改革具体措施，推进少先队工作制度化、专业化、时代化、系统化和与学校教育的特色差异化发展。

9月30日，《中共玉溪市江川区委办公室　玉溪市江川区人民政府办公室关于印发〈玉溪市江川区固定资产投资任务完成红黑榜考核办法（试行）〉的通知》，明确考核各乡镇（街道）、年初下达固定资产投资任务的11家部门，建立固定资产投资目标任务完成红黑榜、新开工项目入库及投资完成红黑榜，并持续强化结果运用，确保江川区2020年固定资产投资目标任务圆满完成。

10月5日，《中共玉溪市江川区委办公室关于进一步做好全区党务公开工作的通知》，成立江川区党务公开工作领导小组，要求提高思想认识，加强组织领导，突出工作重点，规范推动党务公开，健全工作机制，增强党务公开时效，进一步规范和完善党务公开工作，促进党务公开工作制度化、规范化、程序化，推动全面从严治党向纵深发展。

10月20日，《中共玉溪市江川区委办公室关于印发〈玉溪市江川区全面从严治党主体责任派单制实施办法〉的通知》。

10月22日，《中共玉溪市江川区委办公室　玉溪市江川区人民政府办公室关于命名玉溪市江川区2020年文明单位文明村镇和文明校园的通报》，授予区委办等9个单位“文明单位”称号，授予江城镇侯家沟村委会张家头小组等8个村镇“文明村镇”称号，授予江川区第一中学等7所学校“文明学校”称号。

10月28日，《中共玉溪市江川区委办公室　玉溪市江川区人民政府办公室关于印发〈玉溪市江川区厉行节约制止餐饮浪费行为实施方案〉的通知》，明确主要目标、工作任务、进度安排和部门分工，要求大力弘扬中华民族勤俭节约的传统美德，全面遏制“舌尖上的浪费”，在全社会营造浪费可耻、节约光荣的浓厚氛围。

11月3日，《中共玉溪市江川区委办公室关于印发〈玉溪市江川区“一核引领、一网多元、联动共治”工作实施方案〉的通知》，明确总体要求、重点任务和保障机制，要求统筹党建网、“双创网”、综治网、城市管理网和民族团结示范区建设网等资源，推动工作重心和资源力量下沉到网格，形成权责清晰、条块联动的运行机制，实现“需求在网格发现、信息在网格采集、隐患在网格排查、矛盾在网格化解、服务在网格开展、问题在网格解决”，打造基层社会治理新格局。

11月5日，《中共玉溪市江川区委办公室关于印发〈玉溪市江川区村（社区）干部管理办法（试行）〉的通知》，办法为六个章节27条，制定《玉溪市江川区村（社区）干部责任清单》《玉溪市江川区村（社区）干部负面清单》《玉溪市江川区村（社区）干部落实清单》。

11月13日，《中共玉溪市江川区委办公室　玉溪市江川区人民政府办公室关于印发〈玉溪市江川区关于贯彻落实2020年省督察组督察星云湖河（湖）长制工作反馈问题整改方案〉的通知》，提出四方面存在问题的整改目标和整改措施，要求强化组织领导，层层压实责任，强化督办落实，紧紧围绕2020年星云湖脱劣目标，坚持问题导向，全力抓好整改，打好星云湖脱劣攻坚战，推动星云湖保护治理工作取得新成效。

11月30日，《中共玉溪市江川区委办公室　玉溪市江川区人民政府办公室印发〈关于全面提高农村基层干部群众综合素质增强农村发展动力和发展能力的实施意见〉的通知》，明确推动习近平新时代中国特色社会主义思想入脑入心、实施扶志立志工程、推进农村基础教育提质工程、加快推动农村精神文明建设工程、开展健康素养提升行动、实施职业素养提升行动、实施乡村就业创业促进行动、实施创业创新帮扶行动、推进村干部综合素质人提升行动、实施乡村社会治理能力提升行动计划十方面重点任务，要求加强党的领导，加大投入保障，强化责任落实，确保江川始终干在实处，走在全市、全省前列。

12月4日，《中共玉溪市江川区委办公室　玉溪市江川区人民政府办公室关于做好全区村级组织换届工作的通知》，明确换届范围、时间安排和职数设置，要求坚持正确的选人用人导向，全面推行村级组织大岗位制，优化村级班子结构，多渠道选强党组织书记，建立候选人资格负面清单，严格开展人选资格联审，做细做实准备工作，严格规范党组织换届选举，依法依规开展村（居）民委员会换届选举，统筹做好其他组织推选和选举。通过换届，实现“五个进一步”“双强四好”“两个百分之十、两个百分之五”的具体目标。

12月7日，《中共玉溪市江川区委　玉溪市江川区人民政府关于印发〈江川教育现代化2035〉〈加快推进江川教育现代化实施方案〉的通知》，其中，《江川教育现代化2035》阐述规划背景，提出工作目标和八方面重点任务，明确工作实施路径和保障措施，确保江川教育现代化2035各项目标如期实现。《加快推进江川教育现代化实施方案》提出总体目标、主要目标和重点工作，要求全面实施新时代立德树人工程，全面加强新时代教师队伍建设，推进基础教育普及提高，加快构建现代职业教育体系，推进智慧教育建设与发展，深化重点领域教育体制机制改革，促进教育公平，打造科教创新高地，开创江川教育发展新局面。

12月8日，《中共玉溪市江川区委办公室　玉溪市江川区人民政府办公室关于印发〈玉溪市江川区农业综合行政执法改革实施方案〉的通知》，提出总体要求，明确组建执法机构、理顺职能职责、加强队伍建设、规范执法事项、健全执法制度、形成监管合力、强化执法保障、加强党建八方面工作任务，要求周密部署，加快实施，严肃纪律，抓好落实，深入推进农业综合行政执法体制改革，为实施乡村振兴战略、推进农业农村现代化提供有力的执法保障。

12月28日，《中共玉溪市江川区委关于制定玉溪市江川区国民经济和社会发展第十四个五年规划和二〇三五年远景目标的建议》，要求全面建成小康社会，开启社会主义现代化建设新征程；坚持改革开放创新，构建新发展格局；加快构建现代产业体系，培育高质量发展新动能；补齐基础设施短板，厚植发展新优势；实施乡村振兴，推进城乡融合发展；推进新型城镇化，建设美丽滨湖花园城市；推动民生事业发展，改善人民生活品质；坚持绿色发展，促进人与自然和谐共生；统筹发展和安全，建设更高水平的平安江川。

12月31日，《中共玉溪市江川区委办公室　玉溪市江川区人民政府办公室关于印发〈区级领导服务企业制度（试行）〉的通知》，明确服务对象、服务重点、服务机制，要求增强服务意识，转变工作作风，抢抓政策机遇，对冲疫情影响，优化营商环境，扶持实体经济健康发展，实现服务企业常态化、规范化。

12月31日，《中共玉溪市江川区委办公室　玉溪市江川区人民政府办公室关于印发〈玉溪市江川区贯彻落实省政府督导星云湖保护治理工作指示精神工作方案〉的通知》，明确八方面16项工作的牵头领导、牵头单位、责任单位、工作措施和完成时限，要求强化组织领导，加强跟踪督办，严肃责任追究，严格落实省级湖长安排部署，进一步巩固星云湖水质向好态势。

（申　雪）

【文秘工作】　2020年，区委办文秘工作坚持“把握中心、服务大局、主动协调、高效服务”，圆满完成公文处理、会务组织、文稿撰写、综合协调等工作，较好发挥了参谋助手作用。聚焦精文减会，制定区委全年文件、会议计划，严把发文关、会议关；坚持每日领导动态报送和每周重要会议活动安排、五办主任联席会等制度，强化统筹协调，增强前瞻性和科学性，持续为基层减负。坚持每季度开展1次全区办公室系统业务培训，提升办公室“三服务”水平。紧紧围绕全区中心工作，总结“十三五”、谋划“十四五”，为区委决策想办法、出思路、提建议，全年共撰写重要文稿150余篇，下发重要文件63件，上报请示报告47项，组织筹备区委常委会议40次、全区性重要会议42次，发出会议纪要40期、玉江情通报18期。严格落实中央八项规定精神，坚持全局性、主动性、针对性，精心组织协调，完成区委重要活动及各级领导调研服务工作40余次。制定区委党务公开目录，指导全区各级各部门开展党务公开工作。完成对玉溪1949年12月以来至2018年10月期间制定的党内规范性文件清理并启动修编工作，做到有件必备、有备必审、合法合规。

（沈　娴）

【信息工作】　2020年，江川区党委信息工作坚持典型导向、咨政导向、中心导向、问题导向、情报导向，为区委驾驭全局、科学决策提供有力支撑，当好区委“瞭望哨”“烽火台”“智囊团”。

配强信息员。区委办将秘书股、信息股工作人员有效整合起来，对口联系部门编辑报送信息。以办公室内部信息考核为抓手，倒逼文秘人员主动跟进工作部署落实情况，做到信息工作思路能超前、决策会追踪、经验会总结、问题会分析。各乡镇（街道）、各区直单位按要求明确信息工作分管领导，选优配强专职信息员，形成全员参战的强大合力，为党委信息提质增量奠定坚实的人才基础。确定江城镇为市委办信息直报点，2020年共向市委办报送信息55条，采用19条，得分385分。

深挖信息点。围绕中央十九届五中全会和习近平总书记重要讲话精神、国务院政府工作报告等，以高度的政治敏锐性，收集报送基层干部群众反响反映类信息；围绕领导和群众共同关注的民生热点难点问题，主动调研、深入挖掘，报送基层反映问题建议类信息和专家智库信息；围绕区委、区政府推进“三区一城”建设、“创文”“创卫”、城市更行改造、星云湖保护治理等各项重点工作，总结好经验，发现新问题，提出合理化建议，做到让信息工作与全国、全省、全市、全区党委、政府工作相互映照，发挥党委信息主渠道作用。2020年，区委办共向市委办报送信息546条，被采用332条，得分7320分，在完成市委办对各县区委办党委信息考核分2000分的基础上，超额完成5320分。

广开信息源。通过“互联网+党委信息”，凝聚强大信息流。利用“江川党委信息”微信工作群，与江川新闻网、“江川发布”微信公众号联动，发现信息点，找准信息源，建立一套“从下到上”反馈、“从上到下”约稿的信息工作体制。提升工作主动性和预见性，加强信息选题策划，根据区委全会工作报告明确的年度重点工作制定计划，注意把握领导“关注什么”“要什么”，告诉各单位要“做什么”“报什么”，确保信息工作有的放矢。注重调动各单位信息工作积极性，编辑制发《江川重要信息》12期在区内交流学习，推动各单位报送比学赶超。

织牢信息网。完善全区党委信息工作目标任务考核办法，细化工作责任、计分标准及考核结果运用等规则，促进信息工作更加规范化。对2019年度党委信息工作情况完成较好的单位和个人进行通报表扬，每季度通报各责任单位信息报送情况、采用情况，对未按时按质完成的单位进行提醒，鼓励先进、鞭策后进。提高政治站位，严肃紧急信息报送工作纪律，围绕特殊群体伤亡、特殊领域灾害及威胁研判、群体性事件及隐患、网络舆情热点、食品安全、药品安全、生产安全、意识形态领域问题报送紧急信息，坚决杜绝迟报、漏报、瞒报现象发生，确保紧急事件和重大情况早报告、早掌握、早处置，增强信息的针对性、时效性、准确性、敏感性和预见性，切实提供优质、高效、全面的信息服务。

（郑臣光）

政　研

【概述】　2020年，区委政研室紧紧围绕区委、区政府的中心工作，切实履行调查研究、改革办等工作职责，较好地完成各项工作任务。

【专题调研】　全年切实履行工作职责，围绕区委中心工作，通过集合型调研、专题调研或协同相关部门调研的方式，做好《省委重要调研记录》《市委重要调研记录》任务落实及上报。配合省委政研室、市委政研室做好滇中引水工程、“三区”融合发展专题调研。

【区委改革办】　发挥区委改革办综合协调的作用，形成领导小组统筹抓、各专项小组各司其职各负其责和上下联动左右协调的工作机制。制定《区委全面深化改革2020年工作要点》，梳理形成改革任务172项，多项改革任务都按照时间节点取得较大进展，全面深化改革工作在各领域落地。在认真完成省委、市委确定改革试点的同时，持续加大自我革新、自我加压力度，结合江川实际，创新出台《玉溪市江川区农村集体资金资产资源监督管理办法（试行）》《玉溪市江川区“一核引领、一网多元、联动共治”工作实施方案》等改革创新举措25项。全年全区获授权的改革试点项目共14个，其中国家级改革试点1个、省级改革试点8个，市级改革试点5个。各改革试点工作正有序推进。强化深化改革的舆论导向，加大改革宣传引导力度，编发《江川改革简报》8期16篇，重点宣传改革牵头部门和乡镇基层在推进全面深化改革工作中的亮点和阶段成效，大力推介改革经验。

（李　敏）

督　查

【概述】　区委督查室设正科级督查专员1名、副科级督查专员1名、工作人员2名。另有区目标绩效考核评价中心工作人员5名。全年，督查工作围绕落实经济社会发展“三区一中心”定位和“5366”工作思路相关部署要求，对标市委对江川“建设美丽滨湖花园城市”的要求，紧盯目标不放松，强化督查抓落实，以强有力的督查力量推动市委、区委一系列决策部署的贯彻落实，推动经济社会各项事业和全面从严治党迈上新台阶，为全区高质量全面建成小康社会提供有力保障。

【完善督查机制】　实行督查工作与绩效考核相结合机制。注重专项督查与平时督查共同推进，在抓好重点工作、重大项目推进情况督查的同时，将督查结果融入全区的综合目标考评中。实行督查工作与纪委监察和组织工作联动机制。督查中发现未按要求及时整改问题的单位，由区委督查室建议纪委监察部门追究相关领导责任；发现在组织开展工作中措施有力、成效明显的干部，由区委督查室建议组织部门作为干部考察后备人选。实行督查室负责人列席重要会议机制。明确规定区委督查室负责人列席区委常委会、全委会、区委专题会、五办主任联席会等重要会议，确保督查重点工作不遗漏、不脱节，推进工作落实。

【决策督查】　区委督查工作领导小组办公室围绕区委二届六次全会、区人大二届四次全会精神，分解立项下发《中共玉溪市江川区委办公室关于对中共玉溪市江川区委二届六次全会、玉溪市江川区第二届人民代表大会第四次会议主要精神进行任务分解和立项督查的通知》，明确各级各部门2020年度的主要工作目标任务。并按通知要求全年对各责任单位开展定期或不定期督促检查，发现典型，总结经验，及时向区委领导反馈存在的问题和困难，力促全区各项目标工作落实。

【专项督查】 围绕全区阶段性重点工作，整合区纪委监委、区委督查室、区政府督查室以及相关责任单位力量，组建联合督查组开展系列督查活动，及时发现问题、提出建议、推进落实。切实抓好疫情防控督查，深入抗疫一线，对全区收治医院、隔离点及各乡镇（街道）、区直有关部门工作履职情况进行监督检查。调整完善区级领导联系“七位一体”重点工作项目，压实工作责任，提速重点工作重点项目进度。组建3个督查组，围绕全区脱贫攻坚领域发现问题，对派单整改问题销号情况、2019年项目审计及结余资金的清零情况及2020年项目推进情况进行实地督查，督促解决存在的问题。对统筹推进疫情防控和复工复产、“8·13、8·14”震后恢复重建工作推进情况、巡视巡察和重点工作督查检查发现问题整改落实情况、省委巡视反馈问题整改暨2020年党建重点工作任务落实情况、民族团结进步示范区创建工作、城乡人居环境整治、“创建全国文明城市提名城市”网格化管理月度工作及爱国卫生“七个专项行动”等进行专项督查抽查，重点找问题抓短板。区委督查工作领导小组办公室全年共拟发《督促检查事项办理通知单》68期，针对专项督查中存在问题和工作建议拟发督查通报18期、督查专报6期。

【督查结果利用】 及时总结进行区内通报。反馈各乡镇（街道）、区级各部门贯彻落实上级党委重大决策和重要工作部署中存在的问题、实践探索并提出对策建议。全年共向全区各单位下发督查通报18期，有力促进全区各级各部门贯彻落实各项工作。把督查工作与区委中心工作相结合，将督查结果融入区级各乡镇（街道）、区级各部门目标任务综合考评中，作为年度目标任务平时考核的重要评分依据。

【批示督办】 高度重视所涉督查件、批示件办理工作，做到有批必查，有查必办，有办必果，督办规范。严格登记制度，明确交办责任，及时催办、督办，认真汇总办理结果。全年共办理市委主要领导批示批办件7件，办结7件，办结率100%；办理区委主要领导批示批办件140件，办结140件，办结率100%。

【综合考评】 与省市要求相对应，结合全区年度目标任务要求拟定印发《玉溪市江川区2020年乡镇（街道）和区直单位（含垂管单位）目标任务综合考评办法》，明确除党中央、国务院和省市区党委、政府另有规定外，各项考评不再组织年终实地考评，均采取集中统一书面考评，切实减轻基层负担。

【转作风真减负】 坚持标准不降、力度不减，深化拓展“基层减负年”工作，在市专项工作机制办指导下，制定区级各部门的文件、会议限额，落实情况按季度上报市专项机制办，对未列入计划的临时性发文和会议，按照“一事一报”的原则向区委报批，确保总量只减不增，着力提高文件、会议质量，做到真减负、减真负。全年全区发文396件，召开会议236次，开展督查检查考核事项38项。

【双比双通报】 2020年，深入开展“双比双通报”活动，每季度以督查通报形式，在全区范围内通报表扬10项成效显著，典型示范效应突出的工作；通报批评10项推进缓慢，问题突出，造成不良影响的工作。全年发出《督查通报》4期，对区直单位和乡镇（街道）进行通报表扬114次，通报批评92次，督促立行立改问题45个。激励各级干部转变工作作风，增强干事激情，提升工作成效。

【双评优】 命名表扬在各条战线上做出发展贡献和改革创新成绩突出的集体。经单位申报、初选评审、区级领导班子集体评议审定，产生发展贡献先进集体5名、改革创新先进集体5名，在区“两会”上进行授牌表彰，并在年度综合目标考评中给予加分。

（王为卿）

保　密

【概述】 2020年，江川区国家保密局坚决落实习近平总书记对保密工作重要指示批示精神和中央、省委关于保密工作的决策部署，坚持依法治密，紧扣保密工作转型升级“三步走”目标任务，着力提升保密服务能力、依法管理能力、保密技术监督和行政执法能力，提升领导干部和涉密人员的保密意识、风险意识，优质高效完成各项工作任务。

【保密责任落实到位】 9月，组

织召开2020区委机要密码和保密委员会工作会议，传达学习相关文件精神，报告2019年取得的成绩并提出2020年机要和保密工作目标任务。区委保密委员会主任赵琦强调机要密码和保密工作至关重要，要求全区各级各部门要时刻绷紧弦，树牢意识之基，切实做好机要密码和保密工作；要牢牢把握保密工作的政治属性，坚持根本原则，贯彻落实好保密工作各项决策部署；要坚定政治站位，突出工作重点，抓好各项目标任务的完成。

【保密宣传扎实有效】 2020年"保密法制宣传月"期间，全区共有52个中心理论组组织开展国家安全、保密、密码等内容的学习教育52次，参加学习教育人数650人，教育覆盖面达95%以上。全区近100个单位，共举办知识讲座32场，参加学习2300余人。累计组织普法考试96场，参加普法考试人员2400余人，达到95%以上。各单位充分利用OA、短信、微信群平台，累计发送宣传信息400余次，发出宣传信息2410多条；通过内、外电子屏和张贴标语形式，累计播出和张贴保密、密码宣传标语1.5万余条。各单位深入街道、社区、学校、集市散发宣传品、资料1.2万余份；组织播放、观看保密教育视频或专教光盘92场，观看人数达到93%。

【推进保密重点工作】 抓好保密工作台账动态化管理，切实加强对计算机及其网络的保密管理。全区共有非涉密计算机4888台，共检查4210台，连接互联网计算机3292台，连接内部网2594台，对涉密计算机开展违规监控。全区没有发现违规操作及泄密等事故。全年配合教育局、人事局、组织部对高考、中考、公务员考试、事业单位招考及外调人员考试进行全面检查、指导、测评工作，为有效监督、全面保障江川区2020年度国家高等教育统一考试及安全保密工作任务的顺利完成。做好涉密文件和内部文件的清退工作，按时完成2019年度文件清退工作，并组织对各单位、部门产生的涉密文件和内部资料进行清退并统一销毁，努力做到防控结合，从源头上堵塞泄密漏洞。

【强化科技创新】 督促各单位使用智华保密检查工具开展检查工作。推进"三合一"的安装使用。针对党政机关、涉密单位涉密计算机及其网络不定期开展保密检查，排查泄密隐患和漏洞，加强保密技术防范措施。加强对区级重要活动及会议的管控。区保密局按照"党管保密，依法保密"的原则，突出重点，积极预防，加大人员学习培训力度，加快科技产品投入、测试和运用。对区委及宣传部、统战部、检察院、法院开展的一系列涉密重要活动和会议进行技术设备管控，有效的保障会议、活动高质量的进行。抓好重要涉密场所便携电子设备安全使用保密管理。

【抓实保密督查督导】 对区委办、区政府办、区委组织部、区委宣传部、区委统战部、区人武部、市公安局江川分局、区工信局、区税务局、区自然资源局、市生态环境江川分局等20多个涉密重要部门和单位围绕保密主体责任、保密自检自查、文件资料管理等相关内容开展督查督导，形成保密自查自评与督查指导上下一体的工作机制。延伸督查范围，深入到学校和企业开展保密督查，强化机关、单位、学校的保密意识，提升保密基本防控能力，在全区逐步形成"一查二评三督促四整改"的工作机制。深入开展对互联网、门户网站及信息公开单位进行保密安全管理调研及检查。调研88个单位，对江川区人民政府网、政府信息公开网及全区网络使用各单位进行检查，对重点单位及部门进行保密提醒。

（褚　荻）

史　志

【启动江川党史编纂】 采购编纂地方党史项目。根据政府采购计划，按照区政府第64次常务会要求，采购《中国共产党江川历史（1927—1978）》编纂、排版、印刷项目。做好协调服务工作。收集整理新民主主义革命时期至改革开放初期的档案资料及相关书籍、刊物和图表提供项目编纂方，协调相关单位和部门解决党史编纂过程中的困难和问题。

【编纂地方党史资料】 编纂《2019中共玉溪市江川区委执政纪要》。在全区征集单位部门稿件100余份，按体例要求认真修改、精心编排，形成党委执政史料。编纂《中共玉溪市委执政纪要》江川资料，完成年度组稿任务。编纂《玉溪民主法制建设（1978—2012）》江川综述材料、《玉溪解放70周年文集》江川综述材料和抗击新冠肺炎历史资料等，完成上级征编任务。

【革命遗址保护】 参与《玉溪市革命遗址保护利用条例》立法调研，形成《江川区革命遗址保护利用情况报告》，提出革命遗址保护利用的针对性意见建议。

【地方综合年鉴编纂】 征集单位部门稿件110余份，按体例要求认真修改、精心编排、仔细校对，编纂《江川年鉴（2020）》，做到年内出版发行。编纂《玉溪市志》江川资料，完成上级交办的地方志书资料组稿任务。

【地方志】 调研“两全目标”工作情况，进一步掌握江川区地方志“两全目标”完成情况；县志、年鉴、行业志、部门志编纂情况；乡镇部门单位支持配合情况；地方志书发挥的社会效益情况，形成《江川区地方志事业发展情况报告》，回应市委秘书长、区委书记对此项工作的关切。

（徐凡清）

档　案

【概述】 2020年区档案馆坚守档案服务民生、服务党和国家工作大局，坚持改革创新、高效务实和攻坚克难，努力开创档案工作新局面，10月22日被江川区文明委授予“文明单位”称号。

【纪念“国际档案日”】 在区档案局牵头下，以“6·9”国际档案日到乡镇（街道）、机关、团体、事业单位宣传《中华人民共和国档案法》《云南省国家档案馆管理办法》，发放宣传材料300多份。

【业务指导】 2020年，协助区档案局对区工业园区、区税务局、区市场监督管理局、区投资促进局、40家国企退休干部及工人档案的收集整理进行业务指导，共归各门类档案636卷；整理民族团结示范档案328盒；续编和新建全宗档案的全宗卷和全宗介绍60篇。

【规范化复查】 协助区档案局，贯彻落实国家档案局的“三个体系”建设要求，继续在全区开展档案工作规范化管理示范单位复查工作，完成大街街道人民政府、区防震减灾局、区应急管理局、区青铜器博物馆、区人民医院、雄关乡人民政府共六家单位的档案工作规范管理示范单位复查工作。

【丰富馆藏】 接收21家国企改革退休人员纸质档案419卷，13437件；征集到援鄂医务工作者档案1卷，17件。

【档案数字化】 全年共扫描馆藏档案6464卷，55223件，256279页。

【行政执法】 2020年，协助区档案局会同区委依法治区领导小组办公室、区人大监察法制和民族外事与华侨委员会随机抽查区农业农村局、区自然资源局、区林草局、江城镇及下辖尹旗村委会、区委党校、区退役军人事务局、区文旅局、九溪镇及下辖大营社区等单位档案，未发现违法案件。

【国家综合档案馆迎评】 为达到以评促建、以评促改、以评促优的目的，严格依据《云南省州市区国家综合档案馆业务建设评价办法》《云南省州市区国家综合档案馆业务建设评价标准》等完善相关工作，补齐短板，扎扎实实开展迎评工作，最终取得“良好”等级。

【档案利用】 全年共接待社会各界档案利用者996人次，查阅档案4630卷，摘抄复印38878页。

【档案队伍建设】 积极组织单位工作人员参加国家、省、市组织的各项业务培训，两名同志参加岗位培训和3名同志参加继续教育培训，均取得合格证书。郑文明同志2020年12月19日被省人力资源和社会保障厅及省档案局表彰为全省档案系统先进工作者。

（李华艳）

纪检监察

【区纪委负责人名录】

纪委常委　郭　玉
杨智然
韩丽华（2020.01离任）
赵　鹏
陈小艳
杨　斌（2020.01任）
张丽梅（2020.04任）
龚艳美（2020.09任）
毕文婷（2020.09任）

龙海龙（2020.09任）
书　　记　郭　玉
副书记　杨智然
韩丽华（2020.01离任）
赵　鹏（2020.01任）
张丽梅（2020.04任）

【区监委负责人名录】
监委主任　郭　玉（2020.01任）
副主任　杨智然
韩丽华（2020.01离任）
普丽娟（2020.01离任）
赵　鹏（2020.03任）
张丽梅（2020.04任）
委　员　赵　鹏
陈小艳
李伟明
孙佳蓉
龚艳美（2020.11任）
龙海龙（2020.11任）

【各委室负责人名录】　2020年9月，根据《中共玉溪市江川区委机构编制委员会关于调整区纪委区监委内设机构及派驻机构的批复》（玉江机编〔2020〕9号）要求，撤销区纪委监委驻区委政法委纪检监察组，设立区纪委监委纪检监察干部监督室。

办公室
主　任　许晓佳（2020.01任）
赵　鹏（2020.01离任）
组织部
部　长　龚艳美
宣传部
部　长　张艳勤（2020.09任）
毕文婷（2020.09离任）
案件审理室
主　任　龙海龙
案件监督管理室
主　任　王青青（2020.03任）
陈小艳（2020.03离任）
党风政风监督室
主　任　王　晶（2020.01任）
高　超（2020.01离任）
信访室
主　任　李　琦
第一纪检监察室
主　任　黄锁柱
第二纪检监察室
主　任　赵唯钢（2020.09任）
徐留生（2020.01任，2020.03病逝）
杨　斌（2020.01离任）
第三纪检监察室
主　任　王亚雄
第四纪检监察室
主　任　宋平华
第五纪检监察室
主　任　陈东鳌

【各派出机构负责人名录】
2020年9月，根据《中共玉溪市江川区委机构编制委员会关于调整区纪委区监委内设机构及派驻机构的批复》要求，撤销区纪委监委驻区委政法委纪检监察组，设立区纪委监委纪检监察干部监督室。

区直机关纪检监察工作委员会
书　记　张　鑫
区纪委监委驻区委办公室纪检监察组
组　长　李任民
区纪委监委驻区委组织部纪检监察组
组　长　陈继文
区纪委监委驻区委政法委纪检监察组（撤销）
组　长　徐玉荣（2020.09离任）
区纪委监委驻区政府办公室纪检监察组
组　长　普绍有
区纪委监委驻区教育体育局纪检监察组
组　长　向俊臣
区纪委监委驻区住房和城乡建设局纪检监察组
组　长　付兴德
区纪委监委驻农业农村局纪检监察组
组　长　李志高（2020.01任）
朱艳林（2020.01离任）
区纪委监委驻区卫生健康局纪检监察组
组　长　宋　瑞（2020.01任）
徐留生（2020.01离任）
区纪委监委驻市公安局江川分局纪检监察组
组　长　陈小艳（2020.03任）
副组长　张天雄（2020.01任）
区纪委监委驻区法院纪检监察组
组　长　张留春
区纪委监委驻区检察院纪检监察组
组　长　付云秀

【区委巡察办、区委巡察组负责人名录】
区委巡察办
主　任　李伟明（2020.09任）
张丽梅（2020.09离任）
副主任　师艳梅
区委巡察组
区委第一巡察组
组　　长　徐志伟
巡察专员　谢粉玲
区委第二巡察组
组　　长　白云波
巡察专员　张川（2020.09离任）
区委第三巡察组
组　　长　曾　春（傣族）
巡察专员　张晓江
区委第四巡察组
组　　长　陈林柱
巡察专员　段雄伟

（刘明娟）

【概述】 2020年，江川区纪委监委在市纪委市监委和区委领导下，全区各级纪检监察机关和广大纪检监察干部深学笃行习近平新时代中国特色社会主义思想，深入贯彻习近平总书记考察云南重要讲话精神，深刻理解全面从严治党取得新的战略性成果、反腐败斗争压倒性胜利不断巩固发展的重大判断，准确把握全面从严治党任重道远、反腐败斗争形势依然严峻复杂的深刻内涵，做到“四个坚持”，有效发挥监督保障执行、促进完善发展作用。

【政治建设】 强化政治监督 紧盯中央和省、市、区委重大决策部署和重点工作，统筹推进疫情防控和经济社会发展、脱贫攻坚、决战决胜全面建成小康社会、民族团结示范区创建、爱国卫生七个专项行动、村级党组织换届选举等重点工作，组织开展监督检查36轮，共发现问题571个，问责干部14人，给予党纪政务处分31人。

清廉江川建设 出台《玉溪市江川区关于全面推进“清廉江川”建设的实施意见》及清廉机关、清廉乡村、清廉学校、清廉医院、清廉企业、清廉家庭6个配套实施方案，针对各清廉建设主体不同阶段、不同特点，一体推进清廉思想、清廉制度、清廉规则、清廉纪律、清廉文化融入经济建设、政治建设、文化建设、社会建设和生态文明建设的全过程。组建工作指导组深入各乡镇（街道）和区直相关责任单位，强化对清廉江川建设落实情况的监督检查指导。督促全区4300余名公职人员结合各自岗位实际制定权责清单和个人廉洁履职尽责正、负面清单；排查廉政风险点5600余个，制定防控措施6300余条，举行廉政专题党课400余堂，建成廉政文化宣传阵地96个，廉政文化宣传版面3200余平方米，举办清廉江川演讲比赛1期。按照自愿申报的原则，组织评选产生清廉示范机关20个、清廉示范乡村7个、清廉示范学校5个、清廉示范医院2个、清廉示范企业3家、清廉示范家庭43户。“清廉江川”建设工作相关信息被云南法制报、省纪委省监委网站采用，《云南省玉溪市江川区探索建立“清廉建设”六项机制一体推进“三不”机制向基层延伸》信息被省纪委省监委采用并上报中纪委、国家监委，玉溪市电视台《见政》栏目专题报道《“清廉江川”进行时》。

【专项整治】 坚持日常监督和专项督查相结合，深挖细查顶风违纪、隐形变异问题，紧盯重点领域，共组织开展人防系统腐败、领导干部违规借贷和厉行节约反对浪费问题等20余项专项整治，发现一般性问题70个、问题线索36件，给予党纪政务处分7人，问责党组织1个、干部6人，提醒谈话、批评教育处理11人，追缴人防工程易地建设费942.95万元。持续深化解决只表态不落实、维护群众利益不担当不作为等形式主义、官僚主义问题，问责单位4个、干部5人，给予党纪政务处分4人。

【监督执纪】 全面启用检举举报平台，实现检举举报处理信息全流程闭环管理，运用互联网技术和信息化手段，充分发挥检举控告在全面从严治党中的基础性作用。共接收信访举报286件（次）、检举控告199件（次）、业务范围外举报87件（次），办结185件（次），办结率64.69%，满意率100%。

【派驻监督工作】 制定《关于深化玉溪市江川区纪委江川区监委派驻机构改革的实施意见》，明确细化派驻纪检监察机构的工作职能职责，完成区纪委监委派驻区法院、区检察院、市公安局江川分局3个纪检监察组机构改革工作，撤销派驻区委政法委纪检监察组，调整优化各派驻机构负责部门。区纪委监委派驻机构共参与“三重一大”会议585次，开展提醒谈话、诫勉约谈1135人次，制定防范措施453条。开展对各级党组织贯彻落实党的十九届四中全会及习近平总书记考察云南重要讲话精神、全面建成小康社会决战决胜脱贫攻坚等重点工作的监督检查7轮，发现问题28个、问题线索9件，给予党纪政务处分7人，问责干部4人、党组织9个，批评教育5人。

【巡察工作】 坚守政治巡察定位 制定年度巡察工作计划，准确把握巡察重点和工作步骤，紧盯党的领导弱化、党的建设缺失、全面从严治党不力“三大问题”，紧扣“六个围绕一个加强”，突出“三个聚焦”，将脱贫攻坚、扫黑除恶、生态环保、移风易俗、乡村振兴、禁毒防艾等纳入巡察内容。共完成3轮巡察，对18个区直单位开展常规巡察，对7个单位开展“回头看”，对1个单位开展延伸巡察，对脱贫攻坚百日巩固行动开展专项巡察，共反馈问题303个、移交问题线索6件。对50个村（社区）采取“一次动员、分三至四个批次”进行的方式完成一轮巡察任务，全区64个村（社区）巡察全覆盖，共发现问题1720个、问题线索80件，立案查处27人，给予党纪政务处分14人，挽回经济损失108.73万元，二届区委巡察工作实现全覆盖。

创新开展巡察复盘　印发《关于开展巡察整改复盘的工作方案》，完成对第一至第十一轮巡察过的47个单位、64个村（社区）和专项巡察反馈问题整改情况的复盘检查，共发现存在问题102个，并以派单方式督促相关部门整改销号，助推巡察整改质效。

【扫黑除恶专项斗争】　完成11件涉黑涉恶案件的“一案三查”“深挖彻查”，办结91件涉黑涉恶问题线索，发出专项斗争纪检监察建议书11份，助力全区扫黑除恶专项斗争长效常治。

【执纪审查】　坚持无禁区、全覆盖、零容忍，坚持重遏制、强高压、长震慑，对党的十八大后不收敛不收手，特别是十九大后仍不知止、胆大妄为的违纪违法案件，发现一起查处一起。共受理问题线索457件（重复件92件），处置反映问题线索316件455人，立案105件116人，留置23件23人，给予党纪政务处分75人，组织处理6人，涉嫌犯罪移送检察机关8人。运用监督执纪“四种形态”处理296人次，增长34.7%，其中，第一种形态210人次，增长78%，占“四种形态”处理总人次的71%；第二种形态58人次，下降18.8%，占19.6%；第三种形态14人次，下降64.1%，占4.7%；第四种形态14人次，占4.7%，取得良好的纪法、政治和社会效果。

（刘米雪）

组　织

【概述】　2020年，在区委的坚强领导下，全区组织系统以习近平新时代中国特色社会主义思想为指导，深入学习贯彻习近平总书记考察云南重要讲话精神和党的十九届四中全会精神，认真落实新时代党的组织路线，坚持以党的政治建设为统领，统筹推进组织体系和干部人才队伍建设，在把握规律中优化方法，在创新突破中破解难题，在健全完善中织密体系，在建强队伍中激发活力，组织工作专业化、规范化、科学化水平进一步提升，为江川高质量全面建成小康社会提供强有力的政治和组织保证。

【加强党的政治建设】　强化理论武装，举办全区领导干部学习贯彻党的十九届四中全会和习近平总书记考察云南重要讲话精神研讨班，开展“双万”行动38期，培训党员4091人，开展“基层党组织书记讲坛”38期，168名党组织书记走上讲坛，3411名参训人员。巩固“牢记使命、牢记使命”主题教育成果，形成“不忘初心、牢记使命”主题教育常态化制度化实施方案。

【基层党建】　推进支部规范化达标创建，累计完成702个党支部规范化建设工作。制定《玉溪市江川区村（社区）干部管理办法（试行）》，加强农村“头雁”队伍建设，储备后备力量454名，选拔2名担任村党总支书记，选树12名区级“两好三强”党组织书记，67名村（社区）干部积极参加学历提升行动。发展党员174名，35岁及以下113名、占64.94%，党员结构进一步优化。强化抓党建促宗教治理，落实“四带四必”要求，常委班子带头联系5个宗教活动场所、深入民间信仰场所督导37次，5000余名农村党员签订《党员不信教承诺书》。开展村级班子分析研判工作，调整撤换8名村组干部，完成4个村党总支、8个党支部软弱涣散党组织的整顿提升，全覆盖对64个村（社区）进行经济责任审计。

【干部队伍建设】　树牢重实干、重实绩的用人导向，将直接参与疫情防控的21个领导班子和188名科级干部作为考察识别的重点，在疫情防控一线提拔使用干部5名，嘉奖15名干部职工。开展“六大行动”，与500余名干部谈心谈话，分析研判科级领导干部205名，为实现人岗相适打牢基础。结合市委组织部选人用人工作调研反馈，对全区2016年以来的干部选拔任用工作开展“回头看”，逐项整改存在的问题。注重考察干部的政治表现和“八小时”以外的表现，家访拟提拔干部28人次，听取居住地及党员挂钩网格的综合评价意见335人次。坚持严管与厚爱结合，继续落实好容错纠错、谈心谈话、看望慰问等制度办法，支持和保护干部干事创业积极性。

【干部教育培训】 将学习贯彻习近平新时代中国特色社会主义思想作为首要政治任务抓紧抓实，持续以“四个第一”“三必学三必讲”等制度推动学习教育深化转化常态化，举办全区领导干部学习贯彻党的十九届四中全会和习近平总书记考察云南重要讲话精神研讨班，制定落实2020年干部教育培训计划，深化“三措促学”，开展“领导干部上讲堂”1088场次。“把好‘四关’”干部教育做法被中组部网站推介。

【干部监督管理】 突出选任标准和程序规范，强化干部选任监督，认真落实“四个凡提”全程纪实、“四项监督”制度，对73名拟提拔和拟晋升职级干部开展廉政测试，坚决把“带病”干部挡在门外。强化干部日常监督，严格领导干部外出报备管理及因私出国（境）审批制度，为1名区管干部办理因私出国（境）审批手续。认真做好“咬耳扯袖”工作，全年开展提醒谈话11人次。充分运用“12380”举报专线、网上信访系统、来信来访等监督渠道，加大信访专项办理力度。

【党员教育培训】 紧密围绕《2019—2023年全国党员教育培训工作规划》《中国共产党党员教育管理条例》，分层次、高质量开展党员教育培训，开展“双万”行动73期，开展“基层党组织书记讲坛”66期，282名党组织书记走上讲坛，4619名参训人员。围绕“一县一基地、一县一品牌”创建目标，着力打造“党建+基层社会治理”党员教育培训基地教学点，组建37人的管理师资团队，完善曲焕章故居爱国教育、县工委旧址红色教育等特色课程。

【人才工作】 实施“星云英才行动计划”，以“四个一百”人才工程为载体，打造具有影响力的江川人才工作品牌。构筑人才“金字塔”，推进高层次人才集聚，成立闻邦椿院士工作站，全区院士工作站达到3家，专家基层科研工作站2个，高素质人才队伍结构加快构筑。凝聚人才“向心力”，抓好本土人才培养，制定《江川区委联系专家工作实施方案》。加强高层次人才数据信息化建设，对全区34名高层次人才信息进行采集录入。积蓄人才发展后劲，组织“专家团”上门精准结对帮扶，开展调研帮扶活动10余次。梳理2009年至2020年人才工作情况，形成《玉溪市江川区2010—2020年中长期人才发展规划落实情况报告》，分析研判人才工作形势。

【公务员工作】 实施《玉溪市江川区新录用人员传帮带管理办法》，采取“二对一”方式对新录用人员结对帮带。健全完善公务员制度体系，制定《玉溪市江川区公务员职级晋升管理办法》《玉溪市江川区公务员职级设置和晋升工作操作规程》。完成41人职级晋升民主推荐和考察工作，为推进公务员职务与职级并行制度的实施奠定基础。有序推进公务员变更登记工作，按程序对57家单位172人进行变更登记。

【老干部工作】 实现用心用情做好老干部工作，继续抓“五有五好”示范党支部创建工作，4个党支部完成区级验收。规范调整退休干部活动经费、离休干部公用经费和特需费的使用范围和标准，制定老干部荣誉退休制度。促进老干部作用发挥，开展“玉溪市老干部绿水青山工程——长寿林行动”，组织老干部在星云湖边栽下100多棵树，助力高原湖泊卫士。

【处置违规发展党员】 2020年，江川区确定为全市排查整顿农村发展党员违规违纪问题试点区，工作组严格按照基层党组织自查、各党（工）委交叉检查、区级部门联合筛查、区委组织部审查、深入调查核实、严格处置的“四查一核实一处置”工作要求，对2012年至2020年间本地发展和外地转入的2560名党员进行排查整顿，对存在四类18个问题的700余名党员依规进行处置。

【创建省基层党建示范市】 深化“4445”城市基层党建思路，实施“双报到双评议双结对”“吹哨、报到”制度，制定《加强职业化专业化社区工作者队伍建设的实施意见》和《社区工作者管理办法》，健全社区工作者队伍职业化建设体系。提高党建引领城市治理水平，深化“五网融合”联推共建，“五网”单位进社区、进网格、进小区联合开展各类活动60余次。通过打根基、聚合力、创格局、增效应“四步工作法”，推动党建引领小区治理能力提升，建成区97个小区实现党组织全覆盖。打造“团团小课桌”“妈妈夜校”“国学社”党建品牌，实现城市基层党建全域提升。

（李佩佩）

宣　传

【概述】 中共玉溪市江川区委宣传部设6个内设机构：办公室、理论股、宣传文化股、广播影视股、新闻出版（版权）股、网络安全和信息化股；对外加挂玉溪市江川区新闻出版（版权）局、玉溪市江川区人民政府新闻办公室、玉溪市江川区广播电视局、玉溪市江川区互联网信息办公室牌子；中共玉溪市江川区委网络安全和信息化委员会办公室、玉溪市江川区精神文明建设指导委员会办公室设在区委宣传部，并挂牌。2020年8月，设立玉溪市江川区网络应急中心，为区委宣传部所属公益一类事业单位，财政全额拨款，核定事业编制5名。2020年全面贯彻落实党的十九大和十九届二中、三中、四中、五中全会精神，贯彻习近平总书记关于宣传思想工作的重要思想和《中国共产党宣传工作条例》具体要求，坚持党管宣传、党管意识形态、党管媒体，坚持弘扬正能量、壮大主旋律、汇聚精气神，围绕全区经济发展中心工作和“建设新江川、建设美丽滨湖花园城市”的要求，提供有力思想保证和强大精神力量。

【理论武装】 印发《玉溪市江川区2020年党（工）委（党组）理论学习中心组专题学习重点内容安排》《关于进一步健全和完善党委（党组）理论学习中心组学习相关制度的通知》《玉溪市江川区深入开展学习宣传贯彻习近平总书记考察云南重要讲话精神宣讲工作方案》，邀请省市知名专家、学者讲授《区国土空间规划编制思路》《统计工作改革》《学习〈习近平谈治国理政〉第三卷　助推乡村振兴》，观看纪录片《守望相助　同心铸梦—区创建全国民族团结进步示范区之路》、电教片《入党》，组织开展区委理论学习中心组集中学习10次、各党（工）委（党组）理论学习中心组组织学习535次，编印发放参阅材料1080份，创新出台《党（工）委（党组）理论学习中心组旁听巡听督查制度（试行）》，组建49名旁听巡听专业队伍人才，19次随机深入各党（工）委（党组）开展巡听旁听。

推行“四个一”学习制度化，把学习贯彻习近平新时代中国特色社会主义思想作为首要政治任务，常委会作为第一议题及时学，中心组作为第一内容集中学，党校作为教学第一专题深入学，党员干部作为第一教材持久学。印发《中共玉溪市江川区委宣传部关于加强新时代理论武装工程的通知》《2020年全区在职干部理论学习安排意见》，下发46期政治学习内容建议，以讲促学、以调促学、以测促学为主要内容的领导干部学习培训常态化制度化深入开展13期，受众2220人次。全区460余名科级领导走上“微课堂”讲台讲授党的路线和方针政策，征订发放学习教材2726余册，完成《习近平谈治国理政》第三卷征订14930册。依托九溪镇六十亩村“玉溪市学习贯彻习近平新时代中国特色社会主义思想示范点”引领作用，建立25个学习示范点，打造2个示范广场、1个示范小区。全力抓好“学习强国”学习平台的推广使用，学习积分实行“周统计、月通报”制度，在“学习强国”平台刊发江川稿件310篇（其中主平台43篇），李红英同志荣获全市首届“学习强国学习达人”知识竞赛一等奖、省级团体知识竞赛二等奖，入列全省个人积分排行榜100强。

拟定《中共玉溪市江川区委宣传部关于打造基层理论宣讲品牌的通知》，精选103名政治素养高、理论功底强的人才队伍，组成星云、百合、渔乡、滇韵和楷模宣讲团，建成“五大宣讲品牌”，创新“1+5+N”宣讲模式，深度融合江川区历史文化底蕴，积极申报省级理论宣讲先进集体。通过多层次、一线化、民族式、特色式、结合式在全区开展党的十九大、党的十九届二中、三中、四中、五中全会精神、《习近平谈治国理政》第三卷、习近平总书记考察云南重要讲话精神等各类主题宣讲619场，受众30940人次。

【宣传舆论引导】 *做强正面宣传*　充分利用广播、电视、报纸、网络、新媒体，全方位围绕区级重点工作开展新闻宣传，全年在中央、省级媒体刊稿1540篇，比上年增加1043篇，增长率为209.86%；在市级媒体刊稿852篇，比上年增加107篇，增长率为14.36%；在玉溪电视台《玉溪新闻》播出489条，比上年增加47条，增长率为10.63%。线上通过区级平台发布新闻14759条，其中江川电视台1584条，江川广播电台2652条，《玉溪日报·江川专版》254条，江川新闻网新闻1354条，江川网792条，“云南通·江川区”客户端843条，“江川发布”微信公众号1468条，新浪·云南江川3702条，江川星云1931条，抖音179条。线下在全区范围内制作固定宣传牌60块，宣传小景40个，公益广告1230条，张贴宣传画册3.91万份，利用LED屏、电子屏等播放宣传标语6.05万条次，制作发放各类宣传册、宣传折页、宣传日历、宣传海报等16万份，为江川区经济社会发展营造良好的外部舆论环境。

做深典型报道　精心策划选题，创新拍摄群众喜闻乐见、通俗易懂的新媒体短视频在各平台刊发，并向“学习强国”、新华社、云南网等中央、省级平台推送，《Mojito》MV、《国家》手语舞等深受群众喜爱。有效利用荷花节、丰收节、开渔节等系列活动，做深民生领域典型报道，配合做好《美丽玉溪》宣传片拍摄，策划制作民族团结、江川英烈宣传片，第十五届开渔节期间，新华社刊发《云南江川星云湖千舟竞发　迎冬捕场面壮观》视频点击量达102.28万，与省级平台联合策划玉溪市专题稿件“科普云南·滇物古迹”系列，刊发江川区的云南李家山青铜器博物馆馆藏一级文物科普图文。疫情防控期间对各条战线涌现出来的先进人物和先进事迹进行全方位报道，推出《抗击疫情，我们冲锋在一线》《节后返岗　疫情防控有措施》《成立临时党支部　筑牢基层防“疫”堡垒》《出征！江川区医务人员驰援武汉》《战役中的那抹橘黄》等融媒体产品。播出以说“群众最关心、最直接、最现实的话题”栏目《一周说》48期、播出《平安江川》栏目6期，拍摄《非法采矿毁生态　破坏环境终买单》《战疫一线的“藏青蓝”——赵红磊》《九溪派出所　做强三支力量　提升群众安全感》等一系列节目，进一步推进法制江川、平安江川建设进程。

做好应急处突　印发《关于进一步加强对外宣传工作的通知》，建立社会宣传教育工作微信群1477个，覆盖人数205832人，围绕新冠肺炎疫情防控、棚户区改造、星云湖一级生态保护区四退三还等重点工作及突发事件，及时、准确、全面了解和掌握全区对外宣传的新动态、新情况和新成效，加强热点敏感舆情调控和负面有害信息管控，召开专题分析研判会19次，有效应对负面舆情26次。持续加强舆情信息工作力度，向省委宣传部报送每日舆情信息1136条。2020年7月，舆情信息工作受到省委宣传部表彰，被评为2019年度优秀单位。

【意识形态提升】　强化制度建设　严格落实意识形态工作责任制，做到“五个纳入”，印发《中共玉溪市江川区委关于加强新形势下宣传思想工作的实施意见》，将意识形态工作纳入《区委常委会2020年工作要点》和区级领导联系“七位一体”重点工作项目，签订《区委常委班子成员2020年度党委（党组）意识形态工作责任制“一岗双责”责任书》和《区贯彻落实党委（党组）意识形态工作责任制责任书》，进一步压实压紧各级党委（党组）的政治责任、领导责任。印发《中共玉溪市江川区委意识形态工作领导小组关于贯彻落实〈意识形态工作十二项制度〉（试行）的通知》，区委常委、宣传部部长切实履行意识形态工作直接责任人责任，协助书记积极抓实抓好统筹协调工作。全区各党（工）委（党组）均成立意识形态工作领导机构，健全完善相关措施和制度，层层分解、压实意识形态工作责任制各项工作目标和任务。

防范化解风险　印发《玉溪市江川区意识形态领域风险隐患排查方案》，创新出台《玉溪市江川区关于加强论坛、讲坛、报告会等阵地管理的实施细则（试行）》，认真贯彻落实《中国共产党宣传工作条例》，持续细化完善《玉溪市江川区意识形态工作十二项制度》，每月开展意识形态领域风险隐患排查，每季度认真组织意识形态分析研判，27家成员单位共议阶段意识形态工作，向16家单位派发风险点清单，针对9家意识形态考核排名靠后单位反馈考核存在问题，提出工作意见建议。

落实巡视整改　按照省委第五巡视组对江川区委意识形态工作责任制落实情况专项检查反馈问题，印发《区委落实意识形态工作责任制专项检查反馈意见整改方案》，全面深入分析研究专项检查反馈的5个方面11个具体问题，科学制定切实可行的31项整改措施，明确9名区级领导牵头、15个牵头乡镇（街道）和部门、

24个责任单位工作职责任务。组织22个意识形态工作成员单位召开整改工作会、15个责任单位召开意识形态整改督办会。对11个责任单位整改落实情况进行全面检查、6个单位整改落实情况进行约谈，20家单位派发整改工作提醒清单。完成专项检查整改情况公开工作，按时按质上报《中共玉溪市江川区委关于落实省委第五巡视组对江川区委意识形态工作责任制专项检查整改进展情况报告》，以整改成效促进江川区意识形态领域工作强基固本。

【网络建设管理】　强化正面引导　印发《玉溪市江川区2020年网上重大主题宣传和重大议题设置方案》，深入学习宣传贯彻党中央关于疫情防控工作的重要讲话和重要指示批示精神，加强互联网主战场、主阵地作用，发布、转载相关报道1.8万余篇，在“抗疫情促发展玉溪加油”短视频大赛中，江川区《战“疫”中的那抹橘黄》获得短视频征集大赛一等奖。《千里驰援　玉溪市江川区90余吨蔬菜运抵湖北襄阳》《玉溪江川把“红色关爱”送达“疫”线》2个报道突破100万的点击量，形成团结一心众志成城抗击疫情的浓厚氛围。

建队伍引舆论　率先全市制定《玉溪市江川区网络评论员队伍管理办法（试行）》，按照“一十百”网评矩阵，选任政治立场坚定、业务水平较高、工作责任心强的干部120名，组成覆盖全区各区域、各领域规范化、专业化网络评论员队伍，共组织开展网评25次，执行网评指令56次，发帖6065条，跟帖3672条。加强网络舆情监测研判和预警，印发《玉溪市江川区网络舆情联动处置办法（试行）》，全年共监测网络舆情104件，发出《网情预警专报》48期，上报《网情快报》12期，排查舆论风险点91个，向涉事部门发出动态监测报告337条次。

网络安全生态　开展2020年国家网络安全宣传周、网络诚信、全民国家安全教育日普法宣传，发布相关内容360条（次），转发165条，提高广大人民群众网络安全意识和基本防护技能。开展网络中国节即春节、元宵节、清明和中秋等系列网络文化活动，推荐人员参与“争做好网民　奋斗新时代”评选。组织属地自媒体每季度召开座谈会，加强对全区31个政务新媒体规范管理，联合网安部门对已备案网站、“两微一端”等网络传播平台进行监测。推进2020年网络生态专项治理行动、违规科技信息专项清理、网上“扫黄打非”等29次网络专项整治工作，约谈网站1家，清理违法违规网站栏目3个，违法违规信息51条，在关键节点对重点单位开展网络安全检查工作，下发整改通知书116份。开展网络安全威胁信息通报工作，发出预警通知11次，约谈网站1家，及时防范操作系统漏洞、网络链接病毒等网络安全风险。

【精神文明建设】　深化道德建设　贯彻《新时代公民道德建设实施纲要》《新时代爱国主义教育实施纲要》，利用各级媒体平台、乡村大喇叭、宣传栏等渠道，设置专题专栏和曝光台，宣传报道信息396条，曝光各种不文明行为32条次。评选出道德模范10人、江川好人11人，其中3人获“玉溪好人”荣誉称号。评出“十星级文明户”4572户，建设善行义举榜93块上榜415人。举办文明讲堂150期，受众1.2万余人。举办“德耀中华”玉溪市先进模范事迹巡讲报告会。开展“自强、诚信、感恩”主题实践活动，主题宣传703条次，播出公益广告1840条次。“一日一策”扶贫政策宣传活动进社区、进乡村、进家庭、进企业、进学校，向建档立卡贫困户发放《沿着榜样的足迹向上向善》书籍2500册。加强未成年人思想道德建设，抓实乡村学校少年宫建设，组织开展“传承红色基因”、中华优秀传统文化传承、学雷锋志愿服务、家风建设、“我们的节日”、“我的中国梦”、社会主义核心价值观“24字人知人晓”、“优秀童谣传唱”、“向国旗敬礼”等主题系列教育实践活动。

共建共享文明　区级媒体宣传阐释社会主义核心价值观358条次，在商店、政务大厅、公交车、出租车和公园广场显示屏上每天滚动播出价值宣传标语、宣传视频15万余条次；发放中国梦、社会主义核心价值观张贴画2.6万张。整理践行社会主义核心价值观故事23个。打造87个新时代文明实践阵地，30个学习贯彻习近平新时代中国特色社会主义思想示范点，12个精神文明建设示范点，4个爱国主义教育基地。开展五大文明创建活动，创建省市文明单位29个、文明村镇7个、文明家庭21户，文明校园2个。区级文明单位9个，文明村镇8个，文明校园6个。开展健康文明生活方式众参与活动，公共场所设置1米线的约143个。新建设洗手池356座。发布《玉溪市江川区“公筷公勺·文明用餐”行动倡议书》，组织大中小餐饮店进行培训，制作“公勺公筷”宣传展板，张贴宣传画册4.01万余份，发放张贴桌贴3万张，利用户外LED显示屏滚动播放宣传标语7.42万条次。

文明实践提质　打造184支志愿服务队，实名认证志愿者33555人，在建成区人群集中地建立4个“学雷锋志愿服务站点”，举行“烟头不落地、江川更美丽”“520清洁家园”“关爱城市美容师”“高原湖泊卫生”“3.5学雷锋”及抗击疫情、扶贫攻坚等主题志愿服务活动1916次。印发《玉溪市江川区推进移风易俗建设文明乡风的实施意见（试行）》《玉溪市江川区落实移风易俗监督管理办法（试行）》，移风易俗工作全市试点区建设全面推进，制作发放《玉溪市江川区“推进移风易俗，建设文明乡风”倡议书》7.5万多份，组织2万余名党员干部群众签订《江川区党员干部移风易俗承诺书》，举办“推进移风易俗、建设文明乡风”工作启动仪式7场次，举办专题领导干部学习讲坛，在春节、中元节等重要时间节点累计开展9次专项督查，指导简化红白喜事300多场，控制和减少各类喜事（生日宴、乔迁宴、出院客、升学宴）500余场，劝导群众131余人。依托新时代文明实践中心，扎实开展爱国卫生七个专项行动，统筹全区各级各类媒体宣传报道524篇（条），带动2600余名小区党员、5600余名志愿者参与环境卫生整治。

【文化繁荣发展】　文化繁荣兴盛　编辑出版《星云》期刊3期。完成惠民演出54场（文化馆主办承办各类文艺演出20场），节庆文艺演出4场。“中国梦·江川情”红色文艺轻骑兵演出15场，演出文艺节目321个，参演1440人次，观众2.5余万人次。疫情防控期间创作有关文学作品共计58篇（首、副），组织创作花灯说唱《科学防控人人知》、快板说唱《烟消云散见青天》等作品，开展“文艺轻骑兵——抗疫在行动”网络书法展活动，凝聚全民抗疫意识。

优化文化体系　抓好“三馆一站”建设，图书馆共接待读者54931人次，外借8720人次，9219册次，更换新借书证154个。采购电子图书6000册，纸质图书200册，馆藏图书10.20万册。开展线上展览、新书推荐等活动，服务读者5957人次。举办“邂逅星云　荷你有约”2020中国·江川首届乡村振兴农旅文化节，抓好“中国最佳楹联文化城市”“中华诗词之乡”工作，免费书写赠送春联2100余幅，刊挂诗联作品1626首（副）。开展文物安全大检查，完成甘棠箐遗址、江川文庙两个“国保”单位和旧州大雄寺、曲焕章故居、柏池古云升寺三个“市保”单位的文物“四有”工作，完成江川李家山古墓群建设项目、金甲阁震后抢险工程。持续推进“扫黄打非”工作，将“扫黄打非”纳入意识形态工作责任制，深入开展“清源”“固边”“护苗”“净网”“秋风”专项行动和“正道”“新风”行动，开展集中行动联合检查9次，暗访行动3次，查缴违法出版物1905册，处置网络有害信息2条，报送上级线索2条，依法取缔“黑网吧”2家，取缔关闭2家无证经营KTV，发出“扫黄打非”宣传折页3000余张，挂历1000份，版权宣传折页3000余张，各“扫黄打非”基层站点更新宣传栏3期，共计210栏次，江川电视台播出“扫黄打非”公益短片《绿书签》573次。对印刷企业、打复印店开展检查11次，200家次，口头劝诫印刷企业11家、复印店11家，没收印刷复制品147册，停业整顿1家，开展文化旅游市场“双随机一公开”执法检查，对文化旅游市场开展联合执法检查15次，共检查经营场所516家，完成2020年度印刷企业和出版物发行单位28家年检工作，保证文化市场环境清朗。

增强文化底蕴　巩固壮大特色铜器文化、传统烟花火炮、纸制品加工、彩印包装和陶瓷五大板块文化产业，培育规模以上文化企业2家，紫砂企业1家。江川古滇铜街项目开工建设，组织参加省、市、区各类展会、博览会3次，加大宣传推介力度。继续办好青铜文化产业班、铜器工艺品制作培训班，实施“1对N”师傅带徒弟培养计划和名家名匠培养工程。培养出云岭首席技师1人、云岭技能大师3人、云岭技能工匠7人，云南工艺美术大师2人、云南金属工艺大师2人、兴玉技能大师2人、玉溪市民族民间工艺师4人。按照《全国全面建成小康社会统计监测指标体系》《玉溪市江川区全面推进小康社会建设工作方案》要求，牵头抓好文化及相关产业增加值占GDP比重指标。

【外宣能力提升】　讲好本土故事　围绕区委、区政府的中心工作，开设《移风易俗》《不忘初心、牢记使命》《"创文"应知应会》《决战决胜脱贫攻坚》《众志成城　防控疫情》《民族团结进步示范》等专栏报道。《云南江川这个小家脱贫了又带大家致富》《残联扶贫为脱贫攻坚按下加速键》《云南江川建设饮水工程助力脱贫攻坚》《筑牢"生态墙"保护星云湖》《持续推进星云湖水质改善　重新高原湖泊好风光》《星云湖水质提升又添"新招"》等一批反应全区脱贫攻坚和星云湖保护治理的稿件先后被"学习强国"、今日头条、云南网、玉溪电视台等上级平台采用。

提升产品影响　推进技术平台建设、高标清设备配置、演播室和指挥厅改造工作，建起集电视、电台、网站、报纸、微博、微信、抖音、客户端等10大平台于一体的全媒体传播矩阵。完成国家广电总局专家对技术系统省级验收，组织安全播出应急演练，推广运用"江川星云App"，积极运用智慧云、现场云开展多场图文短视频和视频直播，对新中国成立七十周年庆祝活动、开渔节、乡村振兴农旅文化节、道德模范宣讲等开展全方位直播报道，探索基于互联网思维的融媒体产品制作和传播途径创新，开创10W+原创视频31个、视频播放量100W+5个、阅读量10W+图文稿件22篇，逐步对接新时代文明实践中心与融媒体中心平台实现数据共享，积极向中央、省、市级媒体传送新闻，被国家级媒体采用211条，省级媒体采用455条，被市级媒体采用430条。

增强造血机能　开展"全媒体走江川"活动，落实《玉溪市江川区融媒体中心学习培训制度》，制定采、编、播专业技术人才长期培养计划。选派一线采编队伍到玉溪广播电视台、玉溪日报社跟班学习2期15人次；主动邀请专家、行业能手、上级派驻记者对干部职工进行业务能力专题培训3期150人次，参加新华社云南分社组织的融媒体在线讲坛6期，定期进行"好新闻"评选上榜。全区户外11座大型户外广告牌纳入区融媒体中心进行集中统一管理，共播出通告105条、商业广告80条，广告收入43.15万元，同比增加值约25.90万元，同比上升150.16%。

【时代新人培育】　配齐配强队伍　坚定理想信念把握宣传工作规律。全区6个乡镇（街道）宣传委员均按照副科级配备，64个村（社区）宣传思想工作队伍配齐配强，区融媒体中心干部精诚团结，牢牢坚持宣传思想工作"两个巩固"根本任务、压紧压实党管宣传、党管意识形态、党管媒体的各项责任，推动宣传思想战线增强"四个意识"、坚定"四个自信"、做到"两个维护"。

全面提升素质　学习贯彻《中国共产党宣传工作条例》，制发《玉溪市江川区贯彻落实〈中国共产党宣传工作条例〉任务分工方案》，组织宣传思想系统集中研讨学习贯彻《条例》，认真完成测试，撰写心得体会218篇，扎实开展增强"四力"教育实践工作，全区宣传思想暨意识形态培训班纳入区委干部教育培训主体班次管理，办班3期培训干部780人次，累计培训天数265.5天2124学时，举办"以考促学"干部测试活动2场。严格按照"政治过硬、本领高强、求实创新、能打胜仗"的宣传思想干部队伍建设要求，把旗帜鲜明讲政治贯穿于宣传思想工作各环节、全过程，全面构建党管宣传、党管意识形态、党管媒体的宣传工作大格局。

提升队伍能力　坚持系统实施能力素质培养工程，把"四力"教育实践工作做实，教育引导干部着力迈开双腿深入一线、掌握实情、贴近生活，增强"脚力"；着力擦亮双眼勤于观察、把握大势、发现典型，增强"眼力"；着力开动脑筋以学益智、多谋善思、守正创新，增强"脑力"；着力转变文风实事求是、旁征博引、引人共鸣，增强"笔力"。讲好江川"一个湖""一口锅""一道菜""一群人"的故事、持续传播好江川声音，努力打造政治过硬、本领高强、求实创新、能打胜仗的新时代宣传思想工作"铁军"。

（靳　娜）

统　战

【概述】　2020年，江川区统一战线工作全面贯彻落实习近平总书记关于加强和改进统一战线工作的重要思想以及考察云南重要讲话精神，按照工作责任制和人本化、项目化、精准化、品牌化要求，紧扣凝聚人心的根本，贯穿思想引领的主线，突出提质增效的导向，加强思想政治引领，广泛凝聚共识，发挥优势作用，推动工作创新，完善机制体制，加强自身建设，各项工作稳步推进。

【举办创建示范区书画摄影展】 2019年12月27日—2020年1月30日，由区委、区政府主办，区委统战部和区文联承办的玉溪市江川区创建全国民族团结进步示范区书画摄影展在云南李家山青铜器博物馆举行。共展出书画摄影作品70幅（其中书法作品24幅、美术作品24幅，摄影作品22幅），突出展现鲜明的江川文化和民族团结精神，唱响和谐社会、民族团结主旋律。

【创建示范区工作领导小组第三次会议】 2月20日，区委书记徐贤主持召开玉溪市江川区创建全国民族团结进步示范区领导小组第三次会议。会议听取区委常委、区委统战部部长李志刚关于2019年江川区创建全国民族团结进步示范区工作情况汇报，围绕“强领导、补短板、抓载体、求创新、重宣传、迎互检”提出2020年示范创建工作意见；审议通过《玉溪市江川区民族团结进步公约》《“星云石榴籽行动”实施方案》以及加强社区示范创建工作方案等有关事项。

【区统战工作领导小组会议】 2月20日，区委书记徐贤主持召开区委统一战线工作领导小组会议，传达学习省委统一战线工作领导小组会议精神，听取2019年全区宗教工作情况汇报，研究审议《江川区关于推进规范管理民间信仰场所方案（送审稿）》，对坚持党对统战工作的领导、着力维护宗教领域和谐稳定、推动统战工作创新发展、着力构建大统战工作格局、加强统战干部队伍建设等方面提出了要求。

【沐爱斌调研创建示范区工作】 3月17日，市委统战部副部长、市民族宗教局局长沐爱斌一行到江川区调研指导创建全国民族团结进步示范区工作。在肯定工作成效的同时，提出思想认识不够、创建思路不清、创建工作主体责任压得不实、示范点亮点特色挖掘提炼不到位、宣传氛围不浓、迎接市级初验准备不够等问题。提出六个方面的意见建议，即要提高认识，压实“一把手”责任落实；加强领导，思想引导要再深化；加强联动，形成推进工作合力；强化宣传，营造浓厚宣传氛围；强化统筹，做好迎检准备工作；强化督查，确保各项工作落到实处。

【创建示范区工作推进会】 3月26日，江川区召开创建全国民族团结进步示范区工作推进会，进一步统一思想认识，压实工作责任，抓紧时间补齐短板，对4月下旬接受市级初验再动员再部署。会议宣读《关于命名民族团结进步创建示范单位（家庭）的决定》并授牌，通报市创建办对江川创建工作的督查反馈意见及整改落实计划，就《关于做好民族团结进步示范区创建省市检查验收工作的攻坚方案（送审稿）》《玉溪市江川区民族团结进步创建单位申报、评审命名、动态管理办法（征求意见稿）》进行说明和征求意见。区委副书记矣向林主持会议，区委书记徐贤对做好迎检工作进行安排部署。

【启动“星云石榴籽行动”】 3月31日，江川区启动民族团结进步创建“星云石榴籽行动”仪式暨各族群众保护母亲湖活动。区委书记徐贤等区领导为党员“石榴籽”先锋队、群团“石榴籽”志愿服务队、乡村（社区）“石榴籽”文艺队、乡村振兴“石榴籽”宣讲队、保护母亲湖“石榴籽”志愿服务队、校园“石榴籽”薪火队等6支志愿服务队授旗。区委常委、区委统战部部长李志刚领誓《玉溪市江川区民族团结进步公约》。区长常成要求全区各族儿女要在区委区政府的统一领导下，推进“党建引领、联创共建、星云石榴籽、文化传承、亲民融合”等五大行动。全体参加人员在民族团结进步连心墙上承诺签名。在星云湖畔开展以“同栽石榴林、共结心连心”为主题的植树活动，种下56棵石榴树。

【统战（民宗）工作会议】 6月5日，全区统战（民宗）工作会议总结回顾2019年工作，分析当前形势，安排部署2020年重点工作任务。会议由区委常委、副区长周靖宇主持，区委常委、区委统战部部长李志刚作讲话。各乡镇（街道）党（工）委副书记、统战委员、区属相关部门负责人等共计80余人参加会议。会议通报2019年江川区在全市统一战线工作目标管理考核中位列全市第一和全国民族团结进步示范区创建工作今年5月通过省级初验等情况。会议指出，2020年是决胜全面建成小康社会、决战脱贫攻坚之年，也是“十三五”规划收官之年，更是全区创建全国民族团结进步示范区的奋进之年，统战（民宗）工作任务艰巨、责任重大。会议要求全区统一战线要始终坚持以习近平新时代中国特色社会主义思想为指导，按照全国、全省、全市统战部长会议部署，围绕全面建设高质量小康社会这个总目标，聚焦两项重点任务（凝心聚力，全力服务区委高质量经济社会发展；以“铸牢中华民族共同体意识”为根本方向，全力争创全国民族团结进步示范区），持续深化“四个着力”（维护民族宗教和谐稳定，加强非公经济领域统战工作，抓好党外干部、党外知识分子和新的社会阶层人士统战工作，做好港澳台侨争取人心工作），在转变思路理念、狠抓贯彻落实、完善体制机制、创新方式方法上下好功夫，打造统战工作品牌，为建设宜居宜业和谐美丽新江川凝聚最大正能量。

【民革云南省委课题组到江川调研】　7月22日，民革云南省委课题组到江川调研航空物流业发展情况。调研组深入黄草坝江川通用机场和龙泉工业园区实地查看、听取汇报、座谈交流。在听取市自然资源与规划局、市商务局、市交通运输局等相关部门负责人就江川机场地理位置、产业规模、物流枢纽布局及中长期规划、机场目前相关问题协调对接等情况汇报后，调研组就机场的定位、规划、无人机机场建设、面向南亚东南亚地区航空物流发展、玉溪货源情况等方面提出意见建议。

【李志刚慰问抗美援朝退役老军人】　7月30日，区委常委、统战部部长李志刚到安化彝族乡光山村委会旧村以及旱谷田村委会白沙地看望慰问抗美援朝退役老军人李正昌、陈本祥。

【入列省首批民族团结进步示范区】　8月11日，云南省民族宗教事务委员会印发《关于命名第一批民族团结进步示范县示范单位的决定》（云民宗发〔2020〕17号），江川区被命名为第一批民族团结进步示范区。同时，前卫镇石河村委会阿豆村，九溪镇矣文村委会罗合白小组、矣文小组、放马沟小组，安化彝族乡安化社区招坝小组、光山村委会旧村小组被命名为第一批民族团结进步示范单位。

【民族宗教工作培训】　8月21日，江川区举办民族宗教工作培训班，区直单位负责人、乡镇街道分管领导和统战委员、村（社区）信息员、宗教活动场所负责人共130余人参加培训。以《宗教政策法规与工作实践》为专题，着力提高全区民族宗教干部及宗教场所负责人政策运用和化解民族宗教领域矛盾隐患水平。

【统一战线代表人士培训】　8月21日，江川区举办党外代表人士、非公有制经济代表人士和新的社会阶层代表人士共170余人参加的专题培训班，以《在新形势下履行使命》为专题，围绕习近平总书记考察云南重大意义、新时代新要求、关于云南高质量跨越发展的学习探讨以及从历史看云南战略地位等四个方面作专题培训，切实把全区统一战线代表人士的思想和行动统一到讲话精神上来，进一步增强全区统一战线代表人士参与脱贫攻坚、决战全面小康社会的信心和决心。

【顾琨到江川调研】　8月27日，省委统战部副部长顾坤一行到云南云蔚来科技开发有限公司调研江川区网络人士统战工作情况。听取公司规模、运营范围、运行情况等介绍，听取玉溪市江川区新的社会阶层人士统战工作实践创新基地以及玉溪市江川区网络人士统战工作实践创新基地组织构架、工作职责、制度建设、活动开展等情况汇报。顾琨对江川区新的社会阶层人士、网络人士统战工作以及公司发展成效给予充分肯定，提出意见建议。

【普光照调研基督教“两会”】　9月16日，区委书记普光照一行到基督教“两会”进行实地调研，听取基督教“两会”工作情况汇报，详细了解设施建设、日常教务活动开展情况和当前亟待解决的困难问题，并就做好江川区基督教工作提出要求。

【新的社会阶层代表人士座谈会】　11月9日，区委统战部在云蔚来科技有限公司召开江川区新的社会阶层代表人士座谈会，区委常委、统战部部长李志刚出席会议并与代表人士谈心交流，对代表人士提出希望和要求。座谈会传达学习全省、全市网络人士统战工作会议精神。杨建坤、张江平、杨帆等新的社会阶层代表人士结合自身工作实际，围绕非公有制经济发展、网络实践创新基地发展规划、江川文化传承等提出意见建议。

【常成调研宗教工作】 11月13日，区长常成等到翠峰北山寺、江城左卫基督教活动点等宗教活动场所走访调研宗教工作，听取宗教工作情况汇报，详细了解宗教活动场所存在的困难和问题，并针对下一步如何做好江川区宗教工作提出要求。

【党外知识分子联谊座谈会】 12月15日，区委统战部召开农业农村系统党外知识分子联谊座谈会。区委常委、统战部部长李志刚出席会议，各联络点14名代表人士参加座谈。会议传达学习党的十九届五中全会精神，学习讲解《中国共产党统一战线工作条例（试行）》。李志刚指出，统一战线本质是大团结大联合，解决的是人心和力量的问题，党外人士要紧密团结在党的周围，积极发挥优势作用，为推动江川经济社会发展献计出力。

【全国民族团结进步示范区创建工作】 江川区将民族工作融入经济社会发展的各个方面。5月顺利通过省级初验暨市级互观互检，8月被省民宗委命名为云南省第一批民族团结进步示范区，共建成8个省级、36个市级、66个区级示范单位。促进各民族交往交流交融，开展联创共建活动380余次，帮助少数民族地区解决困难问题240余个。投入资金13.43亿元，实施项目510个，改善贫困群众住房1595户，安化贫困乡摘帽，16个贫困村出列，2065户建档立卡贫困户全面脱贫，7188名贫困人口全部清零。完成彝族刺绣、腰鼓、月琴文化保护项目，支持扯纳苴女子合唱团进京演出，申报省市非遗文化项目60个、传承人77人。实施民族团结进步示范村14个，先后建成安化晖南箐斗牛场、民族文化广场，创办阿楚诺、小龙茵彝族刺绣传习馆、民族文化传习馆等民族文化传承基地。

【依法管理宗教事务】 引导宗教与社会主义社会相适应，组织开展民族宗教领域政策法规学习月活动，深入推进“五进”宗教活动场所活动。疫情期间依法对宗教活动实施重点管控，严格执行“两暂缓一延迟”，并按疫情防控要求，有序批准开放活动。对宗教活动场所消防安全、生产安全、食品安全和防邪教、防渗透、防暴恐等方面规范化建设的检查巡查。加强宗教管理人员的考核管理，增强场所负责人的管理主体责任。加强宗教团体建设，开展宗教团体和宗教活动场所换届的调研指导，顺利完成基督教“两会”换届工作。认真抓好中央宗教工作督查存在问题的整改以及市级交办宗教重点任务，做好涉“三化”治理相关工作。启动江川区民间信仰场所规范化管理工作。落实宗教工作“一网两单”制度，层层压实区、乡镇（街道）、村、宗教活动场所责任。坚持每月排查、研判、化解机制，及时消除存在的矛盾隐患，确保宗教领域团结稳定。引导宗教界参与脱贫攻坚和开展慈善活动。基督教人士在春节前期到麻风院慰问病人，佛教界人士到敬老院开展慰问活动，全区宗教人士捐款2万余元支持抗击新冠肺炎疫情工作。

【党外和新的社会阶层人士统战工作】 建立健全党外代表人士数据库。全区有党外干部64人，其中副处级5人、正科级11人、副科级48人；副高级以上党外知识分子816人，建立代表人士库66人；新的社会阶层人士3125人，建立代表人士库150人；建立非公有制经济代表人士库126人。把全区64名科级党外干部重新调整为4个活动组，由区委统战部班子成员联系指导各组开展活动。4个活动组共开展全国“两会”及《政府工作报告》学习座谈、星云湖南岸乡村振兴旅游开发相关情况视察调研等活动12次。指导8个党外知识分子联络点开展政策宣传、理论宣讲、思想教育和义诊等活动32次。指导新的社会阶层人士联谊总会三分会健全完善学习、管理等制度13个，参与指导三分会召开联谊座谈、交心谈心等活动4次。加强新的社会阶层人士教育引导，在抗击新型冠状病毒肺炎疫情中，积极发挥新媒体人员自身优势，通过自有平台（微信公众平台、同城网站、短视频App），强化舆论引导和疫情防控知识宣传，发挥正能量。联合民盟玉溪市委在前卫中学、江川一中开展“烛光活动”，为毕业班学生讲解中考、高考中各类常见题型的解题方法及心理疏导。挂牌成立玉溪市江川区网络人士统战工作实践创新基地，制定基地管理制度、学习制度等。

【非公领域统战工作】 召开理想信念教育推进会，举办政治理论培训班以及民法典专题讲座等，提升非公有制经济人士综合素质。开展《关于构建“亲”“清”新型政商关系实施办法》调研检查，认真对照构建“亲”“清”新型政商关系中的正面要求和负面清单，牵头组织涉及的相关部门（单位）结合各自职能职责逐条自检自查，形成自查报告和相关工作台账资料。开展民营企业走访调研和问卷调查，按时完成《江川区关于民营企业法治保护和优化营商环境工作报告》上报市级相关部门。召开非公有制经济人士综合评价工作安排部署会议，牵头组织工信、人社、公安、税务等14家单位对7名拟担任省市光彩事业促进会理事的非公有制经济人士开展综合评价。

【港澳台海外统战工作】　做好台属、侨眷的沟通和联系，对12户困难侨眷、4户困难台属、17名困难起义投诚人员开展春节走访慰问，发放慰问金1.3万元。加强与相关部门的协调对接，做好为侨台资企业服务工作。引导支持侨眷企业参与新冠肺炎疫情防控工作，积极履行社会责任。联合市委统战部、市侨联在浪广社区开展“邻里情·侨眷亲”重阳座谈会暨联谊晚会，为社区60岁以上老人送上节日问候和祝福，100余名社区群众及侨眷参加联谊活动。

【无党派人士认定工作】　按照《中共云南省委统战部关于开展“无党派人士”认定登记工作的通知》（云统发〔2020〕10号）要求，区委统战部牵头区政府办、区政协办、区教体局、区卫健局、区农业农村局、区林草局及各乡镇等，积极推荐具有一定影响力和代表性的党外人士参与玉溪市无党派人士认定，经过市委统战部复核确认，顾绍林、白坤分、陈文龙等7名党外人士被确定为玉溪市无党派人士。

【民族成分变更】　全年共审核、收件、报批民族成分变更14人，具体为：汉族变更为彝族9人、哈尼族2人、傣族1人、白族1人、苗族1人。

（矣树芬）

区直机关工委

【概述】　2020年，江川区委区直机关工委深刻领会和把握“‘三个表率’和建设模范机关”的总体要求，紧紧聚焦“围绕中心、建设队伍、服务群众”三大职能，加强“政治建设、思想建设、组织建设、作风建设、纪律建设”五个方面的重点任务，不断增强“四个意识”、坚定“四个自信”、做到“两个维护”，当好“六个示范”，打造模范机关。

【年度党组书记述职评议】　1月13日，区委区直机关工委召开2019年度党组（党组织）书记抓基层党建工作述职评议会议。工委委员、区委区直各单位党组（党组织）书记、“小个专”、党代表、人大代表、政协委员、党员和群众代表共120余人参会。区委组织部副部长对下一步工作提要求。

【机关党的建设工作会】　4月3日，玉溪市江川区委召开机关党的建设工作会议暨“城市基层党建”工作推进会，区委书记徐贤同志对区直机关提出要当好“六个示范”和打造模范机关的要求。

【寒冬送暖走访慰问】　1月22日，工委全体党员干部捐款捐资深入小白坡村委会包村点，对挂包联系贫困户4户进行走访慰问。送去暖被4床、运动服5套，慰问金800元。

【春节慰问】　春节前夕，工委共走访慰问机关困难党员19人，9500元。

【区万名党员进党校培训示范班】　5月19—21日，区委组织部主办，区委区直机关工委承办江川区第二期“万名党员进党校”培训示范班，区委区直机关、区工信局，区卫健局和区工业园区工委及普通党员共计200余人参加培训。

【入党积极分子和发展对象培训】　6月10—12日，区直机关工委举办入党积极分子暨发展对象培训班，116名入党积极分子和发展对象进课堂、唱国歌、听党课、读经典，锤炼党性，坚定理想信念，增强政治责任感、历史使命感。

【第三巡察组巡查工委】　根据区委统一部署，区委第十二轮巡察第三巡察组于5月25日—6月13日，对机关工委进行为期20天的常规巡察，8月4日反馈巡察意见。机关工委针对巡察反馈的3大方面18个具体问题，研究制定整改措施，明确责任领导和责任人，压实整改责任。整改完成16个，基本整改的2个。

【工委第二期万名党员进党校培训】 8月4—6日，区委区直机关工委在区委党校举办“万名党员进党校”暨党务干部培训班，工委下属各单位党组织90余名党务干部参加培训，学习习近平考察云南重要讲话精神、党务知识等，提升党务工作水平。

【党建工作调研】 7月6—15日，区委区直机关工委通过实地查看和座谈方式到下属各家单位党组织开展调研指导。根据本次调研指导情况，下发通报，采取“派单”的方式，督促问题整改落实到位。

【违规发展党员排查整顿】 8月20日，区委区直机关工委召开发展党员违规违纪排查整顿工作会，区直机关各单位党组织负责党务的干部参加会议，要求采取集中办公的方式对涉及的党员档案进行查阅，召开专题会议进行研究，到涉及党支部开展民意测评和谈话工作，了解掌握情况，进行现实表现认定。整顿工作会后，共排查党员213名，涉及违反发展党员程序55名，其中“严重违反发展党员程序”28名，“一般违反发展党员程序”23名，2名同志查找不到档案。

【规范党组织设置】 配齐配强机关党务力量。实现各单位党组织书记由单位党员主要行政负责人担任。全年共撤销1个党总支和1个党支部，新建2个党支部，选举产生支部书记14名，副书记8名，委员3名。

【发展党员工作】 全年共发展党员19名。其中女性9名；科员8名、实职副科1名；专技人员6名，国企2名，工人1名；大专及以上学历18名；35岁及以下15名，35岁以上4名。预备党员转正18名，取消预备党员资格1名。

【双报到双结对双评议活动】 工委持续推进双报到双结对双评议活动，共推城市基层党建。区直各单位组织党员在春节期间、3·5学雷锋活动日、“6·5”世界环境日和70周年国庆期间到所驻地社区和挂钩网格党组织报到，开展结对共建、结对互助。全年成功对接清单项目74项，为群众办实事119件。

【党支部规范化达标创建】 工委认真贯彻落实《中国共产党支部工作条例（试行）》，把抓好党支部规范化建设作为组织体系建设的基本内容，建立完善各领域规范化建设标准，进一步健全基本组织、建强基本队伍、开展基本活动、落实基本制度、强化基本保障，着力提升组织体系建设质量。全年完成党支部规范化创建达标4个，累计达标100%以上。

（陈　醒）

“两新”组织党工委

【概述】 2020年，江川区委“两新”组织工委在区委的坚强领导下，以习近平新时代中国特色社会主义思想为指导，深入学习党的十九大和十九届二中、三中、四中、五中全会精神，认真落实新时代党的建设总要求和新时代党的组织路线，坚持围绕中心、服务大局，高质量推进“两新”组织党建工作，促进“两新”组织健康发展。

【责任落实】 将“两新”党建工作纳入全区基层党建工作总体布局谋划推进，制定责任清单、重点任务清单、工委班子成员挂钩联系清单，统筹推进20项重点工作，明确责任目标。建立“晒落实、晒成绩、晒特色、晒成效、晒整改”“六晒”制度，推动党组织书记履责尽责、比学赶超。落实党委（党组）书记抓党建八条措施，向工委委员和各党组织书记派单4次、涉及22项具体任务；开展区级现场调研7次、召开专题会议3次，开展书记与书记“面对面”探讨党建工作、分析党建瓶颈12次，推动各项工作落实；坚持问题导向，细化上年度市委“两新”组织工委党建述职反馈问题整改措施12条，实现全面整改提升。

【党员教育】 强化政治引领，突出政治功能。坚持“业余、小型、多样、务实”和因地制宜原则，创新“线上+线下”等方式，实施网上推送学习内容、报送学习情况与送学下车间、到工地相结合的方式，积极探索“智慧党建”新途径，实现党员上网学习、在线培训、互动交流、打卡签到一体化，满足不同党员教育多元化、差异化学习需求，建立线上线下相互补充、相得益彰的学习模式。开展“万名党员进党校”活动8期，“万名党组织书记大轮训”2期，“微党课”70余堂，组织104名党组织书记和全体普通党员学习习近平新时代中国特色社会主义思想、习近平总书记考察云南重要讲话精神和党的十九届五中全会精神，不断提升党员党性意识。

【规范提升】　开展“两新”组织党组织覆盖提升行动。按照“六个清”要求，对“两新”组织进行“地毯式”摸排，围绕4个100%的目标，全力推进全区“两新”组织覆盖提升工作，新建党组织12个、整顿联系超过5家的联合党支部14个、新派党建指导员22名，新增覆盖“两新”组织72个。建立主管部门党组织与行业党组织结对共建帮带制度，组织区司法局党支部、律师及基层法律服务工作者联合党支部和区住建局党支部、住建行业党委到“两新”组织开展联谊活动3次，促进行业党委持续健康发展。实行工委委员和党建指导员列席指导“三会一课”“主题党日”等制度，受邀参加77人次，不断提升规范化水平。落实发展党员单列工作要求，对拟计划发展的对象进行资格审查和全程纪实，完成16名党员发展任务。

【创新机制】　以创新驱动提升影响，强化示范引领、典型带路、抓点联线、扩面提质，促进“两新”组织党建创新提质。完善“两新”组织党建工作议事协调机制，探索形成责任落实的闭合制度和科学有效的考核机制，有效传导抓党建压力，推动形成责任共担、工作共推、保障共促、合力攻坚的工作格局，推动“两新”组织党建工作全面进步。树立“精品”意识，致力于党组织的政治引领和战斗堡垒作用发挥，党员积极带头争先锋、作表率，选树打造天合力、瑞珀花卉、红心猕猴桃有限公司等“两新”组织党建示范点。加大“两新”组织党建工作宣传力度，充分运用“云岭先锋”App、报刊、有线电视、广播、宣传栏等平台，让社会更多了解“两新”组织党建，营造支持帮助、共同参与的良好氛围。

【服务社会】　在年初新冠肺炎疫情防控紧要时刻，区委“两新”组织工委动员组织全区100多个“两新”组织党组织和1300余名“两新”组织党员全面投入疫情防控阻击战，参与疫情防控和复工复产各项工作，全力筑牢疫情防控铜墙铁壁，以主动作为奉献社会。天合立公司在春节期间提前复工复产，及时提供生产测温仪等防疫物资所需材料，龙泉工业园区14家企业竭力提供15000多只一次性医用口罩、20000本学生练习册和20多万助学资金。“两新”组织组成50个先锋队，参与爱国卫生“七个专项行动”，主动融入社区治理，善之缘、区青少年事务社会工作服务中心等社会组织积极参与公益活动，协同开展“三社联动”项目4个，捐赠资金20余万元，服务党员群众2.6万人次。

（李　川）

区委党校

【概述】　2020年江川区委党校（行政学校、社会主义学校）认真贯彻全国、全省党校工作会议精神，以加强理论教育和党性教育为首要任务，以抓好教学改革、提高教学质量为重点，坚持党校姓党、从严治校，努力提升党校工作科学化水平，充分发挥党校理论阵地作用，在干部教育培训、思想理论建设、党的理论政策宣讲方面取得一定的成效。

【举办各类培训班】　“万名党员进党校”培训　以党性教育、党的基本理论学习教育、党内法规学习教育为重点，5月12—14日举办江川区工信局党委“万名党员进党校”专题培训1期，培训党员80名。5月19—21日举办玉溪市江川区2020年第二期“万名党员进党校”示范培训班，培训党员208名。8月4—6日举办江川区委区直机关工委2020年第二期“万名党员进党校”暨党务干部培训班，培训党员及党务干部90名。8月12—13日举办江川区教育体育局“万名党员进党校”专题培训班1期，培训党员210名。

妇女干部培训　8月5日，江川区委党校联合江川区妇联举办2020年妇女干部培训班，全区各乡镇（街道）妇联主席、专职副主席、各村（社区）妇女干部、区妇联全体人员共80人参训。培训内容包括习近平考察云南重要讲话精神、《民法典》、男女平等基本国策、信贷工作政策、未成年人合法权益保护、社区家长学校工作规范。

入党积极分子和发展对象培训　6月10—12日，与江川区委区直机关党工委、区工信局党委、区信用社党委等联合举办“2020年入党积极分子暨发展对象培训班”，对31名入党积极分子和25名发展对象进行培训。培训采取自学、专题辅导、撰写心得、闭卷考试的方式进行。区委党校领导和教师分别就意识形态工作、学习党史、牢记初心使命、《党员教育工作条例》、如何做一名合格的共产党员、《党章》作专题辅导。

党外代表人士和非公经济代表人士培训　8月21日，与区委统战部联合举办2020年江川区党外代表人士和非公经济代表人士培训，对全区181名党外人士代表、非公经济代表人士进行了培训。培训以习近平考察云南重要讲话精神学习为主要内容。区委党校教师冯孝忠作专题辅导。

村社书记和工作队员培训　8月31日—9月3日举办村（社区）党组织书记抓党建促乡村振兴暨乡村振兴工作队能力提升培训。围绕乡村振兴主题进行，主要采取专题讲授、视频教学、现场教学、学员论坛、考试等方式对全区各村（社区）党组织书记及乡村振兴工作队员220人作专题培训。省市教授专家和区相关领导就《十九届四中全会精神及习近平总书记考察云南重要讲话精神》《稳步推进脱贫攻坚与乡村振兴有效衔接》《强化集体“三资”管理　提升农村基层社会治理水平》《扛实村级村务监督工作责任夯实基层管党治党政治基础》《抓党建促基层应急管理能力提升及国家安全观》等9个专题进行讲授。

新招录工作人员初聘（岗前）培训　12月14—17日，联合江川区人社局举办新招录工作人员初聘（岗前）培训班，对江川区2020年新招录的87名工作人员进行（初聘）岗前培训。培训内容涉及十九届五中全会精神、党规党纪及党风廉政建设、事业单位工作人员应具备的能力、区委区政府重大决策部署、事业单位人事管理条例及相关法律法规、公务礼仪、禁毒防艾、疫情防控、心理健康咨询、民族团结等相关专题。

【开展理论宣讲】　全年共组织开展宣讲97场次，覆盖党员干部8639人次。其中，习近平总书记考察云南重要讲话精神宣讲21场1873人次，《习近平谈治国理政》（第三卷）宣讲11场1155人次，党史、党建、党的理论等宣讲28场2695人次，十九届四中全会精神宣讲19场1411人次，社会主义核心价值观宣讲7场570人次，十九届五中全会精神宣讲11场935人次。

【开展理论研究】　2020年江川区委党校把推动“用学术讲政治”教学改革作为学校“一号工程”，确立《乡村振兴的思考和研究》《江川区生活垃圾分类工作调研》《新时代党建引领社区治理研究》三个调研课题。其中《江川区生活垃圾分类工作调研》获区级主要领导批示并已结项，《乡村振兴的思考和研究》申报省级课题，《新时代党建引领社区治理研究》立项市级课题。完成党的十九届四中全会论文撰写3篇，上报征文2篇。

【对外服务】　2020年，江川区委党校继续发挥职能作用，接待各种会议、培训、考试47期2000多人次。

【党校搬迁新建项目】　江川区委党校搬迁新建项目2020年完成办公教学楼、报告厅主体工程建设和值班室、配电室、消防水池、化粪池、电梯、通透式围栏、高边坡喷锚绿化等附属工程建设，完成投资3276万元，占计划投资的81.9%。完成总投资6248万元，占计划总投资的93%。项目二期建设尚在设计和前期准备阶段，用地22.15亩，主要建设食堂、室内体育馆、学员楼、道路及景观绿化，投资估算7683.1万元。

（李拥军）

玉溪市江川区人大常委会

【玉溪市江川区第二届人大常委会主任、副主任、委员名录】

（2020.01—2020.12）

主　任　龚桂存

副主任　李绍华　普朝鹏　李保平　李德坤

委　员　王适润　刘秀丽　坝有贵　李亚捷　杨梅芳　杨聪明　何旭波（2020年04月离任）　张金芬　张彦生　罗玉华　侯小青　龚瑞中　雷永彪　雷吉林　解若云　付　纲　李志高　杨花润　周留明　刘　勇　胡禄金

【玉溪市江川区人大各专委、常委会各委室负责人名录】

（2020.01—2020.12）

玉溪市江川区人大财政经济委员会
主任委员　雷吉林
副主任委员　王文忠
委　员　王适润　解若云
　　　　坝有贵　胡禄金

玉溪市江川区人大监察法制和民族外事与华侨委员会
主任委员　侯小青
副主任委员　刘清华
委　员　李志高　杨花润
　　　　周留明

玉溪市江川区人大社会建设与教育科学文化卫生委员会
主任委员　罗玉华
副主任委员　郭绍昆（2020.05任）
委　员　付　纲　李亚捷
　　　　杨聪明

玉溪市江川区人大环境与资源保护委员会
主任委员　解若云
副主任委员　普云平
委　员　叶彦强
　　　　何旭波（2020.04离任）

玉溪市江川区人大常委会办公室
主　任　雷永彪
副主任　殷忠伟

玉溪市江川区人大常委会选举联络工作委员会
主　任　杨花润
副主任　马宇飞

玉溪市江川区人大常委会农业农村工作委员会
主　任　坝有贵
副主任　张继梅

玉溪市江川区人大常委会预算工作委员会
主　任　胡禄金

【概述】 2020年，区人大常委会以习近平新时代中国特色社会主义思想为指导，认真学习贯彻党的十九大和十九届二中、三中、四中、五中全会精神，深入贯彻习近平总书记考察云南重要讲话精神，在中共玉溪市江川区委的坚强领导下，全面落实统筹推进新冠肺炎疫情防控和经济社会发展部署要求，坚定不移贯彻新发展理念，聚焦“六稳”“六保”，紧扣决胜全面建成小康、决战脱贫攻坚和收官“十三五”谋划“十四五”，主动担当作为，认真履职尽责，为建设新江川、建设美丽滨湖花园城市作积极努力。全年共召开常委会会议9次，听取和审议“一府一委两院”专项工作报告18项，开展执法检查2次，专题询问1次，工作视察5次，专题调研12次，专项检查6次，形成审议意见10份。

【玉溪市江川区第二届人民代表大会第四次会议】 玉溪市江川区第二届人民代表大会第四次会议1月4日—7日在江川区九溪镇（玉溪人民警察训练基地）召开。166名区第二届人民代表大会代表出席会议，177人列席大会。

大会听取和审议区人民政府代理区长常成所作的《政府工作报告》；审查批准玉溪市江川区2019年国民经济和社会发展计划执行情况及2020年国民经济和社会发展计划；审查批准玉溪市江川区2019年地方财政预算执行情况和2020年地方财政预算；听取和审议区人大常委会主任龚桂存所作的《玉溪市江川区人大常委会工作报告》；听取和审议区人民法院院长王云峰所作的《玉溪市江川区人民法院工作报告》；听取和审议区人民检察院副检察长龚劲松所作的《玉溪市江川区人民检察院工作报告》，并作出六个报告的决议。

大会选举常成为玉溪市江川区人民政府区长；选举郭玉为玉溪市江川区监察委员会主任。

【区第二届人大常委会各次会议】 1月20日，区二届人大常委会举行第三十三次会议，会议审议决定：任命李江辉为玉溪市江川区市场监督管理局局长、李永华为玉溪市江川区林业和草原局局长；免去李江华的玉溪市江川区市场监督管理局局长职务。

3月24日，区二届人大常委会举行第三十四次会议，会议审议并通过玉溪市江川区人大常委会2020年工作要点，听取区人民政府关于玉溪市江川区2020年重大项目安排情况的报告。会议审议决定：任命赵鹏为玉溪市江川区监察委员会副主任、李应粱为玉溪市江川区人民法院审判委员会委员、毕海峰为玉溪市江川区人民法院审判委员会委员、李月雯为玉溪市江川区人民法院审判委员会委员；免去赵鹏的玉溪市江川区监察委员会委员职务、普丽娟的玉溪市江川区监察委员会副主任职务、韩丽华的玉溪市江川区监察委员会副主任职务、高超的玉溪市江川区监察委员会委员职务。

4月26日，区二届人大常委会举行第三十五次会议，会议审议决定：接受靳永春辞去玉溪市江川区第二届人民代表大会代表职务；接受何旭波辞去玉溪市江川区第二届人民代表大会代表职务，其所担任的玉溪市江川区第二届人大常委会委员职务相应终止。会议确认许可对区二届人大代表董国庆采取强制措施。

5月26日，区二届人大常委会举行第三十六次会议，会议听取和审议区人民政府关于旅游事业发展情况的报告，作出关于旅游事业发展情况的审议意见；听取和审议玉溪市江川区城市管理工作情况的报告，作出关于对区人民政府城市管理工作情况的审议意见；听取区人大常委会关于2019年度规范性文件备案审查工作情况的报告；审议区人民政府关于调整2019年江川区星云湖污染底泥疏挖及处置工程项目（二期）3亿元专项债券资金的议案，作出关于批准〈玉溪市江川区人民政府关于调整2019年江川区星云湖污染底泥疏挖及处置工程项目（二期）3亿元专项债券资金的议案〉的决议。会议听取和审议《玉溪市江川区第二届人大常委会代表资格审查委员会关于个别代表的代表资格审查的报告》，决定批准该报告，确认杨其生、靳永春的代表资格终止，确认依法补选的王亮、朱志舟、郭绍昆的区二届人大代表资格有效，确认到2020年5月26日为止，玉溪市江川区第二届人民代表大会实有代表166名。会议审议决定：任命张丽梅为玉溪市江川区监察委员会副主任、郭绍昆为玉溪市江川区人大社会建设与教育科学文化卫生委员会副主任委员。

6月30日，区二届人大常委会举行第三十七次会议，会议传达学习十三届全国人大三次会议精神、省十三届人大三次会议精神，学习习近平在中央政治局第二十次集体学习时关于《民法典》的重要讲话。会议对区人民政府副区长李忠海、区人民政府副区长龚文勇、区政务服务管理局局长胡莎、区司法局局长龚彦龙、区人力资源和社会保障局局长唐光华、区医疗保障局局长李江辉、区统计局局长周新、区民政局局长周瑜、区水利局局长王川等九名同志进行述职评议。会议听取和审议区人民政府关于江川区贯彻实施《中华人民共和国野生动物保护法》《云南省陆生野生动物保护条例》情况的报告和关于江川区贯彻实施《中华人民共和国动物防疫法》《云南省陆生野生动物保护条例》情况的报告；作出《玉溪市江川区人大常委会关于江川区贯彻实施〈中华人民共和国野生动物保护法〉、〈中华人民共和国动物防疫法〉和〈云南省陆生野生动物保护条例〉、〈云南省动物防疫条例〉情况的审议意见》。会议听取玉溪市江川区人民政府关于《玉溪市江川区人民政府提请终止执行〈玉溪市江川区人大常委会关于玉溪市江川区人民政府关于玉溪市江川区城市市政基础设施建设PPP项目有关事项的议案的决议〉的议案》说明，表决通过《玉溪市江川区人民政府提请终止执行〈玉溪市江川区人大常委会关于玉溪市江川区人民政府关于玉溪市江川区城市市政基础设施建设PPP项目有关事项的议案的决议〉的议案》的决定。会议听取玉溪市江川区人民政府关于《玉溪市江川区人民政府关于玉溪市江川区2017年度城市市政基础设施建设PPP项目调整后政府支付资金列入财政预算的议案》的说明，表决通过《玉溪市江川区人大常委会关于批准〈玉溪市江川区人民政府关于玉溪市江川区2017年度城市市政基础设施建设PPP项目调整后政府支付资金列入财政预算的议案〉的决议》。

7月30日，区二届人大常委会举行第三十八次会议，会议听取和审议区人民政府关于禁毒工作情况的报告，作出关于禁毒工作情况的审议意见。会议听取和审议区人民政府《关于玉溪市江川区2020年上半年国民经济和社会发展计划执行情况的报告》《关于玉溪市江川区2020年上半年财政预算执行情况的报告》，分别作出玉溪市江川区人大常委会关于对玉溪市江川区2020年上半年国民经济和社会发展计划执行情况的审议意见、关于对玉溪市江川区2020年上半年财政预算执行情况的审议意见。会议审议决定：任命花尚荣、黄俊、钟红梅、叶兰梅、张秋华、李存寿李金艳、张应林、刘文祥、董涛、周霞、黄辉、宋泽明、张秋霞、卢琴、刘云寿、杨坤华、周霞、宋政陆、廖丽琼、刘鑫、杨海燕、刘双会、黄江龙、赵宝昆、王江琼、吴兴丽、沐艳丽、张常仙、郭正明、段留富、杨艳、赵湖霖、刘世林、张良慧、黄祝旭、张云贵、郭会芬、李江跃、宋成坤、韩糯华、王江秀、汪艳华、刘芬、李少平、薛金辉、张勇、陆江贵、王存寿、韩竹放、邓学英、叶红、王江发、赵正有、赵仙、沈虹、徐妹、陈八有、唐明东、王三糯、王美艳、岳召柱、杨小俊、乐金仙、龚庆华、张兰华、施绍军、李金春、侯文春、蒋培艳、潘保华、徐江丽、毕雄、陈海正、朱声和、刘江华、普留、李金堂为玉溪市江川区人民法院人民陪审员；接受董国庆辞去玉溪市江川区第二届人民代表大会代表职务。

9月29日，区二届人大常委会举行第三十九次会议，会议听取区人民政府《关于玉溪市江川区2019年财政决算情况的报告》《2019年度区本级预算执行和其他财政收支的审计工作报告》并审查批准江川区2019年财政决算。会议听取《玉溪市江川区人民政府关于提请审议2020年新增地方政府债务限额和财政专项预算调整方案（草案）的议案》，表决通过《玉溪市江川区人大常委会关于批准玉溪市江川区2020年新增地方政府债务限额和财政专项预算调整方案的决议》。会议听取和审议区人民政府《关于玉溪市江川区农村“厕所革命”工作情况的报告》《关于2019年度区属国有企业国有资产监督管理情况的报告》，作出《玉溪市江川区人大常委会关于玉溪市江川区农村“厕所革命”工作情况的审议意见》《玉溪市江川区人大常委会关于2019年度区属国有企业国有资产监督管理情况的审议意见》。会议听取区人民政府《关于玉溪市江川区教师队伍年龄、学科结构的报告》和《关于玉溪市江川区全面建成小康社会工作推进情况的报告》。会议审议通过《玉溪市江川区人大常委会讨论决定重大事项的规定（试行）》和《玉溪市江川区人民代表大会常务委员会主任会议议事规则》。会议听取《玉溪市江川区人民政府关于提请审议大街街道析置的议案》，表决通过《玉溪市江川区人大常委会关于大街街道析置的决定》。会议听取《玉溪市江川区人大常委会关于确认许可对区二届人大代表杨宪安采取强制措施的决定（草案）的说明》，确认许可对区二届人大代表杨宪安采取强制措施。会议审议决定：免去靳永春玉溪市江川区人民政府副区长职务。

11月27日，区二届人大常委会举行第四十次会议，会议听取区人民政府关于第二届人民代表大会第四次会议代表建议办理情况的报告，听取玉溪市江川区监察委员会2020年工作情况的报告，听取区人民政府关于玉溪市江川区2020年度环境状况和环境保护目标完成情况的报告、关于玉溪市江川区2020年脱贫攻坚巩固提升工作情况的报告、关于2019年度区本级预算执行和其他财政收支审计查出问题整改情况的报告。会议听取和审议区人民政府常务副区长李卫东代表区人民政府所作的《玉溪市江川区人民政府关于2020年重大项目推进情况的报告》，作出关于玉溪市江川区2020年重大项目推进情况的审议意见。会议听取和审议区人民政府关于2020年财政预算调整方案（草案）的报告，审查批准区人民政府2020年财政预算调整方案。会议审议决定：任命张曦为玉溪市江川区人民政府副区长；任命林家宏为玉溪市江川区人民检察院检察员、检察委员会委员、副检察长，决定其为玉溪市江川区人民检察院代理检察长；任命龚艳美为玉溪市江川区监察委员会委员、龙海龙为玉溪市江川区监察委员会委员；免去潘文保的玉溪市江川区人民法院副院长职务；免去廖占林的玉溪市江川区人民法院审判委员会委员职务；免去平雪刚的玉溪市江川区人民检察院副检察长职务；接受杨宪安辞去玉溪市江川区第二届人民代表大会代表职务。会议听取和审议《玉溪市江川区第二届人大常委会代表资格审查委员会关于个别代表代表资格审查的报告》，决定批准该报告，确认徐贤、盛伟、矣向林、何旭波、董国庆、杨宪安代表的代表资格终止，确认普光照、张洪坤的代表资格有效，确认到2020年12月27日为止，玉溪市江川区第二届人民代表大会实有代表162名。

【强化经济工作监督】　紧盯如期完成区人代会确定的目标任务，听取和审议区政府2020年上半年国民经济和社会发展计划执行情况报告，分析经济形势，及时提出工作建议，助推全区经济健康运行。落实人大预算审查监督重点向支出预算和政策拓展的要求。紧盯重大项目建设，专项检查星云湖环湖截污、星云湖湿地湖滨带提质改造工程等7个PPP项目实施情况，督促区政府做好项目前期规划分析，加强风险监测预警，规范推进项目实施。关注全区重大项目推进情况，在听取区政府重大项目安排情况的基础上，组织部分省市区人大代表对全区2020年重点推进的滇中引水工程、江城纸制品产业园、星云湖一级保护区生态修复及生态屏障构建等项目进行视察，听取和审议区政府重大项目推进情况的报告。紧盯审计查出问题整改，听取2019年审计工作报告及2019年审计查出问题整改情况的报告，对审计查出突出问题整改情况进行跟踪调研，督促区政府及有关部门限期整改，76个审计查出问题已整改75个，整改率98.7%。紧盯国有资产管理，深入到城投、星投、粮食收储等7户企业专题调研国有资产管理工作情况，听取和审议区政府2019年度区属企业国有资产监督管理情况的报告，建议区政府完善国有资产监管体制机制，规范运营考核管理，不断提高国有企业发展能力。

【补齐民生短板】 针对社会普遍关注的城市建设与管理这一热点，专项检查区政府2017年度市政基础设施PPP项目实施情况，督促区政府加快项目建设力度，补齐城市基础设施短板，为市民创造良好人居环境。专题调研部分老旧小区改造、垃圾收集处理、市场建设管理等方面情况，听取和审议区政府城市管理工作情况的报告，建议区政府要加大市容环境整治、基础设施建设等方面的工作力度，着力提升城市品质和整体风貌。针对抚仙湖托管后旅游业发展滞后这一难点，专题调研全区旅游事业发展情况，听取和审议区政府关于旅游事业发展情况的报告，建议区政府要高质量编制全域旅游发展规划，加快推进星云湖南岸“乡村振兴”、古滇铜街等一批精品文旅项目建设。关注民生保障重点。审查批准区政府新增地方政府债务限额0.5亿元，保障区第二幼儿园项目建设资金需求，推动补齐教育短板如期完成规划指标。专题调研全区教师队伍和学科建设情况，听取政府专项工作汇报，建议区政府紧紧围绕“立德树人”根本任务，创新教师管理制度，提升教育教学质量，努力办人民满意的教育。专题调研全面建成小康社会统计监测指标完成情况，听取区政府关于全面建成小康社会工作推进情况的报告，要求区政府要坚决克服新冠肺炎疫情影响，严格对照各项指标任务，查弱补强，确保全面小康质量更高、成色更足。

【促进“乡村振兴”战略生效】 督促决战脱贫攻坚，围绕贯彻中央和省市区精准扶贫、精准脱贫决策部署，听取区政府关于扶贫开发和脱贫攻坚巩固提升工作情况的报告，要求区政府要绷紧弦、加把劲，查缺补漏，坚决打好脱贫攻坚收官之战，确保交出一份高质量的脱贫答卷。专项检查全区烤烟生产、烟叶收购工作，促进区政府全面完成全年烤烟收购任务；专题调研全区森林防火工作，要求政府职能部门要切实把森林防火工作责任落到实处；实地查看全区水库坝塘蓄水、防汛抗旱、汛期水利工程运行管理情况，建议区政府要进一步加强水库管理，更好发挥水库坝塘的生态效益和经济效益。助力依法抗击新冠肺炎疫情，深入各乡镇（街道）畜牧兽医站、动物养殖场、屠宰场、集贸市场等地，对区政府贯彻实施《中华人民共和国野生动物保护法》《中华人民共和国动物防疫法》和《云南省陆生野生动物保护条例》《云南省动物防疫条例》（以下简称“两法两条例”）情况开展执法检查，听取和审议区政府关于贯彻实施“两法两条例”工作情况的报告，要求坚决取缔非法交易和食用野生动物的违法行为，健全动物防疫检疫体系，切实保障人民群众生命健康安全。专题调研全区农村“厕所革命”工作情况，听取和审议玉溪市江川区农村“厕所革命”工作情况的报告，建议区政府要按照“小厕所、大民生”的理念，有效整合各类涉农资金，努力把提高群众生活品质的好事办实，实事办好。

【强化环境保护监督】 组织开展《云南省星云湖保护条例》执法检查，听取政府有关部门贯彻落实《条例》情况的汇报，针对存在的问题，督促有关责任单位进行整改落实，积极推进依法管湖、依法治湖。专题调研星云湖湿地湖滨带提质改造、生态修复及生态屏障构建、径流区废弃矿区治理修复、污水处理厂厂网一体化PPP项目运营管理等工作情况，分别对区政府和八个政府部门进行专题询问，要求区政府及有关部门要紧紧围绕水质脱劣目标，进一步落实落细各项政策措施，确保星云湖水质持续改善。开展落实河（湖）长制督察，对全区14座小（一）型以上水库管理情况进行全面督察，针对存在的问题，督促各级河长及职能部门进行认真整改。听取和审议区政府关于2020年度全区环境状况和环境保护目标完成情况报告，推动政府依法履行环境保护责任，确保江川天蓝、地绿、水清、景美。

【依法决定重大事项】 始终坚持把握好党委决策与人大决定的

关系，紧紧围绕区委重大决策，积极探索实践，依法行使重大事项决定权。在广泛听取意见、专项审查、充分审议的基础上，全年共作出关于批准调整2019年江川区星云湖污染底泥疏挖及处置工程项目（二期）3亿元专项债券资金、终止执行2017年度城市市政基础设施建设PPP项目有关事项、2017年度城市市政基础设施建设PPP项目调整后政府支付资金列入财政预算、2019年度地方财政决算、2020年新增地方政府债务限额和财政专项预算调整、大街街道析置等8项决议决定，及时推动区委决策部署的贯彻落实。

【依法开展人事任免】 始终坚持党管干部原则与人大依法任免有机结合，坚持新时期好干部标准，通过任前介绍、会中审议、会议表决、宪法宣誓等程序，严格依法行使人事任免权。全年共依法任免国家机关工作人员108人次，接受辞职4人次，开展宪法宣誓11人次；加强选举任命人员的任后监督，对区政府2名副区长和7名部门负责人进行述职评议，切实提高干部的法治意识、职责意识、为民服务意识，确保干部履职到位。

【人大代表建议办理】 及时召开代表建议交办会，将人代会期间代表提出的123件建议转交区政府及有关部门办理，要求区人大各专委和常委会各委室通过调研、督查等方式跟踪督办。组织部分区代表视察建议办理情况，协调市级建议办理专项经费30万元，推动江城张旗村新农村建设、前卫路域环境治理、雄关麦冲片区幼儿园建设等代表提出的问题得到有效解决。专题听取区政府关于人大代表建议办理情况的报告，督促增强办理实效，提高代表建议解决率。全年区人大常委会共督办代表建议123件，其中已经解决的A类建议38件，占30.90%；正在解决或列入规划解决的B类建议67件，占54.47%；受客观条件限制暂时难以解决的C类建议18件，占14.63%。

（殷忠伟）

玉溪市江川区人民政府

【区政府区长、副区长名录】

区委副书记、区长　常　成
区委常委、常务副区长　李卫东
副区长　杨军苹
　　　　李忠海
　　　　靳永春（2020.09免职）
　　　　龚文勇
　　　　钱　凡
区委常委、副区长
　　　　周靖宇（2020.12挂职结束）
副区长　张　曦（2020.11任）

【区人民政府工作部门、派出机构、直属事业单位正副职名录】

政府办公室
主　任　钟　镖
正科级督查专员　刘海洪
副主任　史　圆
　　　　魏　伟
　　　　周宝在
　　　　张小明（2020.04任）

发展和改革局
局　长　胡正鸿
副局长　王志伟（扶贫办主任）
　　　　杨家乙
　　　　王青青
　　　　洪家彬

工业商贸和信息化局
局　长　李华同
副局长　李　能
　　　　王丕娅
　　　　杨　明

教育体育局
局　长　杨志伟
副局长　张　伟
　　　　陈春荣
　　　　黄赛成

科学技术局
局　长　李文鹏
副局长　洪家起
　　　　符可奇

民族宗教事务局
局　长　李忠良
副局长　刘开华
　　　　邓树芬

公安分局
局　长　钱　凡
政　委　张文红
副政委　胡尚辰
副局长　黄　良（2020.11离任）
　　　　李正春
　　　　张　平
　　　　陈国华
　　　　董　飚（2020.07任，挂职）

民政局
局　长　周　瑜
副局长　龚有颖
　　　　翁　健（2020.11离任）

司法局
局　长　龚彦龙
副局长　李　佳
　　　　杨智强
　　　　周天华

财政局
局　长　杨兴华
副局长　伏荣宽
　　　　李光耀
　　　　褚玉江
　　　　李红梅

人力资源和社会保障局

局　长　唐光华

副局长　龚美伶

　　　　张亚民

　　　　张跃红

自然资源局

局　长　鲁　熊（2020.04任）

副局长　杨国华

　　　　金德富

　　　　付　波

　　　　邓绍辉（2020.01任）

　　　　陶兴见（区土地储备中心主任）

　　　　周红艳（区不动产登记中心主任）

生态环境分局

局　长　张润斌

副局长　张春丽（2020.10离任）

　　　　叶彦强

住房和城乡建设局

局　长　李竹贵

副局长　杨仕鸿

　　　　岳文宝

　　　　胡军伟

城市管理局

局　长　张新荣

副局长　陈　涛

　　　　宋华安

交通运输局

局　长　李汝林

副局长　李自平

　　　　万　超

　　　　胡文兴

农业农村局

局　长　莽嘉慧

副局长　刘来华

　　　　李学辉

　　　　李江华

　　　　施家敏

水利局

局　长　王　川

副局长　金　辉

　　　　刘雪莲

　　　　郭　伟

文化和旅游局

局　长　刘世培

副局长　王熙虹

　　　　孟　斌

　　　　沐　旭

　　　　万立俊

卫生和健康局

局　长　杨春文

副局长　陈江伟

　　　　戚　东

　　　　周双有

　　　　龚雪娟

　　　　孔凡莲（2020.08离任）

　　　　李绍江（区卫生监督局局长）

退役军人事务局

局　长　何　俊

副局长　谭　波

　　　　赵玉肖

应急管理局

局　长　赵雄伟

副局长　郑光辉

　　　　邢子彪

　　　　杨绍波

　　　　陈文东

审计局

局　长　吴绍金

副局长　杨家祥

　　　　张文艳（2020.06任）

市场监督管理局

局　长　李江华

副局长　蔡小明

　　　　张绍林（2020.11离任）

　　　　李彦华

　　　　刘春丽

　　　　孟　斌（2020.01任）

林业和草原局

局　长　李永华（2020.01任）

副局长　周元明

　　　　安明喜

统计局

局　长　周　新

副局长　陶有贵

　　　　杨霜梅

信访局

局　长　陶文红

副局长　毕美琼

　　　　宋　瑞（2020.01离任）

　　　　王　坤（2020.01任）

医疗保障局

局　长　李江辉

副局长　潘兴江

　　　　李艳华

　　　　艾艳凤（医疗保险中心主任）

政务服务管理局

局　长　胡　莎

副局长　汤江平

　　　　方建文

星云湖管理局

局　长　张江明

副局长　蒋万良

　　　　向思桦（2020.04任）

投资促进局

局　长　马江艳

副局长　杨鑫磊

　　　　邓冬芬

　　　　李万雄

防震减灾局

局　长　郑忠党

副局长　李秋艳

烟草产业服务中心

主　任　李江华

机关事务服务中心

主　任　张亚斌

副主任　汪　波（2020.04任）

（吕林睿　杭书亦）

【区政府重要文件】

玉溪市江川区人民政府关于切实抓好2020年烤烟生产工作的通知

玉溪市江川区人民政府关于做好第七次全国人口普查工作的通知

玉溪市江川区人民政府2020年森林草原防火命令

玉溪市江川区人民政府关于2018年第四批次城镇建设用地J地块收储土地出让等资金管理相关问题的通知

玉溪市江川区人民政府关于印发《玉溪市江川区应对新冠肺炎疫情稳定经济运行22条措施》的通知

玉溪市江川区人民政府关于印发《玉溪市江川区区级储备粮管理办法（修订）》的通知

玉溪市江川区人民政府关于调整大街街道等3个乡镇（街道）土地利用总体规划指标的通知

玉溪市江川区人民政府关于印发《玉溪市江川区相对集中行政许可权改革实施方案》的通知

玉溪市江川区人民政府关于调整雄关乡、安化乡土地利用总体规划指标的通知

玉溪市江川区人民政府关于处置JTC—2020—30号闲置地块的通知

玉溪市江川区人民政府关于印发《玉溪市江川区加快推进九龙晟景项目整改工作方案》的通知

玉溪市江川区人民政府关于印发《江川区农村生活污水治理专项规划》的通知

【区政府办重要文件】

玉溪市江川区人民政府办公室关于切实加强新型冠状病毒感染的肺炎疫情防控工作的通知

玉溪市江川区人民政府办公室关于进一步推进烟花爆竹行业整合实施方案的通知

玉溪市江川区人民政府办公室关于印发《玉溪市江川区义务教育未到校（辍学）学生劝返安置工作实施方案》的通知

玉溪市江川区人民政府办公室关于明确全区2020年主要经济指标目标任务的通知

玉溪市江川区人民政府办公室关于印发《玉溪市江川区推行环境污染第三方治理的实施意见》的通知

玉溪市江川区人民政府办公室关于印发《玉溪市江川区“十四五”规划编制工作方案》的通知

玉溪市江川区国有企业退休人员社会化管理服务工作实施细则

玉溪市江川区人民政府办公室关于印发《玉溪市江川区粮食应急预案（修订）》的通知

玉溪市江川区人民政府办公室关于印发《玉溪市江川区营商环境提质年实施方案》的通知

玉溪市江川区人民政府办公室关于印发《玉溪市江川区人民政府常务会议议题呈报审批审议流程》的通知

玉溪市江川区人民政府办公室关于建立玉溪市江川区数字新基建推进工作联席会议制度的通知

玉溪市江川区人民政府办公室关于调整部分区政府议事协调机构主要领导的通知

玉溪市江川区人民政府办公室关于印发《玉溪市江川区完善促进消费体制机制激发居民消费潜力重点任务分解方案》的通知

玉溪市江川区人民政府办公室关于印发《玉溪市江川区推进非煤矿山关闭工作方案》的通知

玉溪市江川区人民政府办公室关于印发《玉溪市江川区2020年烤烟生产收购责任状考核办法》的通知

玉溪市江川区人民政府办公室关于印发《玉溪市江川区推进爱国卫生“七个专项行动”方案》的通知

玉溪市江川区人民政府办公室关于印发《玉溪市江川区新能源汽车推广应用工作实施方案》的通知

玉溪市江川区人民政府办公室扎实做好“六稳”工作全面落实“六保”任务实施方案的通知

玉溪市江川区人民政府办公室关于印发《玉溪市江川区畜禽养殖禁养区限养区划定意见》的通知

玉溪市江川区人民政府办公室关于做好重大行政决策有关事项的通知

玉溪市江川区人民政府办公室关于印发《玉溪市江川区化解2020年冬春干旱风险及抗旱救灾工作方案》的通知

玉溪市江川区人民政府办公室关于预下达2020年烤烟生产收购计划的通知

玉溪市江川区人民政府办公室关于印发《玉溪市江川区贯彻落实省政府督导星云湖保护治理工作反馈意见整改方案》的通知

玉溪市江川区人民政府办公室关于调整预下达2020年烤烟生产收购计划的通知

玉溪市江川区人民政府办公室关于印发《玉溪市江川区政务服务“好差评”制度建设工作实施方案（实行）》的通知

玉溪市江川区人民政府办公室关于印发《玉溪市江川区森林

草原火灾应急预案》的通知

玉溪市江川区人民政府办公室关于印发《玉溪市江川区人民政府办公室2020年重大行政决策事项清单》的通知

玉溪市江川区人民政府办公室关于印发《玉溪市江川区农村不动产确权登记发证工作实施方案》的通知

玉溪市江川区人民政府办公室关于印发《玉溪市江川区职业技能提升行动实施方案（2019—2021年）》的通知

玉溪市江川区人民政府办公室关于印发《玉溪市江川区国土空间规划编制工作方案》的通知

玉溪市江川区人民政府办公室关于印发《玉溪市江川区农村生活垃圾收集转运处置费用收取工作方案》的通知

玉溪市江川区人民政府办公室关于印发《玉溪市江川区在养禁食陆生野生动物处置工作方案》的通知

玉溪市江川区人民政府办公室关于印发《玉溪江川区违法违规建筑“两整治、两规范”专项行动工作方案》的通知

玉溪市江川区人民政府办公室关于建立营商环境“红黑榜”制度的通知

玉溪市江川区人民政府办公室关于印发《玉溪市江川区改革完善体制机制加强粮食储备安全管理工作实施方案》的通知

玉溪市江川区人民政府办公室关于印发《预算单位实有资金账户资金财政统管的方案》的通知

玉溪市江川区人民政府办公室关于开展玉溪市江川区农村宅基地审批管理工作的通知

玉溪市江川区人民政府办公室关于印发《玉溪市江川区“多规合一”实用性村庄规划编制工作方案》的通知

玉溪市江川区人民政府办公室关于成立江川区建子山垃圾填埋场渗滤液处置工作领导小组的通知

玉溪市江川区人民政府办公室关于成立玉溪市江川区抚仙湖、星云湖生态移民搬迁工作督导组的通知

玉溪市江川区人民政府办公室关于成立江川区新型冠状病毒感染的肺炎疫情及春季传染性疾病防控工作领导小组的通知

玉溪市江川区人民政府办公室关于成立江川区农产品废弃物资源化利用处理应用示范项目推进工作领导小组的通知

玉溪市江川区人民政府办公室关于成立江川区建筑垃圾及渣土处置场建设项目工作领导小组

玉溪市江川区人民政府办公室关于调整星云湖保护治理雷霆行动指挥部的通知

玉溪市江川区人民政府办公室关于成立江川区促投资稳增长指挥调度中心的通知

玉溪市江川区人民政府办公室关于成立玉溪市江川区优化营商环境暨推进政府职能转变和“放管服”改革工作等4个领导小组的通知

玉溪市江川区人民政府办公室关于成立玉溪市江川区第二届残疾人工作委员会的通知

玉溪市江川区人民政府办公室关于成立玉溪市江川区尘肺病防治攻坚行动领导小组的通知

玉溪市江川区人民政府办公室关于成立玉溪市江川区国家义务教育质量检测实施工作领导小组的通知

玉溪市江川区人民政府办公室关于成立江川区原龙登花炮厂及周边地块土地征收工作领导小组的通知

玉溪市江川区人民政府办公室关于成立玉溪市江川区国有企业退离休人员社会化管理服务工作领导小组的通知

玉溪市江川区人民政府办公室关于成立江川区城市西片区土地征收工作领导小组的通知

玉溪市江川区人民政府办公室关于调整玉溪市江川区防汛抗旱指挥部成员单位的通知

玉溪市江川区人民政府办公室关于调整玉溪市江川区2017年度城市市政基础设施建设PPP项目清算工作领导小组的通知

玉溪市江川区人民政府办公室关于成立玉溪市江川区节约用水工作领导小组的通知

玉溪市江川区人民政府办公室关于成立玉溪市江川区烟叶生产基础设施建设工作领导小组的通知

玉溪市江川区人民政府办公室关于成立玉溪市江川区推进爱国卫生“七个专项行动”领导小组的通知

玉溪市江川区人民政府办公室关于建立玉溪市江川区养老服务联席会议制度的通知

玉溪市江川区人民政府办公室关于成立玉溪市江川区管线建设协调工作领导小组的通知

玉溪市江川区人民政府办公室关于成立玉溪市江川区主城区雨污水管网建设工作领导小组的通知

玉溪市江川区人民政府办公室关于成立玉溪市江川区地方政

府债券新增债券项目申报工作领导小组的通知

玉溪市江川区人民政府办公室关于印发《玉溪市江川区进一步加强地震灾害防范应对准备工作实施方案》的通知

玉溪市江川区人民政府办公室关于设立玉溪市江川区滇中引水工程建设管理局有关事项的通知

玉溪市江川区人民政府办公室关于成立玉溪市江川疫苗药品管理工作领导小组的通知

玉溪市江川区人民政府办公室关于成立玉溪市江川区新能源汽车推广应用工作领导小组的通知

玉溪市江川区人民政府办公室关于成立玉溪市江川区综合行政执法改革领导小组的通知

玉溪市江川区人民政府办公室关于全力做好火灾隐患排查整治的紧急通知

玉溪市江川区人民政府办公室关于成立玉溪市江川区2020年国家交办长江经济带生态环境问题整改工作领导小组的通知

玉溪市江川区人民政府办公室关于成立《生物多样性公约》第十五次缔约方大会玉溪市江川区筹备工作领导小组的通知

（李　倩　张文丽）

【区政府重要会议】

玉溪市江川区道路交通安全工作会议

玉溪市江川区“两征两退”暨2020年玉溪市江川区征兵工作会

2020年江川区春节期间森林草原防灭火工作会

2020年烟叶生产工作会

全区新型冠状病毒感染肺炎疫情防控工作会议

全面建成小康社会及一季度经济运行分析会

江川区非煤矿山转型升级工作推进会

玉溪市江川区2020年法治政府建设工作、第二届人民政府第四次全体会议暨廉政工作会议、区政府主要领导集体廉政谈话

玉溪市江川区经济运行分析会和月度重点项目推进会

2020年全区安全生产工作暨区安委会第一次全体会议

2020年一季度向上争取汇报工作会议

2020年玉溪市江川区防震减灾工作联席会议

玉溪市江川区推进覆盖全社会养老服务体系建设试点工作暨全面建成小康社会统计监测指标每千名老年人拥有床位数达标工作会议

2020年全区自然资源暨地质灾害防治工作会议

玉溪市江川区第七次全国人口普查领导小组第一次会议暨工作动员部署会

各级环保督察整改、污染防治攻坚战推进会暨省高原湖泊专项督察动员会

江川区生态保护修复攻坚战工作推进会

2020年银政座谈会

江川区脱贫攻坚农村危房改造查缺补漏排查整改工作会

玉溪市江川区禁毒工作推进会议

玉溪市江川区项目管理专题会议

玉溪市江川区推进非煤矿山关闭工作部署会议

全区推进爱国卫生专项行动动员部署会议和“美丽县城”建设推进工作会议

数字新基建推进工作会

区应对疫情工作领导小组指挥部工作会议

玉溪市江川区农村人居环境整治暨农村“厕所革命”工作推进会

玉溪市江川区“十四五”规划编制工作推进会

玉溪市江川区优化营商环境领导小组第二次会议暨相对集中行政许可权改革动员大会

全区爱国卫生“七个专项行动”工作推进会

国家督查组对政府履行教育职责评价实地督查江川区汇报会议

市对区农村人居环境整治三年行动考核评估实地核查反馈会

2020年脱贫攻坚成效考核迎检工作会

国土空间规划编制及“多规合一”实用性村庄规划编制工作推进会

（沈旭辉）

【区政府主要工作情况】 疫情防控　健全落实各项防控措施，2例确诊病例治愈，无新增本地确诊病例，社会秩序有序恢复。承接境外入滇集中隔离人员4批243人，排查中高风险地区入江返江人员6万余人次；投入抗疫资金1140万元，动员社会各界捐款捐物总值达575.80万元。抓实常态化疫情防控，全面推广“健康码”，做好“三非”外国人排查、进口冷链食品监测、秋冬季疫情防控等系列工作，启动“双提升”工程，区内医疗机构核酸日检测能力达4000份。大街街道荣获全省抗疫先进集体，区人民

医院1名医务工作者荣获全省抗疫先进个人。在疫情防控这场大考中，2万余名志愿者冲锋在第一线、2名医务工作者、1名公安干警驰援湖北、逆行出征，用实际行动践行伟大抗疫精神。

经济建设　以扶持实体经济为着力点，落实国家普惠政策，为企业减税降费1.57亿元，出台稳定经济运行22条措施，全力推动复工复产复市复业，经济运行企稳回升。2020年，完成地区生产总值146.70亿元，增长4.3%；一般公共预算收入5.67亿元，增长5.7%；固定资产投资58亿元，增长-22.4%；社会消费品零售总额64.6亿元，增长-2.9%；规模以上工业增加值19亿元，增长8.6%；城乡居民人均可支配收入分别达41158元、15701元，分别增长3.5%、6.9%。项目建设加快推进。继续推行“五个一”机制，实行投资任务“红黑榜”考核，实施重点项目111个，新入库76个。云菜集团、天宇科技竣工投产，云南嘉科、联塑二期、星云湖畔、瀛景国际等重点项目进展顺利。获得省级追加建设用地指标1000亩，新增专项债券5000万元。产业基础不断夯实。三次产业结构调整为19.6∶30.1∶50.3。完成第一产业增加值27.40亿元、增长5.8%。建成高标准农田7100亩，种植粮食9.85万亩、蔬菜22万亩、花卉1.85万亩；在全市率先完成烤烟收购任务，均价居全市第一，实现烟农交售收入3.18亿元、烟叶税7000余万元；新增市级以上农业龙头企业1户、家庭农场示范场5个；“宏斌”牌小米辣再获云南省绿色食品“十大名菜”。完成第二产业增加值45亿元、增长4.4%。龙泉园区实现工业总产值22.14亿元；磷化工行业实现销售收入6.56亿元；纸制品包装行业主营业务收入达8亿元；新增规模以上工业企业3户；商品房销售面积增长25%。完成第三产业增加值74.4亿元、增长3.8%。举办“邂逅星云·荷你有约”首届乡村振兴农旅文化节，民宿、农家乐等环星云湖旅游业态初见雏形，安化社区获评省级旅游名村，前卫渔村获评省级民族民间工艺品示范村，实现旅游收入60亿元、增长5%；现代物流业快速发展，实现物流业产值4.50亿元、增长182%，进出口总额完成3466万美元；新基建步伐加快，建成5G基站14个，区块链产业金融服务平台上线。

三大攻坚战　决胜脱贫攻坚圆满收官。全面落实脱贫攻坚巩固提升各项政策措施，61个各级反馈问题全部整改，整合各类资金6600余万元实施扶贫项目60余个。全区脱贫不稳定监测户65户197人，边缘户81户249人全部消除致贫风险。顺利通过国家脱贫攻坚普查验收，建档立卡户人均纯收入达1.30万元。污染防治攻坚战取得突破。2003年以来星云湖首次脱劣，12条主要入湖河道综合整治、原位控藻及水质提升、湿地湖滨带提质改造等工程全面完工；“四退三还”累计退出房屋422户、拆除10万余平方米；创新实施河（湖）长派单制，星云湖及大街河、大龙潭河等6条河道获评市级美丽河湖，提名省级美丽河湖评选；区河长办获评全国先进集体。蓝天保卫战各项任务圆满完成，城市空气质量优良率达99.7%。土壤污染防治扎实推进，完成重点行业企业用地污染状况调查，建立污染地块清单和优先管控名录。完成海棠水库等5个饮用水水源地保护区划定；完成23座非煤矿山转型升级，恢复治理星云湖径流区18座矿山；星云湖径流区调减蔬菜种植1.65万亩，沿湖种植生态烟叶5118亩、水稻（荷藕）4030亩，化肥、农药施用量进一步削减。三大保卫战和“7个标志性战役”取得成效，国家县域生态环境质量考核为基本稳定。防范化解重大风险攻坚战成效明显。积极开源节流，向上争取资金13.47亿元，做好统筹调度，克服收支矛盾，全力兜住“三保”；完成市级下达债务化解目标，退出风险提示名单，债务风险等级从橙色降为黄色。推动金融业稳健运行，银行业金融机构人民币存贷款余额分别增长3.84%、14.27%，存贷比达95%。

城乡发展　城市建设加快推进。完成中心城区部分地块控制性详细规划、城市更新概念性规划编制，启动西片区控制性详细规划、国土空间规划、“多规合一”实用性村庄规划编制。玉江大道入城段改造工程全面完工，翠大线改造6.38千米，龙泉大道、浪广路北沿线复工建设，完成文祥街、文林街、宝凤路人行道改造升级。30个老旧小区改造全面完工，大街农贸市场投入使用，新改建城市公厕9座，更新改造智慧停车位1723个，发行智慧车牌2.60万张，新增城区绿化面积305.25亩。人居环境持续提升。完成生态保护红线评估调整，实施5个美丽乡镇、124个“百千工程”及5个“一水两污”项目，安装太阳能路灯5650盏，城乡生活垃圾有效处理率、镇区生活污水处理

设施覆盖率、集镇水冲公厕覆盖率、村（居）民小组人居环境1档标准达标率均达100%；农村“厕所革命”超额完成任务，新建行政村无害化卫生公厕28座，完成无害化卫生户厕改建25811座，农村卫生厕所覆盖率达92.95%，排名全省二类县第一名；实施农村公路安防工程164千米，创建“美丽公路”20千米；完成9个示范村1.54万平方米农村“节地上楼”建设。创建1个省级、11个市级美丽村庄、3个省级农村人居环境示范村、3个贫困地区农村人居环境整治示范村，建成文明村镇15个。“七个专项行动”初见成效。裸露垃圾实现全消除，公共厕所分类达标，新建洗手台467座；探索“六看”工作法，农贸市场环境大提升；推行“八查八看”自律守则，餐饮服务单位全达标；重点场所清洁消毒管理规范化，健康教育大众化，爱国卫生“七个专项行动”连续两月市级测评红榜夺魁，乡镇（街道）均成功创建省级卫生乡镇，52个行政村创建为省级卫生村。

深化改革　重点领域改革深入推进。全面推进医共体打包付费制度、义务教育教师区级统筹管理等综合性改革；农村宅基地制度改革获国家试点；在全市率先开展“交所合一”“一门通办”警务改革；完成市场服务中心、供排水公司国有企业改革；启动“一颗印章管审批”，探索建立区乡两级农村土地流转交易服务平台。开放创新持续深化。年内投入R&D经费1.38亿元、增长92.54%，建成第二个院士工作站（闻邦椿院士工作站），立项科技部重点专项1个、省级科技重大专项2个，认定高新技术企业4户，入库国家科技型中小企业9户，备案为省级科技型中小企业13户，认定市级工程技术研究中心1个，新入选云南省“首席技师”2人。抚仙湖欢乐休闲度假区、古滇铜街等29个招商引资项目成功签约，市外国内到位资金增长21.65%，引进外资50万美元。绘制“十四五”发展蓝图。主动融入滇中城市群、昆玉同城化、红江一体化发展格局，精心编制“十四五”规划及24个专项规划，谋划“十四五”重点项目库。“用脚步丈量城市”，制定城市更新三年行动计划，包装城市交通优化、特色街区打造、公共设施配套等55个重点项目，计划投资62亿元。

民生保障　投入民生资金16.61亿元，占全区一般公共预算支出的78.9%，十件惠民实事基本完成。社会事业协调推进。区二幼、大庄幼儿园和九溪中心幼儿园建成使用，义务教育、职业教育和高中教育提质增效，高考成绩在县（市、区）中名列前茅。区人民医院胸痛中心通过国家认证，区妇幼保健院整体搬迁，市传染病医院落地江川，建立居民健康档案25万份，家庭医生签约9.98万人。保障水平不断提高。实施高校毕业生、退役军人等就业帮扶政策，新增就业2850人，城镇登记失业率3.4%。发放创业担保贷款1.52亿元、兑付各类就业补助591.72万元。基本社会保险参保率指数完成目标值100%。老年人服务场所达335个，每千名老年人拥有床位数居全市第一。文体事业蓬勃发展。公共文化惠民活动日益丰富；率先建成32块足球场，成功举办2020—2021赛季CBDL第一阶段比赛、全市第十八届老年人健身运动会和青少年学生运动会等赛事。社会治理持续提升。成功创建云南省第一批民族团结进步示范区，命名8家省级、36家市级、66家区级示范单位。扫黑除恶专项斗争“长效常治”，抓实禁毒防艾，社会治安防控体系不断完善，平安建设和社会治理现代化水平不断提高，扎实开展文明城市创建，社会风气持续净化，获评全国信访工作“三无”县、全省“先进平安”县。第七次全国人口普查、大街街道析置有序推进。国防动员、双拥工作、广播电视、气象、防震减灾、人防、供销、残联、科协、工商联、工青妇、老体协、红十字会、关心下一代等各项工作取得新成效。

自身建设　强化审计监督和政务督查，完成重大行政决策目录标准制定，组织重大决策听证13项、重大风险评估14项，公开政府信息6000余条，基层政务公开标准化规范化工作稳步推进。完成公共资源交易项目73个，节约资金2300余万元。落实中央八项规定精神及实施细则，持续纠治形式主义、官僚主义，切实为基层减负，政府系统会议、文件数量均在限额范围内。扎实开展“以案促改”警示教育，全面推进“清廉江川”建设。

（金家红）

【建议和提案办理】　2020年，共收到人大代表建议123件，均严格按规定办理答复完毕，办复率100%。从办理情况看：A类建议38件，占30.9%；B类建议67件，占54.47%；C类建议18件，占

14.63%。从办理结果看：满意114件，92.69%，基本满意的8件，占6.5%；不满意1件，占0.81%。

2020年，共收到政协委员提案108件，内容相似作并案处理6件，实有提案102件。经审查，立案90件，撤案3件、不予立案9件，立案率为83.33%。其中经济建设类34件，占37.78%；政治建设类8件，占8.89%；文化建设类14件，占15.55%。社会建设类27件，占30%；生态文明建设类7件，占提案总数的7.78%。从办理结果看：满意90件，占100%。

（张梦石）

行政效能

【概述】 深入贯彻落实市委、市政府各项决策部署，坚持稳中求进工作总基调，以满足最广大人民的根本利益为目的，强化作风建设、深化依法行政，扎实做好“六稳”工作、全面落实“六保”任务，推动经济平稳运行、健康发展。

【深化改革】 深化财税、金融体制改革。做好农村集体产权制度改革后续工作，推进农村宅基地试点改革，规范农村土地经营权有序流转。继续推进国有企业改革、供销合作社综合改革。深入推进文化市场、农业、市场监管、交通运输、生态环境保护、应急管理综合行政执法改革。持续推进政务服务“放管服”改革，打造“办事不求人、审批不见面、最多跑一次”和“全程服务有保障”的营商环境。

【督查工作】 围绕2020年中央环境保护督察、省政府综合督查及省市政府重点督查工作的要求，严守时间要求，及时按周、月、季督促上报省市政府工作报告、领导重要调研、重点工作等各项任务分解等督查督办件149项510次。把督查重点放在重大决策部署、年度重点工作和重点项目上，督促各级各部门狠抓各项工作落实。积极开展区政府工作报告任务落实情况的督办，以《政府工作报告》为主线，将全区经济社会发展任务目标逐项分解，量化为56项具体工作和10件惠民实事，明确工作标准内容、责任单位，实行季度全面督查并通报，确保工作落到实处。紧扣区政府常务会议、政府专题会议等重点会议决定事项进行督查。以问题为导向，督促各责任单位围绕工作目标任务，切实解决问题，将具体问题办好办实。对于完成时限较长的事项，定期进行督促落实。紧盯重点工作进行督查落实，针对重点项目、森林防火、农村“厕所革命”、城乡人居环境整治、疫情防控、爱国卫生“七个专项行动”、脱贫攻坚、星云湖流域“十三五”保护治理攻坚方案工作任务落实情况等工作进行严督实导，采取联合相关部门实地调研，查找存在的困难和问题，并有针对性地提出工作建议，为领导决策提供依据。结合江川区工作情况认真开展督查检查70余次，印发《督查通报》10期，《重点工作督查专报》14期，联合督查6期。始终把督促办理省市、区级主要领导批示作为一项上为领导分忧、下为群众解难的重要工作抓紧抓实。全年共办理领导批示件32件（市政府领导批示件12件、区本级领导批示件20件）办结率100%，做到“件件有落实，事事有回音”。

（蒋思宏　徐顺生）

法制工作

【概况】 2020年，在市委、市政府和区委的坚强领导下，江川区坚持以习近平新时代中国特色社会主义思想为指导，全面贯彻习近平法治思想，认真落实党的十九大及十九届二中、三中、四中、五中全会精神和中央全面依法治国工作会议精神，围绕《玉溪市江川区法治政府建设实施方案（2016—2020年）》《玉溪市江川区2020年法治政府建设工作计划》，推进各项工作开展。

【组织保障和制度建设】 法治建设工作纳入全区综合目标考核，按照法治政府建设实施方案，严格做到年初有计划、年中有检查、年末有考核。及时召开会议，在总结上年工作的基础上，对2020年法治政府建设工作进行安排部署。对区委全面依法治区委员会执法协调小组成员进行调整。召开区委全面依法治区委员会办公室暨执法协调小组工作会议，制定2020年法治政府建设工作计划、工作要点及任务分工。

【普法学法】 2020年，全区开展《城乡规划法》《民法典》法治专题讲座2次，区政府第68次和第78次常务会议分别专题学习《中华人民共和国土地管理法》《中华人民共和国预算法实施条例》及解读，组织全区机关事业单位公务员和事业人员共2000余人参加在线学法。全区58家单位开展民法典专题学习。

【决策法治化】 全年完成重大行政决策目录标准制定，接受社会监督，对重大事项开展社会稳定风险评估14项、重大行政决策事项听证13件。落实政府法律顾问制度，确保依法决策。全年继续聘用5个律师事务所江川区法律顾问，为全区各级各部门提供法律服务，为依法决策提供保障。全区法律顾问共完成对各项事项法制审查485件次，出具书面法律意见294份，办理各类诉讼案件37件。区法律顾问室全年共完成对重大行政决策、重要事项（文件）、重要项目合同等法制审查57件次。

【行政执法管理】 理顺行政执法主体，加强行政执法人员业务培训。全年对机构改革后江川区24家单位的行政执法主体资格进行审查确认并予以公告；继续做好行政执法人员网上考试和资格管理工作，组织开展《城乡规划法》《行政处罚法》等为内容的行政执法业务现场培训2次和行政执法机关负责人参加旁听人民法院审理行政诉讼案件活动1次；结合部门职能调整情况和法律法规规章的变化情况，对行政执法部门现有行政处罚自由裁量标准和行政裁决事项进行全面梳理，规范行政处罚自由裁量权和行政裁决权，不断夯实严格规范公正文明执法基础。做好行政执法案卷评查和行政执法“三项制度”贯彻落实。全年全区行政执法单位自行组织评查行政许可、行政处罚和行政强制等各类行政执法案卷共741卷，区司法局抽查20卷，并对存在问题及时进行通报。开展行政执法“三项制度”督查检查1次，对落实行政执法“三项制度”存在问题进行通报，督促整改落实；继续做好行政执法和刑事司法衔接工作，全年共移交公安机关处理的刑事案件18件。

【政府职能转变】 深化“放管服”改革，全区累计取消区级行政许可事项43项、承接185项、调整53项，承接取消调整后区乡分别保留行政许可事项为262项、11项；梳理32个区级部门行政职权6482项、责任事项53465项、追责情形46355项，6个乡镇（街道）行政职权318项、责任事项1470项、追责情形1698项。创新服务模式，优化营商环境。完成新政务大厅建设，推动线下“只进一扇门”，实现企业和群众办事“只进一扇门、只到一个窗”改革目标，全年受理办理业务252060件。继续推广“一站式”惠民平台，全年受理办理业务31577件，已办结23398件，统一窗口出件6456件，好评率100%。积极推广使用“一部手机办事通”，全年10854人完成实名认证，查询类办件量184374件，办理类办件量4630件，总活跃用户22065人。启动“一颗印章管审批”改革，首批16个单位161项行政许可事项实现集中受理审批，全年受理办件661件，办结661件，办结率100%。进一步压缩办理时限，承诺1个工作日办结事项较2019年提升74.54%，承诺5个工作日以上办结事项较2019年减少56.06%，全面完成政务服务事项审批时限压缩“两个50%”目标。严格落实“好差评”“五亮五公开”“首问工作责任制”和“一次性”告知等制度，建立营商环境“红黑榜”制度，开通“政务快递”，为办事群众提供规范便利高效的政务服务。围绕“决策公开、执行公开、管理公开、服务公开、结果公开”，大力推进政务公开工作，公开政府信息6655条。

【化解社会矛盾】 全年全区共受理各类行政复议案件5件，审结3件，其中已审结的行政复议案件中，维持1件，撤销1件，终止1件。执行行政机关负责人出庭应诉刚性要求，全年区政府及其工作部门共出庭应诉12件次。行政机关积极参加行政诉讼，接受司法监督，不断提高依法行政能力和水平。重视基层法治建设，充分发挥人民调解工作的社会“稳定器”和“减压阀”作用。继续加强基层民主法治建设力度，前卫镇业家山村委会、大街街道上头营社区等9个村（社区）获玉溪市民主法治村（社区）命名，乡村治理能力和治理水平不断提升。对全区村（社区）调解主任、治保主任和乡镇（街道）调解委员会人员共150人进行《民法典》专题培训，提升矛盾纠纷的调解能力和水平。全区各调委会共调解矛盾纠纷660件，调解成功647件，成功率为98.03%，纠纷涉及当事人1236人，协议涉及金额213.01万元；开展矛盾纠纷排查96次。

【做好公共法律服务】 落实普法责任制，圆满完成“七五”普法规划验收。根据部分国家机关职责职能因机构改革调整实际，制定新的区级国家机关普法责任清单予以公告，确保国家机关普法责任落到实处。全区共开展法治宣讲27次13311人次，广播宣传2359次，听众1141500人次，培训骨干13期595人次，专业法宣传59次304人次，帮教青少年21次43人，开展法律咨询1710次2527人次，展出图片38期494幅，黑板宣传1463块2122期，印发材料189期85480份，张贴悬挂普法标语1321条，通过“江川法宣在线”普法微信公众号发表推文宣传325篇，编排法治宣传片1部。江川区的“七五”普法工作在市对区的检查验收中被确定为优秀等次。统筹各类法律资源，协同做好公共法律服务。全年在江川区注册成立云南滇玉（江川）律师事务所，新增职业律师3名；在10家单位开展公职律师工作，发展公职律师20名，为人民群众提供更多的法律服务资源。组织职业律师为东鑫废旧物资回收有限公司等5家民营企业开展法治体检，助推民营企业经济发展、疫情防控和复工复产。严格落实刑事案件律师辩护全覆盖工作，为盲、聋、哑等特殊人群和经济困难群众提供法律援助，全年共办理法律援助案件312件，支出法律援助办案补助46.30余万元。继续深化公证体制改革，拓展公证业务范围，全年共办理公证案件563件。

（龚永达）

信　访

【概况】　2020年，全区信访部门全面贯彻落实习近平总书记关于加强和改进人民信访工作的重要思想和习近平总书记考察云南重要讲话精神，贯彻落实区委二届六次、七次全会精神，围绕区委、区政府中心工作，加强信访系统的政治建设，抓好基础业务规范化建设，坚持和发展“枫桥经验”，推进信访系统服务大局行动、信访工作制度改革行动、信访系统自身建设行动，促进全区社会和谐稳定。

【信访联席会议第一次全体会议】　3月13日，中共玉溪市江川区委信访工作联席会议2020年第一次全体会议召开。传达会议精神，总结2019年工作，分析全区信访工作面临的形势任务，对全区2020年的信访工作进行安排部署。

【荣获全国“三无”县（区）称号】　2020年4月，《国家信访局办公室关于2019年信访工作“三无”县（市、区）创建情况的通报》（国信办发〔2020〕7号）文件中，江川区荣获2019年全国信访工作“三无”县（市、区）称号。

【接访办信情况】　全年全区信访总量632件853人次。其中来访156件377人次（个体访143件197人次、集体访13件180人次，初访147件365人次、重复访9件12人次）；来信23件；网上信访29件；人民网52件；邮件107件；微信25件；语音件222件；视频4件。

【书记区长接待日】　全年共开展书记区长接待日10次，共接访58件92人次；交办22件，办结22件，办结率100%。

【排查化解信访矛盾】　强化包案化解信访案件工作，市级领导包案1件；全区党政领导包案信访案件涉及24件，其中包案化解5件、稳控19件。协调组织3件书记市长接待日信访件的视频接访，推动相关问题解决。推进“四大重点”信访矛盾化解攻坚战，系统标识的1件“四大重点”信访件实现化解。

【信访服务保障】　全区信访系统强化安排部署、分析研判、排查化解、应急处置，认真做好十九届五中全会、各级“两会”期间等重点时期的信访服务保障工作，实现“零上访”目标。

【信访制度改革】　区信访局推动“最多访一次”三年行动和网上信访工作。全年“最多访一次”信访件8件，办结8件。通过云南信访信息系统登记、受理、办理信访件632件；网上信访29件，同比增加107.14%；人民网52件，同比增加40.54%；邮件107件，同比增加137.78%；微信25件，同比增加177.78%。

【深入推进服务大局行动】　在大街“四退三还”、江城棚户区改造项目实施中设立“接访室”，成立现场信访维稳工作组，及时化解信访矛盾纠纷。扎实做好重大决策事项信访风险防范评估工作，全年对云南省第十六届运动会皮划艇比赛项目等10项重大决策事项进行信访风险评估，作出社会稳定风险等级评定，提出风险防范应对措施。扎实抓好新冠肺炎疫情防控工作，协助街道、社区组织开展排查、走访等疫情防控工作，认真办理群众涉及疫情的网上诉求和来信反映事项，共受理涉及疫情信访件5件，办理完成5件；组织开展涉疫情信访矛盾纠纷集中排查化解，排查2件，化解2件。

【信访业务规范化建设】　组织学习《信访条例》《云南省信访条例》，以《玉溪市信访基础业务规范化工作标准（试行）》为工作指导，掌握信访基础业务“如何做”。开展信访基础业务规范化培训，深入各乡镇（街道）、各相关单位，对信访业务工作进行指导，提升业务办理工作质效。对上级部门案件评查及错情通报中指出的问题，认真进行分析，提出改进措施；开展本辖区案件评查，注重实体和程序的规范办理，查找存在的问题。在转交有权办理机关时通过系统短信及电话督促，做到及时受理、按期回复，催办督办，做到系统办理提前审，对有权办理部门出具的处理意见书就调查核实、处理意见、依法分类等情况进行审核；做到系统办理规范审，对应依据规范出具的答复意见书、办理报告和附件进行审核，对办理不符合规范的，退回办理部门重新办理。

【治理重复信访和积案化解】全年全区共收到中联办交办重复信访件12件，办结6件；省联办交办重复信访件18件，办结11件。

（王　坤）

政协玉溪市江川区委员会

【区政协主席、副主席、常委名录】

主　席　罗跃岗

副主席　杨吉英

邓春元

顾　秋

郑　翔（2020.01任）

常　委：（因换届离任、任职，按姓氏笔画排列）

马江艳　王春华

平雪刚　业东华

伏荣宽　刘来华

李文鹏　李成学

李竹贵　李华同

李江华　李红有

李忠兴　李佳强

李艳华　李程鹏

张运铎　张春茂

赵　华　侯国芬

释慧莲　蔡广杰

戴朝红

【区政协各委室机构负责人名录】

办公室

主　任　侯国芬

副主任　张　潇

提案联络委员会

主　任　赵　华

副主任　陆　叶

经济委员会

主　任　吴正顶

副主任　张丽琼

科教文卫体委员会

主　任　李佳强

副主任　杨美艳

人口资源环境委员会

主　任　王春华

副主任　戴朝红

民族宗教法制委员会

主　任　李忠兴

副主任　潘兴建（2020.10离任）

文化文史和学习委员会

主　任　李红有

副主任　汪润芬

【概述】　在区委的坚强领导下，在区政府的大力支持下，区政协常委会团结带领全体政协委员和政协各参加单位，深入学习贯彻习近平新时代中国特色社会主义思想和中共十九大、十九届四中五中全会精神，扛起“三个重要”新任务，落实“双向发力”新要求，认真履行政治协商、民主监督、参政议政职能，建言资政助发展，凝聚共识增合力，服务大局办实事，为助推江川经济社会发展作出应有贡献。

【区第二届委员会第四次会议】

政协玉溪市江川区第二届委员会第四次会议于2020年1月4日—1月7日举行。会议听取并审议通过罗跃岗同志代表政协玉溪市江川区第二届委员会常务委员会所作的工作报告和邓春元同志受政协玉溪市江川区第二届委员会常务委员会委托所作的提案工作报告；听取并协商讨论常成同志所作的《政府工作报告》，书面协商讨论《玉溪市江川区人民法院工作报告》《玉溪市江川区人民检察院工作报告》《玉溪市江川区2019年国民经济和社会发展计划执行情况与2020年国民经济和社会发展计划草案的报告》《玉溪市江川区2019年地方财政预算执行情况和2020年地方财政预算草案的报告》，并赞同上述报告。

【常委会议】　2020年，政协玉溪市江川区第二届委员会常务委员会举行第二十一次至二十五次常委会议。

1月6日，二十一次常委会议，听取区委常委、组织部部长靳联明对政协玉溪市江川区第二届委员会补选副主席候选人名单（草案）的说明；审议通过《选举办法（草案）》《政协玉溪市江川区第二届委员会补选副主席候选人名单（草案）》。

1月6日，二十二次常委会议，听取各组召集人汇报《政协玉溪市江川区第二届委员会补选副主席候选人名单（草案）》《选举办法（草案）》和《会议决议（草案）》的讨论情况，审议通过《政协玉溪市江川区第二届委员会补选副主席正式候选人名单（草案）》《大会选举总监票人、监票人名单（草案）》《政协玉溪市江川区第二届委员会第四次会议决议（草案）》《政协玉溪市江川区第二届委员会提案联络委员会关于二届四次会议提案审查情况的报告（草案）》。

6月11日，二十三次常委会议，协商调整委员、审议专门委员会委员调整名单；通报政协工作要点、重点协商计划；专题学习传达全国政协十三届三次会议及云南省政协十二届三次会议精神。

8月3日，二十四次常委会议，听取区委常委、区政府副区长周靖宇关于《大街街道析置总体方案》说明及前期工作进展情况的通报；协商讨论大街街道析置事宜。

10月30日，二十五次常委会议，安排区政协常委年度履职报告事宜；专题学习全国地方政协工作经验交流会和全市政协主席座谈会精神；进行人事任免。

【二届71次主席会】 7月28日，区政协主席罗跃岗主持召开二届第71次主席会，审议通过《关于河道治理情况的调研报告》《星云湖南岸乡村振兴建设情况的视察报告》。

【理论武装】 坚持把思想政治建设摆在首位，综合运用建议学、集中读、专家授、视频看、干部讲等形式，分层次、全覆盖推进政治理论学习。组织常委会专题学习4次、党组理论中心组学习9次、政治学习38次，举办政协机关业务知识“微讲坛”11期，组织委员活动组长参加全省政协系统视频培训2次。通过一系列学习培训，全体政协委员和机关干部自觉运用党的创新理论推动履职实践的意识和能力得到极大增强。

【政治协商】 委员议政　二届四次全会期间，组织7个委员界别联组对“一府两院”工作报告进行深入协商讨论；围绕营商环境优化、文化传承发展、医共体建设等13个协商议题，组织大会发言。会后，梳理函报政府工作报告协商意见377条、“两院”工作报告协商意见110条，并向区委报告全会协商情况。区委主要领导作出批示，区政府就农业农村、财税金融、营商环境、民生改善、星云湖治理、城市管理六个方面30项协商意见，向相关职能部门发出督查通知，派单推进落实；“两院”同时分解落实协商意见。

委员参政　围绕江川经济社会发展中的重点、热点、难点问题，开展专题议政性常委会协商2次、专题座谈会协商5次、民主监督性协商会协商2次。对大街街道析置提出打破原有社区管理机制、合理分配街道资产、科学配置公共资源的建议；对“十四五”规划编制提出吃透上情、掌握区情，与第三方密切互动，思考策划、突出重点、切实找准支撑江川未来发展的项目和措施，制定一个有江川味道、接地气、凝人心、促实干的经济社会发展五年规划的建议；对加强事业单位人事管理提出尽快执行“鼓励事业单位工作人员提前退休”政策的建议；对农村喜事房管理提出强化监管、确保使用安全，规范管理、盘活集体资产的建议。其中，区委主要领导对《事业单位人事管理协商报告》批示：“人才兴江川兴，人才强江川强，加强人才队伍选育管用至关重要，政协提出很好的意见建议，请人社部门研究提出贯彻推进的政策措施，按程序报批执行”。

委员提案　注重提案培育工作，走“提案关注指引”与“委员调研选题”并举的路子，从源头上把好提案质量关。积极开展提案办前协商，搭建多方协商平台，听取采纳交通、水利、农业等提案承办量较大的单位所提出的意见建议33条，增进提案办理共识。坚持主席、副主席督办重点提案与委室督办重要提案机制，实行提案内容与办理结果“双公开”，推动群众饮水安全、失地农民就业、农村养老互助站建设等民生问题的解决。经28个承办单位认真办理，90件提案全部办复完毕。

委员建言　重视专委会协商基础作用，加强同党政职能部门的联系，强化对履职成果转化的跟踪问效，邀请职能部门通报相关工作24次，协商讨论调研视察报告17个；应邀参加职能部门的年度工作部署会、专项工作推进会、规范性文件征求意见会130余次；支持和选派委员48人次，参与区法院庭审、检察院拟不起诉案件听证、退役士兵安置、事业单位招聘、领导干部社会评价等10余项民主监督活动。相关单位倾听采纳意见建议，推动相关工作落实和部门作风转变。

试点工作　明确以大街活动组、河咀社区为试点，启动“协商在基层”品牌创建工作。围绕村级组织换届选举、中心城区烧烤行业划行归市等主题，组织部分委员、基层干部群众开展基层协商活动6次，将22个方面的基层协商意见上报区委，区政府正在研究推进。

【参政议政】　常委会坚持建言资政、凝聚共识双向发力，广集良言助力决策优化，广聚共识助推决策落实。

建言资政　全年对全面建成小康社会、河道治理、星云湖农业产业结构调整、防震减灾能力建设等重点工作开展调研视察，形成调研视察报告15个，提出意见建议58条。区政府领导对星云湖农业产业结构调整、防震减灾能力建设视察报告作出批示，交由相关职能部门推进落实。健全政协领导带头、专委会与活动组齐头并进的落实机制，召开社情民意恳谈会，收集反映生态文明建设、道路建设、城市管理、民生保障、干部管理等方面的社情民意信息19篇，区委、区政府领导对提升城市管理工作质量、切实解决雄关社区饮水问题等6篇社情民意信息作出批示，交由相关职能部门办理。针对江川房地产市场活力不足、城镇化率偏低的现状，区政协全力以赴，深入一线，摸清实情，找准“症结”，形成调研报告，向区委专题会议汇报，就江川房地产平稳健康发展提出规划引领、完善功能、搭建平台、改革户籍、教育卫生等12条意见，就提高城镇化率提出积极争取城乡属性调整、力促工业园区纳入镇区统计、着力推动产城融合发展等11条意见。区委专题会议决定，安排区政府在区政协调研的基础上专题研究，形成文件下发。

凝聚共识　组织引导委员深入界别群众、挂联社区、驻村扶贫点宣讲中共十九届五中全会、习近平总书记考察云南重要讲话精神15次，不断凝聚思想共识。加强同无党派人士、非公经济代表人士、新的社会阶层人士的联系，营造畅所欲言、平等协商、合作共事氛围。全面贯彻党的民族宗教政策，主动加强与少数民族和宗教界代表人士的联系，围绕民族团结进步示范区创建开展调研座谈，协助区委、区政府做好新形势下的民族宗教工作，促进民族团结、宗教和顺。征编出版《江川文史资料》第三十三辑，为省市政协脱贫攻坚、抗击新冠肺炎、玉溪山水专辑征集文史稿件12篇，为市抚管局、区纪委、区卫健局提供文史资料87篇，切实发挥文史资料“存史、资政，团结、育人”的作用。

【统一战线】　参与疫情防控　杨卓锦委员对进入乾景商业中心的成千上万顾客免费发放口罩，既搞好疫情防控又活跃营销市场；付林华委员坚守抗疫一线，以实际行动诠释使命与担当，荣获“云南省抗击新冠肺炎疫情先进个人”称号；全区政协委员累计捐款捐物159万元，支持疫情防控。

脱贫攻坚　参与全省政协系统“巩固脱贫攻坚成果，探索建立解决相对贫困长效机制”联动调研，为省级提供江川脱贫工作经验。组织脱贫攻坚专项视察，提出18条意见建议，供区委、区政府决策参考。举办捐资助学活动，筹资5.20万元，资助贫困大学生16名，表扬山区优秀教师4名。继续做好河咀社区34户贫困户挂联工作，挤出工作经费3.35万元用于河咀社区脱贫攻坚困难问题的解决。向市政协提交关于助推安化脱贫攻坚的提案2件，并专题向市政协沟通协调，为安化乡争取脱贫攻坚、乡村振兴经费补助74万元。按照省政协部署，组织委员开展脱贫攻坚“六个助推”活动，吴春琴委员被评为云南省脱贫攻坚先进工作者。

民生福祉　引导驻江市政协委员撰写提交集体提案8件、个人提案2件。用活用好市政协提案办理专项补助资金46万元，有效助推早街社区人居环境整治、三街社区排涝沟渠治理以及周家营村党员活动室、新庄村幼儿园、招坝村老年活动中心建设。按照区委安排、区政府委托，区政协班子成员参与基础设施建设、产业发展、生态环保、乡村振兴等23个重点项目，深入联系点和项目现场调研指导，帮助协调解决有关问题，督促责任单位推进工作。政协机关积极做好“创文”、爱国卫生“七个专项行动”、社区建设、河道治理等挂包工作，抽调15名政协干部全力参与星云湖“四退三还”、乡村振兴、“创文”督查、民族团结进步示范区创建、村级组织换届选举、区委政治巡察等工作，助推重大项目建设和重点工作落实。

【自身建设】 服务管理 健全落实政协委室主任担任机关政协活动组副组长工作机制，使政协机关与界别小组开展工作“上下联动有纽带、整体推进一盘棋”。完善委员联系制度，将全体委员编入专委会，开展“双联双创”活动，指导规范建设委员活动室，使委员学习有阵地、联系有渠道、履职有平台。坚持为委员订阅政协报纸杂志，编发学习资料，及时向委员通报政协重要活动、重点工作信息。

工作质效 着力打造一流政协队伍，建设一流政协机关。把制度建设作为履职保障，在原有37项制度的基础上，新制定自觉接受玉溪市政协工作联系指导、对口协商、副主席及委室工作周计划报告等6项制度，扎实推进政协履职制度化、规范化、程序化建设。强化委室分工协作，持续推行责任到人、任务到岗的工作落实机制，不断提高机关运转效率。扎实推进机关信息化建设，远程协商会议室建成投入使用。持续转变工作作风，推进“清廉机关”建设。注重工作推进与成果反映，编发《政协工作简讯》33期190条，被省、市政协采用84条，连续四年位列全市政协系统第一，被市政协评为信息工作先进集体。

【省市区视察督导】 6月8日，省政协常委、副秘书长杨桂红带队到江川视察农产品冷链物流现状及发展情况。

4月13日，市政协副主席郭亚钢率队到江川区视察森林防火工作。

6月2日，市政协副主席杨丽萍带队视察江川九溪镇大营社区东村小组地质灾害预防搬迁节地上楼新村建设试点、科创谷花卉园产业发展情况、矣文村民族特色村创建情况和联塑集团产业发展情况。

6月16日，市政协副主席杨建敏到江川区督导“扫黑除恶”专项斗争和星云湖北岸藻水分离站蓝藻水华处置工作。

10月20日，市政协副主席郭亚钢率带队到江川区督导贯彻落实中央、省委市委政协工作会议和全市政协主席座谈会精神的情况。

10月30日，市政协经济和农业农村委主任侯坤带队，到江川区就商贸发展情况进行专题视察。

6月10—19日，区政协副主席邓春元带队，经济和农业农村委员会牵头，对江川区星云湖生态产业结构调整情况进行视察。

9月15—17日，区政协副主席郑翔带队，人口资源环境委员会牵头，对江川区防震减灾能力建设情况进行视察。

【国家省市区调查】 5月19日，全国政协原副主席韩启德到江川参观青铜器博物馆、九溪亚洲花卉科创谷，省政协原副主席曾华、副秘书长解丽平，市政协主席夏立洪、副主席郭亚钢、副秘书长方正春，区委书记徐贤、区长常成、区政协主席罗跃岗陪同调研。

8月11日，省政协常委、云南农业大学生物多样性与病虫害控制教育部重点实验室主任、九三学社省委副主委王云月和省政协人口资源环境委员会副主任李杰率队，到江川区调研持续改善农村人居环境工作情况。

4月23日，市政协提案联络委主任刘兴荣一行到江川区开展提案办前调研。

6月5日，市政协副秘书长、办公室主任方正春一行到江川调研区政协党建工作。

7月17日，市政协副主席郭亚钢率队到江川区调研建设项目用地保障工作情况。

7月23日，市委组织部到江川区政协就市政协五届三次全会期间住江市政协委员提交的集体提案《关于支持前卫镇庄子村委会周家营村党员活动室建设的建议》进行办理协商。

8月19日，市政协副主席郭亚钢率队到江川区龙泉工业园区进行调研。

11月3日，市政协副主席郭亚钢率队到江川区开展“围绕持续推进美丽乡村建设，全面提升农村人居环境，为编制‘十四五’规划建言献策”专题调研。

3月3日，区政协主席罗跃岗调研九溪镇新农村建设工作。

4月14日，区政协经济和农业农村委牵头，办公室配合，组织部分区政协委员及相关单位领导，首次开展“协商在基层”工作，共议农村喜事房功能现状。

4月7—16日，区政协副主席邓春元带队，经济和农业农村委牵头，对江川区农村喜事房功能现状进行调研。

4月13—22日，区政协副主席郑翔带队，人资环委牵头，对江川区事业单位人事管理工作进行调研。

4月23—24日，区政协副主席郑翔带队，民宗法制委牵头，对江川区禁毒工作进行调研。

4月27—28日，区政协副主席顾秋带队，文化文史和学习委牵头，对江川区非物质文化遗产传承与保护情况进行调研。

7月22日，区政协主席罗跃岗调研江川区城镇建设。

8月11日，区政协副主席邓春元带队，经济和农业农村委员会牵头，到雄关乡调研扶贫车间建设情况。

8月18—19日，区政协副主席郑翔带队，民族宗教和法制委牵头，联合人大调研组，调研民族团结进步示范区创建情况。

8月20日，江川区委书记普光照到区政协机关，与政协领导班子、委室主任座谈调研。

12月10日，区委书记普光照主持召开专题会议，听取区政协关于房地产、城镇化率调研情况汇报。

【协商会议】 5月13日，区政协主席罗跃岗主持召开江川区事业单位人事管理工作专题协商会议。

10月15日，区政协副主席杨吉英主持召开“紧密型医共体建设”专题协商会议。

11月17日，在前期深入调研的基础上，区政协主席罗跃岗主持召开《江川区城镇化率调研报告》《江川区房地产现状调研报告》专题协商会。

【夏立洪召开安化脱贫攻坚会】 3月31日，市政协主席夏立洪到安化乡召开脱贫攻坚“回头看补短板强弱项抓提升”行动工作部署会。

（宋璐瑜）

群团组织

总工会

【概述】 2020年江川区总工会进一步增强“四个意识”、坚定“四个自信”、做到“两个维护”的思想根基，始终在政治上、思想上、行动上同以习近平同志为核心的党中央保持高度一致，为决战脱贫攻坚、决胜全面建成小康社会，推动江川高质量跨越式发展提供强大的思想保证、精神动力和智力支持。

【服务中心建成】 玉溪市江川区总工会职工服务中心项目于2019年8月22日开工建设，至2020年11月竣工并投入使用。总建筑面积2584.37平方米，总投资703.21万元，已支出费用506.37万元。

【廉政和意识形态】 对党建、党风廉政建设和意识形态工作进行派单，共派单位4次28项，完成28项。开展每周政治学习41期，微课堂31期，工会系统宣讲7场次，“学习强国”使用推广3512人。开展以违规违纪典型案例通报、重申中央八项规定精神等党风廉政教育16次。14名干部职工到玉溪市反腐倡廉警示教育基地开展警示教育。

【职工医疗互助】 完成第16期职工医疗互助金收缴，参互总人数11530人（续互10971人，新参互559人）；收取互助金140.04万元。与第15期相比增长3.9%。共补助生病住院职工1632人次，发放职工医疗互助金107.10万元，其中补助金额3000元—1万元补助41人次，补助金额22.17万元；补助金额1万元以上补助11人次，补助金额25.70万元；单次补助金额最高5.24万元。

【关心爱护劳模】 区总工会春节7名劳模（省部级3名、市级4名），发放慰问金7000元。走访慰问47名全国、省、市级劳模、省五一劳动奖章获得者、工匠，发放慰问金1.97万元。观看2019年工会工作宣传片、云南省五一劳动奖章获得者和玉溪工匠专题片，召开劳模座谈会，听取劳模的意见和建议。

2020年申报全国劳模1名，省部级劳模1名；申报认定省部级劳模1名。2020年申报取消杨建明市级劳模荣誉称号。省部级劳模伏斌获得全国劳模荣誉称号，全国绿化劳动模范王长林认定享受省部级劳模待遇，全年江川区纳入劳动模范待遇管理的人员共有43名，其中全国劳模4名，省部级劳模14名，市级劳模24名，云南省五一劳动奖章获得者1名。全年申报省部级困难劳模5名及全国困难劳模2名。慰问省部级劳模14人，发放省部级劳模春节慰问金1.40万元。慰问已故市级劳模李士云家属，慰问金1000元。

2020年困难劳模专项补助共发放省部级困难劳模专项补助金5.76万元，其中生活困难劳模发放补助金3.46万元，特殊困难劳模发放补助金2.30万元。

【会员保障服务】 区总工会全年为79名在档困难职工全额缴纳

工会会员服务保障费1185元。全区33家基层工会，2050名工会会员参保此次会员服务保障工作。

【疗休养】 组织8名在疫情防控一线的医务人员、公安干警及基层社区工作人员到安宁职工疗休养基地疗休养；组织百人以上非公企业4名职工到云南省工人疗养院疗休养；组织1名省部级劳模到腾冲职工疗休养基地疗休养；组织3名玉溪工匠到安宁职工疗休养基地疗休养。

【产业工人改革】 建立区级示范点4个，投入工作经费20万元。建立工作联系制度，指导督促改革措施落到实处。联合乡镇（街道）总工会开展入企调研6次，撰写调研报告4个，召开工作推进会、部署会2次，编撰经验交流材料1册。

【工会组织建设】 全年全区工会组织258个（机关事业单位工会135个，企业工会113个，行业工会1个，区域联合工会9个），职工数13663人，会员数13610人。全年，指导62个基层工会组织进行换届选举并更换法人资格证。

【劳动技能竞赛】 牵头组织2个单位、3个乡镇、4个项目工程队开展星云湖保护治理劳动竞赛活动。在全区13个企业中开展“复工复产、抗疫情、促生产”劳动竞赛活动。组队10人参加玉溪市家政服务行业职业技能竞赛。组队7人参加玉溪市服务行业职业技能大赛，在中餐摆台项目中，1人获第二名。举办快递行业职工技能竞赛，5个快递公司50名职工参赛。全年开展技能竞赛42场次，参与职工4920余人次，投入工作经费17.10万元。

【劳动法律保护】 开展打赢疫情防控阻击战共同约定行动，涉及企业65家，发放倡议书65份，送达维权提示函65份，涉及职工3778余人。全年深入企业开展劳动法律监督10次，发出意见书5份。开展“送法进企”活动2次，“尊法守法·携手筑梦”法制宣传活动5次，为农民工提供劳动法律咨询160余人次，发放宣传手册1200余册。依法参与安全生产事故案件调查处理6件。组织完成全区企业工会劳动法律监督委员会建设，25人以上企业已建工会54家，25人—100人内企业工会已建劳动法律监督委员会35个，100人以上的企业工会14个已建14个，全区建制率达90.7%。共150名劳动法律监督员通过考核取证。

【履职监督】 全年完成8户劳动关系和谐企业评审工作。对5家企业发出劳动法律监督意见书，并监督整改问题，收到整改回复5份。

【应急管理】 下发79家单位活动任务，开展安全月活动，工会在安委会的带动下，通过线上线下的宣传，现场发放资料10余次，通过微信公众号、QQ、微信群、工会网站等宣传6次，参加3.23、7.14、9.2、9.10、11.12、12.23、12.25 7个一般安全生产事故调查。组织开展共有67个机关企事业单位参加“安康杯”竞赛活动，涉及451个班组、5030名职工，参赛单位达全区工会组织的60%。

【“新冠”宣教培训】 为5个乡镇、街道的社区（村、组）、企业一线防疫和卫健系统工作人员开展心理干预专题培训7场次；为一线接触新冠肺炎疫情患者医护人员开展团体心理疏导培训3场次，共培训人员500余人。自5月起结合新冠肺炎疫情实际，组织乡镇、街道、区人民医院及区疾病预防控制中心等抗疫一线600余人开展心理健康讲座，邀请省级知名心理辅导专家进行辅导共6场次，投入经费3万余元；开展职工心理服务大讲堂，累计25场次，参加职工1.5万余人次，投入经费10余万元。

【基层经费收缴】 2020年，工会经费收缴任务约为692.39万元（按上年基数672.23万元的3%递增）。全年实收724.82万元，完成总任务数的104%。其中县属单位缴纳金额为549.79万元，省直产业单位为101.27万元，省级产业厅、局单位为72.33万元，中央金融单位为1.43万元。

【工资集体协商】 2020年8月6日，工会方代表职工向铜器协会发出邀约书，9月2日，经双方协商，正式签订铜器行业工资集体协商合同并报人社部门审查备案，合同覆盖个私企业11家，职工129人，合同期限为2年。11月10日，区总工会组织辖区内企业代表及企业职工代表55人参加集体协商提质增效协商质量意见征集会。

【文体活动】 联合区老体协举

办全民健身众参与“八段锦”健身气功培训班，基层工会100余名职工参训；联合区教体局举办玉溪市江川区第四届师生运动会，全区教职工500人参加。开展“万众一心　众志成城齐抗疫”书香三八征文活动，共收到作品68篇，经专业老师评审，评出一等奖3篇、二等奖6篇、三等奖9篇。奖励并刊发获奖作品。联合区委组织部、区妇联、大街街道党群服务中心开展工笔画培训班，30名爱好者参训。

【女工工作】　举办区工会系统“好家风成就好家庭”心理讲座，100余人参加；申报顾绍林户为“云南省职工和谐家庭”；申报区供电局工会委员会为省、市级“爱心妈妈屋”，获得省、市资金补助2万元；组织全区110名女工干部参加省工会女工干部线上培训班，100余名女干部参加省总女职工委员会联合省妇联、省工青妇干校举办的线上培训；组织5名在档困难女职工到区妇幼保健院进行“两癌”筛查；筹集资金3万元帮扶15名困难单亲女职工；组织开展婚恋服务，为68名单身职工搭建沟通交流的平台。联合市委党校开展女职工劳动保护情况调研；完成《玉溪市江川区妇女儿童发展规划（2011—2020）指标数据表》的填报。

【困难帮扶】　元旦春节期间发放帮扶资金60.94万元，其中慰问在档困难职工80人27万元；慰问各级劳模7人0.70万元；慰问工匠9人0.45万元；慰问困难企业困难职工200人10万元；慰问重点工程项目4个1.99万元；慰问苦脏累行业环卫工人、保安员、快递员384人19.20万元；慰问防火护林员10人0.50万元；临时救助4人1.10万元。开展中秋国庆送温暖活动，共筹措发放慰问金31.65万元。开展常态化临时救助活动，发放慰问金4.55万元。配合市总工会做好全市困难职工帮扶“1+10”制度的制订完善工作。筹集困难职工帮扶资金130.89万元，共计慰问帮扶职工1091人次。

【疫情期间慰问】　3月5日区总工会对3名驰援湖北工作队队员家属进行走访慰问，并发放慰问金3000元。结合疫情防控工作发放疫情防控期间在档困难职工物价补贴送温暖资金15.3万元，发放抗疫一线专项慰问资金共计15万元，发放在档困难职工“抗疫情扩内需促发展”专项救助金18.15万元。

（潘伟城）

共青团

【概述】　2020年，共青团玉溪市江川区委在区委的坚强领导和团市委的正确指导下，以建功为主题，以育人为根本，以服务为重点，以发展为核心，积极开展党建带团建、从严从实治团等工作，组织开展多种形式的志愿服务，持续深化改革，凝聚、引领青少年投身党政中心工作，全区各级团的事业取得了长足发展。

【夯实基层基础】　制定《玉溪市江川区团员发展11条程序》，全年全区发展团员570名，全部录入智慧团建系统；实现合理团学、团青比例，全年初中毕业班团学比例为38.28%，高中为75.20%；“学社衔接”率为87.60%。扩大团的有效覆盖，制定《共青团玉溪市江川区委关于规范区直机关单位团组织建设的工作方案》，在符合条件的机关事业单位成立团组织6个，在非公企业和社会组织中成立团组织12个。

【共青团与少先队改革】　团区委下发《关于印发〈玉溪市江川区中学共青团改革实施方案〉和〈玉溪市江川区少先队改革实施方案的通知〉》，推进少先队工作再出发，在全区中小学校成立学校少工委23个，实现学校少工委全覆盖，落实少先队工作在代表大会和委员会制度、基层组织建设、创新教育和活动方式、提升服务能力、工作支持保障五方面改革创新，更好地服务少年儿童快乐生活、全面发展、健康成长，教育引导少年儿童听党话、跟党走，培育合格的共产主义接班人。

【党建带团建】　制定《开展玉溪市江川区共青团组织融入城市基层党建与基层治理工作的实施方案》，在融入城市基层党建和基层治理中发挥团组织桥梁作用，动员更广泛的社会力量参与县域社会治理。

【青少年思想引领】　广泛开展“学党史、知党情、跟党走”“从小学先锋　长大做先锋”“红领巾爱学习”“党旗飘扬红歌嘹亮”“弘扬五四精神建功立业新时代”“同心战‘疫’为爱亮灯”网上灯展“情暖童心　关爱成长”等活动，引导青少年树立远大志向、增强成长动力；围绕意识教育等主题讲授“微党课”“微团课”60余次，受教育2000余人，围绕《未成年人保护法》《预防未成年人犯罪法》组织全区中小学生开展“知法守法快乐成长”“读法律书籍当守法标兵”系列活动，组织中小学生开展“学法竞赛”“法治书画比赛”“法治夏令营”“法治小记者”等多种形式的法治教育活动。不断加强基层少先队组织建设，稳步推进少先队活动课程建设。

【脱贫攻坚助困】 筹集爱心捐款7.4万元帮助13名贫困大学新生圆梦大学；对接广州市小方巾志愿服务协会为安化彝族乡中心小学45名建档立卡户学生资助总价值8500元的学习用品和生活用品；向中国青少年发展基金会争取45万元资金的陈家湾小学食堂已完成验收；组织36名建档立卡户儿童、留守儿童及乡村振兴工作队员子女参加市、区公益夏令营。

【疫情防控响应】 投入专项团费3.07万元支持疫情防控。补助基层团委1.05万元，支持疫情防控一线干警、社区干部开展相关工作；划拨3000元开展“同心战‘疫’为爱亮灯”活动；拨付5000元为抗疫情一线医务人员及其家属等提供线上心理咨询服务；购买1600余元慰问品看望援鄂的3名江川籍医护人员；向全区18位建档立卡户在读学生发放每人500元的助学金，提醒他们做好疫情防护。

【青年创业帮扶】 发放“创业担保贷款”16人240万元，带动就业31人；贷免扶补贷款42户635万元，带动就业49人。挖掘全区青年创业致富典型，分享成功创业经验，完成3期创业视频拍摄。

【为爱亮灯网上灯展】 2月6日—2月13日，团区委开展“同心战‘疫’为爱亮灯”网上灯展活动，共收到照片作品1700件，视频作品23件。

【“3.5”志愿服务活动】 3月5日，团区委联合多家单位在浪广社区开展志愿者义剪服务活动和新冠肺炎疫情防控及创建文明城市等宣传。

【规范团员发展培训会】 4月8日，团区委组织召开规范团员发展工作培训会，各乡镇（街道）、中学团组织工作人员20人参会。团区委书记从递交入团申请书、团组织派人谈话、确定入团积极分子、指定培养联系人、培养教育考察、团支部确定发展对象、发展对象报基层团委预审、填写入团志愿书、支部大会讨论、参加入团仪式、材料归档并将信息录入智慧团建系统等流程进行讲解，要求各基层团组织严格依据《11条程序》，以发展“政治思想好、道德品行好、日常表现好、群众基础好、学习成绩好”“五好”团员为目标，有序规范发展团员。

【主题教育活动】 全年团区委在全区中小学利用国旗下讲话，讲解习近平总书记的“扣子论”，在学生心中播下正确价值观的种子；通过诵读经典、歌曲《跪羊图》、手语操《感恩的心》、短片《诠释爱、全是爱》，培养同学们诚信、感恩品质。

【表扬先进】 2020年，玉溪团市委命名施佳辰等20名团员青年为2019年度“玉溪市优秀共青团员”，郭思宇等7名团干为2019年度“玉溪市优秀共青团干部”，共青团玉溪市江川区第一中学委员会为2019年度“玉溪市五四红旗团委”，大街街道大街社区团总支等2个团总支为2019年度“玉溪市五四红旗团支部（团总支）”。江川区人民医院团总支等3个单位为2018—2019年市级“青年文明号”。江川团区委授予陈郭青等61人2019年度“玉溪市江川区优秀共青团员”称号，授予谭燕燕等26人2019年度“玉溪市江川区优秀共青团干部”称号，授予玉溪市公安局江川分局团委等2个基层团委2019年度“玉溪市江川区五四红旗团委”称号，授予大街街道上营社区团总支等10个基层团组织2019年度“玉溪市江川区五四红旗团支部”称号。大街街道派出所等8个单位为2018—2019年区级“青年文明号”。

【资助贫困大学生】 9月28日，团区委举行“善行圆梦”资助贫困大学生捐资仪式。江川华联超市、云南江磷集团股份有限公司、云南联塑科技发展有限公司、江川区恒发塑料网袋厂、江川区三道菜饭店、江川区景鹏商贸城、江川兴福村镇银行7家本地爱心企业，共计捐助助学金7.40万元，为13位贫困大学新生提供4000元至1万元的助学金。

【关爱留守儿童】　10月29日，在安化彝族乡中心小学，开展“关爱留守儿童·快乐你我他”暨“微心愿”礼物捐赠活动，共青团玉溪市委副书记卜绍良、玉溪市青少年发展基金会理事长孙玺、广州市小方巾志愿服务协会负责人李春玲出席活动。广州市小方巾志愿服务协会为安化彝族乡中心小学的45名建档立卡户学生和留守儿童们捐赠书包、文具盒、钢笔、作业本等学习用品和雨伞、碗筷等生活用品。其协会的12名志愿者分组对4户建档立卡户学生开展家庭走访，并带去棉被、大米、食用油和牛奶等慰问物资。

【致敬抗美援朝70周年】　围绕纪念中国人民志愿军抗美援朝出国作战70周年主题，各乡镇街道团组织以多种形式组织开展宣传教育活动，帮助学生铭记历史，珍惜现在美好生活，增强学生的爱国主义情怀和民族自豪感。

【星云湖卫士志愿服务】　11月24日，团区委联合区委组织部在前卫镇藻水分离站2号站片区举行星云湖“高原湖泊卫士”志愿服务活动，区委副书记张洪坤带领宣誓，区长常成发出“大家一起行动起来，携手共建美丽江川”倡议，区委书记普光照带领200余名团员青年及志愿者积极参与植树活动。志愿者还深入渔村、双桥营等入湖河道沿线村、组，开展宣传保护母亲湖、母亲河的爱湖护湖行动。

【普睿调研团组织换届】　12月17日，共青团玉溪市委书记普睿到江川区调研村（社区）团组织换届选举工作，强调要按程序、时间节点，要把好质量关，做好换届工作。

（宁　筠）

妇女联合会

【概述】　2020年，玉溪市江川区妇联围绕全区工作大局和妇女群众需求，按照“党有号召，妇联有行动”的要求，团结带领广大妇女积极参与经济社会发展，充分发挥半边天作用，展示巾帼不让须眉时代风采，为高质量建成小康社会贡献巾帼力量。

【二届三次执委会议】　2月27日，玉溪市江川区妇联召开二届三次执委会议，选举通过替补韩丽华、王海艳、王晶、李珂、杨竑、李函娟6名同志为江川区妇联第二届执行委员会委员，替补韩丽华同志为区妇联第二届执行委员会常委、主席。

【二届四次执委会议】　12月30日，玉溪市江川区妇联召开二届四次执委会议，选举增替补顾文琛、蒋云、李秋萍、黄蕊、刘侯萍5名同志为江川区妇联第二届执行委员会委员，增替补顾文琛、李秋萍、黄蕊、刘侯萍4名同志为区妇联第二届执行委员会常委，顾文琛同志为区妇联副主席（挂职一年）。

【各级调研】　1月10日，云南省妇联二级巡视员吴皖明一行到玉溪市江川区调研省资源中心实训基地项目及妇女儿童工作。

3月18日，市妇联党组书记、主席王红一行到江城镇侯家沟调研巾帼共建美丽家园工作。

4月14日，玉溪市人大常委会副主任龙兰任一行，到江川区开展反家庭暴力工作专题调研。

9月9日，省妇联副主席农布央宗、省妇联组织联络部部长杨正梅一行到江川区调研基层妇联改革工作。

11月18日，全国妇联联合教育部、卫生健康委等到江川开展家庭教育五年规划终期评估调研工作。

12月29日，玉溪市妇联张春亚、张冬副主席到江川调研指导村级妇联组织换届选举工作。

【“三八”节活动】　启动线上“云”活动，开展“晒出别样‘三八’节”网络征集活动，以“感人抗疫瞬间”“温馨居家画面”“秀美庭院一角”“温情阅读时光”等场景的照片、视频，定格同心战“疫”的美好瞬间，彰显新时代女性的家国情怀和时代风采。江川区妇联女子书法班的学员以“墨”抒怀，举办抗疫书法网上展，为前线助力。通过玉溪日报社，区妇联共选树16名在疫情防控、医疗救治、物资援助、巾帼志愿服务等方面坚守工作岗位，勇于担当的基层一线女性事迹，通过微信公众号专题宣传巾帼建功先进女工的风采。巾帼防疫我先行，组织妇女积极参与疫情防控、清洁家园行动。

【家庭教育讲座】　为帮助全区广大家长转变教育观念，提升家庭教育水平，区妇联与团区委、大街街道联合举办为期3个月的“爱相伴·童成长”家庭教育课程，邀请专业心理咨询师开展专业化、系统化的知识讲座。

【巾帼共建美丽家园】 发动党员红、巾帼粉“双色联动”网格化管理，开展“美丽庭院”“美丽花圃”“美丽墙面”三美建设提升村庄颜值，被市妇联列为市级巾帼共建美丽家园示范点。另外还在大街街道河咀社区打造农耕文化特色巷道，在前卫镇小街村下高桥小组打造农民上楼美丽新村，在九溪镇矣文村矣文小组打造民族文化特色巷道。

【妇女干部培训班】 8月5日，区妇联举办妇女干部培训班，全区各乡镇（街道）、村（社区）妇联主席及区妇联全体干部共80余人参训。旨在提升全区广大妇女代表、妇女干部的综合素质和参与推进江川区经济社会发展的能力。

【巾帼聚力抗疫情】 区妇联党员干部募捐1000元，下拨慰问经费1万元，组织全区爱心女企业家、妇联执委及巾帼志愿者捐款3.06万元，通过红十字会或直接捐赠，捐赠牛奶、蔬菜、猪肉、口罩、酒精、消毒液、消毒片等物资31批次。

【关爱妇女儿童】 5月7日，“圆梦蒲公英”系列之关注留守儿童“阅读陪伴童年”主题活动在三街中心小学开展。6月4日，特邀玉溪市人民医院妇科专家开展“健康晚宴关爱女性健康”知识讲座，200余名妇女参加。8月3—4日，举办儿童权利与保护工作培训，玉溪师范学院、云南大学民族学与社会学学院、云南大学心理健康咨询服务中心四位老师授课，全区各乡镇（街道）妇联主席、专职副主席、各村（社区）儿童主任、妇联干部共150人参训。8月14日，开展“守护童年 牵手共成长”2020年暑期儿童安全教育知识暨“家长学校”培训。9月23—25日，走访慰问“两癌”贫困妇女14名，发放“云南省农村贫困母亲两癌救助专项基金”1.4万元。11月24日，区妇联向22名“两癌”农村贫困妇女发放全国妇联“农村贫困母亲两癌救助”中央专项彩票公益金项目救助资金，每人发放1万元。

【家庭文明建设】 开展好家庭好家教好家风系列宣传展示活动。培养选树、表彰命名普华明等34户区级民族团结示范家庭。开展寻找2020年“最美家庭”“绿色家庭”“廉洁示范家庭”创建活动，授予王玉芳家庭等10户家庭绿色家庭荣誉称号、授予杨丽仙家庭等30户家庭最美家庭荣誉称号、授予杨琼仙家庭等20户家庭绿色家庭荣誉称号。开展“传承好家风 弘扬好家教—我的家风故事”征集评选活动，从征集到的72个故事中评选出21个并编辑成书。

【扶持妇女就业】 扶持创业担保贷款户70户，发放资金1135万元，带动143人就业；扶持贷免扶补贷款户50户，发放资金755万元，带动135人就业。

【妇女实用技术培训】 组织安化、九溪小龙茵刺绣基地指导刺绣女能手60余名，其中建档立卡贫困妇女10余人，同时开展订单帮扶活动。培育九溪矣文彝族女声合唱团在聂耳大剧院、央视百花春晚等多地登台唱响《我爱你中国》。整合区就业服务中心、区总工会在大街、江城、前卫等“四退三还”沿湖村镇举办4期育婴员培训班和1期家政服务培训班，150余名妇女取得初级育婴员资格证，100余名妇女取得家政服务培训合格证。

【妇女儿童权益维护】 用好妇联系统信访接待室、12338妇女维权热线、信访维权站、维权信箱，充分发挥妇女儿童调解委员会、人民陪审员作用，加强与公安、检察院、法院、司法局的联系，有效帮助妇女维权。全年接待来信来访34件，案件处理率达100%，制定《江川区妇联关于集中开展矛盾纠纷大排查、大化解切实防范“民转刑”命案专项行动的工作方案》，未发现涉及妇女儿童的“民转刑”矛盾。

【婚姻矛盾纠纷】 投入经费在民政局设立“婚姻家庭咨询辅导室”，出台《玉溪市江川区反家庭暴力工作协作联动机制工作方案（试行）》，开展婚姻家庭纠纷调解工作，及时就地化解婚姻家庭纠纷。

【普法宣传】 开展“建设法治江川·巾帼在行动”活动，在“三八”维权宣传月、反邪教宣传日、禁毒日、“12·4”法制宣传日开展法治宣传教育活动。开展“七五”普法宣传教育，重点

宣传男女平等基本国策、《反家庭暴力法》《宪法》《妇女权益保障法》等法律法规及禁毒防艾反邪教、扫黑除恶、移风易俗等内容。

【党建带妇建】　出台《玉溪市江川区加强妇女之家和儿童之家建设推动党建带妇建促社建的实施方案》，建设完成35个儿童之家，在艾蓓教育培训有限公司、江川区星抚之声文艺协会、幸福家园家政服务公司等两新组织中成立妇联，在侯家沟陈家头小组建设妇女之家。

【妇联改革】　实行区、镇、村三级妇联执委联动，构建基层治理新格局。在“妇女之家”成立妇女议事会，2020年9月挂牌成立“张家头村妇女之家调解工作室”，在侯家沟村试点实施“父母成长计划”，开展系统性的家庭教育宣传、培训、指导、咨询和亲子活动，探索农村家庭教育科学模式。

【荣誉表彰】　2020年，江川区人民医院妇女委员会、市公安局江川分局110指挥中心被玉溪市妇联表彰为玉溪市新冠肺炎疫情防控工作女性先进集体；玉溪市江川区妇女联合会被玉溪市创建全国民族团结举办示范市领导小组表彰为玉溪市民族团结进步示范单位（示范机关）；玉溪市公安局江川分局张旭辉家庭、玉溪市江川区江城社区居民委员会业艳昆家庭被云南省妇联表彰为云南省抗疫最美家庭、江川区九溪镇六十亩村妇联主席蒋文英被云南省妇联表彰为云南省三八红旗手；徐瑶、金武丽、李兰芬、李四仙、谭媛被玉溪市妇联表彰为玉溪市新冠肺炎疫情防控工作女性先进个人；张雪莉、李梅丽、李明仙、张雪彦、徐瑶被玉溪市妇联表彰为2020年玉溪市“最美家庭”；李兰芬、王玉芳被玉溪市妇联表彰为2020年玉溪市“绿色家庭”；杨琼仙、汤仕秀被玉溪市妇联表彰为2020年玉溪市“绿色家庭提名”。

（罗艳芝）

关心下一代工作委员会

【概述】　2020年，区关工委在中共江川区委的领导下，在玉溪市关工委的指导帮助下，认真抓好青少年社会主义核心价值观教育、法制教育、养成教育等系列活动，充分发挥“五老”骨干队伍作用，主动作为，关爱奉献，推动全区关心下一代工作稳步发展。

【书赠春联】　1月19—21日，区关工委先后两次组织人员参加区委办、政府办开展的活动，到安化彝族乡安化社区、前卫镇阿豆村民族团结进步示范点书赠共创共建春联200多副。

【志愿服务活动】　3月5—6日，区关工委组织10人次开展“弘扬雷锋精神，助力疫情防控——春泥护花志愿服务活动”，为时代奉献，以实际行动纪念和发扬雷锋精神。

【“五老”捐款防疫】　3月10日，全区918名“五老”人员捐款达8.18万元（大街街道15个村社关工委300多名“五老”人员自愿捐款2.61万余元），支持疫情防控。

【疫情下思想动态调研】　4月9日，区关工委电话随访区教体局、江川一中、大街小学、三街小学、龙街小学教师和学生家长共17人，形成《疫情下江川区青少年学生的思想动态值得关注》的调研报告。

【组织中考考生体检】　4月中下旬，区关工委联合街道卫生院医务人员，对大街、三街、海浒、伏家营、螺蛳铺五所中学1000多名中考考生进行体检。

【调整区关工委成员】　4月26日，中共玉溪市江川区委办公室、玉溪市江川区人民政府办公室下发《关于调整充实玉溪市江川区关心下一代工作委员会组成人员的通知》，区关工委主任由区委副书记、区委党校校长矣向林担任，执行主任杨生明（原区二级调研员）担任，副主任由赵琦（区委常委、区委办主任）、李忠海（副区长）、钟镖（区政府办主任）等领导及驻会老同志伏世金、顾宝富、杨从高、宋占云担任，委员由宋良艳等24人组成。

【“五一”节劳动实践】　5月1—12日，区关工委联合区教体局组织全区中小学开展“五一”劳动节实践教育活动，64所中小学2.5万余名中小学师生参加活动，传承劳动最光荣的良好美德。

【防毒品犯罪讲座】　5月20日，区关工委联合区委宣传部、区公安分局禁毒大队到江川区职业中学，开展“健康人生、绿色无毒”为主题的预防毒品犯罪教育专项讲座，938名师生参加活动，发放禁毒宣传材料1300份，宣传图片900份，宣传画册1400份，宣传手册1100本。

【开展儿童节活动】 6月1日，在第70个“六一”国际儿童节到来之际，区关工委联合区教体局，在全区11所中心小学、38所村完小及幼儿园，举行1.3万余名儿童参加的“从小学先锋、长大做先锋”为主题的“六一”儿童节活动。

【救助贫困学生】 6月2日，区关工委对18所中小学共26名困难家庭未成年人学生，按高中每人1000元、初中每人500元，小学每人300元的标准进行救助，共发放救助金1.43万元。

【区关心下一代工作会】 6月12日，江川区召开关心下一代工作会议。共96人参加会议，市关工委常务副主任施美凤、副主任黄满德到会指导。会议由区关工委副主任李忠海主持。区关工委副主任赵琦宣读《关于调整充实玉溪市江川区关心下一代工作委员会组成人员的通知》；区关工委执行主任杨生明作题为《坚定信心　继往开来　开创江川关心下一代工作新局面》的讲话。区关工委主任矣向林作《坚持正确方向　担当历史使命　谱写江川区关心下一代工作新篇章》的讲话，对2020年区关心下一代工作提出三点意见。

【劳动实践教育工作会】 6月12日，区关工委在区青少年学生校外活动中心报告厅，召开60多人参加的“江川区中小学劳动实践教育工作会议”，把社会主义核心价值观牢牢扎根在学校教育教学实践中。

【思想道德教育工作会】 6月12日，区关工委召开乡镇（街道）关工委常务副主任、中小学德育安全主任等90余人参加的2020年未成年人思想道德教育工作会议，健全完善全区各学校德育安全领导小组，搞好学校、家庭、社会三位一体德育安全工作网络，推动未成年人思想道德教育。

【联合开展法宣进市场】 6月23日，区关工委联合多家单位部门到区农贸市场乾景商业中心开展《中华人民共和国禁毒法》《云南省禁毒条例》《中华人民共和国未成年人保护法》《云南省实施（中华人民共和国未成年人保护法）办法》等宣传活动。打出法律法规横幅布标12条（幅），禁毒展板66块；发放法治宣传材料4000多份、宣传图片3000多份、宣传画册4000多册、宣传手册3000多本、宣传围腰1000多条、宣传袋子3000多个。

【学习习近平总书记考察云南重要讲话精神】 7月17日，区关工委组织乡镇（街道）关工委驻会老同志、区属机关单位关工委常务副主任、未司办人员共13人，学习贯彻习近平总书记两次考察云南重要讲话精神。区关工委执行主任杨生明以《感恩领袖关怀　不忘初心使命》为题，从三个方面阐述其讲话内涵。

【生产自救脱贫问效】 截至7月20日，区关工委于2018年筹资7000元，对九溪镇九溪社区在校贫困残疾儿童鲁伟进家帮扶发展生产自救3年整。经过3年跟踪问效，鲁伟进4口之家从80平方米的猪舍扩大到300平方米的养殖场，养母猪6头，仔猪60多头，出栏肥猪110多头，鸡、鸭、鹅上百只，加之种植与打短工结合，年均总收入达55万多元，迈上脱贫致富奔小康道路。

【督导示范基地建设】 7月23日，区关工委、区教体局组成联合督导组，到江城镇翠峰中心小学、江二中查看学生劳动教育示范基地建设情况。督导组还就区关工委向市级争取支持两个基地建设的12万元经费使用情况进行督查。

【参加省“滇池杯”书画赛】 区关工委选20幅优秀作品参加省第四届“滇池杯”书画赛。美术作品荣获一等奖2名，二等奖2名，三等奖6名；书法作品荣获一等奖1名，二等奖5名，三等奖4名。马松波荣获优秀指导教师奖。

【考评创区“五好关工委”单位】 10月14—15日，区关工委考评组分别深入江城镇白家营村、祁家营村、陈家湾村、雄关乡、卫健局大街卫生院进行考评，均获准命名授牌。

【调整区关工委成员】 10月22日，根据玉江办函〔2020〕71号文件，调整后的江川区关心下一代工作委员会主任由区委副书记、区委党校校长张洪坤担任；

执行主任由原区二级调研员杨生明担任；副主任由区委常委、区委办主任赵琦以及区关工委驻会老同志伏世金、顾宝富、杨从高、周斌等10人担任；委员由区委政法委常务副书记何小春等23个单位领导担任；关心下一代工作委员会下设办公室，由郭小平同志兼任办公室主任。

【调整区未司领导小组】 10月20日，根据江未司〔2020〕2号文件，调整后的江川区未成年人司法项目领导小组组长由区政法委副书记邢长伟担任；副组长由区关工委副主任伏世金担任；区关工委办公室主任郭小平等9人为成员；领导小组下设办公室，由伏世金任主任，郭小平任副主任；联络员由区政法委人员李媛媛等11人担任。

【区关工委成立30周年】 10月23日，在江川区关工委成立30周年之际。出版《砥砺前行三十载 默默奉献育新人——玉溪市江川区关工委成立30周年回眸》，这一成果在11月26日全市关工委“五老”读书班上进行交流。

【市劳动教育示范基地现场会】 10月28日，玉溪市中小学劳动教育示范基地现场会在江川召开，市县两级关工委、教体局领导和相关教师200余人参会。对江川二中和江城镇翠峰中心小学劳动教育示范基地主题鲜明及示范带动作用强给予高度评价。两块基地均获得“玉溪市劳动教育示范学校”荣誉称号。玉溪电视台进行跟踪报道。

【区关工委“十四五”规划】 11月2日，区关工委组织制定《玉溪市江川区关心下一代工作“十四五”规划》，内容涵盖乡镇（街道）、学校思想道德教育、法治教育、养成教育等方面。

【包教子孙试点工作培训会】 11月18日，区关工委在九溪镇九溪社区召开50多人参加的“五老”包教子孙协议试点工作推进培训会，落实具体目标任务。

【联合救助残疾学生】 11月10日，区关工委到张奥飞同学家，把2万元特别助残助医基金送到她手中，鼓励其要勇敢面对病魔，战胜困难。在近5个月的联合救助中，张奥飞先后得5万元的特别救助金。玉溪电视台、《中国火炬》及相关网络报道当天的救助活动。

【模拟法庭进校园】 11月20日，区关工委、区未司办联合区人民法院、区人民检察院、区司法局、团区委、川和律师事务所到江川第一中学开展“模拟法庭进校园”活动。高一学生及家长代表共300余人参加。该活动纪实刊登在《云岭春光》第6期。

【两个示范点】 区关工委授予大街街道河咀社区关工委“济困奖优”捐资助学示范点称号，并给其授牌。11月25日，雄关乡白石岩村关工委召开60多人参加的农村青年“双带”致富工作培训会，会上区关工委授予白石岩“玉溪市江川区农村带头致富、带领致富青年骨干示范点称号”，并给予授牌。

【果木栽培管理培训班】 11月27日，区关工委、江城镇关工委在侯家沟村联合举办100多人参加的农村青年果木栽培管理工作，助力大平地4000多亩果木增产增收。

【宣传报道工作】 全年区关工委主办的《简讯》共编撰信息28期，采用通讯员稿件39篇，照片31幅；被市关工委《玉溪春晖》采用稿件26篇，照片15幅，省关工委采用2篇，《中国火炬》及相关网络采用3篇。区未成年人司法办公室采编《信息》20期，被市采用6条，省采用1条。

（顾宝富）

工商业联合会

【概述】 2020年，江川区工商联面对任务叠加的新常态，紧紧围绕区委区政府中心工作，牢牢把握“两个健康”、构建“亲”“清”政商关系工作主题，通过开展举旗定向“抓站位”、总揽全局“重摆位”、提升活力“攻点位”、转变作风“转到位”等活动，自觉践行新发展理念，对标高质量发展要求，助推江川民营经济高质量发展。

【深化思想政治工作】 制定《玉溪市江川区工商业联合会2020年理论武装培训计划》，全年共组织开展党组理论学习中心组学习9次，组织干部参加知识测试5次，领导干部撰写学习心得体会4篇。

【参政议政】 传递党委、政府在民营经济领域的“真声音”，组织工商界别的政协委员参与市、区政协调研，立足重点工作、围绕群众关注热难点撰写提交个人提案11件，部分提案受到区委政府的重视并得到及时落实。

【调查研究】 开展“企业复工复产困难问题”网络调研2次、复工复产重点企业和项目融资需求情况实地调查1次，利用全国工商联民营企业调查点系统完成2020年民营企业运行状况调查3次，调查对象从覆盖13户调查点企业延伸到其他会员企业。

【服务非公有制经济】 完成“贷免扶补”创业担保贷款完成目标任务数100户，发放贷款1463万元，带动就业人数437人；个人创业担保贷款及小微企业创业担保贷款完成目标任务数101户，发放贷款4504万元，其中小微企业11户，发放贷款3089万元；个人创业担保贷款90户，发放贷款1415万元，带动就业人数1030人。实施创业担保贷款试点工作，通过新系统发放“贷免扶补”3户60万元，个人创业担保贷款8户160万元。三项扶持贷款共推动金融机构发放贷款资金6187万元。

【“万企帮万村”精准扶贫行动】 签订帮扶协议的16户民营企业投身“万企帮万村”精准扶贫行动，结合帮扶企业、贫困村实际实施帮扶项目53个，项目帮扶总额1105万元，帮扶贫困人数1253人；就业帮扶发放工资239.86万元，解决就业348人；公益扶贫捐款捐物总额92.71万元，帮扶贫困人数3072人；技能扶贫投入总额29.80万元，帮扶贫困人数525人；资助贫困学生50名，资助金11.70万。

【弘扬“光彩精神”】 动员38个企业或商（协）会共捐资423余万元（含捐物），积极倡导玉溪市江川区建筑业商会捐资助学10万元，对23名即将迈入大学学子进行现场慰问。

【构建“亲”“清”新型政商关系】 依据《江川区关于构建“亲”“清”新型政商关系的实施办法》，组织45户民营经济代表户通过线上线下开展评议政府职能部门工作，切实推动各级政府职能部门改进工作作风。

【优化营商环境】 通过微信群等形式第一时间发布省、市、区出台的涉企政策措施，在企业界营造良好的营商氛围。提交区委常委会审定《玉溪市江川区营造企业家健康成长环境弘扬优秀企业家精神更好发挥企业家作用的实施细则》，助力江川区营商环境的改善。

【理想信念教育培训】 8月21日，江川区举办由170余人党外代表人士、新的社会阶层代表人士、非公经济代表人士参加的培训班。作题为《在新形势下履行使命》的专题讲座，切实引导广大民营经济人士不断坚定理想信念、增强发展信心，画好紧跟党走的最大同心圆。

【规范商会建设】 认真开展所属行业协会商会登记管理工作，撤销纸制品包装商会、创业者协会等8个行业商协会（含2019年经区民政局依法注销的烟花爆竹商会），保留餐饮、农资、建筑、铜器4家商（协）会。指导建筑商会进行换届选举，顺利完成商会新老班子的接力，为持续发挥商会桥梁纽带作用注入新活力。

【成果荣誉】 举荐民营企业参加各类评选活动，云南联塑科技发展有限公司在云南省非公企业100强企业评选中排名92名（2019年），玉溪国丰农资有限公司2020年1月被评为云南省工商联系统2019年民营企业调查点工作优秀示范企业。2020年4月，江川区工商联被全国工商联授予“抗击新冠肺炎疫情以来调查点工作先进基层工商联”称号（云南省仅有4家、玉溪市唯一一家）。

（蒋　丽）

文学艺术界联合会

【概述】 玉溪市江川区文学艺术界联合会（简称区文联）是在中共玉溪市江川区委领导下的群团组织，有9个协会（作家协会、戏剧曲艺协会、音乐协会、舞蹈协会、书法协会、美术协会、摄影协会、诗词楹联协会、演讲朗诵协会）组成。2020年，区文联履行“团结引导、联络协调、服务管理、自律维权”职能，围绕经济社会发展“5366”总体思路，坚持社会主义先进文化前进方向，坚持中国特色社会主义文化发展道路，坚持以人民为中心的创作导向，充分调动广大文艺工作者的积极性和创造性，繁荣文艺事业，开展文艺创作和各种形式的文艺下乡、文艺惠民活动，开创江川文艺发展新局面。

【抗疫文学作品创作】　区文联组织区作家协会、诗联协会的20名会员创作各类文学作品共58篇（首、副）。《星云》第1期编辑出版“抗疫专栏”。现代诗歌《立春》《2020年初八晨·居家抗疫》分别在《玉溪》《滇池》《边疆文学》发表；现代诗《巡视》、散文《无知者也应有畏》刊发于《玉溪》。组诗《天使在人间》发表在《玉溪日报》、组诗《非常说》发表在《大理》。区戏剧曲艺协会创作花灯说唱《科学防控人人知》、快板说唱《烟消云散见青天》《万众一心战疫情》拍摄成小视频在全区播放宣传。区书协开展“文艺轻骑兵——抗疫在行动”网络书法展活动，部分作品入围云南抗疫主题书法网络展。

【文艺下乡】　2020年春节前夕，区文联参与全区“三下乡”活动，组织10名书协会员到前卫镇渔村、5名书协会员到区党群服务中心、30余名书协会员分别到（税务小区、湖滨公寓、下营社区、药王阁等）红色物业小区和10余名书协会员分别到江城尹旗村、九溪中营、安化新庄、宝凤寺书赠春联，组织摄影协会会员为前卫敬老院老人及附近贫困残疾人、留守儿童免费照相。共书赠春联2100余幅，送出照片100余张。还为书法协会81岁会员搭建平台，于鼠年春节前夕，在大街街道老戏台广场开展“八旬老翁免费为民书赠春联”活动，书赠170余幅春联。组织戏曲协会、江川区星抚之声文艺协会在老戏台举行迎新春文艺晚会，演出花灯说唱《江川人江川话》、小品《婆媳之间》、花灯歌舞《大头赞》等19个节目。组织舞协会员于1月18日在老戏台举办“庆祝中华人民共和国成立70周年及文化惠民演出”。

【参与民族团结示范区创建】　在云南李家山博物馆展出书法作品24幅、美术作品24幅、摄影作品22幅。《星云》文艺期刊2020年第2期为“创建全国民族团结进步示范区专刊”，收录小说2篇、散文9篇、现代诗及古体诗词11首、快板2则，刊登反映江川区民族团结进步书画摄影展部分作品。组织作家协会作品20篇编印成《星云石榴籽——一家人的故事》一书，共计4万字。诗词楹联协会组织创作50余首（副）作品，其中有20余副楹联刊刻悬挂于界鱼石、浪广社区、安化传习馆等地。

【办好《星云》期刊】　与区委统战部联合，开展征文活动，编辑出版江川区全国民族团结示范区创建专刊。配合区委、区政府抗疫工作，开展抗疫作品创作活动，编辑出版抗疫专栏。对《星云》期刊从内容到形式上进行创新尝试，从期刊的装帧设计（封面、封底，内文、彩页，字体、字号，目录、插图，排版样式）、篇目的设置、等方面进行探索。全年共编辑出版《星云》期刊3期。

【“中国最佳楹联文化城市”“中华诗词之乡”创建】　开展创建“中国最佳楹联文化城市”“中华诗词之乡”工作。完成诗联普查、诗联培训、会员发展、诗联刊挂地点确定及诗联作品的定稿、书写、刊刻、悬挂等工作，在界鱼石、江城钟玉园、前卫锁水阁、大街上营社区、药王阁、明珠路等景区、街道、社区刊挂诗联作品67副，普查到全区单位和个人共编辑出版各类诗联刊物、作品集10余本，共收录诗联作品22万首（副），全区景区、景点、公园、社区、学校、单位、寺庙、家庭等共刊挂诗联作品1626首（副）。并征集作品，着手《江川当代诗联选》一书编辑出版工作。

【“脱贫攻坚”主题文学创作】　2020年区文联组织作协会员开展“脱贫攻坚”主题文学创作。共创作作品12篇（首），在《星云》文艺期刊设专栏刊登。

【“四个一”主题创作】　区文联到调研点雄关乡白石岩村委会小田村开展“四个一”主题创作中的“一村一歌”“一村一画”创作活动。

【作家和诗词楹联协会】　区作家协会、诗词楹联协会于9月下旬完成与区文联的脱钩工作。2020年，两个协会组织9名会员参加在华宁举办的玉溪市2020年抚仙湖文学笔会，短篇小说《魂兮归来》、现代诗《夜别》等3首和《生疏》等10首、散文《呵咋哩》和《长河劲风》入选“抚仙湖文学创作笔会专刊”。

在由市退役军人事务局、市文联联合举办的“传承红色基因，展示军人风采”为主题的征文创作活动中，散文《风采赵金华》获得散文、诗歌大赛一等奖，现代诗《英雄陈世堂》获得散文、诗歌大赛二等奖。

区文联、区作协与区精神文明办公室、区妇联联合遴选22篇作品编印成《江川家风家训故事》一书，计约4.2万字。

区作家协会组织7名会员，完成《灵山胜境碧云寺》《探秘甘棠箐》《寄托赤子深情的回头山》《奇峰叠翠》《造化钟神秀——神鱼泉》《江川人的“母亲湖”》《两湖一带连——玉带河》7篇山水文章的创作供稿。为完成玉溪市政协文史委组织编辑出版《玉溪山水》一书，约稿任务。

主办首届“滇瓦紫砂杯”全国创作评奖大赛，来自全国26个省份的256位作者的各类征文来稿490篇（首、副），评选出66篇（首、副）获奖作品，其中等级奖32篇（首、副），优秀奖34篇（首、副）。另外，诗歌《小河》发表于《诗刊》2020年第六期、诗歌《梦见》等发表于《诗探索》2020年第二辑、诗歌《远去》等发表于《滇池》2020年第五期。

【书法协会】 2020年，区书协全年发展市书协会员5名，发展省书协会员1名。各级会员涵盖公务员、企业职工、个体经营者、农民、教师、离退休人员。

2020年1月，先后组织30多人次参加“三下乡”“进革命老区”“民族团结”为主题的书赠春联活动，书赠春联1500多幅。2月，组织会员参加云南省、玉溪市及滇中抗疫主题书法网络展，有作品入展“以笔当剑、助战疫情－云南抗疫主题书法网络展”，并发表于云南网。5月3人作品入选“第八届云南省文学艺术创作奖”。年内，协会还组织书法骨干参加市、区“扶贫攻坚、家风家训”书赠帮扶活动。分别和大街小学、龙街中学共同组织“翰墨薪传育桃李——传统文化进校园”活动。

【摄影家协会】 协会全年召开协会理事会及理事会议共3次，组织会员活动4次。1月19日，组织会员到前卫镇敬老院为孤寡老人拍照。7月10—12日，组织会员到个旧市木沙寨摄影采风。8月22日，组织会员到老河咀拍摄农旅文化节。10月7—8日，组织会员到矣文江川香格里拉摄影采风。11月14日，组织会员到玉溪参加2020年度富士极致影像品鉴会。12月11—13日，与玉溪市摄影家协会联合举办摄影培训。

1月，江川第三届七夕文化旅游节期间举办的“振兴乡村 善美前卫”主题摄影大赛。作品《大铜锅》《飞跃龙门》《美食诱惑》《牵手一生》《祈福》《七夕斗巧》《七星祭》《大炊锅》《善美前卫》等获优秀奖，作品《新农村》《炊锅（组照）》等获三等奖，作品《善美前卫七夕》获二等奖。同年1月，《榨油》获第七届云南摄影艺术展纪实类入选奖。4月，《水乡江川》获玉溪市税务局摄影展优秀奖。6月，《水乡龙门》获云南省第二届生态环境书画摄影展优秀奖。8月，《我爱你中国》获江川区“守望相助、同心筑梦”短视频征集大赛一等奖。1月，《星云阳光》获玉溪市第五届“碧玉清溪是我家”摄影展入选奖；4月，《哈尼新路》《鱼满仓》均获玉溪市税务局摄影展优秀奖。

【美术协会】 2月，协会6名会员的6件绘画作品入选玉溪市图书馆主办的“2020迎新春”书画作品展；3月，10名会员作品参加玉溪市文化馆主办的第五届“碧玉清溪”书画作品展；4月，6名会员作品参加玉溪市文旅局、文联主办的“文艺战疫网络美术作品展”；4月，中国画《我们在一起》参加全国“文艺战役”美术作品网络展，国画《长城》入选华夏好丹青全国“文艺战疫”绘画作品网络展，2名会员作品入选云南省“第八届文学艺术创作奖”创作展；7月，作品《两棵树》入选第十四届云南美术作品展；10月，3名会员作品入选玉溪市全面建成小康社会书画摄影作品展。

【戏剧曲艺协会】 2020年，江川区戏剧曲艺协会组织创作花灯小戏《扶志》《爱情花开扶贫路》《土地公公和大佛老爷》《龙凤双飞》等9个节目，花灯说唱《精准扶贫》《七项达标就是好》《打好爱国卫生形动人民战争》《喜气洋洋选村官》等12个节目，小品《擦鞋》《私访》《百善孝为先》等6个节目，快板说唱《大家一起富起来》《民主选举是法宝》《清洁家园春常在》等4个节目，合计创作31个节目。疫情期间，组织创作花灯说唱《科学防控人人知》，快板说唱《烟消云散见青天》《万众一心战疫情》。在选举村“两委”期间，创作快板说唱《民主选举是法宝》、花灯说唱《喜气洋洋选村官》。在“创文”“创卫”期间创作花灯说唱《七项达标就是好》《大美江川》，这些节目先后拍成小视频在江川区融媒体中心、抖音、互联网上播放。春节前夕，组织戏曲协会、江川区星抚之声文艺协会在老戏台举行迎新春文艺晚会，演出花灯说唱《江川人江川话》、小品《婆媳之间》、花灯歌舞《大头鱼赞》等19个节目。2020年1月18日在老戏台举办一台专场“庆祝中华人民共和国成立70周年及文化惠民演出”。

【舞蹈家协会】　江川区舞蹈家协会1月18日，参加“庆祝中华人民共和国成立70周年及文化惠民演出”，自编自演节目舞蹈、演唱、小品等。

5月为创建全国民族团结示范区，协会自编民族广场舞10余套，于每天晚七点在渔文化广场开展活动。8月23日—10月21日，参加“中国梦·江川情”江川区2020年红色文艺轻骑兵文化惠民演出。协会还受邀参加9场惠民演出。9月7日，协会有20人参加“玉溪市第十八届老年人健身运动会开幕式”。10月—12月，协会有16人参加3场篮球赛的开、闭幕式啦啦队表演。11月18日，受玉溪市江川区总工会的邀请，参加“滇中引水工程慰问文艺演出”。12月，参加爱国卫生“七个专项行动”和换届选举工作宣传片录制。协会共有9名演员参加录制，以“最美江川人”的状态在屏幕中呈现。

（余立言）

科学技术协会

【履行“刚要办”职责】　5月13日，召开江川区纲要工作推进会，区科协二届委员会全体委员、纲要工作领导小组成员单位领导参加会议。会议总结2019年工作，对2020年工作进行部署；区科协主席李彦坤亲自对纲要工作和科协业务工作进行专题培训。

【参加三下乡】　参加科技、文化、卫生下乡“三下乡”走进渔村科普活动。发放防震减灾、禁毒防艾、森林防火、应对气象灾害、科学种植养殖等各类宣传资料2万多份，发放移风易俗倡议书2000多份。

【农民科学素质网络知识竞答】　区科协下发《关于组织参加开展2020年全国农民科学素质网络知识竞答活动的通知》，组织全区农民、农科人员、协会等参加竞答，成绩在全市县区第四名。

【举办专题讲座】　5月29日，区科协举办《关于新型冠状病毒肺炎的感染途径、症状和防治》的讲座。

【区科技工作者座谈会】　区科协召开全区科技工作者座谈会，来自医疗、农业、教育等行业的代表围绕科技创新进行交流。

【最美科技工作者】　江川区水产技术推广站站长张四春被中共玉溪市委宣传部、玉溪市科学技术协会、玉溪市科技局命名为玉溪市最美科技工作者。

【青少年科普教育】　9月24日，在青少年校外活动中心、江川二中、江川职业中学分别举办3场“大手拉小手”科技传播行动科普讲座，三校师生聆听动物、军事和生物多样性专场报告。12月7日，江川区举办青少年科技辅导员业务培训。科协的全体干部职工、乡、镇、街道科技专干及各中小学校科技辅导员共44人参加培训。参加35届全国青少年科技创新大赛，江川区获得市三等奖以上奖励3项。

【全国科普日】　9月22日，江川区科协联合科技局、区教育体育局、区卫健局等14家部门，在前卫镇举办以“决胜全面小康、践行科技为民”为主题的“全国科普日”活动，通过文艺表演、宣传板、发放宣传资料等形式，向广大群众宣传决战决胜脱贫攻坚、生态环保政策和健康饮食、医疗卫生等方面的科普知识。

【科普项目督导检查】　年内，对2018年部分项目和2019年科普项目进行督导检查，在认真听取汇报、实地查看的基础上，详细查阅项目档案资料，对项目的实施效果、经费拨付、资金支出等情况逐笔详细核查。对2020年中央巡视组对中国科协巡视中对基层科普E站建设专项督查认真进行自查，对存在的问题督促有关单位进行整改落实。配合省市科协、财政部门对2016年以来的省级科普专项转移支付资金情况进行检查。全年向上争取科普项目资金43万元。

【农函大培训】　在全区6个乡（镇）和区职业中学招收学员1686人，开设蔬菜、烤烟、核桃、花卉栽培、厨师、食品烘焙、电工技术和家政服务等17个专业。其中统办专业6个700名学员，特色专业11个986人。经过面授辅导，实地指导，考试结业学员1686人，结业率为100%。其中党员325人、基层干195人、少数民族424人、妇女1073人、返乡农民工130人、建档立卡46户。

【科普信息化建设】 建成46个科普e站（含科普玉溪机顶盒），其中乡村e站14个，校园e站20个，社区e站12个。区电视台每周安排播放科普微视频3个，每天播放3个时段，全年共播放364部；利用气象局网络平台累计发布科普信息1350条；科普信息员947人。

【科技工作者之家】 召开江川区科技工作者座谈会。推荐玉溪市“最美科技工作者”候选人。走访慰问基层一线科技工作者。联合区委宣传部、区科技局、区教体局领导走访慰问科技工作者代表。

【抗击新冠工作】 发布《致全区科协组织和广大科技工作者的一封信》；利用“科普江川”公众号开展新型冠状病毒应急科普；组织江川区雄关乡丽曦花卉巾帼志愿者，在下营村委会下营村，免费发放口罩581个，向村民宣传普及预防新型冠状病毒肺炎的常识；开展爱心捐款，雄关丽曦花卉种植产销专业协会捐款1600元，雄关猕猴桃种植产销协会捐款1600元，雄关雄怡花卉有限公司捐款1600元；江川区科协干部捐款400元。落实《关于进一步加强和严格疫情防控10项措施的通告》，执行“一测三问”制度，履行疫情网格片区防控责任。

【民族团结进步示范区】 多措并举完成民族团结进步示范区创建工作，被评为区委评为示范单位。

【精准脱贫】 开展科技实用技术培训和推广应用。

（张树良）

红十字会

【概述】 2020年，江川区红十字会以习近平新时代中国特色社会主义思想为指导，全面贯彻落实省委十届九次全会、市委五届九次全会、区委二届六次和七次全会精神，紧紧围绕党委、政府中心工作，健全体制机制、增强能力实力，聚焦主责主业、提升服务质效，努力建设更具凝聚力、影响力和公信力的红十字组织。

【深化“博爱送万家”活动】 结合“寒冬送温暖·博爱送万家”活动，对麻风病人及48户建档立卡户进行慰问，将市红十字会下发和自筹的33床棉被、15床毛毯、12床绒毯、10套运动服等救助物资送到困难群众手中。

【开展大病特困救助】 帮助九溪镇大营村罹患白血病患儿获得中国红十字基金会3万元小天使基金年度彩票公益金。帮助1名求助者争取到市红十字会“博爱救急”救助项目5000元救助金。向6名患白血病、癌症和因突发事件、意外伤害致贫群众发放救助金9000元。

【红十字服务进社区】 将“红十字服务进社区”示范点拓展到15个。江川首家基层红十字会组织——大街社区红十字会正式成立。

【传播红十字精神】 开展19次主题宣传活动，发放宣传资料3000余份，参与群众6000余人。组织红十字志愿者深入社区广场、乡镇（街道），大力推广普及人体器官捐献理念和知识，发放《中华人民共和国红十字会法》《器官捐献知识》等宣传资料，进入小区开展义诊、健康咨询、传染病防治、造血干细胞捐献、无偿献血等知识宣传。以“世界献血者日”为节点，与市中心血站联合开展无偿献血活动，参与无偿献血145人，累计献血46000毫升。10名志愿者捐献造血干细胞血样入中华骨髓库。

【志愿服务先进典型】 2020年经区红十字会推荐，1名优秀志愿者、1名红十字服务标兵受市红十字会表彰，1名志愿者被省红十字备灾救灾中心授予蒲公英徽章。

【普及救护知识技能】 2020年，在学校、机关、（村）社区等场所开展应急救护公益培训14期，培训人数5000余人。区红十字会4人参加市红十字会组织的红十字应急救护师资初训班。与区发改局、区粮食收储有限公司等多家单位联合开展消防演练，提高从业人员的安全意识和应对突发安全生产事故的处置能力。

【接收社会捐赠款物】 区红十字会全年江川区红十字会共接收新冠肺炎疫情防控社会捐款总计428.23万元（定向捐款57.93万

元），物资价值147.60万元，接受捐款经报请指挥部同意后进行划拨，用于江川区疫情防控工作，所接收捐赠物资，均按照捐赠方意愿及时转交移交受赠单位。组织开展“99公益日”腾讯公益项目网络捐款，611人参与筹集款项1.40万元。所筹款项用于为石河小学抽水电路修缮改造、石河小学学生学习生活用品配备。

（李朋利）

残疾人联合会

【残疾人建档立卡户“清零”】 2020年全区残疾人建档立卡户579户694人全部脱贫，全年江川区残联共计投入各类扶持资金95.784万元，平均每户1654.30元，人均1380.17元。享受“两项补贴”的残疾人建档立卡户有569户678人，共发放补助金37.90万元，做到应纳尽纳。投入13.20万元改造建档立卡贫困残疾人家庭无障碍22户。投入4万元扶持20户残疾人发展生产脱贫攻坚，户均补助2000元。技能培训建档立卡户114人次。投入资金28.58万元为残疾人建档立卡户376人提供康复服务；为建档立卡贫困残疾家庭学生及残疾学生25名提供助学资金2.23万元。云南网、“江川星云”App、江川电视台刊登播出《江川残联帮扶为脱贫攻坚按下“加速键”》新闻、云南电视台澜湄国际频道追梦栏目专题报道“助残脱贫齐奔进　携手同心奔小康——江川区残疾人脱贫攻坚工作成效”。

【残疾人就业创业】 6月11—20日，区残联对全区2064户7200人建档立卡贫困户和84户268人贫困边缘户进行地毯式摸排，调查疑似残疾人。全年全区残疾人就业年龄段总人数3539人，就业1469人，就业率41.51%。新增农村残疾人劳动力转移就业146人，其中贫困残疾人劳动力新增转移就业22人。开展2020年残疾人按比例就业年审，57家单位安排残疾人就业113人。实施“助残就业，同奔小康”就业创业行动，投入9万元扶持8户残疾人创业就业，示范带动残疾人创业就业和促进残疾人生产增收。投入资金5.20万元扶持残疾人自主创业户4户。创建1个残疾人创业就业示范点，安置11名残疾人就业。成功申报残疾人培训基地1家，争取补助5万元。

【扶持盲人按摩】 全年江川区残联向8家盲人按摩店发放稳岗就业补助资金共3.20万，确保江川盲人按摩店在不放松疫情防控下恢复正常营业，渡过疫情难关，15名盲人11名健全人总计26名职工实现稳岗就业。区残联投入补助资金3万元打造熊氏一指康盲人保健按摩形象店；补助1.20万元支持6家盲人按摩店维护好规范量化分级管理服务工作；选送13名视力残疾人参加市各类盲人按摩技能交流培训。

【残疾人就业培训】 全年区残联深入推进“大众创业，万众创新”，积极推进残疾人技能培训，共投入经费17万元举办培训10期，培训512人，其中投入8万元举办22名残疾人参加的手机维修技能提升培训班；投入9万元举办400人参加的农村实用技术培训。

【残疾人精准康复服务】 全年江川区残联精准康复服务残疾人1452人，投入资金共计201.96万元，其中建档立卡户376人，投入资金28.58万元。投入资金7.90万元按残疾人需求采购辅助器具182件。投资26万元在江城镇建设残疾人体育健身示范点1个，并于9月投入使用。

【“阳光家园”项目】 区残联联合区财政局、区卫生健康局、区民政局制定《玉溪市江川区2020年“阳光家园”计划——智力、精神和重度肢体残疾人托养服务项目实施方案》，以政府购买服务的方式，公开招标为江川172名智力、精神和重度残疾人提供入户上门“保姆式”服务，投入服务资金共计24.75万元，其中建档立卡户121人，服务资金18.15万元。

【残疾儿童康复救助】 依托省残疾人康复中心，玉溪市第三人民医院，玉溪市儿童医院，玉溪市特殊教育学校对江川区22名0—6岁残疾儿童进行手术治疗及康复训练救助，投入补助金额54.98万元。

【精神病患者救助】 全年区残联救助精神病人住院治疗59人、救助金额7.80万元，其中建档立卡户6人、救助金额1.20万元。救助精神残疾人困难60人、救助资金6万元，其中建档立卡户8人、救助金额0.80万元。救助精神残疾人免费服药110人，救助资金4.02万元，其中建档立卡户23人、救助金额0.84万元。

【残疾人免费健康体检】 全年

区残联依托区人民医院，投入资金5.80万元为306名残疾人免费进行健康体检，其中建档立卡户170人，投入资金3.23万元。

【残疾人假肢装配】 全年区残联投入4.35万元为14名肢体残疾人安装假肢，其中建档立卡户2人，补助金额0.80万元。

【实施白内障复明】 7月6日，江川区启动“慈善玉溪光明行”项目，全年区残联投入81.40万元为219名白内障患者免费实施复明手术，其中建档立卡户2人、金额0.74万元。

【精准康复服务培训】 全年区残联投入资金4.96万元开展精准康复培训，共303人次精神病人、智障儿、脑瘫儿、盲人、低视力及家属受益。其中建档立卡户43人、金额0.82万元。

【助学兴教】 全年投入16.93万元资助困难残疾家庭学生及残疾学生163名，建档立卡贫困残疾家庭学生及残疾学生25名、补助资金2.23万元。其中为33名重度适龄儿童开展送教上门提供服务，发放补助金4.13万元。投入7.30万元资助29名考取大中专院校的残疾学生及残疾家庭子女，建档立卡户有5名，共补助1.30万元。云南省残保金助学项目补助考取大中专院校的残疾学生26名3万元。

【贫困残疾人家庭无障碍改造】 全年区残联投入资金36.60万元对56户贫困残疾人家庭进行无障碍改造，其中建档立卡户22户。

【慰问困难残疾人】 全年区残联在春节、助残日走访慰问困难残疾人340人，发放慰问金16万元。“六一”儿童节慰问残疾小学生75名，发放慰问金2.50万元。

【残疾人“两项”补贴】 全年区残联审核享受“两项补贴”残疾人46993人次，共计发放补贴金额306.95万元；其中困难生活补贴24254人次、154.65万元；重度护理补贴22739人次、152.30万元，实现应补尽补。

【残疾人信息数据动态更新】 2020年“云南省全国残疾人基本服务状况需求信息数据动态更新”工作调查采集残疾人7203人，其中查无此人、已搬迁、空挂户、外出、注销123人；电话调查52人，入户调查7028人、入户率达99.27%，手机App采集率达100%。

【残疾人证办理和清理】 6月29—30日，区残联联合市第二人民医院、区人民医院为46名行动不便的疑似精神智力及肢体残疾人上门办理残疾人证。全年新办理残疾人证424人，等级/类别变更125人、注销282人。9月，区残联开展违规持有残疾人证清理工作。至年底全区总持证残疾人7125人，其中一级877人、二级1333人、三级1562人、四级3353人。

【补助残疾人参加医保】 2020年江川区残联筹资75.03万元补助6230名残疾人参加城乡居民医疗保险，实现病有所医。

【残疾人机动车燃油补贴】 全年区残联发放残疾人机动车燃油补贴191人，金额5.12万元，其中建档立卡户28人、金额7280元。

【信访维权和综治维稳】 全年接办信访案件7件，办件率100%，没有出现越级上访和群体性事件发生。指导联系村开展综治维稳工作，筹资1.60万元帮助庄子村委会开展环境整治、平安乡村建设等工作，发放《致全区广大群众的一封信》《群众安全感满意度调查问卷说明》等资料1000多份。认真接听“12340”的调查电话，为平安江川点赞。

【走访慰问】 1月20日，区委书记徐贤率队走访慰问江城镇困难残疾户、特困户。3月4日，市残联党组书记、理事长普建蓉，党组成员、副理事长李媛美走访慰问江川区重度残疾人，并调研残疾人创业示范户生产经营情况。

【督导调研检查】 5月8日，玉溪市残联党组书记、理事长普建蓉，党组成员、副理事长李媛美，办公室主任张莉，宣传文体信访维权科科长杨万平组成的督查组到江川开展残疾人脱贫攻坚专项督查工作。8月21日，玉溪市人大常委会副主任龙兰带队市人大调研组到江川调研残疾人保障工作。10月15日，由省残联组联处处长李征宇、昭通市残联理事长姜仕钦等组成的检查组在玉溪市残联党组成员、副理事长李媛美的陪同下到江川区开展违规持有残疾人证清理工作“回头看”交叉检查。

（杨 晰）

军 事

编辑 陈金才

人民武装

【党委建设】 1月19日，召开部党委（扩大）会议，各乡镇（街道）武装部部长、专武干事及人武部全体干部职工参加会议。会议认真传达学习省军区、军分区党委（扩大）会议精神，总结2019年工作，明确2020年工作思路，深入查找在学习教育、练兵备战、国防动员建设、党的建设、服务保障方面存在的突出问题，反思剖析“工作谋划统筹能力、国防后备力量建设质量、征兵工作质效”3点原因，形成“深入抓学习、紧前抓备战、聚力抓主业、持续抓党建、按纲抓基层”5点共识。会议还表彰奖励先进单位和个人。

【思想政治建设】 全年，按照上级统一部署，扎实抓好党委中心组带部机关四个季度理论学习，认真学习贯彻党的十九届五中全会精神，把党的创新理论武装到全体人员头脑中。按照计划抓好主题教育，在上级授课辅导的基础上开展配合实践活动，深化教育成果。准确把握军委主席负责制要义，认真传达落实军委相关文件精神，确保各项工作始终坚持正确的政治方向。注重抓好意识形态领域和隐秘战线斗争，结合国际国内新的形势变化及时开展形势政策教育及“四反”教育，引导全体人员认清本质、坚定立场，自觉在行动上与党中央、中央军委保持高度一致。

【党委班子建设】 贯彻落实《军队党的建设条例》，开展党的纪律学习教育活动，引导干部职工知警畏、明戒惧、守纪律，广大党员的党性锻炼更加经常、更加严格，在完成任务、遵章守纪、理想信念、军事训练等各方面，能较好发挥模范带头作用。扎实抓好《中国共产党问责条例》《中国共产党纪律处分条例》学习贯彻，组织观看《铁纪强军》教育警示片，不断增强号令意识、纪律意识和规矩意识，筑牢思想防线。利用党委专题民主生活会和支部组织生活会等时机，党员深刻检视剖析深层次问题，消除“郭徐房张”流毒影响。突出加强对工程建设、兵员征集、军地往来等关键敏感事务的纪律监察，开办公示栏、设立举报箱，依法公平阳光办理敏感事务，严防发生“微腐败”问题。党委和纪委坚持抓好巡视巡察问题整改，带头坚决落实整改措施，确保问题“改到位、不反弹”，保持正风肃纪的强劲态势。

【军事训练】 坚持以备战打仗为目标牵引，抓实应对强敌各项准备，修订完善战备方案和非战争军事行动预案，合理编组指挥机构，抓实应急行动演练，以抗震救灾为任务背景，组织区国动委10余个成员单位160余人开展实兵实装实案化演练，有效提升应急应战能力。认真贯彻习近平主席开训动员令，紧紧抓住人武部机关和民兵队伍两个训练主体，扎实开展“训练周”和群众性练兵比武活动，组织新入队基干民兵开展入队训练，集中区民兵应急连和对口保障军兵种专业分队共计148人开展基地化轮训备勤。7月份，区人武部组织全区基干民兵进行集中点验，逐个民兵分队核实编建落实情况。加强战备库室建设和应急物资器材储备，积极协调区财政投入经费50余万元采购抗震救灾、森林防火、抗洪抢险等物资器材，与相关职能单位签订《军民通用装备预征预储协议》，为应急应战提供有力保障。

【民兵整组】 对14名专武干部进行资格认证，遴选35名民兵骨干聘为教练员，高质量完成3000余名学生军训任务。扎实开展国防潜力调查，对接协调区国动委各职能部门对往年数据进行核对、补充、更新，翔实掌握全区国防动员潜力。抓好民兵组织整顿，圆满完成全区基干民兵和普通民兵的整组工作，编实应急、专业、特殊“三支队伍”，基干民兵中党员和退役军人比例均达到规定标准。

【兵役工作】 全力抓好征兵工作，各级征兵工作人员走村入户开展精准宣传，覆盖全区各村委会和社区，并多次到各所高中（中专）学校开展国防教育暨征兵宣传活动，广泛发动高素质、高学历青年报名应征。全年全区完成新兵征集任务，其中大学生占征集任务数的68.38%；毕业生占征集任务数29.91%；全日制本科毕业生占征集任务数的6.83%；高中生占征集任务数的29.91%；初中生占征集任务数的1.70%。

【安全管理】 以完善各类安全预案为契机，盯住元旦、春节等节假日和“3.01”“3.14”“7.5”等重要敏感时节，开展形势战备和安全教育，规范各类值班执勤，组织全体人员开展安全训练，提高安全防范能力。学习贯彻省军区安全稳定电视会议精神，开展安全大检查、信息安全排查整治、枪爆专项清理整治等活动，始终盯住办公涉密区域等重点部位，过细排查安全隐患，认真制定整改措施，确保人武部安全稳定。及时对账销账，针对分区机关“百日安全”检查出的问题，限时整改到位，按规定每周指定专人联系在外休假人员掌握情况，使本部安全工作放心托底。

【国防教育】 全年，组织国动委成员单位，在全区范围开展“全民国防教育暨征兵宣传月”活动，滚动播放征兵宣传标语电子屏70余条，覆盖全区所有村委会，在公共场所张贴悬挂国防教育和征兵宣传标语、海报300余幅，出动流动宣传车一辆，发放宣传手册1万余份，现场为群众解答征兵政策300余人次。结合下乡调研、征兵、民兵训练等时机，多次开展献身国防教育和国防知识进企业活动，讲授军兵种知识，组织军事训练，增强广大应征青年和民兵队伍的国防意识和爱国主义精神。

【双拥共建】 开展创建“双拥模范城”活动，利用党委议军会、双拥座谈会、现场办公会等时机，研究解决军地双向需求问题。军地合力落实退役军人保障工作，积极协调解决军人优抚优待、退役军人安置、家属随迁随调等方面的困难问题。组织广大民兵积极参建参治、维稳处突、抢险救灾，全力维护社会稳定。创新军人军属优待举措，兑现落实义务兵家庭优待金、大学生入伍奖励金等奖励，严格按照上级要求规范走访慰问军烈属、挂光荣牌，努力营造“一人参军、全家光荣”的拥军优属浓厚氛围。发挥“军人军属法律服务站”职能作用，坚持军地联动开展军人维权工作，积极帮助军人军属解决实际问题，维护军人军属合法权益。积极参与打赢脱贫攻坚战，对口帮扶安化乡光山村委会。

【民兵应急拉动演练】 1月21日，开展民兵节日战备拉动演练，以应对公共突发事件为背景，按照1小时反应流程，对应急连2排（30人，前卫镇）进行拉动，检验人员集结、传达任务、情况处置等内容，现场检查人员到点情况和物资器材使用情况。6月23日，以抗震救灾演练为背景，联合地方卫健局、交通局、消防队、应急管理局、防震减灾局和通信保障等部门，按应急应战指挥所开设程序，启动装备预征程序，启动“一小时反应流程”，组织摩托化开进，全面检验拉动江川区应急民兵实战能力。10月10—21日，组织全区应急连91人、专业队伍57人进行“基地化轮训、常态化备勤”训练。

【新冠疫情防控】 1月31日，召开贯彻习近平主席号令坚决打赢疫情防控阻击战的措施任务部署会，江川区人武部成立疫情防控领导小组，营区实行24小时封闭管理每天三次体温测量，加强防控物资储备，严格落实疫情“零报告、日报告”；2月16日，接到《关于贯彻习主席决策指示组织省军区系统和民兵参加疫情防控工作有关问题的通知》，指导九溪镇动用民兵应急排22人，协助辖区六十亩、鸡窝、矣文村委会完成设卡检查、卫生消毒、心理疏导、防疫知识宣讲等工作，在疫情防控中发挥骨干作用；3月，组织所属13名党员自愿捐款支持新冠肺炎疫情防控工作，捐款金额共计2360元。

【区委研究民兵整组】 3月5日，区委第43次常委会、区政府第65次政府常务会上，专题对民兵整组工作进行研究，并将圆满完成年度民兵整组工作纳入年度40项重大工作范畴落实督办。

【专题组织生活会】 5月29日，召开清除和纠治政治领域官僚主义专题组织生活会，全体党员结合工作业务和思想实际，围绕全面彻底肃清“郭徐房张”流毒影响，对照“政治意识弱化、责任担当缺失、领导作风虚飘”三个突出问题进行查摆发言，讲清具体问题情形，明确整改措施及时限，让全体党员敢于让自己红红脸、出出汗，进一步增强“四个意识”、坚定“四个自信”、做到“两个维护”，贯彻落实军委主席负责制，确保本单位纯洁巩固和高度集中统一。

【普光照任第一书记】 9月4日，江川区人武部召开党委第一书记任职大会，市委常委、军分区司令员安顺到会宣布任职批复并作指示，区委书记、人武部党委第一书记普光照作表态发言。

【新兵工作】 9月2—20日，组织对入伍新兵进行役前训练。9月11日，区人民政府征兵办公室召开定兵会议。

【省市检查考评】 7月8日，军分区副司令员周文春带工作组对本部进行上半年全面建设检查考评。10月23日，军分区政委刘祖文带工作组对本部进行2020年全面建设检查考评。12月8日，省军区政治工作局邓永东主任带工作组对江川区进行党管武装工作检查考评。

【其他活动和会议】 1月7日，组织江川区人武部干部、文职人员、职工及部分民兵骨干开展开训活动。

2月27日，在江川区人武部召开全区民兵调整改革任务部署会。

5月至12月，开展深化“传承红色基因、担当强军重任”主题教育活动。

10月30日，组织江川区党政军领导干部召开2020年度中共玉溪市江川区委议军会暨国动委全会。

（杨多乐）

退役军人事务

【双拥领导小组第一次会议】 1月21日，召开江川区双拥工作领导小组第一次会议暨春节双拥座谈会。会议总结上年双拥工作，部署2020年双拥工作及驻江部队营区周边环境整治创建美丽军营工作。

【“双拥”工作第二次领导小组会议暨“八一”座谈会】 7月31日，召开江川区2020年退役军人事务工作领导小组第一次会议、“双拥”工作领导小组第二次会议暨“八一”建军节座谈会，会议就全区退役军人事务工作和“双拥”工作进行总结、讲评、部署，就当前及下一步工作听取各方面的意见和意见。区相关领导、驻军单位代表、区双拥成员单位领导、重点优抚对象、残病军人、退役军人代表、义务兵家属代表等90余人共庆“八一”建军节。同时，举行义务兵家庭优待金发放仪式。

【慰问部队官兵】 于春节、“八一”建军节慰问31637部队江川片区、区人武部、武警江川中队和江川消防大队部队官兵，送去慰问金、慰问品合计11万元。

【走访慰问活动】 春节、“八一”建军节慰问优抚对象，社会化发放人均200元的慰问金5049人次100.90万元；入户走访慰问烈士遗属、在乡伤残军人、在乡老复员军人等重点优抚对象31人，发放慰问金额1.55万元；走访慰问建档立卡贫困户和低保户中的退役军人32人1.60万元；全年走访慰问军休干部、无军籍职工26人1.30万元。于纪念中国人民抗日战争暨世界反法西斯战争胜利75周年慰问抗战老战士、烈士遗属活动，慰问4人0.40万元；开展纪念中国人民志愿军抗美援朝出国作战70周年走访慰问活动，慰问领取定期抚恤补助、健在的抗美援朝志愿军老战士、老同志12人6万元。

【烈士纪念日活动】 9月30日在烈士陵园举行2020年烈士公祭活动。区委、人大、政府、政协四套班子领导，区属各单位和中央、省市驻江单位的领导干部及共产党员代表、学生代表、现役军人、预备役、烈士遗属代表、群众代表等共计200余人参加。活动结束后现场召开烈士遗属工作座谈会，并向6名烈属每人送上500元的慰问金。

【线上线下清明祭英烈】 2020年受新型冠状肺炎疫情影响，全区以“线上”为主，“线下”为辅，以“我们的节日·清明”和“致敬·2020清明祭英烈”为主题，开展系列活动。利用微信群和QQ工作群发布网上祭扫倡议书，倡议通过国家公祭网、中华英烈网、青少年爱国主义网等专题网站缅怀烈士，学习烈士英雄事迹，发放网上祭扫倡议书150份；区退役军人事务局对烈士墓碑进行清洁擦拭，描红散葬烈士墓碑上五角星；部分单位组织党员到烈士陵园重温入党誓词；全区683人（其中社会各界及退役军人659人，烈属及烈士亲属人24人）到江川烈士陵园祭扫。

【发放义务兵家庭优待金】 7月31日“八一”建军节座谈会上举行全区义务兵家庭优待金发放仪式，完成社会化足额发放2020年度义务兵家庭优待金共计191户210.10万元。

【立功受奖喜报】 全年全区共收到并送达部队现役军人立功受奖通知书、喜报43份，其中二等功2人，三等功13人，优秀士官（义务兵）28人。为优秀义务兵家庭送去奖励金21人次0.63万元。

【解困帮扶优抚对象】 全年发放城镇部分重点优抚对象生活困难补助833人次33.34万元；发放下岗失业残疾军人困难生活补助165人次78.11万元。

【发放各类抚恤补助】 2020年年底，全区有享受国家抚恤、生活补助优抚对象及出国参战民兵民工2626人，全年按月社会化足额发放优抚对象及出国参战民兵民工定期抚恤、生活补助31746人次2074.86万元，发放优抚对象价格临时补助30292人次183.04万元（含2019年9至12月）。

【优抚对象医疗保障】 为2020年城乡居民医疗保险缴费的2339名重点补助医疗保险费用53.50万元，优抚对象住院医疗保障“一站式”服务补助731人次72.43万元。

【落实军休干部和无军籍职工待遇】 2020年按月发放军休干部、无军籍职工工资及遗属补助204人次142.01万元。

【退役士兵接收安置】 2020年符合政府安排工作或者自谋职业方式安置的城镇退役士兵39人，8月10日前采取部门联动协调配合、岗前培训转变角色、公开透明阳光安置三项措施完成安置，39名退役士兵走上工作岗位。2020年发放自主就业退役士兵一次性经济补助52人66.83万元（含立功增发2340元）。

【退役士兵职业技能培训】 落实安置政策，鼓励自主就业退役士兵参加职业技能培训，拓宽就业渠道，全年共计27人分别到爱因森学校、玉溪汽车驾驶学校、玉溪农职院参加1年以上职业技能培训。

【退役士兵保险接续】 根据“不漏一人、不错一人”的原则，核准符合政策并有认定依据的，全区共541人（含5名低保特户），其中自谋职业437人、岗位安置104人。本次办理两保接续，共缴费资金1396.73余万元，其中单位部分为935.95余万元，个人部分为460.78余万元。

【2020年二等功现役军人】 罗江波，男，1982年1月出生，中共党员，系江川区江城镇翠峰村委会小村十一社人，于2000年入伍，现任某部团长，在2019年度工作中，成绩突出，有较大贡献，经94559部队政治部批准，给予二等功奖励。

廖云东，男，1997年4月出生，中共党员江川区大街街道朱家庄村委会廖家营村人，于2013年9月入伍，现任陆军某旅班长，二期士官。廖云东自入伍以来勤学苦练，参加比武多次获得佳绩，曾多次荣获优秀士官、嘉奖、三等功荣誉称号，2019年度参加“边海卫士”比武中再创佳绩，成绩突出，有较大贡献，经31643部队政治部批准，给予二等功奖励。

【发拥军年画和春联】 1月10—30日，区退役军人事务局及乡镇（街道）退役军人服务站为优抚对象发放拥军共计发放年画、春联3489份。

【走访慰问】 1月17日，市委副书记、市长张德华一行到江川走访慰问重点优抚对象（在乡复员军人、伤残军人、烈属）10人，慰问标准500元。1月20日区委常委、人武部政委曾宪涛率区双拥办走访慰问驻江部队官兵，给区人武部、31637部队、武警江川支队、消防大队送去慰问金、慰问品合计11万元。7月30日，区委副

书记、区长常成等区领导分成5组，走访慰问5个乡镇街道13名抗美援朝志愿军老战士、老同志，每人慰问金500元。7月31日，常成一行5人慰问驻江部队、区人武部、武警支队江川中队和预备役三团二营，共送去价值5万元的慰问品。

【申报工作】　8月由区委宣传部牵头，江川烈士陵园申报省级爱国主义教育基地，10月27日，省评审组对该基地进行现场评审。

【省市区工作调研】　3月20日，江川区委副书记、区长常成到区退役军人事务局调研。5月14日，省民族宗教委副主任李正洪率省级初验组实地查看民族团结进步教育基地——江川英烈纪念馆烈士事迹展。5月15日，副市长李劲松到江川调研双拥工作，专题调研江川做好部队营区周边环境整治、创建美丽军营的情况，重点调研营区周边道路设施整治进展情况。10月15日，市退役军人事务局党组书记、局长孔令斌一行4人到江城镇，实地调研唐淮源将军故居，唐公祠（爱国主义教育基地）修缮项目规划设计情况。在座谈会上孔局长指出，现阶段要查史料、重走访、多渠道丰富历史资料，争取修缮项目按期完工。

【双拥共建】　5月9日，中国人民解放军31637部队向雄关中心小学赠送价值3.50万元的教学保障和文体用品。包括2台电脑、1台打印机、30套被褥以及篮球、乒乓球拍和教学扩音器共计96件（台），帮助学校解决教学设施设备不足的困难。6月23日，31637部队到大街街道中心敬老院开展“献爱心·送温暖”活动，慰问院内特困供养人员，为老人们送去价值1万元的被子（六件套）、食用油、大米，送上端午节的祝福和问候。7月27日，31637部队到雄关乡窑房村委会慰问建档立卡贫困户，将价值8000元的食用油、大米等慰问品逐一送到39户建档立卡贫困户和1户烤烟受灾农户手中，为山区困难群众送上温暖与爱心。8月24日，江川区退役军人事务局与江川新华书店共同到31637部队开展“文化拥军、双拥共建”活动，向部队赠送价值8000余元有益于培育当代革命军人核心价值观的精品图书161套（250册）图书，包括《习近平谈治国理政》第三卷、《平“语”近人——习近平总书记用典》《长征》《朝鲜战争》《中国远征军》《深藏功名　坚守初心——95岁老英雄张富清的本色人生》《三国演义》等，涉及军事、文学、历史、党建等方面。8月26日，31637部队赴白石岩村开展“党建、文化、医疗、教育”扶贫帮困“四下乡”活动。

【工作推进会】　6月29日，江川区召开“退役军人服务体系建设”工作推进会。乡镇（街道）的分管领导及区政府办公室、区人社局等相关单位参加会议。龚文勇副区长结合退役军人区（县）服务中心、乡镇（街道）服务站建设要求和“枫桥式退役军人服务站”建设规范提出具体的要求，对全区各级加快落实服务退役军人“最后一公里”进行安排。

【主动服务驻军单位】　8月31日—9月1日，在部队士兵退役之际，江川区退役军人事务局到驻江部队举行“政策进军营，服务面对面”活动，为2020年驻江部队即将退役的士兵讲解相关退役士兵享受政策，并为患病离队士兵送去关爱。

【退役士兵欢迎仪式】　9月24日，江川区为2020年度返乡退役士兵举行欢迎仪式，欢迎仪式后开展为期2天的适应性培训。2020年退出现役的44名退役士兵参加培训。

【退役士兵暨现役军属招聘会】

9月25日，江川区退役军人事务局在区人武部举办2020年玉溪市江川区退役士兵暨现役军人家属专场招聘会。招聘会共有11家单位参加，吸引退役士兵及现役军人家属近70人入场求职，有35人与招聘单位达成意向性协议。

【立功受奖表彰会】　12月16日，江川区举行立功受奖优秀义务兵表彰会。会上宣读区级人民政府表彰决定，并为2020年优秀义务兵家属发放奖励金。区委党委、区人武部政委曾宪涛，区政府副区长张曦，区退役军人事务局党组书记、局长何俊及受表彰的19名优秀义务兵家属参加会议。

【先进个人】　12月15日，江川区退役军人服务中心主任王成伟被退役军人事务部评为2020年度全国“百名优秀”主任。

（金　静）

法　制

编辑　李立群

政　法

【概述】　2020年是全面建成小康社会和“十三五”规划收官之年，是扫黑除恶专项斗争决胜之年，全区政法工作围绕平安建设为主线，突出抓好市域治理现代化，扫黑除恶专项斗争、社会矛盾多元化解，把稳字当头、稳中求进贯穿平安法治江川建设全过程，坚决防止发生影响国家政治安全和社会稳定的重大案事件，全面提升政法工作水平，为江川高质量跨越式发展营造安全的政治环境、稳定的社会环境、公正的法治环境公正的法治环境、优质的服务环境。

【投入疫情防控工作】　江川区建立“政法委员+综治中心+网格员”联动排查防控工作机制。乡镇（街道）政法委员组织6个乡镇（街道）综治中心，动员228个网格员，联合村（社区）干部、党员、社区民警和各类志愿者，以399个网格为基础，以党员结对户为中心辐射全体群众，实现网格全覆盖防控。网格员在网格中开展网格巡查、疫情防控宣传、治安巡防、矛盾纠纷调处、综治及平安建设宣传等工作。

【防控社会矛盾风险】　完成重大事项社会稳定风险评估工作8项；排查出有影响社会稳定的重大矛盾问题和隐患22件，发布预警通知3次建立维稳问题清单、重点稳控人员名册和涉稳重点关注人员包保稳控责任工作台账。

【网上舆情引导工作】　深化落实“三同步”工作机制。成立江川区政法网络舆情应对和依法处置“三同步”工作领导小组，组建江川政法网军，现有网军工作人员9名。落实重大政法舆情日报告制度与政法舆情工作专班工作机制。围绕重点案件、疫情防控、重要节点开展网络意识形态斗争，推动政法舆论生态持续优化。

【社会治理工作】　成立以区委书记为组长的平安江川建设（社会治理现代化）工作领导小组及专项组和办公室。加大统筹力度，召开领导小组会议两次。社会治理工作探索出一批新亮点：大街街道浪广社区在古滇国城小区打造“一核两体三共治理+四小工程”的小区居民自治新样板。小区连续三年刑事、治安案件零发案，矛盾纠纷零上交。市公安局江川分局探索做强基层“三大警务”模式（交所合一模式，54321警务机制，4+1网格化）社会治理路径，基层实力、活力和战斗力得到全面提升，实现发案少，秩序好，全区社会治安明显好转。

【开展扫黑除恶专项斗争】　区委常委会、区政府常务会听取工作汇报15次，落实专项资金144万。开展“六清”行动，清结370条各类问题线索，侦办案件无逃犯，办结涉黑涉恶案件40件，办结涉及保护伞案件20件，案件财产刑执结62万元。发出“三书一函”20份，已办结回复20份。在村级（社区）组织换届之际，与相关部门联合开展村（社区）组织干部候选人涉黑涉恶问题线索的联审工作。

【推进综治中心建设工作】 在完成三级综治中心平台搭建的基础上，各级综治中心整合资源，开展网格巡查、治安巡防、矛盾纠纷调处、综治及平安建设宣传等工作。2020年4月江川区荣获2019年云南省平安建设（综治工作）目标管理责任制考核先进平安县（区）。

【推进“雪亮工程”建设】 加快视频监控系统建设。建设立体化、信息化社会治安防控体系，形成城区与农村互联、网上与网下互通、虚拟与现实互补的立体化社会治安防控体系，2020年以来“雪亮工程”视频监控建设21个村（社区）5个乡镇（街道），共安装221个，联网221路。全面提升打防实战效能。对接入公安视频监控的各类视频监控信息及时进行分类串并、视频侦查和行动轨迹研判，实现对各类信息掌控和应用，提升对动态社会治安的打防能力，2020年20个老旧小区改造完成并接入公安视频监控，与电信、移动等三大运营商合作，分别在九溪镇大村，江城镇侯家沟试点“雪亮工程”村（社区）全覆盖打造。

【开展命案防控工作】 根据省、市命案防控工作的有关要求，制定《玉溪市江川区2020—2022年命案防控三年行动工作方案》。加大巡逻警力投入，重点加强对主要街面、重点路段、重要部位和城乡接合部等命案高发部位、地段的巡逻控制；加强对管制刀具、枪支弹药和非法爆炸物品、剧毒物品的收缴和管理，严密管控歌舞厅、洗浴场所等治安复杂场所，严格落实吸毒人员、重大刑事犯罪前科人员、肇事肇祸精神病人等重点人口的管控措施，最大限度消除和减少不安全因素。

【化解矛盾纠纷】 2020年，全区人民调解、司法调解、行政调解“三调联动”累计排查矛盾纠纷累计排查5053件，化解4490件，化解率88.63%。涉疫情矛盾纠纷0件。

【见义勇为工作】 组织各单位各部门学习见义勇为先进事迹，向全区广大人民群众宣传《江川区关心支持见义勇为事业倡议书》。开展对全区见义勇为先进个人春节慰问，共发放慰问金14293元。建立完善江川区见义勇为促进会的各项规章制度建设。完成34名见义勇为人员新系统信息录入工作。

【开展平安建设宣传】 制定下发《江川区2020年平安建设宣传方案》和《江川区2020年综治维稳宣传月活动方案》，成立宣传工作领导小组。全区开展“综治维稳宣传月”“巡回法庭”“模拟法庭”“七五”普法、“国际宪法日”等系列活动，不断拓宽创建平安校园、法制副校长进校园的宣传方式及渠道。

【提升群众安全感和执法满意度】 2020年5月14日和10月23日，召开2020年提升群众安全感和满意度工作会议，对提升群众安全感和满意度工作进行全面安排部署。通过“吹哨、报到”制度，将提升群众安全感、满意度工作2次以派单的形式下发至各个网格。并将群众安全感满意度工作与单位挂钩联系村（社区）相结合，落实情况纳入年终平安建设考核，发挥网格基层党组织在平安建设中的引领作用，部门形成合力，组织开展好群众安全感、满意度调查活动。

【做好“三资”专项问题合同清理】 围绕群众关心“三资”管理，牵头做好问题合同清理工作。清理合同共计2811份，合同金额7.9042亿元，存在问题合同826份中，组织政法等相关部门研究6次，提出解决的办法和思路，为壮大集体经济提供有力的法治保障。

【推动“红色物业”小区共治共建共享】 96个小区实现党支部全覆盖，80个小区成立业委会，完成20个老旧小区视频改造并接入公安视频监控工作。大街街道浪广社区社会治理工作受到省推广。

【加强政法队伍建设】 政法各部门组织党员干部集中学习《云南省政法系统违纪违法典型案例读本》，开展队伍建设“五学五比五提升”活动，贯彻落实《玉溪市政法系统政治轮训实施办法》，2020年，全区政法各部门组织政法干部参加政治轮训36期560余人次。

（李 平）

司法行政

【概述】 玉溪市江川区司法局贯彻习近平政法工作重要指示精

神，紧扣全面建成小康社会目标任务，以深入推进全面依法治区工作为统领，以推进国家治理体系和治理能力现代化为着力点，认真履行工作职责，全面提升司法行政队伍整体工作水平，为法治江川、平安江川建设再上新台阶提供优质法律服务和坚强法治保障。

【区委全面依法治区委员会会议】 7月20日，组织召开区委全面依法治区委员会第二次会议，传达学习中央全面依法治国委员会第三次会议、省委全面依法治省委员会第二次会议和市委全面依法治市委员会第二次会议精神。并书面审议《区委全面依法治区委员会2020年工作要点（送审稿）》《〈区委全面依法治区委员会2020年工作要点〉重点任务分工方案（送审稿）》《关于调整中共玉溪市江川区委全面依法治区委员会协调小组和办公室成员单位建议名单（送审稿）》。

【区委全面依法治区委员会办公室暨执法协调小组会议】 9月3日，组织召开区委全面依法治区委员会办公室暨执法协调小组工作会议，研究修订《玉溪市江川区全面依法治区工作约谈办法（暂行）》送审稿，审议《玉溪市江川区2020年法治政府建设工作计划》送审稿和《区委全面依法治区委员会执法协调小组2020年工作要点及任务分工》送审稿。

【法治政府建设】 组织召开2020年江川区法治政府建设工作会议，研究制定《玉溪市江川区法治政府建设补短板强弱项促提升工作方案》，进一步明确整改措施、责任单位及整改时限，着力推进法治政府建设的有序开展。

【行政执法监督】 对机构改革后江川区24家单位的行政执法主体资格进行审查确认并予以公告；做好13家区级行政执法单位89名行政执法人员的2020年行政执法网上培训考试准备工作，组织开展《城乡规划法》《行政处罚法》等为内容的行政执法业务现场培训2次和行政执法机关负责人参加旁听人民法院审理行政诉讼案件活动1次；组织区行政执法单位自行评查行政许可、行政处罚和行政强制等各类行政执法案卷共741卷，司法局抽查20卷，并对存在问题及时进行通报。开展行政执法“三项制度”督查检查1次，对落实行政执法“三项制度”存在问题进行通报，督促整改落实；做好行政执法和刑事司法衔接工作，江川区行政执法单位共移交公安机关处理刑事案件18件。

【重大行政决策工作】 执行省、市、区重大行政决策程序规定，共参与重大行政决策、重要事项研究、重要项目及合同谈判、起草及法制审查50次，重大行政决策听证11项。

【行政复议工作】 贯彻落实省、市《关于加强和改进行政应诉工作的实施意见》《玉溪市行政机关负责人行政诉讼出庭应诉办法》等规定，推动行政机关负责人行政诉讼出庭应诉常态化、制度化。全区共受理各类行政复议案件5件，审结3件，其中已审结的行政复议案件中，维持1件，撤销1件，终止1件，在对行政机关的具体行政行为进行有效监督的同时，有效化解社会矛盾。

【“七五”普法检查验收】 制定印发《玉溪市江川区“七五”普法规划总结验收方案》，于2020年6月29日—7月1日，组成3个检查验收组，通过座谈交流、书面检查、实地考察等多种方式，对全区70余家党政部门、乡镇和学校、企事业单位、人民团体等“七五”普法工作进行了全面检查验收。并于7月29日，完成市对区“七五”普法规划的检查验收。

【守法普法协调小组工作会议】 2020年6月23日，中共玉溪市江川区委全面依法治区委员会守法普法协调小组组织召开第一次全体会议，区委常委、宣传部部长、区委全面依法治区委员会守法普法协调小组组长何眉主持会议并讲话，守法普法协调小组全体成员出席会议。审议并通过《区委全面依法治区委员会守法普法协调小组2020年工作要点及分工》《关于建立法官、检察官、行政执法人员、律师等“以案释法”制度的实施意见》《玉溪市江川区“七五”普法规划总结验收方案》。

【落实普法责任制】 2020年3月，将修订后的《玉溪市江川区区级国家机关普法责任清单（第一批）》予以公告。并持续推进“谁执法谁普法”普法责任制的落实，推动形成相关部门在执法和服务过程中开展法治宣传教育常态机制。

【围绕重大项目和重点工作开展法治宣传】　围绕烤烟生产、星云湖保护治理、“创文”、疫情防控和爱国卫生运动等区委政府重点工作开展普法宣传工作，期间共出动宣传车宣传600余人次，录制MP3宣传音频15个，发放宣传资料34500余份，走访群众100余户，接受法律咨询300余人次。

【重要时间节点法治宣传】　以文化科技卫生“三下乡”、“三五”学雷锋、“3·15”国际消费者权益日、“全民国家安全教育日”、“六·五”世界环境日、“6·26”国际禁毒日、“保密宣传月”、“安全生产月”等重要时间节点为契机，组织开展普法宣传教育活动，着力提升全区公民法律素质，广泛形成办事依法、遇事找法、解决问题用法、化解矛盾靠法的良好法治环境。期间共出动宣传车宣传260余人次，录制MP3宣传音频20余个，发放宣传资料26000余份，接受群众法律咨询420余人次。

【《民法典》学习宣传】　2020年8月6日，由区委副书记、区长常成组织召开二届区委第154次常委会议，传达学习习近平总书记关于民法典的重要论述。8月20日，区委举行2020年区委理论学习中心组第八次集中学习，邀请云南大学杨临红教授对全区科级以上领导干部进行《民法典》专题辅导。全区各乡镇（街道）和区属各部门邀请法学专家或法律顾问律师，组织开展《民法典》专题辅导讲座58场2800余人。组织全区党员干部开展《民法典》知识竞赛1次。全区共组织开展《民法典》专题法治宣传14次，开展送法进机关、进乡村、进社区、进学校、进企业等活动20余次，投资3万余元制作发放《民法典》宣传材料6万余份。并通过区司法局、各司法所和六十亩法治文化小广场的9法治宣传栏及怡心园文化广场的9块宣传展板开展宣传，通过图文、条款释解等方式，进一步加大对《中华人民共和国民法典》宣传。

【扫黑除恶法治宣传】　将扫黑除恶宣传纳入全区法治宣传教育工作要点，以“法律十进”为载体，拓展扫黑除恶宣传宣传进公交、商场、网吧等活动，共发放宣传资料29150余份，悬挂横幅90条，粘贴标语495条，制作宣传橱窗、展板、板报79块，开展扫黑除恶“法律六进+N”活动94场次，受众总数33300人次，广播宣传1820余次，张贴海报80余份，推送新媒体普法信息12条等。

【开展“12·4”国家宪法日宣传活动】　“12·4”国家宪法日及宪法宣传周期间，玉溪市江川区司法局以“深入学习宣传习近平法治思想、大力弘扬宪法精神”为主题，以巩固“七五”普法成果为抓手，以推进“法律十进”为载体，多举措打造宪法宣传新局面：制定印发《关于开展玉溪市江川区2020年“宪法宣传周”系列宣传活动的通知》，于12月3日，联合区委组织部、区委宣传部、区委区直机关工委、区委党校、区总工会、区人民检察院等20余家单位部门分别开展多角度、多对象、多渠道的宪法宣传活动；组织开展宪法进机关、单位、学校、企业、社区、家庭等活动，切实增强广大公民宪法意识、国家意识、规则意识；组织江川公证处公证员参加宪法宣誓活动。

【开展经常性法治宣传教育】　以“法律六+N”为载体，以国家工作人员及重点学法对象为重点，以服务区委政府重大项目推进和重点工作开展为目标，深入开展普法宣传教育，为全区经济社会发展营造良好的法治氛围。今年来，全区共组织开展法治宣讲27次13311人，培训骨干13期595次，专业法宣传59次304人，帮教青少年21次43人，解答法律咨询1710次2527人，展出图片38期494幅，印发材料189期85480份，张贴悬挂普法标语1321条，编排法治影视节目1部。

【“江川法宣在线”】　通过“江川法宣在线”微信公众号发布普法案例45例（其中青少年违法犯罪3例，信访案例5例，扫黑除恶20例，禁毒宣传14例，网络安全3例），普法简讯290篇。

【矛盾纠纷排查调处】　全区共组织开展矛盾纠纷排查102次，组织调解矛盾纠纷共710件，调解成功697件，成功率为98.2%，纠纷涉及当事人1341人，纠纷涉及金额255.01万元。

【一案一补】　2020年，全区“以案定补”案件数589件，其中简易纠纷229件，一般纠纷331件，重大复杂纠纷29件，应补助金额51570元。

【多元化纠纷调解】 积极探索人民调解与行政调解、司法调解衔接配合及“公调对接”“检调对接”“诉调对接”和“访调对接”的工作机制，形成分工合理、权责明确、优势互补、协调联动的社会矛盾纠纷解决体系。参与“书记、区长接待日”接待来访群众信访案件103件157人，调解信访纠纷3件，调解成功2件，不属调解范畴导入法治轨道1件。

【安置帮教工作】 加大对刑释人员信息核查力度，落实衔接措施，对今年接收351名刑释解矫人员进行及时帮教，并对40名涉黑涉恶刑满释放人员，落实必接必送工作机制，根据各自违法犯罪情况，明确1名司法所工作人员、1名所在地村组干部和其亲属为帮教责任人，切实加强对涉黑涉恶刑满释放人员的帮扶和教育。

【社区矫正工作】 健全完善社区矫正教育管理机制，组织开展社区矫正人员、刑释解矫人员集中教育培训和走访活动，共组织开展社区矫正对象集中教育8期1920人，个人教育谈话1450人次，走访社区矫正人员810人次，开展社区矫正对象违法犯罪排查12期2880人次，对违反社区矫正规定警告处分9人，训诫5人，收监执行3人。调查评估7人，救助困难社区矫正对象3人。组织94名社区矫正对象进行禁毒尿检，通过尿检未发现社区矫正对象吸毒的情况。

【公共法律服务实体平台建设】

通过整合各项司法行政资源，完成了区级、6个乡镇（街道）公共法律服务中心和64个村（社区）公共法律服务工作站建设，形成覆盖城乡、群众满意的公共法律服务网络。2020年11月，投资10余万元，完成江城镇公共法律服务中心规范化建设和江城司法所内部修缮。

【基层法律服务工作】 3个基层法律服务所共代理诉讼24件，代理非诉讼事务138件，解答法律咨询576人次，调解纠纷25件，接受指派办理法律援助6件，避免和挽回经济损失7万元。

【公证工作】 江川公证处共办理各类公证562件，涉及标的7458万元，解答公证法律咨询696次2015人，代书、草拟修改各类合同协议及有关公证法律文书492份，提出口头司法建议34条，被采纳34条。

【律师工作】 全区律师事务所共办理各类法律事务94件，担任法律顾问18家，办理法律援助案件44件，代写法律文书113件，提供法律咨询680人次，涉及经济标的196万元，挽回经济损失196万元。7月3日，玉溪滇玉律师事务所在江川设立云南滇玉（江川）律师事务所。统筹法律服务资源，全区共发展公职律师20名。

【法律援助工作】 江川区法律援助中心共办理法律援助案件312件（其中刑事案件262件、民事案件50件），补助经费46.36万元，援助案件涉及当事人312人。

【扫黑除恶工作】 研究制定《玉溪市江川区司法局2020年扫黑除恶专项斗争工作要点》，司法局履行扫黑除恶专项斗争责任，在经费保障和工作力量配备上给予必要保障，持续推进扫黑除恶专项斗争深入开展；把落实中央第20督导组督导及“回头看”反馈问题和省、市、区委整改落实，作为增强“四个意识”、坚定“四个自信”、做到“两个维护”的政治要求和具体行动，全面查摆整改落实中存在的普遍性、深层次问题，以点带面，扩面增效，确保立行立改问题进一步巩固提升，长期整改问题持续高质量整改到位；持续加强律师指导监督，建立健全确保政治过硬、确保业务过硬和压实队伍建设三个长效机制，强化对律师办理涉黑涉恶案件的管理，并进一步健全完善工作机制，加大对律师行业乱象的整治，确保律师在扫黑除恶专项斗争中的作用得以有效凸显。2020年，全区律师事务所共办理涉黑涉恶案件10件；落实《玉溪市村（社区）干部任职资格联审工作实施办法（试行）》的有关要求，组织人员对全区村组干部进行审查，坚决把涉黑涉恶、受过刑事处罚、存在“村霸”等问题的村干部清理出去。今年来，共组织进行任职资格审查4次。

【业务用房建设】 2020年10月，完成司法局业务用房项目建设，并竣工验收。

【信息化建设】 2020年12月，完成司法行政系统视信平台、应急指挥、远程探视等信息化建设任务。

（廖江平）

公 安

【概述】 2020年，玉溪市公安局江川分局在区委、区政府和市公安局党委的坚强领导下，以习近平新时代中国特色社会主义思想为指导，聚焦公安治理体系和治理能力现代化，紧紧围绕全市公安机关“1655”工作思路，统筹党委、政府中心工作和公安机关重点工作，不断强化打防管控各项措施，强势推进“四大警务”改革，全力以赴开展疫情防控阻击战。实现命案连续八年全破，全区社会治安明显好转，社会大局持续保持稳定。

【组织机构】 江川分局有指挥中心、政治工作办公室、警务保障室、信访室、刑事侦查大队、治安管理大队、经济犯罪侦查大队、禁毒大队、国内安全保卫大队、反恐怖大队、出入境管理大队、网络安全保卫大队、警务督察大队、法制大队、交通警察大队、巡特警大队、森林警察大队、看守所、拘留所、大街派出所、江城派出所、行政审批股、前卫派出所、九溪派出所、雄关派出所、安化派出所、路居派出所（由澄江县公安局托管）、孤山派出所（由澄江县公安局托管）等职能机构，消防大队（整建制移交应急管理部，由上级消防救援部门垂直管理，目前尚未整合完成，三定方案暂未制定）。

【主要数据】

接处警数 2020年，接处警13879起，同比增加2320起，上升20.1%，出动警力46166人次。

刑事案件 2020年，立各类刑事案件1211起（其中治安类19起、经济类28起、毒品类案件32起、交通类123起），破445起，破案率36.7%，其中危害公共安全案件立134起，破131起，侵犯公民人身、民主权利案件立56起，破44起（命案立2起破2起），侵犯财产案件立928起，破189起、妨害社会管理秩序案件立65起，破60起。破年前案件93起，破案绝对数538起。抓获各类犯罪嫌疑人502人，移送起诉422人，抓获网上逃犯12人。

经济案件 2020年，受理各类经济案件36起，立案28起，破获21起，破案率75%。破获年前案件10起，破案绝对数31起。涉案总价值1391.11万元，挽回经济损失1041万元。

毒品案件 2020年，破获毒品案件32起，缴获毒品43.161千克（其中冰毒43.16千克、海洛因0.001千克），抓获嫌疑人27人，其中刑事拘留25人，其他强制措施2人。查处吸毒人员230人，强制隔离戒毒人员89人，收戒吸毒人员256人。

行政案件 2020年，受理行政案件（不含交通违法案件）1941起，查处609起。查处违法人员1008人，其中拘留271人、罚款167人、警告50人、其他处理504人。

交通事故 2020年，全区发生交通事故3088起，死亡25人，受伤1245人，损失32.64万元。

交通违法案件 2020年，交警部门受理违反道路交通管理法律法规的行政案件62333起，查处56772起。

车辆驾驶人数 2020年，全区机动车保有量77047辆、电动自行车拥有量33533辆、机动车驾驶人95647名。

火灾事故 2020年，全区发生各类火灾事故27起，死亡1人，烧毁房屋16间424.9平方米，直接经济损失5.441万元。

【成立森林警察大队】 6月29日，按照省委、省政府关于森林公安机关管理体制调整工作的统一部署和《玉溪市森林公安机关管理体制调整具体工作方案》，原江川区森林公安局整建制调整至玉溪市公安局江川分局管理，挂牌玉溪市公安局江川分局森林警察大队。森林公安机关管理体制调整是贯彻落实党中央“政是政、警是警、企是企”的目标要求，是深化党和国家机构改革、深入推进法治中国建设、适应新时代公安事业发展的重大举措，对更好地履行保护自然资源和生态环境等各项职能具有重大意义。

【警务改革】 江川分局以“大抓基层、大抓基础”为导向，坚持共建共治共享理念，推动理念、机制、方式创新，推进“四大警务”改革。一是推行“交所合一”。针对主城区出警不及时、不规范，交通管控滞后、投诉较多等问题。采取整合优势警力，优化警务模式，将巡特警、交警、派出所警力进行整合，组建了一支30人的专业化交巡警中队，分别将辖区分为2大防区和4个网格，24小时负责辖区巡逻防控、交通管控和派出所、交警管辖类警情处置，接处警不规范、不及时等问题得到彻底解决。该做法被《人民公安报》采用刊载。二是“4+1+N”网格化管理。将全区划分为10个网格，建立党委成员、部门负责人、派出所所长、社区民警“四级网格长”管理制，实行网格化管理。将网格建成信息采集、排查风险的触角，化解矛盾、消除隐患的阵地，便民利民、解决问题的窗口，“人在网中走、事在格中办”的社会治理新格局初步形成。三是实现“一门通办”。始终关注群众办证、办事“多头跑”“多次跑”等民生问题，大力推动“一门通办”江川样板。2020年2月底，将出入境、车管所迁移到交警办证大厅合署办公，新大厅实行出入境、车管驾管、治安审批和户籍业务“一站式”服务，真正让群众“只进一道门，就办多项事，只跑一趟路，办完所有事”，为民办事效率大幅提升，被省厅作为全省公安机关“一门通办”推进会的现场观摩点。四是实施“54321”警务机制。围绕“党委统筹、治安统管、全警统建”的思路，实行每个部门建立5个基础阵地，每个民警列管4个重点关注对象，掌控3个行业场所，物建2名治安耳目和1名刑事特情。全面管控“人、地、事、物”等基础要素和“吃、住、行、消”等治安要素，筑牢治安基础根基。共建立基础阵地60个，重点行业场所378个，列管重点关注对象500名。

【网络安全管理】 2020年，网安部门加强互联网安全监管，督促网站、信息系统备案工作，检查154家次单位，下发154份整改通知书。新增备案网站2家、注销备案网站3家。新增备案信息系统3个。检查网吧120余次，给予警告5家次、限期整改3家。落实网上巡查、舆情引导和有害信息处置等措施，收集各类有害信息480条。出具案件研判报告18期，协助破案100余起，协助抓获犯罪嫌疑人50余人，出具电子数据勘验报告165份。

【公安信访】 2020年，公安信访部门接待群众来信来访30件，其中来访4件，来信2件，上级部门转交24件。受理办理30件，查处案件8起，移送审查起诉1人，采取取保候审强制措施4人，行政处罚13人，调解矛盾纠纷2起。所有信访事项按信访工作的规定均依法、依规处理、答复群众，办结率为100%。做到群众来信、来访件件有回应，事事有答复。

【出入境管理】 2020年，受理普通护照662人次、往来港澳通行证306人次、往来港澳签注96人次、港澳通行证探亲签证1人次、大陆居民往来台湾通行证28人次、大陆居民往来台湾签注1人次。江川区常住境外人18人，其中越南籍6人、缅甸籍7人、老挝籍3人、美国籍1人、英国籍1人。开展清理整治“三非”专项行动，办理“三非”案件7起。

【法制工作】 2020年，移送审查起诉262件417人，提请批准逮捕93件168人，审核行政案件299件611人、审核刑事案件355件585人。规范案件管理中心、执法办案中心、涉案财物管理中心“三中心”运行，提升执法管理效能，实现对执法办案的全流程监督、全方位管理，确保每一个执法环节规范有序，从源头上预防和减少执法问题发生，经审核的每一起案件均做到案件事实清楚，证据确实充分，程序合法，量处适当，适用法律正确，确保每件案件都经得起法律检验。

【监管工作】 2020年以来，江川区看守所、拘留所严格按照《公安监所安全“铁桶工程”建设工作实施方案》，开展监所安全隐患大排查、大整治、大改进活动。共投资15万余元先后完成看守所监控信息化系统改建、看守所拘留所两所监室改造、水网改造等项目，进一步强化两所基础设施建设。新冠肺炎疫情期间，严格贯彻执行公安部监管场所封闭管理勤务模式，采取全面消毒杀菌，规范生活管理，严格教育管理等多种举措全力做好疫情防控工作，坚决将疫情阻隔在高墙之外，疫情防控工作实现三个“零”（即零感染、零事故、零违纪）目标，各项安全措施落实到位，全年未发生在押在拘人员非正常死亡、脱逃事故事件，监所秩序井然，平安无事故。全年接待律师会见在押人员234人次，接待家属会见8人次，进行风险评估958人次，处理在押人员违反管理规定行为164人次，进行所内医疗诊治5448人次，开展进行谈话记录2851人次，接待办案部门提讯提审419人次，提解出所131人次。

【专项行动】 “扫黑除恶”专项斗争　2018年至2020年三年间，玉溪市公安局江川分局按照中央的统一部署，全力组织开展“扫黑除恶”专项斗争。三年间，共侦办涉黑涉案案件11件，其中涉黑案2件、涉恶案9件，共抓获团伙成员185人，查明案件205起；共接收涉黑涉恶举报线索205条，经核查，核查完结204条，直接移交昆明市公安机关核查1条，在完结的线索中，具有涉黑犯罪嫌疑的线索6条，具有涉恶犯罪的15条，具有其他犯罪嫌疑的58条，无犯罪嫌疑的125条。

打击整治跨境违法犯罪　坚持“打防并举，标本兼治”的工作方针，集全警之力、聚全警之智，严打整治跨境突出违法犯罪活动，明确“打点”“控线”“扫面”三个主攻方向，严打“枪恐毒赌”“诈绑逃私”和妨害国边境管理九项突出违法犯罪活动，集中侦办一批案件、集中抓获一批人员、集中缴获一批枪支、集中缴获一批毒品、集中缴获一批走私物品、集中封控一批非法通道、集中端掉一批赌窝和诈窝，实现“三减、三升”工作目标。共侦破跨境犯罪案件195起，其中组织、运送他人偷越国（边）境案36起，推送线索立案侦办160条，查获“两卡”843张。

打击整治枪爆专项行动　全面加强涉危涉爆物品的管控，切实发挥好江川区缉枪治爆专项行动指挥部办公室职能作用，协调各成员单位深入开展专项行动，认真落实清查收缴措施。共收缴各类枪支10支，各类子弹2710发，黑火药727千克，仿真枪3支，枪支零部件30件，各类管制刀具764把，易制爆化学品125千克，各类烟花爆竹505件，礼花弹19枚。

打击跨境赌博专项行动　以打击跨境赌博违法犯罪为抓手，抓好社会治安综合治理，倡导积极向上的文娱生活，回应人民群众的新期待。共侦办网络赌博刑事案件5起，打掉涉案团伙5个，移送起诉8人，治安拘留24人，治安罚款392人，收缴罚没款16.3万余元；共查处跨境涉赌治安案件12起，其中治安罚款2人，其他处罚10人；查破跨境赌博刑事案件4起，移诉起诉7人，其中“6.17”跨境赌博案被立为省厅目标案件办理；查破打击跨境赌博延伸案件偷越国边境案5起。查处涉黄治安案件1起，行政拘留3人，责令1家宾馆旅店因涉黄问题停业整顿1个月。

“治安要素大起底”专项行动　以COP15安保维稳为主线，重点对易滋生违法犯罪和易藏污纳垢的工地工棚、看山房、城乡接合部、废旧厂房、野外废弃房屋等部位、场所开展“拉网式”大排查大检查，同时，对各辖区旅馆业、歌舞娱乐、桑拿洗浴场所、出租房等行业场所及部位进行突击清查。以人民群众反映强烈的“食药环”“黄赌毒”“黑枪拐”等违法犯罪为重点，目标明确、重点突出，有针对性的全面开展清查整治，净化社会治安环境。清查期间，共出动警力6100余人次，车辆2800余辆次，共清查重点企业310家次，各类行业场所3300余家次，发放告知书1458份，签订承诺书362份。

打击食药环犯罪“昆仑”行动　围绕与人民群众生活息息相关的“食药环旅”领域，立足公安职责职能，将生态环境保护作为工作重点，全面开展打击环境污染违法犯罪，办理非法捕捞水产品案1起，移送起诉1人；非法采矿案1起，移送起诉1人。

【户籍管理】　治安大队不断深化“放管服”工作，全区户籍窗口采取“上门服务”“延时服务”“错时服务”，实现“5+2”全年无休为群众提供办证服务。组织全局户籍窗口民警及协勤人员培训，户籍制度改革宣传，各派出所户籍民警办证能力得到提高。2020年，共为群众办理身份证14713人次，其中户籍地受理13755人次、省外异地受理123人次、省内异地受理958人次、居民身份证挂失申报863人次、受理临时身份证2412人次、审核省外异地证424人次、清理重复户口115人次。

【基础设施建设】　安化派出所办公用房设计建筑总面积1141.03㎡，建设预算327.63万元。项目建设自2019年9月正式启动，2020年10月正式竣工交付使用，解决安化派出所民警辅警无房办公的难题，为保一方平安奠定基础。

【侦破一起投放危险物质案】　1月27日，经市区两级公安机关经过两天的侦查，成功侦破一起发生在大街街道朱家庄村的投放危险物质案，抓获犯罪嫌疑人1人。经侦查查明，朱家庄村的张某存（女，55岁）因多年前与本村师某贵家置换自留地积怨较深，与本村杨某文、杨某忠家有田埂矛盾，家人常到郭某家的烧烤店打麻将而怀恨在心。1月24日凌晨，张某存将兑有毒鼠强的5瓶饮料先后投放在师某贵、杨某文、杨某忠、郭某家门前，导致师某贵一家四口饮用后发生中毒，其余三户人家未饮用可疑饮料，师某贵家四人经送玉溪市人民医院治疗后治愈出院。犯罪嫌疑人张某存因涉嫌投放危险物质被公安机关依法刑事拘留。

【抓获一名省外在逃25年命案逃犯】 江川分局在命案积案攻坚行动中，与各地公安机关加强区域协作，9月10日，安徽省临泉县公安局通报线索，江川区九溪镇的张某可能是临泉县25年前一起命案的在逃嫌疑人。接到线索后，刑侦大队立即对张某开展调查核实。经调查，发现张某为临泉县命案在逃人员的可能性极大。9月17日上午，刑侦大队组织警力在红塔区将张某抓获归案。经进一步审查，张某如实供述1995年6月6日在安徽省临泉县小韦村杀死1人，打伤2人（重伤1人，轻伤1人）后潜逃的犯罪事实。案发后，张某一直在外潜逃25年。犯罪嫌疑人张某已被江川分局宣布执行逮捕，移交安徽临泉警方处理。

【创建民族团结进步示范单位】 玉溪市公安局江川分局秉持“重在平时、重在交心、重在行动、重在基层”理念，分局党委坚持党建引领，把民族团结进步创建工作融入党的建设、队伍思想教育、执法办案、服务群众各个环节，结合公安工作，全方位、多角度、深层次加大民族团结进步创建力度，真情守护民族团结“生命线”，铸牢中华民族共同体意识，构建各民族共建共享共居共乐的社会环境，推进分局创建民族团结进步示范单位工作，江川分局荣获市区两级民族团结进步示范创建单位荣誉称号，省级民族团结进步示范创建单位正在申报公示期间。

【新冠肺炎疫情防控】 自开展新型冠状病毒感染肺炎防控工作以来，玉溪市公安局江川分局通过“五严”工作措施，确保打赢疫情防控阻击战。

严肃战时指挥，确保警力到位。成立防控工作指挥部，制定分局“1+11”疫情防控工作方案；取消春节休假，全警动员、全员上岗、严阵以待；组建应急处置组，分三个梯次组建30人、90人、110人，共计230人的应急处置组；奔赴疫情防控一线奋战。

严织防控网点，形成有效封控圈。动态布警，快速反应。设置茶尔山检查站、江通高速江川西收费站检查点、玉江高速原收费站检查点。各派出所指导并参与乡镇街道、村委会组织的检查点工作，其中雄关、九溪、安化派出所全面布局，防控从相邻红塔区、通海县、华宁县、澄江市的入江老路、山区道路等，严防相邻县区疫情交叉感染。对1个集中隔离观察医疗机构、2个隔离观察点进行重点管控，日均派驻观察点警力21人实行24小时值守，维护隔离观察点秩序。有力维护重点医疗机构和隔离观察点秩序，隔离观察人员情绪稳定。

严密排查防范，严防二次感染。对从湖北或有湖北旅居史人江人员分析研判，再将数据推送至卫健部门及各派出所，迅速开展全区地毯式的大排查。对湖北接触史人员开展滚动排查梳理，追踪监测14天信息，江川区确诊的2名病例的密切接触人员通过排查隔离管控措施均未出现感染。以社区民警为主线，3+N群防群治力量、治保会成员、治安志愿者相互配合，开展入户清查，承担各村民小组卡点检查等工作，织密社区清查防控。

严打涉疫犯罪，稳定民情民心。查处编造传播谣言、制造社会恐慌、哄抬物价、泄露涉疫工作信息等涉疫违法犯罪行为。共查处涉疫情不实舆情3条，罚款1人，责令作出保证书2人；查处泄露工作信息案件1起，责令作出保证书1人。排查化解涉疫矛盾纠纷，针对各村落、社区为防范疫情采取封村、封路、隔离措施引发的交通出行、邻里纠纷等涉疫矛盾纠纷，广大治保成员日排查，日化解，及时沟通解释到位，确保涉疫矛盾不过夜，不上交，日清零。

严控街面秩序，维护社会稳定。加大对辖区内饭店、网吧、KTV、酒吧营业情况的巡查工作力度，对在疫情防控期间违规营业的行业场所通报区市场监管局，及时关闭，防止人群聚集不利于防控工作。

【启动“向人民报告”主题活动】 12月29日上午，玉溪市公安局江川分局与省公安厅、市公安局同步举行“向人民报告”主题活动启动仪式。会议向人大代表、政协委员、特邀监督员报

告2020年江川公安机关在反恐维稳、打击犯罪、公共安全管理、警务改革创新、教育整顿等重点工作的开展情况和取得的成绩，全面分析江川公安机关在疫情形势、政治风险、反恐防恐、社会维稳、公共安全等方面所面临的风险和挑战，明确2021年江川公安工作的重点和思路。

【重大安保工作】 “十九届五中全会”安保　10月20日至11月10日，分局执行公安部安保维稳情报指挥一级响应，强化重点工作研判，针对重点人员、重点群体、重点案事件和重点舆情，同步抓好网上网下重点工作，牢牢把握工作主动权，严防各类风险隐患造成现实危害。强化社会治安防控。严格落实治安防控勤务要求，深入开展打击跨境违法犯罪、扫黑除恶专项斗争等专项行动，严厉打击涉枪涉爆、涉黑涉恶、三非人员以及多发性侵财犯罪。进一步加强城区社会面巡防，特别是车站、商场、校园等人员密集场所巡逻管控和重点场所安全保卫。强化公共安全监管。深入开展公共安全隐患“大排查、大整治”，对主要交通干道、旅游景区，严肃查处严重交通违法行为，严防发生重特大道路交通事故。以农村枪爆物品收缴为重点，再次全面排查易滋生枪爆隐患的地区、部位和场所，落实属地责任，力争全覆盖、无死角。发挥公安检查站层层过滤作用，严防违禁物品经江川流向北京，切实消除风险隐患。继续强化重点人员管控和社会面整体防控，发现苗头性动向，采取坚决果断的措施，确保社会大局持续稳定。

第十八届老年人健身运动会安保　9月2日至10日，玉溪市第十八届老年人健身运动会在江川举行，共有1320余人参赛。根据区委区政府《玉溪市江川区承办玉溪市第十八届老年人健身运动会筹备工作方案》要求，为做好此次比赛安全保卫工作，保障比赛安全顺利进行，江川分局高度重视，以防盗抢、防毒、防暴恐、防拥挤、防交通事故、防聚众闹事为保卫工作重点，做好比赛行程沿途交通秩序维护，比赛地点的安全保卫工作。确保不发生影响社会稳定的突发性事件和群体性事件，不发生针对赛事活动的大要案件，不发生重特大火灾、交通、治安灾害事故，不发生侵害参赛运动员、来宾及工作人员人身财产安全的案（事）件。参加保卫工作的全体民警树立全局观念和安全保卫工作无小事的观念，做到分工合作，密切配合，服从命令，听从指挥，确保安全、万无一失。执勤时精神饱满，警容严整，举止端庄，文明执勤，充分展示公安机关的良好形象，确保比赛活动安全顺利进行。

2020—2021赛季中国篮球发展联赛（CBDL）第一阶段（玉溪市江川站）比赛安保　12月6日至12月12日，2020—2021赛季中国篮球发展联赛（CBDL）第一阶段（玉溪市江川站）比赛在江川举行。活动前，江川分局召开专门会议，制定周密安保方案，明确指导思想和要求、成立情报信息、现场安保、交通秩序维护、机动应急处置、街面巡逻、宣传报道、督察监督、舆情处置、后勤保障九个工作组，300多名公安民警、辅警参加此次安保工作任务。活动中，分局领导亲临现场指挥安保工作，各工作组充分发挥职能作用，做到分工合作，密切配合，服从命令，听从指挥，坚守岗位，认真履职，文明执法，确保安全保卫工作万无一失，执勤公安民警、辅警精神饱满，充分展示公安机关的良好形象。

【领导调研】 李锐调研指导工作　1月2日，玉溪市副市长、市公安局局长李锐到江川调研公安工作。李锐同志对江川公安机关在2019年所开展的工作和取得的成绩给予充分肯定，并指出问题和短板。重点对如何抓好禁毒工作、扫黑除恶专项斗争、公共安全管理、队伍建设工作等工作进行交流探讨。李锐同志对江川分局提出三个方面的工作要求：一是深入细致抓好开年到春节期间的安保维稳工作。二是抓好学习和调研，坚持问题导向，认真细致谋划好2020年江川公安工作。三是抓实抓细“治庸懒、强担当、树新风”主题实践，推进江川公安党建队建上新台阶。

2月1日，李锐同志到江川督导检查疫情防控工作，慰问坚守在一线的公安民警和辅警。李锐、杨江云、赵南方、王贵元等领导先后来到江川西收费站检查点、雄关派出所、路居镇隔河检查点、江城镇茶尔山检查站、江川区看守所等地检查工作。

7月11日，李锐同志到江川调研指导派出所工作，江川区副区长、市公安局江川分局党委书记、局长钱凡，分局党委委员、指挥中心主任白东红及相关领导参加调研。李锐同志先后来到安化派出所、雄关派出所调研公安基础设施建设工作，对正在新建的安化派出所和雄关派出所进行实地察看，详细了解工程进展情况，对建设中应该注意的问题提出具体要求。李锐同志希望江川分局党委与承建部门加强沟通，本着“因地制宜，兼顾长远”的原则，严格按照现代化公安派出所规范化建设的要求进行施工，既要充分体现公安派出所的特点，又要考虑社会发展对公安派出所工作提出的新要求，确保新建成的派出所功能齐全，简朴庄重，能够满足当前及今后一段时期的规范化执法办案需求。在派出所建设过程中，督察部门要强化督查，确保业务工作与派出所建设两不误。调研期间，李锐同志还对禁毒工作、乡镇派出所矛盾纠纷排查化解等工作提出具体要求，希望江川分局党委要抓实抓细党建工作，以党建引领带动各项公安工作，夯实社会治安综合治理，融合综治、社区等力量实施网格化布警开展工作，确保社会治安大局稳定。

李正洪初验民族团结进步创建“进警营”工作　5月14日，省民宗委副主任李正洪率领省级初验检查组领导和市级互观互检组领导，在江川区委书记徐贤，副区长、市公安局江川分局党委书记、局长钱凡等领导陪同下到玉溪市公安局江川分局，对江川分局创建全国民族团结进步创建“进警营”工作进行初验和互观互检，考评专家组通过现场走访了解，听取创建情况介绍，参观创建成果宣传展、警民文化走廊、观看《守望相助、逐梦江川》汇报片等形式进行互观互检和考评，对江川分局民族团结进步创建“进警营”工作给予充分肯定。

郭品参观公安服务大厅　5月20日，云南省公安机关“一门通办”改革现场推进会在玉溪召开，根据会议安排，江川区政务服务中心公安服务大厅被列为观摩点之一。云南省公安厅党委委员、政治部主任郭品率队来到江川区政务服务中心公安服务大厅，听取江川公安机关推进“一门通办”改革工作的情况介绍，并与江川分局主要领导进行交流探讨，对江川公安机关在深化“放管服”改革中的举措、亮点给予充分肯定。郭品希望江川公安机关要以“一门通办”改革试点为契机，进一步坚定信心和决心，迎难而上，继续深化“放管服”改革，总结经验亮点，努力形成长效制度机制，打造云南公安改革品牌，更好地服务人民群众。

范云武调研指导经侦工作　8月11日，云南省公安厅经侦总队副总队长范云武率队到玉溪市公安局江川分局经侦大队调研指导积案清零工作。范云武同志听取江川分局经侦大队2020年以来在打击非法传销、非法集资、非法融资以及各类经济犯罪工作的开展情况，详细了解工作中存在的困难和问题，对江川分局经侦大队开展的工作和取得的成绩给予充分肯定。调研期间，范云武同志重点对江川分局经侦大队积案清零工作进行专题调研，并提出具体可行的指导意见。希望江川分局经侦大队要加强与法制部门沟通协作，认真开展积案梳理排查，完善相关工作机制，细化工作措施，将积案清零工作落实到位。

张宁率队督导检查教育整顿工作　11月13日，云南省公安厅第三指导组组长张宁率队到玉溪市公安局江川分局督导检查“坚持政治建警全面从严治警”教育整顿工作。督导组一行进行实地检查，听取江川公安机关“坚持政治建警全面从严治警”教育整顿工作开展情况以及存在问题和下一步工作计划的汇报，对案件评查、以案促改、队伍建设等情况进行了解，并查阅分局教育整顿相关工作台账资料。

针对如何开展好下阶段教育整顿工作，督导组提出五个方面的要求：一是要进一步提高政治站位；二是要进一步加强学习教育；三是要进一步规范台账；四是要进一步加强氛围营造；五是要进一步做好总结提炼。

（孙　琳）

消　防

【政治工作】　大队党委以“践行训词精神、担当神圣使命、坚持五个不动摇”主题教育实践活动为牵引，开展党委集中学习讨论12次，谈心交流110余次，研讨交流20余场次，撰写心得体会220余篇，开展“传承雷锋精神”“向先进典型学习”等主题党日活动12次，参观见学2次，举办读书会7场次，参与地方“创文”“创卫”清扫大街、清理沟渠等活动56次，对标上级重大决策部署和队伍转型升级的使命要求，把关定向、驾驭全局、防范风险的能力有效提升，带领队伍完成改革与发展的各项任务。

【灭火救援】 立足“全灾种、大应急”，狠抓队伍综合实力建设，进一步强化地震、泥石流、地下、山岳、水域、防汛、抗旱等“多灾种”自然灾害应急救援建设，突出地震应急救援队伍建设、烟花爆竹专业队建设、水上救援能力建设，同时注重灭火救援、抢险救援和社会救助等能力提升。开展“六熟悉”工作75次，实战演练61次，修订灭火救援预案32份；全年共计出动184起（其中火灾28起，抢险救援和社会救助156起），出动车辆238辆次，出动警力1155人，抢救被困人员27人，疏散被困人员59人，抢救财产价值54万元。抗旱送水66次，出动车辆71辆次，出动人数152人，先后为安化、九溪的山村地区以及学校、北山寺等地抗旱送水1039吨，解决26254名群众饮水问题，解决6370头牲口饮水问题。鼓励指战员积极参加学历教育和职业技能培训，推荐4名指战员参加水域、山岳等专业培训，遴选9名优秀专职消防队员到地方考取大车驾驶证，5名专职消防队员在2020年国家综合性消防救援队伍招录中被成功录取。

【火灾防控】 区政府领导主持召开消防工作会议5次，分管领导听取消防工作汇报10次，区委政府主要党政领导带队深入人员密集场所、公众聚集场所等重点防控一线检查6次，分层级集中约谈行业部门及重点单位负责人100余人次。适应社会治理新要求，学习贯彻《深化消防执法改革意见》，推进“双随机一公开”监管执法模式。紧盯高层、公共娱乐、易燃易爆、出租房、文物古建筑、“多合一”场所、农村社区等火灾防控的“靶心”，全面开展排查，建立不放心场所清单台账，逐一落实防控措施。发动基层综治网格员、“一委一办三员”、各村组负责人等基层力量开展隐患排查，形成整治合力。2020年，共检查单位333家，发现和整改火灾隐患242处，1家挂牌督办的重大火灾隐患单位按时摘牌销案，城区农贸市场占用消防通道、电气线路私拉乱接、私搭雨棚等老大难火灾隐患得到有效治理。

【后勤保障】 党委、政府重视支持，先后投入40万元完成训练塔建设及训练跑道场地硬化，投入20余万元增配雷达式生命探测仪，根据总队、支队统一采购计划，投入20余万元配备器材装备，突出水域、地震等应急救援专业队伍建设，综合保障全面提升。

【消防宣传教育】 2020年，江川区消防救援大队共开展消防安全培训60余次，培训单位70余家，受教育人数8600余人。消防科普教育馆开放26次，邀请辖区社会单位职工、学校师生和市民等2000余人参观消防救援队站，江川大队微信公众平台注册关注人数达5000余人，发布消息1460条，微博粉丝1000余人，推送消防安全信息1500余条，通过江川消防抖音推送消防安全知识、安全提示、救援等短视频83条。江川大队在《中国应急管理报》《新华网》等国家级媒体发稿4篇，在《云南民族时报》《云南电视台》《春城晚报》等省级媒体发稿47条篇，在《玉溪日报》《玉溪电视台》等市级媒体发稿124条篇，在中国消防在线发稿1篇，在消防救援局上稿2篇，在总队网发稿36篇，在支队网发稿480余篇，全面营造消防安全宣传氛围，提升公众消防安全意识和逃生自救能力。

（普进波）

人民检察院

【领导名录】

检察长　林家宏

副检察长　钱　瑜

　　　　　平雪刚

　　　　　龚劲松

【概述】 2020年，玉溪市江川区人民检察院以习近平新时代中国特色社会主义思想、习近平法治思想为指导，全面贯彻党的十九大和十九届二中、三中、四中、五中全会精神，始终把树牢“四个意识”、坚定“四个自信”、做到“两个维护”融入履职尽责全过程，各项检察工作取得新进展。全年共批准逮捕148人、提起公诉430人，办理各类诉讼监督案件273件，立办民事、行政公益诉讼案件36件。

【组织机构】 2020年，区检察院编制数34人。实有在职人数32人，调入1人，调出1人。其中，男性21人，女性10人；入额检察官11名，检察辅助人员11名，司法行政人员9名，司法警察3名，党员19名。共设第一检察部、第二检察部、第三检察部、政治部、办公室等5个内设机构。

【刑事检察】 坚持总体国家安全观，从严打击各类刑事犯罪。有力维护国境安全，批捕偷越国

（边）境犯罪嫌疑人25人；严厉打击邪教组织犯罪，起诉14人；持续巩固反腐斗争成果，批捕职务犯罪嫌疑人5人，起诉3人；打好疫情防控阻击战，办理涉疫案件10件11人，针对疫情期间，防疫物资管理不规范等防控漏洞及非法捕杀、贩卖野生动物等违法行为，发出检察建议13份，督促相关单位履职尽责，改进工作；护航民营经济发展，批捕破坏社会主义市场经济犯罪嫌疑人19人，起诉41人；打击影响群众安全感的常发性犯罪，批捕故意杀人、故意伤害等暴力犯罪嫌疑人15人，起诉44人；批捕寻衅滋事、开设赌场、毒品等犯罪嫌疑人51人，起诉146人；批捕盗窃、诈骗等犯罪嫌疑人36人，起诉69人。坚持惩戒和保护并重，严厉打击侵害未成年人犯罪嫌疑人14人，审查逮捕未成年人犯罪嫌疑人15人，起诉23人，对罪行较轻未成年人不捕1人，不诉3人。

【刑事诉讼监督】　坚持在办案中监督、在监督中办案，将“双赢多赢共赢”监督理念和精准监督结合起来。强化诉讼监督，监督立案4件，监督撤案3件，引导侦查取证87件次，监督纠正漏捕、漏诉2人，纠正违法8件次。对确有错误判决提起抗诉5件，4件已获改判。强化诉前主导责任，深入推进认罪认罚从宽制度，适用认罪认罚371人，适用率74.99%，最大限度地减少社会对抗，修复社会关系。强化刑事执行检察监督，开展讯问合法性核查7件，监督纠正财产刑执行42件，开展刑事执行、监外执行、社区矫正监督，提出纠正违法意见89件次。认真贯彻“少捕慎诉”司法理念，依法不捕35人，不诉65人。扎实推进“两法衔接”工作，督促职能部门录入行政处罚案件248件，通过平台监督移送犯罪线索，现已判决3件。

【民事检察】　精细化审查民事案件，办理民事诉讼监督案件73件。对生效裁判发出再审检察建议1件，对民事审判行为发出规范工作检察建议27件，通过听证、支持起诉等形式，为农民工等弱势群体挽回经济损失30.42万元。深化虚假诉讼专项监督，向公安机关移送虚假诉讼线索1件。

【行政检察】　探索行政争议实质性化解，切实促进依法行政。办理行政非诉执行监督案件中，向有关职能部门发出检察建议12件，均获采纳。办理行政审判程序违法监督案件12件，其中6件已采纳。就涉农民工工资、文明城市创建、野生动物保护和管理等问题，向有关职能部门发出检察建议4件，均获采纳。

【公益诉讼检察】　坚持以办案为根本，不断提升公益诉讼检察能力。发出刑事附带民事公益诉讼诉前公告2件，提起涉野生动物保护公益诉讼案件1件，挽回野生动物保护和生态修复费用6000元。办理公益诉讼支持起诉案件，追回生态植被恢复费12万余元。办理行政公益诉讼案件中，发出诉前检察建议33件，均获采纳，为国家挽回违规发放高龄补贴专项资金23万余元。

【平安建设工作】　坚持和发展新时代“枫桥经验”，健全和完善信访机制，充分发挥12309检察服务中心“一站式”服务功能，参与书记、区长接待日接访工作，畅通和规范群众诉求渠道，办理各类控告申诉信访案件45件，做到件件有回复。加强检察听证力度，强化在办案中依法化解社会矛盾，以听证形式办理各类案件12件。持续落实“一号检察建议”，履行法治副校长职责，与区法院、教体局等职能部门协同开展多形式“法治进校园”活动，联合区政法委、区司法局、区妇联等部门开展综治维稳、未成年人保护等普法宣传活动11次，发放宣传资料6000余份。

【检务公开】　深化检务公开，以公开促公正，推进阳光检察，自觉接受社会监督。利用互联网，依托统一业务应用系统，以案件信息公开系统为平台，向社会发布重要案件信息99条，公开案件程序性信息1593条。建立案管岗位查询等多元化信息查询机制。

【检察队伍】　以检察机关基层建设年为契机，扎实开展检察队伍素质建设。落实党风廉政“主体责任”清单，持续压实党风廉政建设责任。坚持党风廉政交心谈心、季度廉政谈话提醒制度，检察长对班子成员，班子成员与分管部门、普通党员开展交心谈心28人次。常态化开展警示教育，不定期在全院干警大会学习各类违纪违法典型案例，强化用身边事教育身边人。严格执行“三个规定”、重大事项报告、领导干部外出报备等制度，全体检察人员报告婚丧喜庆、购

房、债务等有关事项51人次。开展“庸懒散乱”专项整治和政法部门“五学五比五提升”活动，以专项活动力促队伍作风持续变好。坚持业务强检，抓实教育培训，组织干警参加民法典等各类业务培训690人次。

【检察文化】 坚持文化育检，做好检察宣传，承办区级文明讲堂总堂1期，召开公益诉讼专题新闻发布会1次，发布“两微一端”检察宣传信息108条，编写内部检察宣传信息55篇，向区级和上级院报送检察信息19篇。一篇调研文章获高检院专题征文三等奖。

（刘清清）

人民法院

【概述】 2020年，江川法院始终坚持以习近平新时代中国特色社会主义思想为指导，紧紧围绕“努力让人民群众在每一个司法案件中感受到公平正义”目标，坚持服务大局、司法为民、公正司法，履行宪法和法律赋予的职责，抓党建带队建，进而促审判，自觉服从和服务区委中心工作，各项工作取得明显进步。共受理各类案件2961件，审执结2864件，结收案比达101.49%，超额完成上级法院确定的任务指标。

【组织机构】 至2020年12月，区法院共有在职在编干警58人，编外司法辅助人员29人。其中，党员34人，团员5人；员额法官19人，司法行政人员10人，法警8人，其他人员21人；正、副院长3人、专职审判委员会委员2人，部门机构领导15人。内设机构8个，包括民事审判庭，刑事审判庭、行政审判庭（综合审判庭）、立案庭（诉讼服务中心）、审判管理办公室（研究室）和执行局6个审判业务部门以及政治部、综合办公室（司法警察大队）2个司法行政部门，有江城法庭1个派出法庭。2020年12月底，区纪委监委驻区人民法院纪检监察组机构、编制外划。

【领导名录】
院　长　王云峰
副院长　潘文保（2020年11月免职）
　　　　张秋红
　　　　王　睿

【刑事审判】 履行维护安全重大职责，审结刑事案件共301件515人。全力维护国家政治安全，承担全市涉邪教案件集中审理任务，审结4件8人。对严重犯罪保持高压态势，依法严惩抢劫、放火、故意伤害等严重暴力犯罪17件25人。维护江川治安秩序，依法严惩危险驾驶、交通肇事等多发性犯罪，审结116件117人。坚决惩治腐败，审结职务犯罪3件。参与禁毒斗争，审结毒品犯罪案件14件。严惩危害食品药品等涉民生领域犯罪案件1件，保障群众“舌尖上的安全”。严惩针对妇女儿童的暴力、虐待、性侵等犯罪案件3件，保护特殊群体权益。扫黑除恶方面，“4·27金江运案”合议庭、“3·31孙小果案”刑事审判庭分别荣立集体三等功。

【民商事审判】 受理民商事案件1477件，审结民商事案件1455件，结案标的30536.9万元。依法保护公民人身权、人格尊严，审结涉及生命健康、名誉、隐私等案件30件。审结婚姻、家庭、继承类纠纷案件218件，其中调解、撤诉案件123件，占比56.42%。审结追索劳动报酬、劳动争议、工伤赔偿等案件31件，为劳动者追回“血汗钱”53.9万元，保护劳动者合法权益。妥善化解物业纠纷57件，广泛开展邀请基层组织调解的形式，缓解小区业主与物业公司之间的紧张关系，促进物业服务规范化。持续做好教育、就业、医疗、消费、社会保障等民生领域的司法服务保障工作，审结案件4件，其中审结2例“控辍保学”案，充分保障适龄少年儿童受教育权利。坚决把社会主义核心价值观融入司法工作中，通过对赡养、继承等典型案例开展巡回审判，用法治力量引导人民群众向上向善。

【行政审判】 受理行政案件35件，审结35件，结收案比100%，其中对涉及环境保护、地质矿产、土地行政处罚等方面22件非诉行政案件裁定准予执行，支持行政机关依法行政；坚持依法审查与动员被处罚人自动履行相结合，促进10.5%案件的行政相对人自行履行；推进行政争议实质性化解，通过协调促使原告主动撤诉率达5.9%。深化司法、行政良性互动，组织开展座谈交流、法律培训、旁听庭审等活动，引导行政机关工作人员树立法治思维，提高依法行政工作水平。

【执行工作】 受理执行案件1140件，执结1070件，同比上升12.16%，执结率93.7%，执行到位金额7494.8万元。推进财产保全力度，保全案件69件，保全率为21.6%。深入推进联合惩戒工作，加大打击拒执力度，强化执行规范机制，累计强制扣押车辆5辆，强制搬腾房屋17处，列入限制高消费名单874人次、发布失信被执行人名单606人次。着力解决财产变现难，努力缩短标的物处置周期，减少核价、过户等处置节点中的程序性损耗，继续推行运用便捷高效的网络司法拍卖方式进行财产处置，成交率达66.7%，溢价率达27.7%，成交金额为2832.1万元。

【司法为民】 完善诉讼服务中心建设，集约整合各项服务功能，实现一站通办、一网通办、一次通办。推广网上立案、跨域立案等便民方式，当场立案率达99.9%，网上立案152起，成功办理17起跨域立案，初步形成多样化的司法服务格局。疫情期间充分利用智慧法院建设成果，运用好网上诉讼方式，远程提讯5人次、通过“云解纷”线上调解案件383件、完成电子送达1258条、在线庭审91件次，打通线上+线下，现场+远程的矛盾纠纷化解平台，提升诉讼服务水平，切实保障当事人诉讼权利。落实多元解纷机制。推进一站式多元解纷及诉讼服务体系建设，融入社会“大治理”格局。在诉讼服务中心设立银行业人民调解委员会工作室、律师调解工作室、人民调解工作室，实现诉前调解、司法确认、诉讼立案、委托调解无缝对接，诉前调解案件235件，司法确认121件，构造以行业调解为特色、网上化解为方向的多元调解机制。

【司法公开】 运用好“两微一端”等新媒体平台，全年发布164条信息，被各类媒体平台转发采用32条，传递司法正能量。全面深化司法公开，通过中国庭审公开网直播庭审实况816件次，累计观看798660人次；向中国裁判文书网上传生效裁判文书2799份。落实人民陪审制度，对78名新任人民陪审员组织了任前培训，安排人民陪审员699人次参与366件各类案件的审理，法官专业化判断和人民群众对公正认识的优势互补进一步加强。切实履行普法职责，开展法律“六进”，推进审务进基层、法官进网格，全年开展巡回审判20次；提供电视普法节目素材6期。

【决胜扫黑除恶】 落实“案件结清”要求，统筹疫情防控和案件审理，充分利用视频庭审方式攻克疫情期间无法提押开庭的难点，审结涉恶案件6件55人，其中依法瓦解和严惩以董超为首的20人恶势力犯罪集团，清除社会毒瘤、维护一方安宁。加大“伞网清除”力度，逐案核查伞网线索，确保不漏一卷、不漏一人。推进“黑财清底”，坚决摧毁黑恶犯罪经济基础，依法执行刑事财产刑229.1万元，追缴没收涉案财产503.2万元。融入综合治理，为“行业清源”、建立健全扫黑除恶长效机制建言献策，共向区委政法委报送专题报告4份，配合对4604名发展党员、村级组织换届人选的前科劣迹、失信行为进行资格联审。

【司法体制改革】 稳步推进司法体制综合配套改革，促进司法公正高效权威。实现院庭长办案常态化，院庭长办结案件1801件，占比62.88%。健全院庭长监督管理新方式，完善院庭长权责清单，加强对“四类案件”监管，不断提升司法公信力。落实人员分类管理规定，完成法官等级晋升10人次、完成综合管理类公务员、法官助理、执法勤务警员第一次职级晋升工作，落实司法人员职业保障；会同江川公安分局、区司法局顺利完成新颁布的人民陪审员法实施后78名首批人民陪审员选任工作。

【参与区委重点工作】 围绕疫情防控，严格落实精准防控要求，采购5万余元防控物资；响应区委区政府打响疫情防控阻击战号召，15批次64人次党员干警投身到疫情防控一线；严惩妨害疫情防控案件5件；开展“六稳”“六保”专项执行行动，对186件“五类案件”执行到位1449.2万元。助力脱贫攻坚，审结邻里纠纷、农业承包等涉农类案件7件，筑牢乡村社会治理法治屏障；保证贫困群众打得起官司，缓、减、免诉讼费3.1万元，向困难当事人发放司法救助13人21.6万元；深入挂钩联系点海浒社区走访联系户32户130人次对“两不愁三保障”核心要求摸底盘查，拨付3万元党建扶贫资金；完成脱贫攻坚帮扶任务。紧扣污染防治，审结环境资源类案件23件43人、审结检察机关提起的环境公益诉讼案件4件，运用生态修复性司法举措，挽回经济损失172.51万元；河长制工作有序开展，巡河12次，组织“高原湖泊卫士”清河行动4次。支持重点工

作，累计832人次投入到“双创”、爱国卫生“七个专项行动”等任务中；承办、合办江川区文明讲堂4期，开展社会主义核心价值观宣传教育。参与“创文”“创卫”工作，把“双创”工作作为一把手工程抓，严格落实各项检查考核指标，推动社会文明程度持续提升。深度参与平安江川、社会治安综合治理，把综治维稳作为一项政治任务摆在重要位置，配合区委区政府做好涉诉信访、社区矫正、司法救助、法律援助等职能工作，助推江川社会和谐发展。

【发挥能动司法作用】 推进一站式多元解纷及诉讼服务体系建设，在诉讼服务中心设立银行业人民调解委员会工作室、律师调解工作室、人民调解工作室，实现诉前调解、司法确认、诉讼立案、委托调解无缝对接，诉前调解案件235件，司法确认121件，构造以行业调解为特色、网上化解为方向的多元调解机制。加强人权司法保护。严格落实罪行法定、疑罪从无、证据裁判、非法证据排除等原则和制度；深入推进以审判为中心的刑事诉讼制度改革，落实认罪认罚从宽制度，审结此类案件205件，占刑事案件的68.33%；实现刑事案件律师辩护全覆盖，为208名被告人指定辩护人。在未成年人审判中贯彻教育、感化、挽救方针，做好未成年人轻罪记录封存工作，通过定期回访、教育感化帮助未成年罪犯改过自新、回归社会。紧扣反恐日、宪法日等重要时间节点，开展志愿宣传服务活动5次，深入中小学，围绕防范校园欺凌、禁毒防艾等开展普法宣传、模拟法庭活动2次，助力法治校园建设。

【法院队伍建设】 以政治建设为统领，强化干警思想政治建设。班子成员带头讲政治、守纪律，带头抓好政治理论学习。强化意识形态管控，将意识形态工作列入党组中心工作，强化对干警的教育引导。以纪律作风建设为重点，纵深推进党风廉政建设。院党组通过层层签订《党风廉政建设责任书》，落实主体责任派单制。通过定期开展廉政党课，实施上岗前廉政谈话，定期传达学习违法违纪问题通报，开展突出问题集中整治加强内部管理活动，开展审务督察，通报违反工作纪律人员，督促分管院领导进行提醒谈话以及定期专题研究党风廉政建设工作等方式，不断强化法院党风廉政建设、司法作风建设、机关效能建设。年内开展理论中心组学习9次，组织发言21人次；组织干警参加各层级各类型的培训33期189人次。落实宪法宣誓制度，开展12·4宪法宣誓活动，强化审判人员法治信仰。不断提升干警业务素质，增强干警服务群众的本领。

（肖　旭）

经济管理

编辑　李立群

发展和改革

【国民经济和社会发展计划执行情况】　2020年，主要指标预计完成情况：全区现价生产总值146.73亿元，同比增长4.3%。地方一般公共预算收入5.67亿元，同比增长5.7%。规模以上固定资产投资58.2亿元，同比下降22.4%。社会消费品零售总额64.60亿元，同比下降2.9%。城镇居民人均可支配收入41158元，同比增长3.5%。农村居民人均可支配收入15701元，同比增长6.9%。城镇登记失业率控制在3.4%以内，完成计划在4%以内的目标。单位GDP综合能耗上升5%。

【“十四五”规划】　区委、区政府高度重视“十四五”规划起草工作，成立领导小组，制定编制时间表、路线图。根据国家和省、市相关会议精神，《玉溪市江川区国民经济和社会发展第十四个五年规划纲要（草案）》〔以下简称《规划纲要（草案）》〕分布，区政府于2020年3月20日召开“十四五”规划编制工作会议，制定工作方案，全面启动规划编制。经过深入调研，广泛征求意见，于2020年10月形成《“十四五”规划基本思路》。按照区委《建议》要求，经过补充调研、召开专题座谈会，于12月底形成《规划纲要（征求意见稿）》。于2021年1月4日在昆明召开专家咨询会，形成提交大会审议的《规划纲要（草案）》。

《规划纲要》明确“十四五”时期“12345”的发展思路，提出“三区一城”的发展定位，构建一核、一圈、三带、六园“1136”空间布局。到2025年的主要指标任务：全区经济总量突破230亿、年均增长8%；五年累计完成固定资产投资400亿元、年均增长10%；社会消费品零售总额95.8亿元、年均增长8%；一般公共预算收入突破7.44亿元、年均增长5.6%；城乡常住居民人均可支配收入分别为55070元、23200元，城镇登记失业率控制在5.5%以内；常住人口城镇化率每年增长3个百分点，城镇化率达到60%；星云湖水质保持Ⅴ类向好和9个方面的重点工作。谋划储备“十四五”项目277个，项目计划总投资1461亿元，“十四五”期间计划完成投资429.5亿元。

【统筹疫情防控和经济发展】　制定《玉溪市江川区扎实做好“六稳”工作全面落实“六保”任务实施方案》和《玉溪市江川区应对新冠肺炎疫情稳定经济运行22条措施》，确保经济平稳运行，疫情防控工作常态化的同时，支持实体经济发展，组织上报9个批次企业融资（贷款/税收优惠）需求，向市发改委推介融资（贷款）需求的企业36家，贷款需求总计5.18亿元，争取税收优惠企业3家。

落实保供稳价责任，确保粮油市场价格平稳。申请启动四级粮食应急预案，有效处置粮食市场供应短暂异常波动；同时将成品粮大米60%的保有量提高到100%，成品粮大米日常保有量由18万千克增加到了30万千克；加大重点商品价格监测力度，完成衣被、大米采购任务，应对突发情况能力得到增强。

【固定资产投资管理】 2020年完成固定资产投资58.2亿元，负增长22.4%，完成全年投资任务的70.6%。产业投资完成17.43亿元，占30.1%；民间投资完成35.88亿元，占61.97%。年初计划新开工项目33个，年度计划投资51亿元。实际开工项目76个，实际完成投资28.4亿元，其中实际开工项目比年初计划开工项目多43个。审批项目82个，计划投资10.64亿元；办理备案项目37个，计划投资44.15亿元；上报市级发改委核准项目一个，计划投资4.05亿元。

【价格收费管理】 开展收费项目清理整治，抓好疫情防控期间电价政策落实，开展降低实体经济企业成本调查工作。2020年1—12月，全区累计新增减税降费8，071.87万元，其中2020年出台的支持疫情防控和经济社会发展税费优惠政策新增减税降费6,218.37万元；2019年年中出台政策在2020年翘尾新增减税降费1,853.50万元。2020年江川区企业参与市场化交易8367户次，参与交易电度完成交易电量7.7722亿千瓦时；为企业节省费开支8107.03万元。共计折扣电费761.12万元，涉及减免用户79493户；惠及大工业用户50户，两部制优惠政策优惠基本电费200.2万元。开展重要商品的价格监测工作，防止物价异常波动。

【加强粮食物资储备管理】 查找弱项补短板，修改完善《玉溪市江川区区级储备粮管理办法》和《玉溪市江川区粮食应急预案》、起草《玉溪市江川区区级救灾物资储备和使用管理办法（试行）》，粮食和物资应急预案更具完备性、针对性和可操作性，提升应急联动、协调处置能力。统筹推进应急物资仓库及大米加工车间建设，整合国有粮食企业资产，在原江城教场粮油加工储备中心南面规划建设大米应急加工车间、粮食和应急救灾储备物资仓库，以提高全区粮油物资应急保障能力。

【大中型水库后期移民扶持工作】 按月进行移民人口核减公示，按季发放移民直补资金，加快推进2019年及2020年移民项目。2019年项目2个，计划投资移民专项资金750万元，已拨付资金591.542万元。2020年项目5个，计划投资移民专项资金1445万元，已完工3个项目。产业类项目投资占比逐年提高，由前期的基础设施补短板、改善人居环境，逐步向增加移民收入、提高移民内生动力及生活水平转变。

【决战决胜脱贫攻坚】 高位推动脱贫攻坚巩固提升，先后组织开展“百日总攻暨回头看补短板强弱项抓提升”，“两不愁三保障”大排查等专项行动。配套区级财政扶贫资金509万元，统筹推进30个扶贫工程项目建设，贫困群众收入持续增加，2020年全区建档立卡户人均纯收入达1.3万元。接受国家脱贫攻坚普查，普查数据通过国家、省、市验收，脱贫质量进一步巩固提升。

【滇中引水工程】 滇中引水工程江川段主体工程全部开工，各标段完成投资3亿余元，其中供电标完成全部建设内容，完成投资0.45亿元，实现区域内全部供电。二期工程实物调查阶段工作基本完成。征租地工作顺利收尾，各项矛盾纠纷调处及时，为工程顺利推进创造条件。

【特色小镇创建】 根据特色小镇创建评价和奖补方式变化，调整特色小镇创建计划。江川区决定创建4个特色小镇，分别是江川古滇青铜小镇、江城星抚康养小镇、雄关物流小镇、九溪花卉科创小镇。调整后的特色小镇创建方案优化调整即将完成，其中滇中智慧农业产业园项目竣工投产，古滇铜街、瀛景国际、滇中世吉、雄关加油站、亚洲花卉科创谷科创园核心区建设等项目正在推进，农产品废弃物资源化利用处理应用示范等项目即将开工。

【美丽县城】 “美丽县城”建设规划项目124个，预计总投资87.98亿元，自2019年至2020年全区“美丽县城”建设实施项目7项、完成投资16.37亿元。

（李雪莹）

统　计

【概述】 2020年，推进全面从严治党，深化统计改革，加快构建现代统计体系，着力加大统计监测力度，不断提高统计数据质量，持续提升预测研判预警水平，不断夯实统计服务能力，为区委区政府提出意见建议，助推江川经济社会发展。

【机构设置】 玉溪市江川区统计局是玉溪市江川区人民政府工作部门，为正科级，行政编制11

名，其中，设局长1名，副局长2名。内设机构5个（加挂2个）：办公室（统计执法队）、综合核算统计股（县域经济发展统计监测股）、农业统计股、工业能源投资统计股、服务业统计股。2020年末，玉溪市江川区统计局实有人员11名。

玉溪市江川区地方统计调查队（玉溪市江川区普查中心）为玉溪市江川区统计局所属财政全额拨款的事业单位，事业编制7名，设队长1名。内设机构2个，其中综合调查股、普查中心；《中共玉溪市江川区委机构编制委员会关于玉溪市江川区地方调查队事业编制的批复》（玉江机编〔2020〕15号）文件，同意玉溪市江川区地方调查队（玉溪市江川区普查中心）增加事业编制1名。调整后玉溪市江川区地方调查队（玉溪市江川区普查中心）核定事业编制8名。2020年末，玉溪市江川区地方统计调查队（玉溪市江川区普查中心）实有人员7名。

全区7个乡镇（街道）设统计工作站，为玉溪市江川区统计局派出机构，核定事业编制17名，机构性质为财政全额拨款事业单位。玉溪市江川区统计局大街统计工作站事业编制4名，玉溪市江川区统计局江城统计工作站事业编制3名，玉溪市江川区统计局前卫、九溪、雄关、安化统计工作站事业编制各2名。2020年末，全区7个统计工作站实有人员16名，其中玉溪市江川区统计局大街统计站3名、江城统计工作站3名，前卫统计工作站2名、九溪统计工作站2名、雄关统计工作站工作2名、安化统计工作站工作2名、路居统计工作站工作2名。

【主要经济指标】 综合。根据地区生产总值统一核算结果，2020年全区地区生产总值1467367万元，按可比价格计算，比上年增长4.3%。增速居全市第3位，高于全市（2.1%）2.2个百分点。分季度看，一季度同比下降2.9%，一至二季度增长1%，一至三季度增长2.2%，一至四季度增长4.3%。分产业看，第一产业增加值273556万元，比上年增长5.8%；第二产业增加值449512万元，增长4.4%；第三产业增加值744299万元，增长3.8%。三次产业结构为18.7：30.6：50.7。

农业。2020年，全区农业生产继续保持平稳运行的态势，实现农林牧渔业总产值432151万元，按可比价计算，同比增长5.9%，增速居全市并列第2位，高于全市（5.8%）0.1个百分点，比前三季度（4.4%）上升1.5个百分点。从农业生产情况看：粮食产量稳定增长，绿色蔬菜产量持续增加。全年全区粮食产量4601万千克，同比增长1.7%；蔬菜总产量50750万千克，同比增长7%。

工业。2020年，全区规模以上工业增加值同比增长8.6%，增速居全市第2位，高于全市（–0.3%）8.9个百分点，比前三季度（5.5%）上升3.1个百分点。

从经济类型看：国有控股企业同比增长12.5%，股份制企业增长9.1%，私营企业增长8.6%。

从全区涉及的两大门类看：采矿业增加值同比增长11.9%；制造业增加值同比增长8.2%。

从主要行业看：橡胶和塑料制品业下降1.6%；化学原料和化学制品制造业下降2.4%；农副食品加工业增长25.8%；造纸和纸制品业增长35.7%；非金属矿采选业增长11.9%。

从企业效益看：1—12月，全区规模以上工业企业实现营业收入604306万元，同比增长1%；实现利税总额62122万元，同比增长0.3%。其中实现利润总额48745万元，同比增长7.2%。

建筑业。2020年，全区建筑业总产值同比增长4.2%，增速居全市第5位，比前三季度（–6.3%）上升10.5个百分点。

服务业。2020年，全区服务业增加值744299万元，同比增长3.8%，增速居全市第6位，比全市（4.4%）低0.6个百分点，比前三季度（2.8%）上升1个百分点。从主要行业看：批发和零售业增加值增长1.1%；交通运输、仓储和邮政业增加值增长7.7%；住宿和餐饮业增加值下降28.5%；金融业增加值增长3.9%；房地产业增加值增长9.1%；其他服务业增加值增长10.4%。其中教育业，居民服务、修理和其他服务业，租赁和商务服务业增加值增速分别快于服务业增加值8.1、7.9和7.2个百分点。

固定资产投资。2020年，全区固定资产投资（不含农户）同比下降22.4%，增速居全市第9位，低于全市（–1.5%）20.9个百分点，降幅比前三季度（–2.9%）扩大19.5个百分点。

从所有制关系看：国有单位投资下降25.7%；外商和港澳台投资下降20%；其他单位投资下降19.6%。

从三次产业投资看：第一产业投资增长82.4%；第二产业投

资下降35.7%；第三产业投资下降21.3%。

从主要行业看：七个主要行业"三增四降"：农林牧渔业增长113.8%，房地产业增长0.6%，公共管理、社会保障和社会组织增长130.7%，水利、环境和公共设施管理业下降9.9%，教育下降23.1%，工业（不含电力）下降35.1%，交通运输、仓储和邮政业下降77.2%。

从房地产市场看：全区完成房地产开发投资同比下降0.2%，其中住宅投资下降4.7%。商品房销售面积同比增长29.7%，销售额增长12%。

消费品市场。2020年，全区社会消费品零售总额646028万元，同比下降2.9%，增速居全市第4位，与全市（-2.9%）持平，降幅比前三季度（-4.9%）收窄2个百分点。

从营业收入看：批发业商品销售额408254万元，同比下降2.2%，增速居全市第8位，降幅比前三季度（-2.8%）收窄0.6个百分点。零售业商品销售额492131万元，同比增长6.2%，增速居全市第5位，增幅比前三季度（2.7%）上升3.5个百分点。住宿业营业额15588万元，同比下降29.4%，增速居全市第7位，降幅比前三季度（-25%）扩大4.4个百分点。餐饮业营业额86148万元，同比下降24.6%，增速居全市第9位，降幅比前三季度（-29.3%）收窄4.7个百分点。

财政、金融。2020年，全区一般公共预算收入56726万元，同比增长5.7%，增速居全市第2位。一般公共预算支出210537万元，增长1.6%，增速居全市第5位。12月末，各项存款余额145.1亿元，增长3.8%，增速居全市第7位；贷款余额138.5亿元，增长14.3%，增速居全市第2位。

城乡居民收入。2020年，全区城镇常住居民人均可支配收入41158元，增长3.5%，增速居全市第4位，与全市（3.5%）持平，比前三季度（3.2%）上升0.3个百分点；农村常住居民人均可支配收入15701元，增长6.9%，增速居全市第6位，低于全市（7.1%）0.2个百分点，与前三季度（6.9%）持平。城乡居民人均收入比值为2.62，比上年同期（2.71）缩小0.09。

【统计监测和服务】 开展地区生产总值（GDP）、工业、服务业、固定资产投资、社会消费品零售总额、城镇居民人均可支配收入、农村居民人均可支配收入等重点基础指标月度监测分析预警工作，反馈全区各项指标发展水平、趋势，并适时通过江川统计网及时向社会发布，为各级党委、政府和社会公众全面了解全区经济发展提供统计服务。开展劳动力抽样调查、人口变动情况抽样调查、自然资源资产负债表编制、绿色指标考核等专项调查，开展小康监测、贫困监测等统计监测，为区党委、区政府和有关部门科学决策提供翔实的统计调查依据。按月、按季提供全区国民经济和社会发展情况的统计资料，编撰出版《2020年江川区季度国民经济主要指标手册》；发布《2020年江川区国民经济和社会发展统计公报》《玉溪市江川区第四次全国经济普查主要数据公报》；紧扣党政领导和社会公众关心的热点、焦点问题，开展统计调研分析，撰写《统计信息》《江川统计》。2020年撰写《统计分析》13期（省局采用8期）；《统计信息》124条（省局采用25条、市政府采用1条、区委采用12条、区政府采用86条）。

【统计信息化建设】 2020年进一步加强统计门户网站建设，推进网上政务公开，树立统计门户网站形象。重视统计信息化建设，加大培训力度，不断强化统计人员业务培训和统计职业道德教育，提高基层统计人员素质，努力打造一支政治强、作风硬、业务精、服务优的统计干部队伍。2020年通过江川区统计局门户网站主动公开统计分析、部门预决算公开、统计信息、统计指标解释等386条。

【统计法制】 强化依法行政，依法治统，明确权责清单。贯彻实施《云南省权力清单和责任清单管理办法》，清理行政执法主体、执法依据、执法种类和职责权限，做好登记明确工作。把法律、法规和规章规定的行政许可、行政处罚、行政强制、行政裁决、行政确认等行政执法项目的依据进行清理、审定，分解到具体执法股室。完善权责清单、执法人员信息，在"云南省行政执法证件管理系统"上进行完善登记，对有执法职责的执法人员，进行公共行政法规的上岗培训后，实现持证上岗。开展培训，强化素质，提升依法行政工作能力。局领导班子。带领全局职工学习《统计法》《统计法实施条例》《关于深化统计管理体制改革提高统计数据真实性的意见》《防范和惩治统计造假弄虚作假督察工作规定》《统计违纪违法责任人处分处理建议办法》《人口普查条例》，提升全局干部依法行政、依法治统的素质和能力；在统计工作中，严格执行《关于深化统计管理体制改革提高统计数据真实性的意见》《防范和惩治统计造假弄虚作假督察工作规定》《统计违纪违法责任人处分处理建议办法》和普查方案。组织全局职工参加《国家机关工作人员在线学法用法》《国家统计局在线学习》，提升干部职工法治意识和执法能力。制定领导干部、公职人员年度学法计划，网上学习参与率达到100%。按时相关规定每年组织2次领导干部法治专题讲座活动，专题培训干部统计法律知识，建立学法考勤和学档案制度。根据上级统计部门的相关部署，举办各类业务培训班30多期，共近3000人次参加培训学习，提高统计调查能力。对基层统计进行法律法规宣传。对街道、乡镇统计专业培训会，通过“以案说法”、举办专题培训班等方式开展统计普法教育。以统计工作为中心，通过对企业发送统计执法检查告知书，采取“点对点”“面对面”的方式，向企业统计负责人和统计人员讲解报表制度的同时宣讲统计法律知识，进行相关法律义务知识宣传。同时，利用日常执法、统计年报培训会和街道重点企业培训等时机，为企业统计员讲解重点法律条文和进行统计法制宣传，相继开展多项法治宣传教育工作。加强“四上”企业调查研究和业务指导工作，对新入库的企业印发《统计法》和《云南省统计管理条例》等相关法律法规，督促统计调查对象要按照统计法律、法规和“四上”企业统计工作规范，依法设置原始记录和统计台账，建立统计资料的审核、签署、交接、归档等制度，规范数据上报流程，严格报表审核，预防统计违法违纪行为的发生。

【统计执法】 执行《中华人民共和国统计法》《中华人民共和国统计法实施条例》等法律规定。贯彻落实习近平总书记关于统计工作重要讲话和指示批示精神。开展统计数据执法检查。统计局落实《玉溪市统计局关于开展2020年“双随机一公开”抽查工作的通知》的有关要求，2020年5月26日与27日对全区涉及137家纳入企业一套表联网直报的四上企业开展执法检查，2020年9月10日抽取10家四上企业再次开展“双随机一公开”执法检查；侧重检查统计基层基础建设和主要统计指标数据情况，有效推进基层企业依法统计工作发展，确保统计源头数据质量。并对检查过程及检查结果及时公开，全程留痕。今年未发现存在违法违纪情况。推行透明便民政务公开制度。严格执行政府信息公开条例，在实施依法行政管理过程中，进一步完善江川区统计信息网平台的数据发布查询、统计知识解读功能，面对各类调查对象和社会公众，及时发布政务信息、法制信息，方便公民、法人和其他组织了解各类统计行政管理信息、统计数据信息和统计法治动态，努力打造“阳光统计”，确保广大区民对统计工作的知情权、参与权和监督权，提高政府统计的公信力。此外，积极推进社会信用体系建设。定期做好收集失信企业信息、公示依法查处的统计上严重失信企业、行政处罚“双公示”相关工作。2020年没有严重失信企业信息。

【统计基层基础建设】 进一步夯实统计基层基础，提高统计数据质量，提升统计服务水平，加强推进统计基层基础建设工作。

乡镇（街道）统计机构建设。抓好乡镇（街道）统计站建设工作，确保统计源头数据质量。加强对基层统计业务的指导、考评，强化统计基层基础建设工作检查，推进基层统计工作标准化、规范化建设。

部门统计。切实加强与部门统计工作的合作，落实部门统计职责，强化协调配合，有效保证统计目标任务的完成。加强与经济、社会主管部门的协调与配合。指导推动部门加强内部统计机构建设，健全统计基础工作，规范使用统计标准，畅通统计资料报送渠道，进一步整合统计资源，增强工作合力，提高统计整体效率。

纳规纳限入库。一是夯实纳规纳限、升规升限工作。把全区符合纳规纳限、升规升限条件的企业，全部纳入规模限额以上统计，做到应纳尽纳。2020年工业纳规2户、升规1户；贸易纳限4户。二是做好投资、建筑、房地产入库工作。深入全区固定资产投资、建筑业、房地产项目调研。2020年办理固定资产入库项目73个：其中500万元—5000万元项目57个、5000万元及以上项目16个；建筑业入库1个、房地产入库2个。

规范企业统计。指导、督促、帮助企业办理统计登记，设置统计人员，健全原始记录、统计台账和各项统计管理制度，规范统计资料填报、报送程序，确保源头数据质量。

管理和培训。深入部门、企业和调查户加强业务指导，抓好业务培训工作，不断提高基层统计人员的知识水平和工作能力，适应新常态统计形势发展的需要，2020年举办各类业务培训班23期，进一步提升统计调查水平。

【机构改革】 玉溪市江川区地方调查队（玉溪市江川区普查中心）增加事业编制1名。调整后玉溪市江川区地方调查队（玉溪市江川区普查中心）核定事业编制8名。

【第七次全国人口普查】 按照《国家第七次全国人口普查方案》和国家、省、市的要求，有序推进江川区第七次全国人口普查各项工作。一是完成了建筑物标绘和小区划分工作。全区共划分普查小区1168个，标绘建筑物64933个，每万人建筑物2251.49个，完成省级指标进度112.6%，超过全市平均水平。二是完成“两员”选调工作。全区共选调“两员”1262人，其中普查员1033人，普查指导员229人。分乡镇看：大街街道选调“两员”410人，江城镇302人，前卫镇185人，九溪镇128人，路居镇138人，安化乡54人，雄关乡45人。三是开展了人口普查综合业务培训。2020年9月16日—18日组织全区村级以上两员开展了业务培训和考试，共培训200余人次，考试3次。四是动员社会力量广泛参与。下发《关于做好玉溪市江川区归口单位小区第七次全国人口普查工作有关事项的通知》和《关于加强物业管理小区人口普查工作的通知》，动员抽调相关人员参与人口普查工作。五是积极开展宣传。与区委宣传部、区融媒体中心对接，做好人口普查宣传视频拍摄工作，举行了全区第十一届“中国统计开放日”暨第七次全国人口普查宣传月启动仪式。通过江川电视台、江川区新闻网、江川区星云App、微信、短信、抖音、户外电子屏、横幅、标语等多种形式开展人口普查宣传。六是按照工作步骤，做好入户摸底，入户普查登记工作。圆满完成人口普查行业编码工作和人口普查数据质量抽查工作。

【脱贫攻坚普查】 贯彻落实国家、省、市关于脱贫攻坚普查的各项决策部署，有序推进脱贫攻坚普查各项工作。一是精心选调引导员，强化业务培训。按照省、市普查方案要求，江川区6个乡镇（街道）共选调415名引导员参与脱贫攻坚普查。进一步强化业务培训，区普查办制定《玉溪市江川区脱贫攻坚普查入户登记普查培训方案》，共培训清查人员136人次，培训引导员、普查工作人员500余人次。二是开展调研试填，积累工作经验。在市普查办指导下，4月11日组织普查工作试填写工作，各乡镇（街道）根据普查工作需要，相继开展普查试填写演练。通过试填写，积累普查工作经验，锻炼普查队伍。三是积极摸底排查，及时化解矛盾。全区各级高度重视脱贫攻坚普查入户登记准备工作，深入开展脱贫攻坚“回头看补短板强弱项抓提升”行动，组织干部深入贫困村、贫困户家中，对照“两不愁三保障”标准，及时摸底排查解决存在的问题，补齐工作中的短板，针对可能存在的不配合普查的情况，积极采取有针对性措施，使贫困户了解普查，理解普查，支持配合普查，确保入户登记工作顺利开展。四是强化普查保障，全力配合做好户表入户登记工作。全区各级各部门高度重视，把普查保障工作作为近期重点工作来抓，做到无条件配合支持。结合各乡镇（街道）工作实际，制定下发《玉溪市江川区脱贫攻坚普查落实方案》《玉溪市江川区脱贫攻坚普查应急预案》《玉溪市江川区脱贫攻坚普查流程图》，对各级各部门应承担的工作职责作出明确规定，各级各部门在普查期间严格按照工作职责，积极主动作为，全力做好保障工作。制定下发《玉溪市江川区脱贫攻坚普查对接保障方案》。清查及入户登记前后，区普查办与市普查办积极沟通对接，共同研究解决清查及普查工作中存在的问题，共同推进普查工作有序进行。为确保普查工作顺利进行，区普查办制定下发《关于配合做好驻江川区脱贫攻坚普查工作组入户普查工作的通知》《玉溪市江川区脱贫攻坚普查对接保障方案》《关于建立玉溪市江川区脱贫攻坚普查工作问题解答制度的通知》，要求全区各级各部门强化大局观，强化部门协作，合力配合做好入户登记工作。五是坚持依法普查，确保普查数据质量。普查期间，江川区严格按照《中华人民共和国统计法》《中华人民共和国统计法实施条例》《国家脱贫攻坚普查方案》的规定，坚持依法依规普查，全力做好普查保障工作，确保普查对象按时、如实地申报普查表，为高质量完成脱贫攻坚普查奠定基础。六是开展脱贫攻坚普查，脱贫攻坚成果显著。通过全区各级的努力，脱贫攻坚工作通过国家、省质量验收。

【全面建成小康统计监测】 按照国家省市的部署，以6个方面52项基础指标开展全面建成小康社会统计进程监测，并在全区领导干部讲坛上开展专题讲座，分析存在的问题和短板，为全区全面建成小康社会提供基础数据，提出措施和意见建议。

【绿色指标考核数据】 按照省市级和区委区政府安排，对涉及绿色指标考核的52项基础单项工作及时和涉及13个部门进行沟通，开展好绿色指标考核数据报送和测算工作。

（赵维新）

审　计

【机构设置】 江川区审计局2020年底，编制核定：编制总数22名，其中行政编制15名、事业编制6名、工勤编制1名。领导职数为局长1名，副局长3名。年末实有20人，其中行政编制14人，事业编制6人。内设六股一室一中心：中共玉溪市江川区委审计委员会办公室秘书股、法规股、财政审计股、经济责任审计股、固定资产投资审计股、农业与自然资源环境审计股、办公室、江川区投资审计中心。

【概述】 2020年，江川区审计局坚持以习近平新时代中国特色社会主义思想为指引，深入贯彻党的十九大和十九届二中、三中、四中、五中全会精神，落实习近平总书记关于审计工作重要指示批示精神，围绕区委区政府中心工作，提高审计工作效率和质量，截至12月底，江川区审计局共完成审计项目20项，审计查出违规金额329万元，管理不规范金额130508.2万元。应收缴财政金额438万元，应归还原渠道资金96万元，投资审计核减122万元，为财政增收节支656万元，人均贡献34.53万元，移送纪检监察机关及相关部门案件线索15件，对被审计单位提出建议48条，区委区政府主要领导批示审计要情6篇。

【预算执行审计】 全年完成区级财政2019年度预算执行审计及52个区级一级预算单位2019年度预算执行审计，其中区级财政2019年度预算执行审计查出问题金额88740.49万元，其中应收缴财政资金41.57万元，应入库资金54.83万元，其他管理不规范金额88644.09万元；52个区级一级预算单位2019年度预算执行审计查出问题金额10001.99万元，其中应收缴财政资金227.77万元，应调整相关会计账目1239.63万元，其他管理不规范金额8534.59万元。

【经济责任审计】 江川区审计局2020年共计完成九溪镇党委书记、镇长，区农业农村局局长，区民政局局长等科级领导干部任期经济责任审计项目5项，查出问题金额262.05万元，其中应收缴财政资金163.96万元，责令相关单位归还原资金渠道93.79万元，其他问题金额4.3万元，提出审计建议14条，依法向纪检监察部门移送问题线索2起。此外，2020年完成36个村（社区）干部任期和离任经济责任审计，审计共查出问题金额4898.77万元，其中应上缴财政41.56万元，应归还原渠道资金渠道393.05万元，应调账处理3502.23万元，其他961.93万元。审计共移送案件6个，涉及金额104.6万元，涉及人员3人，提出审计建议102条。

【专项资金审计】 2020年，江川区审计局完成专项资金审计2项，提出审计建议3条，在新冠肺炎疫情防控资金和捐赠款物专项审计中查出扩大开支范围支出防疫资金的问题；在中共玉溪市江川区委组织部等14家党组织2019年党费审计中查出未按规定用途使用党费及两家党组织未单独设置党费科目进行会计核算的问题。

【资源环境审计】 江川区审计局2020年完成九溪镇党委书记、镇长任职期间自然资源资产和生态环境保护情况审计，查出私存私放资金、破坏（占用）永久基本农田、违法开采白云岩矿、省级公益林遭破坏等问题。审计依法向纪检监察部门移送问题线索2起，向区自然资源局移交问题线索2起，提出审计建议2条。

【公共投资审计】 2020年江川区审计局转变固定资产投资审计方式，有重点、有步骤、有深度、

有成效地安排公共投资审计，改变对工程决算审计大量靠委托中介的审计监督方式，推进政府投资审计实现“三个转变”。2020年共完成公共投资审计审计3项，提出审计建议9条，审计查出问题资金1095.54万元，经审计，核减工程价款122.71万元，责令相关单位归还原资金渠道910万元。

（黄　岩）

市场监督管理

【概述】　2020年，区市场监督管理局在区委、区政府的坚强领导下，牢固树立依法监管、服务发展的理念，坚持以党建为统领，以落实改革、强化监管、优化服务为中心，突出“优服务、促公平、重维权、保安全、提质量、强基础”，各项工作成效明显。

【机构设置】　玉溪市江川区市场监督管理局是玉溪市江川区人民政府工作部门，为正科级，加挂玉溪市江川区人民政府食品安全委员会办公室牌子，行政编制59人（含路居管理所6人），机关工勤3人，事业编制16人，设局长1名，副局长4名。设立内设机构12个，办公室、政策法规股、行政审批和信用监管股、市场监督管理行政执法大队、食品生产流通监督管理股、综合协调应急与食品餐饮监督管理股、质量计量标准监督管理股、特种设备安全监察股、药品、医疗器械、化妆品安全监督管理股、消费环境和网络市场监督管理股、价格监督检查股、知识产权和广告监管股。派出机构7个，大街管理所、江城管理所、前卫管理所、九溪管理所、雄关管理所、安化管理所、路居管理所（澄江市托管）。下设事业单位2个。玉溪市江川区药品评价中心（玉溪市江川区药品不良反应监测中心），编制11名，设主任1名。玉溪市江川区市场监督管理局社会组织服务中心，编制5人，设主任1名。2020年底，全局实有人员：行政编制47人（不含路居所人员），机关工勤3人，事业编制13人，共63人。

【各类市场主体登记工作】　2020年全区共有国有、集体、私营企业2061户，其中国有集体企业234户、注册资本金285601万元（法人企业93户、营业性企业及分支机构141户）。私营企业1827户，注册资本金603911万元（其中有限公司1458户、合伙企业14户、个人独资企业355户）。全区共有个体工商户19644户、资金数额234252万元。有农民专业合作社147户、出资总额20361万元。全区共有外商投资企业20户，其中企业法人有6户，分支机构14户。备案登记19件，迁出登记9户，迁入2户，股权冻结10件。

2020年，新办私营企业235户、注册资金56086万元。新办国有、集体企业12户、注册资金4110万元。新办个体工商户3144户、资金数额55907万元。新办农民专业合作社10户、出资额458万元。私营企业变更登记337户；国有、集体企业变更登记100户；个体工商户变更登记880户、私营企业注销登记129户、国有、集体企业注销登记16户、个体工商户注销登记1313户、农民专业合作社注销登记16户。

【“放管服”改革工作】　继续深化商事制度改革，深入推进企业开办时间再压缩，将办理时限压缩至8小时，全面启用“开办企业一窗通”服务平台，疫情期间开展“网上办”“预约办”。全区共发放企业“多证合一”营业执照是2223户、发放个体工商户“多证合一”营业执照19646户，2020年全区已有234户企业通过全程电子化设立。强化事中事后监管，24家“双随机一公开”成员单位抽查事项115类126项，部门联合抽查计划21项。区市场监管局涉及抽查11类12项；健全完善两库，全区制定抽查方案69个，建立与行政区域各层级、各部门与抽查事项相对应的检查对象名录库和执法检查人员名录库。全区建立执法人员库524名，检查对象库4960条，导入监管对象共624户，抽查市场主体347户。

【信用监管工作】　强化信用监管体系建设，营造良好舆论环境。做好涉企信息归集工作，并在7个工作日内按规定进行公示。2020年信息归集18906条，其中行政审批信息17427条，行政处罚信息289条，抽查检查1190条。贯彻落实经营异常名录制度，今年，市场监管局对市场主体进行列异操作2091次，按规定移出1623次。协助各级法院对法院判决生效后不执行判决，被法院列入失信名录的公司股东进行股权冻结5件4人。

【食品药品安全监管工作】　全年开展节假日、网络餐饮服务、校园及其周边、清真食品、冷冻冷藏食品、白酒、药械质量、中药饮片、化妆品、疫苗质量专项整治21项；完成国家、省、市食品抽检任务944批次，食用农产品704个批次，节假日食品抽检24个批次，完成药品抽样28批次，医疗器械2批次、化妆品抽检4批次。上报药品不良反应142例，医疗器械不良事件80例，化妆品不良反应17例，药物滥用342例。立案查处食品违法经营案件60个，药械化案件10个。

【工业产品质量监管工作】 强化工业产品巡查制度的落实，夯实质量监管工作基础。检查企业42家次，对获取工业产品生产许可证的10家企业进行重点巡查；强化中频炉使用单位的检查，防止地条钢生产、销售的行为死灰复燃；对3家生产重点产品黄磷、赤磷、溶解乙炔单位、13家经营车用汽油单位进行检查。重点对辖区内的烟花爆竹、建材、危化品、日用消费品等产品进行监督抽查。共抽取样品53个，经检验：合格率98%。

【特种设备安全监察工作】 对全区特种设备根据使用的危险程度，进行科学分类，将“易燃、易爆”“高温、高压、高空”“有毒、有害、有腐蚀”的特种设备使用单位列为重点监管对象100%监管，检查特种设备使用单位85家次，特种设备600台次；开展涉及危险品相关特种设备、移动式压力容器、大型游乐设施、起重机械、电站锅炉、液化石油气瓶等专项整治。加强特种设备安全监管平台应用监管，办理开工告知145件，使用登记103件，注销报停54台。

【标准、计量、认证、认可监管工作】 推进标准化管理，强化计量、认证认可工作，促进经济高质量发展。围绕重要消费品、重要工业产品，开展强制性国家标准执行情况检查，对23户地膜销售单位进行检查，对加油站、医院、眼镜店35家单位进行双随机检查，对全区7家集贸市场的固定摊位共360台计量器具、公平秤进行定检；对疫情期间销售、在用的体温计进行检查，确保计量准确。

【知识产权工作】 以发展知识产权为衔接，推进企业提质增效。指导办理商标注册申请等咨询105件，截至2020年底，江川区专利申请量187件，其中发明19件、实用新型146件、外观设计22件；授权量128件，发明专利拥有量29件。

【公平竞争审查工作】 加强公平竞争审查工作，对全区6个乡镇、32个单位的文件进行审核清理工作，共清理规范性文件12件，其他政策措施10件。

【价格监管工作】 加强价格监督，加大对乱收费行为查处和整治力度。共检查药品批发企业3家，零售药店112家，超市9家、集贸市场7家、医疗机构55户次，区属部门11家，处理价格投诉26件，查处价格违法行为案件1起，涉案金额4000元。同时强化水电气重点领域价格监管，督促江川区供电局主动作为，为企业、工商行业用户减免电费约124.37万元，惠及电力客户14128户，全力支持企业复工复产。

【打击侵犯知识产权和制售假冒伪劣商品工作】 严厉打击侵犯知识产权和制售假冒伪劣商品行为，全年共立案查处各类案件116件（其中商标侵权6件、食品60件、伪劣农药21件、药品6件、化妆品4件、价格违法1件、其他18件），没收违法所得9913元，罚没款17.1006万元。

【消费者权益保护工作】 全年共接到消费者投诉举报127件，处理127件，调解成功率97%，回复率100%，为消费者挽回经济损失4.5万元。在各大型商场、超市等处设立消费消费维权服务站13个。

【新冠肺炎疫情防控工作】 开展野生动物市场监管，检查经营场所863个次，检查经营户1820户次，活禽经营户56户；开展防护产品和价格监管，检查口罩经营户2998户次，药品经营户3745户次，消毒杀菌用品3725户次；开展其他商品、食品和价格监管，检查食品经营户7896户次，餐饮经营户529户次，检查医疗机构135户次，其他经营户16328户次；处理价格投诉举报26件，其他投诉举报43件；加强对电商平台的监管，监测电商平台（网站）1616个次；加强舆论宣传，做好正面引导。督促1415家经营户完成“云南抗疫情”二维码注册，粘贴发放宣传资料2167份，经营主体LED屏播放1818家次，利用小喇叭播放音频共1790家次。

【“净餐馆”工作】 2020年，全区共有餐饮业经营户1511户，机关企事业单位食堂62家，学校食堂（含托幼机构）96家，食品

摊贩442户。

根据爱国卫生"七项专项行动"要求，开展净餐馆行动，对辖区内的餐饮服务单位通过各种渠道进行宣传，结合开展公筷公勺活动，对全区大中型部分餐饮服务单位负责人进行《餐饮服务食品安全操作规范》专题培训，共70人参加。8月31日，召开玉溪市江川区爱国卫生运动市场监管组"净餐馆"专项行动工作推进会暨培训会议，共90余人参加。两次培训会共发放宣传资料4500份，张贴在各餐饮服务单位店内。发放"文明餐桌"桌贴21000份。利用户外LED显示屏滚动播放宣传标语670条次。

按照"周边环境整洁、就餐场所干净、后厨合规达标、仓储整齐安全、餐饮用具洁净、从业人员健康、配送过程规范"的要求，共检查餐饮单位1511户，与餐饮服务单位签订"净餐馆"承诺书1511份，现"净餐馆"达标户数712户，其中中型餐馆达标25户，小型餐馆377户，学校食堂37户，其他食堂38户，餐饮类食品摊贩235户。

【"管集市"工作】 2020年，江川区共有农贸市场8个，其中城区农贸市场3个，乡镇农贸市场5个。

市场监管联合相关部门深入现场，对照《"管集市"专项行动工作指南》要求，与农贸市场开办方共同分析查找存在的问题，对能现场整改的如环境卫生保洁、交易行为规范、车辆停放规范等问题及时督促整改，对需要增加的硬件设施如洗手设施建设、厕所提档、三防设施改造升级等问题，实施"一场一策"，督促制定整改方案，并按时限抓好落实。通过培训，进一步明确市场主体在专项行动中的责任，动员和鼓励市场主体、消费者、社会大众共同参与专项行动。强化氛围营造，创新以"一个倡议、一份承诺、一本指南、一套标准""四个一"为载体强化宣传，营造浓厚氛围。全年出动执法人员197人次，检查农贸市场90次，检查经营户448户次，督促整改210户，促进各农贸市场向达标市场靠近。

【"扫黄打非"工作】 全年配合宣传、公安、文化、安监等部门对江川区现有的印刷企业26家，打字复印店30家，书报刊零售出租店38家，音像制品出租店27家，网吧17家，电脑公司13家，KTV14家，电影院1家，冥币经营户38户进行检查。对市场的管理，采取集中行动和常规管理相结合的形式，加强全区的印刷企业和书报刊市场的日常管理。加大和教育系统、新华书店等单位以及学生家长的联系，发动全社会都来共同抵制和举报出版物市场中的违法违规行业，对群众的举报，及时予以核实和查处。同时开展打击非法宗教出版物及违法违规网络游戏专项整治工作，根据省、市市场监督管理局、区"扫黄打非"办的有关文件精神，2020年共查堵三批政治性有害出版物，在这些专项整治行动中，共出动人员60人次、执法车辆15台次。

【打击传销规范直销工作】 开展集中整治工作，加大对网络传销、新型网络传销的专项整治工作。加大对宾馆、集贸市场等人员集中地区的整治。对利用会议形式销售产品和直销行业进行检查，防止他们进行传销和非法集资，出动人员9人次，检查经营户9户。同时，安排各股室、各所与大队一起以元旦、春节、3·15等重大活动为契机，采取灵活多样的宣传手段使全区人民群众真正认识到传销的危害。现场发放《直销管理条例》《禁止传销条例》等宣传资料3500余份，张贴宣传标语15条。各乡镇（街道）加强对出租房屋和流动人口的管理，做到底子清，情况明，台账健全。

【扫黑除恶工作】 强化线索摸排分析，及时移送线索。严格执行"一案三查"相关规定，确保挖深挖透每一条涉黑涉恶犯罪线索，在案件线索摸排、办理过程中，严格依法办案，强化证据收集、分析。开展涉黑涉恶案件线索大排查大起底专项行动。对2020年办理的113起违法案件进行逐条排查。已经移送线索3条到市局扫黑办和区扫黑办。区扫黑办移交办理线索3条，通过调查了解与分析研判，已回复区扫黑办，经核查，均未发现涉黑涉恶违法犯罪情况。

【廉政建设工作】 严格公务接待、办公用房等有关规定。"三公经费"共支出2.6万元，与去年同期支出8.65万元相比减少6.05万元，减少71.1%。深入开展严禁公务活动中赠送收受烟酒茶及定制赠送收受高档酒茶及其他特殊定制品自查行动，严明节假日工作纪律，做好元旦春节、"五一"、端午等节假日的值班安排。

【政务公开、信息工作】 2020年在国家企业信用信息公开系统网站归集信息18906条，在江川区政府信息公开网站公开信息138条，全年编发信息150篇，被区政府办采用46篇，被市政府办采用3篇，被区委办采用17篇，完成区委办、区政府办信息约稿42篇。

（吴亚华）

应急管理

【概述】 2020年，玉溪市江川区应急管理局坚持以习近平新时代中国特色社会主义思想为指导，贯彻落实习近平总书记关于安全生产和防灾减灾的重要论述及批示指示精神，坚持“人民至上、生命至上”理念，在区委、区政府的坚强领导下，不断健全完善应急管理运行机制和管理制度，安全防控能力和应急能力进一步提升，安全生产和防灾减灾形势持续稳定向好。

【安全生产指标控制情况】 2020年，江川区安全生产考核控制指标类别事故共发生10起（均为一般生产安全事故，未发生较大及其以上生产安全事故），死亡10人，直接经济损失553.7万元。（其中工矿商贸伤亡事故6起，死亡6人，经济损失553.3万元；生产经营性道路交通事故4起、死亡4人、直接经济损失0.4万元）。与去年相比事故起数、死亡人数持平，直接经济损失减少7.49万元，下降1.3%。根据《玉溪市人民政府办公室关于2020年度安全生产目标责任考核结果的通报》（玉政办函〔2021〕6号），2020年江川区安全生产工作年度目标责任考核被评为优秀等次。

【责任体系建设】 2020年以来区应急局贯彻落实《安全生产领域改革发展的意见》，召开安全生产工作会议，对安全生产工作进行安排部署，与各乡镇（街道）、安委会各成员单位和重点企业签订江川区安全生产责任目标责任书，把安全生产责任落实到企业和基层单位。向区委常委会汇报、研究安全生产工作4次，区政府常务会汇报、研究安全生产工作7次，召开全区安全生产工作会议4次。

【安全大检查长效机制建设】 全区纳入安全生产大检查长效机制管理系统企业137户，正常生产企业91户。在产企业自查隐患8532条、三项检查查出问题企业数250户，全市综合排名均位于前4名，六项考核指标（企业隐患自查自报率、企业隐患查出率、企业隐患整改率、企业现场管理自定义率、企业基础信息完整率、三项检查率）均达到省、市考核指标要求。

【受理行政许可事项】 2020年以来，共受理行政许可事项共36项，其中危险化学品建设项目安全审查6项，非煤矿山建设项目安全设施设计审查1项，烟花爆竹零售许可3项，危险化学品经营许可23项，非煤矿山安全生产许可3项。

【安全生产执法监管】 区应急管理局结合安全生产专项整治三年行动，深入推进安全风险分级管控和隐患排查治理双重预防机制建设，制定《玉溪市江川区应急管理局2020年度应急管理（安全生产）监督检查计划》，对非煤矿山、危险化学品、烟花爆竹、冶金工贸等直接监管企业开展执法检查。区应急局共检查非煤矿山34户次、危险化学品企业96户次、烟花爆竹企业110户次、工贸企业50户次，立案处罚16起（一般行政处罚和事故类行政处罚），处罚罚款114.37万元。

【推进双随机一公开执法监管】 2020年，共开展部门双随机抽查检查3次（其中工贸行业安全生产监督检查：待抽查对象总数32户，按数量抽取6户，抽查比例为20%；非煤矿山安全生产检查：待抽查对象总数5户，按数量抽取3户，抽查比例为60%；危化行业年度安全生产监督抽查：待抽查对象总数40户，按数量抽取9户，抽查比例为23%）。共计查出安全隐患和问题27项，所有问题均已经责令现场整改完毕。

【自然灾害基本情况】 2020年，江川区遭受不同程度的干旱、风雹、洪涝等自然灾害，入夏之后，持续高温造成严重干旱，前卫镇、雄关乡、安化乡等乡镇相继出现特大干旱，严重干旱等旱情，江川区及时启动Ⅲ级抗旱应急响应，组织开展抢险救援工作。经统计，2020年全区受各类自然灾害影响153151人次，饮水困难大牲畜738头，受灾面积4166.22公顷，直接经济损失11068.58万元，无因灾害伤亡人员。

【防灾减灾救灾】 统筹应急救灾物资储备及管理。江川区救灾物资储备情况如下：安置类：帐篷300顶，彩条布100卷，折叠床494张，床垫4046床；被服类：被子2063床，毛毯3275条，棉大衣79件，男套装700套，女套装

300套，女西装32件，劳保服2301件，水鞋170双，水衣71件，毛巾175块，被套30床，床单1903床，绒衣158件，枕头1907个；口粮类：大米282.385吨；其他：发电机一台。区粮食和物资储备局与区应急局、区财政局共同制定《玉溪市江川区区级救灾物资管理办法（试行）》，对救灾物资的年度采购、日常管理、调拨使用等进行责任明确。推进应急避难场所建设。江川区中心城区现有建成避难场所一个：怡心园广场应急避难场所属三类应急避难场所，项目占地42094.8平方米，灾难发生时可容纳2万余人备灾；在建项目一个：渔文化文化广场应急避难场所属一类应急避难所，占地35000平方米，可容纳15000备灾。及时下拨各类救灾资金。区应急局根据前期灾情统计和分析，将各类救灾资金共计389万元发放至各乡镇（街道），其中中央自然灾害救灾（抗旱）补助资金80万元、冬春临时生活困难救助省级补助资金17万元、中央自然灾害救灾资金（旱灾生活救助）50万元、市级自然灾害生活补助资金2万元、上海市捐赠抗旱省级补助资金10万元、中央自然灾害救灾资金（2020—2021年冬春救助资金）230万元。

【应急处置能力建设】　初步建立应急管理体系。2020年5月21日成立玉溪市江川区自然灾害应急管理委员会，明确区自然灾害应急管理委员会作为江川区自然灾害应急管理统一领导指挥协调机构，负责研究部署、指导协调全区自然灾害综合减灾救灾工作，履行区级应对一般自然灾害指挥部职责，建立联席会议制度、常态会商制度、紧急会商制度、灾情信息报送制度、应急物资调拨制度、突发事件应急处置制度等制度。在成立区政府专职消防队基础上新招录合同制专职消防队员23人，纳入江川区消防救援大队统一管理，形成一支“全灾种、大应急”的综合应急救援队伍。强化防灭火基础设施建设。为强化森林火源火情监控，实现“互联网＋森林草原防火”，推进森林草原防灭火科技化，按照省、市关于加强森林火险预警监测基础设施建设的要求，结合江川区实际，建成5套视频监控系统，新增4套视频监控系统开始调试验收，2020年森林草原防灭火监控覆盖范围可达90%以上，在全区56个卡点设置防火码，实行扫码出入林区，科技防火能力得到有效提升。强化森林扑灭火联防联动体系建设。江川区与相邻县（区）联合开展森林防火联防会议，加强结合地区沟通互联，信息互通；2020年江川区、红塔区、峨山县、通海县四县签订联防协议；与保险公司办理好森林火灾保险、与区供电局签订《电力与山火应急联动协议》，并对两座瞭望台进行修缮。提升突发事件应急处置能力。为进一步提高面对突发事件的应急处置能力，区应急局牵头组织开展区级应急演练活动3次，分别是：2020年山洪灾害暨防汛抢险应急救援演练、2020年危险化学品道路运输事故应急救援演练、2020年烟花爆竹零售应急处置演练，共参与人数300余人。同时，指挥对2020年“2.07”“2.15”“3.27”森林火灾火情处置工作，有效保护江川区森林资源，践行“绿水青山就是金山银山”，进一步推动生态林业良好健康发展。

（陈旭东）

自然资源

【概述】　2020年，江川区自然资源局以规划为统领，以保护自然资源和保障发展为重点，强化执法监管，深化不动产权确权登记，主动担当作为，有序推进各项重点工作，为全区经济社会发展注入强大动能。

【国土空间规划】　2020年，完成《江川区中心城区西片区概念性规划》《江川区大街街道棚户区改造项目概念性规划》《星云湖保护和开发利用总体规划（2019—2035）》审议，完成大街、前卫土地利用总体规划评估修改，评估成果于8月份通过市政府批复实施，启动安化土地利用总体规划评估修改工作。完成中心城市重点开发地块、职教小区西侧地块2个控制性详细规划的编制审批，完成对瀛景国际康养社区地块控制性详细规划的修编以及项目商住比调整，JTC-2019-4号地块车位配比调整，完成澄江至华宁高速公路工程项目用地初审，拟占用江川区土地56.4693公顷。开展生态保护红线评估工作，评估调整成果已报自然资源部审核。启动江川区国土空间规划编制工作。对18个项目进行土地规划审查，办理建设用地规划控制条件10件、规划许可证8件，核发建设项目选址意见书4件，审查办理瀛景国际康养社区、书香苑等项目建设工程规划许可证

9件、规划审查意见54件。完成滇御俊园等11个项目的规划验收。争取省级规划城乡建设用地指标66.67公顷，为星云湖一级保护区生态修复及生态屏障构建项目、星云湖南岸乡村振兴示范区项目等建设用地提供保障。

【土地要素保障】 2020年，供应土地16宗面积78.4555公顷，总价款64993.7424万元。征收土地8.0859公顷，征地补偿费用1016.3196万元；收购土地10宗面积20.7318公顷，收购总价款5734.283001万元。组织用地报件6个，获批面积226.4888公顷。审批临时用地2宗面积32.7863公顷。完成大街、前卫、江城3个乡镇24个地块成片开发方案编制工作，涉及面积87.6555公顷。

【耕地占补平衡】 完成江川区征收农用地区片综合地价制定工作，成果下发执行。申报江城镇土地整治项目作为云南省全域土地综合整治试点项目，报至自然资源部审核。投资3842万元，实施土地整治项目6个，实施后预新增耕地81.7878公顷，旱地改水田247.2738公顷。梳理未利用地39公顷、低效园地150公顷。完成澄华高速和江通高速项目占用永久基本农田实地踏勘和补划。制定《玉溪市江川区改进耕地占补平衡管理实施方案》，探索成立国有资本公司，推进土地整治项目的实施和管理。

【矿政管理和矿山生态修复】 2020年，采矿权出让收入3325万元。完成23个非煤矿山转型升级工作，其中“改造升级”类矿山4个、“整合重组”类矿山4个、“淘汰关闭”类矿山15个。实施星云湖径流区矿山地质环境恢复治理项目18个，预算总投资10457.8万元，项目已于2020年12月18日通过专家初步验收。

【地质灾害防治】 投入资金1153万元实施地质灾害治理项目3个，完工验收2个，未完工1个。补助资金3115万元，实施因地灾搬迁避让项目16个，涉及搬迁627户2366人，完工并通过市级终验的项目8个、在建8个。2020年，共出动车辆347次巡查点次616个，组织地灾群测群防培训9期，开展地灾应急演练3次，地灾防治工作有序开展。

【不动产登记】 不动产登记中心整体入驻区政务服务大厅，实现登记效率再提升。2020年，发放不动产权证3597本、不动产登记证明2208份，棚改国有（集体）建设用地使用权/房屋（构建物）所有权注销登记91件，抵押注销登记1217件，查询1302份，配合扶贫攻坚、审计、保障性住房等部门查询12413人次。办理企业财产登记1211个单元，审查房地产项目、不动产测绘等成果共2137个不动产单元。向省厅汇交2111宗集体土地所有权、1137宗宅基使用权、1556宗建设用地使用权、4750幢自然幢、16094个登记单元的数据汇交，汇交等级达B1级，13557个不动单元导入不动产登记系统进行运用。整理合并不动产档案21375卷宗，档案补录42750条，扫描数字化加工档案1069692页。探索“不见面办理”抵押登记、预告登记，成功办理448件。农村不动产确权登记发证工作中，填报“云宅调”宗地信息80445宗，其中宅基地78251宗，集体建设用地2194宗，完成三级平台认定宗地20822宗。完成6户19人易地扶贫搬迁安置住房的不动产登记发证工作。

【自然资源执法监察】 组织完成听证事项5次、行政应诉5件，完成行政复议回复答辩1件，向市中级人民法院申请行政复议17件，受理群众信访件28件。开展动态巡查333次，清理拆除农村乱占乱围土地违法行为28起，拆除土地面积15.9495亩。立案查处违法案件14起，其中土地违法案件5起、矿产资源违法案件9起，结案7起，收缴罚没款821.8923万元。排查违法违规建筑112宗，拆除整改110宗26.387955亩。核查土地卫片图斑175个，图斑面积4749.1亩，耕地面积2449.4亩，立案查处违法用地图斑48个，图斑面积2597亩，耕地面积1359.67亩，立案查处矿产违法图斑2个。完成江川区农村乱占耕地建房问题摸排工作，江川区除托管区外共下发农村乱占耕地建房问题图斑4815个，分宗后实际摸排7697宗，上报国家数据汇交平台信息1811条。

【土地调查及监测】 2020年，完成江川区全国第三次国土调查中9776个图斑更新举证工作，并报国家三调办。完成滇中引水、江通高速和7个批次用地等项目的勘测定界审查备案工作，共备案30个勘测定界报告。开展YXCORS基准站巡查，接收管理玉溪市自然资源局移交的5个平面点和10个高程点。

（施　祈）

建设·环保

编辑　李立群

住房和城乡建设

【概述】　2020年，区住房城乡建设局在区委、区政府和上级主管部门的领导下，深入学习贯彻习近平新时代中国特色社会主义思想，不断增强“四个意识”、坚定“四个自信”、做到“两个维护”，扎实开展“不忘初心、牢记使命”主题教育，始终坚持控疫情和稳增长两手抓、两不误、两促进，全面落实区委、区政府提出的经济社会发展“5366”发展思路，围绕“建美一座城、治好一湖水、打造一个高地”的工作重点，攻坚克难、狠抓落实，以民生为根本，创新住房城乡建设发展思路，通过城市功能不断优化和提质扩容，补齐市政基础设施建设和产业发展的短板，不断改善人居环境，全力推动江川区住房城乡建设工作取得新成效，为江川区经济社会的发展提供良好的服务和有力的保障。

【市政基础设施建设】　推进城市市政基础设施PPP项目建设，完成浪广路北延工程建设、龙泉大道南段工作面移交、城市全民健身运动场馆项目的施工图调整及规划手续；完成宝风路延长线（湖滨路—绞龙沟段）施工。围绕江川区路网不通、排水不畅、无公共停车场所、城市品位不高等基础设施建设存在的问题和不足，对症下药，编制城市更新、绿化提升、城市门户景观及主要道路景观提升的概念性规划，筹备启动《江川区城市规划建设三年行动方案》。

【城乡人居环境综合整治】　推进城镇厕所革命和村庄清洁行动，新建城市公厕（含旅游公厕）3座，制定《玉溪市江川区公共厕所管理、保洁、监督公示牌管理制度》和《江川区城镇公共厕所管理办法（试行）》，规范公厕维护和管理；完成雄关污水处理设施建设并投入使用，实现乡镇污水处理设施覆盖率达100%；完成4个非正规垃圾堆放点整治销号，百分百完成销号任务；组织开展江川区重点公路沿线风貌提升整治，完成玉江大道、翠大线、大铁线、澄川高速公路两侧可视范围内24个村庄环境提升改造规划编制工作。

【爱国卫生运动“清垃圾、扫厕所、勤洗手”专项行动】　区住房城乡建设局牵头爱国卫生运动“清垃圾、扫厕所、勤洗手”三个专项行动，印发《玉溪市江川区爱国卫生“清垃圾、扫厕所、勤洗手”专项行动工作指南》和《玉溪市江川区爱国卫生清垃圾、扫厕所、勤洗手专项行动考核评估测评办法》，组织召开联席会议6次，建立日检查、周派单、月通报工作机制，印发工作简报25期、派单20期。自查整改“清垃圾”有关问题309个、“扫厕所”有关问题215个，完成425座洗手台设施建设工作，督促清运生活垃圾及建筑垃圾1884吨，实现公厕制度和管理基本达标，实现八类重点区域洗手设施全覆盖。

【供排水】　2020年实现安全供水685.69万立方米，居民用水户27894户、非居民用水户3146户、特种行业用水户76户，合计新增1312户。处理污水648.94

万立方米，削减COD（化学需氧量）1049.62吨、NH3-N（氨氮）153.98吨，脱泥2647.68吨、污泥无害化处理率100%。克服疫情影响，完成江川区污水处理厂提标改造工程，新建蛟龙沟区域污水处理管道1.22千米，实施江城镇翠峰中学、海门片区污水收集管网应急工程，新建污水管网1.9千米。为进一步完善江川区污水处理能力，谋划玉溪市江川区主城区雨污水主管网建设工程，开展环评、水保编制及设计、监理、地勘、造价咨询招投标等前期工作。

【住房保障】 开展保障房动态管理及核查，清理违规租住行为，完成清退和新分配保障房70户。完成九溪镇大营社区3幢、30户、4441.2平方米节地上楼建设；实现震后恢复重建开工1199户、开工率97%，竣工840户、竣工率71%，2020年30个老旧小区改造进场开工。

【农村危房改造】 组织开展农危改"回头看补短板强弱项抓提升"专项行动，对2020年新增4类重点对象及需巩固提升危房户存在问题全面实施整改，完成整改并验收危房改造609户，兑付2019年4类重点对象补助资金1073.85万元，并顺利通过国家抽查验收。

【房地产业】 2020年全区房地产开发企业发展至18家，完成房地产投资23.25亿元，商品房销售面积29万平方米；2020年，房地产业就业人员479人（错季），同比增长22.82%；房地产业就业人员劳动报酬1608.2万元（错季），同比增长22.4%；完成商品房交易合同备案1527件，面积为35.5万平方米，销售总价18.49亿元，均价5210元每平方米；二手房交易合同备案面积为12.1万平方米，二手房成交金额为4.77亿元，均价3942元每平方米；办理预售许可证7件，预售面积为35.56万平方米；推进瀛景国际康养项目、古滇国三期、星云首府（一期）、云福山居（二期）、绿竹云舍（二期）、万湖花园、城市花园、书香苑等房地产项目建设。

【建筑业】 2020年全区资质建筑施工企业发展至27家，共完成建筑业产值21.95亿元，同比增长4.2%。全年共计办理建筑工程施工许可证13件，总建筑面积25.32万平方米，总投资19.30亿元。联合有关部门共检查农民工工资欠薪186次，处理农民工工资投诉16件，涉及农民工265人，涉及工程款766.27万元。每季度组织召开一次质量安全生产工作会议，开展建筑施工安全技能培训、安全知识宣传及建筑工程质量安全宣贯等工作，检查在建工程建设项目，对3个违规项目实施行政处罚，罚款1.55万元，确保建筑业安全生产形势稳定。

【燃气管理】 加快燃气建设推进，新建燃气市政中压管网5.16千米，新建江川龙泉工业园区云兴燃气二级供应站，办理云兴燃气景新路北段、澄川路、九溪镇、周官村、江城5个三级供应站的燃气经营许可证，实现供气用户1537户。对辖区4家燃气企业，11个供应站开展燃气安全检查15次，排查安全隐患10项，制定安全检查记录53份，提出安全整改意见和措施10条，确保燃气安全生产形势稳定。

【优化营商环境】 为阻隔新冠肺炎病毒传播途径，降低人员流动交叉传染的风险，除特殊情况，工程建设项目全面实行网上受理、审批和快递邮寄批文等措施，做到"网上办、不见面"。强化工程建设项目审批进网入库，改革范围内的所有项目都通过工程建设项目审批管理系统进行审批和管理，实现统一受理、并联审批、实时流转、跟踪督办。进一步压缩审批时间，对60项政务服务事项办理时限进行压缩，承诺1个工作日办结事项数从9项增加至14项。承诺5个工作日以上办结事项数由22项减少至11项。

【人民防空】 按照长期准备、重点建设、平战结合的方针狠抓人防工作，不断提高人民防空和减灾能力，积极做好防空地下室建设项目审批和涉及防空地下室建设的前期服务工作。2020年审批办理人防易地建设10件、人防建设工程1件，审批人防工程地下室建设面积5872平方米，竣工人防工程地下室建设面积1.73万平方米，收取易地建设费18.88万元。通过专项整治，对2007年至2020年为止共40个项目进行整改，追缴易地建设费991.35万元。开展人防宣传教育工作，组织"9.18"防空警报试鸣，进一步提高广大群众人民防空意识。

（丁新原）

住房公积金

【概述】 玉溪市住房公积金管理中心江川管理部是隶属于玉溪市住房公积金管理中心的派出机构。2020年江川管理部在市中心的直接领导下，在区委、区人民

政府的支持帮助下，以贯彻执行国务院《住房公积金条例》为主线，贯彻执行国家市场调控政策措施，落实执行玉溪市住房公积金管理委员会住房公积金政策调整措施，全面推进住房公积金管理服务。2020年4月8日，按照市委、市政府和江川区委区政府的统一安排成建制整体顺利进驻江川政务服务中心，全面实现政务服务“一网、一门、一次”改革要求。

【住房公积金增点扩面】 强化措施加大住房公积金政策宣传力度，江川管理部推进以非公企业和自由职业者为重点的住房公积金制度建设。2020年全区新增缴存单位7户，缴存职工44人，新增自由职业缴存者21人。

【住房公积金归集额】 2020年全区归集住房公积金22735.64万元，比上年增1844.65万元，增长8.83%，归集余额50838.80万元。2020年末全区共有237个单位8688名职工正常缴存住房公积金，其中地方财政供养缴存职工4952人。全区人均月缴存额2226元。全年财政匹配资金7376.78万元。

【住房公积金使用情况】 2020年全区提取住房公积金21905.11万元，比上年增5387.46万元，增长32.62%，其中购买住房提取9342.28万元，占全年提取额的42.65%；偿还购房贷款本息提取10645.72万元，占全年提取额的48.60%；缴存职工退休提取1464.25万元，占全年提取额的6.68%；终止劳动关系提取159.72万元，占全年提取额的0.73%；其他（租房、建房、法院扣划、职工死亡继承、调玉溪市外转出）提取293.14万元，占全年提取额的1.34%。

发放个人住房公积金贷款18584.80万元，比上年增10683.70万元，增长73.95%。购买商品房312户，贷款14001.70万元，占75.34%；购买二手房132户，贷款4560.1万元，占24.54%；自建房贷款1户，贷款23万元，占0.12%。其中异地贷款（工作地缴存公积金，户籍地购房）452.80万元。

年内个人公积金贷款收回9480.47万元，比上年增1051.81万元，增长12.48%。贷款余额83217.93万元，存贷率163.69%，且无逾期贷款。

因职工缴存住房公积金资金总量不足，按市中心的相关文件精神，江川管理部委托工行、建行、中行发放（公转商）贴息贷款29户，合计1317.00万元。

【基数调整】 为了规范全市住房公积金管理，根据国务院《住房公积金管理条例》《玉溪市住房公积金缴存、提取管理暂行办法》《关于进一步规范工资津贴补贴管理有关事项的通知》以及玉溪市住房公积金管理中心《关于认真做好2020年度住房公积金缴存基数核定工作的通知》《关于调整玉溪市国家机关和事业单位住房公积金缴存基数的通知》相关政策，按照上限不得超过玉溪市统计部门公布的2019年在岗职工月平均工资的3倍为20668元（缴存额为4960元），下限为现行云南省人力资源和社会保障厅公布的月最低工资标准1350元的缴存基数标准执行。按时调整江川区住房公积金缴存职工的缴存基数。

【政策调整】 根据玉溪市住房公积金管理中心《关于恢复办理住房公积金异地贷款业务的通知》，自2020年3月4日起恢复住房公积金异地贷款业务。

根据玉溪市住房公积金管理中心《关于调整玉溪市国家机关和事业单位住房公积金缴存基数的通知》文件精神及2020年7月30日组织部、人力和社会保障局、财政局、玉溪市住房公积金管理中心四部门会议的决定，对玉溪市国家机关和事业单位的住房公积金缴存基数构成项目作出调整：国家机关（含参公事业单位）的住房公积金缴存基数中，改革性补贴全额计入缴存基数。事业单位的住房公积金缴存基数中，奖励性绩效工资全额计入缴存基数。以上政策自2020年7月起执行。

根据《玉溪市住房公积金管理委员会关于调整住房公积金贷款政策有关事项的通知》，住房公积金个人住房贷款最高额度，由“缴存住房公积金的职工家庭，双方连续正常缴存6个月（含）以上的，住房公积金个人贷款最高额度为60万元；一方连续正常缴存6个月（含）以上住房公积金的，住房公积金个人住房贷款最高额度为40万元。”调整为：“借款申请人夫妻双方连续正常缴存公积金6个月（含）以上的，住房公积金个人住房贷款最高额度为50万元；夫妻只有一方或单身职工连续正常缴存公积金6个月（含）以上住房公积金的，住房公积金个人住房贷款最高额度为30万元。”缴存人在上一笔住房公积金贷款还清6个月内，中心不再受理其住房公积金贷款申请。对已经受理未发放的住房公积金贷款（含组合贷款），视市住房公积金中心的资金结存情况，以审批时间先后顺序，按照首套房优先的原则轮候发放。以上政策自2020年9月8日起执行。

根据《玉溪市住房公积金管理委员会关于调整职工租房租住面积和租金提取住房公积金额度有关事项的通知》，将《玉溪市住房公积金管理委员会关于调整全市住房公积金政策的通知》“在玉溪市辖区内租住商品住房，并且在玉溪市辖区内无自由产权住房的，可以提取本人及配偶的住房公积金支付房租。承租人符合提取条件的，每年可向当地住房公积金管理部门提出一次申请（年度间隔期不低于12个月）；租赁住房不满12个月的，按实际租赁住房月数租金提取，本人及配偶每月合计提取的最高限额为1000元。”调整为：缴存职工及配偶在本市辖区内无自住住房，且租赁本市辖区内住房自住，租住商品住房的，单身缴存职工住房租赁面积超过90平方米的，按90平方米计算租金的金额且不超过最高提取限额，提取住房公积金支付房租；已婚缴存职工住房租赁面积超过144平方米的，按144平方米计算租金的金额且不超过最高提取限额，提取住房公积金支付房租；不超过规定面积的，按实际面积租金的金额且不超过最高提取限额，提取住房公积金支付房租。单身缴存职工和共同承租人每月最高提取金额合计不超过1000元；已婚缴存职工、配偶和共同承租人每月最高提取金额合计不超过1500元。缴存职工每年可提出一次提取申请（年度间隔期不低于12个月），租住住房不满12个月的，按实际租赁住房月数的租金提取且不超过最高提取限额。以上政策自2020年9月8日起执行。

【办法修订】 为加强本市住房公积金归集管理和提取管理，维护住房公积金所有者的合法权益，规范住房公积金提取行为，根据国务院《住房公积金管理条例》和国家、省、市的有关规定，玉溪市住房公积金管理委员会结合本市实际，对《玉溪市职工住房公积金缴存、提取管理暂行办法》进行分立修订。《玉溪市住房公积金归集管理办法（修订）》和《玉溪市住房公积金提取管理办法（修订）》自2020年9月8日起实施，《玉溪市职工住房公积金缴存、提取管理暂行办法》于本办法实施之日起废止，凡是与国家规定及本办法相冲突的政策不再执行。

为规范住房公积金个人贷款管理，支持住房公积金缴存职工购买自住住房，维护住房公积金所有者权益和防范贷款风险，根据国务院《住房公积金管理条例》《个人住房贷款管理办法》以及国家部委有关规定，玉溪市住房公积金管理委员会结合玉溪市实际，对《玉溪市职工个人住房公积金贷款管理暂行办法》进行修订。《玉溪市住房公积金个人住房贷款管理办法（修订）》自2020年9月8日起实施，《玉溪市职工个人住房公积金贷款管理暂行办法》《玉溪市住房公积金市公积金中心个人住房组合贷款管理办法》《玉溪市住房公积金管理中心关于规范个人住房公积金（组合）贷款增加共同还款人的通知》于本办法实施之日起废止。

根据《住房公积金管理条例》《玉溪市住房公积金归集管理办法（修订）》相关规定，制定发布《玉溪市住房公积金归集管理办法实施细则》。根据《住房公积金管理条例》《玉溪市住房公积金提取管理办法（修订）》相关规定，制定发布《玉溪市住房公积金提取管理办法实施细则》。根据《住房公积金管理条例》《玉溪市住房公积金个人住房贷款管理办法（修订）》，制定发布《玉溪市住房公积金个人贷款管理办法实施细则》。以上实施细则自2020年12月4日起实施。

（段红梅）

生态环境

【概述】 2020年，市生态环境局江川分局深入学习贯彻习近平生态文明思想，牢牢把握生态环保中心工作和重点任务，以打赢污染防治攻坚战为重点，抓实环境保护督察整改，加大环境监管力度，推进生态文明建设，提升服务水平，改善环境质量，保障辖区环境安全。2020年，星云湖保护治理“十三五”规划项目及星云湖山水林田湖草生态修复试点工程治理项目完工18项，完成投资24.13亿元。完成建设项目环评文件审批22个，环境影响登记表备案42个。加大环境执法力度，出动执法人员383人次开展182场次现场环境监察。全年，主城区环境空气质量一级天数276天、二级天数83天，环境空气优良率99.72%。

【污染防治攻坚战】 全面履行区污染防治工作领导小组办公室职责，统筹各职责部门推进蓝

天、碧水、净土保卫战和7个标志性战役各项工作。打好蓝天保卫战。淘汰建成区3台燃煤锅炉、落实施工工地“六个百分百”措施、持续推进秸秆禁烧、淘汰黄标车1653辆；打好柴油货车攻坚战，进一步调整和优化运输结构，推进国Ⅲ以下排放标准柴油货车淘汰更新，开展非道路移动机械登记等工作，大气环境质量持续稳定，2020年县城空气质量优良率达99.72%。打好碧水保卫战。以改善水环境质量为重点，打好星云湖保护治理攻坚战、珠江水系保护修复攻坚战、水源地保护攻坚战、生态保护修复攻坚战。星云湖保护治理“十三五”规划项目和抚仙湖山水林田湖试点项目18项完工，2个乡镇级及2个“千吨万人”饮用水源保护区划定方案获批，林业生态持续改善，森林覆盖率持续提高。谋划“十四五”农村生活污水治理，编制完成《江川区农村生活污水收集治理专项规划》。开展江川区农村生活污水收集治理工程（一期）前期工作，完成报批工作。县级、乡镇级及“千吨万人”饮用水源水质达标率100%，星云湖水质实现脱劣目标。打好净土保卫战。推进固体废物污染治理攻坚战、农业农村污染治理攻坚战，开展固体废物污染排查整治、农用地筛查，完成疑似污染地块调查工作。

【第二次全国污染源普查】 按照“全国统一领导，部门分工协作，地方各级负责，各方共同参与”的原则，完成单位清查、普查表填报、数据录入、数据审核、污染源普查数据库基本定库等工作，污染源普查工作全面完成，4月份通过市级验收。

【生态文明建设】 共创建市级绿色学校29所、省级绿色学校15所；市级绿色社区7个，省级绿色社区4个，涌现出一批绿色创建先进个人和环保小卫士。生态文明体制改革稳步推进，制定出台《玉溪市江川区关于贯彻落实生态文明体制改革总体方案的实施意见》《关于健全生态保护补偿机制的实施意见》《江川区推行环境污染第三方治理的实施意见》等改革意见方案。国家县域生态环境质量考核圆满完成，环境质量评定为基本稳定。

【建设项目管理】 加强项目环评管理，严格落实“三同时”制度，严格执行项目分级审批规定和目录，全面优化精简审批流程，提高审批效率，对重大项目和民生工程开启绿色通道，主动服务。对42个建设项目环评登记表进行网上备案，对22个项目环评报告表（书）进行审批。严格落实“三同时”制度，严格执行项目分级审批规定和目录，全面优化精简审批流程，提高审批效率，对重大项目和民生工程开启绿色通道，主动服务。

【监察执法】 严格执行《环境保护法》及四个配套办法和“双随机”执法制度，“零”容忍查处各项环境违法行为。发挥检察院、法院、公安、环保等多部门共同打击环境违法犯罪行为联动机制，严厉查处环境违法行为。按照“双随机一公开”抽查要求，结合日常检查，对辖区内排污单位执行环保法律、法规和各项环保制度的情况进行监督检查，及时查处环境违法行为，及时制止环境违法行为的继续。2020年，累计出动环境监察人员383人次，检查企业182家（次），形成环境监察现场记录182份，查处环境违法案件20件，罚款金额200.2万元。开展污染安全隐患排查和环境应急管理，严防环境安全事件。开展“千吨万人”集中式饮用水源地排查整治、长江“三磷”企业综合整治、“清废行动”等专项行动，着力解决环境问题。大力开展“三湖”专项监察，严格管控污染源，加强河道巡查。

【环境信访】 2020年来，共受理各类投诉33件，处理率为100%，结案率为100%。及时化解矛盾，消除不稳定因素，维护和保障群众的环境合法权益，促进社会的和谐发展。

【环境监测】 区环境监测站能力建设已达到西部地区三级站标准，实验用房1585.42平方米，办公用房317平方米，仪器设备仪器及辅助设备106台（套），环境空气自动监测站1个，环境监测车1辆，具备监测能力3大类64项。制定《江川区县域生态环境质量评价与考核专项监测方案》，将地表水、集中式饮用水地、环境空气、重点污染源等监测断面、排放口的监测全面系统的纳入县域生态考核监测。按照监测方案完成集中饮用水源地水质监测（地下水）、12条主要入湖河流、城区环境空气质量监测、国控源及在线比对、国控源污水处理厂排污口监测、减排监测及环境统计等县域生态考核环境技术支撑工作。

【声环境质量】 根据《玉溪市江川区城市区域环境功能区区划》（2017—2025），城区设置声环境质量监测网格116个，设置功能区噪声监测点位7个，设置交通噪声监测点位21个。根据监测结果，城区环境噪声平均值昼间为50.8dB（A），夜间为40.6dB（A），均达功能区标准。

【污染减排】 进一步加强磷化工、造纸、水泥、规模化畜禽养殖等重点行业污染治理设施的监管，加大在线监测和中控系统现场检查力度，确保治污设施、在线监测装置长期稳定正常运行。加强重点排污单位的监管，做好重点排污单位自行监测和监督性监测结果公布工作。南、北片区污水厂保持稳定运行。

【排污许可证】 按照国家排污许可证管理名录规定，分行业实施新版排污许可证，配合市生态环境局完成包装行业、通用工序锅炉行业、电镀行业、屠宰行业、食品行业、调料、化工行业排污许可证的核发工作。对已办理新排污许可证的企业，督促企业实施网上申报排污许可证季度执行报告制度，全国第二次污染源普查出的固定污染源200余家企业全部完成排污许可登记。

【危废管理工作】 全区涉及危废工业企业均纳入系统管理。对危险废物从源头上管控，督促涉危企业建设危废管理制度及设施，定期抽查、管理计划备案。

【环境应急预案】 编制《江川区突发环境事件应急预案》，对企业进行分类处理，督促存在较大环境安全风险的38家企业编制突发环境事件应急预案并经环保部门备案。落实《突发环境事件信息报告办法》（生态环境部令第17号），加强应急值班，严肃值班纪律，及时上报信息。2020年，辖区内未发生重大环境污染和生态破坏事故。

【环境宣教】 以“六五”世界环境日为契机，开展“四清”保洁活动、环保咨询活动等，对《中华人民共和国环境保护法》《水污染防治法》《中华人民共和国大气污染防治法》《云南省星云湖保护条例》《中华人民共和国环境影响评价法》等法律法规进行深入广泛宣传，举行《水污染防治法》宣传贯彻会，邀请法律专家为辖区企业及环保工作人员宣讲，利用国家宪法日暨全国法制宣传日、“三下乡”、科普宣传周等活动，大力普及环境保护知识和法律法规，增强广大群众的环境保护意识和环境保护法制观念。新修订的《云南省星云湖保护条例》颁布实施以来，通过微信公众号等新媒体平台推送《条例》相关知识，对《条例》进行广泛宣传，以“河长清河”行动为契机，加强对星云湖沿湖、入湖河道沿河村落村民的宣传，共计发放《条例》手册、《山水林田湖草》宣传折页、《条例》宣传挂历等宣传材料1万余份。

【机构改革】 完成生态环境机构监测监察执法垂直管理制度改革，人员和编制划转市级管理。区环境监测站名称规范为玉溪市生态环境局江川分局生态环境监测站、区环境监察大队名称规范为江川区生态环境保护综合行政执法大队。成立江川区生态环境保护委员会，由区委、区政府主要负责同志任主任，党委、政府有关负责同志任副主任，有关部门主要负责同志为成员，办公室设在市生态环境局江川分局。

（刘　波）

星云湖管理

【概述】 2020年，星云湖管理局在区委、区政府的正确领导下，始终坚持以习近平新时代中国特色社会主义思想为指导，深入学习贯彻党的十九大和十九届二中、三中、四中、五中全会精神，全面贯彻落实省委十届九次全会、市委五届九次全会、区委二届六次、七次全会精神及习近平总书记考察云南重要讲话精神，按照省、市和区委、区政府的工作要求，牢固树立“绿水青山就是金山银山”的理念，统筹推进“五位一体”总体布局，协调推进“四个全面”战略布局，坚持新发展理念，推动星云湖保护治理高质量发展。

【继续推进星云湖“四退三还”工作】 江川区在“十三五”期间，组织实施星云湖一级保护区生态修复及生态屏障构建项目（简称“四退三还”），计划投资38977万元，主要建设内容：退出星云湖一级保护区内农田1520亩；退出澄川路、大铁线以下星云湖一级保护区内应退居民208户共计659人，应退宗地面积101461.01平方米（152亩）、建筑面积47692.11平方米。计划工期自2019年1月至2021年12月。星云湖

一级保护区生态修复及生态屏障构建项目2020年完成退田1576.2亩（含环湖截污133.89亩），其中大街街道736亩，江城镇372.2亩，前卫镇468亩（含环湖截污）；完成208户退房任务，其中大街街道102户（大凹路下46户、大营头路下55户、大麦地1户）、江城镇61户（海门村52户、西河7户、李家湾2户）、前卫镇45户（三家村40户、下大石咀4户、渔村1户）。累计退出宗地面积18044.23平方米、建筑面积40996.00平方米。

【实施星云湖鲢鳙鱼投放蓝藻水华治理工程】 通过实施星云湖鲢鳙鱼投放蓝藻水华治理工程，可从星云湖水体中直接带出总磷、总氮等污染物，减少星云湖蓝藻，有效减轻星云湖水体富营养化程度。2020年，星云湖鲢鳙鱼增殖放流工程一月进行组织招标，二月组织签订项目合同，完成投放前期准备工作，计划投放412吨。于3月5日开始进行鱼苗投放，截至3月29日共投放337.174吨。4月30日及5月6日两天，共计投放5.835吨鲫鱼苗。因疫情影响，错过最佳投放时间，2020年共投放鱼苗343吨，达610万尾，金额：3296656.2元。

【遏制水污染，加快生态修复进程】 实施星云湖水葫芦打捞工程。完成2020年水葫芦打捞工程，共计打捞1022亩。加强对星云湖一级保护区禁止事项的巡查和监管，抓好星云湖沿湖环境卫生长效管理机制。印发《星云湖一级保护区“四退三还”区域巡查管理制度（试行）》通知要求，区星管局联合市抚仙湖管理局第三执法大队对一级保护区复耕进行巡查，共巡查46次，出动车辆86台次，出动人员285人次，做好巡查记录，形成巡查台账。开展星云湖一级保护区清“四乱”行动，经调查，沿湖“疑四乱”111处，需保留81处，“四乱”30处，全部清理整改销号。负责星云湖二级保护区的日常监督管理工作。制定二级保护区巡查制度，重点对保护区范围内新建破坏生态的项目；向入湖河道、沟渠、水库排放废水；随意倾倒、堆放、存贮、填埋废弃物等禁止行为进行巡查，共巡查16次，出动车辆16台次，人员65人次，发现问题12个上报区河（湖）长办处理。根据《星云湖沿湖环境卫生管理实施方案》要求，沿湖三乡镇（街道）依据湖岸线每千米设2名管护员，主要入湖河道口设1名管护员的原则，组建91名管护员对星云湖沿湖环境卫生进行管护，其中大街街道40人、江城镇26人、前卫镇25人。由区星云湖管理局按照考核方案制定具体考核办法，并组织实施。为进一步加强星云湖环境卫生管护力度，解决管护过程中存在的问题，自2020年5月来，将星云湖湖面及湖滨带保洁采取市场化运行，承包给第三方进行保洁，制定严格的考核办法进行考核，有效改善星云湖沿湖环境卫生状况。

【完成星云湖二级保护区划定工作】 2020年7月29日区星管局启动星云湖二级保护区划定工作，8月1日和技术服务单位签订合同，开展划定工作。8月21日完成技术报告编制和矢量图提交，9月18日召开专家评审会，通过常务会常委会审议，验收资料提交区政府，由区政府上报市政府公布星云湖二级保护区范围。

【《云南省星云湖保护条例》宣传】 开展《条例》宣传，联合区司法局对各乡镇（街道）进行宣传14次，工作人员通过现场讲解、发放资料、提供咨询等方式，进行《条例》等有关法律法规知识宣传，共出动执法车26次，执法人员140人次，发放《条例》读本4200本，宣传单、日历9950份。利用“世界水日”“中国水周”“河长清河”“清四乱”、《云南省星云湖保护条例》宣传季等活动契机，通过向群众发放宣传册、悬挂横幅标语等多种形式向群众宣传星云湖保护治理相关知识及法律法规，及时发现和劝阻污染、破坏河湖行为，进一步提高群众爱河护河意识。

【申报星云湖国家湿地公园】 根据《国家林业和草原局关于同意天津蓟县州河等134处湿地开展国家湿地公园试点工作的通知》（林湿发〔2016〕193号）的通知要求，继续做好星云湖国家湿地公园申报工作。

（陈松涛）

城市管理

【概述】 2020年区城市管理局在区委、区政府的正确领导下，以“创文”工作为契机，确立“全面履职，规范运作”的队伍建设工作思路，全局上下团结一心，各项工作扎实有序开展，在营造优美市容环境、市容市貌综合整治和提升城市品位方面取得较好成绩。

【机构设置】 区城市管理局编制总数92名，其中行政编制8名、事业编制84名，设局长1名，副局长2名，下属事业单位3个：城市管理监察大队、环境卫生管理站、园林绿化管理站。内设股室3个：办公室、政策法规信访股、市政公用事业管理股。江川区数字化城管指挥中心由区城市管理局代管。年末实有71人，其中行政编制5人，事业编制66人。

【队伍建设】 加强业务培训。全年共组织开展业务培训4期，内容涉及文明执法、法律法规、内部管理规章制度等，通过培训，使全体执法人员的依法执法意识和能力进一步增强。强化制度建设。按照《江川区城市管理局内务管理规章制度》要求，每周不少于4次对城市管理队伍在上班期间不按要求着装，执法执勤期间嬉戏打闹、玩手机、吃零食、抽烟等违反内务管理的行为进行处理。

【疫情防控】 加强疫情防控宣传，劝导疏散街面、公园、广场聚集人群876人次。严格废弃口罩管理，设置废弃口罩收集点43处，共收集废弃口罩627只并集中进行消毒和填埋处理。开展公共区域消毒工作，利用洒水车对城区道路全面消毒，对小区垃圾桶、垃圾箱、街面果皮箱等垃圾收集设施及时消毒和更换。

【城管监察】 市容市貌综合整治。查处占道经营3025起，教育改正乱摆乱放1120起。督促改正商业噪音、油烟污染9起。查处散体物料运输“飘、撒、滴、漏”行为381起。严格按照先批后动的原则对在建工地夜间施工行为进行监管，成立夜间执法专班，循环巡查，严禁未经审批私自夜间施工。清理小广告4532条，乱涂、乱贴行为得到有效遏制。教育、劝导市民不文明养犬行为120余起，捕获流浪犬56只。违法违规建筑治理。按照江川区委组织部要求，对《征求名单》中共计107户公职人员的违规改扩建情况进行核查，对存在违规改扩建情况的7户，督促按区规办会要求整改合格。按区规办会要求对星云铭城小区存在违规改扩建的40户进行评估罚款处理。强化日常巡查告知，发现违法建设行为立即制止，采取告知停工、停水断电等措施，及时函告城乡规划主管部门调查处理违规建设行为27起。

【市容环卫】 环境卫生整治工作制度化、常态化。对中心城区道路机械化清扫2次/天，18小时/天，洒水4次/天，高压冲洗5次/天。加强城市公厕管理维护。对管护的9座公厕，按照六无、六净的标准执行。加大垃圾清运力度。每天出动各式车辆共15辆对单位和居民住宅小区、沿街门店及农贸市场和餐饮店、道路清扫保洁所产生的垃圾进行清运。2020年城区垃圾清运48吨/天，建子山垃圾填埋场共进场垃圾17420.52吨，垃圾无害化处理率达100%。

【园林绿化】 加强城市园林绿化建设。按照2020年全面建成小康社会建成区绿地率达到38.9%总体目标以及对照国家园林城市标准，对江川区绿地现状和公共用地面积进行全面摸底排查，针对存在的问题，提出江川区城市绿地系统改善建议及报告。修剪建成区内树木860余处。对管护区域内的园林植物进行施肥，全年施尿素、复合肥等肥料约2500千克，进行虫害防治，喷洒农药3遍。对管护范围内的园林绿地、红土裸露地段补栽乔木205株。做好管护区域内1.34万平方米保洁面积的清扫保洁工作，及时清理绿地内的杂草、杂物，确保绿地整洁、美观。

【市政基础设施建设】 城区破损路面修复，对建成区内破损路面进行修复，修复面积约121平方米。加大城区路灯维护，全年维修城区路灯203盏，检修路灯214次，处理车辆撞毁路灯杆、隔离栏事故24起。

【法规信访】 组织行政处罚听证会1次，行政复议答复1次。权责清单梳理486项，行政许可调整1项，行政处罚类调整35项，其他行政职权调整2项。清理工勤人员持有行政执法证件23个，受理信访事项11件。

（卢　强）

工商企业

编辑　李立群

工业商贸和信息化

【概况】　江川区工业商贸和信息化局紧紧围绕上级安排部署，扎实开展工作，推动区内工业、商贸、信息化领域取得进一步发展。全年实现规模以上工业增加值增幅8.6%，增幅全市排名第二；实现社会消费品零售总额646027.9万元，同比下降2.9%。

【2020年工业经济运行情况】　2020年全区完成工业总产值139.7亿元，同比增长5.2%，完成工业增加值27.54亿元，同比增长6.1%，占GDP比重18.8%。其中2020年江川区共有规模以上工业企业48户，占全区工业企业的15.29%，占全市规模以上工业企业的10.76%。全年累计完成规模以上工业总产值89.73亿元，同比增长8.92%，规模以上工业增加值增幅8.6%，高于全市（-0.3%）8.9个百分点，增幅全市排名第2位。全年累计实现营业收入604306万元，利税总额62122万元，规模以上工业企业从业人员为5476人。规模以下增加值增幅为-0.6%，增幅全市排名第四位。

2020年江川区新增规模以上企业3户，其中纳规2户，分别是力天卫生用品、云莱雄川公司，升规1户：南兴纸业。

【商贸运行情况】　2020年实现社会消费品零售总额646027.9万元，同比下降2.9%。批发业实现销售额408253.6万元，同比下降2.2%，零售业实现销售额492130.9万元，同比增长6.2%，住宿业实现营业额15588万元，同比下降29.4%，餐饮业实现营业额114193.6万元，同比下降24.6%。

【对外贸易情况】　2020年全区实现进出口3811万美元，其中以蔬菜为主的农产品实现3461万美元，花卉实现250万美元，磷化工产品实现70万美元，机电及工业产品实现100万美元。

【重点工业项目建设】　密切关注区内项目入库情况并做好各类服务。2020年，江川区在库工业固定资产投资项目共计22个，完成工业固定资产投资11.61亿元，同比下降35.8%，占全区全社会固定资产投资的20%。完成投资5000万元以上的有11个项目，2020年全年完成向市工信局承诺的工业固定资产投资10亿元目标任务。配合开展江城镇纸制品产业园区项目建设工作，在完成江城纸制品园区一期企业和项目入驻后，积极配合开展江城纸制品园区二期调研等相关工作。

【成品油管理】　2020年销售成品油36452吨，比上年同期的36511吨增59吨增0.17%。其中92#汽油销售20710吨，比上年同期的21157吨减2%；95#汽油销售3996吨，比上年同期的3299吨增21%；98#汽油销售206吨，比上年同期的266吨减23%；柴油销售11540吨，比上年同期的11789吨减2%。

【现代物流】　2020年完成现代物流产业投资14180万元。

【信息化建设】　2020年建设5G

基站14个，覆盖范围为城区主要街道。

【开展无线电宣传月活动】 以“珍惜频谱资源，维护电波秩序，推动江川经济社会发展！”为宣传主题，开展各类宣传活动。共推送电子显示屏宣传标语3条，发放宣传资料150份，发放宣传袋，围裙500个，提供现场咨询40余人次。

【开展“两会”期间大检查专项行动】 组织开展全国全省“两会”期间安全生产大检查专项行动，共排查检查各类企业14户，发现整改隐患18条；排查检查民爆企业1户，发现整改隐患4条；检查加油站11个，发现整改隐患6条。

【开展“查灾害、除隐患”专项行动】 深入企业一线开展“查灾害、除隐患”专项检查，有效防范汛期各类生产安全事故发生。共排查检查企业17户，发现整改隐患22条，其中江磷集团发现整改隐患3条，云南天湖化工有限公司发现整改隐患4条，江川供电局发现整改隐患5条，珊瑚民爆发现隐患整改2条；排查检查加油站点13家，发现整改隐患8条。

【开展中秋国庆期间安全生产检查工作】 坚持预防为主、防范在先，对重点场所、企业开展全面检查。共排查检查企业10户，发现整改隐患14条，其中检查纸制品企业2户，发现整改隐患3条；检查民爆企业1户，发现整改隐患2条；检查加油站点5户，发现整改隐患5条；检查超市2户，发现整改隐患4条。

【疫情防控】 做好医用物资保障工作。2020年至市工信局、市商务局领取疫情应急物资累计有47150个不同规格口罩、260件防护服、200个护目镜、测温仪、手套和消杀用品等。协调工业企业捐款131万元，捐赠消毒石灰59.43吨。发挥辖区金骏药业、鹏源药业等企业的作用，并委托外贸企业为江川工业、商贸企业购买口罩3万个，为企业复工复产做好相关工作。帮助企业解决防护物资购买渠道、用工、物资运输等方面的困难和问题，及时向企业宣传疫情期间的金融优惠政策。截至2月29日，16家限上商贸企业都已实现复产复工复产。截至3月2日，全区规模以上企业复工率100%。

【淘汰落后和化解过剩产能】 2020年完成云南恒昌造纸有限责任公司1760型圆网多缸造纸生产线的淘汰落后产能任务，经多方协调努力，11月12日整条生产线基本拆除，11月16日通过省级专家组与市级部门组织的现场验收。

（师洋哲）

投资促进

【概述】 2020年，江川区投资促进局围绕六大产业发展总目标，紧扣“治好一湖水、建好一座城、打造一高端装备制造高地”的绿色发展战略，深化改革、强化创新、聚焦产业、务实招商，全面推动招商引资向更大规模、更宽领域、更高水平迈进。

【投资促进运行】 江川区全年引进市外国内项目40个，其中纳入省级库统计项目25个，市级库项目15个。年度内引进市外国内资金617580万元，同比增长21.65%；引进省外国内资金465171万元，同比增长-7.57%。引进外资项目1个，实际利用外资50万美元。

【项目洽谈及签约】 全年江川区对接洽谈项目企业44个，投资方来源于全国的15个省市。签约项目29个，项目协议总投资189.08亿元；其中市区级平台签约14个；乡镇街道和区直部门签约15个；落地开工项目共25个。

【招商引资产业重点项目】 七大产业情况。全年度七大产业共引进项目25个，引进市外国内资金254196万元，占全区招商引资到位资金的41.16%。引进省外国内资金112855万元，占全区招商引资到位资金的24.26%。

引进世界500强企业、引进市外中国500强企业、引进市外高新技术企业情况。2020年引进市外世界500强企业一家——中国南方电网有限责任公司（排行105），中国500强企业2家——中国铁塔股份有限公司（排行132）和中国联塑集团控股有限公司（排行352），高新技术企业一家——深圳佳能捷公司。四家企业实施项目共计到位资金27237万元。

“三张牌”情况。全区2020年新开工总投资5000万元以上工业以及“三张牌”项目10个，其中总投资10000万元以上工业及“三张牌”项目8个。

产业分布情况。一产项目12个，二产项目12个，三产项目

16个，一、二、三产业实际引进市外国内资金分别为32631元、230652万元、354959万元，三产占比6∶37∶57。投资的行业分布以房地产、电气机械器材制造、专用设备制造、种植业养殖业、农副食品加工业为主。

投资来源地情况。投资来源分布于全国11个省、直辖市。其中省外资金来源排前四名的四川（195331万元）、浙江（93200万元）、北京（76950万元）、广东（58989万元），合计统计上报资金354882万元，占省外统计上报资金总额的90%；省内投资来源于昆明市、曲靖市、普洱市、红河哈尼族彝族州。

【对外招商】 全年组织外出招商活动共12次，其中区委、政府主要领导带队外出招商10次。拜访湖南长沙筑友智造集团、蓝城集团、联塑集团、张家港新东旭纺织集团、西安建工集团、世博集团、重庆新鸥朋教育集团、河南建业集团公司等知名企业。

（王建仙）

工业园区

【概述】 2020年，江川工业园区主动适应经济发展新常态，积极应对复杂严峻的经济形势及新冠疫情，统一思想、坚定信心、抢抓机遇、主动作为，推动园区各项工作再上新台阶。

【经济指标】 2020年，园区企业实现工业总产值22.14亿元，同比增3.9%；实现主营业务收入20.59亿元，同比增10.5%；实现工业增加值4.46亿元，同比增-4.9%；完成固定资产投资9.04亿元，同比增-28.3%，其中工业投资6.07亿元；基础设施建设投资2.97亿元；完成招商引资额15.33亿元，同比增-54.7%，其中省外国内资金15.33亿元。园区企业从业人员达1209人。

【基础设施建设】 2020年，园区新开工5000万元以上基础设施项目2个：园区江源路江滇路电力配网（土建）工程等基础设施配套建设项目、龙泉片区标准厂房配套设施建设项目；竣工5000万元以上基础设施项目4个：园区江源路江滇路电力配网（土建）工程等基础设施配套建设项目、龙泉片区标准厂房配套设施建设项目、龙尚路道路工程、江义街延长线道路工程。

园区建成仙水大道、龙泉大道、龙腾路、江滇路、江源路、龙滨路、江义街、江鼎街、龙翔路、龙尚路等10条道路；完成供排水、截污管、电缆沟、电信管道、绿化亮化、污水处理、电力线路改签等工程项目17个；建成标准化厂房27万平方米。

【建成投产企业】 截至2020年，园区建成投产企业13户，分别为云南联塑科技发展有限公司、江川新天力现代农业装备制造有限公司、云南特固电气有限公司、云南腾达机械制造有限公司、云南天虹彩印包装材料有限公司、云南天合立光电技术有限公司、云南升华电梯有限公司（一期）、玉溪市金美印刷包装有限公司、玉溪万丰彩印包装有限公司、云南福胤钢结构工程建筑有限公司、玉溪天宇科技有限公司（第一事业部）、玉溪市云兴燃气有限公司、玉溪博能燃气有限公司。

【招商引资及项目建设】 2020年，园区新开工5000万元以上招商引资项目5个：玉溪华电达新能源科技有限公司众智科技智能电子产品生产线项目、云南嘉科包装科技生产项目（一期）、天宇科技充电变压器生产项目（第一事业部）、联塑二期项目、天宇科技第二事业部项目；竣工5000万元以上招商引资项目4个：玉溪华电达新能源科技有限公司众智科技智能电子产品生产线项目、云南嘉科包装科技生产项目（一期）、高新区科技研发服务中心、天宇科技充电变压器生产项目（第一事业部）。

【园区规划】 2020年，园区完成云南省高端医疗器械产业园、玉溪高新区新能源新材料产业园概念性规划设计，完成龙泉片区分区规划编制、小井坝水库西侧与南侧及原王牌火炮厂两片区约3.6平方千米控规编制、龙泉片区电力专项补充规划勘察设计、2.5产业园概念性规划设计、云南省高端医疗器械产业园及玉溪高新区新能源新材料产业园概念性规划设计。

【环保督查】 按照省、市环境保护督察工作领导小组办公室关于进一步明确省政府环境保护督察反馈意见问题整改完成时间和验收确认工作的相关文件要求，龙泉园区推进龙泉片区园区污水集中处理设施项目建设。龙泉片区园区污水集中处理设施项目位于龙泉片区江义街与龙启路交叉口南侧，总用地面积约5.95亩，总建筑面积约549.01平方米，总投资1961.92万元。项目分两期建设，近期（2025年）设计规模为0.5万立方米/天（一期实施500立方米/天），远期（2035年）设计规模为1.5万立方米/天，其中一期于2019年2月1日开工建设，2019年9月基本建设完成，2020年3月17日通过建安工程验收，2020年3月20日通过环保验收。

【服务企业】 完善《玉溪市江川工业园区领导干部联系企业的通知》，实行2+1（1名领导、1名干部联系1户企业）服务制度，成立优化营商环境工作领导小组，完善园区规划和基础设施及配套设施。对工业项目审批办理实行“限时办结制”“全程服务领办，代办制”等制度，全程领办、代办。对已签约的项目从签约、审批、供地、开工、建设到投产的全过程，进行实时监控。2020年，针对粤辉电子华电达用水用电、特固电气违规占用公共绿化用地无法办证、宏程物流边坡支护、粤辉电子工程质量监管、联塑科技消防审查、联塑二期规划调整、天宇科技用电、传染病医院施工临时用水用电、入园项目环评、水土保持手续办理等问题，与电力、住建、国土、消防等相关部门对接协调，为企业化解制约项目推进中存在的困难和问题，取得天宇科技2个月入驻标准化厂房并投产，联塑二期如期开工建设，云南腾达机械有限公司资金困境得到有效缓解等成效。

【征地拆迁补偿】 解决赵官村果园看管房2013年征地时未兑付83.82万元资金问题；解决原预留比亚迪地块边坡护栏超占赵官村曲云顺土地问题，兑付果树补偿资金1500元；协调解决振华680亩项目用地，拆除原三街火炮厂办公室，确保项目场平工作顺利进行；对接做好滇中饮水工程经园区线路管位确定认可；完成三街社区仙水寺搬迁补偿工作，兑付补偿资金38.6万元；完成赵官排洪沟租地工作，租用土地10.53亩。

【园区社会事务及企业安全监管】 做好农民工工资保障工作，严格执行《农民工工资支付条例》及相关文件要求，做到农民工实名制管理，全面推行签订劳动合同；建设单位严格按照工程造价的3%交存农民工工资保证金；企业按月支付工资，由银行代发；建立农民工工资专用账户分账管理制度、专人负责制度，企业安排专人负责，保障农民工工资及时足额发入。2020年共计协调解决农民工工资551万元，涉及农民工127人。开展社会治安综合治理工作，结合园区实际深入开展“扫黑除恶”“平安园区”建设活动，设立平安建设宣传牌6块，分发宣传资料180多份，每月开展1次矛盾纠纷、涉稳问题排查；开展普法、依法宣传教育活动，联合区司法局开展法律进企业活动1次，学习宣传《中华人民共和国民法典》《中华人民共和国公职人员政务处分法》等11次，逐步完善园区社会治安防控体系建设。深入企业抓安全生产风险隐患问题排查，将发现问题按时限要求100%整改落实到位，园区全年实现企业生产安全零事故、零死亡、零受伤的良好态势。

（闻海燕）

供　电

【概述】 2020年，玉溪江川供电局坚决贯彻稳中求进工作基调，统一思想，坚定信心，振奋精神，真抓实干，确保全年目标任务按期完成。为推动江川区经济快速发展，决战决胜全面小康社会，确保“十三五”规划圆满收官提供坚强的电力保障。截至2020年12月31日，江川境内有110千伏变电站5座，35千伏变电站2座，总变电容量47.5万千伏安。10千伏公用线路39条，线路总长1098千米，0.4千伏及以下线路1916.74千米。配电变压器2268台，总容量62.066万千伏安。

【经济技术指标】 完成售电量10.1575亿千瓦时，同比增长21.66%；营业收入3.06亿元，同比增长19.25%；供电成本6224.92万元，同比上升8.88%；客户平均停电时间32.729小时/户；综合电压合格率99.618%，同比提升0.147个百分点；供电可靠率99.782%，同比下降0.05个百分点；综合线损率1.94%，同比降低2.02个百分点；电费回收率100%。

【电力安全生产】 全年未发四级及以上电网安全风险事件，实现百日安全个数3个，3288天安全生产长周期。全面落实疫情防控责任，编制保供电重要用户“一线一策”，形成《玉溪江川供电局防控新冠肺炎重要保供电客户清单》，对4条保供电线路、3台

变压器进行特巡、测温，确保3个医疗机构、2个防疫指挥机构、2个政府等重要用户保供电用户电力供应。从运行、修理、规划三个方面制定“一线一策”治理措施，优化江川辖区内电网网架结构，满足城市建设用电需求。建立政企联合山火防控机制，充实地震、防冰抗冰等应急储备物资。做好应急保供电工作，全年开展应急演练49项，完成重大节假日、“两会”“2020年事业单位考试”“2020—2021赛季中国篮球发展联赛”等保供电工作，累计投入保供电人员159人次，车辆68辆次。

【电力供应】 做好省重点项目滇中引水工程用电保障，完成安化乡新庄村委会小扑搅拌站、小扑隧道1号变压器等工程项目投运，总容量18430千伏安。完成云南云杲集团雄川农业开发有限公司17台新装变压器建设项目投运，总容量5890千伏安。完成江磷集团7号、8号炉增容项目投运工作。推进“电代煤、电代油、电代气、电代柴”工作，完成电能替代电量2313.11万千瓦时。落实疫情防控期电价政策，2020年全年共计折扣电费761.12万元，涉及减免用户79493户。累计参与市场化交易客户8367户/次，完成交易电量77722.6176万千瓦时，为客户节约电费支出8107.0361万元。

【电力优质服务】 营造良好营商环境，2020年第三方满意度得分82分。推行“三零三减两提升”供电服务举措，低压居民、低压非居民、小微企业、高压电电源平均办电时长分别为1.95天、2.58天、2.5天、18.86天，线上办电率达100%，实现办电“一次都不跑”。配合完成国家营商环境测评及省市两级政府季度“红黑榜”测评。推广智能交费业务，完成智能交费用户签订及转档共计10.73万户，扣除特殊用户外，全年累计完成低压集抄用户比例100%。

【电网规划】 编制完成《江川区“十四五”智能配电网发展规划》。配合开展35千伏新庄变项目前期工作，确保35千伏新庄输变电工程项目投资计划下达，获玉溪供电局通报表扬。完成10千伏安化线超80千米问题项目可研投资计划下达，有效提升供电可靠性。完成110千伏早街变新建10千伏玉江线、宝凤线、浪广线、牛虎线4回线路可研工作。

【电网建设】 2020年新建、续建项目共计80个，总投资6325万，开工78个，完工71个，开工率97.5%，完工率88.8%。配合政府做好易地搬迁及美丽乡村建设工作，完成前卫村、杨柳坝村、沈家桥村等8个自然村电力项目建设，新建10千伏线路1.044千米，新建变压器9台，容量2260千伏安，一户一表安装375只，有效解决搬迁户生产、生活急需用电问题。完成安化、前卫片区北街居民小组、桃溪村、围埂村等8个烤烟电烤房建设配套电力项目，确保烟农用电需求。完成10千伏杨柳坝线、渔村线、螺蛳铺线、安化线等10条10千伏线路改造工程，更换10千伏导线50.217千米，解决转供电能力受限及业扩报装受限等问题，提高供电可靠性。

【电力标杆建设】 两个精益项目分别荣获玉溪局精益课题发布二、三等奖。营销业务班获“四星班组”荣誉称号，大街供电所、供电服务班、计量运维班、配电管理所检修试验班等7个班站所获“三星班站所”荣誉称号。江川九溪供电所党支部荣获云南电网公司2020年标杆党支部称号、玉溪供电局2020年标杆党支部称号。全面落实上级安全基本技能准军事化集中轮训部署安排，组织2期134名技能岗员工开展集中轮训，引导员工正确理解和规范执行“十个规定动作”。全局技能人员146人，高技能人才130人，高技能人才占比89.04%，同比增长2.47%。技能专家3人，同比增加1人。

【电力经营管理】 落实“大财务”体系工作要求，督促业务部门按期完成财务列账进度，供电成本预算完成率99.99%。规范营销财务对账流程，完善电费资金安全管理自查自纠机制，开展差旅费报销单据自查工作。有效承接省公司、玉溪局党委会议、总经理办公会议议事决策机制，进一步规范决策会议工作流程。推动党政主要负责人切实履行法治建设第一责任人职责，完成法治建设“六个一”专项工作。发出配合政府强制停电、线房线树纠纷及社会人员触电伤害等事项法律风险提示书3份。强化合同全过程精益管理，提升合同签订效率和审查质量，合同标准文本使用率100%，合同签署备案率100%。顺利通过复审，继续保持“省级文明单位”称号。

（杨　柳）

供销合作

【综述】 2020年，江川区供销合作社紧紧围绕服务“三农”、振兴乡村的目标，突出农资供应保障、农村电商、食用菌产业、农民专业合作社发展和乡镇基层供销社建设等重点工作，全力深化供销合作社综合改革，不断完善经营服务体系，巩固和拓展经营服务领域。

【经营情况】 全年完成销售总额14,522.6万元、农副产品购进10,298万元、电子商务销售额1,288.1万元、汇总利润567.67万元、食用菌农业产值5,910万元、化肥销售11,613吨、化肥储备3,708吨。发展农民专业合作社3个，新建村级基层社2个，新建农业生产服务中心1个，新建庄稼医院2个，改造提升基层社1个、新建综合服务社6个，建立电商基地1个，建设村级（社区）电子商务服务站1个。

【综合改革】 玉溪市江川区供销合作社联合社在省、市供销社的指导下，紧紧围绕区委、区政府的决策部署，围绕全区“三农”工作大局，根据《市委重要改革举措实施规划（2015—2020）》中确定的改革任务推进情况的有关要求，按照建设廉洁、勤政、务实、高效机关的要求，切实强化单位内部管理，持续深化供销合作社综合改革。全力抓好综合改革试点经验推广有关工作，制定江川区供销合作社联合社《领办创办农民专业合作社及其联合社构建与农民利益联结机制试点经验复制推广工作实施方案》《创新农资服务方式推动农资销售与技术服务有机结合试点经验复制推广工作实施方案》，报市社审核后印发各基层社公司落实。

【社有企业（发展）管理】 推进社企分开，规范资产管理公司管理运行，按区社《工作纪律制度》，以及《资产管理公司员工薪酬管理制度（试行）》《资产管理公司员工绩效工资考核办法》严格进行管理。

【合作社建设】 研究制定《江川区供销合作社联合社关于支持农民专业合作社发展的意见（试行）》，区供销社拿出部分资产收益，对原创办的专业合作社及新办专业合作社进行补助。全年共发展农民专业合作社3个并进行农资科技示范基地建设，面积达800多亩；新建村级基层社2个；改造提升基层社1个，年度目标任务全面完成。

【教育培训】 全年共举办3期农资农化技能培训，共有199名种植大户、合作社、农资经营网点人员参加，培训班主要讲授合作产业发展相关知识、化肥基础知识、常见病虫害防治知识、科学用药技能知识、农资科技知识及使用技巧，宣讲2020年度销售政策，开展农资新品展示以及进行现场答疑解惑，培训班的开展为广大农民朋友在农业生产中正确应用新技术、新产品，助推乡村振兴，打造“绿色食品牌”，为确保农产品质量安全奠定基础。

【农资保障】 完成农资储备供应任务，储备化肥3,708吨，完成化肥销售11,613吨，保障全区农资供应。区供销社农资公司庄稼医院建成营业，今年庄稼医生累计接待咨询人数约1,600人次，开具处方700多张；在螺蛳铺和九溪大营新建庄稼医院2个，新增土地托管社会化服务面积6,000亩；建成农资创新服务科技示范基地3个、总面积约800多亩，农资新品试验、示范、推广及农资科技培训力度不断加大。

【电子商务发展】 玉溪市江川区金农电子商务有限公司及线下实体体验店于2018年1月成立以来，累计实现销售收入1195万元，其中农资销售收入1017万元、实体店56.7万元、自动售货机63万元、线上销售（包括淘宝、跨境购、小程序）2.3万元、生鲜56万元。实现毛利润26.4万元，其中农资毛利润6万元、实体店4.9万元、自动售货机10万元，生鲜5.5万元。公司以服务“三农”、振兴乡村为宗旨，依托供销合作社品牌和市场体系，构建“工业品下乡、农产品进城”双向流通体系，开展进口商品、农特产品、农资农服、农业机械、特色手工艺品等的线上和线下销售业务。建村级电商服务社2个，开展自助购物点6个，安装16台自动售货机建设无人销售服务终端。落实市社要求，支持和融入全省、全市供销系统农村电商产业发展。

【“三会”制度建设】 围绕构建联合社主导的行业指导体系和以社有企业为支撑的经营服务体系，针对区供销社36年没有召开

社员代表大会的突出问题，筹备召开第一次代表大会，健全完善区社社员代表大会、理事会、监事会“三会”制度。制定《江川供销社基层社建设方案（2018—2020）》，争取上级社有关项目和资金支持，推进基层社改造提升，探索提升基层社经营服务能力。筹备召开江城社社员代表大会、九溪社社员代表大会，区级社代会12月25日顺利召开，选举产生新一届理事会、监事会，供销社组织管理体制逐步健全。

【改造龙街老百货大楼】 为进一步加强供销社社有资产的开发、经营、管理，确保社有资产保值增值，实现供销社可持续发展，投资50多万元对龙街老百货大楼进行改造。

（杨丽娜）

城市建设投资

【概况】 玉溪市江川区城市建设投资有限公司主要经营范围：城市建设投资项目及资金使用管理；建设工程项目管理；筹措城市建设资金，负责城建项目的市场化运作，对外招商和开发经营；统一运作国有城建资产及相关产业经营；统一经营城市规划区内国有土地；对贷款建设、收费还贷项目的管理；自有资产、资金的运作经营开发；房地产开发；房屋租赁；市场管理、市场摊位租赁服务；物业管理、酒店管理；区政府授权管理的其他工作。公司与玉溪市江川区城市基础设施建设投资管理中心、玉溪市江川区广厦保障性住房开发投资有限公司、玉溪市江川区惠江建设投资有限责任公司实行四块牌子、一套班子，现有员工21人。

【项目建设】 玉溪市江川区建筑垃圾及渣土处置项目。根据2020年3月26日第4期区人民政府常务会议纪要：项目前期申报工作由区城投公司作为项目申报主体，区城管局作为项目牵头负责部门。项目选址为大街街道伏家营社区四丫山，用地195亩。2020年项目确定采取招商引资方式引入社会资本方后，区城管局、区投促局、城投公司组成招商引资工作小组与有意向的投资方进行接洽相关工作。

【资产经营管理工作】 对商铺的经营使用权组织公开竞标，2020年共收取租金182万元上缴财政。

2020年5月15日，公司组织开展江川区保障房选房分配工作，选房的房源为原承租人不符合租住条件所退出的空置住房，共70套。70户保障对象参加选房，过程规范、透明，经现场分配，70户保障对象分配工作圆满完成。

钟秀铭苑——江城棚改房源点建设项目，经2019年12月13日区政府专题会议研究决定由江城棚改户优先选购，剩余房源向社会公开拍卖。截至2020年12月共销售43套，实现销售收入9640.55万元，已收款8895万元。

做好3060套保障性住房日常管理工作及租金收缴入库工作。建立保障性住房台账，明确专人负责管理，2020年收缴租金678万元上缴财政。

规范九溪农贸市场的运行管理，保障市场的有序经营，2020年收取租金110万元。

2020年，城投（广厦）公司上缴税费1270万元，上缴财政非税收入320万元，实现净利润304万元。

（靳嘉玲）

农·林·水利

编辑　李立群

农业农村

【概述】　玉溪市江川区农业农村局加挂玉溪市江川区畜牧兽医局牌子。机构改革后局机关下设5个内设股室（办公室、计划财务股、法规与执法监督股、发展规划股、种植业与畜牧渔业管理股、农办秘书股）。下辖9个事业单位（农村社会事业发展中心、乡村产业发展中心、农业科学技术服务站、农业机械和农田建设管理站、畜牧水产站、农产品质量安全检测站、动物卫生监督所、动物疫病预防控制中心、农村经济经营管理站）。设立1个党总支，5个党支部，56名党员（含1名预备党员）。主要职责：统筹研究和组织实施全区“三农”工作的中长期规划、重大政策；统筹推动发展农村社会事业、农村公共服务、农村文化、农村基础设施和乡村治理；牵头组织改善农村人居环境；贯彻落实国家关于深化农村经济体制改革和巩固完善农村基本经营制度的政策；指导乡村特色产业、农产品加工业、休闲农业和农业产业化发展工作；负责种植业、畜牧业、渔业等农业各产业的监督管理；负责农产品质量安全监督管理；组织农业资源区划工作；负责有关农业生产资料和农业投入品的监督管理；负责农业防灾减灾、农作物重大病虫害防治工作；负责农业投资管理；提出农业投融资体制机制改革的建议；推动农业科技体制改革和农业科技创新体系建设；指导农业农村人才工作；牵头开展农业对外合作工作。

2020年实现农林牧渔业总产值432151万元，按可比价格计算增长5.9%；实现农林牧渔业增加值273556万元，按可比价格计算增长5.8%；农村常住居民人均可支配收入15701元，同比增长6.9%。

【种植业】　2020年实现种植业总产值308989万元，同比增长6.5%。粮食：2020年粮食总播种面积97247亩，比2019年增加2702亩；粮食总产量达4601万千克，比2019年增加79万千克，粮食总产值达18058万元，比2019年增加1383万元。蔬菜：2020年蔬菜种植面积219602亩，比2019年增加12167亩；蔬菜总产量50750万千克，比2019年增加3339万千克；蔬菜总产值达167957万元，比2019年增加35200万元。花卉：2020年花卉种植面积18492亩，比2019年增加4265亩；花卉总产值53330万元，比2019年增加7630万元。

【畜牧业】　2020年完成肉奶蛋总产3040.38万千克，比2019年增219.18万千克。其中肉类总产量1915.34万千克，禽蛋产量1125.04万千克。实现畜牧业现价总产值95642万元，同比增9%。

畜禽存栏：年末大牲畜存栏3149头（匹），其中牛2999头、马42匹、驴74匹、骡6匹；生猪存栏113541头（其中能繁母猪存栏15579头），羊15688只，家禽1425549只，兔9655只。

畜禽出栏：全年完成大牲畜出栏1819头（匹），其中牛1710头，马22匹、驴74匹、骡13匹；生猪出栏151399头，羊15203只，

家禽2615603只，兔47087只。

【渔业】　开展濒危土著鱼类的人工驯养繁殖试验研究，推广土著鱼类养殖创新集成技术，推进江川渔业由数量型向质量型转变，打造以大头鲤、抗浪鱼、星云白鱼、云南倒刺鲃（青鱼）、抚仙四须鲃等为主的特色水产品公共品牌，提高特色水产品价值，发展高原特色渔业。全年全区渔业水面面积161840亩，其中，养殖面积5192亩，禁养面积156648亩（星云湖52000亩，抚仙湖103000亩，水库1180亩，路居水面468亩）。全区生产水花鱼苗3253万尾，鱼种产量320吨，鱼种放养量653吨。完成渔业产量2363吨，其中，捕捞产量1263吨（星云湖973吨，抚仙湖213吨，水库77吨），养殖产量1100吨，减46%，渔业总产值7260万元，减28.7%（因新冠疫情影响，星云湖延期开湖，产量、产值下降）。

【水稻绿色高质高效示范基地建设】　水稻绿色高质高效示范基地建设为2020年省级财政支持的粮食生产项目。水稻是江川区大春主要粮食作物之一。通过实施水稻绿色高质高效示范基地建设项目，集成优化水稻栽培技术，示范带动全区水稻生产走生态优先、环境友好的技术路线，提质增效，节本增效，保证粮食生产安全。示范基地安排在江川区水稻主产区江城镇、前卫镇，共完成示范面积2589亩，涉及12个村（居）委会43个村民小组，百亩核心样板区安排在前卫镇小后卫村委会小后卫村，面积153亩。经组织相关技术人员测产，随机选择22个样点，割测面积19.89亩，示范基地平均亩产分别为692.5千克，比周边水稻种植区域单产增加47.2千克，增7.3%，减少化肥使用量2.7%，减少农药使用量3.3%，节本增效6.8%，群众对项目的满意度100%。

【病虫草鼠害防治】　2020年，组织人员在全区辖区内开展玉米草地贪夜蛾防控工作，全区发生面积3.8476万亩次，防治9.6717万亩次，防治效果达88%，玉米草地贪夜蛾危害损失率为3.1%，最大程度降低危害损失。全年共发《江川植保信息》11期。农作物发生面积54.4489万亩次，防治129.5451万亩次，挽回粮食损失2370.5吨，实际损失181.7吨。重大病虫害防治面积占应防面积的98%以上，粮食作物损失控制在了5%以下，经济作物损失控制在了7%以下。

【农业信息服务】　利用玉溪市农业信息网（2020年9月28日已停办）和“三农通”手机平台向外传递江川区农产品市场供求信息，向用户传递农业生产最新科技信息，为农业增效、农民增收提供有效的信息保障。2020年，共计发布农业信息289条、发布“三农通”手机短信信息353条。2020年，完成江川区64个益农信息社社长的选聘工作，并报省厅备案；完成11个益农信息社重点社的建设和40个益农信息社的区级验收工作。

【高素质农民培育】　2020年，江川区开展高素质农民培育。高素质农民培育的目标是培养一批有文化、懂技术、善经营、会管理的高素质农民队伍，促进农业转型升级、农村持续进步、农民全面发展。以经营管理型、专业生产型、技能服务型为目标导向开展培训。2020年江川区主要培育经营管理型高素质农民67人、专业生产型高素质农民63人，共培训高素质农民130人。

【农药减量增效技术试验、示范】　2020年完成农药减量增效技术研究与示范项目1个，示范533亩。完成云南省马铃薯产业技术体系核心示范区江川站工作，高产攻关达亩商品薯5611.2千克，产值达13561元，为今后江川区冬早马铃薯高产栽培提供技术支撑。2020年江川区完成推广绿色防控面积34.40万亩次。建立3个绿色防控示范区，面积533余亩，为带动江川区绿色防控的各种集成技术推广应用奠定基础。创建水稻绿色融合防控示范样板1173亩，举办玉米融合示范样板276亩，举办玉米性诱剂示范样板1000亩，开展水稻统防统治示范样板0.4万亩次，开展玉米草地贪夜蛾统防统治示范样板0.7万亩次。

【测土配方施肥】　2020年，举办培训班7期，培训技术骨干765人（次），发放宣传资料3060份，制定玉米、水稻配方8个，印发水稻、玉米的施肥建议卡3.345万份，覆盖全区60个农业村（居）委会，涉及农户5.26万户，累计推广测土配方施肥面积16.4万亩，其中蔬菜5.5万亩，油菜1.3万亩，马铃薯0.5万亩，水稻0.8万亩，玉米3万亩，烤烟5.3万亩。

完成各类试验14组，完成江川区2019年耕地质量提升与化肥减量增效项目，推广有机肥替代部分化肥1746.4亩；完成江川区2020年水稻化肥减量增效示范基地项目，推广有机肥替代部分化肥1004.9亩；完成江川区2020年农业科技推广与可持续农业技术创新项目，推广有机肥替代部分化肥750亩。

【农产品质量安全监管】 2020年共出动农业执法人员844人次，对1378个次农资经营门市、农产品生产企业、三品基地等进行监督检查；完成蔬菜等主要鲜食种植业产品农药残留监测样本3615个，合格率达98.84%。生猪定点屠宰检疫53187头，查处并处理病害猪106头。查处农药、兽药、种子案件10起，没收农药3260袋/瓶，没收种子62千克，实施罚没款278064元，加处罚款160000元。已结案9起，缴纳罚没款36394元，上交没收农药拍卖款4100元。未结案1起移交人民法院强制执行。各项监管措施到位，全区范围内未发生重大农产品质量安全事故。

【农业龙头企业】 2020年江川区共有农业龙头企业17家，其中获国家级重点龙头企业称号的有云南宏斌绿色食品集团有限公司1个企业；获省级重点龙头企业称号的有云南阳光食品有限公司、云南卓一食品有限公司、玉溪丫眯绿色休闲食品有限公司、云南同力橡胶有限公司、江川区雄怡花卉有限公司共5个企业；获市级龙头企业称号的有云南雄鑫农产品商贸有限公司、云南隆宇农产品商贸有限公司、云南荣盛实业有限公司、云南江川乐汇农产品有限公司、玉溪天丽食品有限公司、云南秋庆种业有限公司、玉溪瑞珀花卉贸易有限公司、玉溪恒丰万里花卉有限公司、玉溪文记爱群农产品发展有限公司、云南鑫隆润丰农业科技有限公司、江川林辉农业发展有限公司共11个企业。全区农业龙头企业实现总产值229069万元，实现销售收入208383万元，利润总额11734万元，上缴税金1723万元。

【农民专业合作社、家庭农场】

2020年，全区农民专业合作社累计达42个（其中被认定为市级以上示范社的15个）。按从事行业划分：从事种植业的31个，畜牧业8个，渔业1个，服务业2个。合作社统一组织销售农产品总值10183万元，统一购买农业生产投入品的总值3309万元。全区加入农民专业合作社的成员达4012户。

2020年，全区在市场监督管理部门注册登记的家庭农场累计达65个（其中被认定为市级示范家庭农场的40个）。

按从事的行业划分：从事种植业的31个、养殖业24个、渔业3个，种养结合的7个。

【农产品加工企业】 2020年全区农产品加工企业达105个，从业人数7486人，现价总产值43.23亿元，同比增幅11.88%。

【打造绿色食品牌】 深入贯彻落实省市打造“绿色食品牌”工作各项决策部署，突出抓好粮油、烤烟、蔬菜、花卉、畜牧、渔业六大特色优势产业，不断提升产业规模和效益。持续推进“一县一业”建设工作，以亚洲花卉科创谷为核心、雄关花卉科技园、前卫阿逗花卉产业园、安化光山多肉产业园协同发展的“一谷多片”花卉发展格局基本形成。打造“绿色食品牌”产业基地，成功申报产业基地28个，其中认定为省级产业基地3个、市级产业基地4个、县级产业基地9个，其余为储备基地。积极开展品牌建设，组织企业申报“10大名品”“20佳创新企业”等，“宏斌小米辣”获2020年云南省绿色食品“十大名菜”第一名。抓好三品一标工作，2020年江川区“三品一标”企业达7家16个产品，其中绿色食品15个、涉及企业6个、无公害农产品1个、涉及企业1个。“三品一标”认证总面积11421亩、认证产量21835吨。

【援鄂农产品捐赠】 新冠肺炎疫情发生以来，湖北省处境艰难，江川区委、区政府及时成立农产品捐赠专班，积极对接湖北省襄阳市宜城市捐赠需求，组织捐赠合格时令蔬菜97吨，价值26万元。

【农机推广与监理】 2020年全区农机总动力达166386.82千瓦特，拥有各型拖拉机4815台，其大型（73.5千瓦及以上）拖拉机6台、中型（22.1—73.5千瓦）拖拉机53台、小型（22.1千瓦及以下）拖拉机4756台。拥有排灌机械5560台（套）。拥有各种配套农机具2309部，其中大型配套农机具38部、小型配套农机具2271部。拥有耕整地机械（耕整机）

11837台（套）。新增微耕机395台。拥有农副产品加工动力机械1446台，机动脱粒机837台。拥有拖拉机驾驶员2501人。共办理拖拉机注册登记6台，转移登记26台，变更登记0台，注销登记59台，补、换领行驶证39台，办理驾驶证到期审验换证158本。办理变型拖拉机注销登记53台。年内开展三批机具核实，共使用农机购置补贴资金137.862万元，共补贴各类机具602台，受益农户528户。在全区开展农机安全宣传、隐患排查、打非治违活动，共出动宣传车31次，出动人员230人次，发放各种宣传材料10000份，播放农机安全宣教片、道路交通警示片162场次，查出拖拉机安全一般隐患61条，当场整改61条。一年来全区无农机作业伤亡及特大农机道路交通安全事故发生。

【农田建设】 2020年6月，完成2019年高标准农田项目建设工作。投资1199.93万元在前卫镇和雄关乡建成高标准农田7100亩，其中，高效节水灌溉2601.17亩（含201.17亩水肥一体化）。项目新建泵站2座，新建渠道3.17千米，新建蓄水池2座，总蓄水量700立方米，烫接安装DN315mmPE输水管3.04千米，烫接安装DN50—DN200mmPE输水管45.10千米，铺设滴灌带120.00千米，安装太阳能智能卡表143套，修建机耕路2.58千米。

【强农惠农政策】 2020年，落实农作物投保面积6.753万亩，补贴资金124.78万元，其中水稻投保面积0.8874万亩，涉及农户11467户；玉米投保面积3.4854万亩，涉及农户27013户；油菜投保2.3801万亩，涉及农户15829户。江川区2020年度中央农业保护补贴补贴总面积为126024.75亩，补贴资金5170985.91元。开展2020年农机购置补贴，共补贴资金137.862万元，补贴各类机具602台套。落实能繁母猪投保8867头，涉及农户1983户。落实育肥猪投保14029头，涉及农户130户。组织开展2020年度3000万元畜牧贴息贷款服务工作，有序推进上轮贷款回收、养殖户筛选推荐、银行入户审核、贷款发放等工作。

【土地流转】 2020年，全区土地流转面积32324亩，比2019年增1573亩，增5%。按流转形式划分：转包116亩，出租28520亩，互换315亩，转让52亩，入股2294亩，其他方式流转1027亩。

【启动农村产权交易平台建设工作】 根据中共玉溪市委全面深化改革委员会印发的《关于授权同意〈玉溪市江川区农村集体资产股权抵押担保贷款试点工作实施方案〉等四个市级改革试点的通知》（玉改委发〔2020〕4号）文件及中共玉溪市江川区委全面深化改革委员会印发的《中共玉溪市江川区委全面深化改革委员会关于印发〈玉溪市江川区农村集体资产股权抵押担保贷款试点工作实施意见〉的通知》（玉江改委发〔2020〕2号）文件指示精神和具体要求，启动农村综合产权交易管理平台建设项目。该管理平台能够有力促进乡村特色产业加快发展、促进农民群众增收，加快改善农村人居环境，加强农村集体“三资”的可视化管理，带动农村金融快速发展以及加快农村民主化、信息化进程。

【启动国家级农村宅基地改革试点工作】 按照中央的部署要求，江川区作为云南省2020年新增2个国家级农村宅基地制度改革试点县区之一，推进农村宅基地制度改革试点工作。2020年末，江川区成立玉溪市江川区农村宅基地审批管理工作领导小组；制定《玉溪市江川区深化农村宅基地制度改革试点实施方案（送审稿）》，经征求玉溪市人民政府意见，报省农业农村厅审核后，报中央农办、农业农村部。

【农村人居环境整治】 全面推进农村“厕所革命”，截至年末，新增改建农村户厕25811座，全区累计达48235座，农村无害化卫生户厕覆盖率达92.95%；新（改）建行政村村委会所在地无害化卫生公厕41座，实现每个行政村达到至少1座无害化卫生公厕要求。同时在全区推行农村公厕“三净两无一明”（地面净、墙壁净、厕位净，地面无粪污、无蝇蛆，灯明）标准，全区787座农村公厕（含镇区）均已建立公厕管护制度并配备有保洁员，公厕保持干净卫生比例达到100%。深入开展农村生活垃圾治理，按照每300人配备一名保洁员的标准，核定区级保洁员783名；在全区6个镇区（街道）及其余村庄均配备必要的公共垃圾收运设施及终端处置设施，所有生活垃圾采用城乡一体化模式或自建终端处置设施进行处置，4个非正规生活垃圾堆放点完成整治销号，生活垃圾乱堆乱放现象得到全面遏制。制定印发《玉溪市江川区农村生活垃圾收集转运处置费用收取工作方案》并全面实施，在全区6个乡镇（街道）分别选择2个村共12个村开展农村生活垃圾就近分类、源头减量试点，试点工作得到逐步开展。以星云湖保护治理为重点，积极推动城镇污水管网向周边村庄延伸覆盖，完成41个农村环境综合整治试点示范任务，6个乡镇（街道）镇区生活污水处理设施覆盖率达到100%，358个自然村生活污水得到治理，自然村污水管控率实现增长15.11%。制定印发《江川区农村生活污水治理专项规划》，按照近期、中期及远期对144个村庄开展农村生活污水处理设施建设。加强村庄规划编制与管理，将区域村庄规划纳入国土空间规划进行专题研究，并通过招标确定作业技术服务单位开展国土空间规划编制；启动省级试点大街街道河咀村“多规合一”实用性村庄规划编制。按照每个行政村配备1名村庄规划建设专管员的要求共配备村庄规划建设专管员63名，全区6个乡镇（街道）实施乡村建设规划许可证制度。全面推进村容村貌提升，以“干干净净迎小康”为主题继续坚持开展“520”美丽家园城乡人居环境集中整治日行动及村庄清洁行动。全年累计清理农村生活垃圾28979吨、村内水塘391个、村内沟渠2862千米、村内淤泥7499吨、畜禽养殖粪污等农业生产废弃物5296吨、残垣断壁235处，发动群众投工投劳78224人次，开展进村入户宣传教育12680场，发放宣传资料275620份，张贴宣传标语14336条。加快建立长效管护机制，全区64个行政村均建立了村规民约，并将村庄环境整治、管护要求纳入其中；将农村人居环境整治成效“红黑榜”制度形成常态坚持，共开展评价公布4期。

【农业面源污染治理】　农业面源污染治理工作不断推进。2020年，星云湖径流区种植水稻16115亩、荷藕1860亩、烟叶48100亩，比2019年增加种植水稻2615亩、荷藕360亩、烟叶5100亩，调减蔬菜种植面积16510亩，减少化肥施用量512.8吨，减少农药施用量8.48吨。全区规划新建16个规范畜禽散养户集中养殖点，全面推进畜禽粪便资源化利用和无害化处理，畜禽规模养殖户粪污综合利用率达95.88%。推广“水稻+”绿色生态高效种植模式，在江城镇温泉村落实稻田养鱼示范面积53亩，开展种养循环农业试点，减少污染物排放，提高种养生态综合效益。

【产业扶贫】　2020年全区投入整合财政扶贫资金1955.47万元，其中投入产业扶贫资金为963.69万元，实施产业扶贫项目12个，产业扶贫资金占整合财政扶贫资金总投入比例达49.28%。全区2064户建档立卡贫困户7200人（剔除自然增减户数及人数）中，经各乡镇（街道）逐户甄别核实上报有产业发展条件的建档立卡贫困户为1592户5825人，全部通过发展烤烟、蔬菜、花卉、经果、畜牧等产业实现产业覆盖100%；通过龙头企业、农民专业合作社、蔬菜种植扶贫协会等24个新型经营主体联结带动，实现新型经营主体带动有产业发展条件的建档立卡贫困户达100%。

【非洲猪瘟防控】　2020年，为抓好非洲猪瘟防控工作，江川区组织召开专题会议1次，培训兽医技术人员、规模养殖户、村级动物防疫员及协检员等3期203人次。在做好日常排查的同时，组织拉网式集中排查1次，累计排查生猪119756头次，4715场（户）次；对调运生猪10113头，开展非洲猪瘟抽检1012份；先后向养殖场（户）发放《非洲猪瘟防控告知书》《玉溪市江川区非洲猪瘟防控承诺书》《非洲猪瘟防控指南》《告江川区生猪养殖场（户）生物安全明白书》等7556多册（份）。强化监督检查，宣传到村、到户、到人，疫情排查不漏村、不漏户、不漏畜，提高群众非洲猪瘟防控意识，要求养殖户对异常死亡的生猪及时上报，做到早发现、早报告、早诊断、早处置。全面开展消毒灭源工作，累计消毒面积达173.28万平方米。

【动物防疫】　2020年，结合辖区内畜禽饲养状况、养殖密度、养殖规模及各病种疫情风险等实际，对规模养殖场（养殖小区）开展程序化免疫，对农村散养户开展春秋两季集中免疫和常年补针。全年重大动物疫病累计免疫猪瘟26.8万头次，牲畜口蹄疫30.8万头次，高致病性猪蓝耳病25.7万头次，高致病性禽流感383.3万只次，小反刍兽疫1.85万只，重大动物疫病免疫密度达应免数的100%。常规动物疫病累计免疫禽

霍乱148.6万只、法氏囊179.2万只、马立克126.09万只、减蛋综合征247.24万只、鸭瘟4.66万只、鸭病毒性肝炎2.28万只、羊痘1.35万只、兔瘟2.25万只、狂犬病1299只、仔猪副伤寒4.3万头、猪肺疫2.74万头、猪伪狂犬病3.18万头、猪细小病毒病1.55头、鸡新城疫323.55万头份等。

【动物疫病监测】 2020年，继续在全区推广应用动物疫病免疫抗体及动物疫病病原检测技术，对免疫质量和病原情况进行监测评估，及时作出预警预报，提高动物疫病防疫能力和水平。全年对6个乡镇（街道）的畜禽养殖场（户）、屠宰厂、农贸市场开展采样5616份，监测抗体与抗原10378份次。对监测中发现的阳性畜及同群畜严格按规定无害化处理。

【土著鱼保护及开发利用】 2020年，江川区继续加强土著鱼的保护与可持续利用，开展珍贵濒危土著鱼类的人工驯养繁殖试验研究及推广养殖，发展高原特色渔业。全年共向星云湖放流大头鲤大规格鱼种3629千克，夏花鱼苗68.25万尾。开展土著鱼类推广养殖，发放大头鲤苗种850千克，推广养殖面积共计1976.3亩，发放养殖户85户（含村组集体）。现在基地保护的土著鱼类有大头鲤、星云白鱼、云南倒刺鲃、抚仙四须鲃、花鲈鲤、抚仙金线鲃、杞麓鲤等7种，其中，大头鲤、花鲈鲤、抚仙金线鲃三种列入新颁布的《国家重点保护野生动物名录（Ⅱ级）》。

（杨　迪）

林业和草原

【概述】 2020年，玉溪市江川区林业和草原局，内设办公室、资源修复保护管理股、行政审批与政策法规股。局属设置6个事业单位，即：玉溪市江川区林业和草原生态修复站、玉溪市江川区林业和草原资源保护管理站、玉溪市江川区林业和草原科技产业服务中心、玉溪市江川区林政稽查大队、玉溪市江川区森林病虫害防治检疫站、玉溪市江川区大龙潭自然保护区管护局。共核定行政事业编制82名，其中行政编制8名，事业编制74名。2020年底实有在职干部职工66人，其中，行政人员9人，事业人员57人。

【森林防火】 责任落实，加大宣传。共召开森林防火会议241次，签订各类责任书84472份，制作《户主通知书》8.7万份，设立警示标牌33块，设置警示彩旗815套，悬挂宣传横幅标语301条，印发各类宣传手册、宣传单页等8.1万余份。加大对森林防火资金投入。2020年省、市、区共拨付森林防灭火经费200万元。强化扑火物资配备，全区现储备风力灭火机353台，油锯23台，睡袋、帐篷375套，割灌机17台，阻燃服480套，水桶716只等物资。严管严控林区野外火源，提高应急处置能力。组建专业队1支30人，实行半军事化管理，随时处于临战状态。6个乡镇（街道）组建专业扑火队6支、95人，组建半专业队、民兵义务扑火队60支、1590人，开展岗位培训15期。2020年共接到报警电话23起，出警处置森林火情1起，当日扑灭率为100%，火案查处率为100%，全区无重大森林火灾、无人员伤亡，完成市政府下达江川区的各项防控目标任务，市级考核为优秀。

【绿化造林】 全年完成林地征占用植被恢复造林300亩，非法占用农用地植被恢复造林239.7亩，发挥区级党政机关义务植树示范造林引领作用，全区完成义务植树67.97万株，任务完成率113.28%，尽责率95.1%。

【退耕还林】 退耕还林是党中央、国务院对维护生态安全作出的重大决策。2020年完成新一轮退耕还林人工造林3200亩。

【人居环境整治】 完成江川区第四批城镇建设用地（J地块）苗木搬迁移栽工作，并结合乡村振兴村庄绿化，对退桉后具备绿化空间的公路沿线及农村“四旁”（村旁、宅旁、路旁、水旁）、星云湖一级保护区及12条入湖河道进行绿化、美化。共种植垂丝海棠、石楠、紫薇、湿地松、云南樱花等30个品种的绿化苗木26500株，折合面积1325亩。完成一级古树名木挂牌63株，挂牌率100%。组织申报并获批大街街道小白坡村委会、江城镇尹旗村委会、安化乡早谷田村委会、前卫镇白池古村委会、九溪镇六十亩六村委会、雄关乡下营村委会等6个省级森林乡村；推荐上报大街街道土官田村委会、江城镇侯家沟村委会、安化乡安化社区、九溪镇马家庄村委会、雄关乡窑房村委会等5个国家森林乡村参加评审。

【草原监测】 完成江川区大街、九溪、江城、前卫、雄关、路居6个乡镇，12个村委会，13个监测样地草原监测调查工作。

【核桃产业】 组织实施2020年木本油料产业核桃提质增效项目1500亩，共规划19个核桃提质增效技术改造小班。涉及历年来实施省、市木本油料产业核桃种植的2个村委会3个村民小组、3家专业合作社及1个种植大户。

【林政资源管理】 审核上报林地占用项目25个（其中永久占用18个、临时占用7个），审核完成永久占用林地项目11个，临时占用林地项目7个；审核完成项目永久占用林地面积16.15公顷，临时占用林地28.40公顷。按照财税〔2015〕122号文件，审核完成项目共收取植被恢复费199.07万元。完成林木采伐审批76件，蓄积4287.99立方米，材积2279.83立方米。

【林业行政执法】 坚守生态红线，开展林区安全隐患和涉林矛盾纠纷排查，严厉打击破坏森林资源违法犯罪活动，提高林区治安稳定。共受理各类林业行政案件28起，已查办28起，其中擅自开垦林地案件6起，擅自改变林地用途案件12起，盗伐林木案件4起，未经批准临时占用林地案件3起，毁坏林木案件3起，罚款148407.8元。

【野生动植物保护】 加强辖区内野生动物疫源疫病的监测工作。在星云湖湿地区域监测到彩鹮、紫水鸡、钳嘴鹳、水雉等珍稀野生动物。针对星云湖珍稀候鸟彩鹮开展独立监测5次，在星云湖候鸟重点栖息区域设立6个候鸟及野生动物疫源疫病监测点，设立保护宣传牌。截至2020年底，江川星云湖共监测到鸟类27科72种，国家I级重点保护动物1种，为彩鹮；国家Ⅱ级重点保护物种5种，分别为紫水鸡、水雉、红隼、雀鹰和白头鹞。加强对野生动物人工繁育场所的疫情监测，开展江川区在养禁食陆生野生动物处置工作，依法依规完成江川区野生动物驯养繁殖户退养5户，处置野生动物约共5万只以上，处置野生动物种类包括蓝孔雀、麂子、黑水鸡、鹧鸪等，处置方式为移交野生动物园或择地放生。江川区林草局依照相关规定对养殖户进行退养补偿，挽回群众经济损失389.4212万元，切实保障群众利益，维护社会安定。引导好受害农户的野生动物肇事理赔报案，共受理野生动物肇事理赔47起，理赔金额9720元。救助猕猴、灰林鸮、眼镜王蛇、雉鸡、画眉、安格鲁宠物貂等野生动物130只（条），其中国家二级以上重点保护动物17只。开展野生植物保护宣传，提高民众对野生植物利用的安全意识；加强野生植物乱挖、乱采违法行为查处。

【自然保护地优化整合】 聘请云南省林业调查规划院营林分院开展江川区自然保护地整合优化工作，完成预案编制，并通过国家级评审。

【林业有害生物防治】 加强林业有害生物监测，2020年有害生物发生面积90998亩，其中病害发生25899亩、虫害发生65099亩。开展全国检疫性林业有害生物锈色棕榈象危害的17株海枣的除治、雄关梅子铺2000亩的松毛虫防治。调运检疫木材265立方米、苗木6937株，调入江川区植物检疫证书561份，签发检疫要求书107份；复检木材5500立方米、苗木205.91万株、光电缆盘70个；签发（省外调入）检疫要求书107份；产地检疫苗圃面积2638亩。林业有害生物成灾率3.46‰；林业有害生物无公害防治率100%；林业有害生物测报准确率97.25%；林业有害生物种苗产地检疫率100%；主要林草有害生物常发区监测覆盖率100%。

【林业科技】 结合林草重点工作及广大林农群众生产经营的实际需求，参加区委宣传部、区科协组织的“2020年春节三下乡”“2020年全国科普日暨林业科普宣传日”活动。期间，展板浏览咨询群众500余人；发放5大类林业科技资料5200份；帮助解决种植、种苗、果树管理等问题的经营者17户，营造出群众广泛关注、助力全面决胜小康、科技服务林农的良好氛围。

【森林生态效益补偿】 实施森林生态效益补偿面积44.5844万亩，其中国家级重点公益林18.66万亩，省级公益林15.2544万亩，天然林停伐管护总面积106700亩。2020年玉溪市下达江川区国家级公益林补偿资金和管护资金289.23万元，省级公益林补偿和管护资金236.37万元，天然商品林停伐补助资金160万元，拨付各乡镇（街道）省级公益林管护资金

83.826万元，拨付集体和农户补偿资金共445.744万元。

【林权配套改革】 按相关政策要求，完成2019年度江川区申报的省级贷款贴息补助发放工作，共向11户林业经营户发放贷款贴息资金3.83万元，贷款总额245万元。同时，完成2020年度林业贷款贴息资金的申报初审工作，审核2020年度申请林业贷款贴息补助林业经营者6户，贷款额166万元，申请贴息资金4.155万元。

【林业产业】 做好江川林产企业管理服务工作，完成全区55家林业企业及林32家林农专业合作社的调查统计，对全区2家获得"云南省林业产业省级龙头企业"及6家获得"云南省林农专业合作社省级示范社"认证的新型林业经营主体进行年度监测。开展食用林产品质量安全监督、"绿色食品牌"建设和林业经营主体安全生产经营监督统计调查工作。

【自然保护区】 强化大龙潭自然保护区管护工作，完成2016年中央环境保护督察反馈问题"2016年6月，玉溪市江川区人民政府以缺乏管理机构为由，批复同意撤销江川大龙潭县级自然保护区"和2017年省级环保督察反馈问题"随意调整自然保护区"验收销号工作。

（陈花艳）

水　利

【组织机构】 2020年末，玉溪市江川区水利局有在职干部职工50人，其中公务员9人，事业人员41人。局机关设4个内设机构，即：即办公室、行政审批与水资源股、河（湖）长制工作股、水旱灾害防御与监督股。设置下属事业单位4个，即玉溪市江川区水利工程建设运行管理站、玉溪市江川区农村水利管理站、玉溪市江川区水利工程质量监督站、玉溪市江川区水土保持工作站。

【概述】 2020年，江川区水利基础设施建设不断完善，为全区经济持续健康发展提供坚实的水利支撑和保障。全区完成水利固定资产投资97223万元、招商引资34011万元。

有效灌溉面积。2020年全区有效灌溉面积为100205.2亩（不含路居托管），占总耕地面积的百分比达88.88%，比上年的88.56%上升0.33个百分点。

节水和除涝灌溉面积。全区节水灌溉面积累计达66367亩，占全区耕地有效灌溉面积100205.2亩的66.23%。

除涝面积。全区除涝面积累计达57138亩，占全区易涝耕地面积59380亩的96.22%。

水土保持治理。年内全区治理水土流失面积7.31平方千米。全区累计治理水土流失面积240.56平方千米，占全区水土流失面积380.83平方千米的63.17%。

堤、河道、闸建设。全区累计已建成堤防长度57.75千米，达标堤防长度57.75千米，本年新增堤防15.66千米；河道长度149.33千米，已治理河段长度66.26千米，本年新增河道治理长度8.25千米。全区已建成小型水闸213座，本年新增水闸53座。

城乡供水情况。全区年末农村饮水安全人口累计达16.78万人，占全区人口的60.6%。2020年总供水量1091.22万立方米，其中城镇生活供水632.6万立方米，乡村生活供水458.62万立方米。

规模以上灌区。全区共有规模以上灌区10个，设计灌溉面积6.28万亩，有效灌溉面积5.18万亩，其中1—5万亩的灌区1个，设计灌溉面积1.8万亩，有效灌溉面积1.72万亩。0.2—1万亩的灌区9个，设计灌溉面积4.48万亩，有效灌溉面积3.46万亩。

水利供水工程建设。全区年内完成水利工程建设151件，其中新建水利供水工程65件（新建泵站1座，新建水池3个，新建机电井8眼，新建水闸53道。）。其中蓄水工程307座，年设计供水能力4924.89万立方米，小水窖24972件，年设计供水能力达37.77万立方米，已建成水池1559口，年设计供水能力达14.21万立方米，引水工程36处，年设计供水能力2009万立方米，机电井944眼，年设计供水能力404.2万立方米，取排水泵站392处，年设计供水能力4327.02万立方米，城乡供水工程117件，设计供水能力905.18万立方米，水闸213座。

水利工程供水情况。全年全区水利工程为各行、各业供水量达6781.53万立方米，其中水利工程为农业年供水量达4295.63万立方米，为城乡供水量1091.22万立方米，水利工程为工业供水951.77立方米，水利工程为生态环境供水442.9立方米。

【实施星云湖东、西、北岸湖滨带提质改造工程】 工程项目完成投资15717.52万元，其中2020年完成投9468万元，工程于2019年12月开工建设，2020年12月完工投入使用。工程包括土建工程和绿化工程，建成生态沟渠5563米，湖滨景步道11241米，临建小路17155米，石桌18套，亭20座，栈道6084米，平台28座，垃圾桶78个，环保宣传牌8个，警示牌90个，自然石6个，停车位56个，太阳能路灯350盏，巡护道路161352平方米，临时干化场45800平方米，种植乔木类89131棵，灌木草本类1339796株，水生植物975616株。项目实施后可实现入湖污染物年削减COD395.4吨、TN48.8吨、TP8.8吨，对促进星云湖水质改善具有重要作用。

【抚仙湖应急补水工程—隔河试点项目】 项目批复投资7602.51万元，完成投资2100万元，其中2020年完成投资2100万元，工程于2019年8月开工建设，2020年12月30日完工投入使用。本试点工程内容主要包括截污治污工程、取水净化工程、隔河生态建设工程水质监测工程、提水工程，具体包括：设置干化场1处，新建渗滤液集水池1座；租用1套NAC除藻船，设备能力：500立方米/小时，新建取水泵站1座，贝林过滤设备：50立方米/小时，10套，新型吸附设备：50立方米/小时，10套；新建滚水坝8座，生物飘带7800平方米，生态浮岛5850平方米，叶轮式增氧机8台；新建隔河水质监测中心1套；新建1.0万立方米/天一体化提水泵站工程、自泵站至星云湖隔河出口前1.46千米的DN400提水管道工程。工程实施后，95%以上的时间能保证星云湖净化水质达标，可为抚仙湖补水365*1.0*0.95=346.75万立方米/年。拟建净化设施能完成COD削减量89.87吨/年、总氮削减量4.68吨/年总磷削减量1.31吨/年、叶绿素a削减量0.73吨/年、藻类去除量172吨/年的目标。总体目标：日处理水10000立方米；水质稳定达到Ⅲ类。

【星云湖沿河村落综合治理（一期）工程项目】 项目批复总投资为2381.21万元，批复工期1年。项目主要通过提升改造星云湖主要入湖河道沿岸人口密集的3个行政村下辖的4个自然村落（上头营、谢家营、前卫村、上邑村）生活污水收集系统及污水处理设施，以达到减少进入星云湖或其入湖河道的污染负荷、保护星云湖水体的目的。工程于2020年5月开工建设，预计2021年5月完工投入使用。通过项目的实施，初步分析预计每年可以削减COD45.61吨/年、TN4.67吨/年、TP0.77吨/年。

【星云湖环湖截污水体循环利用工程】 工程批复投资530.28万元，完成投资530万元，工程于2020年5月开工建设，2020年8月全部完工投入使用。工程建设内容包括：在16座农灌泵站进水渠设平板钢闸门19道，进水渠除险加固，泵站机器设备更新。工程将环湖截污干渠中的低浓度污水旱季通过沿湖16座农灌泵站抽水，用于上游农田灌溉，如此既能避免农灌污水直接入湖，影响星云湖水质，也能够达到水体循环利用的目的工程实施后，预计年可实现农田回归利用水量870.9万立方米。

【星云湖主要入湖河流综合治理工程—快速水体净化工程】 工程批复投资680万元，完成投资650万元，于2020年9月开工建设，10月完工投入使用。项目在未脱劣的周官河、大庄河环湖截污湿地前端布置2000型水体快速进化装置，可以辅助湿地，提升环湖截污沟入湿地水质，去除氮磷等多项污染物，提高水质透明度，减轻湿地消减负荷，避免湿地负荷加重、功能退化，使湿地发挥保持净化功能。建设内容是：在周官河、大庄河环湖截污湿地前端布置2000型水体快速净化设备2台，水处理能力旱季不少于2000立方米/天。

【星云湖主要入湖河流综合治理工程—抚仙路应急辅助雨污管网项目】 工程项目批复投资5000万元，完成投资4500万元，于2020年4月开工建设，2020年12月完工投入使用。项目属于《星云湖主要入湖河流综合治理工程》的后续增加工程，建设内容主要是：新建dn1200—dn2000雨污水管约2304米；新建一体化预制提升泵站1座，简体结构为复合缠绕玻璃钢材质，规模15000立方米/小时；新建调蓄塘1座，水面面积约2700平方米。

【白龙潭中科院项目】 项目批复投资604.71万元，完成投200万元，其中土建投资150万元，中科院设备投资50万元，于2020年2月开工建设，2020年12月完工投入使用。白龙潭村落治理中科院项

目主要包括白龙潭村生活污水收集与处置工程，具体内容如下：新建HDPE钢带增强螺旋波纹管；新建污水检查井；新建DN200球墨铸铁管；安装PE入户支管和管道支架；新建Φ315PE户外清洁井和300*300毫米庭院污水收集池；新建塑料一体化户用化粪池；对村内主管道现有检查井进行清淤，拆除现有UPVC管道，修复破损沟渠；改造污水处理系统1座，处理规模为55立方米/天。

【星云湖原位控藻及水质提升工程】　项目批复投资42350万元，完成投资17000万元，于2019年9月开工建设，2020年4月完工投入使用。项目建成1套检测预警工程，5套原位深井蓝藻处理工程和4套水质生态净化工程的建设。工程运行后，成效显著，到2020年底，星云湖的水质脱离劣V类。

【灾后薄弱环节病险水库除险加固项目】　项目批复投资2667.55万元，到位资金2044万元，其中中央资金1663万元，省级资金381万元，对三座小（一）型水库即石河水库、黄谷田水库、大龙潭水库，7座小（二）型水库即大石板水库、力摆子水库、王居箐水库、大卷槽水库、螺蛳坝水库、马家庄水库、雄联水库进行除险加固，截至12月底完成投资1817.33万元，工程于2020年9月相继开工建设，截至12月底，黄谷田水库、大石板水库、力摆子水库、王居箐水库、大卷槽水库、螺蛳坝水库已完工投入使用，石河水库、黄谷田水库，马家庄水库、雄联水库还在施工当中。

【水利工程维修养护项目】　小型水库维修养护项目下达中央资金50万元，到位资金50万元，完成投资50万元。工程于2020年7月相继开工建设，12月底全部完工投入使用。项目对矣文、海棠、雄梅、白河、西河二库、黄谷田、茶尔山、大龙潭、杨柳坝、老路坝10座水库进行维修养护，具体维修养护内容是：维修进库道路1处、拆除安装水位尺1处、管理房修缮2处、引洪沟清淤3处，安装护栏2处、电路改造3处，改善灌溉面积49600亩。

大寨水库下游坝坡整形工程下达区级资金63万元，到位资金63万元，完成投资63万元。项目于2020年7月开工建设，12月底完工投入使用，对大寨水库的下游坝坡进行整形，改善灌溉面积2500亩。

【农村饮水安全巩固提升工程】　玉溪市江川区第二批贫困地区农村饮水安全巩固提升工程批复投资534.04万元，其中市级资金451.49万元，区级资金82.55万元，项目包括江川区江城镇陈家湾、祁家营、黄营、云岩、白家营村委会等7个农村饮水安全巩固提升工程。项目于2020年6月相继开工建设，10月底全部完工投入使用。工程审定工程总投资503.21万元，使得江城、雄关、前卫、安化、九溪片区的9个村委会27个村民小组，共6633人，其中建档立卡贫困户316户1117人的饮水安全得到巩固提升。

饮水安全维修养护项目下达2020年第一批中央水利发展资金42万元，到位资金42万元，项目包括大街街道大营大龙潭、上头营，前卫镇白池古村等13件工程，于2020年1月相继开工建设，2020年8月底全部完工投入使用。使得江城、大街、安化、前卫、九溪5个乡镇（街道）共计46266人，其中贫困人口1795人的饮水安全问题得到巩固提升。

2020年省级专项资金（维修养护项目）于2020年1月开工建设，2020年12月底完工投入使用，完成投资85万元，对大街天井凹、前卫唐家山、江城立脚、大凹子、芹菜塘、九溪喜乐庄等12件工程涉及15个村的自来水管网进行维修管护，增加加药设施，使得4121（其中贫困人口290人）人的饮水安全得到巩固提升。

玉溪市江川区雄关乡雄关社区和窑房村委会片区人畜饮水安全保障应急扶贫项目批复投资310.44万元，到位资金310.44万元，项目整合扶贫资金110.67万元，水利资金199.77万元，解决雄关乡雄关社区和窑房村委会片区雄关乡集镇饮水困难的问题，受益人口7100人，其中建档立卡贫困户102户329人。

【推进节水型城市建设】　江川区节水型社会工作于2020年11月通过了省、市两级的达标验收。水利行业节水机关创建通过市级验收。共完成云南恒昌造纸有限责任公司、云南福光包装有限公司等6个节水型企业，40个节关节水型单位，16个节水型小区，大街小学、大街中学2个节水型学校建设，为节水型社会创建工作起到良好示范带动作用。

【质量监督工作】　根据相关法律、法规及部门职责等，2020年共对江川区11件水利工程进行质量监督，其中小（二）型病险水库除险加固工程6件：力摆子水库、王居箐、雄联水库、马家庄水库、大卷槽水库、大石板水库；烟草工程1件：江川区前卫镇三叉河项目区工程项目；高标准农田建设项目3件：江城镇黄营片区高标准农田建设项目、九溪镇矣文片区高标准农田建设项目、前卫镇庄子片区高标准农田建设项目；农村饮水安全工程1件：江川区第二批贫困地区农村饮水安全巩固提升项目。

【防汛抗旱工作】 2020年全区旱情严重，截至2020年6月16日统计，库坝塘和池窖总蓄水量2382.62万立方米，比上年同期2608.47万立方米减少225.85万立方米；星云湖水位1723.24米，蓄水量19812万立方米，比上年同期增加1854万立方米；78座水库坝塘干涸（小型水库1座、小〈2〉型水库7座、小坝塘70座）；23496亩农作物受灾（17243亩轻旱、6253亩重旱）；累计抗旱人数4.57万人次；投入抗旱泵站72处、机动抗旱设备6395台套次、机动运水车辆6140辆、抗旱用电20.6万度、抗旱用油60.77吨；针对人畜饮水困难和无水源问题，采取打应急深井和应急工程方式解决，共完成6个乡镇街道应急项目30件。累计投入抗旱资金1134.1万元（中央、省、市、区投入767.9万、群众自筹69.1万元）；完成抗旱浇灌面积26206亩、解决因旱饮水困难12784人、大牲畜1149头。

截至2020年10月30日止，全区累计发生3次洪涝灾害。据统计，共造成农作物21114亩受灾，其中12513亩成灾、4702.65亩绝收；损坏小（2）型水库2座、小坝塘1座、损坏灌溉设施8处；119户农户家进水、19间房屋（猪圈6间）倒塌；3039人参与抗灾救灾，其中群众2440人、机动抢险人员295人；投入运输抢险救灾车辆88台次，固定、移动抽水泵289台；防洪袋3000只、编织布400平方米、木桩11.3立方米；改种经济作物4702.65亩；投入抢险救灾资金129.33万元，其中群众投劳折资25万元。因洪涝灾害造成直接经济总损失达5695.42万元，减少受灾人口7721人、减淹耕地10433.7亩、避免粮食减收170.042吨；减少经济损失523.73万元。

【全面推行河（湖）长制工作】 印发《玉溪市江川区河长制办公室成立河（湖）保护治理专项督导组工作方案》及《玉溪市江川区河（湖）长派单制实施意见（试行）》，今年以来，全区共开展河（湖）长制工作督查45次，已向各级河长、相关责任单位派发整改通知单68份，完成整改55份。区级河长巡河508次，乡镇（街道）级河长巡河1042次，村级河长巡河次数3778次。共出动环境执法人员274人次，检查排污企业129家次，下发责令整改通知49份，查处环境违法案件17件，罚款171.7万元。出动执法艇1519艇次、执法车223车次、徒步巡查42次、执法人员4431人次，收缴渔网3951张、地笼1186个，渔政案件立案45起，办结41起，罚款47100元，持续保持高压态势严厉打击封湖禁渔期非法捕捞行为。

举行“河长清河行动”“清四乱行动”。全区各级各部门清河行动共清理河道280条、402千米，清理水源地21个，清理库塘88个，清理湿地620亩，出动人数7668人次，机械车辆541台次，清理垃圾淤泥6657吨同时，深入开展“清四乱”专项行动，集中力量对所辖范围内的“乱占、乱采、乱堆、乱建”等突出问题再展开全面整治，共排查发现“四乱”问题5个全部整改销号。

（普于航）

烟草专卖

【概述】 2020年江川区局（分公司）设综合办公室、人事劳资科、财务管理室、专卖监督管理室（稽查大队）、生产科技室、现代烟草农业基础设施建设办公室、监察科、安全保卫科、党群工作办公室、区域市场部、卷烟物流中转站11个职能部门，江城、安化、前卫、大街、九溪、雄关6个烟叶工作站，周官、光山2个烟点。在册在岗职工99（含市管干部4人、非实职1人），年内调出0人，调入0人，解除劳动合同0人，其中，男性75人（含市管干部4人），女性24人。

【经济效益】 2020年实现税收11068.58万元，同比增加549.45万元，增幅5.22%；实现卷烟销售收入27796.0573万元，同比减少580.94万元，烟叶收购金额31848.99万元，同比增加1209.31万元；收购均价每千克30.33元，同比增加0.8元/千克，比全市平均高0.99元，全市排名第一；烟农户

均交售收入2.4516万元，同比增加0.8元/千克。

【烤烟生产收购】 2020年，江川区种烟农户12991户，种植烤烟7.6万亩（其中田烟3.55万亩，地烟4.05万亩），全区烟叶收购历时43天，完成目标任务100%，日均进度达到2.33%，全市第一家率先完成收购任务；收购烟叶21万担（1050万千克），收购中上等烟叶比例97.98%，上等烟占71.05%，同比增长0.45%；收购金额3.19亿元，同比增加0.12亿元；收购均价30.33元/千克，同比增加0.8元，比全市平均高0.99元，全市排名第一；烟农户均交售收入2.45万元。

【烟用物资调供】 供应育苗基质700立方米，供应有机钾肥叶面施用6550千克，供应专用复混肥4302697千克、硫酸钾2159497千克、提苗肥228000千克，供应包装麻片291184套、麻线10430千克、布标签309000张。

【烟叶绿色生产】 江川区局（分公司）践行新发展理论，将“绿水青山就是金山银山”的理念主动融入烟叶生产全过程。全区推广使用有机肥2554580.4千克，施用面积4.26万亩；烟蚜茧蜂防治烟蚜生物防治技术继续实现全覆盖，放蜂162.5万余头，覆盖烤烟7.6万亩；大田重点实施性诱剂诱杀夜蛾类害虫技术，设置诱捕器1110个，覆盖烤烟1.53万亩；实施篮板诱杀烟蓟马，苗期和大田期共投入21850块，覆盖烤烟0.47万亩；组织自配波尔多液822吨，使用噻霉酮、毒消等统防统治病害；实施烟田面源污染综合防控，推广0.01毫米增厚地膜回收利用1万亩，放置农用包装废弃物回收箱340只，覆盖烤烟2.45万亩，回收农药包装废弃物9588千克；在采烤前20天，严禁使用化学农药；推广使用清洁生物质燃料烤房297座，购买生物质燃料762580千克，推广电能烤房146座，电能烤房示范引领全市清洁能源烘烤。

【科技兴烟】 江川区局（分公司）全面实施推进标准化生产，全力落实各项生产技术措施。2020年，全区统一机械深耕1.95万亩，按照标准实行统一墒向，划线机械起垄，标记定点打塘，达到“一线通”，墒高田烟35厘米、地烟25厘米以上，机械作业率达90%以上，得到全市烤烟移栽现场会的充分肯定，探索播种、移栽、覆膜专用机械本地化应用；累计投入抗旱经费309.13万元，推进分批次集中育苗、统一供苗、集中供水，实施集中移栽，推广膜下小苗抗旱移栽面积5.944万亩，占比78.21%。以“促生长、提单产”为中心，组织追肥7.6万亩、统防统治7.6亩、揭膜培土3255亩、“撕大口、施足肥、填满塘”5.944万亩，适时封顶合理留叶7.6万亩，上部烟叶一次性采收7.6万亩，专业化烘烤13.93万担，商品化烘烤1.03万担，推广“稳温降湿”烘烤16439炉。通过各项科技措施扎实有效实施，进一步提升江川烟叶生产水平。

【专卖管理】 2020年，江川区局（分公司）以集中整治、全面突破烟叶非法流通为重点，截至2020年12月31日，共查获各类涉烟违法案件49起，其中5万元以上的大要案12起；查获烟叶188.54吨、卷烟2886.3条；各类案件案值共计585.5505万元，逮捕涉案案件嫌疑人17人。根据《云南省玉溪市烟草专卖局办公室关于分解下达2020年度夺回卷烟市场空间目标的通知》要求，夺回市场空间任务完成421.264箱，完成率为329.11%。截至2020年12月31日，江川区共有卷烟零售户1426户，其中新办414户、变更20户、延续614户、歇业77户、依职权注销85户。烤烟收购期间，江川区局（分公司）以“疏得通、堵得住、稳得住”为原则，设置卡点、严厉打击非法经营烟叶行为，维护正常收购秩序，确保烟叶不外流，同时开展秋冬季打击涉烟违法犯罪专项行动、2020年卷烟市场专项整治“春雷行动”、2020年“猎非”真烟非法流通专项整治行动、整治烤烟非规定品种专项行动、“绿滇2020”打击涉烟走私专项行动、电子烟市场专项检查行动、“中秋”“国庆”烟草市场专项整治行动等七次专项行动。

【卷烟销售】 2020年江川区局（分公司）全年销售卷烟8801箱（4.4亿支）、同比减1.36%，其中一类烟销售1978.97箱、减5.24%，二类烟645.35箱、增23.95%，三类烟6091.03箱、减1.4%，四类烟56.40箱、减44.39%，无价类（雪茄）28.96箱、减15.11%。实现卷烟销售收入2.78亿元，同比减2.09%；单箱销售收入3.18万元/箱，同比减0.73%；单箱收入

31817元。贡献税利8252.06万元。

【零售终端建设】 2020年，江川区局（分公司）按照省市两局要求，推进年度品牌终端建设，全面推广“云香印象”零售终端信息系统。2020年，江川区安装卷烟零售终端柜台25个（含前柜和背柜）。建设“云香印象”品牌终端113户，占全区有效客户的8.2%。依托终端信息平台开展市场价格、卷烟库存、消费者消费情况等信息采集，成效明显。

【烤烟基础设施建设】 2020年市级批复江川区烟叶生产基础设施建设269件，其中前卫镇三叉河项目区烟水配套工程22件，新建新能源烤房246件（座）。2020年全区共计完成烟叶生产基础设施建设257件，其中完成2019年结转烟水配套工程10件，2020年市局（公司）批复的新建电能烤房96座，新建生物质燃料烤房150座，农机（无人机）1件，完成行业投资1210.9473万元，项目已全部建成并投入使用。市级2020年批复的前卫镇三叉河项目区22件烟水配套工程于12月25日开工建设，结转到2021年建设，预计2021年3月25日可全部完工并投入使用。

【烟水配套项目】 2020年完成小白坡村委会雨西摆项目区2019年结转2020年的烟田水利设施项目10件，其中容量950立方米水池7个；300立方米水池2个；100立方米水池2个；50立方米水池3个；管网2件，长度4.27275千米；提灌站1件，总功率11千瓦，配套管道100米；受益面积1300亩，受益农户131户。项目总造价76.36万元，烟草行业批复资金76.36万元。项目于2019年10月完成招标工作，中标单位为：云南华厚建筑工程有限公司，中标价：67.872562万元，项目于2019年11月25日开工建设，于2020年4月25日完工，4月27日完成市、区两级验收，市级验收后全部工程为合格，项目经“云南卓尔会计师事务所有限公司”审计后（云卓尔专审字〔2020〕第238号）结算审定资金57.482万元，项目全部投入使用。

【烟叶调制设施项目】 2020年全区共计完成新建电能烤房9群96座，受益面积1920亩；新建生物质燃料烤房16群150座，受益面积3000亩，共计完成新建新能源密集烤房（含电能、生物质燃料）建设246座，根据烟草行业政策，新建电能烤房行业补贴标准为6.5万元/座，新建生物质燃料烤房行业补贴标准为3.5万元/座，新建电能烤房烟草补贴资金624万元，新建生物质燃料烤房烟草补贴资金525万元，烟草行业共计投入补贴资金1149万元，项目全部于7月中旬完工，项目于11月通过市区验收。

【农机（植保无人机）建设】 2020年江川区局（分公司）根据玉溪市烟草专卖局（公司）的批复，计划采购农机（植保无人机）1台，计划采购资金7万元，行业补贴资金预计4.9万元，并于2020年7月完成购置，采购农机（植保无人机）1台（品牌DJ－T20），配备电池4块，桨叶8对，防爆箱2个，药箱1个，招标采购价6.379万元，实际采购金额6.379万元，烟草行业投入补贴资金4.4653万元。

【安全生产】 江川区局（分公司）2020年安全经费计划投入151.37万余元，玉溪市烟草专卖局（公司）批复147.87万余元，2020年完成使用147万余元，完成比例99.8%。主要包括安全基础设施投入、安全设施设备维修、安全培训、安全防护用品、消防器材、保安费用以及安全技术服务费用等。江川区局（分公司）2020年安全生产继续保持7个为零，9个100%，通过2020年安标自评，共发现问题和不符合项共28个，其中安全基础管理方面发现问题13个、安全技术条件与现场规范方面共发现问题15个，全部整改完成。全年组织安全大检查14次，其中专项检查3次，共发现一般隐患或问题59项，按照时间节点整改完成。

（李文平）

烟草产业服务

【概述】 区烟草产业服务中心是区政府直属事业单位，机构规格正科级。核定事业编制6名，设主任1名（正科级），副主任1名（副科级）。中心内设两股室，即综合股、产业发展股。2020年1月9日，中心管理岗4人全部转成专业技术岗位，其中专技10级1人，专技11级1人，未评定职称2人。

年末，中心实有在编在岗人数6人，其中专技岗4人，工人岗2人。

2020年，烟草产业服务中心贯彻落实烟草产业发展的方针政

策，统筹协调烤烟生产、收购等工作，协调烟草产业基础设施建设，协调推进烟草产业持续健康发展。

【烤烟收购】 计划收购量1050万千克（比2019年增加12.5万千克），其中指令性计划988万千克，出口备货计划62万千克。实际收购1050万千克，100%完成收购指标；上等烟比例71.05%；均价30.33元/千克，烟农交售收入3.18亿元、烟叶税7006.78万元。实现年初预定的烟农交售收入3亿元以上，烟叶税收0.68亿元以上的目标。各项收购指标与2019年比较：全年累计收购烟叶1050万千克占计划的100%，收购量比2019年增加12.5万千克；上等烟比例达71.05%，比2019年增加0.45个百分点；均价达30.33元/千克，比2019年增加了0.8元/千克；完成烟农交售收入达3.18亿元，烟叶税7006.78万元，比2019年分别增加了1160万元、266.05万元。在全市第一家完成了市委、市政府下达的工作目标任务。

【烤烟种植面积】 计划种植烤烟面积7.6万亩，其中田烟3.55万亩，地烟4.05万亩。

【烤烟种植品种】 2020年，江川区统一种植K326、云烟87两个品种，其中，其中雄关乡调整种植云烟87品种，江城镇调整种植K326和云烟87品种，其他4个乡镇（街道）统一种植K326品种。按品种分，K326计划种植5.1万亩；云烟87种植2.5万亩。按照“三个一律”严格管控品种纯度。

【种烟户】 全区6个乡镇（街道）、56个村委会（社区）、232个村民小组、12991户烟农。

【“2260”高端特色烟叶开发项目】 “2260”高端特色烟叶开发项目是继2017年、2018年、2019年实施的第四年，项目继续在前卫镇实施。项目区100%种植K326品种，项目区涉及7个村民委，41个村小组，3570户烟农，收购计划量3万担，实际完成3万担，上等烟比例69.1%，亩均收入4599.34元。与大面非“2260”区效益比较：大面非“2260”区上等烟比例70.6%，亩均收入4195.93元。

完成“2260”高端特色烟叶开发项目的各阶段检查考核指标并通过省级验收。在红塔集团所属的10个项目区中排名第7名。

【星云湖沿湖生态烟叶种植】 2020年突出“治好一湖水”，全力推进湖泊保护与烤烟产业融合发展新道路。全区在大街、前卫和江城三个乡镇（街道）沿星云湖周边规划种植5000亩生态烟叶替代蔬菜种植。经逐级组织验收、公示、复验后，沿湖三个乡镇（街道）完成种植结构调整5086.77亩，其中烤烟实栽面积4333.67亩，休耕面积753.1亩（大街街道）。烤烟实栽面积中大街街道完成3446.8亩，前卫镇完成411.67亩，江城镇完成475.2亩。

【示范样板】 全区共打造17片示范样板，在“2260”项目区打造3片千亩连片优质烟示范区和2片百亩连片科技样板点；在非“2260”项目区，大街街道打造1片千亩连片优质烟示范区、3片百亩连片科技样板点，其他乡镇共打造4片千亩连片优质烟叶示范区和4片百亩连片科技示范样板点。为全区在各项科技措施的落实和推广起到示范引领促进作用。

【扶贫工作】 2020年全区51个村（居）委会、159个村（居）民小组、建档立卡贫困户881户种植烤烟6175.7亩，占全区烤烟种植面积8.13%，烟叶交售收入2422.2万元，亩均收入3922.15元，户均种烟收入27462.63元。统计数据显示，每年建档立卡贫困户种烟规模均占到全区种烟面积的8%以上，户均收入达到2.7万元以上，在助推脱贫攻坚巩固提升中发挥了稳定家庭经济收入的重要作用。

17座由建档立卡贫困户新建的果蔬烟叶烘干机，在农业部门补贴的基础上，市区两级配套补贴13000元/座。

（李晓静）

交通·邮电

编辑　李立群

交通运输

【概述】　2020年底，玉溪市江川区交通运输局及所属事业单位人员机构编制数52名，实有人数47名，其中，局机关编制13名，实有15名（行政编制11名，实有13名，工勤人员编制2名，实有2名），局属事业单位编制39名，实有32名（其中，江川区地方公路管理段编制19名，实有17名；江川区路政大队编制9名，实有7名；江川区隔河船闸所编制7名，实有6名；江川区公路工程质量监督站编制4名，实有2名）。

【澄川高速建成通车】　澄川高速公路江川段长33千米、估算投资44.59亿元，2020年完成投资1.2069亿元，累计完成投资43.2935亿元。2020年8月31日11时，正式建成通车。

【农村公路建设】　2020年，投资800多万元，完成甸雄路1.4千米、北前路1.7千米、翠小路2.7千米、大环路0.8千米等农村公路建设。

【经济目标任务】　全年完成固定资产投资3.4488亿元，超额完成年初下达计划目标任务0.51亿元的676.2%；完成争取上级资金0.4394亿元，超额完成年初下达计划目标任务0.2480亿元的177.18%。公路运输周转量增速（1—12月错月）完成8.9%，排名全市第一。

【路政管理】　全年，组织开展3次道路环境专项整治活动。出动执法人员200人次，清理拆除失效的交通标识标牌41块；清理拆除公路上非法标志标牌35块；清理非法广告、横幅标语38块；拆除非交通搭接口2处；整治公路乱占乱堆乱放行为88起，督促违法责任人清理公路乱堆乱放堆积物126吨；清理取缔以路为市占道经营18起；整改消除加水违法行为34起。巡查发现公路安全隐患3处，发出安全隐患告知函3份，督促完成安全隐患整改3处。发现侵占路产路权违法行为35起，发出违法行为通知书35份，清理整改侵占路产路权违法行为35起；拆除违章建（构）筑物4处。全年共查处路政案件22件，案件立案率100%，查处率达99%，制止各种侵占路产路权行为355起，公路两侧红线控制率达到了99%。

【维护烟叶收购秩序】　2020年8月21日至10月5日，共抽调执法人员360人次到原江通收费站参与整治“烟叶违法运输”活动。期间检查车辆493辆次，确保江川区烟叶收购工作的顺利开展。

【治超工作】　全年配合公安交警、运政等其他部门参与货车违法行为专项整治，共出动执法人员7957人次，检测货运车辆4673辆次，查获违法车辆2094辆；查处泼洒滴漏车辆1615辆；查处超限车辆479辆，卸载货物24063吨，处罚91.38万元。

【行政审批】　全年共受理公路路政行政许可事项15件，审批行政许可事项5件。

【养护里程】　2020年，区级养护的农村公路共有274条，里程731.629千米，其中国道1条20.85千米，省道1条25.896千米，县

道11条103.109千米，乡道236条549.859千米，村道25条31.915千米。乡村公路中，九溪乡道25条95.335千米，村道3条2.981千米；安化县道1条8.2千米，乡道9条43.389千米，村道1条1.251千米；雄关乡道19条32.42千米，村道2条7.642千米；前卫乡道44条90.43千米，村道9条10.932千米；江城县道1条13.304，乡道57条126.648千米，村道1条0.384千米；大街乡道80条159.521千米，村道9条8.725千米。完成农村公路路面清扫108千米50.7万平方米，修补坑槽216千米34125平方米，修补其他病害228千米10542.72平方米，修补路基缺口85千米1253立方米，清除零星坍方96处1127立方米，桥梁日常检查养护31座920米，涵洞日常检查养护96道716米，清挖排水沟342千米34.2万米，清理路肩548千米54.8万米。

【大中修工程】 2020年，投资192.37万元完成老玉江路K22+000—K21+000段农村公路养护大中修工程；投资360万元（中央车购税）实施农村公路生命防护工程60千米；投资728万元（省级补助资金）完成安防工程104千米。

【四好农村公路】 投资34.23万元，完成北前线小修保养、行道树刷白、6.3千米路面标线和路缘边线的划线工作；投资13.67万元完成东山—泸水行道树刷白、7千米里路缘边线的划线工作；投资20.11万元完成老晋思线小修保养、行道树刷白、5千米路面标线和路缘边线的划线工作。

【公路绿化率】 全年提高县道绿化率95%，超额完成市级下达任务数的100%；乡道达70%，完成市级下达任务数的100%；村道达57%，完成市级下达任务数的100%。

【公路养护率】 农村优、良、中等路养护率得到提高。县道（含地方管理省道）达85%，比市级下达任务数提升1%；乡道达78%，比市级下达任务数提升3%；村道达70%，比市级下达任务数提升2%。

【养护培训】 2020年，投资1万元开展公路养护管理工作现场交流培训会1期，参训人数12人次。

【燃油补贴】 全年兑付城市公交、出租车成品油补贴、运营补助及新能源公交车、出租车购车补贴1332万元。

【客货车辆】 至2020年底，全区有普通货物运输经营业户1807户（2020年新办理235户），4.5吨以上货运车辆2104辆（2020年新办理701辆），客运车辆493辆（班线车辆34辆、公交车284辆，其中新能源公交车143辆、出租车182辆，其中新能源出租车80辆）维修业户185户，道路运输从业人员达20498。

【货运管理】 至2020年底，江川区共有普通货物运输企业13家，危险货物运输企业3家。全年加强危货企业的日常监管，并审核危货车辆共120辆，合格率100%。

【维修企业】 至2020年底，全区共有机动车维修经营业户181户，其中，一类维修企业1户，二类维修企业5户，三类维修企业142户，摩托车维修企业33户。

【驾驶培训监管】 2020年，出动人员105人次，车辆38车次，对驾驶培训行业进行为期5月的专项整治工作。检查教练车辆250车次，查处案件3起，限期整改2起。

【治理非法营运】 通过基层执法车对非法营运进行广播宣传40余条次，向70余名非法营运驾驶员，30余名群众宣传讲解法律法规知识，发放宣传资料180余份。出动执法人员300人次，其中与交警部门开展联合执法2次，收缴私制包车牌22块，检查、登记疑似非法营运车辆40余辆，暂扣涉嫌非法营运车辆11辆，处罚非法营运案件9起（其中网约车1起），查获3起不按照规定给教练车安装培训学时里程记录仪的案件。办理使用擅自改装的车辆从事道路运输经营活动的违章案件5起；办理未取得道路运输经营许可，擅自从事道路旅客运输经营的违章案件10起；办理机动车驾驶员培训机构不按规定给教练车安装培训学时里程记录仪的违章案件2起；不按规定填写驾驶培训记录1起，办理等级评定、年度审验有效期至2020年11月前的违章案件共27起，全部共计45起，共收缴罚款304400元。

【道路运输安全管理】 召开全区道路运输行业主要企业的安全生产例会11次，累计167人次出席会议，学习各类文件68个，传达会议精神5次。联合交警、应急等部门每月坚持以“零容忍、严执法、重实效”的要求，对辖区内9户道路运输重点企业开展包括“春运安全”“扫黑除恶”“消防安全”“反恐维稳”“疫情防控”的各类安全生产检查10次，累计出动检查、执法人员41人次，共检查出一般隐患31条，整改完毕31条，整改完成率达100%。

对7户“两客一危”企业进行车辆动态信息公共服务平台管理，实现对运输车辆的实时在线监控管理；对辖区内2家危险货物运输企业进行电子运单系统管理；对2户班线客运企业接入云南省内包车客运管理信息系统，不具备限速功能的客运班线车辆全部退出市场；对131辆危险货物运输车辆安装视频防碰撞智能监控系统。

（周　愚）

公　路

【概述】　江川公路分局截至2020年12月，有在职职工49人，下设2个公路管理所（竹城公路管理所、侯家沟公路管理所），1个机械化养护和应急中心，负责管养江川境内国省干线公路共计44.578千米的公路管养工作，桥梁4座。其中，国道2条：G245巴中—金平K1763+100—K1797+104、G357东山—泸水K2682+211—K2682+411（合计34.204千米）；省道1条：S214晋城—研和K30+750—K41+124（合计10.374千米）。

【公路养护】　2020年，江川公路分局完成沥青路面养护：灌单条裂缝604米，层铺法罩面（1厘米）281平方米；人工摊铺乳化沥青稀浆封层（1厘米）7864平方米；铣刨铺筑单层沥青混合料路面（4厘米）5191.4平方米；铣刨铺筑级配碎石底基层（15厘米）360.6平方米；铣刨铺筑级配碎石底基层（50厘米）7864平方米，铺筑单层沥青混合料路面（6厘米）8352平方米；贴缝带封边667.5米；加铺沥青混凝土混抗滑（磨耗）层（4厘米）8352平方米。水泥混凝土路面养护：击碎原水泥混凝土路面18797.9平方米；水泥路面裂缝灌缝13253米；破碎铺筑沥青混凝土修复面板（5厘米）940.1平方米；沥青混凝土修补坑洞（5厘米）687平方米；软基换填处理路基病害997平方米；铺筑级配碎石卡缝料（10厘米）11089平方米；加铺沥青混凝土混抗滑（磨耗）层（4厘米）11089平方米。

高度重视路基养护，继续执行“养路面不如养水沟路肩”的理念，加大清挖水沟、清理桥涵的力度，保障排水系统畅通无阻。

全年共完成清扫路面4562481平方米，清理水沟37.61千米，清理路肩边坡杂草120470平方米，清理坍方90立方米，清理涵洞249米/13道，清理桥梁河床83立方米，增做盲沟2道共计23立方米；清理中央分隔带51096平方米，清洗钢护栏31248米，修补隔离带308米；粉刷行道树27250棵，砍伐死树及修剪行道树15棵，绿化带浇灌242998平方米。

【超限治理】　江川公路分局流动稽查站（点）的治超工作以地方政府为主导，互相配合，联合开展。2020年设置固定检查点1个；出动警车358辆次，路政车648辆次，其他车辆39辆次；出动交警1728人次，路政3961人次，运管256人次，其他562人次；共检测车辆6133次，查处各种违法车辆3548起，非法改装652起，泼洒2614起；处罚超限超载车辆282辆次，卸载12711吨。

【安全生产】　江川公路分局强抓安全管理和应急保障工作，对管养公路开展安全隐患排查，重点对施工现场、路基、挡墙、桥梁、涵洞、边坡等重点部位进行检查，2020年共开展专项检查63次，排查整改一般隐患38项。及时制定春节、重大节假日和汛期安全保通、保畅方案，成立应急抢险领导小组，认真落实24小时领导带班值班制度，及时上报值班及应急人员备勤情况，确保公路安全畅通。

【疫情防控】　加强联防联控和群防群治，坚决打好疫情防控阻击战：与地方政府积极配合，在治超站点进行疫情排查工作，投入一线干部职工902人次，检查车辆41572辆（其中省外车辆187辆），检查司乘人员4398人次，出动消杀车辆84辆次，消杀工作人员30人次，累计消杀面积约3.479万平方米；参与社区网格化排查，全面摸排省外返乡人员，共摸排省外返回人员254人。组织党员捐款，助力疫情防控，江川公路分局党员、入党积极分子自愿捐款3650元支持新冠肺炎疫情防控工作。

【专项工程】　2020年，江川公路分局配合玉溪公路局机械化养护和应急中心完成巴金

线K1763+127—K1763+401、K1765+897—K1766+023、K1767+900—K1768+137路段的灾毁恢复重建工程，项目于2020年6月1日开工，2020年9月竣工。

（郑文娇）

电　信

【概述】　江川电信围绕“三大目标、三大任务、三化转型”，深化改革创新，提升质量效率，强化落地执行，推动企业改革发展和党建工作开创新局面；坚定不移推动高质量发展，坚持“三不”原则和“三贴近”的工作方法，强化发展质量的过程管控，积极推进健康可持续发展的良好局面。2020年末，公司共有在职员工29人，其中大、中专以上学历27人，党员10人，平均年龄46岁。

【2020年收入完成情况】　2020年江川电信完成主营收入2964万元。移动业务完成情况：截至11月份累计发展2.1813万户，拆9871户，净增1.1942万户，装拆比为45.25%；移动到达用户数5.2556万户。宽带业务用户截至11月份累计完成5066户，其中农村渠道（四个中心支局）累计完成宽带2459户，占比48.54%；城区支局累计完成1750户，占比34.54%。政企累计完成857户，占比16.92%。

【网络建设】　2020年12月底，FTTH新建端口数为0.7万个，光口总数达到5.27万个，覆盖全区，FTTH端口占比达88.86%，FTTH用户占比达77.68%，达到省公司全光网城市指标要求。完成江通高速，澄川高速，江川区前卫渔村、前卫桃溪、江城松岩、江城黄营等工程杆路改造工程。年内共布放光缆计189次，累计布放光缆约280千米，巡修杆路50次。ODN建设工作新建光交13个，布放主干光缆约为30千米。

对部分基站进行流量、话务量调优，新建替换并开通800M基站21个。全区共有3G基站80个，800M基站120个，现在已经实现全区DO覆盖，800M广覆盖。2020年完成宽带中国农村LTE重耕项目，城区1.8GLTE精品覆盖项目，开通1.8G基站5个，4G基站110个，实现各乡镇点重点区域4G全覆盖，对全区高流量1.8G基站进行带宽扩容；在江川电信老局开通区县公司第一个商用5G基站。

（邓　琼）

移　动

【概述】　2020年，在区委、区政府的支持下，在省、市公司的正确指导下，中国移动云南公司江川分公司组织学习贯彻习近平新时代中国特色社会主义思想和党的十九大精神，始终坚持以“党要管党、从严治党”为主线，紧紧围绕市分公司提出的各项工作目标，认真、高效、创造性地开展各项工作，一年来，持续深化战略转型，公司的转型和发展均取得可喜成绩。

【市场发展】　2020年，江川移动客户数达18万余户，年累计运营收入达9845万元。

疫情期间，江川移动配合区委政府完成云视讯的安装与调测，配合开展“雪亮工程”“明厨亮灶”工程建设，顺利完成江城镇侯家沟村的试点工程建设及江川区所有中小学校的安装验收工作。

【网络建设】　2020年，江川移动继续以“保持4G竞争优势为核心，加快5G基站建设”的目标，根据市场发展需要、客户使用需求、业务发展变化来规划建设、维护优化网络，加快5G建设。

2020年，江川公司为2020—2021赛季中国篮球发展联赛持续做好应急通信保障工作，得到广泛好评。

（全　琳）

财政·税务

编辑　李立群

财　政

【概述】　2020年，区财政局面对突如其来的新冠肺炎疫情和复杂多变的财政经济形势，迎难而上，统筹资金，科学理财，加强管理，克服财政运行困难，为江川决战决胜脱贫攻坚全面建成小康社会提供坚实的财力保障。全区地方一般公共预算收入56,726万元，增加3,045万元，增长5.7%。地方一般公共预算支出210,537万元，增加3,311万元，增长1.6%。

【非税收入管理】　2020年，完成非税收入14,745万元，实现国有土地使用权出让收入61,556万元，纳入专户管理的教育收费1,184万元。

【落实减税降费政策】　2020年，全区减税7,838万元，降费7,911万元。其中累计停征、免征或减征各项行政事业性收费23项金额44万元。

【支持科学技术发展】　2020年，一般公共预算支出中，科学技术支出5,749万元，比上年增加776万元、增长15.6%，占一般公共预算支出的2.7%（指标值为2.5%）。主要用于促进科技计划项目、研发经费及开展科学技术普及等方面支出。

【支持文体传媒事业】　2020年，一般公共预算支出中，文化体育与传媒支出6,916万元，比上年增加4,696万元、增长211.5%，全区人均支出为243元（指标值为220元）。主要用于公共文化馆（站）免费开放，非物质文化遗产传承人补助，文物保护项目修缮，乡镇传习室建设及旅游厕所项目建设等支出。

【支持社会保障和就业工作】　2020年，一般公共预算支出中，社会保障和就业财政支出31,042万元，比上年增加1,588万元、增长5.4%。

【支持医疗卫生事业】　2020年，一般公共预算支出中，医疗卫生和计划生育财政支出19,571万元，比上年增加3,301万元、增长20.3%。

【支持教育事业发展】　2020年，一般公共预算支出中，教育支出43,113万元。主要用于支持各类学生资助补助经费828万元，学校公用经费补助2,588万元，农村义务教育学生营养改善计划补助资金1,383万元，校园薄弱环节改善和能力提升及江一、江二中建设项目资金等5,879万元，省市优秀贫困学子补助110万元，省级免费师范生补助18万元。

【支持公共安全管理】　2020年，一般公共预算支出中，公共安全支出7,718万元。主要用于扫黑除恶专项斗争，法治政府建设及看守所修缮等支出。

【支持基层组织建设】　2020年，一般公共预算支出中，一般公共服务支出18,480万元。主要用于城市党建及党群服务中心建设、乡镇（街道）党（工）委及区直部门党（工）委和基层党组

织党建工作、农村困难党员关爱补助、全国文明城市提名及第七次全国人口普查等工作。

【支持地质灾害防治】 2020年，投入地质灾害综合防治资金384万元，主要用于翠峰村委会招益村滑坡泥石流治理和雄关白石岩小组滑坡、下营村委会爬地小组不稳定斜坡治理项目解除威胁情况1037人；地灾监测点56名监测员经费等。

【支持交通事业发展】 2020年，交通行业资金支出2932万元。其中中央资金925万元，省级资金1028万元，市级资金295万元，区级资金684万元。主要用于油价财政补贴、新能源公交车运营补助、县乡道安全生命防护工程、农村公路养护等。

【支持农业事业发展】 2020年，农业支出10393万元。其中科技转化与推广服务323万元，病虫害防控579万元，农业生产发展资金327万元，高标准农田建设资金1472万元，耕地地力保护补贴517万元。

【支持林业事业发展】 2020年，林业支出3055万元。其中禁食野生动物退出人工繁育补助396万元，森林生态效益补偿236万元，国家公益林补偿资金187万元，天然林停伐管护补助107万元，森林资源培育115万元，森林防火经费200万元，湿地保护583万元。

【支持水利事业发展】 2020年，水利支出7459万元。其中农村水利工程建设资金4643万元，防汛抗旱资金513万元，九溪河治理征地补助395万元，河长制工作经费50万元。

【支持环境保护事业】 2020年，投入环保治理资金30195万元，其中中央资金8744万元，省级资金3726万元，市级资金5803万元，区级资金11921万元。主要用于星云湖保护治理。

【支持脱贫攻坚工作】 2020年，投入财政专项扶贫资金2010万元，其中中央786万元、省级521万元、市级96万元、区级509万元，收回结余资金分配99万元。其中用于产业扶贫资金666万元，占财政专项扶贫资金33.1%。财政专项扶贫资金共计完成报账支出1,960万元，报账率97.5%。

【支持农村“厕所革命”】 2020年，为支持农村人居环境整治，财政共计投入农村“厕所革命”资金3,413万元，其中中央1,570万元、省级640万元、市级1,003万元、区级200万元。

【加大粮油安全投入】 2020年，投入粮食风险基金、耕地地力保护、产油大县奖励项目和粮食产后服务体系项目建设补助资金1,174万元。

【涉农保险项目】 2020年，投入467万元，为6万户农村居民、1.41万头能繁母猪、6.8万头育肥猪、1.17万亩水稻、2.93万亩玉米、2万亩油菜、56.92万亩森林办理政策性保险，群众获保险赔付184万元，其中农房保险获赔44万元。

【扶持民营经济企业发展】 2020年，全区发放创业担保贴息贷款789户15,232万元，其中小微企业12户3,219万元，个体工商户777户12,013万元；期末贷款余额25,803万元，实现财政贷款贴息1,457万元。

【支持城镇保障性安居工程建设】 2020年，老旧小区改造（美丽小区建设）项目建设投入资金2270万元，用于30个城镇老旧小区改造配套设施建设。

【推进财政国库管理制度改革】 2020年，财政直接支付完成64,057万元，累计下达预算单位授权支付额度134,536万元，财政直接支付和授权支付占地方公共财政预算支出的比例达95.8%，进一步加强财政资金监管，确保财政资金的安全运行。

【差旅电子凭证网上报销改革】 按照上级财政部门的要求，2020年8月江川区全面推广差旅电子凭证网上报销改革工作，共127家预算单位纳入改革范围，全年累计报销金额109万元，进一步规范差旅报销工作。

【预算执行动态监控管理】 2020年，共监控国库集中支付资金144,766万元，其中预警监控212,520万（规范类11,503万元、核实类201,017万元），主要是现金支付公务卡强结算目录、单笔向个人账户转款、支付用途出现违规关键字等资金使用不符合财政管理相关规定，从源头坚决制止和纠正违反财经纪律的行为，确保财政资金规范使用。

【扶贫资金动态监控管理】 2020年，共监控扶贫资金3673万元，支付扶贫资金3616万元，支付率93%。

【直达资金动态监控管理】 2020年，共收到直达资金27,891万元（直达资金14,372万元，参照直达资金13,518万元），形成支出26,036万元，支出进度达93.3%（直达资金支出进度93.1%，参照直达资金支出进度93.6%）。

【争取上级资金支持】 2020年，共争取上级资金126,852万元，其中中央和省级资金113,701万元，市级资金13,151万元，提高财政资金使用效率。

【做好预决算信息公开工作】 2020年，继续加大政府预决算及全区62个部门预决算、“三公经费”等信息公开，公开率100%。

【盘活存量资金】 2020年，累计盘活财政存量资金15,949万元，其中盘活预算单位存量资金10,660万元，财政专户存量资金5,289万元，进一步提高财政资金的使用效益。

【政府性债务管理】 2020年，争取地方政府债券转贷资金1.61亿元。其中，再融资债券1.11亿元，新增学前教育补短板专项债债券0.5亿元。

（周芸莹）

税　务

【税费收入完成情况】 2020年，江川区税务局共组织税费收入合计131,983.25万元，同比增收7,779.22万元，增幅6.26%。其中组织税收收入合计81,044.10万元，同比增收7,452.85万元，增幅10.13%。组织非税收入合计4,595.46万元，同比减收348.40万元，减幅7.05%。组织社会保险费收入合计43,269.74万元，同比增收520.77万元，增幅1.22%。组织其他收入合计3,073.95万元，同比增收154.00万元，增幅5.27%。

【主要税种收入分析】 2020年，增值税累计入库38,087.87万元（含改征增值税13,770.31万元），同比减收2,664.67万元，减幅6.54%；企业所得税累计入库14,280.59万元，同比增收3,896.84万元，增幅37.53%；个人所得税累计入库3,027.27万元，同比增收534.30万元，增幅21.43%；车辆购置税累计入库3,163.23万元，同比增收2,620.33万元，增幅482.65%；消费税累计入库16.66万元，同比减收6.21万元，减幅27.13%；资源税累计入库943.92万元，同比减收132.14万元，减幅12.28%；印花税累计入库473.28万元，同比增收40.99万元，增幅9.48%；房产税累计入库1,195.77万元，同比减收46.39万元，减幅3.73%；城镇土地使用税累计入库1,101.88万元，同比减收31.48万元，减幅2.78%；土地增值税累计入库3,150.30万元，同比增收916.78万元，增幅41.05%；城市建设维护税累计入库2,299.20万元，同比增收158.97万元，增幅7.43%；车船税累计入库1,168.76万元，同比增收195.56万元，增幅20.09%；契税累计入库2,666.23万元，同比减收334.99万元，减幅11.16%；耕地占用税累计入库2,254.17万元，同比增收1,993.32万元，增幅764.17%；环境保护税累计入库190.29万元，同比增收44.16万元，增幅30.22%；营业税累计入库17.90万元，同比增收1.43万元，增幅8.69%。

【社会保险费及非税收入分析】 2020年，江川区教育费附加累计收入1,100.45万元，同比减收76.76万元，减幅6.52%；地方教育费附加累计收入733.98万元，同比减收51.07万元，减幅6.51%；其他非税收入累计入库2,761.03万元，同比减收220.57万元，减幅7.40%。社会保险费中，企业职工基本养老保险费完成10,025.16万元，同比减幅4.30%；城乡居民基本养老保险费完成2,150.10万元，同比减幅16.46%；机关事业单位基本养老保险费完成12,232.21万元，同比减幅1.13%；职工基本医疗保险费完成12,035.28万元，同比增幅5.62%；城乡居民基本医疗保险费完成6,010.20万元，同比增幅12.59%；失业保险费完成522.71万元，同比减幅10.55%；工伤保险费完成293.53万元，同比减幅36.86%；生育保险费完成0.54万元，同比减幅99.90%；其他社会保险费无入库。

【减税降费】 2020年，江川区累计新增减税降费7,838.32万元，其中2020年出台的支持疫情防控和经济社会发展税费优惠政策新

增减税降费5984.82万元；2019年年中出台政策在2020年翘尾新增减税降费1,853.50万元。

【出口退免税】 2020年办理出口退（免）税备案企业23户，实际发生出口退税业务的企业4户。发生免抵退税额516万元（其中退税额463万元，免抵税额53万元）。

【优化税收营商环境】 2020年，江川区税务局深化认识，明确工作目标和重点，不断完善提升新发展阶段税收现代化的六大体系、六大能力、十大举措，持续优化营商环境。贯彻落实征管规范（2.0版）、纳税服务规范（3.0版）、办税指南等制度规范，持续提高办税缴费统一化、规范化、标准化水平。以“战疫情促发展　服务全面小康”为主题，继续深入开展“便民办税春风行动”，落实总局提出的20条便民办税、缴费新举措。响应推进政务服务“一网、一门、一次”改革的要求，2020年4月27日办税服务厅整体入驻江川政务服务中心B区并正式对外办公，根据业务需要在税务服务区设置20个窗口，不动产服务区设置1个窗口，在自助办税区增设六台自助办税终端机，涵盖各项涉税业务，基本满足纳税人和缴费人的日常业务办理需求，有效提升办税缴费体验。深化“放管服”改革，打造“窗口受理、内部流转、限时办结、后续监管”的涉税事项工作模式；推行“承诺制”容缺办理，简并涉税事项流程、精简报送材料；推广“非接触式”办税缴费服务，让走“网路”代替走马路，2020年共完成235户次19099份发票邮寄业务，推广区块链电子发票应用2件。开展纳税人大走访活动，重点对2019年度1700户有税户进行走访，由区局党委挂帅、分管局领导分片负责、税源管理分局及业务部门分片包干、税收管理员责任到人，“面对面”“一对一”抓好政策宣传辅导，充分听取纳税人缴费人的意见建议，及时发现问题，解决问题，提高纳税人缴费人的获得感、认同度。

【便民办税春风行动】 开展第29个税收宣传月活动，聚焦“减税费优服务　助复产促发展”的主题，开展“走访代表委员　助力复工复产”活动，收集完善税费政策和改进服务举措的意见建议；开展个税年度汇算宣传活动，通过微信群、QQ群等“线上”方式推送政策1874条次，进行宣传辅导236次，现场宣传15场次，收集纳税人缴费人意见建议112条，回应解决112条；开展形式多样的线上宣传活动，制作《个税系列》答疑解惑短视频1条、拍摄情景剧1条、制作投放漫画、海报共14组；政策辅导再下沉，主动上门服务，助力电商迎战“双11”；结合地方特色开展主题税宣活动，走进玉溪市滇瓦紫砂工艺厂和矣文“小龙茵”绣娘基地，宣传扶持地方特色传统手工业的税费优惠政策，助力非物质文化传承推广。

【个人所得税年度汇算工作】 首次开展个人所得税年度汇算工作，江川区税务局加强内部学习，组织开展2场专题培训，围绕综合所得年度汇算事项、自然人电子税务局、专项附加扣除信息核验等内容对局内各部门共计124人开展业务培训，提升税务干部个人所得税年度汇算应对能力；强化外部宣传辅导，一方面充分运用税企微信群、QQ群、办税服务厅开展汇算政策普及性宣传辅导，另一方面采取“包干到户”的模式，开展“点对点”式的精准辅导，2020年累计受理个人所得税咨询300多次，发放个人所得税宣传材料1000多份，为个人所得税年度汇算工作顺利进行打好基础。依托税收大数据，深入分析汇算人群特点，对汇算人群进行分类，坚持“先易后难、先简后繁”原则，周密制定不同应对措施，采取分阶段宣传辅导和点对点提示提醒服务等方式，先引导收入结构单一、涉税事项简单的纳税人办理，再重点引导收入来源多、补税金额大的纳税人办理；空间上汇算人数较少单位加快引导进度，确保完成一批跟进一批，按照时间节点完成对汇算人员的引导服务工作。对于主动通过网络、邮寄、大厅等方式办理汇算申报的纳税人，随时做好服务咨询工作。自然人管理团队承接上级下发风险任务10个批次，核查疑点数据，做好个人所得税异议申诉核查工作。对于提出退税申请的纳税人，按照“机审为主，人工审核为辅”的原则，科学把握工作进度，严格按照审核流程，做好相应退税工作。

【社保费阶段性减免】 根据国务院、省、市各级人民政府关于阶段性减免企业社会保险费的有关文件要求，江川区税务局与人社、医保部门配合，落实社保费减、免、缓、延、退工作。实地了解企业复工复产情况，了解其经营困难，并联合人社、医保部门开展疫情防控社保费优惠政策宣传信息发布，通过纳税服务群、发放宣传单、上门辅导等形式宣传社保费免、减、缓、延、退政策；针对尚未参保的个体工商户，了解其未参保原因并进行政策宣传讲解、告知办理流程，对于缴费人的疑问及时做好解答工作。同时，通过单位内部学习，下发各级实施方案及宣传材料，跟踪各项数据等方式，推动社保费阶段性减免工作以点带面全面进行。

【依法治税】 依法依规开展税务行政审批改革工作，在“云南省人民政府重点工作通报网站”“江川区政府信息公开门户网络”全面公开本级税务行政审批事项目录；落实一次性告知制度，及时受理审批申请，按照规定条件、标准、程序、时限作出审批决定，对已取消和下放的税务行政审批事项加强后续管理。部门间加强协作，开展排查整治工作，对重点行业开展综合治理；强化税收征管，抓大不放小，减少跑冒滴漏，堵塞税收漏洞；加强税务稽查评估力度，实现以查促收，2020年入库查补税金334.21万元，全年共进行税务行政处罚25件，收缴罚款1.98万元。执行税务行政处罚自由裁量适用规则和执行标准，结合江川区税务局实际，研究制定《国家税务总局玉溪市江川区税务局税务行政处罚标准（试行）》，规范自由裁量权行使，减少执法随意性，规避执法风险，保护行政管理相对人合法权益，促进执法公正。

【扫黑除恶】 加大涉黑涉恶线索排查力度，持续加强对辖区内纳税人尤其是涉黑涉恶案件易发行业领域纳税人的监督管理工作，同时加大涉黑涉恶问题线索的摸排力度；配合政法机关开展调查取证，及时查询、冻结黑恶势力资金账户，共同打击黑恶势力洗钱犯罪，加强对后台数据的进一步整合，筛查发现的可疑数据，在“打财断血”上充分发挥江川税务的作用；进一步畅通监督渠道，以公布监督电话、设立举报信箱等形式，接受社会各界和纳税人的监督；将扫黑除恶专项斗争工作纳入绩效考核范围，加强对干部的考核力度，在年初制订绩效考核方案时，将扫黑除恶相关工作纳入考核范围，与其他各项重点工作“同部署、同落实、同考核”。

（张　梦）

金融·保险

编辑　李立群

中国人民银行

【概述】 2020年，中国人民银行江川支行围绕“严党建、转作风、强基础、谋创新”的工作主线，始终坚持以习近平新时代中国特色社会主义思想为指导，坚决贯彻落实党中央和上级行的各项决策部署，始终坚持稳中求进工作总基调，坚持新发展理念，坚持高质量发展的要求，严格内部管理，夯实基础工作，围绕地方经济社会发展目标，强化金融对实体经济支持力度，切实防范金融风险，有效提升金融服务水平。

【信贷管理】 2020年，江川区银行机构各项贷款余额138.53亿元，同比增14.27%；各项存款余额145.06亿元，同比增3.84%；落实降准政策，为两家地方法人金融机构释放约1.18亿元可贷资金，全部用于普惠金融领域信贷投放；1—12月全区银行业为企业减费让利1694.33万元，其中利息减免1260.34万元。拓展应收账款融资服务平台推广应用，截至2020年末江川区各金融机构新增在平台上注册企业户数387户，开通企业户数126户，平台融资笔数1笔，金额500万元。落实利率市场化改革政策措施，自2020年8月20日人总行推出LPR市场化改革以来，江川支行紧跟上级部门对LPR市场化相关工作的安排部署，做好LPR市场化工作，密切关注相关舆情信息，配合利率市场化改革政策在江川辖内落地并顺利实施。

【金融统计】 2020年，江川支行执行金融统计制度，规范采集、披露统计信息，传达各项金融统计制度，组织辖区金融机构相关人员开展统计业务培训，完成金融业统计平台的上线，完成单位贷款基础数据采集工作，完成农户贷款借款人信息采集审核工作。按时上报金融统计各批次数据，确保数据真实、及时、准确。及时向区委、区政府及相关经济部门报送金融统计数据信息，为政府经济统计分析提供数据支持。

【征信管理】 2020年，江川支行强化征信管理，对接入机构征信合规监管。全年江川辖区金融业机构没有发生违规使用和信用报告泄露等征信信息安全问题。开展征信合规与信息安全年度考核评级。开展对辖区接入机构的考核评级工作。接入机构征信业务非现场监管平台。人行江川支行配合并督促玉溪市江川区农村信用合作联社对12户企业开展央行内部（企业）评级信息采集工作。12户参评企业评级状态全部显示为已审查、已评级、已审核通过。2020年7月自助查询机升级实现扫码支付查询个人信用报告，人工查询个人信用报告7笔，其中国家机构查询2笔，企业信用报告110笔。截至2020年12月末，玉溪市江川区累计创建信用乡镇1个（玉溪市江川区安化乡）；信用村委会15个，比上年新增4个；信用村民小组建设72个，比上年新增19个，完成年初目标。其中江川联社累计创建信用乡镇1个（玉溪市江川区安化乡），信用村委会10个，信用村民小组52个；邮储银行江川支行在上年农村信用体系创建工作的基础上加大宣传和投入，创建信用村委会5个，信用村（居）民小组20个。

【金融稳定】 督促地方法人金融机构强化内控和风险防范机制。支持地方法人机构不良资产处置，化解存量包袱，提高资产质量，补足资本金，确保稳健运行。截至2020年12月末，全区银行业不良贷款余额2.69亿元，不良贷款率1.96%，其中，农信社不良贷款余额21494.44万元，不良率4.94%，较年初下降1.02个百分点，较峰值下降11.35个百分点，提前完成“问题机构”出列目标。发挥金融管理防范风险的作用。做好存款保险工作，加强存款保险组织实施情况的检查督导，提升存款保险评级的质量和水平。依法合规开展“两综合、两管理”，发挥其在加强金融管理和维护金融稳定中的作用。深入开展金融消保工作，抓好《中国人民银行金融消费者权益保护实施办法》的贯彻落实，提升普惠金融、金融知识宣传的针对性和有效性。配合做好防范和处置非法集资工作。深入推进互联网金融风险专项整治，落实好非银支付领域互联网金融风险整治，依法处置违法违规行为，净化支付环境。

【普惠金融】 2020年，人民银行江川支行引导金融机构践行普惠金融服务理念，进一步拓展普惠金融服务的广度和深度。江川便民金融服务全部覆盖。全区金融网点数37个，其中乡镇金融网点覆盖率达100%。人口基数大的村级行政区基本都布有ATM机和pos机，金融服务村级行政区覆盖率达76%。建惠农支付点29个，村级覆盖率达38%。助农取款将支付服务渠道延伸到村一级。全面消除金融服务空白乡镇，“三农”金融服务澄盖面进一步扩大。提升“三农”特色服务，打造升级便民金融服务。重点推动普惠信贷创新产品，针对下岗工人、城乡妇女就业创业等民生问题，人民银行江川支行加大与地方政府协调力度，推动下岗失业人员小额担保贷款、妇女小额担保贷款等政策性信贷产品创新发展，截至2020年12月末，3家银行机构累计发放创业贷款742户，金额12815万元。营造环境，推动金融生态环境优化改善。推进农村信用体系、企业信用体系建设，探索实践“征信宣传教育融入国民教育体系”的工作部署，打造“信用江川”，巩固云南江磷集团股份有限公司、阳光食品2个“诚信教育基地”，并建立长期性、系统性的企业征信宣传机制，将征信文化建设与企业文化建设有机结合。推进普惠金融服务站建设，2020年末共建成14个普惠金融服务站。加大金融知识宣传力度，江川支行在全区共组织50多次金融知识宣传活动，共发放各类宣传折页20000多张，起到良好的宣传效果，惠及全区数万民众。

【国库会计】 做好国库日常核算，截至2020年12月底，TCBS共办理预算收入业务109,785笔，金额218,559.75万元，预算支出44,827笔，金额382,863.34万元，办理退库业务5,334笔，金额5,804.06万元，更正调库64笔，金额16,945.29万元，其他53,487笔，金额42,105.77万元。做好国库监管及财政国库授权支付工作，做好银行账户管理和人民币管理，确保防疫资金及时到位，建立财库银协同工作机制，加强与财政部门、金融机构的沟通联络，掌握防控资金划拨需求，资金拨付速度，开辟疫情防控财政资金划拨“绿色通道”，确保防控资金及时拨付抗疫一线。

【反洗钱管理】 做好辖区内金融机构反洗钱分类评级及考核评级工作，按照昆明中支转发的中国人民银行关于印发《法人金融机构反洗钱分类评级管理办法（试行）》的通知要求，坚持务实可操作的工作原则，根据反洗钱考核评级实施管理办法，组织完成辖内23家义务机构2019年度的考核评级工作，利用反洗钱信息管理系统，做好监督管理的工作，提高反洗钱信息化水平。做好对辖内义务机构的监管和管理。根据上级行工作要求及支行工作安排，完成两家机构的约见谈话、三家保险公司进行监管走访及两家银行业金融机构的质询。督促其对存在的问题进一步做好整改工作，做好反洗钱工作。

【现金管理】 2020年，江川支行做好辖内现金管理、资金供应分析工作，督促各金融机构认真执行大额现金登记制度。做好现金服务民生工作，做好新冠肺炎疫情防控期间现金供应，持续推进硬币自循环工作深入开展，完善现金服务示范区工作建设，优化现金使用环境，加强流通中人民币管理，继续做好拒收现金整治工作。做好人民币反假、残损币鉴定与兑付、假币收缴工作、人民币图样专项整治工作。

【移动便民支付】 开展移动支付便民场景建设。截至12月末，江川完成2个交通场景、2个校

园场景、TOP品牌酒店（景湖酒店）、2个政务场景、5个医院场景以及一个商圈（乾景商业中心）的缴费场景的建设，同时线下零售、连锁、餐饮等各领域共371户商户全部布放可支持移动支付的设备，全面推进移动便民工程在江川区开展。

【电信诈骗】 打击治理电信网络新型违法犯罪工作。组织召开江川区金融系统打击治理电信网络新型违法犯罪专题会，协助配合公安局制定《江川区金融系统打击治理电信网络新型违法犯罪专项整治行动方案》，并组织全区金融机构针对涉赌涉诈、电信网络诈骗等犯罪的资金特征，开展账户排查；根据《云南省金融业打击治理缅北地区电信网络新型违法犯罪工作方案》，组织辖内村镇银行开展打击治理缅北地区电信网络新型违法犯罪工作，督促其对涉及各项系统进行更新升级；从4月起，组织全区根据《关于开展云南省金融业打击治理电信网络新型违法犯罪宣传工作的通知》，在全区范围内广泛开展宣传；从9月起，根据人行、公安、银保监、外汇管理局联合开展为跨境赌博、电信网络诈骗等违法违规活动提供支付结算服务风险排查与整治工作文件的通知，组织辖区金融机构全面开展排查与整治，同时组织开展“断卡”行动排查工作。

（金巧燕）

建设银行

【概述】 2020年末，中国建设银行股份有限公司玉溪江川支行在职员工27名，内设办公室和客户部，下设营业部和建川分理处两个对外网点；共有星云路、宁海路、乾景商业中心、湖滨路4个自助银行，为全区人民提供24小时不间断金融服务。

【业务经营概况】 2020年末时点存款20.87亿元，日均存款23.97亿元，较年初22.19亿元减1.32亿元，减少6%。其中对公存款时点余额7.81亿元，较年初减0.56亿元，存款减少主要是职业年金上划管理；个人存款时点余额13.06亿元，较年初减少0.82亿元，减少原因主要是棚改客户购房大量支用；各项贷款余额16.43亿元，较年初6.81亿元增加9.62亿元，全年实现拨备前利润0.36亿元。

【普惠业务】 支行按照国家、上级行要求，助力复工复产，依托电子科技，加大普惠业务的拓展，全年新发放普惠贷款0.65亿元，较好地助力企业复工复产。

【参与地方工作】 参与地方“创卫”“创文”工作，全年共制作各类宣传海报4期12幅，组织人员按周上街清洁家园、入户宣传、交通执勤等。履行河长制职责，为保护母亲湖作出一定贡献。指派专人与包村点联系做好扶贫工作，组织支行全员捐款3000余元为帮扶村贫困户“送温暖”，为帮扶点开展金融知识宣讲2场。

（杨留柱）

农业银行

【概述】 截至2020年末，农行江川支行有在职员工75人，其中党员54人。内设客户部、综合管理部2个机关部室。下设支行营业室、大街支行、江城支行、信誉分理处、九溪分理处5个对外营业机构。设有1个党委，8个党支部。2020年各项存款存量占市场份额42.94%，各项贷款存量占市场份额38.9%。

【信贷业务】 2020年新增农户贷款2608万元，发放惠农E贷4365万元，开展农户信息建档工作，收集农户信息资料835户，授信18325万元；发放小额担保财政贴息贷款73户1095万元；E户E贷准入江川区人民医院医护人员47人，授信779万元；导入教师E贷352笔，授信3591万元；开展个人生产经营贷款，助力小微企业发展。

【金融服务】 2020年，普惠金融贷款完成2502万元，其中普惠法人增量2023万元；普惠农户增量862户，小微企业法人贷款客户数增量15户。开创“科创贷”产品支持民营企业发展，投放扶贫贷款1524万元，建立8家普惠金融服务站，助力脱贫攻坚。

（胡兰仙）

农村信用合作联社

【概述】 2020年，玉溪市江川区农村信用合作联社（以下简称“江川区联社”）围绕疫情防控、金融支持“六稳”“六保”，服务脱贫攻坚、乡村振兴以及普惠金融等重要工作部署，各项工作和业务指标实现稳中向好的发展态势。截至2020年末，全区信用社共有在职职工184人，机关内设有11个部室，下辖17个营业网点，年末各项存款余额664429.45万元，各项贷款余额434720.82万元，实现营业收入32847.28万元。

【支持小微企业信贷】 2020年，江川区联社金融结合“百行进万企”“民营及小微企业首贷培育”等活动，采取无还本续贷、减费让利等措施，支持中小微企业复工复产。截至2020年末，累计对122户企业、小微企业主及个体工商户首次授信3079万元，发放贷款2469万元，小微企业贷款余额100653万元，较年初增加1535万元，增幅15.4%；小微企业法人贷款平均加权利率5.66%，较年初下降0.7个百分点，个体工商户及小微企业主贷款平均加权利率6.60%，较年初下降0.88个百分点；向人民银行申请专项再贷款1589万元，进一步扩大对小微企业及三农的信贷支持力度；发放贷免扶补等政策性贷款1027笔10577.6万元；全年代发财政涉农补贴16.67万笔，金额1352.88万元。

【合规建设】 有针对性地进行管理条线和业务条线制度的“废、改、立”工作，全年共印发《授信工作尽职调查和问责管理办法（试行）》《授信业务授权管理办法（修订）》等各类制度29个；组织全体干部员工参加上级部门及江川区联社自行组织的信贷、科技等业务培训，全年共组织培训20余次，参训人员超过700人次，强化干部员工的业务技能和合规意识。

【成立人民调解室】 在玉溪市银行业协会与江川区人民法院的共同主导下，江川区联社牵头携手江川区内多家银行成立人民调解工作室，使许多事实较为清晰、标的较小的纠纷免于进入复杂的诉讼程序，快速化解，有效促进全年不良贷款现金清收取得较好实效。

【LPR利率定价转换】 按照省联社及人行关于LPR利率定价转换工作的要求，组织人员开展业务培训，制定转换工作方案，通过各类载体进行公告及宣传，推进转换工作计划，全年累计完成转换合同12272个，涉及合同金额140272.77万元，完成进度达100%。

【“两险”代理征缴】 推进城乡居民养老保险直连发放业务的上线运行，提高城乡“两险”发放效率，降低代发业务运行风险；做好城乡“两险”代理征缴工作，全年共计代理征收城乡“两险”23万余笔。

【业务创新】 推出“金碧惠医贷记卡”和“金碧小微贷记卡”“金碧爱奇艺贷记卡”及个人自建房贷款等产品，年内发放各类贷记卡累计6059张，发放个人自建房贷款413笔，金额5620.64万元。

【荣誉表彰】 江川区联社机关团支部被共青团玉溪市委及共青团江川区委分别授予“玉溪五四红旗团支部”和“江川区青年文明号”两项荣誉称号；荣获云南省银行业2020年“促合规、守底线、防风险”金融法律法规知识线上竞赛一等奖；荣获2020年玉溪市银行业“强内控纪律，促清廉金融”金融法律法规知识竞赛一等奖；荣获2020年度玉溪市银行业信息宣传工作二等奖。

（李　娅）

邮政储蓄银行

【概述】 2020年，邮储银行玉溪市江川区支行在区委、区政府的关心和指导下，在上级行的正确领导下，按照“强发展、重效益、控风险、稳质量”的发展思路，以严控风险为核心，以发展为第一要务，扎实推进各项业务的发展。围绕年初制定的工作目标和措施，各项经营发展工作总体平稳。

2020年，江川区支行共有员工24人，内设综合管理部、信贷营业部两个部门，下设江川区支行营业部一个自营网点及五个邮政代理网点。截至12月31日，全区邮储存款余额为79648.76万元，贷款余额45238.53万元，完成业务收入1953.64万元。

【信贷业务】 截至2020年12月31日，贷款结余45238.53万元，较年初增长20359.65万元。全区共发放个人贷款22445.3万元，其中小额贷款余额3210.3万元，商务贷款发放1186万元，消费贷款发放8432万元，再就业贷款发放5575万元，畜牧贷款发放875万元，扶贫贷款发放1599万元。

【个人金融业务】 2020年，个人储蓄余额79648.76万，较年初增长55383.19万元；销售理财产品4845.66万元，理财产品保有量5149.23万；代办保险128.2万元；销售基金398.12万元；累计发放借记卡7826张；信用卡累计发放2618张。

【公司业务】 2018年12月31日，公司业务余额6636元，较年初负增长1236万元。

（耿丽娟）

农业发展银行

【综述】 2020年，江川区支行在市分行、区委区政府和人民银行等监管部门的领导下，坚持稳中求进的工作总基调，以党建为统领，全力服务粮食安全、脱贫攻坚、乡村振兴等“三农”重大战略，面对疫情防控、复工复产以及经济发展不确定等形势，紧跟区委区政府工作部署，有效发挥农业政策性银行“当先导，补短板、逆周期”的职能作用。

【支持抗疫战疫和复工复产】 加大重点粮食企业支持力度。江川支行坚守粮油主业，在抗疫过程中，发放应急贷款250万元，帮助企业采购玉米112万千克，保障市场粮食供应，共支持粮油企业4户，审批并投放粮食贷款5860.71万元，保障农民收益，筑牢粮食安全防线；续贷中长期贷款38000万元，保障企业用款需求，促使杞麓湖国家湿地公园、呈澄一级路连接线等已开工项目顺利复工。

【服务脱贫攻坚】 完成省统贷扶贫资金52笔6682.37万元的支付，其中四县（区）省统贷水利扶贫资金5805.9万元、江川区及澄江市省统贷易地扶贫搬迁资金354.85万元、建制村硬化路项目资金521.62万元，确保开工项目及时复工；全年，发放扶贫贷款1470万元，支持企业向建档立卡户收购农产品资金需要。

【参与项目融资】 成功介入云南省2020年“四个一百”重点建设项目—中山大学澄江医院项目融资。通过成立专业项目组，采取跨区域上门服务、为政府提供专业融资策划等方式，推动云南国际健康城·中山大学澄江医院建设（一期）100000万元现代农业园区固定资产中长期贷款项目获批。

【推动普惠金融】 2020年，支行为客户减费让利共计50.6万元。其中小微企业贷款客户减费让利4.95万元，有效解决企业融资难，融资贵的问题。年内，新合作1户小微客户，小微企业贷款余额1520万元，比年初增111%。

（李雨婷）

人保财险

【概述】 2020年，中国人民财产保险股份有限公司江川支公司（简称：人保财险江川支公司）有在职员工27人，公司经理室下辖综合部、理赔分部、出单分中心、车险部、商非业务部、个代部、江城营销服务部。公司全年保费收入5688万元，赔付各类案件6237件。

【疫情期间助推企业复工复产】 2020年江川公司响应国家号召，全系统在做好自身防疫工作的同时，出台助推企业复工复产的“十项”举措，其中包括赠送出征疫情的医护工作人员传染病保险；赠送38家江川当地企业雇员传染病保险、营业中断险；缓解企业资金压力，适当缓解保险保费；提供融资服务等，帮助企业特别是中小微企业共渡难关，平稳有序复工复产。

【推进新农村农房保险保障】 农房保险是区政府政策性统保项目，2020年，共发生212起赔案，赔付金额53.78万元，实现保险对社会事务管理的有效参与。

【完成全区能繁母猪、育肥猪承保】 人保财险江川支公司为全区能繁母猪、育肥猪办理统一承保工作。2020年共受理能繁母猪案件410件，为能繁母猪养殖户挽回经济损失62.6万元；受理育肥猪案件1049件，为育肥猪养殖户挽回经济损失112.2万元。

【完成全区政策性农险水稻、玉米、油菜承保工作】 人保财险江川支公司作为主承保方为江川区29293.9亩水稻、11651.5亩玉米、20000亩油菜办理承保工作，为广大农户分散农业风险，促进农民收入可持续增长。2020年共受理种植险6件，为农户挽回经济损失30.72万元。

【推出“建筑工程类保证保险”】 2020年为4家建筑公司办理工程完成履约保证保险，担保金额为47.62万元，保险费为0.9万元；为3家建筑公司办理农民工工资支付保证保险，担保金额为406万元，保险费为4.3万元。

【开展文明单位创建工作】 2020年，作为十五届省级文明单位，公司推进社会主义核心价值体系建设，不断提升全体员工的思想道德素质。通过在公司内开展4期道德讲堂活动，使公司的两个文明建设不断迈上新台阶。同时在公司大厅设立志愿者服务站，向群众提供免费提供借雨伞、针线盒、简单医疗品等志愿服务，2020年累计提供服务40余次。

（史春丽）

教育·体育

编辑　徐凡清

教　育

【概述】　2020年全区有学校136所，小学57所（乡镇中心完小12所、村完小43所、教学点2个），乡镇中学12所，普通高中2所，职中1所，进修学校1所，公办幼儿园所45，民办幼儿园18所（普惠性民办幼儿园14所）。有教学班1100个，其中幼儿学前班276个、小学512个、初中187个、普通高中92个、职业高中33个。在校生36742人，其中在园（班）幼儿数8518人、小学15403人、初中7188人、普通高中4535人，职业高中1098人。学前三年儿童毛入园率86.76%，普惠性幼儿园覆盖率91.63%，公办幼儿园占比62.08%。九年义务教育巩固率94.82%，高中阶段毛入学率97.79%。现有教职工2346人，专任教师合格率高中100%、初中100%、小学100%。

【学校安全管理工作】　一是完善中小学幼儿园风险防控体系。全区学校投入经费452万元，配置专职保安178名；配置各种门卫安防器材776件（套），配置消防设施4728件（套），安装监控探头2325个。79所公办学校安装“一键式”报警系统并与公安联网。推进学校食堂“6T”实务管理和“明厨亮灶”工程，全区学校食堂“6T”实务管理达标率84.3%，“明厨亮灶”工程达标率100%。建立健全学校安全风险研判、预警和处置机制，提升学校安全预防与应急管理水平。二是加强学校及周边安全环境综合整治。教育、公安、交通、文化、卫生、应急、市场监管等部门联合开展校园安全大检查7次，及时消除安全隐患。三是建立学校、家庭、社会管控联动机制。采取强有力措施，综合施策，确保今年未发生溺水、交通等事故，深入家庭做好民办教师的思想工作，维护社会稳定。

【学前教育普及普惠发展】　切实规范幼儿园办园行为，制定幼儿园课程游戏化实施方案，坚决克服幼儿教育“小学化”倾向，提高幼儿园管理水平和保教质量。开展2018—2020年幼儿园办园水平综合评价评估工作。完成城区幼儿园划片招生，优质学位增加，开展幼儿园办园行为督导评估，完成全区59所幼儿园自查自评，实地督查39所，区级合格36所。核发6所新办公办幼儿园办园许可证，变更11所公办幼儿园办园许可证，变更4所民办幼儿园办园许可证。

【义务教育优质均衡发展】　抓紧抓实义务教育“控辍保学”工作，织严织密“双线四级”控辍网，依法实施“四步法”控辍，制定《玉溪市江川区义务教育未到校（辍学）学生劝返安置工作实施方案》，加快实施职普融合，落实好集中安置的学生资助补助政策，要保证除享受相应资助政策外，每人每月给予100元生活补助，切实提高保学质量。建立健全残疾人教育专家委员会联席会议制度，对不具备到校就读的残疾学生进行认定，并通过随班就读、特殊教育学校就读、送教上门等方式予以保障受教育权利。对全区义务教育适龄儿童少年进行“四查三比对”24006人，残疾儿童少年入学率达100%，随迁子女入学率100%。

【高中教育提质增效发展】 推进普通高中多样化发展，高中办学特色和管理模式逐渐明确。江川一中坚持精细化管理和“三全育人”模式办学治校，申请纳为市管高中。江川二中坚持“文化+特长”办学模式，打造劳动教育基地，并召开全市劳动教育现场推进会，劳动教育成为全市劳动教育的典型，省市劳动教育专家和领导到学校考察调研，获得较高评价和肯定。2020年高考成绩居全市县区前列，600分以上6人，一本上线98人，上线人数1709人、上线率98.67%。高考录取1610人，录取率92.96%。

【职业教育转型发展】 重点加强农产品保鲜与加工、青铜器加工制作、旅游服务与管理等专业建设，选派专业教师到相关企业研修培训，提高“双师型”教师比例。全力抓好职业技能大赛，选送优秀作品和学生参加各级各类职业技能大赛，提升职业教育影响力。扩大综合高中探索，构建职业教育与普通高中教育贯通融合机制，满足多元化教育需求。开办综合高中班，五年制、中职录取759人，超计划完成录取工作。

【民办教育规范发展】 2020年共审批12家校外培训机构，全区共有校外培训机构72家，其中文化课培训35家，艺术类37家。大街镇59家，江城镇11家，前卫镇、九溪镇各1家。完成民办幼儿园、校外培训机构“双随机、一公开”抽查工作。平稳有序推进民办学校分类登记管理工作，严格执行年审制度，牵头市场、公安、卫健、消防等部门，继续做好校外培训机构专项整治工作。深化校外培训机构治理，完善监督管理机制，召开会议部署，切实减轻学生过重作业负担和校外培训负担及家庭经济负担。

【教育资助】 全面落实各项资助政策。发放21.579万元义务教育学生春季学期文具费，发放家庭经济困难学生进行春季学期生活补助183.0125万元，发放生均公用经费936.53万元，发放农村义务教育学生营养改善计划经费229.12万元，发放144.65万元中职免学费，发放学前幼儿家庭经济困难学生补助55.26万元，发放2020年春季学期学校建档立卡户学生资助126.7万元等，惠及47433人次学生。高效办理生源地助学贷款，共办理2954人，发放贷款2347.57万元。

【教师招聘】 2020年通过提前引进人才、专项招聘和公开招聘三种途径招聘教师。提前引进人才招聘范围有所扩大，从往年的高中扩大至小学和幼儿园，计划提前招聘21名，最后入职的有17人。根据省上安排招聘幼儿教师18名，充实到各乡镇幼儿园，促进幼儿教师专业化发展。招聘小学教师和幼儿园校医25名，从区外选调2名小学教师。

【招生考试】 完成2020年高考的报名和考务组织工作。报名1827人，有166人符合相应的加分照顾条件，全区设置江川一中1个考点，63个考场，于7月9日完成组考任务。完成2020年第二次和2021年第一次高考英语听力和口语考试的报名和考务组织工作。报名考生3373人，口语测试考生599人，全区设置江川一中1个考点。完成2020年1月和9月高中学业水平考试的报名和考务组织工作。报考文化科目15496人（科）次，报考信息技术科目1392人次。完成2020年初中学业水平体育科目考试的报名和考务组织工作。共3093人报考，报考率98.82%。完成2020年初中学业水平文化科目考试的组织工作。完成自学考试的报名组织工作。共181人报名、525科次。

【校外活动中心工作】 全年组织校外培训班4期，共培训学员2396人次，开设器乐类、美术书法类、音乐舞蹈类、体育类、语言文化类等六个大类26个专业、121个班次。组织主题活动，组织青少年寒假书画、写作作品展示赛、2020年“圆梦蒲公英”系列之关注留守儿童主题活动、走进科学体验科学活动、法治宣传教育活动等，接待青少年学生数4000余人。

【民族团结进步示范校创建】 深入推进民族团结进步示范区创建，动员全区各学校全方位、多角度、深层次加大民族团结进步示范校创建力度，铸牢中华民族共同体意识。全区各学校师生参加省、市组织的创建系列活动。参评作品获省级一等奖2份、省级二等奖13份、省级三等奖10份。参加区“当民族团结石榴籽、做守望相助追梦人”主题征文和“守望相助　同心筑梦”短视频大赛，获一等奖4人、二等奖9人、三等奖15人。

【教育督导】 2020年3月，组织全国义务教育阶段学生科学、德育的学习质量监测，成立领导小组，召开专题培训会6次，制定实施方案、疫情防控方案、应急处置预案等系列文件，严审师生信息，抓实督导培训，强化督查检查，优质高效的按照时间节点提前完成了各环节任务要求。最终被教育部基础教育质量监测中心评为“县级优秀组织单位”。履行好“督政”职责，围绕《玉溪市江川区接受省第三轮县级人民政府履行教育职责督导评估反馈问题整改方案》，持续跟进省督评后的全面整改工作。完成对全区乡镇（街道）履行教育职责情况进行考核，并制定2021年度乡镇教育目标管理责任书和考核细则。

【教育项目】 推进“厕所革命”传统旱厕改造项目任务，完成11座旱厕改造，拆除旱厕6座。继续推进学前教育二期建设项目，江川区第二幼儿园、大街街道大庄幼儿园、九溪镇中心幼儿园已经建成投入使用，江城镇第二幼儿园开工建设。推进学前教育三期“一村一幼”项目，完成改建幼儿园5所。立脚村幼儿园、云峰村幼儿园、新庄村幼儿园、石河村幼儿园、阳山庄村幼儿园。推进薄弱环节改善和能力提升项目建设，项目建设正在有序推进。继续推进C级校舍拆除重建项目的续建工作，杨家咀小学综合楼项目、后卫中学学生宿舍项目已经建成投入使用，麦冲幼儿园教学楼建设已基本完成。完成爱国卫生“七个专项行动”洗手设施建设，完成洗手设施建设117座。

【教育信息化】 制定《江川区教育体育局关于疫情防控期间迟开学开展线上教学的通知》，全面开展“停课不停学”，全区各学校利用“希沃易课堂”网络直播教学App等，参加线上学习学生23182名，线上教学教师1654人。推进学校数字化校园建设项目—阅卷系统（评价系统）的应用，大街中学、大街中学分校、前卫中学和江城中学四所学校，完成安装调试。完成云南省义务教育薄弱云南省义务教育薄弱环节改善与能力提升项目，一张网建设学校、多媒体教室全覆盖学校、乡村小规模学校建设“1+N”视频互动教学设备等资金预算已录入预算系统。完成玉溪教育云平台应用示范校申报工作。选定九溪中学、九溪中心小学、伏家营中心小学为区级2019年平台应用示范学校。

教育科研

【概述】 2020年江川区教科所深入学习贯彻《中共中央国务院关于深化教育教学改革全面提高义务教育质量的意见》《玉溪市江川区教育体育局关于进一步加强中小学教学管理全面提高教学质量的实施意见》，围绕核心素养，落实立德树人根本任务，强化教师培训，大力推进第二轮“双主互动”课堂变革，充分发挥教研员的“研究、引领、指导、服务”功能，促进师生成长和学校发展，推进教育高质量发展。

【教学常规管理】 开展义务教育学校教学常规调研，将各学校教学常规管理情况、教研教改特色、经验进行总结，通过教研例会、教研信息进行通报，调研情况纳入各校的年度综合考核。组织好“停课不停学”，全区各中小学、幼儿园始终严格执行疫情防控要求，深入组织线上教学活动，确保教育教学工作持续开展。加强常规检查，对全区各学校教师备课、上课、辅导、作业批改、考试等教学常规情况，进行全面检查2个轮次。

【课堂变革】 全面落实基础教育课程方案，开全课程，开足课时。抓实综合实践活动、信息技术、校本课程、音乐、体育、美术等课程的全面落实。围绕第二轮“双主互动”课堂变革，强化各类培训。举办区级专题研讨会、学科教学研讨会，加强典型学校课堂教学改革成果推广，带动第二轮“双主互动”课堂变革的深入开展。继续“走出去、请进来”，聘请专家学者到学校进行观课、诊断，组织学科中心组成员、兼职教研员到学校现场进行指导，提升教师课堂变革的操作水平。

【教育资源共享】 发挥课堂教学改革先进校的示范、引路作用，在前卫小学、大街小学、九溪中学、大街中学、龙街小学召开课改先进（学区）校课堂教学改革观摩现场会，形成相互借鉴、共同发展的良好态势。加强课型研究，与一线教师开展多种形式的课堂教学观摩研讨活动，逐步形成“研究课”“公开课”与“常态课”“常规课”多样并存、共同发展的课堂教学研究新思路。

【教研活动载体】 坚持以区八大“名师工作室”为平台，重点加强学科问题研究，进一步确立

课程意识、课标意识，提升课程运用和实施的能力。开展“课堂教学调研，破解疑难问题”专项活动，建立“学校、学区、教科所”三级台账，进行专项指导。健全教研员联系学校制度，帮助教师及时解决课堂问题，构建高效课堂。开展“课堂教学改革展示月”活动，每月选择一两个学区，三四所学校进行课堂教学观摩，进课堂、谈体会、找症结、集体会诊，引领课改持续健康发展。开展综合实践活动、优秀社团活动、校本课程等教研活动，加强活动组织，注重活动效果，体现学校特色，并形成保存电子材料。

【新时代教科研工作】 实施“帮扶联动”，促进均衡发展。采用“名校”带“薄弱学校”的传帮带形式，利用区域优质资源，特别是利用名师工作室、知名教师的资源，开展名教师送教到校活动，促进城乡均衡发展。区学科中心组以“三同”（共同备课、共同上课、共同研课）教研活动为主要形式，以校际合作组织为依托，积极开展校际教研合作与交流。各联谊单位每月组织活动1次。开展“线上教学”“定时定校”教研活动，通过观课议课、教研组研讨、师生座谈会、主题讲座、问卷调查，广泛开展综合实践活动、优秀社团活动、校本课程等教研活动。

【教学过程性评价】 深入了解毕业班教学现状，解决毕业年级复习工作中的新问题，组织八年级地理、生物、九年级考试科目质量检测3次，召开2020年初中学业水平考试研讨会2次，制定初中学业水平备考复习的教学思路和策略，分析学科教学中存在的主要问题及其原因。做好尖子生培养，通过“诊断”来改进教学，调整复习计划与策略，全面提高考、初中学业水平考试整体水平。加强义务教育各年级期中教学质量抽测，通过分析、反馈和指导，改进师生的教与学，实现“轻负担、高质量”目标。

【课题研究】 全区各学校结合自身实际，确立研究方向，做好选题立项及申报工作。先后对后卫中心小学《作有效教学，创高效课堂实践与探索》、大街小学《红领巾飘起来—校本教材的研发与应用研究》、大街小学《红色颂歌—校本教材的研发与应用研究》、大街小学《红色经典代代传—校本教材的研发与应用研究》、伏家营大营小学《对农村小学作文教学的应用研究》、前卫中学《点击流行元素，激发学生感情》、大街中学《初中英语课堂教学中导课策略的研究》、江川一中《高中物理作业题型梯度设计研究》等14项课题进行结题鉴定。清理不按期结题废旧课题56个。

【校本研训】 开展培训学员的学习需求研究，通过调研，全面了解中小学教师队伍现状，建立教师队伍动态数据库。组织开展第二期优师云网络培训、第二轮“双主互动”课堂教学变革培训、中小学校长及教务主任培训、新教师履职培训。创新管理模式，采取参与式、研讨式、诊断式等学习形式，提高培训时效性。加强校本研训与学科素养提升行动，组织全区教师自学《像冠军一样教学》，提高教学能力和理念。加强校本研训信息化管理，以信息化促进校本研训方式转型，促进研训资源及成果的共享和辐射。

（黄　毅　张本林）

体　育

【概述】 江川区有体育馆1座、田径场3块、小运动场29块、七人制足球场1块、五人制足球场5块、游泳池4个、棋牌室2个、室内乒乓球馆8块、网球馆2个、篮球场223块、羽毛球场7块、三人篮球场20块、乒乓球场67块、地掷球场5块、门球场17块、全民健身路径330条。共724块体育场地，体育场地面积34.74万平方米。

【学校体育】 贯彻落实《课程标准》，开齐开足体育课，确保学生每天一小时体育活动。深入全区各学校，对学校场地设施、师资配备、学生体质健康监测等情况，开展学校体育工作调研，形成调研报告。组织2020年体育中考，历时9天，完成全区3075名学生的体育中考监考工作。开展送教下校活动，少体校派出4名教练，聘请3名教练，到大街小学、海浒小学、三街小学、九溪小学、江城小学、龙街小学、后卫小学7所小学，开展足球、篮球、排球项目课程。

【全民健身】 8月8日举办2020年“全民健身日”云南省系列活动暨玉溪市江川区第四届七彩云南全民健身运动会。本次运动会共设足球、羽毛球、乒乓球、线上广场舞比赛4个项目，来自全区各乡镇群众、各单位、各协会成员共700余人参加。

【中国篮球发展联赛】 12月6日，2020—2021赛季中国篮球发展联赛（CBDL）第一阶段赛在江川举办。CBA联盟赛事运营部官员丞相，赛事监督傅扬，云南省篮球协会主席张雄，玉溪市教育体育局副局长段利星，江川区委副书记、区长常成等相关领导出席本次开幕式。本次比赛，青岛国信海天、辽宁飞豹、北京首钢、广东东莞大益、南京同曦、江苏肯帝亚、四川金强7支队参加。严格执行疫情防控方案，入场观众均佩戴口罩、扫健康码、测体温才可进入观众席。赛事采用微信直播、App直播等线上直播方式为广大球迷带来观赛体验。经过6天，共21场比赛的激烈角逐，最终北京首钢、辽宁飞豹、青岛国信海天分别获得联赛第一、二、三名。

【第十八届老年人健身运动会】 9月2—10日，由玉溪市人民政府主办，江川区人民政府承办，玉溪市教育体育局、玉溪市卫生健康委员会、玉溪市老年人体育协会、玉溪市江川区教育体育局、玉溪市江川区卫生健康局、玉溪市江川区老年人体育协会协办的玉溪市第十八届老年人健身运动会在江川区举办，来自全市六县一市二区以及市直机关老体协的10支代表团，650名参赛运动员，运动会非竞技类项目：花式柔力球、健身操舞、武术健身气功，竞技类项目：门球、气排球、网式柔力球6个项目的比赛。

【第四届师生运动会】 10月11—23日，由玉溪市江川区总工会和玉溪市江川区教育体育局主办的江川区第四届师生运动会在全区各学校举行，本次运动会设篮球、拔河、羽毛球、乒乓球、围棋、中国象棋、趣味运动会7个大项、11个小项，共进行497场比赛，全区各中小学、幼儿园教师1680余人参加比赛。

【足球场地设施建设】 根据《玉溪市足球场地设施建设（2019—2020年）责任书》，大力实施足球场地设施建设项目，计划新建、改建足球场地32块，其中社会足球场地11块、校园足球场地21块。成立玉溪市江川区足球场地设施建设工作领导小组，组织召开建设项目筹备会、项目建设推进会。强化统筹协调，顺利解决涉及足球场地设施建设用地的使用手续及净地施工问题，配合市教投公司完成前期准备与常规监督检查工作。项目于2020年9月全部完成，并投入使用，为深入开展全民健身活动，提供坚实基础。

（吴　勇）

区第一中学

【概述】 江川区第一中学占地近266亩，总建筑面积近12.9万平方米，拥有可容纳60个教学班的现代化教学大楼3幢；学校现有教学班54个，在校学生2570余人。学生宿舍6幢。办公楼、新学生食堂、图书馆、综艺楼、科技楼等功能性大楼一应俱全。为适应现代化教学需求，学校已经实现校园网络全覆盖，4个标准计算机房保证教学；多媒体设备进教室，让教学更具时代特色。

【教学科研】 抓好教学常规管理工作，在“精”字上提要求，在“细”字上下功夫，在“实”字上做文章。为深化教育教学改革，提升教师教学能力和教学水平，充分发挥教育竞赛在提高教师综合素质中的引领作用，于6月2—5日举行第四届“铸民杯”课堂教育竞赛，语文、数学、英语、化学、物理、地理、生物、政治、艺术、信息技术、历史11个学科共35位教师报名参加，比赛按学科划分并依次进行，评委由本学科教研组长及优秀教师组成。于10月12—27日开展2020—2021学年教师岗位练兵活动，以“推进常规优化、推进质量提升”为主题，分为课堂教学竞赛、硬笔书法比赛、学习强国知识竞赛三项比赛，课堂教学竞赛又包括课堂教学、教学设计、课件制作、说课、评课等内容。加强教师作业批改、备课等常规检查，促进教学常规工作落实，达到以“以检查促规范、以规范促提升”的目的。先后多次召开高三年级省市统测质量分析会，分析学科优势、劣势、当前存在问题以及后期复习备考方向和策略、规范答题等问题，集中教研组力量和智慧，根据学科特点和差异，提出针对性策略，更好地明确和规范后期复习备考工作。为进一步强化学校美育育人功能，构建德智体美劳全面培养的教育体系，根据教育部制定的《全国学校艺术教育发展规划》《学校艺术教育规程》的文件精神，结合实际情开设“美育大讲

坛”名师讲座系列活动。

【德育安全】 朝着“精细化”管理方向努力，做到“管理精细化”“排查精细化”“监管精细化”“执勤精细化”。定期组织举办“师心永向党、潜心育栋梁”“花开有声、育人有情”班主任培训，加强班主任队伍建设的力度、深度，着力提升全校班主任队伍建设的能力、水平。于5月20日组织举行高一年级法制宣传及心理健康教育专题讲座，邀请玉溪市公安局江川分局大街派出所四级警长、副所长张林蓉讲授《青少年法制宣传教育》为题的法制课。深入开展“平安和谐校园”创建活动，完善突发事件应急处置机制和能力，定期组织举行教学楼、宿舍应急避险疏散等演练，提升学生安全意识与素养。于9月8举行2020—2021学年上学期开学典礼暨表彰大会，对学年优秀学生干部、优秀学生进行表彰，2020年新调入、考入教师、家长代表、全体师生等共3000余人参加。9月24—30日，组织2023届高一年级新军训，除基本军事训练外，增加校史校风学习、内务卫生整理、教唱红歌、红十字应急救护培训、“光盘行动”主题演讲等活动，培养、锻造“懂规矩、有仁爱、明事理、有作为的一中学子”。10月17日，举行2021届高三家长开放日系列活动。11月12日，举行高一年级学生消防安全演练，并组织学生集中参加消防知识宣传，提高学生消防安全意识和应急事件处置能力。11月20日，联合区人民法院、区人民检察院、区司法局、区关心下一代工作委员会、区未成年人司法项目办公室、云南川和律师事务所开展“模拟法庭进校园”活动，探索、创新新形势下普法教育新路子。

【体育活动】 落实“生命—和谐”教育理念，全面实施素质教育，坚持“健康第一”的指导思想，牢固树立终身体育的新课程理念，把开展大课间活动作为重要途径，在大课间活动中体现出合作、民主、探究的教学理念，并根据学生身心发展需要，积极创新，力求以活动励德，以活动辅智，以活动健体，以活动塑美，以活动促劳，促进学生五育全面和谐发展。创新大课间形式，开展方阵慢跑和趣味体操、趣味运动，学习《你笑起来真好看》新型趣味课间操。相比传统广播体操，学生学习兴趣更浓厚、学习热情更高涨。为全面贯彻落实党的教育方针，把“德智体美劳”落到实处、做在细处，加强学校特色教育，培养特色人才，借体育自主招生的优势，面向玉溪市招收一批有发展潜力的优秀应届初中毕业体育特长生。为增强学生身体素质，提高学生运动水平，丰富阳光体育内容，制定《江川一中游泳特色课程开设实施方案》，开设学年为期三个月的游泳特色培训课程，让学生掌握基本的求生技能，强身健体，提升综合素质。

【各级关怀】 6月3日，民盟“烛光行动”活动走进江川一中。玉溪一中教务副主任、高级教师孙海静进行《高考英语复习与备考冲刺—主观题型冲刺备考策略》专题讲座，玉溪一中一级教师文磊针对高考进行《对选择题突破的思考》专题讲座，民盟玉溪市委委员、青年委员会主任、玉溪一中副校长、高级教师刘建坤进行高考考前状态及心理调适《通往理想的阶梯》专题讲座。市委统战部四级调研员杨汝萍、党派科长范罡，民盟玉溪市委专职副主委杨志文、秘书长师永平，民盟玉溪市委社会服务委主任宋健强，民盟玉溪市委委员、江川直属小组组长马江艳，江川区委统战部常务副部长业东华，江川区教育体育局局长杨志伟、副局长陈春荣，玉溪一中助力名师，通海县教育体育局领导及县三所高中部分教师，江川一中校级领导、教务处、德安处、英语组及物理组全体教师、高三年级班主任、学生等290余人参加活动。6月19日，市教育体育局副局长陈挺、市教科所所长杨琼英一行到江川区开展助力高考、初中学业水平考试备考专项调研，并在江川一中召开座谈会，对江川区高三、初三工作做出指导。7月4日，区委副书记、区长常成，区委副书记、区委党校校长矣向林，区人大常委会主任龚会存，区委常委蒋文、赵琦、周靖宇等一行到江川一中开展高考各项工作排查，区教育体育局局长杨志伟及消防部门、卫生防疫部门等相关部门参与排查。

【党建文化】 为贯彻落实党的教育方针，落实立德树人根本任务，争当“四有好老师”，用廉洁自律、廉洁从教、德高为范的标准要求自己，于8月开展“云岭先锋 育人红烛”师德宣讲活动，江川一中党委委员、德育安全处主任王本业同志为全体教职工带来《教书育人，为人师表》宣讲。推进全校党风廉政建设工作，于8月开展廉洁主题演讲比赛活动，于10月组织开展以“倡清廉家风，建清廉家庭”为主题的“七个一”创建活动。进一步创建平安校园，发挥党员的引领示范作用，于11月11日开展以“平安创建·党员先行”为主题的支部主题党日活动。活动包括重温入党誓词、过“政治生日”、《筑牢思想、行为和生命的安全长城》主题党课、宣读《创建平安校园倡议书》、安化文艺队表演等内容，学校全体党员及高一年级全体学生1000余人参加活动，党建融入校园文化建设是江川一中特色文化建设中独具代表性的一部分，第三支部在服务阵地铸品楼率先开启以“党建引领、文化添彩、环境育人”为主题的年级文化建设，包括图书角、寄语墙、许愿墙等，深受师生欢迎。

（李承熹）

区第二中学

【概述】 截至2020年底，江川区第二中学共有36个教学班1900余名学生，其中高三年级12个班，高二年级12个班，高一年级12个班。在编教职工150人，其中具有硕士研究生7人，在读硕士研究生2人，高级教师47人，一级教师54人（含全科医学中级2人），初级教师43人，管理岗位1人，工勤岗位1人。国家级骨干教师1人，省级骨干教师2人，市级骨干教师2人，县级骨干教师16人。

【2020年高考成绩】 2020年，江川二中各类高考报考人数619人，文史446人，理工173人，其中，一本类艺术上线22人，11名同学被一本院校录取，本科上线155人，本科上线率25.04%，比2019年高考上升7.44%；综合上线率100.00%，各项指标均有突破，2020年11月被玉溪市教育体育局评为“玉溪市招生考试先进集体”。

【落实疫情防控攻坚战】 积极作为，服务疫情防控工作。党总支与行政带领教务处组织网课教学、家访，及时了解学生线上学习情况，为教师网课教学活动把握方向；带领德育安全和后勤团队做好校园疫情防控；带领各年级组及时将教辅资料及试卷送到学生手中。

【强化劳动教育】 2020年江川二中把传统书院的“学田文化”与党的教育方针相结合，打造“钟秀学田——江川二中劳动教育实践示范基地”，江川二中2020年11月举办玉溪市中小学劳动教育实践示范基地现场会，最终被评为“玉溪市劳动教育示范学校”。

【楹联文化校园建设】 2020年，江川二中以文庙书院为载体，大力开发传统楹联文化，通过努力，最终被评为“玉溪市楹联教育基地”“中国楹联教育基地”。

【构建“戒尺文化”】 构建“戒尺文化”为载体的依法治校体系建设。党总支以党的教育方针为引领，秉承“读书立品、进德修业”的书院精神，确立“明史知规，党建民心”的学校党建总体思路，以“戒尺”为载体，发展出“管理团队依法治校、教师队伍依法执教、学生群体知规守纪”的“戒尺文化”。

【建设优秀示范党支部】 2019—2020年江川二中党总支围绕以党的群众路线教育实践活动为契机，履行基层党建工作责任，根据学校实际情况，开展各项工作，为树立学校品牌、创学校特色凝聚强大的力量，在党总支的领导下和全力推进下，学校党总支第三党支部积极建设成为优秀示范党支部。

【提质增效方案】 党政合力做好提质增效工作。根据市、区教体局下达的“学校综合目标管理考评”中的各项指标任务，层层签订高考目标责任书。制定《江川二中2020年提质增效工作方案》，江川二中提质增效领导小组每周集体推门听课3次。

【开展心理健康教育】 成立江川二中心理健康教育中心，高一开设每周1节的心理健康教育常态课，开设宿舍团体沙盘课，开设生命教育课，开设高三团体心理辅导课，做好个案辅导和家访工作，邀请知名专家云南师范大学符明弘教授为全校教师讲授《青春期学生的身心发展特点》课程8课时。开办家长成长系列课堂3次，开办教师专业成长课堂两期4次。

【“同课异构”课赛】 钟秀杯“同课异构”讲课赛是学校培养新教师的阵地。2020年11月10—12日在学校录播教室举行第十五

届“钟秀杯”讲课赛，竞赛科目为政治、历史、地理，参赛教师9人，通过以赛促研，以赛“练”人，以“赛”育人，有效地促进学校教师的教学能力和教学水平。

【课赛成绩优异】 2020玉溪市“秋韵杯”课堂教学竞赛中学校多个学科参加并取得优异成绩，4个学科均获市级二等奖。在2020年江川区岗位大练兵中及学校“钟秀杯”课堂教学技能竞赛中教师表现优异，各青年教师取得教育教学上的进步。

【完善教师的激励评价机制】 修订完善教师的激励评价机制，建立教师公平竞争机制和有效激励的考核评价机制，以服务和推进教育科学发展为目标，激励广大教职工提高自身素质，由教务处牵头修订完善《玉溪市江川区第二中2019—2020学年教职工管理考核评价实施方案》。

【校园基础设施建设】 完成玉溪市江川区第二学田径场主席台改造项目主体工程，等待竣工验收；完成江川二中垃圾池修缮项目工程；完成玉溪市江川区第二学安装公共洗手设施项目；完成玉溪市江川区第二中学劳动教育实践基地钟秀学田的创建，成功组织召开全市中小学劳动教育实践示范基地现场会。

【钟秀芳华系列活动】 学校工会开展各种各样钟秀芳华系列活动，三八节登山趣味活动，一年一度教职工篮球赛，“龙山”体育文化艺术节师生运动会、“六一”亲子趣味活动、“爱国卫生运动，爱护野生动物”活动等让教师锻炼身体，深受教职工喜爱。

【迎新杯球赛】 2020年江川二中团委组织第三届“迎新杯”篮球比赛，第三届“迎新杯”足球比赛，增强学生身体素质，丰富学生校园生活，活跃校园文化，培养集体合作精神，努力构建和谐校园，促进学校各民族学生的沟通交流，助力于民族团结示范区的创建。

（陈　江）

区职业中学

【概述】 江川区职业中学创办于1983年4月，是江川区唯一的一所公办职业中学。占地面积74.5亩，校舍面积24380.79平方米。教职工85人。专任教师82人。

开设旅游服务与管理、计算机平面设计、会计电算化、计算机网络技术、农产品保鲜与加工、民间传统工艺（铜器设计与加工方向）、电子电器运用与维修、电气技术应用及电子商务9个专业。在校生1096人。学生稳定率91%以上，毕业生就业率连续多年保持97.5%以上。

开办建筑、书画、会计、导游、计算机、农产品保鲜与加工、旅游服务与管理、电工电子等40余个专业或实用技术培训班，向社会输送1.1万余名初、中级技能型人才。举办各级各类技术技能短训、培训上百期，培训人员2.1万人次，为经济社会发展做出巨大贡献。

【普职融合、控辍保学】 为认真贯彻落实江川区委、江川区教体局关于2020春季学期控辍保学工作安排，2020年4月14日，各乡镇中学将187名学业困难的初中学生集中到江川区职业中学完成义务教育并接受职业技能学习开设普职融合班。党员班子人盯人管理，全力配合班主任做好学生矛盾排查、思想工作，进行家访上百次。发挥党员班子的先锋模范作用。经过普职融合工作，江川区职业中学完成区委区政府、区教体局委托的控辍保学重任和普职融合工作。

【开展职业教育周活动】 2020年5月5日，在江川区职业中学举行职业教育活动周活动。为贯彻落实教育部等九部门印发的《关于做好2020年职业教育活动周相关工作的通知》精神和省、市、区有关要求，办好2020年职业教育活动周工作，全面贯彻党的十九大精神，宣传改革开放以来我国职业教育取得的丰硕成果，进一步营造全社会关心支持职业教育的良好氛围，江川区职业中学举办职业教育宣传主题系列活动。

【市教体局调研江川职中】 2020年5月12日，市教育体育局职成教科科长李远征、教育科学研究所胡海燕到江川职中调研并指导工作。李远征科长指出，江川区职业中学在近年来的办学中，在省技能大赛，“三校生高考”、普职融合班的开办、控辍保学、校企合作等方面都取得成绩，要一如既往地做好各项工作，在下一步的综合高中办学中取得突破。

【开办综合高中】 2020年5月15日，云南省教育厅下发《云南省教育厅关于公布第二批综合高中试点学校名单的通知》，通知指出：根据《云南省教育厅关于2020年度中等职业学校招生工作的指导意见》精神，2020年将扩大综合高中试点工作范围。经各州市推荐，结合各校办学条件，确定玉溪市江川区职业中学为第二批31所综合高中试点学校。并从2020年秋季学期开始试点招生。根据《云南省教育厅关于开展综合高中试点工作的通知》精神：综合高中试点学校招收当年参加初中学业水平考试的应届初中毕业生，招生计划数列入高中阶段招生计划，根据考生填报志愿录取。综合高中试点学校的综合高中学生统一注册为中职学籍，在校三年期间享受中职学生相应补贴和资助政策。学生三年学业修满，成绩合格，可获取普通高中毕业证书或中等职业学校毕业证书。

截至2020年9月，江川区职业中学综合高中招生106人，与江川二中联合办学招生109人，合计215人。同时，根据普通高中扩招实际，按照区教育体育局统筹高中阶段教育工作会议精神，玉溪市江川区职业中学、玉溪市江川区第一中学、玉溪市江川区第二中学进行联动及师资整合，从江川一中和江川二中选派12名教师到区职中承担综合高中文化主干课程的教学工作。实现区内高中的师资资源的有效流动。江川职业教育改革中办学机制上实现重大改革和突破。

【区委书记徐贤调研江川职中】 2020年6月2日，区委书记徐贤一行到江川职中，在学校党总支书记朱文学陪同下，深入江川职中党群活动中心、教室、实训室，与师生亲切交谈，了解江川职中党总支党建工作情况以及存在的困难。徐贤指出，职业教育作为今后工作的要点，关乎全区发展的需要，为全区的发展提供人才支撑，同时也是社会长治久安，家庭幸福稳定不可或缺的要素。下一步要重点结合江川产业发展，谋划职业教育，围绕专业需求，采取多种方式进行校企合作。希望江川职中越办越好，继续为江川区的发展作出贡献。

【“三校生”高考进入新篇章】 2020年6月，江川区职业中学“三校生”高考班共33人参加2020年高考，本科上线5人，本科上线率15.15%，专科上线率100%。其中陶雨凝、苏安娜、郭艳杰分别被昆明理工大学、云南师范大学、云南财经大学录取。

【举办技能展评】 2020年12月16日成功举办玉溪市第十六届暨江川职中第十四届学生技能展评。教务处按学校安排制定《2020年玉溪市第十六届暨江川职中第十四届学生技能展评活动实施方案》，成立2020年玉溪市第十四届暨江川职中第十二届学生技能展评领导小组，加强领导，落实责任。2020年12月16日，教务处牵头成功组织开展2020年玉溪市第十四届暨江川职中第十二届学生技能展评活动，本次活动涉及四个专业共23个项目：计算机及应用与会计技能赛项：点钞、文字录入、平面设计、CAD、WORD排版、网线制作、电子小报、（作品赛）、PRE（作品赛）；旅游服务技能赛项：中餐四人摆台、中华茶艺、导游服务、客房中式铺床；农产品保鲜与加工赛项：面点制作、饮料制作、白酒酿造、果酒罐装展示、蛋糕标花；电子电器技能赛项：声光控电路的制作、声光控面包板电路的搭建、扳钳正转控制线路制作、行线槽正转控制线路制作、DXP电子制图设计，学生200余人次参赛。

【校企合作】 2020年12月21日，学校与江苏昆山市人社局、环鸿电子（昆山）有限公司协商，签订校企合作协议。昆山市人社局邹亚清副主任、昆山市千灯镇经发局史文元副局长、环鸿电子制造处倪军峰处长、环鸿电子人力资源部朱红星经理出席授牌仪式并进行设备捐赠。江川区职业中学于2019年至2021年内，进行冠名班专项人才培养，3年内计划向合作企业输送120名左右的优秀毕业生。与环鸿电子（昆山）有限公司进行的校企合作项目冠名班捐赠教学设备到校安装调试，捐赠学校的篮球场已建成，发展呈良好的态势。

【参加全省中等职业院校省技能大赛】 2020年1月4—7日，江川区职业中学组织参加在红河哈尼族彝族自治州蒙自市举办的2020年云南省中等职业院校技能大赛，江川区职业中学代表队师生共参加4个大项26个小项的竞赛项目，获得一等奖6个、二等奖3个、三等奖14个，共计23个奖项的优越成绩。

（雷丰源）

文化和旅游·融媒体

编辑　徐凡清

文化和旅游

【概述】　2020年，区文旅局按照中央、省、市、区委文化旅游工作安排部署，围绕全域旅游发展和公共文化服务体系建设工作，结合部门工作实际，以满足全区人民日益增长的精神文化需求、推进文化旅游融合发展为目标任务，坚持文化旅游事业和产业同步发展，全力做好全区文化旅游领域的疫情防控工作。

【推进数字图书建设】　为切实提高图书馆公共文化服务功能，区图书馆充分电子借阅机、报刊机、微信公众账号、百万图书数据库、国家数字图书馆推广工程、kuke音乐图书馆、光影阅读器、中华连环画、展览等，便捷、高效、多渠道的服务好读者，全年共开展活动22场次，共接待读者54931人次，外借阅8720人次，9219册次，共有读者2783个，增加新读者154个。采购图书200册，现馆藏图书116415册（包含电子图书30000册）。目前，每周开放时间58小时，全区文化站图书室6个，农家书屋64个，共有藏书量26.49万册。

【促总分馆制建成】　江川区按照“政府主导、统筹实施，促进均等、提升效能，分级管理、资源共享”的原则，初步构建以区图书馆为总馆，7个乡镇（街道）综合文化站为分馆，12村（社区）农家书屋为服务网点，图书流动服务车为补充的“总分馆”体系，标准化录入总分馆图书数据47097条，基本实现总馆、分馆、服务点文献资源整合、互联互通，实现了“统一标识、统一平台、统一人员培训、统一服务规范、统一绩效考评、分级建设，集中管理、分散服务”的建设模式。制定《江川区文化馆图书馆总分馆建设方案》《玉溪市江川图书馆总分馆管理办法》《江川区“图书馆总分馆制”考核实施办法》《江川区图书馆总馆馆长、分馆馆长、业务副馆长岗位职责》《江川区图书馆总分馆文化服务内容》及总分馆工作职能职责、馆室管理制度，并统一制作悬挂总分馆站牌和各项规章制度69块；搭建图书馆集群管理系统，并投入使用，召开培训会3次，到9个分馆和服务站点实地进行图书分类整理上架，并对管理人员进行系统培训和业务培训工作。

2020年，文化馆完成管理办法、岗位职责及考核办法的制定，并完成总馆和7个分馆、15个基层服务点的挂牌工作；图书馆建立9个分馆（包含第一中学，第二中学），12个服务点，录入图书41166册。

通过总分馆上下联动，把优质公共文化服务延伸到基层农村，增加公共文化产品和服务供给，做到区域城乡文献信息服务全覆盖，提高城乡公共文化服务的均等化水平。

【开展“书香悦读　智赢战疫”活动】　3月23—27日，区图书馆以联合组织开展趣味答题的方式，进一步向广大读者普及科学防疫知识，为复工复产做好准备工作，活动过程中向读者推广和普及图书馆馆藏数字资源，丰富读者的宅家文化生活。疫情期间通过博看数字资源开辟防疫专栏，宣传普及疫情防控知识，提高读者对病毒的了解和对健康习惯的认识。

【开展“4·23世界读书日”——阅读走向未来宣传系列活动】 在世界读书日期间，在线上举办“书香助力战疫　阅读通达未来”阅读时光主题书展，与神州共享（北京）文化传媒有限公司推出“阅读让人宁静　书香给人自信”——数字展览矩阵活动，在线下到江城龙街开展宣传活动，发放宣传单100余份，精美礼品90余份，鼓励读者参与玉溪市第三届“爱阅读”博看朗读杯活动；开展以“阅读走向未来”为主题的“你选书·我买单”活动，惠及读者398人。

【开展“寻根溯源　粽叶飘香”端午特别活动】 6月24日，区图书馆、江川新华书店以及区新时代文明实践中心在端午佳节来临之际，联合开展“寻根溯源　粽叶飘香”端午特别活动，通过活动让小朋友们从中增强爱国意识，增强民族自豪感，努力做中华文化的优秀传承人。

【举办抗战胜利75周年展】 7月20日至8月20日区图书馆联合博物馆举办抗战胜利75周年展，共展出展板60块，接待读者2000余人次。该次展览以图文混排形式，展现了中国抗日战争时期云南在抗战中的重要地位，作出的重大贡献，尤其是飞虎队在中国抗战中发挥的巨大战略作用以及与云南人民并肩作战结下的不解之缘。

【开展“书香润童心，好书伴成长”读书活动】 9月10日，区图书馆与区幼儿园中四班联合开展题为“书香润童心，好书伴成长”的读书活动。让孩子们了解图书馆的同时，有意识地构建书香氛围，帮助孩子树立读书的意识，从小养成爱读书的习惯，爱上阅读，营造“书香”浓厚氛围，共建书香社会。

【联合开展“品书香　品文化　同心谱和谐校园”活动】 12月18日，区图书馆联合玉溪市图书馆中心馆，江川雄关分馆及区文化馆，云南李家山青铜器博物馆，共同组织到雄关中心小学开展“品书香　品文化　同心谱和谐校园”活动，为参加活动的56个同学送去学习用品。此次活动旨在提升江川区公共文化服务效能，加强科普知识宣传，推进图书馆总分馆建设，通过中心馆、总馆、分馆上下联动机制，推动基本公共文化服务标准化、均等化，促进江川区经济文化繁荣发展。

【举办临时展览】 博物馆自疫情闭馆恢复开放后，与相关部门协作举办临时展览6个，丰富展览内容。2019年12月25日至2020年1月30日，区委统战部、区文学艺术界联合会联合举办玉溪市江川区全国民族团结进步示范区创建书画摄影展72幅；2020年4月20日，玉溪市江川区创建“中华诗词之乡”领导小组举办玉溪江川区创建“中华诗词之乡”诗词楹联书画展61幅；2020年7月20日至8月24日，江川区图书馆与云南李家山青铜器博物馆联展飞虎队与云南抗战展59幅；2020年8月25日至9月22日，江川区图书馆与云南李家山青铜器博物馆联展中国减贫成就展—砥砺奋进奔小康脱贫攻坚谱新篇49幅；2020年9月22日至12月7日，江川区图书馆与云南李家山青铜器博物馆联展读懂《民法典》50幅；2020年12月9日，丽江市玉龙县白沙壁画博物馆、云南李家山青铜器博物馆联展《丽江白沙壁画精品图片展》《纳西净土、大美玉龙——纳西精品文化展》29幅。

【组织“千人同跳广场舞”】 2020年5月，全国民族团结进步示范区省级验收组到江川区，对江川区创建工作进行为期三天的省级初验。为迎接全国民族团结进步示范区的检查验收，江川区文化馆组织18支文艺队及广场舞爱好者近千人的队伍，排练彝族舞《拍拍手》《阿哥阿妹来跳乐》《欢乐烟盒舞》、哈尼族舞蹈《情韵哈尼》等18个广场舞，在江川区鱼文化广场开展“千人同跳广场舞”活动。将民族团结的浓浓深情融入舞蹈中，促进各民族交流交融，构筑手足相亲、守望相助的共有精神家园。

【开展“文化和自然遗产日”系列活动】 在文化馆馆内举办以“非遗传承·健康生活”为主题的2020年“文化和自然遗产日”系列活动。

召开“江川区2020年非遗保护会”。在文化馆综合厅召开“江川区2020年非遗保护会”，全区76位非遗传承人、8位乡镇（街道）分馆长参加会议。学习涉及非物质文化遗产保护的相

关法律法规，与3位省级、7位市级非遗传承人签订2020年传习协议，为78位区级非遗传承人颁发“区级非遗传承人”任命荣誉证书。

举行非遗保护项目图文展。活动以图文形式进行展出，展出省级保护项目“撒弦乐”“铜器制作技艺”和市级保护项目“二月二”“盐水鱼烹制技艺”“泥塑技艺”等12块展板。通过图文并茂的方式，让群众了解非遗的内容、特点和价值。

举行非遗展示、展演活动。集中展示刺绣技艺、铜器制作技艺、泥塑技艺、月琴制作技艺、蜜饯制作技艺、盐水鱼烹制技艺、江川大酥饼制作技艺、糍粑制作技艺等15个非遗项目作品66件；16位非遗传承人向群众展演“撒弦乐”“跳乐”“花灯”“滇剧”“彝族民歌”等8个非遗项目，让大众零距离感受非遗的精湛技艺和独特魅力。

非遗宣传活动。为更好地宣传非遗，展示江川非遗保护取得的成绩，活动现场运用视频循环机播放江川区入选“学习强国”中“云南人文”频道的7个非遗项目；用LED显示屏，滚动播放非遗宣传标语6条；发放2020年编剧出版的《非遗在时空中飞越》一书89本；向群众发放非遗法律法规宣传单200余份。

【参加云南省“奋斗杯”群众文艺作品大赛获三等奖】 按照《中共玉溪市委宣传部　玉溪市文化和旅游局　玉溪市文学艺术界联合会关于认真做好“奋斗杯”云南省群众文艺作品大赛参赛工作的通知》精神。玉溪市江川区文化馆报送合唱《姊合六妹赶新街》、花灯说唱《江川人.江川话》、舞蹈《知识技术背进山　脱贫致富奔小康》《空巢妈妈》4个节目参加比赛。经过玉溪市专家和评委的审核，推荐江川区的合唱《姊合六妹赶新街》、花灯说唱《江川人.江川话》参加省级的比赛。合唱《姊合六妹赶新街》获省级三等奖。

【“我们的节日—端午”文化惠民演出】 6月26日，由中共玉溪市江川区委宣传部主办，江川区文化和旅游局、江川区文化馆承办的江川区2020年“我们的节日—端午”文化惠民演出在江川区老戏台上演。现场吸引近2000名观众观看演出。

演出活动组织金家庄文艺队、河咀文艺队、渔村文艺队3支文艺队和3名歌手参与演出，演职人员56人。演出伴随着花灯歌舞《粽子飘香崴花灯》拉开序幕，滇剧清唱《浪广谣》、舞蹈《弹起弦儿跳脚来》《我和我的祖国》、女声独唱《美丽家园》等16个形式多样的文艺节目轮番上演。

【举办“玉溪滇剧器乐”培训班】 2020年8月20日，江川区文化馆联合玉溪市滇剧传承保护展演中心在综合厅举办“玉溪滇剧器乐”培训班一期。

此次培训班老师由玉溪市滇剧传承保护展演中心副院长严律和打击乐老师冯建国、陈存会及二胡老师传晓俊担任，对江川滇剧器乐传承人的弱项“打击乐”和“二胡”进行针对性的培训。从滇剧器乐科学的训练方法，到演奏方式和演奏技巧以及基本音乐知识进行讲解。来自雄关乡、大街街道、前卫镇和江城镇的12位滇剧器乐爱好者参加培训。

【“中国梦.江川情”红色文艺轻骑兵文化惠民演出】 由玉溪市江川区文化和旅游局主办，玉溪市江川区文化馆总馆和安化分馆承办的“中国梦·江川情”玉溪市江川区2020年红色文艺轻骑兵文化进万家、戏曲进乡村暨“乡村振兴”文化惠民演出于8月23—28日和10月22—27日到安化彝族乡的安化社区小广场和光山民族文化广场、江城社区“淮源广场”和江城云岩西山村、九溪大村和中营村广场、前卫镇后卫村和前卫镇渔村舞台、大街街道伏家营社区和螺蛳铺村委会、雄关乡窑房麻栗湾和雄关乡文化站演出12场。

组织春之声音乐协会、星抚之声文艺协会、金家庄文艺协会和文艺之家文艺协会4个文艺协会参加，演职人员63人，受益观众1.5万余人次。

【“戏曲进校园”文艺演出】 为宣传和弘扬传统的戏曲艺术，让广大师生们感受到戏曲艺术的魅力。2020年10月19—21日，由玉溪市江川区文化和旅游局主办，玉溪市江川区文化馆承办的“中国梦·江川情”玉溪市江川区2020年红色文艺轻骑兵文化进万家暨“戏曲进校园”文艺演出分别走进江川区第二中学、江川区翠峰中学和龙街中学。组织3个文艺协会、4位歌手共62位演职人员参加演出。演出了17个文艺节目。节目形式多样，有花灯、滇剧、曲艺说唱、小戏、歌舞等，内容贴合学生、娱教结合。体现社会主义核心价值观体系要求，兼具思想性、艺术性和社会主义舆论导向。三个学校组织36个班级2000余名师生观看演出。

【进一步强化文物安全工作】为有效预防文物被盗，杜绝火灾事故发生，加强文物建筑消防安全工作，强化应急处突意识，对辖区内文物点开展安全巡查4次，对检查中发现的安全隐患进行备案，及时进行整改，确保全区文物安全零事故。

【做好文物保护单位的文物“四有”工作】 2020年8月，完成甘棠箐遗址、江川文庙两个“国保”单位的文物“四有”工作。2020年10月，完成旧州大雄寺、曲焕章故居、柏池古云升寺三个“市保”单位的文物“四有”工作。

【完成江川李家山古墓群建设项目】 项目为2017年中央预算投资的文化旅游提升建设项目，投资资金480万元，项目于2018年8月动工。项目建设内容为：看守房和展示用房建设、周边环境整治、游路建设和改造、安置保护碑和界桩、老看守房修缮、基础设施提升等。完成从神鱼泉至山顶的道路改造、亭子建设工作、保护围栏范围内的桉树砍伐工作、保护碑及界桩的制作安装工作、看守房、展示用房建设、老看守房修缮、环境整治、报警监控安装、变压器安装等工作，完成投资480万元，项目2020年8月底完工。

【完成金甲阁震后抢险工程】根据《云南省文物局关于江川金甲阁震后抢险工程设计方案的批复》《玉溪市江川区财政局关于下达2019年国家文物保护专项资金的通知》文件精神，金甲阁震后抢险工程项目2019年12月9日开工，于2020年9月8日完成初验，项目主要内容为金甲阁三层塔顶揭顶修缮，拆除三层瓦屋面，拆除糟朽木构件，拆除宝顶，重新定烧制安，新制安糟朽木构件，新制安瓦屋面及垂脊、戗脊，对大门进行揭顶修缮，拆除瓦屋面，拆除糟朽木构件，进行更换，新制安瓦屋面及正脊、垂脊，新制安糟朽木构件，修补冰盘檐，对所有新换构件进行防虫防腐处理。

【完成江川区古代历史碑刻调查拓印研究保护项目】 为深入挖掘玉溪市江川区文化旅游资源，进一步丰富博物馆藏品数量和种类，促进江川文化遗产保护利用发展，经报请区政府同意，云南李家山青铜器博物馆在全区范围内开展大规模历代碑刻文物资源调查拓印工作。该项工作自2019年3月至2020年底，历时跨度近2年，完成全区各个乡镇古碑文调查拓印工作，调查历代碑刻460余块，拓印430余块，对382块价值相对较高碑刻拓片进行装裱保护。

调查发现的碑刻时代从明代至近现代，分布于全区（含抚仙湖周边托管区域）各个乡镇300余个村组，碑刻内容涉及江川各个历史时期的政治、经济、文化、军事、民族、宗教、风俗等各个方面，在考史证经、研究地方历史文化等具有重要价值，是江川开展文化遗产保护利用的又一类重要实物资料。

整个调查阶段基本保证涵盖江川区所有乡镇村组，详细填写资源调查记录表，并对碑体及周边环境进行拍照；拓印由馆内专业技术人员按照传统碑刻拓印方法流程操作，每块碑原则拓印2张拓片；调查拓印结束后对拓片进行装裱，对调查资料进行整理研究，后期计划策划举办主题展览活动，编纂成册出版发行一本具有地方历史文化特色的碑刻集录。

【建立诚信评价体系】 严格落实属地管理责任，健全并落实好旅游红黑榜制度，强化以旅行社网点为重点的市场监管，严查违规违法案件，坚决扫清旅游市场乱象，确保“八不准”严格落实到位，调整完善区旅游市场监管综合调度指挥中心组成人员，新增5人作为处置工作人员，并完善相关信息，完善投诉处理账号64个，其中，指挥中心8个，相关职能部门账号24个，涉旅企业32个，同时做好账号激活工作。截至目前，全区“一机游”投诉平台上受理投诉8件，转交办理4件。

【开展文化旅游市场秩序整治】开展以不合理低价游、旅行社租用客运车辆为主的旅游市场秩序整治专项整治行动，截至2020年11月，共计检查47次，出动执法人员215人次，检查涉旅经营单位161家次，收缴不合理低价游宣传资料210份。开展“双随机一公开”联合执法检查，截至2020年10月底，文化旅游综合行政执法大队，开展1次文化旅游市场“双随机、一公开”执法检查，对文化旅游市场开展联合执法检查15次，出动执法车辆62次/辆，参加执法检查人员318人；共检查经营场所516家。市场检查立案调查4起，行政罚款32000元，依法取缔“黑网吧”2家，没收电脑主机14台，显示屏14个，取缔一家无证经营互联网经营活动场所，扣押电脑主机52台，取缔关闭2家无证经营KTV经营场所；收缴非法出版物189册（培训机构教材）、346本盗版“口袋书”，非法出版老黄历42册，非法医疗宣传书23册，外包装暴露碟片8张。向市局和“扫黄打非”领导小组办公室提供“扫黄打非”工作线索2条。

【经济指标完成情况】 受新冠病毒疫情影响，2020年，江川区累计接待海外游客10人次，同比降98.2%，接待国内游客438.1823万人次，同比降8.73%，实现旅游总收入39.77亿元，同比降12.26%。完成线上住宿业营业额4157万元，同比增4.24%。江川区共有规模以上文化企业2家分别为玉溪李家山青铜器工艺制品厂、玉溪市江川区三有铜器工艺品厂。截至2020年8月，2家规模以上文化企业产值实现0.4亿元，累计文化产业增加值3.53亿元，占GDP比重5.2%。全区现有手工铜器加工户111户、铜器企业12户、销售门面34户，从业人员480人。

【旅游规划】 组织编制以星云湖为核心的《江川区全域旅游发展总体规划》编制工作，经区规委会讨论研究，进行深化稿的修改工作，通过科学分析资源状况，统一谋划发展方向，努力构建“两个核心、三个旅游增长极、多点带动”的旅游空间布局。

【旅游名村及旅游扶贫示范村创建工作】 2020年安化乡安化社区分别被评为省级旅游名村及市级旅游扶贫示范村，安化社区位于玉溪市江川区西北部，东接江川区前卫镇、南连九溪镇、北与江城镇毗邻，西与红塔区小石桥乡接壤，森林覆盖率61.87%，境内地形地貌复杂，山岭重叠，河流、沟箐纵横交错，属中亚热带半湿润高原季风气候，四级平和，冬无严寒，夏无酷暑，干湿季节分明，有“天然温室”之美称。安化社区经过近年来的建设发展，基础设施完善、旅游景点众多，并有彝族特色的旅游活动。下一步围绕安化乡特有的自然资源、文化旅游资源，打造江川乡村旅游的示范品牌。

【A级景区创建工作】 因抚仙湖托管等客观因素，致使江川区处于无A级旅游景区的状态，9月，经各部门的努力及上级的支持，云南李家山青铜器博物馆成功申报创建为AA级旅游景区。云南李家山青铜器博物馆是以收藏、展示全国重点文物保护单位——江川李家山古墓群出土文物为主的一座专题博物馆。馆藏各类文物近3000件（套），其中包括青铜器3000多件、金银器6000多件、玉器约4000件及数以万计的海贝、玛瑙、琉璃、水晶、琥珀器等。按文物等级划分，其中一级文物88件（套），二级文物209件（套），三级文物251件（套），一般文物488件（套），先后被评定为国家三级博物馆和全国科普教育基地。下一步江川区李家山博物馆进行数字化改造提升，建设数字博物馆和智能、智慧博物馆，更好的继承发扬神秘的古滇国文化，增长文化自信。

【星云湖南岸乡村振兴示范区建设项目】 星云湖南岸“乡村振兴”示范区建设项目是江川区全面贯彻落实乡村振兴战略，在推进湖滨带提质改造、环湖截污治污、入湖河道综合治理等工程基础上，进一步推进星云湖保护治理、产业结构调整的农旅融合发展项目。主要建设内容包括种植结构调整、房屋外立面改造、乡村基础设施建设、乡村旅游产业发展4个部分，计划总投资2.2亿元。围绕农旅融合和城旅融合发展，用两年的时间打造星云湖南岸国家AAA级旅游景区。完成河咀社区1105亩土地流转，种植荷藕934亩，种植粉黛植物86亩；改建9条道路总长8655米，建设旅游公厕3座，建设栈道497米，新建游步道600余米；完成临湖建筑物外立面改造406户，改造面积约4.5万平方米，手工绘画约6500平方米；河咀村田园景观、广场铺装已经完成，种植绿化苗木291株，安装太阳能路灯14盏，修建停车场7块，共10000平方米。

【玉溪市抚仙湖欢乐休闲度假区项目】 项目根据用地位置分为南北两区，北区位于江川区江城镇以东，江孤大道以北，在建澄川高速东西两侧，总面积约473亩；南区位于江川区江城镇东南，星云湖以东，隔河以南棋盘山区域。项目建设内容为旅游文化项目和城镇化建设项目，其中预计包括1个集散中心（玉溪东旅游集散中心）、4个文旅公园（全业态户外运动基地、露营基地及房车营地、新界鱼石公园及山体公园、健康养生农场）、3大配套项目（天麓酒店综合体、候鸟园、抚仙—星云湖度假社区）和1条旅游环道，计划总投资70亿元，其中北区20亿元，南区50亿元。将打造集休闲旅游度假、商业旅游服务、户外运动、健康养生为一体的国际康旅度假区，将其建设成为云南文化旅游标杆项目。2020年9月，与云南世博投资有限公司完成合作投资协议的签订工作，与相关部门对接就北区涉及地块无建设用地增减挂钩结余指标的购买工作。

【江川区古滇铜街项目】 与建水紫陶街旅游文化开发有限公司签订江川区古滇铜街项目协议，计划总投资1.5亿元，拟建设中心景观、景观活动广场、沿街景观带、博物馆、铜塔、商业区、定制大师工作室及客栈、酒店、公寓等。通过项目建设及运营，打造以青铜旅游、生活产品研发生产基地为核心，以生态蔬菜及湿地、生态水产品为补充的铜工艺特色旅游村，促进铜工艺特色旅游产业发展，努力建成全省乃至全国驰名的特色文化旅游街区，2020年10月开工建设。

【“十四五”储备项目】 星云湖南岸乡村振兴示范区智慧景区建设、江川区李家山青铜器博物馆智慧建设、智慧李家山文旅融合项目、星云湖临湖文旅聚集带及乡村振兴项目、九溪电影山文旅小镇、螺狮山贝丘国家遗址公园、梁王山—北山山地运动基地项目、江川大平地康养农旅融合项目等项目已申报为江川区“十四五”储备项目。

【旅游厕所建设】 2020年计划建设旅游厕所6座，分别为大街街道海浒、江城北山、江城海门、雄关窑房、前卫杨家咀、老体协旅游厕所。截至2020年10月27日，已开工建设5座，其中已完成评级验收3座，分别为大街街道海浒旅游厕所（AA级）、江城北山寺旅游厕所（A级）、雄关窑房旅游厕所（AA级），江城海门与前卫杨家咀旅游厕所正在建设过程中，老体协旅游厕所正在完善规划设计及选址工作。

【旅游宣传营销】 “一部手机游云南”工作：完成城市名片、4个景区名片、2个重点文化娱乐企业、37座各类公共厕所、4家旅行社、13家住宿企业、16家餐饮企业的信息采集上报和审核完善工作，完成北山公园、星云湖、界鱼石公园、李家山青铜器博物馆、神鱼泉5个景区人流量检测设备的安装和界鱼石公园、星云湖南岸2座智慧厕所建设。充分运用“一部手机游云南”App推广旅游企业诚信评价体系，制定全区涉旅企业诚信评价方案及工作手册，完成397家涉旅经营户诚信评价工作，其中3家企业列为重点监管对象（已退出）。

旅游节庆活动：8月16日，为期两天的“邂逅星云　荷你有约”星云湖南岸弄来吃文化节落幕，上万人到河咀社区游湖、管径、赏花、品香、听曲。原生态歌舞和传统剧目展现江川各族儿女热爱家乡、创造富裕文明幸福生活的精神风貌。

对外考察和宣传：组织玉溪市滇瓦紫砂工艺厂参加2020年中国国际旅游交易会。

【严控疫情发展】 疫情防控工作开展以来，区文旅局高度重视，及时成立区文旅局新型疫情防控工作领导小组，制定下发《江川区文化和旅游局新型冠状病毒感染防控工作方案》，明确任务，细化措施，落实责任，全面组织协调在全区文化旅游系统防控工作。疫情防控期间，关闭全区公共文化服务场所和取消春节系列文艺活动，暂停全区32家文化娱乐场所经营活动，关停旅行社及服务网点12家，取消团队4个18人，同时做好在外旅行中团队的服务、报备工作，关闭界鱼石公园、北山公园、神鱼泉3个非A级景点。做好滞留在滇旅客集中安置工作，自2020年1月28日设立滞留在滇旅客集中安置酒店以来，共接待、安置滞留旅客105人次（其中湖北籍1日，长期云南经商，其自述防控工作以来无返湖北史）。

【落实常态化防控工作】 进入疫情常态化防控期间以来，区文旅局严格把握工作要求，坚持精准常态化管控，坚持预防为主，健全防控机制。一是科学自定、完善文化、旅游经营场所疫情防控方案和应急预案，加强防控保障，并根据省、市、区最新管控要求，及时进行动态调整，确保安全。二是坚持预约限流、有序开放。按照相关技术指南，

在全面落实疫情防控措施的前提下，采取预约、错峰、限流等方式，开放旅游景点、图书馆、博物馆、文化馆等室内场馆，以及歌舞娱乐场所、网吧等密闭半密闭的休闲场所；有序回复旅行社和在线旅游企业省内旅游经营活动。从严控制、组织举办大型群众性文化市场经营活动。三是加强人员管理。严格落实进出人员和巩固走人员的健康监测，落实“健康码”扫码制度。四是严格落实重点场所防控措施。文化和旅游市场综合行政执法大队加强对全区文化和旅游经营场所落实疫情防控措施情况的执法巡查，对相关场所经营业住做好解释说明工作，会同公安、卫健、市场监管等有关部门对整改落实不到位、拒不落实各项疫情防控措施的场所，依法采取停业整顿等处罚措施，确保各项防控措施落到实处。

【助力文旅企业复工复产】 根据2月20日省、市、区应对疫情工作领导小组会议精神和区应对疫情领导小组指挥部通告要求，区文旅局扎实推进企业复工复产促增长工作。根据文化旅游行业具体情况，有序推进企业复工复产。2月23日星云湖南岸乡村振兴示范区项目正式复工。2月26日，“三馆一站”共10个单位向社会开放。全面恢复景点开放和营业。逐步推进旅行社（服务网点）和文化娱乐场所开放营业。配合江川辖区的4家旅行社进行暂退质量保证金工作，共暂退保证金28万元，帮助企业解决疫情情况下资金紧张问题。动员辖区内的部分涉旅企业参与“抗击疫情期间拉动内需，促进消费，推动社会经济发展”的社会公益活动。景湖酒店在五一期间，住宿打6.5折，餐饮打8折；江川宾馆自5月1日起至年底，住宿餐饮打8.5折；三道菜饭店自5月1日起至年底，住宿餐饮打9.5折。

（申梦莹）

融媒体中心

【概述】 2020年，玉溪市江川区融媒体中心围绕县级融媒体中心建设首要任务，强化选题策划，不断提高新闻生产、传播、服务能力，为奋力谱写新时代江川高质量跨越式发展新篇章提供舆论保障。截至12月31日，区融媒体中心共采写制作播出《江川新闻》264期1584条，江川人民广播电台共播放新闻2652条，《玉溪日报·江川专版》254条，江川新闻网刊载新闻1354条，江川政府网792条；云南通·江川客户端843条。“江川发布”微信公众号累计发布稿件1098条，粉丝数18439个；“云南江川”微博累计发布5520条，累计阅读量210万余次，粉丝数9738个；“江川星云”App上线试运行至今，共发布稿件3785条，用户数5136，阅读数14万，下载量7872；“江川区融媒体中心”抖音号，发布作品211个，粉丝数7960，浏览总数260.6万，获赞3.6万。向中央、省、市级媒体传送新闻，被国家级媒体采用211条，省级媒体采用455条，被市级媒体采用519条。

玉溪市江川区融媒体中心建设项目预算总投资535.33万元。建设内容分“演播室、指挥中心场地改造，融合媒体制作播出升级改造，融媒体平台建设”三块。2020年10月19日，县级融媒体中心省级验收领导小组召开第二批县级融媒体中心省级验收评审会，听取省广电局关于第二批县级融媒体中心省级验收情况报告后，同意第二批38家县级融媒体中心全部通过省级验收。玉溪市江川区融媒体中心获得良好单位的评定档次。

【新型主流媒体助力抗疫】 新冠肺炎疫情期间，玉溪市江川区融媒体中心作为引导群众、服务群众的重要平台，在抗击网络谣言的舆论战中发挥新型主流媒体作用。一是开设专题专栏，及时发布权威信息。在江川电视台、江川人民广播电台、江川发布微信公众号、“江川星云”App开设“众志成城、团结奋进、抗击疫情”“一手抓防控、一手抓生产”等专栏，及时转发新华社、《人民日报》、央视网、云南网、玉溪网等中央、省、市主流媒体疫情信息、权威评论等，加强党的声音在基层的传播和落地；及时发布区内应对疫情权威信息、通告，及时有效引导舆论，澄清谣言。区融媒体中心共转发中央、省、市权威信息2805条（次），播出公益广告2386条（次），发布区内疫情防控相关信息、公告185条（次），新媒体累计阅读量279.6万余次。2020年1月28日，江川发布《紧急扩散》阅读量106.9万余次；1月30日，另一个《紧急扩散》阅读量95.5万余次。二是创新方式、主动出击。推出《抗击疫情，我们冲锋在一线》《节后返岗　疫情防控有措施》《成立临时党支部　筑牢基层防“疫”堡垒》《出征！我区医务人员驰援武汉》《防疫复工两不误》《战役中的那抹橘黄》等融媒体产品，全面展现区统筹推进疫情防控和经济社会发展工作的新成效和感人故事。利用现场云平台，推出“坚决打赢新型冠状病毒感染的肺炎疫情防控阻击战”图文直播，全方位、立体式将江川区抗击疫情和推进复工复产各项工作及时呈现给广大人民群众。三是做好服务群众工作。“江川星云”App通过H5开设疫情防控服务专栏，提供疫情地图、发热门诊、新冠肺炎症状自查、疫情知识智能问答、患者同小区查询等功能，集成政务、民生等服务，提供缴费、查询、购票等各项综合服务功能，为群众提供“一站式”资讯和生活服务，开展保障性住房选房顺序号摇号现场直播等助力抗疫。

【打造品牌栏目】 玉溪市江川区融媒体中心从打造品牌栏目入手，做实深度报道，栏目《一周说》共播出39期，内容涉及农村公路建设、爱国卫生“七个专项行动”、党建、星云湖保护治理等方方面面，以说“群众最关心、最直接、最现实的话题”的方式“吸粉”无数，备受群众好评。栏目《平安江川》共播出6期，内容涉及与法院、检察院、公安局、司法局合作拍摄的《非法采矿毁生态　破坏环境终买单》《赵红磊：战疫一线的“藏青蓝”》《九溪派出所：做强三支力量　提升群众安全感》等一系列有关公、检、法、司的节目，推进法制江川、平安江川建设进程，在全区营造学法、懂法、知法、守法的良好氛围，同时展示江川政法系统法治文化建设的优秀成果。

【探索融媒体产品制作和传播途径创新】 玉溪市江川区融媒体中心借助“学习强国”、新华社、云南网等国家和省级平台推广短视频、图文等产品，开创31个10W+原创视频，其中“学习强国”平台推出的“舌尖上的江川：粉蒸肉”在“学习强国”平台上播放量为200W+，“舌尖上的江川：冷荤”“云南江川非遗：板凳龙”“传统手工刺绣技艺”“建美一座城　治好一湖水　打造一个生态宜居家园”，央视网推出的“生态环境治理成效显著‘腿长貌美’紫水鸟现身星云湖”等视频播放量100W+5个；《风味云南，“冻”解千馋》《玉溪江川：节地上楼　住有所居》《本周六，玉溪江川区“邂逅星云　荷你有约”！》等阅读量10W+图文稿件22篇。充分发挥“学习强国”平台作用，率先在全省策划推出“滇物古迹”系列栏目，做到每日一新，计划推出图文千余条。

【打造全新的融媒体平台】 玉溪市江川区融媒体中心建设分“演播室、指挥中心场地改造，融合媒体制作播出升级改造，融媒体平台建设”三块。2020年7月10日，中共玉溪市江川区委宣传部向市委宣传部申请开展技术系统验收，并于7月25日获批。2020年8月6—7日，国家广电总局广播电视科学研究院专家组成的省级验收组莅临江川，对玉溪市江川区融媒体中心技术系统进行验收。专家组一行通过听取汇报、查阅资料、现场演示、实地测试等方式，对采集汇聚、内容生产、融合发布、策划指挥等系统功能和网络安全进行检测，对运行维护管理和监测监管体系进行查看。验收组对玉溪市江川区融媒体中心建设取得的成效给予充分肯定，测评得分为88.57分。2020年9月14日，云南省第二批县级融媒体中心省级验收专家组到玉溪市江川区融媒体中心对技术系统建设工作开展验收。2020年10月19日，县级融媒体中心省级验收领导小组召开第二批县级融媒体中心省级验收评审会，听取省广电局关于第二批县级融媒体中心省级验收情况报告后，同意第二批38家县级融媒体中心全部通过省级验收。玉溪市江川区融媒体中心获得良好单位的评定档次。

（赵　江）

卫生健康

编辑　徐凡清

卫生健康

【概述】　2020年，江川区卫生健康工作围绕省、市决策部署，深化医疗卫生体制改革、推进基本公共卫生计生服务项目，加强计划生育工作管理，各项工作稳步推进。截至12月底，全区医疗机构共174家，全区核定床位805张，实际开放834张。其中乡镇卫生院核定床位255张，实有病床254张，占30.4%。每千人均床位数2.9张。全区区级、基层医疗机构医疗收入18210.04万元，较上年同期降9.92%；诊疗人次数1631954人次，较上年同期降16.97%；出院人次数23492人次，较上年同期降3.18%。在册医师总数652人（含托管区），其中执业助理医师118人，执业医师534人；全科医生50人（含托管区）；在册护士1051人（含托管区）；相比2019年12月，在册医师增加45人，在册护士增加63人，全科医师增加1人，较上年度医师、护士、全科医生数分别增长10.70%、6.37%、2.04%。期末总人口256420人，出生2351人，死亡人口1540人。

【新冠肺炎疫情防控】　防国内输入阶段：截至2020年2月22日，2例确诊病例全部治愈出院；累计排查解除疑似病例9例，解除医学隔离观察密切接触者85人。1月29日至今无新增确诊病例，2月20日确诊病例全部“清零”，辖区内未发生本土聚集性病例。防境外疫情输入阶段：未出现陆路边境、航空口岸输入性二代病例。常态化防控阶段：辖区二级及以上综合医院、疾控机构实验室按要求具备核酸检测能力，江川区人民医院日检测能力2000份，区疾控中心日检测能力2000份，与第三方检验公司建立联系方式和调度机制，确保全区新冠病毒核酸应急检测能力达到每日14000份。

【江川区“创卫”复审】　以《国家卫生城市标准（2014版）》及相关法律法规为依据，坚持“统一领导、分线作战、突出重点、集中整治、部门负责、属地管理、纵向到底、横向到边、条块结合、不留空当”的原则，精心组织、全面动员各级各部门和广大群众积极参与国家卫生城市复审达标工作，确保国家卫生城市复审达标通过，进一步改善江川区人居生活环境和投资环境，推动全区经济社会全面发展。

【爱国卫生“七个专项行动”】
按省委、省政府要求扎扎实实开展爱国卫生专项行动。做到裸露垃圾全消除，实现城乡环境整洁干净。做到公共厕所全达标，确保所有公厕达到“三无三有”标准。做到公共场所洗手设施全覆盖，确保数量充足、质量达标。做到餐饮环境卫生全达标，确保餐饮消费放心、安心、舒心。做到公共场所清洁消毒全覆盖，打造卫生安全、公众放心的公共场所。加强疫情防控工作，做到出现疫情可防可控。做到农贸市场环境卫生全达标，着力打造整洁、安全、放心的现代化农贸市场。推进健康文明生活方式全民参与，推动全社会健康素养水平明显提升。

【卫生乡镇、卫生村创建】 根据《云南省爱国卫生运动委员会关于命名2019年度云南省卫生乡镇和卫生村的决定》，江川区5个乡镇评为2019年度云南省卫生乡镇荣誉称号，36个社区、村委会获2019年度云南省卫生村荣誉称号。

【健康江川建设】 区卫健局组建推进健康江川行动议事机构，《江川区人民政府办公室关于成立健康江川行动推进委员会工作领导小组的通知》报区政府办印发。江川区“健康江川”行动待市级文件出台后积极跟进。建立“健康江川行动”互联网宣传栏目，组织开展健康江川行动专题宣传活动。成立玉溪市江川区健康科普专家库，印发《玉溪市江川区卫生健康局关于成立江川区科普健康专家库的通知》，健康科普专家16名。2020年，74个党政机关命名为“无烟单位”。江川区内的所有学校及医疗卫生单位已经建成“无烟单位”，全区覆盖率100%。城乡居民达到《国民体质测定标准》合格以上的人数比例92%。全区儿童青少年总体近视率49.05%，较2019年降5.29%。婴儿死亡率4.09‰，控制在指标范围内。孕产妇死亡率为零。做好老龄健康服务，推进“医养结合”工作。2020年全区65岁以上老年人32095人，开展健康体检23131人。创建婴幼儿照护服务示范机构，把玉川幼儿园和麦迪森早期教育机构作为示范创建单位。

【固定资产投资】 2020年度完成固定资产投资任务1225万元，其中江川区妇幼保健院辅助业务用房建设项目完成投资138万元，江川区人民医院医疗设备购置项目完成516万元，江川区中医院医疗设备购置项目完成571万元。

【基础设施建设】 玉溪市江川区人民医院综合住院大楼建设项目（补短板二期项目）。目前该项目前期各项审批工作已完成，投入项目前期工作经费120余万元，项目建设资金到位即可开工建设。玉溪市江川区妇幼保健计划生育服务中心扩建辅助业务用房建设项目。该项目投资720.5万元，于2020年9月竣工并投入使用。江川区人民医院核酸检测能力提升改造工程。项目由省委、省政府的统一安排由省云投集团统一组织实施，区医院做好准备配合改造，改造完成后交由区医院管理使用，项目于9月完工并投入使用。江川区疾控疾控中心核心能力提升工程。项目由省委、省政府的统一安排由省云投集团统一组织实施，区疾控中心做好准备配合改造，改造完成后交由疾控中心管理使用。项目于9月29日开工，目前该项目正在举行设备安装调试工作，10月底可竣工。届时江川区人民医院及区疾控中心将具备核酸检测能力，将极大提升江川区防范、应对新冠疫情的能力。市传染病医院建设项目。该项目由省级统一规划，玉溪市人民医院承建，江川区负责提供建设用地。截至10月25日，项目前期工作取得初步选址意见书、取得用地预审意见、取得规划条件及附图、取得片区控制性详细规划图、用地范围图、完成地形测绘、取得压覆重要矿产资源批复意见、取得地址灾害性评估批复意见、完成三通一平、完成土地划拨用地批前公示，可研报告。项目于9月22日举行开工仪式，协调土地划拨事宜。村卫生室改扩建项目。目前龙街村卫生室和前卫镇赵官村卫生室已开工建设。

【紧密型医共体建设】 2020年度，江川区人民医院充分发挥龙头作用，结合江川区实际，立足于目前亟须解决的医保资金管理问题，定期组织医共体内全体医疗机构召开医共体医保资金分析推进工作会，对医保资金使用情况进行分析研判。

【区人民医院五大中心建设】 区人民医院胸痛中心、卒中中心均已通过省级验收；危重孕产妇救治中心于2020年6月20日接受并通过市级现场验收；正积极推进危重新生儿救治中心、创伤中心创建工作。

【区级公立医院药品让利】 全区所有公立医院继续执行取消药品加成（中药饮片除外），实行药品零差率销售。2020年1—12月区人民医院药品让利群众294.22万元；区中医医院药品让利群众42.65万元。同比医疗费用增幅、药占比、百元医疗耗材占比、医疗服务性收入占比和全区基层医疗机构门急诊人次占比等医改重要指标均在全市的目标控制范围内。

【家庭医生签约工作】 2020年全区与有需求的居民签订家庭医生服务协议99854人，签约人数占辖区常住总人口的38.64%。重点人群签约72541人，完成率79.68%，其中计生特殊困难人

员、建档立卡贫困户、低保户和“五保户”等重点人群签约率均达100%。截至12月底各基层医疗机构累计为签约居民开展诊疗服务714767人次；为建档立卡贫困户开展诊疗服务58876人次；为残疾人开展诊疗服务39406人次，建档立卡贫困户及残疾人100%体检1次。

【分级诊疗工作】 健全完善分级诊疗制度，上下转诊有序进行。截至12月，全区累计向上转诊1031人次，向下转诊105人次。

【DRGS付费制度】 推行DRGs付费制度改革，患者费用大幅降低。区人民医院所有出院的城乡医保患者病历均进入DRGs分组器进行分组，入组病种数397个，有效入组率100%。门急诊次均费用125.49元；出院患者平均费用4835.44元。

【医疗服务能力提升】 2020年，区卫健局使用经费350余万元为各乡镇卫生院配置血细胞分析仪、DR、救护车等相关设施设备30余台次。

【基层中医药服务能力提升】 开展乡镇卫生院中医馆建设和村卫生室村医中医适宜技术培训，建成中医馆6个，并开展相应中医诊疗服务。委托中医院对全区6个乡镇63个村卫生室的63名乡村医生分6批次进行中医适宜技术培训。并为各村卫生室配备相应提供中医适宜技术的设备。

【健康扶贫工作】 对2019年度脱贫攻坚各级各部门所发现问题以及2020年各级各部门督查所反馈问题，全部整改清零。继续压实大病集中救治工作，全区共有36种大病患者329人，已全部实施救治，救治率100%。先诊疗后付费工作持续开展，全区享受先诊疗后付费共计1156人次。严控医疗费用。做实做细家庭医生签约服务工作，江川区家庭医生签约工作做到应签尽签，建档立卡贫困人口共签约6568人，其中高血压患者505人、糖尿病患者114人、重性精神病患者187人、肺结核患者1人。2020年全年，已建电子健康档案6568人，核查档案6568份，体检6548人，开展健康状况评估6548人，面访10062人次，电话随访1553人次，开展健康教育与咨询服务10790人次，预防接种预约服务及其他预约服务2497人次，基层转诊转院3人次，上门服务12668人次。积极落实村卫生室药品配备工作，全区63家村卫生室均已配齐80种药品，并均已开展诊疗服务。

【落实计生惠民政策】 2020年，审批新办独子证一次性奖励金11户，兑现资金1.2万元；审批独生子女升学一次性奖励金138人，兑现资金16.62万元；义务教育阶段奖学金146人，兑现资金3.23万元；应享受奖励扶助金1015人，兑现资金103.36万元；应享受特别扶助金93人，兑现资金47.34万元；失独家庭一次性抚慰金2户，兑现资金0.5万元；升学加分124人；城镇居民未享受退休金养老扶助88人，兑现资金8.89万元；符合享受独生子女保健费293户，兑现资金3.21万元；计划生育特别扶助制度（其他家庭）11人，兑现资金2.88万元。

【“诚信计生”】 2020年共立案处理计划生育案件37件，其中征收社会抚费案件23件，行政处罚14件，征收社会抚养费24万元，罚没款6.2万元，二者合计30.2万元。

【实施“全面二孩”政策】 积极稳妥实施“全面二孩”生育政策。通过会议部署、各种媒体、宣传栏、全面宣传“全面二孩”生育政策；畅通办证渠道，彻底解决办证难的问题。全年共登记办理生育证2208本，其中一孩生育证1054本，二孩生育证1072本，三孩生育证82本，出生人口性别比113。

【计划生育协会服务能力建设】 全区共有协会组织73个，其中区级计生协会1个、乡镇级计生协会8个（含大街街道、江城镇流动人口协会1个），村级计生协会63个（其中大街街道朱家庄社区、江城镇江城村流动人口协会2个），企业协会1个；会员共计9724人。核定事业编制4名。计生家庭意外伤害保险工作超额完成预定的目标任务，2020年投保50353份，收取保费201.412万元，比上年的190.46万元增5.75%。2020年11月30日召开的2021年玉溪市计生家庭意外伤害保险工作启动会上，获得一等奖。新冠疫情防控期间组织计生协会会员8765人，参与到疫情防控工作中。2020年3月 19日开展“统筹开展乡村振兴及疫情防控关爱计生困难家庭走访慰问活动”，对14户独生子女困难户、双女困难户、困难计生工作者、空巢或失独家庭和其他计生困难家庭进行走访慰问，发放慰问金8000元。全区各级计生协在春节、“5.29”、重阳节期间开展慰问活动，对独生子女困难户、双女困难户、困难计生工作者、空巢或失独家庭、其他计生困难家庭，共计69户发放慰问金16500元、物资折合1400元；协调民政救助计生困难家庭13户，发放救助金29000元。共开展文艺演出19场次、观众约3572余人次，广播宣传136余次，出板报65期，发放各类宣传资料39860余份，查环、查孕、查病769人次，义诊、量血压等4643人，发放避孕套2574盒，组织培训1422人次，咨询群众3141余人次。

【“挂包帮、转走访”】 2020年“挂包帮”“转走访”联系雄关乡下营村委会、窑房村委会，共有建档立卡贫困户94户，其中下营村委会55户，窑房村委会39户，卫健系统共6家单位安排干部职工120名，一对一、多对一进行帮扶，对94户建档立卡户平均走访4次，区人民医院、区中医医院开展义诊活动5次。

【放管服改革工作】 2020年1—12月共计审发放许可证33户，监督检查餐饮具集中消毒单位2户，抽检合格率100%。下达卫生监督意见书514份，覆盖率100%、监督率312%。

【卫生健康行政管理】 政府核定编制16人，目前在编16人。其中40岁以下4人、40—45岁2人、45—50岁4人、50—55岁4人。具有本科及以上学历的14人、专科学历2人，专科及以上学历占87.5%。有医学学历4人，占25%。

【卫生健康人才】 卫生系统事业单位核编786人（不含计生协），实有工作人员710人，缺编76人。总用工人数1179人，编外使用470人，占用工总数39.86%。在编人员中硕士学历8人，占1.13%；本科学历492人，占69.39%；专科学历189人，占26.67%；中专及以下学历20人，占2.81%。在编专业技术人员688人其中高职113人，占16.42%；中职184人，占26.74%；初职及其他393人，占56.84%。

【卫生技术人才培养】 2020年人才招录引进工作：开展3次招聘，合计进入医疗系统50人。提前招聘紧缺专业人才现场招录一次，共招聘19人；专项招聘共招聘12人；公开招聘共招聘12人，区外选调医学专业技术人员7人；专业包括临床医学、麻醉学、影像学、护理药学等。

【国家基本公共卫生服务项目】

截至2020年12月底，全区城乡居民健康档案247253人，建档率97.36%；新生儿访视率99.83%，儿童健康管理率99.83%，产后访视率100%；以乡镇为单位各疫苗接种率均在97.93%以上，老年人健康管理率72.07%，全区登记管理高血压19169人，规范管理率92.34%；登记管理糖尿病5092人，规范管理率91.56%；严重精神障碍患者在册1210例，报告患病率4.82‰，规范管理率95.33%；结核病规范治疗管理率98.7%；2020年1—12月，全区传染病发病率435.38/10万；2020年共发放健康教育印刷资料144种283792份，健康教育覆盖率为95.83%；完成儿童中医药健康指导人数8563人，项目进度83.05%，完成老年人中医药健康管理服务人数20249人，项目进度66.44%。

【实施妇幼健康计划】 妇女儿童健康计划稳步实施。截至2020年12月，完成增补叶酸项目3004人，任务完成率108.45%；婚检率95.98%；妇女常见病筛查24882人，筛查率90.81%；免费孕前优生健康检查1510.5对，完成率100.37%；2020年宫颈癌筛查项目任务数4000例，已完成4002例，完成率100.05%；孕产妇死亡率为零；出生活产2353人，婴儿死亡8人，婴儿死亡率3.40‰，五岁以下儿童死亡16人，死亡率6.80‰；新生儿疾病筛查2333例，筛查率99.15%，新生儿听力筛查2335例，筛查率99.24%。2020年江川区妇幼保健院参加全省第一次、第二次室间质评成绩均为优秀。

【防治艾滋病】 2020年1—12月新报告HIV感染者/AIDS患者22例，累计存活数360例，发现率85.7%，治疗覆盖率92.5%，抗病毒治疗有效率98.2%。全年江川区HIV筛查阳性各医疗机构告知率100%，HIV筛查人次数171720人次，HIV疫情报告准确率100%。

【医养结合】 乡镇（街道）卫生院与6个养老机构分别签订医疗服务合同，为100余名集中供养的特困老人提供医疗服务，开展老年人健康体检工作，对老年人看

病就医实行优先照顾，开通绿色通道。2020年为60周岁以上的老年人办理优待证690个。配合中国人寿江川支公司开展2020年“幸福和谐晚年”老年人意外伤害保险参保工作。全区50周岁以上老年人22694人购买老年人意外伤害保险，参保率52.28%，保费金额合计113.47万元，与2019年相比，参保人数增加2652人，保费增加13.26万元。

【职业病防治】 2020年江川区职业病危害项目申报系统共计申报30户企业。江川区共有4家采矿企业（3家石材厂、1家化学矿开采），1家水泥制造企业，其他化工、金属制造、纸浆制造等企业25家。全区自新中国成立以来共有9例尘肺病患者，现存活4例，其中1例已经退休，享受养老保险待遇，2例享受工伤保险待遇，1例未享受任何待遇，4例存活患者均不属于建档立卡贫困户。

（李　伟）

医疗保障

【概述】 2020年，江川区医疗保障局围绕“医保基金安全、人民健康福祉、医疗事业发展”工作主线，坚持以确保基金安全为前提，以保障参保人员切身利益为重点，以控制医疗费用不合理增长和加强定点医疗机构监管为核心，担当尽责、主动作为、狠抓落实，实现医疗保障工作的有序推进。全区基本医疗保险参保人数240029人，参保人数完成率100.54%，超额完成市局下达的238748的目标任务。

【定点医药机构情况】 截至2020年底，全区共有定点药机构165家，其中定点疗机构81家（按类别分：公立73家、民营8家；按等级分：二级2家、一级8家、一级及以下71家；按诊疗项目分：医院10家、卫生室64家、口腔诊所7家）、药店84家（按等级分：单体药店6家、连锁药店78家含慢性病药店5家；按管理属性分：金骏药业22家、一心堂19家、星云大药房28家、玉溪医药6家、大川医药2家、云南白药1家）。

【职工生育保险和职工基本医疗保险合并实施】 按照市医疗保障局的统一部署，自2020年1月1日起，职工生育保险和职工基本医疗保险合并实施并由医保中心具体经办，实现参保同步登记、基金合并运行、征缴管理一致、监督管理统一、经办服务一体化。通过整合两项保险基金及管理资源，更好的保障职工生育、医疗保障待遇，增强基金共济能力。2020年，职工参保人数16705人，其中生育保险参保人数10994人，参加生育保险女性5097人。

【医疗保险参保情况】 城镇职工医疗保险参保单位496户（其中机关事业单位144户，自收自支事业单位5户，企业单位284户，灵活就业人员参保1户）。参保人数16705人（其中在职12275人，退休4430人；女性7336人）；公务员补助医疗保险参保单位148户，参保人数8157人；特殊人群38人，其中离休人员23人，二等乙级以上伤残军人15人；城乡居民医疗保险保险参保人数223324人，其中女性112612人。

【医疗保险基金征缴情况】 城镇职工基本医疗保险基金总收入8356.15万元，比上年同期减0.5%，其中征缴收入8324.60万元（单位缴6109.20万元，个人缴1738.40万元），上级补助收入269.14万元。纳入基金分配8324.6万元，其中划入统筹基金3764.34万元，占45.22%，划入个人账户4560.26万元，占54.78%。大病补充医疗保险实际征缴534.1万元。

城乡居民医疗保险基金人均筹资标准为800元（其中中央财政承担440元，省级财政承担77元，市、县级财政承担33元，个人缴费250元），基本医疗保险715元，大病保险85元，实际收入16340.39万元。

【医疗保险基金支出情况】 按权责发生制，城镇职工基本医疗保险基金支出9890.06万元，其中统筹基金支出4300.21万元（门诊统筹基金支付1152.09万元，住院统筹基金支付3148.12万元），个人账户基金支出5589.85万元；大病理赔费用310.71万元；特殊人群医疗费支出226.63万元。

城乡居民基本医疗保险基金支出17006.79万元（其中门诊支出2951.81万元，住院支出14054.98万元）。大病理赔费用2318.39万元。

【特慢病管理】 按照“放管服”要求，自2020年7月1日起，将特慢病评审权限下放到定点二级医疗机构，符合玉溪市基本医疗保险门诊特殊病慢性病待遇准入条件的，由定点医疗机构依据相关诊断资料办理特殊病慢性病门诊待遇登记备案。截至2020年底，江川区享受特慢病参保患者21090人（职工7775人，居民13315人）。

【征缴书面稽核】 为切实维护广大职工的合法权益，江川区按照玉溪市医疗保险稽核的工作要求，对抽取的12家单位的医疗保险缴费人数、缴费基数进行书面稽核。并及时将稽核结果逐一反馈各单位，其中3家单位存在缴费基数少报、多报情况。

【落实医保基金监管】 在做好日常监管的同时，按照市级的统一安排部署，开展打击欺诈骗保专项治理、扶贫领域全面核查、定点医疗机构专项治理，全面提升基金监管水平。2020年7月14—17日，通海县医保局组成交叉检查组对江川区14家定点医疗机构进行实地突击检查。2020年11月17—20日，抽调医保基金监管骨干力量配合第三方机构调查评估玉溪市江川区协议医疗机构规范使用医保基金情况。2020年，检查协议医药机构190家次，实现全覆盖，发现65家医药机构存在违规行为，给予约谈处理3家、限期整改21家、通报批评1家、暂停医保系统整改4家、终止服务协议1家，追回违费用62.98万元；查处参保职工和居民违规81例，追回违规费用110.09万元。

【新冠肺炎疫情防控用品专项检查】 新冠肺炎疫情防控用品专项检查以定点零售药店为重点，以防疫防控用品包括口罩、体温计、酒精、消毒液、手套等是否采取个人账户支付及进货价格与销售价格相匹配合理的情况为主要内容，以解决防疫防控用品供求关系和正确宣传防疫防控知识为举措，正确引导参保人员和督促医药机构积极做好新冠肺炎的防控工作。2020年3月5—18日，历时14天现场检查定点零售药店37家，筛查辖区78家定点零售药店数据114112条，对76家定点零售药店的8个品种70余个不同产地、规格、型号的防疫防控用品进行医保信息编码维护。

【推进县域医共体医保支付方式改革】 配合市局推进支付方式改革，通过召开医共体打包付费培训、约谈、深入医院督查指导、召开江川区医共体基金运行风险预警分析会、一月一统计分析等方式引导约束定点医疗机构主动开展控费工作，切实保障参保人员基本医疗需求，不断提高基金使用效率，确保医保基金安全、平衡运行。2020年，江川区全面推行总额预付、按病种付费、项目付费、医共体打包付费和DRGs支付的多元复合型付费方式，单病种付费个数120个，DRGs支付577个病组，惠及更多的参保人员。江川区医共体月预拨指标合计6384万元，按权责发生制，江川区参保人医共体内就医统筹支出7100.5万元，超支716.5万元。合计支付医共体1—12月城乡居民基本医疗保险基金6268.59万元（不含异地），支付其他医共体参保人在江川区医共体内发生的费用686.79万元。

【三医联动费用支付】 严格按照医保费用结算规定及时对两定机构的费用进行了结算支付。同时按照《玉溪市公立医院药品集中限价采购结算管理办法》的规定为两定机构及时代付药品集中采购中标单位药品采购款。2020年支付药品中标企业公立医院药品采购款6195.74万元。

【医疗保障扶贫政策】 严格按照区委、区政府和市医保局的要求，抓好参保缴费、待遇支付、保障标准、管理服务、就医结算等医疗保障扶贫重点举措的落实落地。2020年共有建档立卡贫困户2062户，人数7198人，其中区内参加城乡居民医疗保险7078人，本地外居民参保18人，省内大学生参保8人，城镇职工参保92人，参军2人，参保率100%。建档立卡人员住院1348人次，医疗费用877.4万元，报销费用792.14万元（其中基本医疗保险支付575.94万元，大病保险支付49.97万元，医疗救助132.91万元，政府兜底支付33.32万元），住院医疗费用实际报销比例90.28%。普通门诊就医36095人次，医疗费用162.39万元，统筹支付59.45万元，实际报销比例36.61%。28种门诊特慢病就医3052人次，医疗费用149.86万元，政策范围内费用149.11元，统筹支付125.89万元，政策范围内报销比例84.43%。纳入特慢病管理共计769人。

【跨省异地就医费用直接结算工作】 2020年，江川区医保局办理跨省异地就医备案161人次，实际完成就医结算137人次，总费用342.81万元，统筹支付108.2万元，大病保险支付93.32万元；江川区完成省外到江川异地就医结算16人次，总费用8.71万元，统筹支付4.75万元。

【推进医疗救助工作】 为最大限度减轻困难群众医疗支出负担，遏制和减少“因病致贫、因病返贫”问题，确保城乡医疗救助政策的连续性，2020年6月11日，江川区医保局将“城乡医疗救助经费保障”作为议题呈报政府常务会并通过审议，取得政府资金支持，将第三类人员纳入救助对象范围。2020年，共救助6791人次，医疗救助费用支出410.22万元（其中资助参保3190人，支出资金40.69万元；医疗救助政策范围内必须救助的一、二类对象2675人次，支出259.24万元；救助第三类对象926人次，支出114.29万元）

【跟进落实药品集中采购】 第一批国家组织药品集中采购云南中选药品25个品规于2019年12月27日在玉溪市药品配送结算管理系统平台挂网执行采购，江川区25个品规已完成分担任务量，均按中标价采购和销售。

第二批国家组织药品集中采购云南省中选药品32个品规于2020年4月28日在玉溪市药品配送结算管理系统平台挂网执行采购，江川区32个品规已完成分担任务量，均按中标价采购和销售。

【做好疫情防控工作】 响应区委政府以及上级部门的指示要求，从加强内部人员管理、加强两定机构监管指导、落实好特殊医保报销政策、加强环境卫生整治、加强信息发布和舆论引导等方面全力做好疫情防控与救治保障工作。一是及时做好病例救治费用的保障，1月26日，先行预拨100万元医保基金至定点救治医院江川区人民医院，用于垫付救治费用。2020年，对在江川区人民医院确诊或疑似感染就诊费用进行结算，结算人次11人，总治疗费用22920.03元，医保报销20628.03元，财政补助2292元。二是实施阶段性减征及缓解基本医疗保险费。自2020年2月起，对参加玉溪市职工基本医疗保险的单位（不含机关、事业单位及灵活就业人员），对单位缴费部分实行减半征收，减征期限为5个月，共减征退费462.35万元，惠及254家单位、21006人次，有力支持企业恢复经济发展。三是深入联系村和网格点协助开展防控工作，安排工作人员到网格点排查登记外来人员，实现网格排查登记工作全覆盖、无遗漏。并为联系村朱家庄社区和网格点所属社区上头营其协调防控物资口罩200只和消毒液100千克。

【开展医保电子凭证推广应用】

玉溪市医保电子凭证应用于2020年9月启动，为进一步提高医保电子凭证激活和使用率，切实增强群众就医购药的便捷感，采取精心部署、加强宣传培训、发动基层力量、招募志愿者、深入到企业学校集市村组主动服务等举措全力推进医保电子凭证推广应用工作，最大限度为群众提供医保电子凭证申领激活保障服务。2020年，江川区医保电子凭证激活率33.34%，圆满完成市级核定的30%的目标任务。

【开展“打击欺诈骗保、维护基金安全”集中宣传月活动】 为促进医保定点服务机构自律，提升参保群众辨别能力、守法意识。2020年4月21日，江川区医保局在大街街道和江城镇分设两个宣传点组织开展“打击欺诈骗保 维护基金安全”现场宣传活动，发放宣传海报和宣传购物袋2000余份。采取显示屏循环播放打击欺诈骗保动漫宣传片、公布举报投诉渠道、发放“打击欺诈骗保 维护基金安全”倡议书等形式宣传打击欺诈骗保行为。

【医疗保障业务培训】 为进一步提高医保经办工作人员的医疗保障政策掌握水平和业务经办能力，强化医保服务意识，规范医疗行为。2020年组织4次医疗保障业务培训，培训人员达130余人次，培训内容涵盖医共体打包付费、医疗救助、医保电子凭证推广激活、门诊特慢病经办服务等业务。

（杨雪芳）

区人民医院

【基本情况】 玉溪市江川区人民医院是江川区唯一一所公立性二级甲等综合医院，创办于1941年，是全区医疗和业务技术指导中心，承担着基本医疗及危重病人的抢救、转诊、卫生技术人员培训和业务指导等工作。医院在1994年第一轮等级医院评审中通过二级乙等综合医院评审，2013年6月通过二级甲等综合医院评审，2019年9月通过云南省卫健委的提质达标验收，2020年11再次通过云南省卫健委新一轮二甲医院评审，服务能力和发展水平再上新台阶。

医院核定事业编制315人，截至2020年12月31日共有职工510人，其中编外职工221人，编内职工289人，编内职工289人中硕士研究生3人，本科232人、专科48人、中专及以下6人；卫生技术人员280人（正高10人、副高37人、中职95人、初职89人、未定职称49人）、工勤人员9人。

全院编制床位300张，实际开放350张。占地24135平方米，总建筑面积33993平方米。

开设有临床科室（18个），32个亚学科：内一科（含心电图室）、内二科（含血液透析室、胃镜室）、外一科、外二科、骨科、妇产科、儿科、眼耳鼻咽喉科、口腔科、皮肤科、精神科（门诊）、感染性疾病科、急诊医学科、麻醉科、重症医学科、康复医学科（含中医科）、体检中心（健康管理中心）、120急救站；医技科室（8个）：医学检验科、放射科、超声科、心电图室、病理科、药剂科、输血科、消毒供应室；职能部门（19个）：院办、党办、医务科、护理部、财务科、内审科、价格科（含收费处）、医保科、信息科、病案科、控感科、预防保健科、设备科、采购科、总务科、保卫科、营养膳食科、质控办、门诊部，设医院基层工会一个。其中，骨科、妇产科为省级重点专科；设立昆明医科大学第一附属医院消化内科缪应雷主任医师专家基层科研工作站1个（消化内科）、云南省第一人民医院麻醉科李勇军专家团队工作站1个（麻醉科）、玉溪市总工会技师工作站1个（骨科）。

拥有荷兰飞利浦64排128层螺旋CT、美国GE6000-DR数字摄影系统、美国GE彩色多普勒超声诊断仪、岛津数字胃肠机、日本日立全自动生化分析仪、法国STAGO全自动血凝仪、美国GE移动C型臂、美国科医人60W钬激光、日本富士超高清电子胃肠镜等先进医疗设备，诊疗业务能满足群众医疗需求。

【加强医疗服务】 2020年财务收支状况综合反映良好，同时也为2021年财力安排提供重要依据。2020年1—12月总收入14408.64万元，其中事业收入12852.68万元（含药品收入2990.09万元）；财政补助收入1412.89万元；非同级财政拨款收入101.48万元；其他收入41.59万元；本期费用14196.24万元，其中业务活动费用12713.01万元，管理费用1323.98万元，其他费用159.25万元；本期盈余212.40万元。2020年检占比32.17%同比2019年的29.98%增7.30%；药占比21.37%同比2019年的28.54%降25.12%；百元医疗收入（不含药品收入）中消耗的卫生材料17.02元同比2019年的16.68元增0.34元，增长率2.04%；医务性收入4722.38万元，医务性收入占比36.74%，同比2019年的35.3%增4.08%。医院作为县级公立医院改革的试点医院，自2013年1月1日起取消药品加成率，药品试行零差率销售，2020年药品共让利百姓294.22万元。根据《关于玉溪市公立医疗机构全面取消医用耗材加成的通知》要求，于2020年1月1日零时起全面取消医用耗材加成。2020年可收费医用耗材让利百姓21.63万元。

【提升业务能力】 2020年1—12月总诊疗人次433512人次，其中，门急诊人次402180人次，同比增3.31%；出院16266人次，同比增-1.41%；手术3028台次，同比增25.23%；病床周转次46.47，同比增-1.42%；病床使用率84.38%，同比增-1.41%；出院者平均住院日6.62天，同比增-0.45%；本期收入12570.73万元，其中事业收入11357.99万元（含药品收入3298.45万元）；财政补助收入1159.26万元；其他收入53.48万元。本期费用12539.76万元，其中业务活动费用为11202.61万元，管理费用1230.22万元，其他费用106.93万元；本期盈余30.97万元。

【公立医院改革】 2020年1—12月出院人数16799人次（上年同期16265人次），DRGs总量16032.89（上年同期15830.26），CMI值0.9545（上年同期0.9733），组数389组（上年同期378组），平均总费用5096.99元（上年同期4016.92元），平均药费628.75元（上年同期585.44元），药占比12.34%%（上年同期14.57%）；平均耗材费353.02元（上年同期334.62），耗材费占比6.93%%（上年同期8.33%%），时间指数0.93（上年同期0.94），费用指数1.10（上年同期0.93）。

【疫情防控】 2020年，面对新冠肺炎疫情，医院第一时间成立以院长李有宏为组长，副院长付林华、洪美英、付翔为副组长的领导小组，领导小组下设专家组、救治组、疾控组、药品供应组、行政后勤保障组等工作组，在突发公共卫生事件一级应急响应期间，每天召开专班会议，听取疫情防控、救治情况汇报，并对下一步工作作出安排。

作为新冠肺炎定点救治医院，医院履行疫情防控、救治工作职责，成功救治新冠肺炎的确诊患者；严格按照国家规定对就诊人员进行预检分诊，规范发热门诊流程，充分利用互联网开展预约门诊、预约检查、预约治疗等服务。选派2名骨干医护人员加入云南省第六批援鄂医疗队出征湖北，入驻武汉市中心医院开展新冠肺炎诊疗。

抓好常态化疫情防控工作，抓好“外防输入、内防反弹”各项工作，切实做好预检分诊，严格落实患者分诊分流、“一米线”等工作；在医院进出口设置单向门禁，实现进出医院人员分流，对进入医院人员均要求规范佩戴口罩、查看健康码、测量体温，并要求重点人群签订个人信息承诺书。将预检分诊与发热门诊工作紧密衔接，确保所有来院患者经预检分诊后再就诊，发热门诊所有患者都进行新冠病毒核酸检测，必要时进行血常规、新冠病毒抗体、胸部CT等检查。

医院着力规范住院病区管理，不断加强院感防控工作，切实提高核酸检测能力，持续开展医务人员疫情防控培训，继续做好防护物资保障，加强重点环节的督导工作，严格落实环境消毒措施。

【改善医疗服务】 2020年，医院按照“分类处置、重症优先，绿色通道、个性安排，缓冲隔离、加强防护”的要求，一手抓实常态化疫情防控，一手抓好医疗服务，切实在改善就医环境、改善医疗服务上下功夫，最大限度满足患者就医需求，不断提升医院服务形象，提升群众满意度。

外二科开展微创下行肾癌根治术、经皮肾镜碎石取石术等手术，与传统的开放手术相比，患者出血量大幅减少、恢复快，对减少患者在手术期间的创伤、拥有更好的术后生存质量有里程碑式的跨越，也标志着医院泌尿外科已经逐渐向精细外科、微创外科方向发展。

重症医学科开展有创血流动力学监测、肠内和肠外营养支持以及镇痛镇静治疗等技术，完成推荐标准的出凝血功能监测、纤维支气管镜肺泡灌洗和吸痰术、胸部振荡排痰以及有创心排量监测等4项技术，填补多项技术空白，医院危急重症救治能力进一步加强。

骨科率先在全院开展无栓病房，有效减少住院患者血栓的发生率，降低术后并发症的发生；伤口造口专科门诊伤口换药病人、伤口造口护理均取得很好的成效，并在上级医院专家指导下成功开展1例“膝关节置换术”，填补区域技术空白，标志着医院膝关节置换诊疗技术迈上新台阶。

急诊科成功开展药物中毒患者的血液灌流治疗，为2例曼陀罗中毒患者和1例敌敌畏中毒患者进行血液灌流。提高药物中毒患者的临床治愈率，缩短患者昏迷时间，对改善患者生存质量，促进病情早日康复具有重要意义。

眼耳鼻喉科新开展鼻内窥镜下鼻腔泪囊造孔术、眼底照相，眼光学相干断层成像检查等技术，有效改善患者临床症状，预后普遍较好，得到患者的一致认可和好评。

内一科开展穴位贴敷、神经系统重建治疗仪，体外排痰治疗仪、红外线微波治疗等新业务，增加医务性收入，两个效益增长明显。

【启动核酸检测项目】 为进一步提升江川区新冠肺炎防控能力和诊治水平，落实“外防输入，内防反弹”精准防控措施，切实做到“早发现、早报告、早隔离、早治疗”，2020年9月26日，玉溪市江川区人民医院新型冠状病毒核酸检测实验室正式投入运行，成为玉溪市首批具备新型冠状病毒核酸检测能力的县（区）级公立医院。医院PCR实验室的投入使用，标志着医院检验技术水平迈上一个新台阶，实现新冠肺炎病毒核酸检测能力“从无到有”的大跨越，不仅能分担市级疾控中心检测压力，也有助于促进江川区疫情防控和诊治工作有机融合、无缝对接，对早期诊断新型冠状病毒感染具有重大的意义，为打赢疫情防控阻击战奠定坚实的基础。

医院PCR实验室属于生物安全二级实验室，配备荧光定量PCR扩增仪、生物安全柜、高压灭菌器、高速冷冻离心机等高精尖设备。实验室由试剂准备区、样本制备区、扩增分析区和相应的缓冲区域等组成，分别设置有标本、污物传递专用通道，避免内部交叉污染。在工作中，检验人员必须严格按照三级防护规定做好个人防护，强化质量控制，确保实验室生物安全和检测准确率。自独立开展新型冠状病毒核酸检测工作以来，现已可达到在4—6小时便检测出结果，每天安排6班人员进行检查，单日最大检测能力达600份样本，提高检测效率。

【新一轮二级甲等医院通过现场评审验收】 根据《云南省卫生计生委关于加强医院评审工作的通知》《云南省卫生健康委办公室关于进一步做好云南省等级医院评审工作有关事项的通知》《玉溪市卫生健康委员会关于印发2020年玉溪市等级医院评审工作实施方案的通知》11月2—4日，玉溪市卫健委派出以玉溪市卫健委吴相儒为领队、玉溪市人民医院党委副书记杨玲为组长的评审专家组一行9人，对玉溪市江川区人民医院进行二级甲等综合医院新一轮评审现场检查。各位评审专家深入科室全面细致地对医院各项工作进行检查，对医院工作中的亮点、存在的问题及整改建议等作客观详细的反馈。医院将更加注重加强内涵建设，提高医疗质量，提高工作效率，提高员工待遇，全力建设群众满意、社会满意、职工满意、政府放心的现代化二级甲等公立医院。

【卒中中心通过省级验收】 按照云南省卫生健康委《关于开展2020年省卒中中心、胸痛中心申报验收工作的通知》要求，8月11—12日，云南省卫生健康委脑卒中防治工程委员会认证专家组一行3人在玉溪市人民医院脑血管病科主任、玉溪市脑血管质控中心主任魏青组长的带领下，到医院对卒中防治中心建设进行现场评估验收。专家组成员对医院卒中防治中心建设工作取得的成效给予充分肯定，对暗访及检查中发现的组织管理、科室设置、绿色通道标识、诊治流程、多科室协作、学科能力建设等方面存在问题和不足，提出宝贵意见和建议。希望医院认真梳理存在的问题，在实际工作中持续改进，并加强与区域内其他兄弟医院的协作联动，共同做好脑卒中高危人群筛查和防治工作，减少区域内脑卒中的发病率，提升卒中急诊患者的救治率，减少死亡率，降低致残率。

云南省卫健委于2020年11月16日发布《云南省卫生健康委办公室关于2020年度县级公立医院提质达标晋级和省级胸痛卒中创伤中心评审结果的通知》，医院卒中中心通过省级验收。

【职业健康检查机构通过备案许可】 2020年9月以来，按照《职业健康检查管理办法》《云南省职业健康检查机构备案管理办法》，医院密切部署、筹备职业健康体检备案工作。2020年12月16日，医院顺利通过云南省卫生健康委员会职业健康检查机构备案许可，并经玉溪市卫生健康委员会批准，医院《医疗机构执业许可证》副本增设备案的职业健康检查类别和项目，分别为—接触粉尘类：游离二氧化硅粉尘（结晶型二氧化硅粉尘）、煤尘、石棉粉尘、其他致尘肺病的无机粉尘、棉尘（包括亚麻、软大麻、黄麻粉尘）、有机粉尘、金属及其化合物粉尘（锡、铁、锑、钡及其化合物等）、硬金属粉尘、毛沸石粉尘、其他粉尘；接触物理因素类：噪声、手传振动、高温、高气压（参见GB20827）、紫外辐射（紫外线）、微波、其他物理因素；接触生物因素类：布鲁氏菌、炭疽杆菌、森林脑炎病毒、伯氏疏螺旋体、人免疫缺陷病毒（艾滋病病毒）、其他生物因素；其他类（特殊作业等）：电工作业、高处作业、压力容器作业、职业机动车驾驶作业。

【危重孕产妇救治中心通过市级验收】 2020年6月23日，由玉溪市卫生健康委妇幼与老龄健康科科长邓光明率队的危重孕产妇救治中心标准化建设评审专家组一行7人到医院对危重孕产妇救治中心进行现场评审。专家组按照验收标准分组深入科室进行督导检查。并从组织管理、人员配备、技术开展、设施设备、医院感染管理、工作制度等方面作了反馈，在充分肯定亮点的同时，指出检查中发现的薄弱环节，并提出合理的意见建议。医院危重孕产妇救治中心通过验收。

【履行公立医院的公益责任】 医院参加各项卫生应急行动，接受上级部门的调遣，完成政府指令的各项保障任务，为江川区28万人的健康提供满意的服务。多次组织医护人员深入扶贫挂钩点入户走访帮扶对象，扎实开展精准扶贫工作。2020年1—12月，共为全区建档立卡人员进行健康扶贫门诊诊疗5269人次，住院诊疗750人次，医疗救助722人次，兜底保障426人次，拥军优抚318人次，签署先诊疗后付费协议772人次，开通医院现场特慢病评审以后7—12月共评审956人，方便特慢病人的慢病就医证办理。

【医疗、护理质量持续改进】 医务科、护理部认真落实三级医师查房制度、三级护理质控，强化环节质量管理，保障患者安全。全年共派出医护技人员外出进修学习25人次，派出护士进修学习114人次。护理部成立伤口造口、糖尿病、心理护理、急诊急救、静脉治疗5个专科护理小组，逐步形成一支高效的医疗、护理团队，人才、管理、技术和服务不断加强。

【推行云表平台在医院管理中的运用】 财务内审科开展Eversheet云表在医院管理中的运用。通过外部数据打通原来多个系统的数据孤岛，实现互联互通，加深业财融合，实现业务系统向财务系统的数据传递，开发单位绩效工作核算、预算、考勤、费用报销、DRGS统计分析、内部控制、合同管理等多个模块，通过信息技术改变医院的管理流程，医院管理可视性和透明度进一步提升，对满足医院个性化管理需求和提高医院运行效率具有促进作用。

【严格执行药品、物资采购管理制度】 遵守省市药品相关招标规定，坚持从玉溪市结算平台上药品中标目录中选购品种，并根据采购要求，每周两次网上采购，满足临床需要，保证药品从正规渠道购进，手续齐备并留存，无过期及质量问题药品进入医院。2020年1—12月采购药品总金额3086.26万元，采购中标药品品种90%以上，网上采购中标药品金额2841.51万元占92.07%；基本药物采购金额为1708.51万元，基本药物采购金额占55.36%；药占比23.56%（国家要求县级公立医院药占比小于30%）

【加强抗菌药物及辅助用药的管理】 每月组织人员对具有抗菌药物处方权的医师所开具的处方、医嘱进行点评，抽取的数量为每月抽取任意一天的处方，每科抽取病历的数量为不少于30份，重点抽查Ⅰ类切口围手术期预防用药情况及辅助用药的用药情况。2020年1—12月抗菌药物住院使用率51.23%，使用强度39.77，门诊使用率9.34%，抗菌药物各项指标都在国家要求的范围内，国家抗菌药物管理中心各项数据上报按时完成。

【严格遵守医保政策】 一是分级诊疗逐步完善。搭建与省级大医院、市人民医院等三甲医院和乡镇卫生院的双向绿色转诊平台，确保病人能够“转得来、留得住、治得好”。构建联通上下、协同作战的医疗联合体，推动医疗卫生资源合理流动。开设分级转诊专用窗口，1—12月共接待897人次，其中转诊498人次，转院399人次，接诊能力持续提高。二是医保管理有的放矢。与区城乡居民医保部门无缝对接。认真研究医保政策，通过抓临床路径管理、单病种付费和重点药物管理，逐步降低均次费用，1—12月住院均次费用4835元，门诊均次费用125元。对注射用亚胺培南西司他丁钠、脑蛋白水解物注射液、注射用伏立康唑等重点药物进行严格管控。

【推进网上诊疗业务】 完成公众号智能导诊、线上挂号、缴费、住院预交缴费、检验、检查报告查询等功能；4月开始开通处方二维码扫码支付；6月安装放射自助打片机，实现患者可以在初次照片时进行登记获取二维码，自己通过二维扫码获得片子及报告；10月开通医保凭证扫码功能，让患者在未带医保卡的同时用手机领取电子凭证进行支付；安装三台自助终端机（两台立式、一台壁挂），功能包括：医保、自费缴费，费用清单查询、住院款预交、自行挂号、检验报告单打印等服务，医院就诊环境大为改善，患者就诊效率显著提高，在患者心中树立现代化医院形象。

【服务价格调整】 根据《关于玉溪市公立医疗机构全面取消医用耗材加成的通知》要求：全市各级各类公立医疗机构全面取消医用耗材加成，所有允许直接向患者收费的医用耗材实行“零差率”，医用耗材销售价格按实际购进价格（采购价格）执行，自2019年12月31日24:00起执行。医院高度重视，立即组织相关职能部门落实通知要求，于2019年12月31日24:00时全面取消可收费医用耗材加成率，零差率销售。

按照《关于玉溪市取消公立医疗机构医用耗材加成调整部分医疗服务价格的通知》要求，为及时足额弥补全市各级各类公立医疗机构因取消医用耗材加成而减少的合理收入，按照通过调整部分医疗服务价格实现整体弥补、合理理顺医疗服务比价关系、促进医改工作深入推进的原则，提高7项体现医务人员劳务价值的医疗服务价格，其中手术麻醉类3项，儿科1项，注射类3项，自2020年3月1日零时起执行。医院于2020年3月1日零时完成此次医疗服务价格的调整工作，严格按文件要求执行，并同步做好与医保部门的对接。

【举办继续教育项目】 为加强基层医师、药师、护士对处方开具、审核和相关专业知识的学习，以规范基层医疗机构临床用药，减少不合理用药的发生率，提高药物治疗和临床药学服务水平。2020年12月15—17日，由医院主任药师李亚捷负责，医院承办的市级继续教育项目“加强处方审核提高基层医院合理用药水平”培训班举办，来自全区县级医疗机构和基层医疗机构的150余名医务人员参加此次培训。本次培训对加强基层医师、药师、护士对处方开具、审核和相关专业知识的学习，以规范基层医疗机构临床用药，减少不合理用药的发生率，提高药物治疗和临床药学服务水平起到促进作用，得到与会人员的一致认可。

【省第一人民医院麻醉科专家工作站落户江川区人民医院】 为全面贯彻落实国家医药卫生体制改革精神，探索构建区域专科联盟，整合卫生资源，提高医疗服务体系宏观效率，提升基层医疗机构服务水平，切实方便群众就医，2020年12月11日，江川区人民医院与云南省第一人民医院麻醉科“李勇军专家团队工作站”举行签约授牌仪式。云南省第一人民医院李勇军教授与江川区人民医院李有宏院长签订项目协议，并授牌江川区人民医院“李勇军专家团队工作站”。该工作站的建立，是将云南省第一人民医院的优质医疗资源下沉到江川区人民医院，为麻醉学科提供麻醉技术指导、开展科研合作、帮助人才培养等全方位的支持，全面提高科室运行效率、科室管理、教学及科研水平。

李勇军为云南省第一人民医院麻醉科行政副主任，昆明理工大学教授、成都医学院教授，中华医学会ERAS学组全国委员，中国心胸血管麻醉学会日间手术麻醉分会全国委员，云南省中西医结合学会麻醉学分会副主任委员，云南省医院协会麻醉学管理专业委员会委员，云南省第一人民医院麻醉专业住院医师规范化培训基地主任。

【中央军委政治部授予赵龙、徐瑶抗击疫情纪念章】 为表彰医院援鄂护师赵龙、徐瑶（两人亦同时是医院基干民兵）在抗击新冠肺炎疫情中作出的突出贡献，12月29日，江川区人武部曾宪涛部长为赵龙、徐瑶颁发中央军委政治部授予的“执行新冠肺炎疫情防控任务纪念章”。

【荣誉表彰】 2020年1月，医院被共青团玉溪市委授予“2018—2019年度青年文明号”荣誉称号。2020年6月，医院被云南省艾滋病关爱中心授予“云南省2019年度艾滋病抗病毒治疗优秀质量奖”荣誉称号。2020年11月，医院通过云南省机关事务管理局　云南发展和改革委员会　云南省财政厅《2019—2020年省级节约型公共机构示范单位》创建评审。2020年4月，被江川区卫健局命名为“健康促进医院”。

医院重症医学科援鄂护师赵龙、医院急诊科援鄂护师徐瑶于2020年3月获中共云南省卫生健康委党组嘉奖；2020年4月被中国共产党湖北省委员会　湖北省人民政府授予新时代“最美逆行者”荣誉称号；2020年5月被共青团玉溪市委授予“玉溪市优秀共青团干部”“玉溪市优秀共青团员”荣誉称号。

医院内二科医师张瑾南、医院感染科护师李爱玲，在新冠肺炎疫情防控工作中表现突出，2020年4月获中共玉溪市江川区委、玉溪市江川区人民政府嘉奖。

医院骨科主任杨勇副主任医师，2020年8月获云南省人民政府“2020年度云南省优秀医疗卫生人员”表彰。

医院副院长付林华主任医师，2020年11月获云南省委、省人民政府“云南省抗击新冠肺炎疫情先进个人”表彰。

医院办公室主任李亚捷主任药师，2020年3月获玉溪市江川区总工会“万众一心　众志成城齐抗疫”书香三八征文一等奖；2020年6月被中国民主同盟云南省委员会授予“云南民盟抗击新冠肺炎疫情工作先进个人”荣誉称号。

科研项目《干预用药对可比药占比及医疗费用的影响研究》，2020年5月获玉溪市总工会、玉溪市科学技术局、玉溪市人力资源和社会保障局、玉溪市工业和信息化局“玉溪市第四届职工技术创新成果三等奖”，完成人：李亚捷、李会芬、李应福、吴海燕、侯存艳、周平萍。

【领导调研疫情防控工作】 1月26日，区委副书记、区长常成率队到医院视察指导新型冠状病毒感染的肺炎疫情防控工作，现场察看医院发热患者的预检分诊、转运流程及发热门诊接诊与处置情况，对医院"截至目前发热门诊筛查了多少病例""感染科现在住了几个病人""留观患者情况如何""医生值守是怎么安排的""医院运行情况如何"等事宜进行问询，对医院严格落实国家卫健委及各级政府与主管部门工作部署与要求，主动担当、积极行动、全面应对的态度与工作落实力度给予充分肯定，指出当前疫情形势严峻，必须有针对性进一步加强防控，强化风险意识和责任担当，未雨绸缪做好防范工作、完善应急处置预案。1月27日，副市长曾敏、市卫健委副主任尹义宪到医院视察调研指导新型冠状病毒感染的肺炎疫情防控工作。曾敏一行现场察看和听取医院预检分诊、感染科运行情况及目前疫情防控物品、物资、检验设备准备情况，详细了解感染科目前医学留观住院患者的情况，以及医务工作人员面临的困难。2月28日，市委常委、宣传部部长杨兴荣带队到江川区人民医院调研新冠肺炎疫情防控工作。杨兴荣一行认真听取陪同人员对医院疫情防控工作的情况汇报，对医院事宜进行详细问询，对医院坚决贯彻党中央、省、是、区关于新冠肺炎疫情防控各项部署要求，把人民群众生命安全和身体健康放在第一位，未雨绸缪，迅速行动，多措并举，全面应对的态度与工作落实力度给予充分肯定。

【市机关事务局调研节约型公共机构示范单位建设】 2020年5月8日，昆明理工大学卿山教授及玉溪市机关事务局梁厚仲等一行6人组成调研组，就"十四五"规划所涉及的"节约型公共机构示范单位"建设工作到医院进行调研。医院副院长付翔就医院节约型公共机构示范单位创建工作进行汇报，与会人员与调研组进行交流，调研组肯定医院在节约型公共机构示范单位工作创建中所作的努力和成效，希望在今后的工作中进一步深入贯彻落实国家、省、市相关工作要求，继续做好医院各项节能降耗工作，再创新业绩；进一步推进节能工作的信息化、智慧化和绿色化建设，积极推广医院有亮点的经验和方法，加强与其他医院的交流和学习，同时将节能教育、节能培训、节能成果落实到科室日常工作及绩效考核中。

（李亚捷）

区中医医院

【基本情况】 玉溪市江川区中医医院是区级二级乙等中医医院，创建于1988年，占地9.96亩。

原事业编制112人，2020年8月11日，中共玉溪市江川区委机构编制委员会办公室下文调整为111人，2020年末全院共有职工207人，其中编制内职工97人，编制外职工110人。研究生学历4人，本科学历83人，大学专科学历93人，中专及以下学历27人。卫技人员177人（占职工总数的85.5%），其中正高级2人（编制2人）、副高级11人（编制12人）、中级29人（编制43人）、初级34人（编制51人），高级工1人，职员1人。

原编制床位80张，2020年12月经玉溪市卫生健康委员会批准编制床位申请变更为150张，实际开放170张。设有内科、外科、针推科、肛肠科、骨伤科、治未病科、麻醉科等7个临床科，放射科、检验科、药剂科3个医技科室，医保科、医务科、控感办、护理部、财务科13个辅助科室，共计26个科室部门。拥有西门子进口32排64层螺旋CT、爱普康电子直乙肠镜设备、莱芙凯尔腹腔镜、美国进口DR全数字摄片系统、GE彩超、血生化分析仪、德国进口Draeger麻醉机、C型臂移动式X线成像系统、24小时动态心电等先进医疗等多台先进设备，截至2020年12月31日，全院固定资产4457.2万元。

【医疗指标】 2020年门诊92375人次，较上年增7941人次，增长率9.4%；2020年住院4540人次较上年增262人次，增长率6.12%；2020年人次手术台次795台，与上年相比减48台，增长率-5.69%。2020年医院总收入3343.02万元，其中医疗收入2750.24万元；财政补助收入462.7万元（其中基本拨款348.73万元，项目拨款113.97万元）。总支出3358.78万元，其中业务支出3185.91万元，财政项目支出172.87万元。收支结余-15.76万元。

【公立医院改革】 2020年公立医院改革推进中，门诊患者次均费用94.57元，住院患者次均费用4133.5元。药占比（不含中药饮片）15.51%，基药使用比例

66.9%，药品共让利百姓42.65万元。化验收入占医疗收入比为15.33%，医疗服务收入（不含药品、卫生材料、检验、化检收入）占比42.78%，抗菌药物使用强度（DDDS）为35.28，百元医疗收入的医疗支出（不含药品收入）为122元，百元医疗收入（扣除药品收入）中消耗的卫生材料18.02元，管理费用率12.61%，资产负债率43.08%。根据《关于玉溪市取消公立医疗机构医用耗材加成调整部分医疗服务价格的通知》文件要求，自2020年3月1日起，提高7项体现医务人员技术劳务价值的医疗服务价格，其中手术麻醉类3项，注射类3项，儿科1项。

【人才队伍建设】 根据医院运行发展需求，结合新冠肺炎疫情招录要求，2020年在编人员招录9人，其中提前批次3人、专项招聘1人、社会招考2人、区外选调3人，编外人员招录11人。举办各类业务讲座及培训30余次，协作市级继教项目1次、主办1次。外出短期培训35人。接受实习生人次27人，见习生11人，进修26人。省内外进修共计4人，其中广东省中医院进修外科专业1人，昆明市第二附属医院进修康复理疗专业2人，昆华医院进修肛肠专业1人。

【健康扶贫】 2020年医院在开展健康扶贫工作中，就诊建档立卡户患者211人，住院总费用914497.70元，医疗救助费用为115671.52元，政府兜底保障为13158.80元；就诊低保患者81人，住院总费用347720.01元，城乡医疗救助73114.26元；就诊优抚患者87人，住院总费用375845.12元，优抚医疗救助为57798.31元。低保、优抚、建档立卡患者报销比例90%以上。

【专科联盟建设】 根据二甲中医院创建、县级公立中医医院综合服务能力提升工作要求，充分发挥区域内中医医疗服务龙头作用，通过“11+3+X”的建设模式，满足群众中医药健康服务需求。继续跟进肛肠科与云南省中医肛肠协会建立中医肛肠专科联盟，推进“省级区域中医肛肠诊疗中心项目”建设工作。

【新建科室】 2020年12月1日成立中医妇科门诊，运用中医学理论研究，结合现代诊疗技术，开展产后盆底康复、月经不调、功血、痛经、不孕症、绝经前后综合征、盆腔炎、阴道炎、外阴白斑、乳腺小叶增生、产后缺乳、乳腺炎等妇科常见病、多发病的诊治及宫颈癌检查。2020年11月1日成立小儿推拿门诊，通过提供专业小儿推拿技术、中药药浴、穴位贴敷等中医药特色诊疗服务、宣传相关育儿知识，减少或避免小儿吃药、打针等药物疗法对躯体和器官的损害，改善儿童体质增强孩子机体的自然抗病能力，发挥中医药在儿童疾病防治和保健中的服务能力。通过前期的康复区改造及电动起立床、训练梯、平行杠、医用跑步台等设备的购买，康复区于2020年11月1日正式投入使用。

【重点专科建设】 根据《玉溪市卫生健康委关于开展市级第三批重点中医专科评审工作的通知》，医院领导高度重视组织参加申报工作，2020年7月16日骨伤科顺利通过玉溪市卫生健康委员会组织的玉溪市第三批市级重点专科评审。

【基础建设】 为方便患者就诊，提出新楼和老楼的走廊搭建工作方案，根据科室建设及整体布局对老楼二楼中医妇科、康复治疗室、小儿推拿室、四楼办公进行改造，提升医院整体就医及办公环境。结合爱国卫生“七个专项”行动、“创文”“创卫”工作，对出入口和核酸采样点、洗手台进行选址改造，规范全院医疗废物、医疗污水的管理。加强对全院的设备日常维修保养，较上年维修问题有所下降，并做好维修保养记录，使全院设备的完好率90%以上，有效保证临床使用。

【安全管理】 根据各级安全检查情况，进一步规范医院管理，强化信访稳定，完善消防设施设备，抓好医疗安全和安全生产工作，加强医院警务室、消防控制室管理，2020年6月24日邀请第三方到医院开展消防、防恐培训演练，全年无集体上访事件和消防安全、医疗安全事件发生。完成老机房的服务器搬迁至新楼机房迁移工作，对服务器安全检测和机房安全检查，制定机房等安保防护实施方案，把新机房的监控迁移至保卫室，做好微信公众号前置机的服务器数据迁移，保证医院服务器的正常运行。上报药品不良反应25例，器械不良反应8例。

【开展首例增强】 根据全市新冠肺疫情防控资金政策，结合医院发展实际情况，申请疫情贷款7760500元。采购了CT、DR、C臂、心电监护仪、监护型救护车等医用设备，并邀请市人民医院医学影像科专家到医院坐诊3个月，在专家的指导下，顺利开展全身CT平扫、骨三维重建成像等项目，免费为一位患者开展首例增强。

【感染管理】 2020年感染检测覆盖率100%，发生医院感染例次0人，无院内感染率人员。2020年法定传染病报告3种51例，乙类传染病报告2种，肺结核37例、丙肝1例，占传染病报告总数的74.51%；丙类传染病报告1种，感染性腹泻13例，占传染病报告总数的25.49%；无传染病死亡病例、无甲类传染病病例报告。设立预检分诊点和发热门诊，主要是开展以新冠肺炎、禽流感、手足口病、霍乱等为重点的传染病防治工作，建立发热门诊、肠道传染病的专用登记本；上报食源性监测病例123例，没有发现重症病例。

【疫情防控】 新冠肺炎疫情蔓延，响应党中央新冠肺炎疫情防控工作部署要求，全院取消春节休假，配合江川区委区政府应对新冠肺炎疫情工作领导小组指挥部，外派9名医务人员到江川西收费站、玉江高速路值守；11名医务人员前往江川宾馆隔离点值守；20余名工作人员到下营社区开展联防联控。

依托中医中药资源及其在瘟疫防治中的宝贵经验和丰富实践，成立医院防疫领导小组，制定防疫实施方案，组织起全院力量，按中医诊疗救治组、控感防保组、外勤工作组、后勤保障组、信息报送组等精细分工、科学防治、精准施策、有序推进各项抗疫工作，履行精诚救死扶伤、防病治病的职业使命和大爱无疆、仁心仁术的天使担当，广大党员、干部、职工纷纷递交“请战书”“决心书”。制定《玉溪市江川区中医医院应对新型冠状病毒感染的肺炎流行疫情防控工作方案（试行）》《玉溪市江川区中医医院新型冠状病毒肺炎疫情应急处置预案（试行）》《玉溪市江川区中医医院关于做好呼吸道传染病防治工作的应急处置预案》《玉溪市江川区中医医院关于新型冠状病毒肺炎防控人员外派通知》《玉溪市江川区中医医院关于成立新冠肺炎疫情防控应急医疗梯队的通知》《玉溪市江川区中医医院关于调整〈紧急情况下护理人力资源调配领导小组〉的通知》《玉溪市江川区中医医院护理部应对新型冠状病毒肺炎疫情防护工作管理机制》《关于疫情期间各住院病区设置疫情防控专岗的通知》，为进一步完善“外防输入，内防反弹”各项措施，对《玉溪市江川区中医医院新型冠状病毒肺炎疫情应急处置预案（修改版）》进行修改。

利用其“未病先防，防治结合”的特色优势，成立以院长为组长的中医药防治专家组，参照省中医专家组制定的抗新冠病毒配方结合当地气候特色，配制当地预防疫情的中药制剂处方并熬制成中药汤剂服务于江川广大民众。

【表彰奖励】 护士李钰在新冠肺炎疫情医疗救护“急、难、险、重、新”任务中，突破艰巨，关爱服务，表现突出，敢于担当的时代责任，荣获市级新冠肺炎疫情防控先进个人荣誉。

【发挥中医特色优势】 提高中药饮片及中成药的使用率，开展中医诊疗技术，诊疗服务12万余人次，其中包含中药熏洗1855人次，中药封包20225人次，中药涂擦7457人次，艾灸2244人次，拔火罐5996人次，中药热敷15546人次，耳穴埋豆394人次，中药保留灌肠612人次，中药坐浴48人次，穴位贴敷22158人次，中药热罨包17人次，雷火灸6643人次，中药药酒湿敷1172人次，督灸96人次，中药敷药861人次等30余项；TDP照射30684人次，中频治疗12947人次，慢性小脑生物电治疗4894人次，DJ治疗12146人次等理疗项目，红外线治疗5332人次。

【中医药健康管理服务】 2020年到雄关、安化、前卫等6个乡镇卫生院进行乡镇级和村级项目工作人员进行中医药健康管理服务项目培训，培训38人次。2020年辖区内6个乡镇居住的0—36个月的儿童总数11458人，完成儿童中医药健康指导人数9670人，项目进度84.39%；65岁及以上常住居民人数33990人，完成老年人中医药健康管理服务人数22125人，项目进度65.09%。

（杨　薇）

区妇幼保健院

【概述】 为实现保健和临床相结合、群体保健和个体保健有机融合、公共卫生和临床医疗人才交流融合，依据新形势下妇幼健康服务机构的功能定位和任务，按照《国家卫生计生委关于妇幼健康服务机构标准化建设与规范化管理的指导意见》，经研究决定，江川区妇幼保健院按照规范设置孕产保健部、儿童保健部、妇女保健部和计划生育技术服务部4大业务部门。孕产保健部设有产科门诊、高危门诊、孕妇学校、婚检及孕前优生优育门诊；儿童保健部设有儿童疾病门诊、生长发育监测门诊、婴幼儿健康体检（0—6岁）、儿童入园体检、高危儿门诊、营养门诊、口腔保健门诊、心理门诊、小儿推拿、水疗、亲子活动等；妇女保健和计划生育技术服务部设有妇科门诊、计划生育门诊、青春期门诊、乳腺门诊，围经期门诊、盆底康复治疗等。

江川区妇幼保健院坚持“以保健为中心，以保障生殖健康为目的，保健与临床相结合，面向群体、面向基层和预防为主”的妇幼卫生工作方针。以母婴安康，妇幼护航为宗旨，优化服务模式，拓宽服务领域，提高妇幼保健服务能力，降低孕产妇死亡率和婴幼死亡率。2020年10月20日江川区妇幼保健院整体从原计划生育指导站搬入宝凤路8号新院区。为提供更高效、优质的医疗服务和更舒适、温馨的医疗环境，投入大量资金，购置一批新的医疗保健设备，现拥有美国GE-Voluson E10妇产彩色超声诊断仪、全自动生化分析仪、DR等现代化医疗设备，同时引进盆底康复治疗仪、超声骨密度仪、母乳分析仪、手持视力筛查仪、水疗机、经皮黄疸仪等先进医疗设备。新院区投入使用后，重新整合全院专家资源，邀请上级医院知名专家不定期坐诊，大力推进医院发展，新增设医疗服务项目：高危儿童门诊、儿童生长发育监测门诊、儿童营养门诊、儿童心理门诊及儿童五官保健、儿童水疗等诊疗项目、盆底康复、臭氧治疗、ATP、DR等。以精湛的医疗技术、优越的诊疗环境，为江川区妇女儿童提供全方位的医疗卫生健康服务。

江川区妇幼保健院核定编制74人，截至2020年底实有职工95人，编内64人，编外31人。年内退休4人，调玉溪市妇幼保健院1人，辞职1人，新招录用5人。有执业医师29人，执业助理医师2人，注册护士24人，药剂师1人，检验技师（士）6人，其他卫生技术人员15人，统计师1人，经济类6人，工勤人员11人。有卫生专业技术人员77人，占人员总数的81.05%。在职人员学历结构：研究生1人，本科37人，大专22人，中专3人，初中1人。聘用业务技术职称：正高1人，副高11人，中职21人，初职14人，未定职称7人，见习期5人。在职人员年龄结构：54—59岁7人，50—54岁8人，45—50岁14人，40—45岁9人，35—40岁4人，35岁及以下20人，40岁以上占68.75%，年龄趋于老龄化。

2020年，完成门诊诊疗45799人次，实现业务收入517.83万元，比上年增24.34万元，顺利完成省、市、区下达的各项任务指标。

【育龄妇女死亡监测】 2020年全区共有育龄妇女64111人，上报育龄妇女死亡36人，死亡人数比上年增8人，死亡人数占育龄妇女总数的5.61/万，无孕产妇死亡。36例育龄妇女死亡中，各类恶性肿瘤死亡18人（白血病4人、胰腺癌3人、肺癌3人、乳腺癌2人、脑肿瘤2人、子宫癌1人、肝癌1人、鼻咽癌1人、腹膜后恶性肿瘤1人），占育龄妇女死亡总数的50%；意外死亡6人，占育龄妇女死亡总数的16.67%；农药中毒3人，占育龄妇女死亡总数的8.33%；糖尿病、癫痫各死亡2人，各占育龄妇女死亡总数的5.56%；猝死、肺炎、肾病、脑出血、主动脉夹层破裂各死亡1例，各占育龄妇女死亡总数的2.78%。恶性肿瘤死亡率呈上升趋势。

死因排位：36例育龄妇女死亡中各类恶性肿瘤死亡18人，居第一位；意外死亡6人，居第二位；农药中药死亡3人，居第三位；糖尿病、癫痫各死亡2人，居第四位；猝死、肺炎、肾病、脑出血、主动脉夹层破裂各死亡1例，居第五位。

【孕产妇保健】 2020年，全区共有产妇2339人（农业户籍产妇2041人，非农业户籍产妇298人），建孕产妇保健手册2339人，率达100%；产妇早孕建册2193人，率达93.76%；产妇产前检查2339人，率达99.36%；产妇产前检查5次及以上2494人，健康管理率达93.16%；产妇孕早期产

前检查2193人，率达93.16%；产妇孕产期血红蛋白检测2339人，率达100%，筛查出孕产期贫血327人，率达13.98%，其中中重度贫血7人，中重度贫血患病率达0.30%；产妇艾滋病病毒检测2339人，检测率达100%，检出孕产妇艾滋病病毒感染0人，感染率为零；产妇梅毒检测2339人，检测率达100%，检出产妇梅毒感染4人，感染率达0.17%；产妇乙肝表面抗原检测2339人，检测率达100%，检出乙肝表面抗原阳性20人，阳性率达0.86%；产后访视2339人，产后访视率达99.36%；产妇系统管理2193人，系统管理率达93.16%。出生活产2354人，住院分娩活产2354人，住院分娩率达100%，剖宫产活产774人，剖宫产率达32.88%；筛查出橙色、红色、紫色的高危产妇358人，高危产妇筛查率15.31%；管理高危产妇358人，管理率达100%，高危产妇住院分娩358人，高危产妇住院分娩率达100%；娩出低出生体重儿106人，发生率4.50%；巨大儿102人，发生率4.33%；早产儿113人，发生率4.80%；死胎死产10人，发生率0.42%；早期新生儿死亡3人，死亡率1.27‰；围产儿死亡13人，死亡率5.50‰；无新生儿破伤风发病人数和死亡人数。孕产妇死亡连续四年为零。

【5岁以下儿童死亡监测】 2020年，全区共有出生总数2364例，其中出生活产2354例，死胎死产10例。5岁以下儿童死亡16例，死亡率6.80‰；其中男孩死亡12例，死亡率9.72‰，女孩死亡4例，死亡率3.57‰。婴儿死亡8例，死亡率为3.40‰；其中男孩死亡6例，死亡率4.86‰，女孩死亡2例，死亡率1.79‰。新生儿死亡3例，死亡率1.27‰，其中男孩死亡3例，死亡率2.43‰，女孩死亡0例，死亡率0‰。早期新生儿死亡3例，死亡率1.27‰，其中男孩死亡3例，死亡率2.43‰，女孩死亡0例，死亡率0‰。早期新生儿死亡占新生死亡数的100%，新生儿死亡占婴儿死亡数的37.50%，婴儿死亡占5岁以下儿童死亡数的50%。

16例5岁以下儿童死亡死因顺位：第一位，溺水死亡4例，占死亡总数的25%；第二位，意外窒息死亡3例，占死亡总数的18.75%；第三位，先天性胆管闭锁死亡2例，占死亡总数的12.50%；第四位早产、先天性心脏病、重度窒息、支气管发育不良、视网膜母细胞瘤、急性白血病、误食异物所致肠梗阻各死亡1例，各占死亡总数的6.25%。

8例婴儿死亡死因顺位：第一位，意外窒息、先天性胆道闭锁各死亡2例，各占死亡总数的25%；第二位，早产、先天性心脏病、重度窒息、支气管肺发育不良各死亡1例，各占死亡总数的12.5%。

3例新生儿死亡死因顺位：第一位，早产、重度窒息、先天性心脏病各死亡1例，各占死亡总数的33.33%。

3例早期新生儿死亡死因顺位：第一位，早产、重度窒息、先天性心脏病各死亡1例，各占死亡总数的33.33%。

【儿童保健】 2020年，全区共有7岁以下儿童18409人，健康管理18299人，健康管理率达99.40%，率比上年同期升1.01%。3岁以下儿童7826人，系统管理7756人，系统管理率达99.11%，率比上年同期升0.98%。5岁以下儿童14026人，身高体重检查13942人，体检率达99.40%，率比上年同期升1.08%；筛查出低体重260人，低体重检出率1.86%，率比上年同期升0.03%；生长迟缓204人，生长迟缓检出率1.46%，率比上年同期升0.37%；消瘦43人，消瘦检出率0.31%，率比上年同期升0.17%；超重160人，超重检出率1.15%，率比上年同期升0.86%；肥胖57人，肥胖检出率0.41%，率比上年同期升0.15%。5岁以下儿童血红蛋白检测9227人，筛查出贫血患病269人，贫血患病率2.92%，率比上年同期降3.38%，其中中重度贫血患病24人，中重度贫血患病率0.19%，率比上年同期降0.07%。新生儿访视2350人，新生儿访视率99.83%，率比上年同期升0.09%；6个月内婴儿母乳喂养调查2351人，母乳喂养2323人，母乳喂养率98.37%，率比上年同期升0.07%；纯母乳喂养1639人，纯母乳喂养率达69.72%，率比上年同期降0.82%。

【出生缺陷医院监测】 2020年，江川区辖区共监测到围产儿1206例，其中城镇1080例，农村126例，男性635例，女性571例，无性别不明，共监测到出生缺陷儿29例（4例孕周不满28周），出生缺陷发生率为207.30/万，比上年同期升80.56/万。25例缺陷儿中城镇24例，发生率222.22/万；农村1例，发生率79.37/万；男性9例，发生率141.73/万；女性16

例，发生率280.21/万。死胎死产4例，双胎4对，无7天内早期新生儿死亡。

25例出生缺陷顺位：第一位，先天性心脏病16例，发生率132.67/万；第二位，腭裂、外耳其他畸形、多指、其他各2例，发生率各占16.58/万；第三位，并指1例，发生率占8.29/万。

29例出生缺陷儿畸形确诊时间及诊断依据情况分布：

产前确诊4例，占13.79%，产后七天内确诊25例，占86.21%。超声诊断20例，占68.97%；临床诊断10例，占34.48%，超声和临床诊断1例，占3.45%。诊断为出生缺陷后治疗性引产4例，占13.79%。

出生缺陷儿母亲孕早期及家庭史情况：

孕早期患病1例，占缺陷总数的3.45%；孕早期服过药1例，占缺陷总数的3.45%。产妇异常生育史：产母生育过缺陷儿1例，自然流产1例；29例产妇家庭中均无遗传史，也无近亲婚配史。

出生缺陷儿性别及转归分布：29例出生缺陷儿中，男10例，女19例，男女发生率为1：1.90。转归情况：目前存活25例，治疗性引产4例，无七天内早期新生儿死亡。

【产前筛查和新生儿疾病筛查】 2020年，全区共有产妇2339人，出生活产2354人，孕产妇产前筛查2251人，产前筛查率96.24%，率比上年同期升0.21%；筛查出高风险56人，高风险率2.49%，率比上年同期降0.12%；产前诊断35人，产前诊断率1.50%，率比上年同期降0.63%。产前诊断确诊病例1例，确诊率2.86%。新生儿苯丙酮尿症筛查2334人，筛查率99.15%，率比上年同期升0.26%；无确诊病例；新生儿甲状腺功能减低症筛查2334人，筛查率99.15%，率比上年同期升0.26%；筛查出新生儿甲状腺功能减低症2人，检出率0.09%；筛查出G6PD（蚕豆黄）2人，检出率0.09%；新生儿听力筛查2335人，筛查率99.19%，率比上年同期升0.41%，筛查出听力受损6人，检出率0.26%。

【免费婚前医学检查工作】 2020年，全区共有新婚人员3810人，婚前医学检查3657人，婚前医学检查率达95.98%，率比上年同期升0.63%；检出疾病346人，疾病检出率为9.46%，率比上年同期升2.75%；其中指定传染病11人，占检出疾病总数的3.18%，其中男性3人，女性8人；指定传染病中性病11人，占指定传染病总数的100%；生殖系统疾病138人，占检出疾病总数的39.88%；内科系统疾病196人，占检出疾病总数的56.65%；有关精神病1人，占检出疾病总数的0.29%。对有影响婚育的疾病提出医学意见12人，婚前卫生咨询3657人。

【农村妇女宫颈癌非HPV免费检查项目工作】 2020年，市级下达江川区农村妇女宫颈癌非HPV免费检查任务数4000人，实际检查4002人，任务完成率100.05%。检查人员中以往接受过宫颈癌检查527人，占13.17%。结案4002人，结案率100%。筛查人员中正常1737人，占43.40%；异常2265人，占56.60%。宫颈细胞学检查4002人，TBS分类异常131人，TBS阳性率3.27%。筛查出不典型鳞状上皮细胞（ASC-US）86人，不除外高度鳞状上皮内病变（ASC-H）3人，低度鳞状上皮内病变（LSIL）30人，高度鳞状上皮内病变（HSIL）7人，不典型腺上皮细胞（AGC）5人。组织病理学检查51人，筛查出低级别病变21人；癌前病变17人，癌前病变率424.79/10万；宫颈癌1人，宫颈癌检出率24.99/10万。癌及癌前病变检出18人，癌及癌前病变检出率449.78/10万；宫颈癌早期诊断18人，宫颈癌早期诊断率100%。宫颈病变治疗随访18人，治疗随访率100%。查出生殖道感染2058人，占51.42%。其中滴虫性阴道炎检出3人，检出率0.07%；霉菌性阴道炎检出236人，检出率5.90%；细菌性阴道炎检出94人，检出率2.35%；粘液脓性宫颈炎检出123人，检出率是3.07%；宫颈息肉检出162人，检出率4.04%；其他生殖道感染检出1806人，检出率45.13%。筛查出生殖系统良性疾病207例，检出率5.17%，其中子宫肌瘤检出131例，检出率3.27%；其他良性疾病检出76例，检出率1.90%。

【免费孕前优生健康检查项目工作】 2020年，共完成免费孕前优生健康检查1510.5对，目标任务1505对，目标任务完成率100.37%。评估咨询、指导服务3021人，评估为高风险510人，面对面咨询指导或电话咨询625人。早孕随访3248人次，妊娠结局随访1806人次。新增叶酸服用3004人，免费发放叶酸16522瓶，发放优生健康知识读本1620本。

【计划生育服务工作】 2020年，全区共做各项计划生育服务手术2760例，其中放置宫内节育器496例，占节育手术总例数的17.97%；取出宫内节育器1036例，占节育手术总例数的37.54%；输精管节育手术23例，占节育手术总例数的0.83%；负压吸引流产术763例，占节育手术总例数的27.64%；钳刮术流产79例，占节育手术总例数的2.86%；药物流产363例，占节育手术总例数的13.15%；麻醉流产551例，占节育手术总例数的19.96%。发放避孕药具12359人次，生育咨询6611人次，随访4281人次。

【居民健康档案管理工作】 截至2020年12月底，全区共建立城乡居民规范化纸质档案247253人，建档率97.36；建立电子档案247253人，建档率97.36%。

【危急孕产妇救助】 2020年共救助4例危急孕产妇，最高救助金额达27896元，最低救助金额达4000元，救助金额共计52368元。

【贫困孕产妇救助】 2021年1月15日，在区卫健局召开江川区2020年高危贫困孕产妇补助基金兑现会，对符合补助标准的47名贫困孕产妇进行补助，最高的补助3500元，最低的补助300元。补助金额共计6万元。

【出生医学证明管理】 2020年，共办理出生医学证明1315张。其中机构内首次签发1258张，换发14张，补发30张，废证3张，机构外首次签发9张、换发1张，废证率0.2%，办证率100%。

（周艳萍）

区疾控中心

【召开新型冠状病毒感染肺炎疫情全员培训及工作安排会议】 2020年1月23日，江川区疾病预防控制中心全体员工召开新型冠状病毒感染的肺炎全员培训及工作安排会。部署江川区新型冠状病毒感染的肺炎疫情防控工作，各专业组在中心领导小组的统一领导下分工协作，认真履行工作职责，实行24小时应急职守，及时发现病例，加强江川区新型冠状病毒感染的肺炎处置工作，确保全区群众身体健康。

【领导检查指导疫情防控工作】 2020年1月25日，玉溪市卫生健康委副主任施玉兰带队的督导组对江川区客运站、卓然欣庄、一心堂药店、区医院等重点场所及单位的新型冠状病毒感染的肺炎疫情防控工作、群防群控情况进行检查指导。

1月27日，区委书记徐贤，区委副书记、区长常成，副区长杨军苹等领导到江川区疾病预防控制中心，就近期江川区新型冠状病毒感染的肺炎疫情防控工作情况进行调研。

1月30日，区委书记徐贤，区委副书记、区长常成一行到江川区新型冠状病毒感染的肺炎集中医学观察隔离点和集中观测点进行疫情防控检查指导工作，看望一线医护人员和武汉回江川人员集中隔离人员，详细了解医护人员物资供应、药品准备、医护人员防护安全等工作以及隔离人员生活状况。

1月30日，市委常委、宣传部部长杨兴荣到江川区检查新型冠状病毒感染的肺炎疫情防控工作。各乡镇（街道）要充分发挥基层战斗堡垒作用，本着对群众健康安全负责的态度，高度重视疫情防控工作，点面结合，精准摸排，抓好群防群治。

2月21日，省疾控中心副主任查舜带队到江川区检查指导疫情防控工作，先后到江川区疾控中心、区医院、区工业园区、江城卫生院对疫情防控工作提出在复工返岗疫情排查工作中，疾控中心不能缺位，更不能麻痹大意，要严格排查，疫情监测落实到位、有序配合，将工作抓牢、抓实、抓细，加强监测，严格排查，外防输入，确保这场疫情防控攻坚战的最后胜利。

【江川警方举办新冠肺炎防控知识培训】 为全力做好辖区新型冠状病毒感染防控工作，1月28日，玉溪市公安局江川分局举办新型冠状病毒感染肺炎预防和防护知识培训。江川区疾控中心工作人员对新型冠状病毒感染肺炎预防和防护知识进行详细的讲解。

【疫情防控知识宣传】 2月7日，江川区疾控中心党支部安排组织党员及入党积极分子，以“红色物业”建设为基点，疫情防控为契机，对网格内文化局小区、物价所小区、设计院小区、新华书店小区、人行小区、财政局小区和街道开展清扫、消毒和疫情防控知识宣传、宣讲活动。

【疾病预防控制宣传活动】 2020年3月24日，是第25个世界防治结核病日，江川区疾控中心结合当前防控新冠肺炎形势，以辖区单位复工复产和学校开学为契机，联合大街街道卫生院在辖区内开展防控新冠肺炎与防治结核病宣传活动。

4月25日是全国第34个预防接种宣传日，在新冠疫情的影响下，结合江川区的实际情况，采取适当的宣传手段：广播、电子屏、布标、展板、黑板报、宣传栏、咨询台、宣传单、折页、微信、QQ等进行宣传。在整个宣传活动中，全区共出动宣传车辆5辆、宣传人员108人、广播116次、布标宣传52幅，黑板报18期、宣传栏46期、宣传资料6115份、义诊32人，利用微信、QQ新媒体在朋友圈、群转发科普文章及视频32篇。

4月26日，采取多种形式在区、乡、村集中开展基本公共卫生服务项目宣传活动。结合健康扶贫相关政策和国家基本公共卫生服务规范，开展咨询活动17次，发放宣传资料38种8270份、接受健康咨询2368人次、利用新媒体微信推送宣传信息41次、覆盖4167人次，播放公益广告5种，全区悬挂宣传标语16条、更新宣传栏61期、利用单位电子屏宣传19次。

5月20日，由卫健局组织，在财富广场同步开展“2020年全民营养周暨中国学生营养日”宣传教育活动。此次活动共发放宣传资料23种共计2300份、宣传展板5块、宣传栏1块、宣传标语1块、电子屏1块、手机微信宣传1篇。接受宣传人次200、咨询50人次。

6月24日，区疾控中心与江城医院公共卫生科联合，在江城镇龙街中学进行艾滋病及禁毒知识健康教育讲座，有86名学生参加。

7月10日，区人社局联合区疾控中心在龙街左卫党员活动室组织举办2020年流动人口艾滋病知识宣传培训会，50余人参加培训。

7月15日，区疾控中心与江城卫生院、翠峰卫生室工作人员到翠峰大村进行宣传。张贴预防野生菌中毒海报20张，发放宣传单180份。到江城镇农贸市场野生菌交易区，联合江城镇市场管理所排查有毒野生菌有无交易情况，对发现售卖鹅膏类野生菌的摊户及时制止并宣传野生菌中毒的危害性。

9月1日是第14个“全民健康生活方式日”，活动主题是“健康要加油，饮食要减油”，区疾病预防控制中心联合大街镇中心卫生院在老戏台开展全国第14个“全民健康生活方式日”宣传活动。发放三减三健、合理膳食、全民健康生活方式行动、科学就医、合理用药、心理健康等8种宣传材料400余份。

10月10日，疾控中心举行“全国高血压日”和“世界精神卫生日”为主题的宣传活动。此次活动共发放宣传材料12种600份，工作人员6人。

10月29日是“世界卒中日”，区疾病预防控制中心联合大街街道卫生院开展宣传活动，利用电子屏宣传，在活动人群较多的老戏台悬挂条幅、发放关于脑卒中的宣传折页、发放宣传材料400份，受益群众80余人，从而对于危险因素的防控，特别是将卒中防治措施个体化，实现共性与个性措施的结合，才能达到最佳防治效果。

11月14日是联合国糖尿病日，2020年的糖尿病日的宣传主题是“护士与糖尿病”，江川区疾病预防控制中心联合大街街道卫生院开展了形式多样的宣传活动，利用单位电子屏宣传，在活动人群较多的老戏台悬挂条幅、发放宣传折页、宣传材料600份，受益群众100余人。2020年12月1日是第33个“世界艾滋病日”，江川区卫健局和联合区公安分局、区妇联、区市场监督局、区卫生监督局、区医院、区疾控中心、妇幼保健院、大街街道卫生院等部门，派出工作人员21人，出动宣传车1辆，在江川区大街老戏台举行宣传咨询活动，发放宣传材料和开展咨询活动，活动中累计发放宣传材料15种4500份、安全套2000只、宣传袋600个。

【江川区爱国卫生“健康生活方式”参与行动工作培训会】 8月21日，江川区召开第二次爱国卫生“七个专项行动”培训会，号召全市上下行动起来，清垃圾、扫厕所、勤洗手、净餐馆、常消毒、管集市、众参与，扎实开展爱国卫生“七个专项行动”。

【开展虫媒防制】 为落实区委政府关于推进爱国卫生专项行动决策，立足当前疫情防控常态化需求，防止疾病传播，保障人民群众身体健康，助推爱国卫生“七个专项活动”，区疾控中心于9月1日，在农贸市场闭市后，对中心城区内的老街心农贸市场、大街农贸市场开展全面的除虫喷洒工作。通过此次除虫喷洒工作，有效防止虫媒传染病传播，降低病媒生物密度，为人民的生产生活提供了卫生安全的环境。

【深入推进公共场所清洁消毒全覆盖行动】 为认真落实爱国卫生“七个专项行动”的决策部署，推进江川区公共场所清洁消毒全覆盖行动，确保公共场所的

清洁消毒工作做到科学消毒、精准消毒，达到消毒效果的同时避免过度消毒，造成环境污染。9月1日，区卫生健康局组织区卫生监督局和疾病预防控制中心对全区重点公共场所进行联合督导。督导组对江川区客运站、部分住宿场所从环境卫生整洁、清洗消毒达标、防控措施落实、清洁消毒公示4个方面进行全方面督导。江川区自新型冠状病毒肺炎疫情发生以来，对全区公共场所防控措施、消毒指导累计214次。

【江川区爱国卫生“常消毒”专项行动培训会】　为全力推进江川区爱国卫生专项行动工作，巩固疫情防控成果、维护人民健康提供有力保障。9月8日，江川区举办爱国卫生“常消毒”专项行动工作推进会暨培训会议，培训中区疾控中心工作人员李志超为参训人员开展疫情常态化防控工作知识培训、“常消毒”业务培训。分析当前国内外的疫情形势，明确了继续坚持“外防输入、内防反弹”总体防控策略，坚持严防死守、精准防治。讲解重点场合防控措施和如何做好个人防护措施等，巩固疫情防控成果，使学员受益匪浅。此次会议共有区属有关部门（单位）、各乡镇（街道），以及相关企业、重点工程项目、市场负责爱国卫生专项行动工作人员60余人参加培训。

【巩固国家卫生城市】　为进一步巩固国家卫生城市称号，推动爱国卫生运动的深入开展，有效预防和控制虫媒传染病的发生与流行，江川区疾病预防控制中心与云南培港病媒生物防制有限公司联合组织人员开展建城区病媒生物防制工作，防制工作于2020年9月11—18日，历时8天。

本次病媒生物防制工作调配施工车辆2辆、病媒生物防制专员12人，使用1.7%高效氯氰菊酯杀蟑热雾剂120千克，5%高效氯氰菊酯杀蟑烟剂310枚，20%残杀威乳油110千克，2.15%吡虫啉杀蟑胶饵1200克，0.05%氟虫腈杀虫饵粒870克，2.5%溴氰菊酯悬浮剂90千克，21%高效氯氟氰菊酯·辛硫磷乳油60千克，5%倍硫磷·吡丙醚颗粒剂80千克，10%高效氯氰菊酯悬浮剂70千克，溴敌隆鼠饵630千克，对建城区重点场所开展病媒生物防制。

通过持续的病媒生物防制，有效控制江川区建城区内道路、下水道、水体、垃圾箱（桶）、厕所等重点场所的病媒生物密度。

【健康文明生活方式众参与宣传】　为积极倡导健康文明生活方式，宣传动员广大人民群众开展爱国卫生运动，主动预防疾病、树立健康意识和思维，12月3日，江川区疾控中心与大街街道办事处联合在怡心园广场开展“健康文明生活方式众参与”宣传活动。讲解爱国卫生七个专项行动的内容，具体讲解“六条新风尚”，参加宣传活动的群众纷纷响应“保持社交距离”，自发保持1米距离。疾控中心的7名工作人员对需要洗手的情形和“七步洗手法”做出详细讲解和示范，并到洗手台开展实地教学，参与到“七步洗手法”的培训中。本次共计发放3种资料，500份。

【“我参与　我健康　我文明”宣传活动】　为积极倡导健康文明生活方式，宣传动员广大人民群众开展爱国卫生运动，主动预防疾病、树立健康意识和思维，12月29日，江川区疾控中心、妇联、禁毒大队、大街卫生院联合在宁海民居开展“我参与　我健康　我文明”宣传活动。

宣传爱国卫生七个专项行动的内容，并对“七步洗手法”做出详细讲解和示范。大街卫生院医务人员为大家测量血压、回答问题。禁毒大队工作人员利用展板上的资料图片向大家宣传毒品的危害。本次共计发放13种资料，300份。

（蔡　丽）

卫生监督

【概述】　2020年年末，编制人数15人，在职人数8人，其中男4人、女4人。本科学历7人、大专学历1人。局内设办公室、卫生许可审核科、卫生监督一科、卫生监督二科、卫生监督三科五个科室。2020年江川区卫生监督局围绕全年工作任务，着力强化队伍建设、作风建设，狠抓卫生监督执法工作，把好卫生许可准入关，加强医疗机构卫生监督，公共场所卫生监督局、职业卫生监督，防止公共卫生突发事件发生等各项工作有了新突破，成效显著。

【宣传培训】　2020年，江川区卫生监督局对办理健康证从业人员进行卫生知识培训，应培训1430人，实培训1430人，发放培训合格证1430个，培训率、合格率100%。召开个体医会议5次，参训人员达350余人次；公共场所召开培训会议5次，应培训368人，实培训368人，培训率、合格率100%。

【许可审核】 2020年共计审发许可证85户（新办54户），其中医疗机构设置审批8户、理发35户（新办26户）、生活美容30户（新办21户）；住宿6户（新办3户）、沐浴室：足浴室5户（新办3户）、游泳场（馆）1户（新办1户）。

【监督监测】 医疗机构卫生监督：江川区共有医疗机构174户（包含托管区14家），其中区级综合医院2户，急救站1户，妇幼保健院1户，民营医院1户，乡镇卫生院7户（托管1户），综合门诊部2户，各类医务室3户，个体诊所81户（托管3户），村卫生室73户（托管10户），其他医院1户（云南省第三强制戒毒所医院），其他医疗机构2户。所有单位均建立了基本档案和监督管理档案，建档率100%。2020年，共出动监督员420人次，车辆50车次，监督检查各类医疗机构155户409户次，下达卫生监督意见书270份。覆盖率96.88%，监督率255.63%。

传染病防治与消毒管理卫生监督：全区共有消毒产品生产企业7户，较大销售消毒产品经营单位6户、共有餐饮具集中消毒单位2户，均建立基本档案和传染病防治与消毒管理监督档案；2020年，结合以手足口病、H5N1、H7N9禽流感等为主的传染病防控工作，对全区医疗卫生机构（160户）、消毒产品生产企业（7户）开展监督检查，共监督检查162户417户次，覆盖率97.01%、监督率249.7%；监督检查餐饮具集中消毒单位2户9户次，下发卫生监督意见书9份，覆盖率100%、监督率100%。

放射卫生：全区有医疗放射单位7户，工作人员28人，《放射诊疗许可证》市级发放2户（区医院、中医院）、注销1户（区妇幼保健院），区级发放5户（江城中心卫生院、江川弘益医院、江川区疾病预防控制中心、九溪卫生院、云南省第三强制隔离戒毒所医院），共监督检查7户7户次，覆盖率100%、监督率100%。

医疗机构消毒效果抽检情况：2020年6月1—9日，玉溪市江川区卫健局卫生监督局委托玉溪市江川区疾病预防控制中心对全区医疗机构进行消毒效果监测，本次共抽检医疗机构59家，抽检样品273个，合格263个，不合格10个，合格率96.34%。

公共场所卫生监督：全区共有公共场所经营单位368户，均持有有效《卫生许可证》，其中住宿单位59户、影剧院1户、歌舞厅11户、美发美容场所257户、足浴店13户、商场7户、候车室1户、游泳池2户，网吧17户。全年公共场所应监督368户，实监督368户，覆盖率为100%、监督率为100%。监督抽检公共场所368户，抽检合格率为100%。

学校卫生：全区6个乡镇和城区共68所学校（高、职中3所、初级中学13所、小学及其村完小52所）、24所托幼机构，结合当地学校实际，开展以新冠肺炎疫情防控、学校医务室、传染病防控、生活饮用水卫生、教室环境卫生、学生宿舍卫生、厕所卫生和学生健康体检为主要内容的全面监督检查，监督覆盖率100%。

生活饮用水卫生监督：江川区城区生活饮用水由玉溪市江川区供排水公司供水，该水厂供水设施完善，设有检验室并配备相应设备，按规定每月开展自检，持有有效的卫生许可证，全部工作人员办理健康证。全区发放乡镇集中式供水卫生许可证5家，村级集中式供水发放卫生许可证一家；现有发放二次供水卫生许可证单位22户，管水人员均办理了健康证明；集中式供水单位、二次供水单位人员均办理健康证，管水人员均无“五病”人员。6户集中式供水单位和22户，二次供水单位建档率100%。根据2020年玉溪市生活饮用水卫生和涉及饮用水卫生安全产品监督抽检计划，结合江川区枯、丰水期水质监测计划，区卫生监督局在区疾控中心的大力支持下，完成枯、丰水期水质监测任务，其中枯水期采集出厂水、末梢水、二次供水样品47个，合格47个，检测合格率100%。丰水期饮用水取样监测点49个水样进行检测，结果全项合格为42件，合格率85.7%（单项或者多项不合格7件）。按市场监督管理部门要求对全区开展双随机抽查，共抽查集中式供水二家，经整改后全部合格，二次供水单位6家，合计8家，至10月底抽查任务全部完成。全年对乡镇集中式供水、发证的二次供水单位监督全覆盖，监督率达100%。对涉水产品开展监督检查，1户生产企业、6户经营单位均有涉水产品卫生许可批件。按省级卫生健康部门要求，对日供水大于100方

的农村小型集中式设施开展监督检查并建立档案16家。全年开展生活饮用水安全培训1次，集中式供水、二次供水单位负责人、贫困村饮用水管理人员管理人员共计67人参加培训，培训取得良好效果。对全区16家贫困村饮用水开展达标工作，配合水利、疾控等单位完成贫困村饮用水达安全合格要求，助力脱贫攻坚工作顺利开展。

【行政处罚】 2020年江川区卫生监督局加大卫生监督执法力度，共查处行政处罚案件19件，共计罚款人民币64000元，违法所得人民币20343元。其中医疗机构案件5件、非法行医案件7件；查处违反《公共场所卫生管理条例》相关规定的案件6件；生活饮用水案件1件。

【卫生监督协管服务工作】 全区有乡镇卫生院6户、卫生室63户，共有卫生监督协管员21人。卫生协管服务信息报表上报情况：1—9月应报次数54次，实报54次，上报率100%。服务信息上报及巡查情况：1—9月卫生监督协管服务信息报告上报21条，上报率100%。卫生协管服务巡查情况：全区共计开展巡查1243户次。

【公共场所艾滋病防控】 按照区卫健局的统一部署及要求，开展重点地区、重点人群和薄弱区域推套防艾工作，开展防艾专项督查。2020年，江川区卫生监督局加强对辖区内住宿场所、文化娱乐场所推广使用安全套监督执法及宣传工作，共发放卫生监督意见书84份，督促以上场所摆放安全套，从业人员每半年进行HIV检测工作，每月9日、19日、29日定期统计检测人数并报送至区防艾办，卫生监督覆盖率100%。2020年5月21日开展KTV专项检查一次。

【春秋两季学校卫生监督】 2020年3月、9月分2批次，落实传染病预防，学校生活饮用水管理。结合学校实际，指导学校搞好生活饮用水管理工作，由区疾控和卫生监督机构深入学校进行生活饮用水采样监测和指导学校加强生活饮用水的管理工作，确保学校饮用水不发生任何集体性问题。

【职业卫生监督】 2020年江川区职业病危害项目申报系统共计申报30户企业。江川区共有4家采矿企业（3家石材厂、1家化学矿开采），1家水泥制造企业，其他化工、金属制造、纸浆制造等企业25家。江川区共调查4个乡镇（街道）分别是大街街道、江城镇、安化乡、路居镇，共66家企业，江川区卫生监督局和江川区疾控中心配合完成工作任务。联合疾控中心按照要求，与云南加莱希安全检测有限公司签订合同，完成15家监测任务。4月25日至5月1日江川区卫生健康局按照玉溪市卫生健康委部署，开展宣传活动，突出“防控疫情全民参与，职业健康你我有责”，利用宣传栏、活动版面、横幅、微信群、QQ等形式宣传职业病防治知识。整个宣传周期间江川区卫生健康局共出动宣传车辆2次，制作宣传版面1块，宣传受众人数50余人。

（王茜彤）

科学研究

编辑　徐凡清

科　技

【概述】　2020年，玉溪市江川区科学技术局内设一室一股：办公室、科技综合股，下设1个事业单位：玉溪市江川区科技成果转化中心。年末在职人员12人，其中行政人员7人、事业人员5人。江川区科技局以建设玉溪国家创新型城市为契机，大力实施创新驱动发展战略，推动科技创新工作取得积极成效，2020年江川区创建工作位列全市国家创新型城市建设综合考评第二名。

【科技型企业培育】　2020年，玉溪新天力农业装备制造有限公司、云南红塔包装实业有限责任公司、云南云蔚来科技开发有限责任公司、云南阳光食品有限公司4家企业认定为2020年高新技术企业；玉溪建通混凝土有限公司、云南祥宇印务有限公司、玉溪七彩象艺术品有限公司、云南升华电梯有限公司、玉溪瑞珀花卉贸易有限公司、玉溪德和包装有限公司、玉溪金者石灰加工有限公司、玉溪市江川区雄怡花卉有限公司、玉溪市江川区三有铜器工艺品厂、云南云莱集团雄川农业开发有限公司、玉溪市瑞茂农业科技发展有限公司、云南渝禾农业发展有限公司、玉溪淮俊通信工程有限公司13户企业备案为2020年云南省科技型中小企业；云南龙恩制药有限公司、云南阳光食品有限公司、云南天虹彩印包装材料有限公司、云南天宜肥业有限公司、云南天合力光电技术有限公司、玉溪新天力农业装备制造有限公司、云南腾达机械制造有限公司、玉溪丫眯绿色休闲食品有限公司、云南云蔚来科技开发有限责任公司9户企业入库国家科技型中小企业；云南宏斌绿色食品集团有限公司、玉溪新天力农业装备制造有限公司入选工信部专精特新“小巨人”企业；云南江磷集团股份有限公司被工信部确定为国家第五批“绿色工厂”；云南江磷集团股份有限公司、云南宏斌绿色食品集团有限公司被确定为2020年云南省知识产权优势企业。

【创新人才培育】　2020年，玉溪市江川区畜牧水产站张四春获农业农村部第二届“最美农技员”称号；玉溪市江川区云龙雕塑工艺厂付云龙入选云南省高层次人才培养支持计划“首席技师”专项；玉溪市江川区雄关乡中学冯小涛、玉溪市江川区江城镇农业农村综合服务中心韩卫德被推荐为云南省第八届科技兴乡贡献奖；玉溪市江川区齐兴花卉种植基地吴光龙、玉溪瑞珀花卉贸易公司段华仙被推荐为第八届云南省拔尖农村乡土人才；全区16个建档立卡贫困村的驻村工作队员和科技人员李文学、普德才、杨伟、刘季雄、龚克生、宋正刚、卢利军、万超、刘福、业树文、刘文荣、张毅、杨勇、李春桃、张顺荣、向文兵共16人认定为云南省服务贫困村科技特派员及2020年云南省科技特派员；云南联塑科技发展有限公司岳智文、江川区农业科学技术服务站吴绍良申报认定为第七批玉溪市中青年学科技术带头人。

【科学技术奖励】　云南宏斌绿

色食品集团有限公司的“宏斌”牌小米辣入选2020年云南省“10大名菜”第一名；玉溪明蓝园艺有限公司、玉溪黑巅太空感知智能科技应用发展有限公司参加2020年云南省创新创业大赛，2家企业均获企业初创组优胜奖；玉溪市江川区荣程猕猴桃种植有限公司、玉溪明蓝园艺有限公司、玉溪市滇瓦紫砂工艺厂参加第四届“中国创翼”暨第二届“创翼云南”“创翼玉溪”创业创新大赛，经过玉溪市选拔赛决赛，玉溪明蓝园艺有限公司、玉溪市滇瓦紫砂工艺厂获二等奖，玉溪市江川区荣程猕猴桃种植有限公司获三等奖；组织云南李家山青铜器博物馆参加玉溪市第五届科普讲解大赛，2名选手宋成毅、杨欢获优秀奖。江川职中《从重构水生态环境看江川区前卫—渔村大河的水环境治理活动方案》获第35届青少年科技创新大赛省二等奖、市一等奖，《江川区职业中学绿化植物种类调查科技实践活动》获第35届青少年科技创新大赛市三等奖。

【科技项目申报】 2020年，江川区共申报中央、省科技计划项目16个，实际获得立项16个，其中中央科技项目1个、省级科技项目15个；上级共下达科技项目资金969.84万元（中央科技项目资金50万元、省级科技项目资金919.84万元），其中省级研发经费补助27.74万元，中央、省级科级项目补助资金784万元，省级科技平台建设资金50万元，省级高新技术企业补助资金108.1万元。

【科技平台建设】 玉溪新天力农业装备制造有限公司建成闻邦椿院士工作站；玉溪新天力农业装备制造有限公司认定为市级工程研究技术中心。

【企业研发投入】 江川区2019年度规模以上企业R&D经费投入13783.4万元、比2018年度的7158.8万元增92.54%，完成市下达江川区任务的116.97%；2019年度研发投入强度1.03%、位列全市第四。

【科普宣传工作】 参与1月17日在前卫镇渔村老戏台前开展的文化科技卫生“三下乡”活动、4月20—26日以“知识产权与健康中国”为宣传主题的知识产权宣传周活动、以“美丽中国，我是行动者——保护生物多样性 共建最美彩云南”为主题的“六.五”环境日宣传活动、9月22日在前卫镇举办的“全国科普日”集中活动、10月16日在区粮食收储有限公司小大庄粮油门市开展的“2020年世界粮食日”粮食安全集中宣传活动，开展形式多样、内容丰富的科普活动；组织开展江川区2020年“科技活动周”活动，8月23—29日，围绕“科技战疫 创新强国”活动主题，区科技局联合区委宣传部、区卫健局、区科协，组织全区各级各部门开展江川区“2020年科技活动周”系列活动。

【科普统计工作】 按照科技部、省科技厅和市科技局的统一安排部署，由区科技局牵头组织实施的江川区2019年度科普统计顺利完成上报工作，摸清江川区科普资源概况和运行状况，为区委区政府制定江川区科普政策和推动创新驱动发展提供依据。据统计：2019年度，全区共有科普专职人员21人、科普兼职人员458人、注册科普志愿者373人；非场馆类科普基地11个，科普展厅面积8220平方米，参观人数134250人次；城市社区科普（技）专用活动室3个，农村科普（技）活动场地104个，科普宣传专用车2辆，科普画廊19个，国家级科普（技）教育基地1个，参观人数129000人次，省级科普基地2个，参观人次132200人次；年度科普经费筹集额120.38万元，年度科普经费使用额126.24万元，科技活动周经费筹集额1.3万元；全年出版科普图书1种3200册，出版科普期刊1种600册，电视台播出科普（技）节目时间126小时，电台播出科普（技）节目时间62小时，科普网站4个、网站访问量2200次，发放科普读物和资料475311份，电子科普屏数量24块，科普类微博1个，科普类微信公众号6个，阅读量11668次；全年共举办科普（技）讲座175次，参加23314人次，举办科普（技）展览37次，参观16632人次，举办科普（技）竞赛7次，参加43336人次，成立青少年科技兴趣小组8个，参加3400人次，科技活动周开展科普专题活动68次，参加27017人次，全区举办各类实用技术培训191次，参加13484人次，举行重大科普活动7次；举办创新创业培训43次，参加人数2810人次。

【省评估组对江川区科技体制改革工作进行实地评估】 1月13—14日，省委改革办委托省委党校对玉溪市贯彻落实《中共云南省

委　云南省人民政府关于深化科技体制改革的意见》文件情况进行第三方评估。14日下午，省第二评估组一行3人在朱秦组长的带领下，延伸至江川区进行实地评估。省第二评估组通过查阅资料、实地查看、听取汇报等方式，对全区2016年以来的科技体制改革工作进行评估。省评估组一行先后深入到云南卓一食品有限公司、云南联塑科技发展有限公司等检查点进行实地检查，听取企业在科技创新方面的工作汇报。省评估组各位专家领导就科技体制改革工作开展情况与参会人员进行交流。在听取汇报、交流座谈后，评估组对江川区贯彻落实《中共云南省委　云南省人民政府关于深化科技体制改革的意见》工作情况给予充分肯定。

【省科技厅、省统计局联合调研指导江川企业研发投入工作】为落实省委十届九次全会精神，补短板、强弱项，引导企业加强科技创新，加大研发投入，指导企业做好科技创新调查统计工作，3月20日，由省科技厅二级巡视员王立新、省统计局总统计师陈杨东带队，省科技厅、省统计局相关处室负责人一行6人组成的联合调研组，到江川调研指导企业研发投入工作。调研组深入云南联塑实地考察企业研发中心，调研生产工艺、科技创新、经营销售等情况。在听取企业研发投入、科技创新、财务管理、人才建设、知识产权相关工作汇报后，调研组对云南联塑加大研发投入推动科技创新工作给予高度肯定，并对企业研发投入下步工作进行交流指导。希望企业瞄准行业科技前沿，促进企业科技创新发展，做行业领军企业和科技创新标兵；鼓励企业继续加大研发投入，加强统计人才培养和规范化建设，依法依规统计企业科技创新工作。

【市科技局、税务局调研研发经费投入税前加计扣除工作】4月15日，市科技局、税务局联合到江川区开展研发经费投入税前加计扣除工作调研，为科技型企业"送服务、送政策"。调研组先后深入云南联塑科技发展有限公司、玉溪新天力农业装备制造有限公司、云南卓一食品有限公司、云南宏斌绿色食品有限公司4家科技型企业，实地了解企业疫情防控情况、疫情期间复工复厂情况和当前生产发展中遇到的主要问题，了解企业近三年来研发经费投入情况，研发经费投入占主营业务收入情况，享受税前加计扣除经费情况和实际享受税收优惠情况，对企业提出的在研发经费投入归集和研发经费投入税前加计扣除方面存在的问题进行解答，要求企业进一步规范研发经费投入，进一步学习掌握国家和相关部门在研发经费投入和研发经费投入税前加计扣除政策，用活用足政策。通过走访调研，调研组对江川区科技型企业研发经费投入和研发经费投入税前加计扣除政策的规范程度给予肯定，要求区科技局、区税务局要保持与企业的良好互动，多为科技型送服务、送政策；鼓励江川科技型企业加大研发经费投入力度，以研发经费投入促进企业科技创新、技术创新，以创新引领科技型企业增强竞争力，提高市场占有率，以创新促进企业健康发展。

【江川2个科技项目进入2020年省级科技项目】4月15日，根据云南省科技厅公告，江川2个项目进入云南省2020年农业领域10个立项科技计划项目公示名单，分别是：云南卓一食品有限公司与中华全国供销合作总社昆明食用菌研究所合作的《高原特色食用菌综合开发关键技术及产业化示范》项目、云南宏斌绿色食品集团有限公司与云南省农业科学院农产品加工研究所合作的《云南特色发酵蔬菜加工关键共性技术研究与产业化》项目，项目实施年限2020年1月至2022年12月。

【召开国家创新型城市建设工作领导小组扩大会议】4月17日，江川区召开国家创新型城市建设工作领导小组扩大会议，全面贯彻落实玉溪市国家创新型城市建设工作推进会有关部署和要求，对创建工作再进行整体分析研判，找准薄弱点，瞄准攻坚点，明确时间点，压实责任点。区科技局局长汇报江川区国家创新型城市建设工作情况，工信、园区、人社、财政、统计等5家单位负责同志结合实际，对如何推进国家创新型城市建设作发言。区委常委、副区长周靖宇通报2019年全区国家创新型城市考核结果，区委常委、常务副区长李卫东宣读《关于对2018—2019年度科技创新工作中获市级以上认定的先进单位和个人进行表扬的决定》。参会领导为2018—2019年度科技创新工作中获得市级以上认定的云南联塑科技发展有限公司等31家

科技创新先进单位及张四春等15位先进个人颁发奖牌证书。

【开展“知识产权宣传周活动”】 4月20—26日，围绕“知识产权与健康中国”宣传主题，通过发放宣传单、走访调研、微信群宣传等方式开展知识产权知识宣传工作，组织企业开展2020年度云南省知识产权优势企业认定工作和参与科技部成果转化与区域创新司、科学技术部火炬高技术产业开发中心、国家科技评估中心联合主办的《2020年全国知识产权宣传周科技成果转化“云培训”活动》，提高科技成果转移转化和知识产权创造运用政策措施的知晓度，宣传实施政策的典型案例，打通政策落实“最后一公里”。

【建成第二个院士工作站——闻邦椿院士工作站】 4月28日，省科技厅印发《关于建立2019年云南省院士专家工作站的通知》批准认定2019年云南省院士专家工作站，玉溪新天力农业装备制造有限公司闻邦椿院士工作站榜上有名，为江川区创新驱动发展注入新动力。据悉，闻邦椿院士是我国知名的机械动力学和工程机械专家，长期从事振动机械理论的研究及新型振动机械的研制工作，为发展我国的振动机械事业作出积极贡献。玉溪新天力农业装备制造有限公司与东北大学合作建立闻邦椿院士工作站，开发生产适应云南高原特色农产品等经济作物烘干要求的环保节能高效农业装备。江川区已创建孙宝国院士工作站、闻邦椿院士工作站2个，缪应雷专家基层科研工作站、部华萍基层科研工作站2个，陈云飞专家工作站1个；涉及高原特色农产品加工、精细化工、装备制造等重点产业领域，已成为服务地方经济社会发展的重要载体和产学研协同创新的重要平台。

【科技培训推进产业扶贫】 为有效发挥科技培训对产业发展支撑作用，推进产业扶贫工作，6月4日，玉溪市科技局、江川区科技局、安化乡人民政府共同组织蔬菜产业科技培训活动。此次培训邀请玉溪市江川区农业科学技术服务站高级农艺师马建明到安化乡光山村现场培训和指导，马建明老师以当地农户普遍种植的蔬菜为切入点，重点讲解花菜的栽培基础、田间管理，播种、播后管理技术，病虫害防治，产品的质量安全等相关知识，对当地100余人进行培训。

【玉溪新天力农业装备制造有限公司建成玉溪市农机装备工程技术研究中心】 6月10日，由市科技局牵头，会同市工信局及行业有关专家组成的专家评定组，对玉溪新天力农业装备制造有限公司承建的“玉溪市农机装备工程研究技术中心”进行认定。专家组根据《玉溪市工程技术中心认定与管理暂行办法》，对玉溪市农机装备工程研究技术中心进行量化评分，综合得分93分。最终，经过听取汇报、查看现场、查阅资料、评审论证，一致同意玉溪新天力农业装备制造有限公司认定为“玉溪市农机装备工程研究技术中心”。玉溪市农机装备工程研究技术中心建成之后，将承担玉溪市农机装备行业技术创新、产业发展和实验示范工作。玉溪新天力农业装备制造有限公司充分借助该中心，依托其新建立的闻邦椿院士工作站，以推进技术创新工程试点工作为抓手，以加速科技成果转化及产业化为主线提升企业自主创新能力和产业竞争力为目标，继续本着“专心做农机、用心造精品、全心为三农”的宗旨，进一步巩固和发展新天力机械在云南省同行业的领军地位。

【云南阳光食品有限公司获科技部立项支持】 6月18日，根据云南省科技厅公示，云南阳光食品有限公司科技项目《乳酸菌低盐发酵技术研发及其在生产优质绿色食品酱菜中的应用》进入“科技助力经济2020”重点专项公示名单，获得科技部立项支持。“科技助力经济2020”重点专项主要支持市场应用前景好，可带动区域产业集群发展的项目，特别是对复工复产有直接带动作用的项目，实施《乳酸菌低盐发酵技术研发及其在生产优质绿色食品酱菜中的应用》科技项目，投资600万元，开展乳酸菌低盐发酵技术研发，建成1条全自动酱腌菜生产流水线，形成1套乳酸菌低盐发酵技术操作规程，申请实用新型专利3项。项目建成后，将新增销售收入800万元，实现利税200万元，新增就业岗位60个，带动种植农户1000户。

【市科技局、市金融办联合指导江川科技型企业融资工作】 6月19日，市科技局局长李世华、市金融办主任黎坚率领相关科室负责人到江川指导科技型企业融资工作。指导组深入云南联塑科技发展有限公司、云南天合立光电技术有限公司、玉溪新天力农业装备制造有限公司、云南秋庆种业有限公司，实地查看了解企业的生产经营、科技研发、产品销售情况；听取企业研发投入，产品研发，财务管理，融资问题等相关工作情况，对企业发展规划、资金需求和融资问题进行深入交流。调研组对江川区科技型企业依靠科技创新推动企业发展给予高度肯定，希望企业继续走科技创新发展之路，持续加大研发投入力度，不断提升企业产品竞争力。针对企业发展资金短缺和融资难问题，将加强向上协调，加大科创贷扶持力度，积极协调金融部门解决企业发展资金短期贷款和长期贷款问题，发挥好财税金融政策对实体经济的支持作为，为科技型企业疫情防控、复工复产和实体经济发展提供精准的金融服务。

【举行“2020年科技活动周”系列活动】 在第20个全国科技活动周来临之际，为全面展示科技创新成就和科技战疫成效，大力弘扬科学精神，普及科学知识，促进科技创新和科学普及协调发展，推动科技创新成果和科学普及活动惠及于民，区科技局联合区委宣传部、区卫健局、区科协，组织全区各级各部门开展江川区“2020年科技活动周”系列活动。科技活动周期间，江川区开展系列科普教育宣传活动40余场次，组织专家学者10人，组织574余名志愿者参加活动，组织下乡义诊1期；制作主题墙、展板250块，累计参加活动群众约74061人次；发放各类宣传资料约49105份。江川电视台播出新闻20条，江川广播电台23条，江川新闻网34条，江川人民政府网25条，云南江川微博15条，江川发布27条，江川星云App36条。共悬挂、张贴宣传标语12条幅，电子显示屏滚动播出相关知识和标语46条次。

【开展2020年全国科普日系列活动】 为营造一个讲科学、爱科学、用科学、学科学的良好氛围，9月22日，江川区科协联合区科技局、区教育体育局、区卫健局等14家部门，在前卫镇举办“全国科普日”集中活动，活动通过文艺表演、摆放宣传板、免费发放宣传资料等形式，向广大群众宣传决战决胜脱贫攻坚、生态环保政策和健康饮食、医疗卫生等方面的科普知识。全国科普日以“决胜全面小康、践行科技为民”为主题，在9月19—25日全国科普日活动期间，区科技局还组织广大科技工作者深入农村、社区、学校等，开展群众性科普系列宣传活动。

（叶红梅）

气　象

【机构设置】 玉溪市江川区气象局设办公室、法规科、防灾减灾科3个内设机构和玉溪市江川区气象台（江川国家气象观测站）、玉溪市江川区气象服务中心2个直属业务单位。辖玉溪市江川区人工影响天气中心（原玉溪市江川区人工增雨防雹办公室）、玉溪市江川区气象灾害防御技术中心（原玉溪市江川区防雷装置安全检测中心）气象防灾减灾机构。

【气候评价】 在气象上将四季划分为：上年12月至当年2月为冬季，3—5月为春季，6—8月为夏季，9—11月为秋季。

2020年江川区气候特点：2020年江川区降雨略偏少，气温偏高，光照略偏少。全区平均降水量740.9毫米，比历年同期偏少107.9毫米（-13%）。2020年年平均气温17.6℃，比历年同期偏高1.7℃，为历史第二高年份，全年各月气温总体呈偏高至特高，其中1月、6月平均气温突破历史同期最高纪录。2020年日照时数2134.6小时，比历年同期偏少55.4小时（-3%）。年内冬季（2019/2020）降水偏多，春、夏、秋季降水较历年不同程度偏少，春末夏初高温少雨，加之前期大范围气象干旱的累积叠加效应，气象干旱偏重，盛夏阶段性高温和秋冬高温少雨，气象干旱再度发展；5月降水偏少，雨季开始期偏晚，主汛期强降水偏强，洪涝灾害较常年同期偏少但偏重；后汛期（9—10月）降水依然持续偏少，出现秋季连阴雨天气，雨季结束期异常偏早，雨季期长度偏短，降水偏少。

2020年江川区水分条件较差，热量和光照条件较好。年内低温霜冻和暴雨洪涝影响偏轻，干旱影响偏重，水稻抽扬期无夏季低温影响，秋季“阴雨寡照”天气影响略重。本年气候条件对交通、旅游较有利，对森林防火工作略为不利，对湖泊和库塘蓄水及农业生产不利，总体属中等稍偏下气候年景。

2020年江川区主要气候事件：2020年1月6日冰雹灾害横跨江川从东到西，先后6个乡镇（街道）发

生冰雹，历史罕见。2020年出现春夏干旱和秋冬干旱，其中春末夏初干旱强度高、受灾较严重。5月降水特少，各乡镇（街道）雨季开始期均偏晚。汛期（5—10月）降水偏少，雨季结束期偏早26天。9—10月阴雨寡照天气突出，出现7天以上秋季连阴雨。

【基本气候概况】

气温

1. 年平均气温

2020年平均气温17.6℃，比历年同期偏高1.7℃，比2019年同期偏低0.4℃，属偏高年份，为历史同期第二高值（与2010年并列）。年极端最高气温为31.7℃（5月19日）；年极端最低气温为2.4℃（1月27日）。

2. 气温时空变化

年内冬、春、初夏和秋季阶段性高温，春末夏初持续高温干旱严重，暖冬现象依然明显。2020年气温季节分布为冬季（2019年12月—2020年2月）、春季（3—5月）和夏季（6—8月）、秋季（9—11月）均为偏高。从时间分布来看，各月气温总体偏高，其中1月、6月平均气温突破历史同期最高纪录。全区各月平均气温与历年同期相比，1月、3月、5月、6月、12月均为特高年份，偏高2.2—3.4℃；2月、7—9月、11月均为偏高年份，偏高1.4—1.9℃；10月略偏高；4月略偏低。3月平均气温历史同期第二高值。12月平均气温历史同期第三高值。

降水

1. 年度概况

江川国家气象观测站降水量712.6毫米，比历年同期偏少136.1毫米（-16%），比2019年同期偏多112.2毫米（19%）。2020年各乡镇（街道）降水量与历年同期相比：江城镇、安化乡略偏多，分别偏多1%、7%；九溪偏少，偏少31%；其余乡镇（街道）均略偏少，偏少15—18%。一日最大降水量94.1毫米（6月14日）。最长连续降水日数为23日（7月30日—8月21日，雨量合计140.9毫米）。

2. 降水时空分布

2020年降水季节分布为冬季（2019年12月—2020年2月）特多；春季（3—5月）和秋季（9—11月）偏少；夏季（6—8月）略偏少。平均各月降水量与历年同期相比，1月、4月特多，分别偏多267%、57%；2月、6—8月正常略偏少，其中2月偏少1%，6月和8月均偏少4%，7月偏少16%；3月、9月偏少，其中3月偏少20%，9月偏少23%；5月、10—12月特少，其中10月偏少50%，5月偏少53%，11月偏少90%，12月偏少99%。降水绝对量以5月、9—11月偏少和1月偏多明显。

年内1—4月降水总量较历年偏多，气象干旱较历年偏轻，但春末夏初5—6月及盛夏7月中旬—8月上旬持续高温少雨，气象干旱较历年偏重，其中6月下旬出现重到特旱；2020年雨季开始期较历年偏晚，较历年偏晚9天；主汛期降水总量偏少，强降水天气日数均比历年略偏多偏强，暴雨洪涝较历年偏轻；后汛期（9—10月）降水偏少，9月中旬和10月中旬出现阴雨寡照天气，达秋季连阴雨标准。

日照

1. 年度概况

2020年日照时数2134.6小时，比历年同期偏少55.4小时（-3%），比2019年同期偏少200.3小时（-9%），属略偏少年份。

2. 日照的时空分布

2020年日照时数季节分布为冬季（2019年12月—2020年2月）、春季（3—5月）正常略偏多，夏季（6—8月）和秋季（9—11月）正常略偏少。日照时数与历年同期相比，1月、3月、5月、6月、11月略偏多，偏多8—17%；2月、8月、10月和12月略偏少，偏少3—19%；4月、7月、9月偏少，偏少20—41%。9—10月出现阴雨寡照天气，对秋收秋种有不利影响。

【主要气候事件及影响和异常气候事件】　2020年主要气候事件有冬季强对流天气、强降水天气；春夏干旱；雨季开始期偏晚；汛期降水偏少；秋季连阴雨；秋冬干旱等。

冬季罕见大范围大风冰雹灾害。2020年1月6日冰雹灾害横跨江川从东到西，先后6个乡镇（街道）发生冰雹，历史罕见。

春夏干旱。2020年春末夏初（5—6月）降水持续特少，气温异常偏高，受雨季开始偏晚、初夏持续高温少雨、盛夏出现阶段性高温少雨等天气影响，干旱严重，本年春夏干旱演变情况如下。2020年5月上、中旬气象干旱逐步发展，5月出现轻到中旱，6月上旬发展为中到重旱。6月中旬出现大到暴雨天气，干旱明显缓。6月下旬高温少雨，再度出现重到特旱。7月1—3日受低涡切变及冷空气影响出现全区性大到暴雨天气，干旱解除。盛夏7月中旬—8月上旬高温少雨，气象干旱再度发展，8月16—18日出现强降水过程，气象干旱的范围和强度明显减小减弱，干旱解除。

5月降水特少，各乡镇街道均偏晚。2020年5月降水量41.7毫米，较历年偏少5成。江川各乡镇（街道）于5月28—29日达到雨季开始期标准，比历年偏晚9—10天。

汛期（5—10月）降水偏少，雨季结束期异常偏早。2020年汛期（5—10月）江川国家气象观测站降水量568.1毫米，较历年同期偏少139.7毫米（-20%），比上年同期偏多98.0毫米（21%），为1960年以来历史同期第7少年份；2020年雨季结束期异常偏早，于9月24日结束，比历年同期偏早26天。

秋季连阴雨。受弱冷空气、副高外围偏南气流等系统影响，9—10月出现阴雨寡照天气，阴雨寡照主要出现在9月中旬和10月中旬，出现7天及以上的秋季连阴雨天气过程。

秋冬干旱（2020年9—12月）。2020年9月以来降水持续偏少，中10月偏少5成，11月偏少9成，12月偏少9.9成，受降水偏少影响，9—10月出现气象干旱，11月干旱快速发展蔓延，11月下旬至12月出现大部重旱。

【主要气象灾害】 2020年江川区气象灾害主要有干旱、暴雨洪涝、大风冰雹灾害等。

干旱。2020年江川出现春夏干旱和秋冬干旱，其中春末夏初干旱强度高、影响较大，受灾较严重。根据玉溪市江川区防汛抗旱指挥部办公室6月5日旱灾报表统计，江川区受灾面积22551亩。因旱12784人、1149头大牲畜饮水困难，导致8座水库坝塘干涸。

暴雨洪涝3次。2020年汛期（5—10月），25毫米以上的强降水天气4天（仅统计国家气象观测站），比历年同期平均值偏多0.5天。汛期内6月13—14日、7月1—3日和19—20日、8月16—17日出现全区性强降水天气过程，出现洪涝灾害。影响较大的暴雨灾害天气过程如下：

1. 6月13—14日，受低涡切变影响，江川区先后出现大到暴雨天气，大街街道、前卫镇、江城镇3个乡镇（街道）不同程度遭受洪涝灾害，烤烟、玉米、蔬菜等农作物受灾7066亩，受灾人口5229人，部分交通设施、水利设施损毁。因洪涝灾害造成直接经济总损失877.31万元。

2. 7月1—2日，江川区受低涡切变和弱冷空气影响，出现大范围强降雨天气，致使江川区江城镇、安化乡、前卫镇、大街街道等4个乡镇（街道）遭受严重洪涝灾害。此次灾情造成农作物总受灾面积13700.2亩，成灾面积9628亩，绝收面积3579.6亩，稻田养鱼53亩，直接经济总损失4393.41万元，水利设施损毁8处，房屋进水97户，其中损毁13间，造成直接经济总损失4840.01万元。

3. 8月29日受辐合区影响，江川区局部出现短时暴雨，造成九溪镇、前卫镇不同程度受灾，农作物受灾534亩。

风雹灾害2次。2020年冰雹、大风灾害主要出现在1月、7月。年内主要风雹灾害天气过程如下：

1. 1月6日，江川区受南支槽过境影响，遭遇自西向东强对流天气影响发生大风冰雹，九溪镇、大街街道、前卫镇、江城镇等发生不同程度冰雹灾害，经统计，此次灾害共造成20525亩农作物受灾，受灾人口45663人，直接农业经济损失2976万元。

2. 7月26日，受南支槽影响，在安化围埂一带出现大风夹杂冰雹天气，持续时间3分钟左右，以风灾为主，烤烟受灾面积250亩。

【气候影响专题评价】 气候与农业。2020年江川区水分条件较差，热量和光照条件较好。年内低温霜冻和暴雨洪涝影响偏轻，干旱影响偏重，水稻抽扬期无夏季低温影响，秋季“阴雨寡照”天气影响略重。2020年小春作物种植期，气温偏高，降水偏多，光照充足，低温霜冻和气象干旱影响不明显，气象条件较有利于小春作物的生长；2020年5月降水特少，雨季开始期偏晚，春末夏初干旱严重，对无水源保障或灌溉条件较差地区的水稻、玉米等秋收作物的顺利播种、移栽、出苗及成活产生了较大影响，作物受灾严重，主汛期和后汛期降水不同程度偏少，暴雨洪涝影响偏轻，9—10月阴雨寡照天气突出，大春作物生育期气候适宜度总体为略差年景。综上所述，2020年江川气候条件对农业生产而言属略差年景。

气候与水资源。全区平均降水量740.9毫米，比历年同期偏少107.9毫米（-13%），比2019年同期偏多164.5毫米（30%），属略偏少年景。年内干旱较历年偏重，主汛期和后汛期降水持续偏少，对夏、秋季蓄水不利。总体

而言，2020年蓄水条件偏差。

气候与林业。2020年1—4月，江川区降水总量140.2毫米，比历年同期偏多53.6毫米（62%），比2019年同期偏多33.0毫米（31%），为1960年以来历史同期第5多年份，冬春气候条件对森林防火有利；春末夏初5—6月高温少雨，雨季开始期偏晚，干旱严重，森林防火气象风险等级偏高，气候条件对森林防火工作不利；2020年秋冬降水持续偏少，其中9—10月阴雨寡照天气突出，11—12月高温少雨，森林防火气象条件中等略差。年内气候条件对森林防火总体为中等略差。

气候与交通旅游。2020年冬季无明显冰冻雨雪灾害影响交通；春季高温少雨，有利于旅游；汛期大面积洪涝灾害少，除局地强降水造成部分道路堵塞、塌方外，基本未出现严重影响交通、旅游的天气、气候事件；年内“春节”“五一”“中秋”“国庆”等重大节假日天气较好，对交通旅游有利。本年气候条件对交通、旅游总体较有利。

【气候展望评价及对策建议】

2021年气候总趋势预测。预计，2021年江川降水总量正常略偏多，气温正常略偏高；雨季开始期正常至略偏早，初夏干旱较2020年偏轻；主汛期降水正常，气温略偏高；秋季降水略偏少。综合研判2021年江川属于温度条件较好、降水稍偏丰的气候年景。

2021年关键期气候趋势预测。

1.冬春气候预测。预计1—4月气温正常至略高，为12.8—13.3℃。冬春季阶段性低温天气明显，冬季1—2月山区出现阶段性雨雪或低温霜冻的可能性较大，2月下旬至4月上旬高海拔山区有可能出现弱倒春寒天气。预计2021年2月偏少，3—4月正常略偏多。

2.5月气候趋势及雨季开始期预测。预计2021年5月降水略多至偏多，比历年同期偏多1—2成；5月气温偏低0.5—1.0℃。预计雨季将于5月中旬至下旬相继开始，与历年相比为略偏早。

3.主汛期6—8月气候趋势预测。预计，2021年6—8月降水正常，为414—505毫米；6—8月气温为正常至略偏高，为20.7—21.2℃，7月下旬至8月无大范围抽扬期低温冷害天气出现。

4.秋季9—11月气候趋势及雨季开始期预测。预计9—11月气温正常至略偏高，降水略少至偏少，较常年同期偏少1—2成，有5—7天的连阴雨天气。预计2021年雨季在10月中旬相继结束，雨季结束期接近历年。

关注重点和建议。

1.冬春季阶段性低温。受赤道中东太平洋地区冷海温和中高纬度环流异常的影响，冬季冷空气活动频繁，应提前采取措施预防阶段性寒潮天气引起的降雪或低温霜冻。

2.春季和初夏干旱。阶段性强冷空气活动可能造成江川区高海拔山区出现倒春寒天气，应提前采取预防措施。同时，春季易出现大风、冰雹等局地强对流天气，应做好人工增雨防雹工作。

3.夏季洪涝、冰雹大风、滑坡和泥石流灾害。主汛期区域性或单点性强降水偏多，可能引发洪涝、冰雹大风、滑坡和泥石流山洪地质灾害，注意加强防范。

4.秋季干旱和阶段性连阴雨。预计2021年秋季江川区降水较历年偏少，要注意防范秋季干旱的发生。另外，还要加强对雨季结束前有可能出现的阶段性连阴雨天气的防范。

【气象防灾减灾第一道防线】

对标监测精密、预报精准、服务精细的要求，进一步理清工作理念思路、创新工作方法手段，做好灾害性天气监测预报预警服务，加强气象与应急、水利、自然资源、农业、林草等部门信息共享、联合会商和应急联动，全力做好抗旱、森林防火和汛期气象服务保障，充分发挥气象防灾减灾第一道防线的作用。继续深化与生态环境、水利等部门的合作，推进区域生态文明建设职能部门融合发展机制，为初期雨水处置、星云湖水体脱劣等重点工作提供气象保障服务。2020年共制作并发布决策气象服务材料280余期，务材料通过OA和短信等形式向区委、区政府等相关部门传送，累计发布各类气象信息30万余人次。

【推进新冠肺炎疫情防控和江川经济社会发展气象保障服务】

制作并发布《玉溪市江川区新型冠状病毒感染的肺炎疫情防控专题气象服务专报》共58期，利用手机短信、电子显示屏、微信公众号等平台发布疫情防控知识，发布宣传信息8万余条次。

【人工影响天气工作】 2020年全区共布设13个人工影响天气作业点，65人参与人工影响天气工作。按照区政府的有关安排部署，3—5月期间，江川区气象局组织开展春末初夏人工增雨抗旱工作，期间共开展作业8次，发射火箭弹26枚。6—9月，组织开展全区人工影响天气工作，期间共开展人工影响天气作业112次，发射箭弹1155发（枚），成效明显。

【推进玉溪市江川区“十四五”应对气象灾害规划编制工作】 围绕江川经济社会发展对气象工作的需求，组织开展江川区“十四五”应对气象灾害规划编制，为科学谋划江川区“十四五”气象事业发展打好基础。

【推进气象现代化建设】 对标监测精密，实现江川国家气象观测站地面观测业务全面自动化。以智慧气象为抓手，继续推进“县（区）级区域自动气象站气象要素实时预警系统”试点工作。认真组织实施2020年“乡村振兴”气象服务专项，提升全区气象为农服务能力，进一步加强农村防灾减灾救灾能力。

【履行气象行政管理职能】 深入推进气象行政审批改革工作，不断优化营商环境，深入推进“互联网+政务服务”工作。年内共办理防雷装置设计审核和竣工验收行政许可6项，对全区29家监管对象开展2次“全覆盖”防雷、防静电安全检查。继续聘请1名法律顾问，有效促进江川区气象工作的法制化、制度化。

【江川区气象局通过ISO9001质量管理体系认证】 2019年9月和2020年6月，云南省气象观测质量管理体系省局内审组联合中国检验认证集团云南有限公司的专家，2次到江川区气象局检查指导工作，对江川区气象局地面气象观测工作执行《云南省气象观测质量管理体系》文件情况进行审核。内审组在中国检验认证集团云南有限公司专家的监督指导下，按《质量管理体系要求》（ISO 9001:2015，IDT）和《管理体系审核指南》（ISO 19001:2011，IDT），对江川区气象局地面气象观测业务在《云南省气象观测质量管理体系》文件实施业务运行的情况进行审核，审核验证江川区地面气象观测业务是否符合GB/T19001-2016管理体系标准要求，验证体系文件在江川区气象观测业务方面的充分性、适宜性和有效性。

2020年12月29日，江川区气象局地面气象观测业务最终通过ISO9001质量管理体系认证，全面实现地面气象观测自动化，持续优化气象站网布局，气象观测业务持续高质量运行，全流程标准化率达96.5%。为云南省首个通过ISO9001质量管理体系认证的气象业务工作。

（谢仲瑞）

防震减灾

【地震活动】 据云南省正式地震目录，2020年1—12月江川区境内共计发生0.0级以上地震16次，其中0.0—0.9级2次，1.0—1.9级14次。最大地震为12月20日江城镇牛摩村1.9级。与2019年同期相比地震频度、强度均显著减弱。地震主要分布情况为：雄关乡7次，江城镇5次、九溪镇2次，大街街道1次，前卫镇1次，安化乡和路居镇则未记寻到精确定位的地震。地震活动空间分布相对较为集中，雄关乡和江城镇共发生地震12次，占2020年度全区地震总数的75%。江川区2019年度地震活动频次最多为10月，达5次；其次为12月，为4次；最平静则为1—2月，未记录到精确定位的地震。

【地震预测】 江川区防震减灾局2019年所编写的《云南省2020年度地震趋势研究报告》对云南地区作出预测尺度为一年的地震活动趋势预测，其预测结论为：

云南省2020年度发生地震的最大震级Mmax≤7.0级（CFI=0.85）

云南省2020年度地震危险区：

1.滇西腾冲—保山—施甸—永平—大理—漾濞—洱源—宾川—剑川—鹤庆—永胜—丽江—宁蒗一带，MS6.0—7.0级，CFI=0.85。

2.滇南—滇西南弥勒—华宁—江川—通海—峨山—建水—开远—石屏—红河—墨江—宁洱—普洱—江城—景洪—勐海—澜沧一带，MS5.5—6.5级，CFI=0.85。

3.滇东北绥江—永善—盐津—大关—昭通—彝良—鲁甸—巧家—会泽—东川与四川相邻地区，MS5.0—6.0级，CFI=0.75。

2019年10月1日至2020年8月31日，云南省境内仅发生M5.0级以上地震1次，即2020年5月18日巧家5.0级地震。所圈定的三个地震危险区中，滇东北危险区内发生巧家5.0级地震，震级偏小，地震年度预测基本准确；滇西—滇西北危险区则于2020年7月31日发生保山4.1级地震，实发地震震级比预测震级偏小，预测结论虚报；

滇南—滇西南危险区发生的最大地震为7月22日澜沧4.3级地震，震级偏小，为虚报。

综上所述，江川区防震减灾局2020年度中期预测对应率33%。

【春节前地震监测台站巡查和仪器设施设备运维检查】 自1月中旬至春节前，江川区防震减灾局组织全局干部职工开展所属地震监测台站巡查和仪器设施设备的运维检查工作。对所属的江川台、渔村观测站等2个地球物理场观测台（站）和大街、江城、雄关等3个强震动台站开展全面巡查，查看各台站观测环境和安全状况，检查各仪器设施设备的线路连接、电瓶供电和网络联通相关情况，检测水位、水温、气象三要素及强震动监测等仪器设备的工作状态，对检查中发现的渔村观测站水温观测采数不正常和江川台电瓶供电不足等仪器设备工作故障进行现场排除，并对各台站环境卫生进行清洁。对全区所有宏观观测点进行巡查。对大街兰田赵家湾和江城温泉等2个低精度水温地震宏观观测点观测线路进行现场加固处理，并配合云南泽铎科技有限公司技术人员对江城温泉村观测点出现的远程采数乱码故障进行观测系统及设备检查，查找故障原因。对地震应急处置保障设施设备工作状态进行全面运维检查，及时解决存在的问题。投入资金1250元解决地震应急综合发电机因电瓶馈电无法正常启动的故障，为地震应急处置准备提供保障。

【防震减灾科普三年行动计划】 2020年是玉溪市防震减灾科普三年计划实施的第二年，区防震减灾局共开展防震减灾科普宣传讲座10场，涉及2个区级部门、1个乡镇、4个村（社区）、工业园区多家企业和驻江部队，受众人数达1660人，讲座现场发放5种宣传资料共8300册。开展防震减灾科普集中宣传6次，展出展板15块（次），发放宣传资料5种11100册（份）、环保袋450个、扇子40把。成功创建龙街中心小学为国家级防震减灾科普示范学校，并为其授牌。组织线上参观玉溪市防震减灾科普馆，推广玉溪市防震减灾科普馆网上展厅、组织参加网络知识竞赛、推广人民网公益频道直播防震减灾系列科普讲座。组织江川区政协、江川公路局、地震群测群防人员共180人现场参观玉溪市防震减灾科普馆。通过地震信息发布和科普宣传音视频系统实时更新玉溪市地震信息，播放宣传标语、地震科普知识视频等。向人社局、雄关乡、大街街道下营社区等单位提供各类宣传品5100册（份）。

【防震减灾知识进乡村】 1月17日，区防震减灾局前往前卫镇渔村村委会，参加区委宣传部牵头组织的文化科技卫生“三下乡”宣传活动。此次活动，区防震减灾局派出3名工作人员，共展出5块防震减灾知识展板，发放《江川防震避震知识手册》《在地震中保护自己》《地震来了我不慌》等宣传资料2000余册（份）、环保袋200个，接受咨询30余人次。

【防震减灾工作联席会】 4月17日下午，玉溪市江川区2020年防震减灾工作联席会在区防震减灾局召开。区副主任委员李绍华、区人民政府副区长杨军苹出席会议，区纪委派驻区卫生健康局纪检组、各乡镇（街道）和区抗震救灾指挥部成员单位分管防震减灾工作领导，及区防震减灾局全体干部职工共50余人参加会议。区应急管理局、区住房和城乡建设局汇报工作开展情况，区防震减灾局局长郑忠党传达国家和省、市防震减灾联席会议精神，总结2019年度全区防震减灾工作，通报江川区面临的地震形势，并对2020年度防震减灾重点工作提出建议。

【省地震监测中心到江川调研台站建设】 4月23日，云南省地震监测中心崔建文博士、玉溪市地震监测预报中心负责人等一行5人到江川区开展强震动台建设改造工作调研。区防震减灾局主要负责人陪同崔建文一行到烈士陵园地震台进行实地调研，查看观测用房、观测环境和供电通信等场址条件，就强震动台建设和相关监测仪器设备安装技术方案进行现场交流。并对江城镇强震动台进行现场勘查，研究供电设施设备升级改造相关细节，现场传授区防震减灾局工作人员综合电源检测、仪器设备工作状态检查等日常运维管理工作方法，完成江城台2020年第二季度省市区联合台站巡查工作。

【国家和省级防震减灾科普示范学校授牌】 5月12日，市防震减灾局局长陆建明、市教体局副局长陈挺一行到江川区为2019年获得国家、云南省防震减灾科普示范学校荣誉称号的江城镇龙街中心小学授牌。副区长杨军苹、区教体局、区防震减灾局负责同志参加授牌。陆建明一行授牌后参观龙街中心小学防震减灾科普展室和伍集成抗震示范教学楼，了解展室的展设情况，勉励学校继续发挥示范作用，达到“教育一个孩子，影响一个家庭，带动整个社会，确保一方平安”的目的，带动全社会提高防震减灾意识，为提高全民防震减灾科学素质作出积极贡献。

【“5·12”防震减灾科普宣传】

5月12日全国第12个防灾减灾日到来之际，江川区防震减灾局以“提升基层应急能力，筑牢防灾减灾救灾的人民防线”为主题，创新宣传方式方法，多形式、多渠道开展防震减灾科普宣传教育。

向获得国家、省防震减灾科普示范学校荣誉称号的学校授牌。区防震减灾局向乡镇（街道）、区属各单位推广防震减灾科普馆网上展厅、网络知识竞赛、人民网公益频道直播防震减灾系列科普讲座，组织60人参观玉溪市防震减灾科普馆，向雄关、人社、下营社区等提供各类宣传品5100册（份），多形式开展防震减灾局科普线上线下活动。区防震减灾局5月14—15日组织人员到大街街道老戏台广场、大庄生活小区、土官田村委会、下营社区开展防震减灾科普宣传和应急演练指导，推广玉溪防震减灾科普馆网上展厅，发放各类宣传资料共2200余册（份），接受群众咨询60余人次，指导大街街道下营社区组织社区党员、居民代表开展防震减灾知识讲座和地震应急演练。

【新建江川烈士陵园强震动台】

6月5日，云南省地震监测中心专家赵昆一行2人到江川烈士陵园，通过现场组装仪器设备，架设线路，安装GPS，调测方位角，测试仪器运行，检查供电线路供电情况、路由器通讯状态，成功新建强震动观测台1个。

【考察巡查江城镇地震宏观观测点】 6月12日，区防震减灾局到江城镇开展地震宏观观测点的考察和巡查工作。通过前期工作调研和此次实地考察，江川区防震减灾局在江城镇辖区选定新增养场类地震宏观观测点2个。其中玉溪市江川区远川养殖有限公司在笼蛋鸡养殖数量8万余只，是江川区养殖规模最大的禽类养殖场之一。玉溪市护源生态养殖有限公司是江川区目前唯一一个本地土著水生野生动物—石蚌（蛙类）人工繁殖养殖基地，填补江川区地震宏观观测种类的空白。在考察选点过程中，防震减灾局对茶尔山、大龙潭和西河二库等3个水库宏观观测点和观测点进行巡查，了解干旱背景下水库水源、水质、蓄水量和日常观测情况，并与宏观联络员就地震宏观观测工作进行现场指导和交流。

【地震应急演练】 6月23日，江川区抗震救灾指挥部组织部分成员单位在龙泉工业园区开展联合演练。此次演练由江川区国防动员委员会牵头，区防震减灾局、区委宣传部、工业园区管理委员会和各乡镇（街道）人民政府等10家单位参与，共出动6支专业分队、160余人、20类300余件器材参训。

演练模拟江川区九溪镇附近发生6.1级地震，震源深度10千米，造成大量人员伤亡、失踪和被埋压，供电部分中断，通往震中交通部分中断，部分通信基站倒塌和严重受损，震中附近地区出现山体滑坡形成的堰塞湖。根据灾情发展和实战要求，按照应急响应、力量投送、阵地设置等流程，重点突出作战指挥调度、专业队伍处置、应急通信保障、战勤保障、舆论宣传5大类应急救援作战指挥体系内容，分步骤开展等级调派、组织指挥、通信组网、现场搭建、区域搜索、狭小空间救援等实战演练科目。

【省地震专家专家到江川检查维修仪器设备】 6月24日云南省地震监测预报中心应骁睿等5位专家一行到江川区开展地震监测仪器设备检查维修工作。应骁睿一行检查江川台和渔村观测站地震地下流体监测仪器设备工作状态，对相关仪器IP进行重新设置，将江川台仪器设备远程网络管理模式由CDMA更改为地震信息节点行业内网管理；对渔村观测站水位仪经常网络连接掉线故障进行检查排除，并更换观测站网络通信设备。

【地震信息发布与科普宣传音视频、监控系统】 7月，区防震减灾局自筹资金4万元建设地震信息发布和科普宣传音视频系统，系统包括全彩屏显示系统、控制系统、视频处理系统和音频系统等4部分，并配套建设单位监控系统，安装视频监控2台。其中，全

彩屏显示系统型号为户外P4显示屏，像素点间距4毫米，显示屏尺寸长2.65米、高1.53米、面积4.055平方米。

【地震野外现场处置业务技能比赛】 7月18日下午，区防震减灾局以党管工会建设为理念，组织全局干部职工结合地震野外现场处置开展业务技能比赛，比赛项目包括：负重个人装备识别地形图越野到目标点、应急通讯与定位设备使用、野外宿营帐篷搭建与个人装备使用等；为增加全局干部职工积极性，比赛设一、二、三等奖各一名。

【地震预警终端落户江川】 7月26日，江川区首套地震预警终端在全国防震减灾科普示范学校—龙街中心小学正式落户，11月20日分别在江川一中和大街中学各安装1套。截至2020年底，江川区共有地震预警终端3套。该地震预警终端工作系统建成后，将以无线网络方式自动接入全国地震监测和地震预警监测台网，应用地震波和电磁波传播速度差原理为江川区龙街中心小学、龙街中学、江川一中、大街中学和学校附近居民提供地震波到时预警服务，预警时间根据震级大小和震中距远近从几秒至几十秒不等。除地震预警外，这套预警终端工作系统还具备提供全球适时地震信息、地震模拟演练和防震减灾科普等多项服务功能。

【地震救援第一响应人培训】 8月5—7日，玉溪市江川区举办2020年地震救援第一响应人培训班。玉溪监狱、江川区抗震救灾指挥部部分成员单位、各乡镇（街道）和社区、驻江部队选派人员共计60余人参加培训和观摩。课程包括第一响应人理论介绍、地震科普知识、现场应急组织管理、灾情获取与现场危险识别、建筑物结构知识与救援评估、搜索与救援课程、搜索技巧及基本救援技能练习、现场医疗基础等。培训结束后将学员分成3个组进行综合演练实战考核。

【中国地震局专家到江川调研】 8月15日，中国地震局地下流体学科技术管理组长刘耀伟、副组长高小其2位研究员和云南省地震局地下流体科学技术管理组组长李庆高级工程师一行，在玉溪市防震减灾局副局长钱宝运等陪同下到江川调研地震监测预报业务工作。刘耀伟一行先后到江川台、渔村观测站和江城镇温泉村地震宏观观测点进行实地调研，了解观测井孔、温泉村温泉点分布和水温基本情况，与江川区防震减灾局干部职工一道就全区地震监测台网布局、地下流体测项工作情况和观测资料等地震监测预报的现状、存在问题进行分析，并就新增地球化学测项、新建地球物理场综合观测台站提出意见和建议。

【地震群测群防工作会暨培训会】 8月21日，江川区组织召开全区2020年度地震群测群防工作会暨培训会。各乡镇（街道）分管领导、防震减灾助理员，各村（社区）防震减灾联络员和地震宏观联络员共100余人参加会议。

【区政协视察防震减灾能力建设】 9月15—17日，区政协副主席郑翔带队对江川防震减灾能力建设进行深入视察，视察江川防震减灾事业建设情况、取得的成效、存在的问题及工作建议。视察组先后实地查看龙街中心小学、地震预警终端设施、温泉村委会地震宏观观测点、渔村观测站、江川井和抗震救灾指挥部。现场查阅创建国家级防震减灾科普示范学校的台账资料，参观运用减隔震技术建造的校舍，了解减隔震技术的实际应用和推广情况，查看监测台站仪器设备运行情况和周围观测环境，调研台站建设存在的问题和需求。并到玉溪市防震减灾局参观防震减灾科普馆，现场体验模拟5.5级与7.5级地震，通过各类模型、影像、文字图片，全方位了解学习防震减灾知识。现场调研结束后召开座谈会，听取防震减灾局、应急管理局、住建局、自然资源局、教体局防震减灾能力建设工作开展情况汇报并对下步工作提出意见建议。

【云南省防震减灾宣传日活动】 11月6日是“云南省防震减灾日”，活动主题是“提升基层能力，减轻地震风险”。为深入贯彻落实习近平总书记关于“两个坚持、三个转变”的防灾减灾救灾新理念，切实提高自然灾害防治能力，玉溪市江川区充分挖掘潜力，结合区域特点，开展防震减灾宣传系列活动。11月5日邀请省局李道贵老师为江川气象信息员进行防震减灾知识培训。受驻江部队的邀请，11月6日到部队驻所开展以“关注防震减灾　科学守护生命”为主题的防震减灾科普专题讲座。召开玉溪市江川区防震减灾工作第二次联席会议暨地震应急处置桌面推演会。发挥位置优势，利用单位临街LED显示屏播放“11·6全省防震减灾宣传日，提升基层能力，减轻地震风险”宣传标语，并使用大屏播放防震减灾科普知识宣传短片，多形式展开宣传。区融媒体中心发挥主流媒体宣传阵地作用，从云南省防震减灾宣传日开始的一周内在江川电视台重点时段、江川新闻网重要版面播放防震减灾科普知识宣传短片和宣传标语。

【防震减灾工作第二次联席会议暨地震应急处置桌面推演】 11月10日，玉溪市江川区2020年防震减灾工作第二次联席会暨地震应急处置桌面推演在区防震减灾局召开。区副主任委员李绍华、区人民政府副区长杨军苹、区政协副主席郑翔出席会议，各乡镇（街道）和区抗震救灾指挥部成员单位分管防震减灾工作领导，区防震减灾局全体干部职工参加会议。

【渔村观测站纳入信息节点内网管理】 11月11日，根据省地震局信息中心分配的仪器IP，通过与移动公司合作，渔村观测站更换相关网络通信设备，并进行现场调试，将渔村观测站水位、水温和气象三要素等地球物理场测项纳入全国地震信息节点内网管理，实现台站远程数据采集、仪器设备状态监控和故障排查等先进台站管理。

【地震宏观观测点调整】 本着“布局合理，类别多样”的原则，江川区2020年新增江川烈士陵园机井、江川远川养殖有限公司和玉溪市护源生态养殖有限公司等3个宏观观测点，其中护源公司的蛙类养殖为新增宏观观测类别。鑫源养殖场由于经营不善倒闭，将该观测点予以核减。调整后的地震宏观观测点总量由21个增至23个。根据岗位变化，为保障工作连续性，及时调整大寨水库、海塘水库、神鱼泉和海棠水库等4个宏观点观测人员。

【表彰奖励】 3月，据玉溪市防震减灾局文件通报，区防震减灾局在全市2019年度全市工作综合考核中荣获优异成绩：荣获先进单位二等奖，地震监测预报单项奖，《云南省2019年度地震趋势研究报告》二等奖和强震动台站管理二等奖，以及张勇胜荣获“玉溪市2019年度防震减灾工作先进个人”称号。

8月，在云南省2019年度地震监测预报观测质量评比中，荣获强震台站县（市、区）级先进集体和水位、水温优秀奖。

10月，在全国2019年度地震监测预报观测质量评比中，荣获水温全国三等奖。

12月，据玉溪市防震减灾局文件通报，区防震减灾局在全市2020年度全市工作综合考核中荣获优异成绩：荣获先进单位二等奖，《云南省2020年度地震趋势研究报告》一等奖，强震动台站质量管理一等奖和地震预报效能二等奖，以及谢卫军荣获“玉溪市2020年度防震减灾工作先进个人”称号。

（李　祥）

社　会

编辑　徐凡清

人力资源和社会保障

【概述】　2020年，江川区人社局贯彻落实党的十九大会议精神，全市人力资源社会保障工作会议精神，围绕"民生为本，人才优先"工作主线，深入实施"促就业、重保障、惠民生、强人才"工作战略，坚持"对标一流，争先进位"，深化改革、务实创新、勇于担当、狠抓落实，全区各项人社事业发展成效明显。

【事业单位新进人员教育培训】　组织2020年事业单位新进人员初聘（岗前）培训，参训人数88人，经考试合格，作为事业单位新进人员按期转正定级和聘用的重要依据。

【专业技术人员评聘】　2020年共申报高、中、初级专业技术职务372人，评审通过275人。非公企业申报高、中、初级专业技术职务137人，评审通过91人。完成事业单位岗位聘用4180人，其中专业技术人员3726人，管理人员128人，工勤人员326人。

贯彻落实《关于放宽基层专业技术人员职称评聘条件的通知》文件，放宽政策聘任的高级专业技术人员525人，其中区级事业单位46人，乡镇事业单位479人。2020年共推荐评审一级教师114人，评审通过110人，通过率96%。

【事业单位岗位设置】　申请岗位设置20个单位，批准开展专业技术职称评聘的单位20个，完成岗位设置的单位共20个，累计完成事业单位岗位设置153个。

【事业单位人员年度考核】　完成2020年度事业单位工作人员考核工作，应参加考核人数4161人，实际参加考核人数4138人。考核结果为：优秀796人，合格3197人，基本合格3人，不合格4人，未定等次138人。

【事业单位人员流动管理】　2020年共办理事业单位人员流动149人，其中区内调动98人，区外调入24人，调出区外27人。

【事业单位人事考录】　完成2020年提前引进事业单位紧缺工作人员36人；应对疫情专项招聘30人；完成2020年事业单位公开招聘工作人员67人；安置订单定向免费医学毕业生1人。因2019年怀孕暂缓聘用，2020年办理聘用1人。审计局委托办理招聘1人。

【高技能人才开发】　完成机关事业单位及社会从业人员高技能人才开发438人，其中高级技师1人，技师43人，高级工394人。

【规范人事档案管理】　2020年共接收大中专毕业生报到1203人。其中研究生21人，本科614人，专科517人，中专51人。接收往届毕业生档案88册，接待档案查阅4699卷。目前区公共就业和人才服务中心共保管档案18052册，其中高校毕业生12948册，个私企业人员29册，辞职辞退人员92册，三大生、技校生3102册，聘用人员1881册。2020年转出档案530册。

管理全区机关事业及各类企业单位工人档案6739册，其中在职人员575册，失业职工3221册，辞职、辞退，开除和死亡人员329册，（离）退休人员1316册，无头档案1126册，省、市直管单位和区内其他企业（烟草公司、复烤厂等8家单位）的职工档案172册。2020年接待档案借（查）阅1450余人次，接收城镇退役士兵专业安置军人档案39册，转出工人档案4册。

管理机关事业单位档案6976册，其中在职人员3750册，（离）退休人员1152册，自谋职业、辞职人员853册，无头档案45册，组织部等转交档案201册，开除人员78册，死亡人员470册，落办档案427册。

【干部人事档案专项审核】 完成4325名机关工人及事业单位干部人事档案专项审核，其中专技人员3622人，管理人员128人，机关事业工勤575人，干部人事档案专项审核工作全覆盖。

【工资收入分配制度】 事业单位职务、岗位变动及特殊人员的工资变动809人，办理事业单位调动310人，特殊岗位津贴变动222人，转正定级人员144人，丧葬抚恤费及遗属困难补助29人。办理了全区事业单位4052人的正常晋升，人均增资78元。

【退休审批】 办理事业人员退休66人，自谋职业退休257人，上报特殊工种办理退休14人。

【工伤认定和劳动能力鉴定】 2020年共收到工伤申请113件，受理113件，其中工伤112件，不属于工伤1件。移交市人社局伤残职工病情资料进行劳动能力鉴定41人。

【毕业生就业指导】 2020年共1203名应届高校毕业生登记报到。

【高校毕业生见习工作】 2020年共安排就业见习基地11个，落实就业见习人员61人。

【招聘会举办情况】 2020年通过线上线下等渠道，发布46家企业用工招聘信息263条，提供就业岗位8199个。联合大街街道、江城镇、九溪镇、前卫镇开展线下小型招聘会7场，提供就业岗位1350个。

【就业创业】 城镇新增就业2850人，城镇失业人员再就业865人，就业困难人员就业680人，新增贫困农村劳动力转移就业504人，城镇登记失业率控制在3.4%以内。农村劳动力培训22754人次，其中建档立卡贫困劳动力培训2434人次。

2020年创业担保贷款扶持创业497人（户），“贷免扶补”扶持创业292人，发放创业担保贷款1.5232亿元。扶持优秀大学生创业2户，无偿补助资金6万元。

【稳岗返还】 2020年共为符合稳岗返还条件的143户企业发放稳岗返还资金210.6785万元，惠及职工3199人。

【职业技能提升补贴】 2020年拨付职业技能培训补贴797人，共53.84万元；拨付职业技能提升培训补贴4928人，共465.67万元；拨付生活费交通费补贴1419人，92.55万元。

【职业技能培训】 2020年共组织职业技能培训111期，38个工种，培训企业职工及贫困劳动力等就业困难群体5782人次。

【有组织劳务输出】 “点对点”有组织输出省外务工人员19批共621人。

【企业职工基本养老保险】 企业职工基本养老保险参保466户，参保12958人，其中国有86户，集体6户，外资1户，其他企业（含股份制和私营企业）373户。企业离退休人员参保4018人。收缴基金8418.08万元。

【机关事业单位基本养老保险】 机关事业单位基本养老保险参保129户，参保职工5525人，机关事业单位离退休人员2163人。收缴基金11930万元。机关发放金额14367.43万元，发放率100%。

【被征地农民养老保险】 2020年为5670名被征地农民养老保险领取人发放养老金429.42万元。为255名被征地农民养老保险退保73.13万元。

【城乡居民养老保险】 城乡居民养老保险参保15.653万人。共为3.5万名城乡居民养老保险待遇领取人员发放养老金6415.56万元。从2020年7月开始，对年满60周岁以上享受待遇的城乡居民，在103元/月基础养老金基础上每人每月加发5元的基础养老金，个人缴纳部分根据积累总额另行计算，多缴多得，长缴多得。参保人在缴费或待遇领取期间死亡的，给予12个月全省最低基础养老金标准的一次性丧葬补助金。办理城乡居民养老保险退保2205人，支付退保金327.09万元。

【金融社保卡】　江川区共发放金融社保卡27.84万张，申领电子社保卡103467张。

【失业保险】　失业保险参保9589人，失业保险费收入512.28万元。累计发放失业金126.48万元、惠及失业人员1253人次，为失业人员代缴医疗保险28.90万元、惠及失业人员772人次。累计发放临时价格补贴9.60万元、惠及失业人员1041人次。累计发放失业补助金369.50万元、惠及失业人员3952人次。失业保险支持参保职工技能提升补贴累计发放6人1.22万元。

【工伤保险】　工伤保险参保20827人，其中企业8885人，机关事业单位5677人，项目参保6265人。收缴基金295.7万元（其中企业工伤保险收入78万元；机关工伤保险收入178.20万元，项目参保工伤收入39.58万元），待遇支付633.9万元，其中支付企业职工522.3万元，机关事业单位职工111.6万元。

【社会保险稽核】　2020年共开展32批次社会保险稽核。开展养老保险书面稽核14户1737人，工伤保险14户1864人，开展养老保险实地稽核18户1348人，工伤保险18户1727人。

【企业退休人员社会化管理服务】　全区共接收参加社会化管理服务企业退休人员达4539人，其中区内企业退休人员4017人，区内一体化管理服务机关事业退休工勤人员369人，市直企业退休人员移交管理服务153人，实现企业退休人员社会化管理服务率100%，社区管理服务率100%。

【劳动合同登记备案】　2020年劳动用工网上登记备案共登记558户用人单位，涉及签订劳动合同人数19189人，解除（终止）劳动合同人数4990人，劳动合同签订率98.5%。

【劳动人事争议案件】　2020年区劳动人事争议仲裁委员会共受理案件79件，结案率100%。基层调解组织或其他部门及仲裁委案外调解案件489件，涉及金额315.6万元，仲裁委员会仲裁调解40件案件，调解成功率93.13%，一裁终局率50%。

【信访工作】　2020年共接待涉及工资、工伤、福利等问题咨询300余人次，处理其他部门转办来信31件，已经全部结案。发放社保、就业、劳动保障、扫黑除恶、防艾、“双创”等方面宣传资料15000余份。

【劳动监察，治欠保支工作】　组织开展专项检查5次，检查用人单位108户次。及时协调解决51起欠薪来访事件，为379名农民工追回所欠工资478.12万余元。依法立案查处8起工资拖欠行为。

【劳动执法年审】　开展2019年度劳动保障执法年审，参加年审的用人单位共有357户，其中各类企业和其他单位228户，机关事业单位129户，涉及劳动者3695人。

【行政审批】　2020年共办理不定时工作制和综合计算工时制审批2件，涉及用人单位2户，涉及职工22人。共办理劳务派遣行政许可事项3件，其中新办1件，申请延续2件、申请变更0件。

【农民工工资保证金】　截至2020年末，82户建设单位交存农民工工资保证金3164万余元。

【人社扶贫】　2020年全区建档立卡贫困人口符合参保条件的贫困人员6164人100%参加养老保险。深入摸底调查，明确劳动力“三个清单”。开展线下小型招聘会7场，“点对点”有组织输出省外务工人员19批共621人。建档立卡贫困户区内转移就业1609人。安置无业可扶、无法外出、无力脱贫且有就业意愿的建档立卡贫困劳动力42人就业。建成就业扶贫车间3个，吸纳建档立卡贫困劳动力就业19人，累计建成5个，吸纳贫困劳动力就业87人。对6户自主创业且符合条件的建档立卡贫困户优先给予“贷免扶补”创业担保贷款扶持，发放创业担保贷款90万元。拨付25批共485名建档立卡贫困户外出务工奖补资金33.03万元。对参加职业技能培训的1122人建档立卡贫困户，共补贴生活费和交通费51.17万元。对自主创业且经营状况良好的12户建档立卡贫困户给予一次性创业补贴7.2万元。对江川区内吸纳40人贫困劳动力稳定就业3

个月以上的24家用人单位，给予吸纳就业补贴4万元。拨付就业扶贫车间吸纳就业奖补资金4.4万元。

【社保降费减负】 落实新冠肺炎疫情期间“免、减、延、缓”政策，为企业渡难关保驾护航，基本养老保险、工伤保险和失业保险三项保险累计免征3103.32万元，减半征收200.12万元，延期缴纳137.1万元，无企业申请缓缴。

【新冠肺炎疫情表彰工作】 区委、区政府对念鹏英等14名在新冠肺炎疫情防控工作中表现突出的同志予以嘉奖，其中事业单位工作人员7名。

玉溪市人力资源和社会保障局对玉溪市人社系统新冠肺炎疫情防控工作优秀集体和优秀个人进行表扬，其中江川区优秀集体2个：江川区公共就业和人才服务中心、江川区江城镇社会保障服务中心；优秀个人5名：江川区大街街道社会保障中心王仕华、江川区前卫镇社会保障中心岳利权、江川区九溪镇社会保障服务中心蒋美仙、江川区安化彝族乡社会保障服务中心龚克生、江川区雄关乡社会保障服务中心姬亚雄。

【受表扬情况】 2020年，在全市人力资源社会保障工作县（市、区）考评中获得第一名。

【基层就业和社会保障公共服务设施补短板项目】 投资估算为1200万元，省发改委下达投资计划资金为1130万元，含设备费80万元。项目规划用地面积1763平方米，总建筑面积3621.31平方米，已完成项目图纸设计、可研报告及报规审查，计划2021年开工建设。

（陈 琪）

机构编制

【概述】 2020年，江川区委编委全面贯彻习近平总书记关于机构编制工作的重要指示批示以及对云南工作的重要指示精神，以贯彻落实《中国共产党机构编制工作条例》为抓手，持续巩固深化机构改革成果，深化重要领域体制机制改革，稳步推进事业单位改革，统筹配置机构编制资源，为实现江川全面建成小康社会提供坚强有力的体制机制保障。

【严格机构编制工作纪律】 把加强党的领导贯穿于机构编制工作的各方面和全过程，认真落实党管机构编制和机构编制部门归口组织部管理制度，严格按照《工作规则》《工作细则》，研究审议各项机构编制事项，实行机构编制管理一个部门承办、一支笔审批、一家行文的“三个一”工作制度，切实强化机构编制管理权威和刚性约束。凡涉及职能调整及机构、编制和领导职数的增减，都严格按照审批程序，由机构编制部门审核后，提交编委会或党委审批。2020年，共召开区委编委会议3次，提请区委常委会议3次，对有关机构编制事项进行研究。

【巩固党政机构改革成果】 在完成党政机构改革后，继续扭住“三定”规定执行、落实关键，继续推进机构、职能、人员、业务深度融合，通过采取部门自查和编办监督检查相结合的方式，开展全区各部门、各乡镇（街道）机构改革“回头看”工作，修订部门“三定”规定6个，明确3个议事协调机构职责承担部门，完成改革遗留问题消化9个。同时，结合部门“三定”规定，重新梳理调整公布全区各级各部门权责清单，32个区级部门行政职权共6482项，责任事项53456项，追责情形46355项。6个乡镇（街道）行政职权共318项，责任事项1470项，追责情形1698项。

【完成从事生产经营活动事业单位改革】 按照省市的统一部署，吃透生产经营性事业单位改革相关政策，加强与涉改单位沟通对接，出台《关于加快推进区级从事生产经营活动事业单位改革的若干措施》，先易后难、各个击破。如期完成区中小企业融资担保服务中心、区市场服务中心、区供排水有限公司的改革工作。

【深化重点行业领域改革】 积极配合有关部门做好市场监管、生态环境保护、文化旅游市场、交通运输、农业、城市管理等综合行政执法改革，深入调研，听取有关部门意见建议，进一步明确农业和市场监管2支综合行政执法队伍职能职责、锁定编制，为深入推进改革做好准备。配合做好公安分局、供销社、群团、行业协会商会脱钩等相关改革，确保各项改革统筹推进。完成纪检监察体制改革后续内设机构及编制调整、森林公安管理体制调整。围绕“强化重点，撤并弱小”的原则，深化事业单位体制机制调整，新成立事业单位7个，撤销职能弱化的全国乡镇企业烟花爆竹质量检测安全监督中心云南站（云南省烟花爆竹产品质量监督检验站）。做好大街街道析置调查研究工作，科学合理提出析置后有关机构设置方案，助推江川主城区经济发展和社会治理建设。

【盘活用好编制资源】　一是认真贯彻落实“严控总量、统筹使用、有增有减、动态平衡、保障重点、服务发展”的要求，树立“过紧日子”的意识，深入开展统筹使用编制资源调查研究工作，坚持以职责任务量为导向科学配置编制资源，梳理各单位超编空编情况，对机构改革和政策性安置造成超编的19家行政单位、8家事业单位建立台账，加强分析研判，制定超编单位消化措施，截至2020年底已整改10家行政单位超编问题。二是为缓解部分单位行政超编压力，盘活用好行政编制资源，打破部门壁垒，加大统筹各类编制资源力度，收回区级6个部门行政周转编制9名，核增9个部门行政编制12名；收回4个事业单位事业编制35名，核增4个单位事业编制共7名。三是继续实施教育、卫生系统编制备案管理和总量管理。赋予教育、卫健行政主管部门更多编制调配自主权，在核定的教育、卫健系统事业编制总量内，由教育、卫健部门根据实际需求，统筹分配、调整使用编制。四是围绕区委、区政府中心工作及重点领域用编需求，结合疫情防控做好稳就业、保就业工作，科学分配编制使用计划，适当向教育卫生机构倾斜，追加基础教育专项招聘事业编制使用计划18名、医疗卫生专项招聘事业编制使用计划12名。五是严格执行市委编办下达的编制使用计划。2020年市委编办共下达江川区补充工作人员编制使用计划275名，其中使用行政编制32名，使用政法专项编制10名，使用事业编制193名，预留政策性安置计划40名。实际使用行政编制29名、政法专项编制7名、事业编制191名（含政策性安置40名），共计227名，占市级下达编制计划总数的82.5%。

【规范领导职数设置】　一是贯彻落实《云南省各级机关领导职数管理暂行办法》，切实加强宣传工作，提高各级各部门规范配备领导职数重要性的认识。区委组织部与区委编办切实加强沟通对接，建立和完善职数使用审核机制，严格按照《玉溪市江川区深化党政机构改革领导小组办公室关于印发玉溪市江川区部门编制及领导职数一览表的通知》核定的领导职数配备全区各级各部门领导干部，坚决杜绝“低职高配”、自行设置领导职务、超职数配备领导干部等问题的发生。二是根据工作需要，严格按照审批程序，对区委办、区法学会、区纪委监委部分派驻机构等的领导职数进行调整。

【清理规范性文件】　对1992年以来印发的71个有关机构编制的规范性文件进行清理，其中继续有效20个、宣布废止43个、宣布失效8个。

【事业单位登记管理工作】　按照《事业单位登记管理暂行条例》，严格登记条件和登记程序，完成事业单位法人新登记4家、变更32家，注销9家。办理统一社会信用代码证书78本，其中机关单位69本，群团组织9本。督促全区157个事业单位全部完成网上年审和年度报告网上公示工作，完成率、公示率100%，并开展公示信息抽查工作，确保公示信息真实准确有效，促进事业单位健康有序发展。

（储　晶）

民　政

【加强社会组织管理】　2020年，江川区民政局办理社会组织登记换证13家，变更社会组织法人代表3家，核发公开募捐资格证书1家，注销社会组织9家，新登记社会组织3家。截至年底，在册登记社会组织共89个（其中社会团体64个，民非单位25个）。向上争取12.5万元项目资金用于浪广社区、下营社区党建引领“三社联动”项目试点工作。年内有序开展行业协会行政脱钩改革和社会组织年检，规范指导各乡镇（街道）开展城乡社区社会组织备案。清理规范社会团体收费，多次联合发改部门、市场监管部门等检查行业协会商会收费情况，并认真组织辖区非法社会组织摸底排查。

【调整残疾人两项补贴标准】　2020年1—4月，江川区民政局以困难残疾人生活补贴50元/月每人和重度残疾人护理补贴一级70元/月每人、二级40元/月每人的标准发放补助资金。自5月起，按照《关于调整残疾人两项补贴标准的通知》要求，严格执行困难残疾人生活补贴70元/月每人和重度残疾人护理补贴一级80元/月每人、二级70元/月每人的发放标准。全年累计共发放46993人次306.95万元。

【管理孤残儿童】 严格规范乡镇调查、审核、上报程序，对纳入管理的孤残儿童、事实无人抚养儿童进行电子化信息登记，并加强档案保管。依托全国儿童福利信息系统及时抽查孤儿资金到账问题，不定期组织人员看望了解孤儿生活学习情况。2020年1—5月，按照散居孤儿及事实无人抚养儿童1274元/月每人、集中供养孤儿1974元/月每人的标准执行生活补贴发放。从6月起，执行调整后的国家标准，即散居孤儿及事实无人抚养儿童1280元/月每人、集中供养孤儿1980元/月每人，全年累计为13名登记在册的困境儿童社会化发放22.30万元补助资金。从3月起开始发放孤儿价格临时补贴，年内共发放62人次5183元。年度筛选出符合“福彩圆梦·孤儿助学工程”条件的孤儿1名，给予其每学年1万元的学习资助。

【加强婚姻管理引领婚育新风三年专项行动】 2020年8月，区民政局牵头成立专项工作领导小组，配合出台《玉溪市江川区开展加强婚姻管理引领婚育新风三年专项行动工作方案》。联合相关部门，深入基层组织，摸排走访全区婚姻登记机关乱收费或变相收费、未达到法定婚龄以夫妻名义同居和非婚生育人员情况。摸排发现，全区共设有婚姻登记点7处，未存在乱收费和变相收费等问题，未达到法定婚龄以夫妻名义同居和非婚生育人员共19对，均依法作出相应处理。其中，对尚未达到法定婚龄、已经以家庭名义生活的当事人，区民政局在查明符合登记条件后，动员其依法办理结婚登记。

【依法办理婚姻和收养登记】 2020年，江川区共办理结婚登记1956对，离婚登记820对，补发结婚登记证649对，补发离婚登记证59本，登记合格率100%。收养方面，全年共接待来访群众30件次，对符合条件的2户依法办理收养手续，并颁发收养证。

【做好儿童福利】 2020年2月，开展全区农村留守儿童“合力监护 相伴成长”关爱保护专项行动，完成全区农村留守儿童二次排查，更新农村留守儿童信息库169条，完善农村留守儿童动态管理和检测机制。“六一”儿童节期间，区民政局联合区妇联、区教体局慰问江川区留守儿童，并为部分困难留守儿童发放2000元慰问金。

【推进儿童之家建设全覆盖】 2020年9月，在江川区原有儿童之家的基础上，为河咀社区、伏家营社区、海浒社区、土官田村委会、小白坡村委会、石岩哨村委会、螺蛳铺村委会、左卫村委会、黄营村委会、温泉村委会、海门村委会、桐关村委会、祁家营村委会、后卫村委会、周官村委会、白池古村委会、马家庄村委会、阳山庄村委会、大村村委会、喜乐庄村委会、矣文村委会、光山村委会、董炳村委会、白石岩村委会24个儿童之家发放建设资金6万元。12月3日，投入1.5万元补助新建的江城镇白家营村委会和陈家湾村委会、前卫镇庄子村委会和石河村委会、安化乡旱谷田村委会和新庄村委会所属的6个儿童之家，同期投入3.5万元将江城镇祁家营村委会、前卫镇业家山村委会、安化乡安化社区和新庄村委会、雄关乡窑房村委会所属的5个儿童之家打造成为示范点。12月21日，将大街街道大营社区和早街社区、江城镇侯家沟村委会和桐关村委会、前卫镇小街村委会、九溪镇鸡窝村委会和六十亩村委会、安化乡安化社区和新庄村委会、雄关乡雄关社区各自所属的10个儿童之家纳入示范点建设，并按1万元/家标准追加补助。截至年底，全区每个社区（村委会）均整合建立1所儿童之家，共计64个，实现全覆盖。

【完善城乡社区建设】 加强和创新基层社会治理，2020年1—3月，按照有关要求向省、市级自选申报确定江川区大街街道大庄社区为云南省级城乡社区治理现代化试点单位之一，并在年内先后通过省市前、中期工作成效评估。11月，经研究申报，江川区九溪镇六十亩村被确定为云南省级议事协商创新实验单位之一，为促进全区基层依法自治打造样板。

【建立健全村（社区）“一约四会”】 持续做好全区各村（社区）村规民约（居民公约）的修

订公示工作，2020年12月，江川区大街街道浪广社区、大街街道河咀社区、九溪镇六十亩村委会、江城镇左卫村委会、雄关乡白石岩村委会被申报认定为玉溪市第一批优秀村规民约（居民公约）示范村（社区）。截至年底，全区6个乡镇（街道）全部完成本区域内红白理事会、道德评议会、村（居）民协商议事会、禁毒禁赌会“四会”组织建设，实现移风易俗制度化和常态化。

【定期核查小乡干部情况】 实行小乡干部动态管理登记，年内定期核查全区农村原大队一级部分离职半脱产干部和离职村办干部人数，及时做好纳入和退出管理。截至2020年底，全区小乡干部按月发放生活补助经费1528人次748232.9元。

【全区行政区划情况】 江川区共有1个街道、4个镇、1个乡、1个少数民族乡，76个行政村（其中，有23个社区，53个村委会），344个自然村；472个村（居）民小组（其中，有居民小组176个，村民小组296个）。抚仙湖托管共涉及2个镇，10个行政村（社区3个，村委会7个），55个自然村63个村（居）民小组（居民小组20个，村民小组43个）。抚仙湖径流区统一托管后，江川区现有1个街道、3个镇、1个乡、1个少数民族乡，66个行政村（其中，有20个社区、46个行政村）；289个自然村；409个村（居）民小组（其中，有居民小组156个，村民小组253个）。撤县设区后，路居镇的行政区划仍然在江川区，只有行政权、财政权、人事权暂时划入澄江县。

【启动大街街道析置工作】 2020年2月，正式启动江川大街街道析置工作。3月6日，江川区民政局配合区委、区政府出台《玉溪市江川区大街街道析置工作实施方案》，成立街道析置工作领导小组。4—10月先后完成意见征求、方案制定、选址勘界、流程培训、地名标志设置、专家论证评估等工作。11月23日，经区级各部门讨论酝酿，审议形成向市级的请示及申报材料。12月29日，对照省民政厅《云南省设立街道标准（试行）》提出的4方面14项的指标体系，区民政局及时召开会议逐一梳理。

【完成大街街道自然村地名标志设置】 2020年5月19日，委托招标代理公司主持召开“大街街道地名标志设置邀请投标评标采购”会议，确定华宁宁州张涛石材厂作为地名标志设置材料供应商。7月10日正式启动设置工作，江川区民政局、大街街道办、各村委会（社区）、各村（居）民小组共同监管参与，7月30日，全区79个自然村的地名标志全部设置完成。

【完成“江澄线”和“江华线”第四轮界线联检任务】 2020年3月13日和3月31日，由澄江市、江川区分别牵头的“江澄线”和“江华线”第四轮界线联检召开第一次联席会议，会议各自成立领导小组，并制定《实施方案》。8月6日，澄江市、江川区联检工作人员对全长9428.6米的边界线进行实地联检，从晋宁、江川、澄江三区（市）交会点起，经02号界桩至抚仙湖01界桩起止点止，逐段核对边界线走向、线状地物及其界线两侧地貌等的变化情况，并进行登记。10月13日，江川区、华宁县联检工作人员则实地联检全长53013.84米的边界线，从江川、通海、华宁三县（区）交会点起，经04、03、02号界桩至抚仙湖起止点01号标志止，逐点检查和登记各方位物情况。10月29日和11月4日，“江澄线”联检报告、“江华线”联检报告分别经相关单位签字盖章后，上报市政府和市民政局。工作后期，三地民政局联检人员对资料进行汇总整理，保存工作痕迹台账，完成界限联检任务。

【恢复“江通线”03号界桩】 2020年“江通线”联合检查中，位于雄关道班的“江通线”242224在2403号界桩被发现毁坏，原因不明。6月22日，江川、通海两县区民政局组织工作人员到达03号界桩实地查看。根据查看结果和实际情况，两县区民政局积极协商，联合向市民政局请示更换界桩竖立点。经市级同意后，江川区民政局牵头完成选点和图纸制作等工作。11月25日，将小白坡江通老公路边原马兴鹏铁厂对面作为新点进行界桩重竖，两地民政局、基层干部在场监督实施，并订立《“江通线”2422242403号界桩维护责任状》。

【严格规范和新增地名命名】 坚持严格地名审核把关，年内督促开发商将不符合条规的5个房地产项目（城市居民点）地名进行整改，分别将“星云首府”更名为“星云湖畔”，将“城市花园”更名为“宁海瑞园”，将“滇御俊园”更名为“滇玉俊园”，将“万湖花园”更名为“碧水佳园”，将“绿竹云舍”更名为“玉江华庭”。同时全年累计报江川区政府新命名更名15个，即“星云湖畔”“宁海瑞园”“书香苑”“滇玉俊园”“碧水佳园”“西门一小区”“西门二小区”“玉江华庭”8个房地产项目地名；江城镇“启阜巷”“华怡巷”“铭苑巷”3条街巷地名；江城镇“白渔湾”和雄关乡“清河村”2个自然村地名；“星云广园”和“金园大厦”2个建筑物地名。

【城乡低保标准再次提高】 从2020年6月起，江川区农村最低生活保障标准由4200元/年·人提高到4500元/年·人，农村最低生活保障金发放分类调整：A类由350元/月·人提高至375元/月·人，B类由290元/月·人提高到315元/月·人，C类由250元/月·人提高到275元/月·人，实际保障发放金额人均每月增加25元；城市最低生活保障标准由610元/月·人提高到640元/月·人，实际保障发放金额人均每月增加30元，实行差额补助。

【城乡低保继续助力脱贫兜底保障】 截至2020年12月，江川区在册城乡低保对象2560户4447人，全年共发放保障资金1946.03万元（含物价补贴206.24万元）（其中发放建档立卡扶贫对象638户1281人，发放金额579.34万元）。加强动态监管，年内共新增城乡低保对象264户478人，退出114户327人，因死亡退出135人，因其他退出187人，因生活好转脱贫退出5人。不定期对全区在册建档立卡贫困对象2064户7200人、边缘对象81户249人，进行逐村逐户排查落实，实现建档立卡兜底对象与低保对象的有效衔接。年底累计全区建档立卡贫困人口已纳入在册享受社会保障对象待遇共647户1322人，边缘人口已纳入在册享受低保对象待遇共58户114人。按照“六稳”“六保”工作要求，对完全丧失劳动能力和部分丧失劳动能力的建档立卡贫困对象627人实施“兜底保障”（其中家庭人均收入低于江川区扶贫标准的共372人，家庭人均收入超过江川区农村低保标准“按单人单户纳入的重度残疾人、重特大疾病患者”共255人）；对人均收入超过扶贫标准但仍低于当地农村最低生活保障标准的74人，保障其继续享受低保政策；对人均收入超过农村低保标准的631人，根据其目前的家庭情况给予半年至1年的渐退期，促进稳定脱贫。

【落实特困人员分类供养政策】

严格依照救助供养对象认定的程序和办法，在各乡镇（街道）、村（居）民委员会协助下，持续对特困人员的生活自理能力进行科学、客观评估，及时将符合条件的困难群众全部纳入特困人员救助供养。2020年全区共有特困人员供养对象264户274人（含建档立卡贫困对象11户13人）（其中一级残疾47人，二级残疾80人，集中供养88人，分散供养186人）。特困人员基本生活供养统一以832元/月·人的标准实施。特困人员照料护理补贴方面，集中供养特困人员按照一档（完全丧失生活自理能力或一级重度残疾）835元/月·人、二档（部分丧失生活自理能力或二级重度残疾）418元/月·人、三档（其他集中供养特困人员）251元/月·人的标准发放资金；分散供养特困人员按照一档（完全丧失生活自理能力或一级重度残疾）151元/月·人、二档（部分丧失生活自理能力或二级重度残疾）88元/月·人、三档（其他分散供养特困人员）50元/月·人的标准予以落实。全年累计发放特困人员救助和补贴342.77万元（特困人员供养经费324.95万、特困人员价格临时补贴17.82万），救助特困供养对象3460人次，月人均享受救助990元。

【发挥临时救助和福彩助学保障作用】 按照《玉溪市江川区临时救助实施方案》，对不符合现行低保政策但基本生活暂有严重困难的家庭或个人实行临时救助。全年累计发放城乡临时救助困难人员857人，发放临时救助金226.386万元，人均发放临时救助2642元（其中发放建档立卡扶贫对象146人，发放金额28.616万元）；发放福彩助学贫困大学生50人，人均救助3000元，合计发放助学金15万元（其中建档立卡贫困对象3人，发放学金0.9万元）。

【老龄人口概况】 2020年江川区总人口25.66万人（不含托管区人口），其中60岁以上老年人口

41850人，占总人口的16.31%；80岁以上高龄老人6619人，占老年人口的15.8%（其中百岁及以上寿星8人）。

【继续实施高龄津贴补助制度】 年内分别做好江川区80岁以上无退休金和有退休金高龄老人发放保健补助。保健补助标准统一为：年满80周岁至90周岁（不含）的老人，按50元/月·人补助；年满90周岁至100周岁（不含）的老人，按100元/月·人补助；年满100周岁以上的老人，按300元/月·人补助。2020年共计发放高龄补贴77042人次425.06万元。

【推进养老服务设施建设】 2020年江川区共有城市公办养老机构1所，农村敬老院4所，建成未投入使用农村敬老院1所，全区居家养老服务中心（农村互助养老站）33个（在建6个），累计养老床位1712张。全年对全区农村敬老院下拨运营维护费用38万元（其中江城镇敬老院9.5万元、前卫镇敬老院8.2万元、雄关乡敬老院3万元、江川区中心敬老院8.5万元、九溪镇敬老院5.8万元、安化乡敬老院3万元）。

【覆盖全社会养老服务体系建设试点和综合改革试点工作】 根据市民政局要求，2020年，开展全社会养老服务体系建设试点和综合改革试点工作。经过一年的统筹推进，全区在用养老床位从年初719张增加至1712张，新增993张，每千名老年人拥有床位39张，顺利完成全面建成小康社会监测指标要求。年内实现城乡养老服务设施覆盖建制村数96%。江川区现有的4个城市社区中，有养老服务设施4个，养老服务设施覆盖率100%；现有的14个农村社区中，养老设施覆盖13个农村社区，养老服务设施87个，养老服务设施覆盖率669%；现有的46个行政村中，养老设施覆45个村委会，养老服务设施115个，养老服务设施覆盖率256%。

【做好流浪乞讨救助】 2020年5月20日，召开全区生活无着的流浪乞讨人员救助管理工作联席会议，明确各部门救助职责。截至年底，江川区累计开展生活无着的流浪乞讨人员救助管理街道巡查活动167次，出动工作人员518人次，接待和劝导救助人员44人次，护送返乡20人次，共支出生活无着的流浪乞讨人员救助资金11万余元。

【全区殡葬服务设施建设】 江川区自殡葬改革以来，通过招商引资建设殡仪馆和经营性公墓。殡仪馆占地50亩，殡仪馆安装火化炉三台、冷藏柜12个。经营性公墓占地262亩，目前已建成亩穴8900个。江川区农村公益性公墓在13个点建设，共建成墓穴17782个，其中大街街道福德山公墓和凤蝶陵园公墓共建成墓穴5451个，江城镇北山公墓、西门关山公墓、阿黑山公墓共建成墓穴4763个，前卫镇黄地山公墓和玉天山公墓共建成墓穴3853个，九溪镇玉碗水公墓和白龙坡公墓共建成墓穴1706个，安化乡青龙山公墓和弥竹园公墓共建成墓穴1146个，安化乡象山公墓和麒麟山公墓共建成墓穴863个。共下拨公墓建设费2370万，其中省级资金290万元，市级资金1040万元，区级资金1040万元，省级福彩资金290万元。截至2020年底全区共兑付火化补助3338.2万元。

【深化殡葬改革】 2020年江川区农村公益性公墓共安葬骨灰1473具，草坪葬2具，全年累计火化遗体1840具，发放火化补助549.4万元。

【升级扩建农村公益性公墓】 经江川区民政局审批同意，2020年，江川区九溪镇玉碗水公墓自筹55万元经费扩建墓穴395个，安化乡青龙山公墓自筹20.027万元经费（市级补助20万元）扩建墓穴300个。

（普　芮）

政务服务

【概况】 2020年，江川区围绕省市“营商环境提质年行动”部署要求，坚持高位推动，强化组织领导，以创新机制、再造流程、压缩时限、优化服务为抓手，凝心聚力优化提升营商环境，持续解放生产力、提高竞争力，全力打造“全市最佳、全省一流”营商环境。

【人事信息】 2020年玉溪市江川区政务服务管理局实有编制7名，其中含1名行政工勤人员、7名公务员，实有8人；公共资源交易中心编制15名，实有10人。

【加强政务服务大厅硬件建设】 2020年4月7日正式投入使用，完成投资500余万元，建筑面积约6000平方米。36个具有行政职权和公共服务职能的部门、企业进驻中心办理业务，设置前台窗口128个，后台窗口32个，进驻窗口工作人员154人，实现企业和群众办事“只进一扇门”的改革目标。中心从功能设置上划分为咨询服务区、综合受理区、后台审批区、自助服务区、休息等候区、统一出件区6个功能区，从事项关联度和窗口优化配置上划分为8个办事区域。区政务服务大厅受理办理业务252060件。

【打造信息化政务服务平台】以“一网通办”改革为目标，推动实体政务大厅向网上办事大厅延伸，推动线上“一网通办”，中国政务服务平台、“互联网+监管”系统、云南政务服务网建设工作有序推进，玉溪市“一站式”惠民服务平台、云南省“一部手机办事通”运行顺畅。2020年1—12月，云南政务服务网指派发布事项1089个，二级深度以上事项1051项，网上可办率96.51%，四级深度事项424项，全程网办率38.93%，跑动次数为0或1的事项947项，“最多跑一次”率86.96%；“互联网+监管”系统认领监管事项794个，检查实施清单完成率100%；“一站式”惠民服务平台受理业务31577件；10854人注册使用“一部手机办事通”，查询类办件量184374件，办理类办件量4630件，总点击量45484次。

【推进“不见面”审批服务】为降低聚集性疫情发生的风险，2月3—9日暂停江川区政务服务大厅窗口线下服务，2月10日江川区政务服务大厅窗口恢复正常对外办公。组织工作人员宣传推广使用“一部手机办事通”，倡导企业和群众通过云南省政务服务网上大厅、一部手机办事通等进行网上办理，推广“不出门、不见面”、网上办、掌上办、快递送等方式办理政务服务业务，最大程度减少交叉感染风险。

【深化行政审批制度改革】探索相对集中行政许可权改革，印发《玉溪市江川区关于开展相对集中行政审批权改革实施方案（试行）》，2020年9月21日启动“一颗印章管审批”，按照“先易后难、分批实施、逐步推进”的原则，首批将16个单位161项行政许可事项集中至玉溪市江川区行政审批局统一实施，实现行政审批权集中受理并联审批。截至12月31日，受理办件661件，办结661件，办结率100%。

【开展跨省通办业务】按照《云南省加快推进政务服务“跨省通办”实施方案》的文件要求，在区政务服务大厅窗口设立“跨省通办”“省内通办”专窗。组织涉及单位分管领导召开跨省通办工作协调会，明确时间任务，梳理“跨省通办”“省内通办”事项，目前江川区电子社会保障卡申领、个人住房公积金缴存贷款等信息查询等事项已实现跨省通办。

【优化老年人办事服务】设立老年人服务综合窗口，增加导服人员，为老年人提供代办帮办服务，提升老年人办事体验感。配备轮椅、应急药品、老花镜等便民物品，为老年群体提供必要的设施设备。对中心涉及收费的事项进行调查，目前中心有水、电、气、税务、城管、不动产、公证、交警、车管、出入境等业务收费，均支持现金支付，不得以任何方式拒收现金。开通老年人绿色通道，没有或者不会使用智能手机的老年人免扫“健康码”，登记基本情况后即可进入大厅办事。

【深化简政放权】江川累计取消区级行政许可事项43项、承接185项、调整53项，承接取消调整后区乡分别保留行政许可事项为262项、11项。组织梳理权责清单，全区32个区级部门行政职权共6482项，责任事项53465项，追责情形46355项。6个乡镇（街道）行政职权共318项，责任事项1470项，追责情形1698项。通过及时取消调整承接行政许可事项，放宽市场准入门槛，激发市场活力。

【深化商事制度改革】深入推进“多证合一”“证照分离”和企业登记全程电子化改革，优化市场主体注销办理流程，全面推行开办企业“一窗通”服务。制发《玉溪市江川区进一步提升“开办企业”便利度工作的通知》，压缩企业开办时限，保证具备条件的企业提交申请以后到税票申领在一个工作日内办结。政务大厅设立“企业开办服专区”，设置企业开办服务专员，协调市监、税务、公章刻制企业，开展帮办代办服务，全面推行“一窗办、一天办、一次办、并联办、免费办”服务模式，实现企业开办1个工作日（8个工作小时）办结。2020年，全区有197户企业通过全程电子化设立，189户企业通过“开办企业一窗通”服务平台设立，142户企业通过名称自主申报系统申报名称，76户企业通过企业注销网上服务专区进行注销。

【压缩办理时限】　着力减少办事环节、压缩办理时限，下发《玉溪市江川区优化营商环境领导小组办公室关于进一步压缩政务服务事项办结时限有关工作的通知》，压缩时限后，承诺1个工作日办结的事项较上年提升74.54%，承诺5个工作日以上办结事项较上年减少56.06%。制发《玉溪市江川区不动产交易登记“一窗受理、并行办理”便民服务工作方案的通知》，设置产权登记专区，不动产登记不断优化，一般不动产登记实现1.5个工作日以下办结。企业用水报装全流程办理时间（不含施工时间）不超过10个工作日。用电接入实行网上受理，受理时间控制在1天内，月用电平均办电时限控制在45天内。用气报装实时受理，5个流程4.5个工作日办结，燃气企业入驻大厅和开通微信公众号充值自助缴费终端。

【落实减税降费政策】　切实降低企业经营成本、减轻企业负担，助力企业复工复产，努力对冲疫情影响。1—10月，共减税14117.53万元（2020年出台的支持疫情防控和经济社会发展税费优惠政策新增减税5628.92万元；2019年出台政策在2020年翘尾新增减税1853.5万元），降费6635.11万元（疫情期间减免企业社会保险费2900.02万元；社会保险费降费3691.58万元；停征、减征、免征行政事业性收费43.51万元）。

【深化工程建设项目审批制度改革】　建立“政府统筹协调、业主出资组件、部门服务审批”的投资项目审批工作机制，推行并联审批、容缺模拟审批和跑批服务，清理规范投资项目审批报件事项，着力压缩审批时间。优化投资项目审批流程，实现全区工程建设项目审批系统与上级政务服务平台、工程建设项目审批系统互联互通，政务大厅设立投资项目审批综合受理窗口，推行前台受理、登记、分发，后台收件、审批，统一窗口出件的审批流程。2020年1—12月，云南省投资项目在线监管平台受理投资项目160个，按时办结率100%；云南省工程建设项目审批管理系统受理117件，办结90件，办结率76.92%。

【严格落实“好差评”制度】　制定印发《玉溪市江川区人民政府办公室关于印发玉溪市江川区政务服务“好差评”制度建设工作实施方案（试行）的通知》，规范服务行为，提升服务质量。开展政务服务便利度调查。对到政务服务中心办事的企业和群众开展群众满意度调查，目前办事群众填写调查表40份，收到意见建议15条，满意度评价100%。2020年1—12月，区政务服务中心受理办理业务252060件，好评率100%。

【严格落实“红黑榜”制度】　按照《营商环境评价指标体系》，做好市对区营商环境测评工作。建立部门指标填报联动机制，形成营商办总牵头总协调，各项指标牵头单位具体负责，责任单位积极配合的工作机制，明确责任，杜绝工作推诿扯皮。营商办组织“红黑榜”18项评价指标牵头单位按要求在优商通系统中在线提交指标数据、收集相关佐证材料提交给第三方测评公司。2020年配合第三方测评公司开展2次营商环境测评。制发《玉溪市江川区人民政府办公室关于建立营商环境“红黑榜”制度的通知》《关于做好玉溪市江川区乡镇（街道）营商环境“红黑榜”评价工作的通知》，将乡镇、街道纳入评价范围，以评价为方式，促进全区各级各部门切实贯彻落实好优化营商环境的各项政策方针。从评价指标、企业满意度调查、现场检查调研3个方面对乡镇开展1期营商环境“红黑榜”评价，1个乡镇进“红榜”，1个乡镇进“黑榜”。紧扣《云南省新调整的营商环境“红黑榜”评价指标体系》，围绕9大指标，坚持目标导向，对标先进地区，强化工作措施，开展营商环境9项指标，专项提升行动。做好整改落实后半篇文章。坚持问题导向、目标导向、结果导向，召开问题分析研判会，制定问题清单、责任清单、整改清单，落实问题销号制度。

【政务队伍建设】　制定《政务大厅工作制度》《窗口工作人员服务行为“十要”“十严禁”》《投诉举报回应制度》等，公布监督投诉电话，严格落实“好差评”、首问工作责任制和“一次性告知”等制度，拟定《江川政务服务中心工作人员工作服配发方案》，规范综窗人员统一服装，树良好服务现象，持续开展“党建引领，三星服务”评比活动，评议3期服务之星，共产生服务之星41人。利用月例会、联席会议等形式，组织窗口工作人员开展业务培训，安排专人定期对大厅进行巡查、督查，维护大厅运行秩序。应用好监督执纪问责“四种形态”中的第一种形态，加强对窗口工作人员的日常教育管理，对服务意识不强、服务态度不好、群众意见较大的5名窗口工作人员进行警示约谈。9月4日，局党组书记对全体窗口工作人员进行提醒谈话。邀请北京零点公司方涛老师作“窗口工作人员服务能力提升”专题培训1次，消防知识安全培训讲座1次，年内召开月例会6次，签订窗口工作人员党风廉政建设服务承诺书，向全区各级各部门发出政务服务工作情况通报12期。

【依法开展招标采购工作】 2020年江川区公共资源交易中心为各类交易活动提供信息服务200次，提供场地服务142次，完成交易项目73个，交易金额162429.91万元，节约资金2313.55万元，溢出资金4051万元。其中，工程建设项目交易27个，交易金额19886.69万元；政府采购项目交易34个，交易金额77693.64万元；矿业权项目交易2个，成交金额3250万元；国有土地出让10宗，成交金额61599.58万元。

【推进公共资源交易平台建设】 2020年4月初完成区公共资源交易中心搬迁，按照公共资源交易“一网三平台”规范建成。满足公共资源交易公众服务、电子开评标、电子在线监督需要。设有开标厅2间，评标室3间；专家抽取室、监督答疑室、竞价询价室、专家休息室各一间；并设置2道门禁，实现各个功能室的物理隔离，满足电子开评标及竞价询价、远程异地评标、隔夜评标、电子在线监督等需要。修订《玉溪市江川区公共资源交易中心服务承诺制度》《玉溪市江川区公共资源交易中心评标区守则》等11项制度和4项流程图。持续优化“一网三平台”功能，精简交易流程，推行入场交易“一表申请”“一网通办”，实现建设工程、政府采购、土地矿业权出让（转让）等公共资源交易事项全地域、全领域、全流程网上办理。交易项目一律纳入市级平台交易，项目全流程电子化交易全面运行，实现网上开标。

【推进“政采云”电子卖场建设】 2020年3月江川区推广使用政府采购云平台，玉溪市“政采云”电子卖场征集供应商采取承诺入围制，供应商入库、商品审核为常态化业务，本年度江川区供应商入围26家，审核入围商品1276件。电子卖场平台提供电子反拍、网上超市直接订购、在线询价三中简易采购程序，实现政府采购通用类货物及部分服务的上网交易。“政采云”电子卖场的推广进一步优化营商环境，降低采购成本，为采购人、供应商提供便利采购平台。

【拓展投标保证金形式】 本年共收取投标保证金76363.3万元，退还保证金金额71717.1万元。推进保证金缴纳形式改革，工程建设项目投标保证由银行转账单一业务，扩展保险保函和银行保函，本年度收取工程建设项目保证金9787.4万元，保函缴纳占比38.69%，退保证金利息0.57万元；疫情以来，投标人不需到现场换取收据，只需网络上传资料到指定邮箱，审核通过后，可以获取电子版收据，实现不见面办理投标保证金事项，有效防控疫情风险；9月投标保证金实现银行系统与公共资源交易电子服务系统连接，投标保证金在线运行，优化保证金办理流程。

【“十要”“十严禁”规范窗口人员服务行为】 为加强窗口工作人员纪律作风建设，规范服务行为，提升服务质量，江川区政务服务管理局坚持目标导向、问题导向、结果导向，聚焦企业和群众办事的难点、痛点和堵点问题，以“人民群众满不满意”为评价标准，制定窗口工作人员“十要”“十严禁”服务规范。

【组织召开“互联网+监管”工作推进会】 为进一步推进“互联网+监管”平台的使用，2020年12月24日，江川区政务服务管理局组织23家单位23名分管领导召开“互联网+监管”工作推进会。

区政务服务局局长胡莎通报江川区“互联网+监管”监管事项录入进展情况，提出工作开展存在的问题。并就思想认识、工作任务、完成方式、完成时限等方面作要求。

【尹燕祥一行调研指导政务服务工作】 8月25日，省政府办公厅副主任兼省政务服务管理局局长尹燕祥一行到江川区政务服务管理局调研深化“放管服”改革优化营商环境、政务服务和“一部手机办事通”推广应用情况。调研组一行在政务中心咨询引导服务台、综合受理窗口、税务自助服务区等实地进行调研并听取江川区深化“放管服”改革优化营商环境工作开展情况汇报。调研组充分肯定江川在“放管服”改革优化营商环境所做的工作和成果。调研组指出要提高政务中心窗口人员的服务水平；要统筹推进“三集中、三到位”整合优化窗口配置；要提高信息化应用推广“一部手机办事通”和政务服务好差评。

【减税降费及优化营商环境专项巡察反馈问题整改工作】 2月25日，江川区组织区委巡察工作领导小组、区属22个相关单位等50余人参加市委减税降费及优化营商环境专项巡察反馈暨工作推进视频会议。此次专项巡察实行市、县（区）两级上下联动，同步开展巡察。区委常委、区纪委书记郭玉强调，针对此次专项巡察发现的三大类十一个问题，涉及的相关部门要端正态度，积极主动认领，认真分析存在问题，找准病根，要强化政治担当，压实整改责任，明确整改要求，及时整改到位。区委常委、常务副区长李卫东要求各级各部门要把优化营商环境工作纳入单位重点工作抓紧抓实，单位主要领导要亲自研究、亲自部署、亲自督办，定期召开会议，研究营商环境存在的困难和问题。要认真贯彻落实好市委减税降费及优化营商环境专项巡察反馈暨工作推进会精神，提高政治站位，高度重视巡察反馈问题整改工作，突出重点，强化措施，明确整改时间，对标对表整改销号，加强跟踪问效，严肃追责问责，确保全部问题整改到位。建立长效机制，巩固好整改成果。

【开展“政采云”电子卖场（网上超市）】 为贯彻落实“放管服”改革要求，进一步优化营商环境，简化供应商征集程序，降低征集成本，根据《玉溪市财政局关于在政采云电子卖场试行在线询价采购的通知》《玉溪市财政局关于在政采云电子卖场试行电子反拍和网上超市采购的通知》规定，玉溪市江川区公共资源交易中心落实采购法规政策，5月以来，开展组织的玉溪市“政采云”电子卖场（网上超市）供应商征集活动常态化征集活动。

云平台商品目录共有11个大类、物业服务、应刷服务入围事项，通过资格入围审查，供应商方可以进行商品上架审核，注册成为云平台供应商后，可实现与采购单位网上交易。本批次审核共有12家供应商参加，通过12家，其中货物类供应商10家，服务类供应商2家，通过常态化入围征集供应商实现采购单位和供应商便利化合法化交易，进一步推动政府采购工作。

【优化提升营商环境】 9月30日江川区召开2020年上半年营商环境评价反馈问题整改工作会。市政务服务管理局三级调研员郭艾华针对营商环境两个方面进行专题辅导，提出评价数据材料要按时上报，提供的佐证材料要符合要求，内容充分，按照最新的评价内容及方法积极与上级沟通联系，提升企业满意度，提供全方位、“保姆式”服务，针对问题各级各部门及时沟通解决，充分重视明察暗访工作。区政务服务管理局局长胡莎通报2020年上半年市对区营商环境评价结果，指出营商环境评价指标填报存在的问题，并对营商环境评价反馈问题部署整改工作。

【“一部手机办事通”推动政务服务事项“掌上办、指尖办”】 江川区统筹做好“一部手机办事通”宣传推广使用工作，宣传推广工作深入“机关、村庄、校园、医院、企业、车站、社区”，全区营造浓厚的宣传氛围，群众知晓率日渐提升。利用政府门户网站和现代媒体进行宣传推广，在云南省政务服务网上大厅、江川区“一站式惠民”平台、江川区政府门户网站以及QQ群、微信群发布一部手机办事通通稿；在区政务大厅、乡镇为民服务中心、村为民服务站摆放易拉宝、张贴宣传海报；在区政务大厅LED视屏循环播放“一部手机办事通”专题视频和宣传视频；在政务大厅办事窗口张贴识别下载码，工作人员积极指导办事群众下载使用办事通App；组织人员深入医院、企业、车站、社区发放宣传海报，向广大人民群众宣传“一部手机办事通”的用途、使用方法等。

（侯彦昆）

机关事务服务

【概述】 玉溪市江川区机关事务服务中心成立为区人民政府的直属事业单位，机构规格为正科级，设办公室、公务用车服务股、公务接待服务股、综合保障服务股4个内设机构。单位主要职责是负责公务用车综合服务管理保障平台建设管理和运行保障，区级重要公务接待服务、全区大型会议以及重大节庆活动接待服务保障，区级部门办公用房服务保障，区级部门国有资产配置审核、清查登记、处置调配，指导、协调、推进、监督、组织实施区级公共机构节能工作。2020年，区机关事务服务中心围绕全区中心工作，以管理科学化、保障法治化、服务社会化为目标，以建设节约型机关为主线，履行服务、保障职能，不断加强自身建设，强化工作措施，全力服务保障区级机关。

【成立党支部委员会】 玉溪市江川区机关事务服务中心有中共正式党员8名，经报请区委区直机关工委批复同意成立中共玉溪市江川区机关事务服务中心支部委员会。2020年3月31日，召开党员大会进行选举，采用无记名投票方式，选举产生支部委员会委员3名。

【党支部规范化建设】 区机关事务服务中心党支部成立以来，认真贯彻落实《中国共产党支部工作条例（试行）》，把抓好党支部规范化建设作为组织体系建设的基本内容，通过健全基本组织、建强基本队伍、开展基本活动、落实基本制度、强化基本保障，推进党支部规范化建设，着力提升组织体系建设质量。

【单位志愿服务队成立】 2020年6月，注册成立玉溪市江川机关事务服务中心志愿服务队。截至2020年底，志愿服务队共发起志愿活动17次，活动服务时长平均59.5小时。

【节约型公共机构示范单位创建】 根据国家、省、市关于开展2019—2020年节约型公共机构示范单位创建和能效领跑者遴选工作的要求，2019年江川区推荐区人民医院、后卫中心小学2家单位申报创建云南省节约型公共机构示范单位。2家单位按照示范单位评价标准开展创建工作，经逐级筛选确认，2020年8月，区人民医院被列为省级示范创建初评验收名单并推荐参加国家评审活动。2020年11月，区人民医院通过省级节约型公共机构示范单位创建评审。2020年12月，国管局、国家发展改革委、财政部公布2019—2020年节约型公共机构示范单位名单，区人民医院成功创建成为国家级节约型公共机构示范单位。

【节约型机关创建】 为进一步推进党政机关节能降耗，充分发挥党政机关在建设节约型社会中的表率作用，根据省、市安排，区机关事务服务中心、区发展改革局、区财政局制定玉溪市江川区节约型机关创建方案，明确目标措施，开展区级党政机关节约型机关创建。创建目标为：2020年以区委区政府办公区为重点，推进江川区20%的区级党政机关建成节约型机关；2021年，全区40%的区级党政机关建成节约型机关；2022年，全区70%的区级党政机关达到创建要求，建成节约型机关。2020年，驻区委区政府办公区19家单位加强组织领导、落实工作责任，按要求推进创建工作，完成创建内容落实、台账资料收集、自评申报等工作，待省市核查评价。

【公务用车保障工作】 2020年，区公务用车综合服务管理保障平台严格按照相关规定审核、调派平台公务用车，及时保障区级部门公务出行及工作用车，截至12月31日共调派公务车6895辆次，行驶里程累计69.7万余千米。

【综合服务保障工作】 按照中央、省、市统一部署，填报全区26家党政机关和7个乡镇（街道）办公用房及技术业务用房相关信息数据，并同步完成办公用房信息系统数据录入工作，为办公用房精细化规范化管理提供真实详尽的数据基础。2020年共为全区各类会议提供服务保障322次，完成区委区政府办公区单位水电等零星维修200余次。开展新冠肺炎疫情防控工作以来，组织餐饮服务、安保、保洁人员进行培训，按照“分时段就餐”方式保障干部职工用餐；及时协调防疫物资，定期对办公区进行消毒；组织人员对办公区工作人员进行体温检测，对外来人员开展登记、检测体温等工作，加强办公区疫情防控。

（沈　丽）

先 进

2020年获市以上表彰的先进集体

单位名称	授予称号	授予单位	授予时间
江川区防震减灾局	全国2019年度地震监测预报观测质量评比地下流体学科水温三等奖	中国地震局	2020.01
市公安局江川分局前卫派出所	集体三等功	云南省公安厅	2020.02
市公安局江川分局4.23专案组	集体二等功	云南省公安厅	2020.03
前卫镇阿豆村	第一批民族团结进步示范单位	云南省民族宗教事务委员会办公室	2020.08
江川区防震减灾局	云南省2019年度地震监测质量评比强震台站县（市、区）级先进集体	云南省地震局	2020.08
中共玉溪市生态环境局江川分局支部委员会	省级规范化建设示范党支部	中共云南省委组织部	2020.09

2020年获市以上表彰的先进个人

姓　名	工作单位	授予称号	授予单位	授予时间
赵　龙	江川区人民医院	执行新冠肺炎疫情防控任务纪念章	中央军委政治部	2020.12
徐　瑶	江川区人民医院	执行新冠肺炎疫情防控任务纪念章	中央军委政治部	2020.12
周凌空	市生态环境局江川分局	污染防治攻坚战强化监督表现突出人员	生态环境部	2020
张思春	江川区农业农村局	第二届“最美农技员”	农业农村部	2020
董江洪、孔赛莲、蒋玉琼、李　灿、廖增益	前卫镇人民政府	实用新型专利证书	国家知识产权局	2020.03
宋秀华	前卫镇人民政府	实用新型专利证书	国家知识产权局	2020.05
金　建	江川区林业和草原局	2020年度国家级林业有害生物中心测报点优秀测报员	国家林业和草原局森林和草原病虫防治总站	2020
包永坤	市生态环境局江川分局	第二次全国污染源普查表现突出个人	国务院第二次全国污染源普查领导小组办公室	2020
杨　勇	江川区人民医院	2020年度云南省优秀医疗卫生人员	云南省人民政府	2020.08
付林华	江川区人民医院	云南省抗击新冠肺炎疫情先进个人	中共云南省委、云南省人民政府	2020.11
赵　龙	江川区人民医院	新时代“最美逆行者”荣誉称号	中共湖北省委湖北省人民政府	2020.04
徐　瑶	江川区人民医院	新时代“最美逆行者”荣誉称号	中共湖北省委湖北省人民政府	2020.04
吴春琴	雄关乡人民政府	云南省脱贫攻坚奖“扶贫先进工作者”	云南省扶贫开发领导小组	2020.01

续表

姓　名	工作单位	授予称号	授予单位	授予时间
赵　龙	江川区人民医院	嘉奖	中共云南省卫生健康委党组	2020.03
徐　瑶	江川区人民医院	嘉奖	中共云南省卫生健康委党组	2020.03
陈志伟	玉溪市公安局江川分局安化派出所	个人二等功	云南省公安厅	2020.03
段宇俊	玉溪市公安局江川分局江城派出所	嘉奖	云南省公安厅	2020.04
葛茂盛	江川区司法局江城司法所	全省司法行政系统扫黑除恶先进个人	云南省司法厅	2020.04
张旭辉家庭	玉溪市公安局江川分局	云南省抗疫最美家庭	云南省妇联	2020.05
业艳昆家庭	玉溪市江川区江城社区居民委员会	云南省抗疫最美家庭	云南省妇联	2020.05
蒋文英	江川区九溪镇六十亩村妇联主席	云南省三八红旗手	云南省妇联	2020.11
赵红波	江川区人民法院	执行工作先进个人	云南省高级人民法院	2020
张金成	江川区农业农村局	第二次全国污染源普查表现突出个人	云南省第二次全国污染源普查领导小组办公室	2020
叶彦强	市生态环境局江川分局	第二次全国污染源普查表现突出个人	云南省第二次全国污染源普查领导小组办公室	2020

统计资料

2020年江川区土地、森林、气候主要指标

主要指标	单位	2019年	2020年	增减	
				数量	%
一、土地					
土地面积	平方千米	850	850	-	-
二、森林					
森林覆盖率	%	45.65	46.86	1.21	2.65
三、气候					
全年平均气温	摄氏度	18.0	17.6	–0.4	–2.22
全年日照时数	小时	2334.9	2134.6	–200.3	–8.58
全年降雨量	毫米	600.4	712.6	112.2	18.69

2020年江川区卫生事业主要指标

	单位	2019年	2020年	增减	
				数量	%
区、乡（镇）医疗机构	个	171	176	5	2.9
诊治疗人数	人次	1965688	1855751	-109937	-5.6
健康检查人数	人次	28038	27207	-831	-3.0
住入院人数	人次	24349	25283	934	3.8
出院人数	人次	24265	25328	1063	4.4
死亡率	%	0.14	0.11	-0.03	-21.4
住院危重病人抢救成功率	%	97.29	98	0.71	0.7
医疗机构数	个	73	73		
其中：西医为主	个	10	0	-10	-100.0
中西医结合	个	63	73	10	15.9
乡村医生和卫生人员	人	281	291	10	3.6
其中：中专以上学历	人	245	257	12	4.9
在职培训合格	人	281	291	10	3.6
诊疗人次数	人	1965688	1830468	-135220	-6.9
孕产妇检查人次数	人次	12335	22881	10546	85.5
儿童疫苗接种人次数	人次	82951	76031	-6920	-8.3
全年业务总收入	万元	20215.6	22247.0	2031.4	10.0
传染病病发率	1/10万	97.3	95.2	-2.1	-2.2
农村卫生厕所普及率	%	100.0	100.0	0.0	0.0
卫生防疫人员数	人	41	53	12	29.3
5岁以下儿童死亡率	‰	0.74	0.68	-0.06	-8.1
婴儿死亡率	‰	0.59	0.34	-0.25	-42.6
产妇住院分娩比例	%	100	100		

2020年江川区社会消费品零售总额

主要指标	单位	2019年	2020年	增减	
				数量	%
社会消费品零售总额	万元	665092	646028	–19064	–2.9
按销售单位所在地分					
城镇	万元	574972	558091	–16881	–2.9
乡村	万元	90120	87937	–2183	–2.4
按消费形态分					
餐饮收入	万元	117522	113353	–4169	–3.5
商品零售	万元	547570	532675	–14895	–2.7
批发零售住宿餐饮业情况					
1.批发业销售额	万元	417588	408254	–9334	–2.2
2.零售业销售额	万元	463274	492131	28857	6.2
3.住宿业营业额	万元	22074	15588	–6486	–29.4
4.餐饮业营业额	万元	114194	86148	–28046	–24.6

2020年江川区城镇居民家庭调查基本情况

指　标	计量单位	2019年	2020年	增减	
				数量	%
一、调查户数	户	60	60	–	–
二、期内住户常住成员数	人/户	3.2	3.1	–0.1	–3.1
三、人均期末拥有房屋面积（建筑面积）	平方米	68.3	69.00	0.7	1.0
四、全年人均可支配收入	元	39766	41158	1392.0	3.5
五、人均消费支出	元	25101	24518	–583.5	–2.3
（一）食品烟酒	元	7145.1	6989.6	–155.4	–2.2
（二）衣着	元	1836.2	1882.7	46.5	2.5
（三）居住	元	5267.1	5401.3	134.2	2.5
（四）生活用品及服务	元	1533.7	1836.0	302.3	19.7
（五）交通通信	元	2616.8	2921.1	304.3	11.6
（六）教育文化娱乐	元	3990.3	3140.0	–850.3	–21.3
（七）医疗保健	元	2214.3	2113.8	–100.5	–4.5
（八）其他用品和服务	元	497.8	232.8	–265.0	–53.2

2020年江川区农民家庭生产调查基本情况

指　标	计量单位	2019年	2020年	增减	
				数量	%
一、调查户数	户	80	80		
二、人均可支配收入	元/人	14688.1	15701.1	1013.0	6.9
（一）工资性收入	元/人	3546.2	3808.4	262.2	7.4
（二）经营净收入	元/人	10492.7	11154.3	661.6	6.3
（三）财产净收入	元/人	192.2	213.6	21.4	11.1
（四）转移净收入	元/人	457.0	524.9	67.9	14.9
三、总支出	元/人	22375.7	19561.4	–2814.3	–12.6
（一）消费支出	元/人	12779.8	13016.2	236.4	1.8
（二）生产经营费用支出	元/人	5494.4	2896.9	–2597.5	–47.3
（三）财产性支出	元/人	91.0	93.2	2.2	2.4
（四）转移性支出	元/人	385.0	627.5	242.5	63.0

2020年江川区邮电通信主要指标

指　标	计量单位	2019年	2020年	增减	
				数量	%
邮政业务总量	万元	1901.0	2396.5	495	26.1
报刊累计份数	万份	149.0	164.0	15.0	10.1
电信业务总量	千米	145321.0	195618.0	50297.0	34.6
固定电话用户	万元	6272.0	6822.0	550.0	8.8
移动电话用户	万元	260770.0	265430.0	4660.0	1.8

2020年江川区招商引资主要指标

指　标	计量	2019年	2020年	增减	
				数量	%
一、实施国内项目数	个	26	40	14	53.85
其中：市外	个	3	20	17	566.67
省外	个	23	20	–3	–13.04
二、新签订项目数	个	10	25	15	150.00
三、实际利用县外国内资金	万元	507683	617580	109897	21.65
其中：实际利用市外国内资金	万元	507683	617580	109897	21.65
实际利用省外国内资金	万元	503242	465171	–38071	–7.57
四、实施国外项目数	个	1	1	0	
五、实际利用国外资金	万美元	54.574	49.998	–4.576	

2020年江川区普通中学基本情况（一）

	学校数（所）	班数（个）			在校学生数（人）			招生数（人）			毕业班学生数（人）			毕业生数（人）
		合计	高中	初中	合计	高中	初中	合计	高中	初中	合计	高中	初中	合计
合计	14	279	92	187	11723	4535	7188	4014	1647	2367	4017	1525	2492	4897
大街街道	4	114	52	62	4870	2589	2281	1679	903	776	1639	874	765	1926
江城镇	4	84	40	44	3624	1946	1678	1306	744	562	1277	651	626	1367
前卫镇	2	37		37	1544		1544	477		477	571		571	719
九溪镇	1	15		15	644		644	214		214	207		207	454
路居镇	2	17		17	675		675	221		221	199		199	293
安化乡		0			0			0			0			0
雄关乡	1	12		12	366		366	117		117	124		124	138

2020年江川区普通中学基本情况（二）

	毕业生数（人）		专任教师	学校占地面积（㎡）		计算机（台）	校舍建筑面积（㎡）		教学及辅助房面积（㎡）		校舍危房面积（㎡）		图书藏量（册）		
	高中	初中		高中	初中		高中	初中	高中	初中	高中	初中	合计	图书（册）	电子图书（册）
合计	1548	3349	1133	233892	229955	2608	112026	139153	35569	52983	0	0	579495	469580	122741
大街街道	934	992	476	177136	57538	1098	77305	37800	25008	14846	0	0	310501	188760	121741
江城镇	614	753	312	56756	57029	845	34721	34691	10561	14362	0	0	114295	114295	0
前卫镇		719	154		51725	321		29092		10469	0	0	71905	71905	0
九溪镇		454	67		12238	148		13396		4573	0	0	39007	38077	1000
路居镇		293	82		40655	136		17109		6741	0	0	26882	39638	0
安化乡															
雄关乡		138	42		10770	60		7065		1992	0	0	16905	16905	0

2020年江川区小学基本情况（一）

	学校数（所）	专任教师（人）	班数（个）	招生数（人）	在校学生（人）	毕业生数（人）	毕业班学生数（人）
合计	55	1027	512	2695	15403	2473	2326
大街街道	10	313	160	1068	5905	860	830
江城镇	16	231	116	570	3222	573	490
前卫镇	9	150	72	381	2272	401	366
九溪镇	7	116	59	259	1490	218	221
路居镇	7	109	53	249	1388	222	218
安化乡	3	47	23	56	422	79	76
雄关乡	3	61	29	112	704	120	125

2020年江川区小学基本情况（二）

	计算机（台）	图书藏量（册）	学校占地面积（m²）	校舍建筑面积（m²）	教学及辅助房面积（m²）
合计	2222	412548	321568	174759	89884
大街街道	673	146366	67755	42398	27256
江城镇	475	96400	83300	50168	22624
前卫镇	380	63428	49378	29850	15195
九溪镇	267	37093	41254	18183	8703
路居镇	226	33385	34353	16451	8737
安化乡	87	17538	32575	9796	3756
雄关乡	114	18338	12953	7913	3614

2020年江川区主要指标完成情况（一）

	单位	2019年	2020年	增减	
				数量	%
一、人口					
1、年末户籍总人口	人	286300	286821	521	0.2
年平均人口	人	285555	286561	1006	0.4
出生人口	人	3579	3058	–521	–14.6
出生率	‰	13	10.67	–1.86	–14.8
死亡人口	人	1736	1897	161	9.3
死亡率	‰	6.08	6.62	0.54	8.9
自然增长率	‰	6.45	4.05	–2.4	–37.2
总人口中：乡村人口	人	167795	167966	171	0.1
城镇人口	人	118505	118855	350	0.3
少数民族人口	人	22468	22836	368	1.6
2、年末常住总人口	万人	28.8	25.30	–3.54	–12.3
年平均人口	万人	28.8	27.07	–1.77	–6.1
城镇人口	万人	13.1	12.3	–0.76	–5.8
城镇化率	%	45.3	48.41	3.14	6.9
二、综合					
1、地方生产总值	万元	1344764	1467367	122603	4.3
第一产业	万元	216189	273556	57367	5.8
第二产业	万元	430249	449512	19263	4.4
第三产业	万元	698326	744299	45973	3.8

注：本表中地区生产总值为第四次经济普查初步修订数，绝对值为现价，增速为不变价。

2020年江川区主要指标完成情况（二）

	单位	2019年	2020年	增减	
				数量	%
2、按常住人口计算人均GDP	元	52163	57589	5426	10.2
3、第一产业结构比重	%	16.1	18.7	2.6	16.2
第二产业结构比重	%	32.1	30.6	−1.5	−4.7
第三产业结构比重	%	51.8	50.7	−1.1	−2.1
4、现价工业农业总产值	万元	1665480	1820729	155249	9.3
工业总产值	万元	1328186	1388578	60392	4.6
农业总产值	万元	337294	432151	94857	28.1
三、固定资产投资增速	%	6.7	−22.4	−	−
四、年末常用耕地面积	亩	127947	127947		
全年粮食产量	万千克	4522	4601	78.6	1.7
烤烟产量	万千克	1291	1277	−14.0	−1.1
油料产量	万千克	908	752	−156.0	−17.2
水果产量	万千克	1121	1163	42	3.8

注：本表中农业总产值为第三次农业普查修订数。

2020年江川区主要指标完成情况（三）

	单位	2019年	2020年	增减	
				数量	%
水产品产量	吨	4376	2363	−2013	−46.0
五、社会消费品零售总额	万元	665092	646028	−19064	−2.9
六、城镇居民人均可支配收入	元	39766	41158	1392	3.5
七、农村居民人均可支配收入	元	14688	15701	1013	6.9
八、城镇非私营单位从业人员平均工资	元	97253	102597	5344	5.5
城镇非私营单位在岗职工平均工资	元	98182	104006	5824	5.9
九、财政					
一般公共预算收入	万元	53681	56726	3045	5.7
一般公共预算支出	万元	207226	210537	3311	1.6
十、金融机构存款余额	万元	1396974	1450552	53578	3.8
金融机构贷款余额	万元	1212281	1385276	172995	14.3

注：本表中2019年社会消费品零售总额为根据第四次经济普查修订数。

（区统计局　供稿）

附　录

中共玉溪市江川区委
关于认真学习贯彻党的十九届四中全会和
省委十届九次全会、市委五届九次全会精神
推进县域治理现代化的实施意见（节选）

（2020年1月3日中国共产党玉溪市江川区第二届委员会第六次全体会议通过）

玉江发〔2020〕1号

为深入学习贯彻党的十九届四中全会和省委十届九次全会、市委五届九次全会精神，全面落实中央、省委、市委关于推进治理体系和治理能力现代化的相关部署和要求，结合江川实际提出如下实施意见。

一、提高政治站位，切实增强贯彻落实的自觉性和坚定性

（一）深刻认识重大意义。党的十九届四中全会是在“两个一百年”奋斗目标历史交汇点上、新中国成立70周年之际、我国处于中华民族伟大复兴关键时期召开的一次具有开创性、里程碑意义的重要会议，会议审议通过的《中共中央关于坚持和完善中国特色社会主义制度　推进国家治理体系和治理能力现代化若干重大问题的决定》（以下简称《决定》），深刻回答了中国特色社会主义制度和国家治理体系“坚持和巩固什么、完善和发展什么”这个重大政治问题，开辟了“中国之治”新境界，为实现我们党长期执政和国家长治久安、实现中华民族伟大复兴中国梦提供了根本制度保障。《中共云南省委深入学习贯彻〈中共中央关于坚持和完善中国特色社会主义制度、推进国家治理体系和治理能力现代化若干重大问题的决定〉的实施意见》《中共玉溪市委关于认真学习贯彻党的十九届四中全会和省委十届九次全会精神　高水平推进市域治理现代化的实施意见》（以下简称《实施意见》）通篇贯彻了党的十九届四中全会精神，是落实中央《决定》精神的云南方案、玉溪方案，为我们推进县域治理现代化提供了重要遵循。全区各级各部门和广大党员干部要切实统一思想、提高认识，深刻领会中央《决定》和省委、市委《实施意

见》的重要意义和总体要求，切实增强贯彻落实的政治自觉、思想自觉和行动自觉。

（二）深入领会精神内涵。中央的《决定》高瞻远瞩、内涵丰富，系统描绘中国特色社会主义制度图谱，涵盖中国特色社会主义制度的各项根本制度、基本制度、重要制度，涉及党的领导和经济、政治、文化、社会、生态文明、军事、外交等方方面面。省委、市委的《实施意见》紧扣将国家治理顶层设计转化为省域、市域的制度执行和工作实践，围绕推动高质量跨越式发展、推进制度创新和治理能力建设，对治理理念、制度、方式等现代化重点领域和关键环节作出了安排部署。全区各级各部门和广大党员干部要牢牢把握坚持和完善中国特色社会主义制度、推进国家治理体系和治理能力现代化这条主轴，突出制度建设这条主线，在完善县域治理思路举措和健全制度机制上积极探索实践，确保中央《决定》和省委、市委《实施意见》在江川得到深入贯彻落实。

（三）准确把握目标要求。高举中国特色社会主义伟大旗帜，以习近平新时代中国特色社会主义思想为指导，按照党中央“到我们党成立一百年时，在各方面制度更加成熟更加定型上取得明显成效；到二〇三五年，各方面制度更加完善，基本实现国家治理体系和治理能力现代化；到新中国成立一百年时，全面实现国家治理体系和治理能力现代化，使中国特色社会主义制度更加巩固、优越性充分展现”的目标要求，深入贯彻落实党的十九届四中全会、省委十届九次全会、市委五届九次全会精神，切实强化模范践行中国特色社会主义制度的责任担当，坚持把中央和省委、市委的重大决策部署一贯到底，着力固根基、扬优势、补短板、强弱项，推进系统治理、依法治理、综合治理、源头治理，构建更加完善的县域治理制度体系，不断开创县域治理现代化的新局面，让发展更高质量、人民更有获得感。

（四）完善目标制度建设。按照党中央和省委、市委部署要求，聚焦县域治理关键环节，结合江川实际，突出抓好8项制度体系建设：坚持和完善党的领导制度体系，把党的领导落实到县域治理各领域各方面各环节；坚持和完善中国特色社会主义法治体系，全面推进法治江川建设；坚持和完善社会主义基本经济制度，推进江川经济高质量跨越式发展；坚持和完善社会主义先进文化制度，巩固团结奋斗的共同思想基础；坚持和完善统筹城乡的民生保障制度，增进群众获得感幸福感安全感；坚持和完善共建共治共享的社会治理体系，深化“平安江川”创建成果；坚持和完善生态文明制度体系，打好打赢环境污染防治攻坚战；坚持和完善全覆盖监督体系，着力营造风清气正的政治生态。

二、紧盯目标要求，扎实推进县域治理制度创新和治理能力现代化建设

紧紧围绕“三步走”“新四化”“六个走在全省前列”目标，自觉扛起“建美一座城、治好一湖水、打造一个高地”的使命担当，立足江川实际，努力推进新时代江川区域治理现代化，为坚持和完善中国特色社会主义制度、推进国家治理体系和治理能力现代化谱好江川篇章。

中共玉溪市江川区委
玉溪市江川区人民政府
关于印发《江川教育现代化2035》《加快推进江川教育现代化实施方案》的通知（节选）

玉江发〔2020〕16号

各乡镇党委、政府，大街街道党工委、办事处，区委和区级国家机关各部、委、办、局，各人民团体和企事业单位，中央、省、市驻江单位：

《江川教育现代化2035》《加快推进江川教育现代化实施方案》已经区委、区政府同意，现印发给你们，请认真贯彻落实。

中共玉溪市江川区委

玉溪市江川区人民政府

2020年12月7日

江川教育现代化2035（节选）

教育兴则国家兴，教育强则国家强。教育是人类传承文明和知识、培养年轻一代、创造美好生活的根本途径，事关国家发展和民族未来，对提高人民综合素质，促进人的全面发展，增强中华民族创新创造活力，实现中华民族伟大复兴具有决定性意义。为切实把教育事业摆在优先发展地位，不断使教育同党和国家事业发展要求相适应、同人民群众期待相契合、同江川经济社会发展相匹配，以教育现代化支撑经济社会现代化。现根据《玉溪教育现代化2035》精神，结合实际，特制定本文件。

一、规划背景

江川历史悠久、人文荟萃，社会重教兴学氛围浓厚。江川历届党委、政府始终高度重视教育，坚持把教育摆在优先发展的战略地位，持续加大教育投入，2013年以来共投入资金7.47亿元，先后实施了美丽100校园行动计划暨中小学校舍安全工程、3个学前教育三年行动计划、高中改扩建、全改薄等建设项目，彻底消除D级危房8.3万平方米，加固改造不安全校舍12.75万平方米，建成美丽校园20所，办学条件显著改善。深入推进教育综合改革，全面实施了教育系统人事制度改革、义务教育校长职级制和教师“县管校聘”改革，办学活力明显激发。截至2019年，全区学前三年毛入园率89.45%、九年义务教育巩固率96.02%、高中阶段教育毛入学率达92.13%，各类教育办学质量稳步提升。2016年义务教育基本均衡顺利通过国家督导评估验收，2019年省政府教育督导评估为省“教育工作先进县”，2020年完成各项教育脱贫攻坚任务，教育事业发展根基牢固。

但是，江川教育仍存在发展不平衡不充分的问题，整体教育发展水平还不能完全适应经济社会发展新要求，人民群众对优质教育资源的迫切需求未得到充分满足，主要表现为：公办幼儿园、普惠性幼儿园学位欠缺，市民入园选择趋城区化严重，乡镇公办园建设仍有较大发展空间。九年义务教育优质均衡发展速度仍需加快，控辍保学压力不断加大，城乡一体化发展的机制体制仍需要强化和探索。职业中学招生难度大，职业技能培训、实训基地建设、升学考试等方面存在短板。普通高中教学成绩持续提升难度较大，优质生源流失严重，外部竞争环境愈加复杂。

面对新形势、新使命，我们必须牢牢把握教育发展主动权，排除各种不确定性因素影响，推动教育公平发展和质量提升，提升教育治理体系和治理能力现代化水平，为办好人民满意的教育努力奋斗。

二、工作目标

以习近平新时代中国特色社会主义思想为指导，全面贯彻党的十九大及十九届二中、三中、四中、五中全会和全国、全省教育大会精神，全面贯彻党的教育方针，坚持中国特色社会主义教育发展道路，坚持党的领导、服务人民、优先发展、依法治教、统筹推进原则，坚持社会主义办学方向，遵循教育规律和人才成长规律，立足玉溪、紧盯全省，努力构建面向全民的终身学习教育体系，打造市内领先、省内有名的教育品牌，实现普及普惠的学前教育、优质均衡的义务教育、提升普通高中教育质量、全面提升职业教育服务能力、全面建设学习型社会、全面落实依法治教目标，推进教育体系和教育治理能力现代化水平显著增强。

加快推进江川教育现代化实施方案（节选）

为贯彻落实党中央、国务院战略决策部署，贯彻落实习近平总书记考察云南重要讲话和全国、全省、全市教育大会精神，加快推进教育改革发展，确保新时代江川教育现代化建设开好局、起好步，特制定本实施方案。

一、指导思想

以习近平新时代中国特色社会主义思想为指导，深入贯彻党的十九大和十九届二中、三中、四中、五中全会精神，认真贯彻落实习近平总书记关于教育的重要论述和全国、省市教育大会精神，全面加强党对教育工作的领导，坚决贯彻党的教育方针。以培养德智体美劳全面发展的社会主义建设者和接班人为根本任务，坚持教育优先发展战略，坚持立德树人，聚焦教育发展的前瞻性、紧迫性和人民群众关心的问题，统筹实施各类工程项目和行动计划，着力深化改革、激发活力，着力补齐短板、优化结构、促进公平、提高质量，更好发挥教育在现代化建设中的基础性、先导性、全局性作用，努力提升人民群众的教育获得感，推动江川教育高质量跨越式发展。

二、工作目标

（一）总体目标

到2022年，初步构建江川教育现代化体系，基本形成立德树人落实机制，教育发展水平、人才培养质量、教育投入和教育贡献度进一步提高，教育影响力和竞争力大幅提升，社会关注的教育热点问题得到有效解决，教育服务经济社会发展的能力显著提高，教育现代化建设取得重要进展。

（二）主要目标

1.教育普及达到更高水平。全区学前三年毛入园率达93%，基本建成覆盖城乡、布局合理的学前教育公共服务体系。九年义务教育巩固率达97%，义务教育完成水平居全市前列。高中阶段毛入学率达95%，普通高中和职业教育协调发展，初步构建起中高衔接贯通的现代教育体系，教育培养一体化建设取得显著效果。

2.教育质量得到明显提升。优质教育资源总量不断扩大，基本满足人民群众接受高质量、高水平教育的需求，有利于实施素质教育的教育教学体系、人才培养模式和制度环境逐步完善。保教质量不断提升，为幼儿提供更加普惠、更加优质的学前教育。义务教育城乡一体化加快发展，达到优质均衡县目标。普通高中教育质量成效明显，江川一中本科率、一本率、600分以上人数占比进一步提高，争取纳入市管高中；江川二中本科上线人数明显增加。江川职中产教融合、综合高中建设深入发展，职业教育服务地方经济社会能力进一步增强。

中共玉溪市江川区委 关于制定玉溪市江川区国民经济和社会发展第十四个五年规划和二〇三五年远景目标的建议（节选）

（2020年12月22日中国共产党玉溪市江川区第二届委员会第八次全体会议通过）

玉江发〔2020〕17号

中共玉溪市江川区委二届八次全体会议，认真学习贯彻党的十九届五中全会、中共云南省委十届十一次全会、中共玉溪市委五届十二次全会精神，紧密结合我区实际，就制定玉溪市江川区国民经济和社会发展第十四个五年规划和二〇三五年远景目标，提出如下建议。

一、全面建成小康社会，开启社会主义现代化建设新征程

“十四五”时期是江川在全面建成小康社会基础上，乘势而上开启社会主义现代化建设的第一个五年，我们必须提高政治站位，认真总结工作，把握大势、找准定位、明确目标、务实奋进，谱写全面建设社会主义现代化国家的江川新篇章。

1.决胜全面建成小康社会建设取得决定性成就。“十三五”时期，面对稳增长稳投资压力加大、财政收支矛盾日益突出、新冠肺炎疫情影响深远等诸多困难，区委坚持以习近平新时代中国特色社会主义思想为指导，认真贯彻落实中央、省、市决策部署，团结带领全区广大干部群众，沉着有力应对各种风险挑战，着力办大事、抓要事、做实事，“十三五”目标任务即将完成，全面小康胜利在望。经济发展迈上新台阶，生产总值超百亿，各项经济指标保持平稳较快增长。产业结构进一步优化，产业自主创新能力持续增强，产业链、供应链、价值链不断延伸，六大重点产业稳中有升、稳中向好，工业园区基础设施不断完善，聚集效益日益突显。基础设施短板逐步补齐，现代综合交通网络日趋完善，水利保障体系、能源保障体系和信息基础设施建设稳步推进。改革成果不断深化，“放管服”改革、供给侧结构性改革、农村综合改革持续推进，市场在资源配置中的决定性作用和政府宏观调控作用显著增强。新型城镇化建设步伐持续加快，棚户区改造、老旧小区改造和各级各类示范村建设有序推进，中心城区综合服务功能及辐射带动能力显著提升，城市管理水平不断增强，城乡融合发展进程不断加快，城乡面貌焕然一新。脱贫攻坚取得决定性成效，与全市一道在全省率先实现整体脱贫。社会事业取得长足进展，教体事业全面发展，荣获全省“教育工作先进县”称号，体育基础设施覆盖率达95%以上，医药卫生体制改革顺利推进，区、乡、村医疗服务一体化、医共体建设逐步构建，抗击新冠肺炎疫情取得重大成果。文化惠民工程深入实施，基层公共文化服务体系建设不断完善，社会保障持续加强。社会治理水平明显提升，民族宗教工作稳步推进，成功创建省级民族团结进步示范区，扫黑除恶、禁毒防艾纵深推进。生态建设成效显著，星云湖水质如期脱劣，河（湖）长制、山（林）长制深入推进。经过五年的努力，全面建成小康社会取得决定性成就，为全面开启社会主义现代化建设奠定了坚实基础。

2.“十四五”时期江川发展面临的机遇与挑战。从全球看，世界百年未有之大变局进入加速演变期，新一轮科技革命和产业变革深入发展，新冠肺炎疫情影响广泛深远。从全国看，我国经济长期向好的基本面没有改变，继续发展具有多方面优势和条件。从全省看，国家“一带一路”建设以及长江经济带、西部大开发、“两新一重”建设等国家重大战略和政策在云南交汇叠加，“边疆、民族、山区、美丽”省情新内涵不断丰富，世界一流“三张牌”打造、“中国最美丽省份”建设、“数字云南”建设、昆玉同城化等决策部署接踵落地。从玉溪看，玉溪拥有战略节点性、生态宜居性、开放创新性、产业体系较完备性四大优势。从自身看，一园多片区产业格局初步形成，星云湖保护治理生态效益逐步显现，红塔区、江川区、高新区一体化发展加快推进，为江川高质量发展奠定了坚实基础。但也要清醒地认识到，经济下行压力持续加大，科技创新支撑能力不强，产业转型升级任重道远，新型城镇化建设短板明显，财政收支矛盾突出，优质公共服务供给不足，星云湖保护治理任务依然艰巨，社会治理和党的建设还需加强，干部队伍干事创业“精气神”不足。面对机遇与挑战，我们唯有准确识变、科学应变、主动求变，抢抓机遇，把发展机遇转化为发展优势，在危机中育先机，于变局中开新局。

3.以新发展理念引领江川融入新发展格局。党的十九届五中全会描绘了未来五年以及到二〇三五年我国经济社会发展的宏伟蓝图，作出了一系列重大决策部署，为开启全面建设社会主义现代化国家新征程、向第二个百年奋斗目标进军提供了总遵循。谋划和推动我区“十四五”时期经济社会发展，必须牢牢把握进入新发展阶段、贯彻新发展理念、构建新发展格局的丰富内涵和实践要求，切实把党的十九届五中全会精神转化为江川的“施工图”。全区各级干部要把学习十九届五中全会精神与习近平总书记考察云南重要讲话精神结合起来，把思想和行动统一到中央、省、市决策部署上来，把心思和精力集中到抓落实上来，在“怎么看”上统一认识，在“怎么干”上引领行动，坚决扛实建设“美丽滨湖花园城市”新江川的政治责任。要坚持新发展理念，科学分析研判形势，精准把握发展大势，把江川发展放到全市、全省乃至全国大局中去考虑，立足国内外发展大势，找准切入点和突破口，精准发力，加快江川融入新发展格局。

4.“十四五”时期经济社会发展指导思想。高举中国特色社会主义伟大旗帜，深入贯彻党的十九大和十九届二中、三中、四中、五中全会精神，坚持以马克思列宁主义、毛泽东思想、邓小平理论、“三个代表”重要思想、科学发展观、习近平新时代中国特色社会主义思想为指导，全面贯彻党的基本理论、基本路线、基本方略，统筹推进“五位一体”总体布局，协调推进“四个全面”战略布局，坚定不移贯彻新发展理念，坚持稳中求进工作总基调，以推动高质量发展为主题，以深化供给侧结构性改革为主线，以改革创新为根本动力，以满足人民日益增长的美好生活需要为根本目的，统筹发展和安全，加快建设现代化经济体系，主动融入新发展格局，进一步巩固和夯实全面建成小康社会成果，奋力将江川打造成新型城镇化引领区、新兴产业聚集区、乡村振兴示范区、美丽滨湖花园城，为社会主义现代化建设开好局、起好步。

“十四五”时期经济社会发展必须遵循坚持党的全面领导、坚持以人民为中心、坚持新发展理念、坚持深化改革开放、坚持系统观念五大原则，并在实践中持续深化发展。

5.“十四五”时期工作思路及方法。聚焦“美丽滨湖花园城市”建设这个总目标，力保星云湖水质持续向好不动摇；抓实乡村振兴和新型城镇化双推进，构建城乡协调发展的空间形态，实现双轮驱动；统筹生态、产业、文化协调发展；推进规划、城市、产业、人人融合发展，加快构建功能互补、相互支撑、协同发展的红江一体化格局；着力生态文明建设强党建、着力产业兴旺保要素、着力滨湖花园城市建设补短板、着力“平安江川”创环境、着力民族团结进步促和谐，做到五力齐发增动能，构建“一核、一圈、三带、六园”空间布局，将江川打造成新型城镇化引领区、新兴产业聚集区、乡村振兴示范区、美丽滨湖花园城。

6.“十四五”时期经济社会发展主要目标。基于国内外发展趋势和江川发展条件的综合考虑和分析研判，今后五年要努力实现四大主要目标：

经济发展再上新台阶。经济保持平稳增长，地区生产总值年均增速超过全市平均水平，创新驱动发展能力不断增强，三次产业结构更加优化，经济增长质量和效益显著提高，城镇化进程不断加快，区域协调发展水平明显提升，城镇化率大幅增长。

基础设施实现新突破。区域性综合交通枢纽示范城市建设成效明显，公铁空衔接的综合运输体系加快构建，水务一体化建设取得显著成效，信息网络建设稳步推进，实现乡镇以上5G全覆盖，清洁能源建设有序实施，电动汽车充电桩覆盖面进一步扩大，现代物流中心辐射作用日趋明显。

民生福祉改善迈出新步伐。推动更加充分更高质量就业，城乡居民收入增长与经济增长基本同步，基本公共服务均等化水平明显提高，多层次社会保障体系更加健全，卫生健康体系持续完善，脱贫攻坚成果巩固拓展，乡村振兴战略全面推进，群众获得感、幸福感和安全感不断增强。

生态文明建设实现新跨越。绿色发展理念深入人心，“三区”主导功能划分更加明晰、“三线”边界刚性管控更加有力，可持续发展能力不断增强，森林覆盖率稳步提高，星云湖保护治理持续加强，污染防治攻坚战取得显著成效，资源利用效率更加高效，主要污染物排放总量持续减少，城乡人居环境更加优美。

7.到二〇三五年远景目标。综合实力进一步增强，国家创新型城市建设取得积极成效，发展质量和效益稳步提高，与省内发达地区发展差距不断缩小。民主法制健全程度逐步提升，基本实现治理体系和治理能力现代化，基本建成法治江川、法治政府、法治社会。生态文明建设制度日趋完善，广泛形成绿色生产生活方式，星云湖水清岸绿，实现人与自然和谐共生。新型城镇化建设达到更高水平，乡村振兴取得突破性进展，城乡居民收入显著提高，城乡发展差距明显缩小，基本公共服务实现均等化。文化事业和文化产业繁荣发展，社会文明程度明显提高。人的全面发展、人民共同富裕取得更明显的实质性进展。

8.“十四五”时期发展定位。聚焦高质量发展，着眼新发展格局，打造“三区一城”：

新型城镇化引领区。积极融入滇中城市群发展规划建设，按照以城聚产、以产兴城、产城互动、同城一体的要求，突出滨湖、花园、文化特色，高起点、高品质推进江川老城区提质扩容和更新改造，加快城市西片区开发建设步伐，拓展承东启西、接转南北、辐射带动的全新城市空间格局，提升对外开放与合作交流的层次和水平，优化产业布局，加快产业转型升级，提高发展质量和效益，把江川打造成玉溪“一核双心”的重要组成部分。

新兴产业聚集区。贯彻落实中国制造“2025”玉溪行动计划，大力发展园区经济，有序推进航空产业园规划，聚焦智能制造、新能源、工程农业机械、精密基础件、电子信息、航空装备等领域，全力推进产业集聚发展，打造新的经济增长点。

乡村振兴示范区。落实乡村振兴“二十字”总要求，大力发展高原特色现代农业，持续推进农业供给侧结构性改革，优化产业结构调整，提高传统优势产业发展的质量和效益，打造“绿色食品牌”。严守生态红线，强化环境治理，实施农村人居环境巩固提升行动，打造人与自然和谐共生的生态宜居乡村。加强农村精神文明建设，深化移风易俗，推动乡村文化振兴。健全乡村社会治理体制，打造共建共治共享的乡村善治格局。不断提升人民群众的获得感、幸福感，推动乡村振兴走在全市、全省前列。

美丽滨湖花园城。按照“一年一变样、三年大变样”要求，牢牢把握红江一体化优势，坚持以人为核心的新型城镇化，注重乡村振兴和新型城镇化有机融合发展，突出绿色生态、特色鲜明、产城融合、宜居宜业、文明和谐、智慧智联，提升城市建设管理运营水平，巩固拓展星云湖保护治理成果，做强旅游文化康养产业，把江川打造成人们生活更方便、更舒心、更美好的品质城市。

玉溪市江川区人民政府
关于印发玉溪市江川区应对新冠肺炎疫情
稳定经济运行22条措施的通知（节选）

玉江政发〔2020〕13号

各乡、镇人民政府，大街街道办事处，区直有关单位，中央、省、市驻江单位：

现将《玉溪市江川区应对新冠肺炎疫情稳定经济运行22条措施》印发给你们，请认真抓好贯彻落实。

2020年3月2日

玉溪市江川区应对新冠肺炎疫情
稳定经济运行22条措施

为深入贯彻落实党中央决策部署和《云南省人民政府关于应对新冠肺炎疫情稳定经济运行22条措施的意见》（云政发〔2020〕4号）、《玉溪市应对新冠肺炎疫情稳定经济运行25条措施的意见》（玉政发〔2020〕4号）精神，统筹推进全区疫情防控和稳增长工作，做到两手抓、两手硬，奋力夺取疫情防控和经济社会发展双胜利，结合江川实际，制定22条措施。

一、坚决打赢疫情防控阻击战

（一）帮助企业全面复工复产。对扩大疫情防控重点物资产能、改造生产线的企业，经区人民政府批准，可先扩产再补办相关审批手续，并申请纳入市级重点技术改造项目，优先给予申报省、市级技术改造资金支持。建立复工复产保障机制，强化复工复产工业企业生产经营所需的用水、用电、用气等要素保障，强化产业链上区内相关企业复工复产的统筹协调，帮助企业协调解决职工返岗、原材料供应、物资运输等突出问题。（责任单位：区工业商贸和信息化局、区住房城乡建设局、区发展改革局、工业园区管委会、区交通运输局）

（二）降低实体企业成本。落实国家阶段性减免企业社保费、医保费和实施缓缴住房公积金政策，减轻企业缴费负担，助力企业恢复生产。对中小企业、农民合作社生产经营所需的用电、用气、用水等，实行“欠费不停供”。批发零售、住宿餐饮、物流运输、文化旅游等行业非电力市场化交易用户，2020年2—3月用电按目录电价标准的90%结算。疫情防控期间采取支持性两部制电价政策，降低企业用电成本。对疫情防控物资重点保障企业和受疫情影响较大的批发零售、住宿餐饮、旅游运输企业，确有困难的，可申请减免城镇土地使用税和房产税：在2020年12月31日前受疫情影响营业收入同比减收达50%（含50%）以上的增值税一般纳税人，可申请减半征收城镇土地使用税和房产税，小规模纳税人可申请免征城镇土地使用税和房产税。无法按期缴纳公积金的企业，2020年可在国家政策规定的5%—12%范围内自行确定住房公积金缴存比例；经企业职代会讨论通过，4月底前允许缓缴住房公积金。对规模以上工业企业2020年1—6月新发生的经营性贷款担保，按对应期间贷款担保费用的50%给予补贴，每家企业补贴不超过10万元。（责任单位：区发展改革局、区工业商贸和信息化局、区人力资源社会保障局、区医保局、区税务局、区住房城乡建设局、区财政局、区住房公积金中心、江川供电局、区供销合作社、人民银行江川支行）

（三）保障疫情防控物资。加大疫情防控期间的物资保障力度，积极鼓励和支持区内企业发挥技术、供应链、物流等方面的优势，帮助解决疫情防控物资采购、调运、储备等问题，全区各级各部门使用财政资金采购疫情防控相关货物、工程和服务的，作为紧急采购项目执行，可暂不执行政府采购法规定的方式和程序，在保证货物、工程、服务质量的前提下，优先向复工复产企业直接采购，采购人应当加强疫情防控采购项目采购文件和凭据的管理，留存备查。（责任单位：区工业商贸和信息化局、区财政局、区卫生健康局、区交通运输局、区发展改革局）

（四）完善就业困难人员托底机制。对符合条件的失业人员及时足额发放失业保险金。疫情期间，失业人员逾期申领不扣减逾期待遇。对生活困难人员，可按有关规定发放临时生活补助，或由民政部门按照有关规定纳入城镇居民最低生活保障范围。积极开发健康宣教、卫生监督、疾控监测、消毒保洁、环境监管、园林绿化、市容管护、治安联防等公益性就业岗位，重点安置零就业家庭人员、大龄失业人员、城乡低保人员、残疾人，确保城镇零就业家庭动态清零。（责任单位：区人力资源社会保障局、区发展改革局、区民政局、区财政局、区退役军人局）

（五）加大中小微企业信贷支持。对受疫情影响较大的批发零售、住宿餐饮、物流运输、文化旅游等行业和“三农”领域行业，以及有发展前景的企业和合作社，金融机构不得盲目抽贷、断贷、压贷；对受疫情影响严重的企业和合作社，到期还款困难的，予以展期或续贷。通过降低贷款利率、推广无还本续贷、增加信用贷款和中长期贷款等方式，支持企业克服疫情灾害影响。配合落实贷款企业名单制管理工作，认真做好疫情防控重点保障、物资生产供应、稳产保供“菜篮子”企业名单申报工作，积极帮助企业争取上级财政贴息资金等扶持政策。指导银行业金融机构开辟疫情防控金融服务绿色通道，简化业务流程，减免手续费。（责任单位：区财政局、区工业商贸和信息化局、区农业农村局、人民银行江川支行）

（六）加大创业融资支持。对已发放的个人创业担保贷款，受疫情影响出现还款困难的，可向贷款银行申请不超过1年的展期还款，财政部门给予贴息支持；对受疫情影响未能按时完成展期手续的，相应调整征信记录免予信用惩戒。对受疫情影响暂时失去收入来源的个人和中小企业，就业、工商联、工会、共青团、妇联、市场监管六个承办部门在受理其创业担保贷款申请时要优先给予支持。（责任单位：区财政局、区人力资源社会保障局、人民银行江川支行）

（七）加大援企稳岗力度。对符合条件的不裁员或少裁员参保缴费企业，按照企业及其职工上年度实际缴纳失业保险费总额的50%给予稳岗返还。受疫情影响社会保险缴费有困难的企业，可通过传真、邮件等“不见面”办理的方式报备延期缴纳养老、工伤、失业保险费，按规定在疫情结束后3个月内补办缴费相关事宜。延长缴费期间不收取滞纳金，不影响参保职工个人权益记录，不影响参保人员保险待遇。参保企业在社会保险费延缴期间，各项社会保险业务正常申报。延缴期间符合待遇领取条件的退休人员，企业应正常申报人员退休，办理在职转退休业务后，根据延缴前参保职工个人账户累计余额计算预发基本养老金；待疫情结束企业补缴到账后，将重新核算已办理预发退休人员的基本养老金，并对已发放的养老金进行清算。员工因被采取隔离治疗、医学观察等措施导致不能正常劳动的，企业应当按正常出勤支付员工隔离期间工资。（责任单位：区人力资源社会保障局、区工业商贸和信息化局、区农业农村局）

玉溪市江川区人民政府办公室关于印发玉溪市江川区推行环境污染第三方治理的实施意见的通知

玉江政办发〔2020〕5号

各乡镇人民政府，大街街道办事处，区属各有关单位：

《玉溪市江川区推行环境污染第三方治理的实施意见》已经区人民政府第56次常务会议同意，现印发给你们，请认真抓好贯彻落实。

2020年2月7日

玉溪市江川区推行环境污染第三方治理的实施意见

为贯彻落实《国务院办公厅关于推行环境污染第三方治理的意见》（国办发〔2014〕69号）、《云南省人民政府办公厅关于推行环境污染第三方治理的实施意见》（云政办发〔2016〕8号）、《玉溪市人民政府办公室关于印发玉溪市推行环境污染第三方治理的实施意见》（玉政办发〔2016〕106号），提高我区污染治理效率和专业化水平，促进环境服务业发展，现提出以下实施意见。

一、总体要求

（一）总体要求。全面贯彻党的十九大精神，深入学习贯彻习近平新时代中国特色社会主义思想，根据“谁污染、谁治理”和“谁污染环境、谁破坏生态谁付费”的原则，充分发挥市场配置资源的决定性作用，以环境公用服务、重点工业行业、重点水环境、工业园区等领域为重点，以市场化、专业化、产业化为导向，营造良好的市场和政策环境。吸引和扩大社会资本投入，积极培育扩大环境污染第三方治理模式，不断提升环境污染治理水平，加快环保服务业发展，促进环境保护与经济发展的良性互动。

（二）基本原则

一是坚持排污者付费。根据污染物种类、数量和浓度，排污者承担治理费用，受委托的第三方治理企业按照合同约定进行专业化治理。

二是坚持市场化运作。充分发挥市场配置资源的决定性作用，尊重企业主体地位，营造良好市场环境，积极培育可持续的商业模式。

三是坚持政府引导推动。更好地发挥政府作用，创新投资运营机制，加强政策扶持和激励，强化市场监管和环保执法，为社会资本进入创造平等机会。

（三）工作目标。以除尘脱硫脱硝、城镇生活污水厂运营、园区工业废水治理、危险废弃物治理、危化品治理、重点领域、流域污染企业治理、在线监测等为重点，推行一批第三方治理试点工程。到2020年，按市政府部署推行第三方治理的政策制度体系基本建立，环境公用设施投资运营体制改革基本完成，第三方治理市场机制进一步完善，市场活力进一步激发，污染治理效率和专业化水平进一步提高，涌现一批创新能力强、运营管理水平高、具有强劲市场竞争力的环境服务公司。

二、主要任务

（一）改革环境公用设施投资运营模式。深化环境公用设施经营管理体制改革，鼓励社会资本采取合资合作、混合所有制、资产收购等方式，对环保设施进行整体式设计、模块化建设、一体化运营。引入第三方参与城镇生活污水处理、中水回用等厂网一体化，以及垃圾收运、处置和综合利用等准经营性行业项目建设和运营。对以政府为责任主体的城镇污染场地治理、区域性环境整治、环境监测服务等，鼓励采用环境绩效合同服务、综合环境服务等模式引入第三方治理。（责任单位：区发展改革局、区财政局、市生态环境局江川分局、区住房城乡建设局、各乡镇〈街道〉共同落实）

（二）严格环境监管执法。严格执行污染排放标准，实行排污浓度和总量双重控制，对超过排放标准或排污总量的企业限期整改，到期仍达不到要求且不属于情节严重需要停业关闭的，要积极引导企业采取第三方治理，对化工、水泥等高污染企业进行重点监管，杜绝重大污染事故的发生。（责任单位：市生态环境局江川分局）

（三）建立咨询制度。逐步在排污企业中依托第三方环境服务企业推行环保顾问咨询制度，及时了解掌握环保政策法规，推动企业自觉落实环保社会责任。（市生态环境局江川分局牵头，区工业商贸和信息化负责）

（四）建立信用评价制度。建立企业环境信用评价制度，评价结果实行动态管理，与企业融资、担保等有关政策挂钩，并将相关信息上报玉溪市公共信用信息共享服务平台。区生态环境部门配合市生态环境部门定期公布第三方治理企业业绩、治理效果、履约情况等，依法公开第三方治理项目环境监管信息，接受社会监督，推进诚信体系建设。（责任单位：市生态环境局江川分局）

（五）健全监管机制。健全政府、投资者、公众共同参与的监督机制，实行准入、运营、退出全过程监管（采用工程验收、定期监督检测等手段），对第三方治理效果给予评估，并作为对第三方认定认证的依据。完善有奖举报制度和投诉受理机制，鼓励环境公益诉讼，强化社会共同监督。对偷排偷放、数据造假以及造成重大环境污染事件的失信企业，实施黑名单制度，依法依规予以处罚，并向社会通报。制定临时接管预案，在项目经营者发生危害公共利益和公共安全情形时，及时启动临时接管预案，保障公共环境权益。（市生态环境局江川分局牵头，区工业商贸和信息化局负责）

（六）加大资金扶持力度。区财政应重点支持环保PPP第三方治理项目，配合省市两级制定出台项目资金使用优惠政策，对符合条件的第三方治理项目投资和运营给予补贴、贴息或奖励。积极探索以财政资金为引导，通过杠杆功能撬动社会资本组建环境污染治理投融资平台。在同等条件下，优先支持第三方治理项目申报国家大气污染防治、污水垃圾处理设施建设、重金属污染治理等专项补助资金。优先组织符合条件的单位企业申报国家第三方治理扶持资金。（区财政局牵头，区发展改革局、市生态环境局江川分局、区住房城乡建设局负责）

（七）创新绿色金融服务模式。搭建政府、企业和金融机构间的沟通合作平台，引导和推动商业银行为第三方治理企业提供融资服务，对资信良好的第三方治理企业，简化信贷申请和审核手续，在贷款额度、贷款利率、还贷条件等方面给予优惠，推动绿色金融平台的构建。建立第三方治理企业政策性融资担保机制，鼓励融资担保机构积极参与第三方治理活动的融资担保工作；充分利用贷款保证保险，降低第三方治理企业信贷审批难度。积极推进环境污染责任保险，推行第三方治理重大项目履约保证商业保险。（区财政局牵头，市生态环境局江川分局、人民银行江川支行及各商业银行负责）

（八）完善价格和收费政策。完善污水垃圾处理收费政策，逐步覆盖全处理成本。严格执行二氧化硫、氮氧化物、化学需氧量、氨氮和铅、汞、镉、铬、类金属砷5项主要重金属污染物排放收费标准，全面落实垃圾发电机组脱硫、脱硝、除尘等环保电价政策，加大差别电价实施力度，对非居民用水实施超计划（定额）累进加价制度。建立健全鼓励使用再生水、促进垃圾资源化的价格政策。（区发展改革局牵头，区财政局、市生态环境局江川分局、区住房城乡建设局、区水利局、区税务局、区供电局负责）

（九）积极开展试点示范。将环境公用设施领域第三方治理项目纳入政府与社会资本合作支持重点，加快推进城镇污水、垃圾处理设施项目试点、工业和危险废物治理、污染源污染物排放在线监测、环境工程建设运营委托监测、环保产品性能质量检测、污染治理设施运行试点，探索在城镇污染场地治理、流域水污染治理、农村环境连片整治等综合环境服务领域开展环境绩效合同服务试点。在企业环境污染治理领域，重点开展园区集中治污设施设计建设运营一体化试点、基于第三方服务的园区循环化改造试点和园区综合环境服务试点、高污染行业和重点减排企业环境绩效合同服务等创新模式试点。择优选择一批第三方治理项目先行开展试点示范。（责任单位：市生态环境局江川分局、区发展改革局、区工业商贸和信息化局）

三、工作要求

（一）提高认识，加强领导。各级要充分认识推行环境污染第三方治理在提升治污效率、壮大环保产业、优化经济结构、实现绿色发展方面的重大意义，加强对推行第三方治理工作的领导，研究制定具体实施方案，细化政策措施，建立协调机制，完善工作制度，强化部门协同和上下联动，营造有利于第三方治理模式推行的市场和政策环境，充分调动各类主体积极性，选取重点领域组织开展第三方治理试点，努力提高全区环境污染治理水平。要切实将环保投入作为推动稳增长任务落实的重要手段，在进一步加大环境污染第三方治理工作力度的同时，大力促进环保产业发展，着力构建新的经济增长点，为扩内需、稳增长、调结构、增强创新能力、改善环境质量、保障改善民生和加快生态文明建设作出贡献。

（二）协同配合，形成合力。有关部门要积极跟踪国家、省、市的政策动向，结合实际，抓紧制定实施配套政策。区发展改革局、区财政局要配合市制定推进第三方治理的投融资、财税、价格、收费等政策。区工业商贸和信息化局要会同人民银行等部门研究支持环境服务业发展的绿色金融政策。市生态环境局江川分局要严格落实省第三方治理企业认证制度，强化执法监督。区住房城乡建设局要加快城镇环境公共基础设施领域改革，强化设施建设和运营管理。区工业商贸和信息化局要在工业领域加大节能技术改造、清洁生产审核力度，协同做好第三方治理工作。区人力资源社会保障局要切实按照区委、区政府关于创新体制机制、加强人才工作的政策要求，大力引进人才、充实人才；对于国内一流大学和欧美发达国家知名院校留学归国的硕士以上环保类毕业生，在招录中，同等条件优先录用，努力为第三方治理和环保产业发展提供人才保障。

（三）试点示范，总结推广。各单位各部门组织开展城镇环境公用设施、工业园区和企业第三方污染治理试点，培育一批有效治理污染、产业健康发展的可复制、可推广典型，逐步向环境污染治理各领域推广。区发展改革局、区财政局要会同市生态环境局江川分局、区住房城乡建设局等部门，加强督促指导，协调解决工作中的困难问题，及时总结相关成熟的经验和做法，重大情况要及时向区人民政府报告。

玉溪市江川区人民政府办公室关于印发玉溪市江川区推进爱国卫生“七个专项行动”方案的通知（节选）

玉江政办发〔2020〕20号

各乡镇人民政府、大街街道办事处，区属各有关单位：

《玉溪市江川区推进爱国卫生“七个专项行动”方案》已经区人民政府同意，现印发给你们，请认真贯彻执行。

2020年8月28日

玉溪市江川区推进爱国卫生“七个专项行动”方案

为贯彻习近平总书记关于新时代爱国卫生运动重要指示批示精神，落实省、市推进爱国卫生专项行动的安排部署，继承和发扬爱国卫生运动优良传统，持续做好新冠肺炎疫情常态化防控工作，加快公共卫生体系建设，推动新时代爱国卫生运动不断取得新成效，结合我区实际，特制定本方案。

一、指导思想

以习近平新时代中国特色社会主义思想为指导，全面深入贯彻党的十九大精神，以改善城乡人居环境、提高人民健康水平为核心，本着纵向到底、横向到边、条块结合、不留空当的原则，精心组织、广泛动员，扎扎实实着力解决影响城乡环境的重点、难点问题，确保顺利推进我区爱国卫生专项行动，促进我区经济社会健康发展。

二、行动目标

（一）总体目标

通过集中开展为期一年半的“清垃圾、扫厕所、勤洗手、净餐馆、常消毒、管集市、众参与”爱国卫生“七个专项行动”，全面消除城乡裸露垃圾，消除城镇旱厕，完善公众洗手配套设施，改善餐饮服务环境卫生，大力推进公共场所常态化清洁消毒，彻底改变农贸市场“脏、乱、差”现状，引导全社会形成健康文明新风尚，全面巩固我区全国卫生城市创建成效、推进文明城市创建达标，坚持长短结合，注重长效，建立健全爱国卫生专项行动长效机制，推动从环境卫生治理向全面社会健康管理转变，为疫情防控常态化奠定坚实基础。

（二）具体目标

1.城乡建成区、交通沿线，村内户外道路、公共活动场所等无裸露垃圾。集中收集转运处置体系逐步建立，垃圾有效处置率和无害化处理率显著提升。

2.公共厕所运行维护管理，达到“三无三有”标准，公共厕所品质形象和服务质量有效提升。城镇、学校消除旱厕，城市新（改）建公共厕所全部达到二类标准，新（改）建旅游厕所达到A级以上标准，行政村村委会所在地至少有1座以上无害化公共厕所。

3.本着“因地制宜，方便实用，节水环保，满足需求”的原则，确保学校、医疗机构、景区、公园广场等公共场所洗手设施数量足够、配套到位、管理规范。

4.餐饮服务场所环境卫生明显改善，实现“七个达标”，做到“明厨亮灶”，杜绝违法违规食品原料。

5.公共场所清洁消毒全覆盖、常态化、规范化，传染性疾病传播得到有效预防，客运站、旅游景点、三星级以上宾馆、商场、电影院、学校等卫生管理全达标。

6.农（集）贸市场“五乱”状况得到有效治理，达到“五有”要求，实现“五化”目标。

7.推广分餐公筷、禁烟限酒等健康文明新风尚，居民健康素养水平明显提升。

8.确保顺利通过国家卫生城市复审，全区卫生乡镇（街道）覆盖率达到100%，卫生村（社区）覆盖率达到100%。

三、专项行动

（一）裸露垃圾全消除行动

通过强化城乡和交通沿线保洁，消除城乡建成区道路路面、背街小巷、广场公园、河道湖面、城乡接合部、旅游景点等重点区域裸露垃圾；全面清除公路用地范围内生活垃圾、建筑垃圾等，切实抓好公路保洁，定期清洗公路护栏。推进村庄清洁，实现自然村保洁长效机制、保洁员全覆盖，组织农户清扫，推行“门前三包”，动员群众开展常态化清扫，实现村内户外道路、公共活动场所、沟渠水塘等无裸露垃圾。保证村庄垃圾有人清扫、有人清运、不乱堆乱放，环境干净整洁。完成非正规垃圾堆放点整治，因地制宜开展生活垃圾治理，完善生活垃圾投放收集运输体系，逐步实现分类投放、收集、运输和无害化处理。〔区住房城乡建设局、区农业农村局牵头，市生态环境局江川分局、区交通运输局、区文化和旅游局、区水利局、区城管局、各乡镇（街道）配合落实〕

（二）公共厕所全达标行动

全区城镇消除旱厕。按照“全面规划、合理布局、改建并重、卫生适用、方便群众、水厕为主、有利排运”的原则，进行规划建设。大力推进学校卫生厕所标准化建设，年内全面消除学校旱厕。全面落实厕所粪便、尾水无害化处理，加强景区景点、服务区、商场、超市、农（集）贸市场等公共场所厕所运行维护管理，城市新（改）建公共厕所全部达到二类标准，新（改）建旅游厕所达到A级以上标准。公共厕所管理达到无粪便、无臭味、地面无水渍，有手纸、有洗手液、有香薰的“三无三有”标准。开展农村公厕提质达标行动，扎实推进农村“厕所革命”，充分考虑我区各乡镇（街道）农村地域环境、民族风俗，选择适宜的技术和改厕模式，探索多种形式的厕所粪污处理资源化利用模式，结合当地种植产业，持续稳妥推进农村公共厕所建设改造，实现行政村村委会所在地有1座以上无害化卫生公共厕所全覆盖，达到干净、卫生标准。〔区住房城乡建设局、区农业农村局、区教育体育局、市文化和旅游局、区城管局、区交通运输局、区市场监管局、区工业商贸和信息化局按照职责分工负责公共厕所的维护管理，各乡镇（街道）配合落实〕

（三）洗手设施全配套行动

在公众场所配置洗手设施，减少传染病经手传播。坚持实用节约原则，重点对学校、旅游厕所、城市公厕、医疗机构、农（集）贸市场、室内公共场所、公园广场、旅游景点、客运站等场所洗手设施进行全面建设、改造、升级，洗手设施应至少包含感应式水龙头、洗手液，确保数量足够、质量达标、管理到位、使用方便。学校原则上每个水龙头服务人数不超过50人。〔区住房城乡建设局牵头，区工业商贸和信息化局、区教育体育局、区交通运输局、区文化和旅游局、区卫生健康局、区市场监管局、各乡镇（街道）配合落实〕

（四）餐饮服务环境卫生全改善行动

强化餐饮服务单位主体责任，持续改善餐饮服务环境卫生条件，通过“整治一批、规范一批、达标一批”专项活动，全面落实“不达标就整改，不整改就停业”的要求，实现周边环境整洁、就餐场所干净、后厨透明合规、仓储整齐安全、餐饮用具洁净、从业人员健康、配送过程规范“七个达标”。实施“明厨亮灶”工程，采取“透明厨房”“视频厨房”“网络厨房”等模式，推动全区社会餐饮服务单位和学校食堂全面完成“明厨亮灶”建设，公开接受消费者监督。强化食品源头监管，禁止采购野生动物、金沙江流域渔获物，坚决杜绝使用未按规定进行检疫、检疫不合格或来源不明的食品原料，确保餐饮消费放心、安心、舒心。〔区市场监管局牵头，区工业商贸和信息化局、区文化和旅游局、区卫生健康局、区教育体育局、各乡镇（街道）配合落实〕

（五）公共场所清洁消毒全覆盖行动

以“环境卫生制度化、清洁消毒标准化、疫情防控常态化”为重点，推动公共场所清洁消毒全覆盖、常态化、规范化，严防传染性疾病传播，推进客运站、旅游景点、三星级以上宾馆、商场、电影院、学校等卫生管理全达标，打造卫生安全、公众放心的公共场所。全面开展室内外环境卫生整治清洁专项行动，建立常态化清洁卫生制度，落实禁烟措施，保持室内空气清新。各行业主管部门要强化监督指导，不断建立和完善各行业消毒规范和标准，对公众高频接触的物体表面，行业主体需每日进行2—3次消毒；公共交通工具管理人员需对公共交通工具进行日常清洁和预防性消毒。公共场所经营者应落实疫情防控主体责任，从业人员必须持健康合格证上岗，公共场所配备专（兼）职卫生管理人员，具体负责本公共场所的卫生工作，强化公共场所流动人员体温监测、健康码核验和口罩佩戴，建立健全卫生清洁消毒行业管理档案。〔区卫生健康局牵头，区工业商贸和信息化局、区教育体育局、区住房城乡建设局、区交通运输局、区城管局、区文化和旅游局、区市场监管局、区政务服务管理局、各乡镇（街道）配合落实〕

（六）农贸市场环境卫生全提升行动

全力整治“脏、乱、差”，打造安全放心农贸市场。以“优环境、防疫情、保健康、促规范、提品质”为主题，狠抓环境卫生、疫情防控、食品安全、野生动物及活禽交易监管、周边环境、提升改造等六项重点工作，改变市场垃圾乱扔、污水乱排、摊点乱设、货物乱摆、周边乱象的“五乱”状况，落实有完善的硬件设施、有严格的管理措施、有整洁的市场容貌、有安全放心的商品、有井然有序的周边环境“五有”要求，实现净化、美化、规范化、精细化、标准化“五化”目标。〔区市场监管局牵头，区工业商贸和信息化局、各乡镇（街道）配合落实〕

（七）健康文明生活方式全参与行动

通过各网格全面动员，充分发动人民群众积极主动参与开展爱国卫生大扫除活动，促进城乡环境卫生整治。倡导“社交距离、勤于洗手、分餐公筷、革除陋习、科学健身、控烟限酒”六条新风尚，推广健康文明生活习惯。创新方式方法，充分利用江川区融媒体中心各宣传平台开发健康科普核心信息，大力普及健康知识，大幅提升居民健康素养水平。公安、宣传等部门要实施监测，做好不实舆论处置，确保健康知识有效传递。各学校要持续推进健康教育，使学生从小养成文明卫生习惯，并通过“小手拉大手”等形式，让卫生健康知识普及到每个家庭，让人人成为健康第一责任人，人人树立健康文明新风尚，人人参与健康文明生活方式。〔区卫生健康局、区文明办牵头，领导小组各成员单位、各乡镇（街道）配合落实〕